Manual de Nefrologia

Manual de Nefrologia

Robert W. Schrier, MD
Professor of Medicine
University of Colorado
Health Sciences Center
Denver, Colorado

Tradução: Simone Mordente de Souza
Revisão técnica: Prof. Dr. Miguel Moysés Neto

Manual of Nephrology
Editado por Robert W. Schrier, M.D.

Traduzido a partir da sexta edição
© 2005 by Lippincott Williams & Wilkins
© 2008 by Editora Tecmedd Ltda. Todos os direitos reservados
Publicado sob acordo com a Lippincott Williams & Wilkins/Wolters Kluwer Health Inc., USA

Editora: Bete Abreu
Assistentes Editoriais: Marília Mendes e Sonnini Ruiz
Produtor Gráfico: Samuel Leal
Tradução: Simone Mordente de Souza
Revisão Técnica: Prof. Dr. Miguel Moysés Neto
Revisão de Texto: Amandina Morbeck e Beatriz Simões Araújo
Editoração, Diagramação e Capa: Triall

Todos os direitos reservados. Este livro é protegido pelo direito autoral. Nenhuma parte pode ser reproduzida em nenhum formato ou por nenhum meio, incluindo fotocópia, ou utilizada por nenhum sistema de armazenamento e de recuperação de informação sem permissão escrita do proprietário do direito autoral, à exceção das citações breves em artigos e em revisões.

Todo cuidado foi tomado para confirmar a exatidão da informação apresentada e para descrever práticas geralmente aceitas. Entretanto, os autores, os editores e a Editora não são responsáveis por erros ou omissões ou por nenhuma conseqüência da aplicação da informação neste livro e não dão nenhuma garantia, expressa ou implicada, com respeito à atualização, à integralidade ou à exatidão dos conteúdos da publicação. A aplicação dessa informação em uma situação particular permanece responsabilidade do médico.

Os autores, os editores e a Editora se esforçaram para assegurar que a seleção e a dose das drogas determinadas neste texto fossem de acordo com recomendações e a prática atuais na data da publicação. Entretanto, em vista de pesquisas em andamento, das mudanças nas regulamentações do governo e do fluxo constante de informações relacionadas às terapêuticas com drogas e às reações as drogas, o leitor é incitado a checar a bula de cada droga para verificar se há mudanças nas indicações e na dose e para avisos e precauções adicionados. Isso é particularmente importante quando o agente recomendado é uma droga nova ou pouco empregada.

Algumas drogas e equipamentos médicos apresentados nesta publicação têm a liberação do Food and Drug Administration (FDA) para uso limitado em pesquisas selecionadas. É responsabilidade dos profissionais da saúde verificar o *status* do FDA de cada droga ou equipamento proposto para o uso em sua prática clínica.

A Editora se esforçou para manter os direitos autorais do material utilizado. Se negligenciou inadvertidamente alguns desses, fará com prazer os arranjos necessários na primeira oportunidade.

Visite nosso site: www.tecmeddeditora.com.br.

Dados Internacionais de Catalogação na Publicação (CIP)
(Câmara Brasileira do Livro, SP, Brasil)

Manual de Nefrologia /
Schrier, Robert W.; Manual de nefrologia / Robert W. Schrier ; [tradução Simone Mordente]. -- São Paulo, SP : Tecmedd, 2008.

Título original: Manual of nephrology

Bibliografia.
ISBN 978-85-99276-31-0

1. Nefrologia – Manuais 2. Rins - Doenças – Manuais I. Título.

008-02259

CDD-616.61
NLM-WJ 300

Índices para catálogo sistemático:
1. Nefrologia : Medicina
616.61
1. Rins : Doenças : Diagnóstico e tratamento : Medicina
616.61

Rua Sansão Alves dos Santos, 102 – 2º and. - Cj. 21 – Brooklin Novo
04571-090 – São Paulo – SP
www.tecmeddeditora.com.br

Sumário

Prefácio vii

Colaboradores ix

1. O Paciente Edematoso: Insuficiência Cardíaca, Cirrose e Síndrome Nefrótica 1
   David H. Ellison e Robert W. Schrier

2. O Paciente com Hiponatremia e Hipernatremia 26
   Tomas Berl e Robert W. Schrier

3. O Paciente com Hipocalemia e Hipercalemia 46
   Catherine L. Kelleher e Stuart L. Linas

4. O Paciente com Distúrbio Ácido-Base 58
   William D. Kaehny

5. O Paciente com Distúrbios do Cálcio e Fosfato Séricos 76
   Robert F. Reilly

6. O Paciente com Calculose Renal 98
   Robert F. Reilly

7. O Paciente com Infecção do Trato Urinário 115
   Marilyn E. Levi, Jay Redington e L. Barth Reller

8. O Paciente com Hematúria, Proteinúria ou Ambos e Achados Anormais em Microscopia Urinária 147
   Sharon G. Adler e Kenneth Fairley

9. O Paciente com Glomerulonefrite ou Vasculite 170
   Alexander Wiseman

10. O Paciente com Insuficiência Renal Aguda 188
    Sarah Faubel, Charles L. Edelstein e Robert E. Cronin

11. O Paciente com Doença Renal Crônica 225
    Michael Conchol e David M. Spiegel

12. O Paciente em Terapia Renal Substitutiva com Diálise 237
    David M. Spiegel

13. O Paciente Transplantado Renal 250
    Eric Gibney, Chirag Parikh e Alkesh Jani

14. A Paciente com Doença Renal e Hipertensão na Gravidez 272
    Phyllis August e Marshall D. Lindheimer

15. O Paciente Hipertenso 308
    Charles R. Nolan

16. Diretrizes Práticas para a Administração de Drogas em Pacientes com Insuficiência Renal 337
    George R. Aronoff

Índice 372

Prefácio da sexta edição norte-americana

A sexta edição do *Manual de Nefrologia* continua a enfocar os aspectos clínicos do diagnóstico e o tratamento de pacientes com transtornos eletrolíticos e do equilíbrio ácido-base, infecções do trato urinário, calculose renal, glomerulonefrites e vasculites, insuficiência renal aguda ou crônica, hipertensão, doença renal e hipertensão na gravidez e administração de medicamentos na insuficiência renal. Por causa do número crescente de pacientes com insuficiência renal crônica terminal 1 (IRCT), foram incluídos capítulos separados sobre tratamento por terapia renal substitutiva para pacientes com doença renal crônica por meio de diálise e transplante renal. O *Manual de Nefrologia* deve continuar a ser de excepcional valor clínico para aqueles profissionais de saúde que lidam com pacientes com os distúrbios acima, incluindo residentes, estudantes de medicina, médicos no atendimento primário, nefrologistas, profissionais de enfermagem e especialistas atarefados de outras áreas.

Tenho em alta conta a colaboração extraordinária de autores que envidaram todos os esforços possíveis para atualizar cada capítulo com os recentes avanços no diagnóstico e tratamento do espectro de distúrbios hipertensivos e renais. Isso inclui o acréscimo de vários novos autores que são clínicos-educadores de destaque. O *Manual de Nefrologia* é mais uma vez dedicado ao Professor Hugh de Wardener, que tem feito enormes contribuições nos campos da hipertensão e da nefrologia como clínico, cientista e educador, há mais de 60 anos.

Robert W. Schrier

Colaboradores

Sharon G. Adler, MD
Professor of Medicine, Division of Nephrology and Hypertension, University of California, Los Angeles, UCLA School of Medicine

George R. Aronoff, MD
Professor of Medicine and Pharmacology, Chief Division of Nephrology, University of Louisville School of Medicine, Louisville, Kentucky

Phyllis August, MD
Professor of Medicine and Obstetrics and Gynecology, Weill Medical College of Cornell University, New York, New York

Tomas Berl, MD
Professor and Head, Division of Renal Diseases and Hypertension, University of Colorado Health Sciences Center, Denver, Colorado

Michael Conchol, MD
Assistant Professor of Medicine, Division of Renal Diseases and Hypertension, University of Colorado Health Sciences Center, Denver, Colorado

Robert E. Cronin, MD
Professor of Medicine, VA Medical Center, Dallas, Texas

Charles L. Edelstein, MD
Associate Professor of Medicine, Division of Renal Diseases and Hypertension, University of Colorado Health Sciences Center, Denver, Colorado

David H. Ellison, MD
Professor of Medicine, Head, Division of Nephrology and Hypertension, Oregon Health and Science University, Portland, Oregon

Kenneth Fairley, MD
Professorial Associate, Department of Medicine, University of Melbourne Hospital, Melbourne, Australia

Sarah Faubel, MD
Assistant Professor of Medicine, Division of Renal Diseases and Hypertension, University of Colorado Health Sciences Center, Denver, Colorado

Eric Gibney, MD
Fellow, Division of Renal Diseases and Hypertension, University of Colorado Health Sciences Center, Denver, Colorado

Alkesh Jani, MD
Assistant Professor of Medicine, Division of Renal Diseases and Hypertension, University of Colorado Health Sciences Center, Denver, Colorado

Willian D. Kaehny, MD
Professor of Medicine/Program Director, Medicine Residency Training Program School of Medicine, University of Colorado Health Sciences Center, Denver, Colorado

Catherine L. Kelleher, MD
Assistant Professor of Medicine, Division of Renal Diseases and Hypertension, University of Colorado Health Sciences Center, Denver, Colorado

Marilyn E. Levi, MD
Associate Professor of Medicine, Division of Infectious Diseases, University of Colorado Health Sciences Center, Denver, Colorado

Stuart L. Linas, MD
Professor of Medicine, Division of Renal Diseases and Hypertension, University of Colorado Health Sciences Center, Denver, Colorado

Marshall D. Lindheimer, MD
Professor Emeritus, Departments of Medicine and Obstetrics, and Gynecology, University of Chicago, Chicago, Illinois

Charles R. Nolan, MD
Professor of Medicine, University of Texas Health Sciences Center at San Antonio, San Antonio, Texas

Chirag Parikh, MD
Assistant Professor of Medicine, Division of Renal Diseases and Hypertension, University of Colorado Health Sciences Center, Denver, Colorado

Jay Redington, MD
Associate Professor of Medicine, Denver Veterans Administration Medical Center, Division of Infectious Disease and Ambulatory Care Denver, Colorado

Robert F. Reilly, MD
Associate Professor of Medicine, Division of Nephrology, Yale University Medical School, New Haven, Connecticut

L. Barth Reller, MD
Professor of Medicine and Pathology, Departments of Medicine and Pathology, Duke University Medical Center, Durham, North Carolina

Robert W. Schrier, MD
Professor of Medicine, Division of Renal Diseases and Hypertension, University of Colorado Health Sciences Center, Denver, Colorado

David M. Spiegel, MD
Associate Professor of Medicine, Division of Renal Diseases and Hypertension, University of Colorado Health Sciences Center, Denver, Colorado

Alexander Wiseman, MD
Associate Professor of Medicine, Division of Renal Diseases and Hypertension, University of Colorado Health Sciences Center, Denver, Colorado

Capítulo **1**

O Paciente Edematoso: Insuficiência Cardíaca, Cirrose e Síndrome Nefrótica

David H. Ellison e Robert W. Schrier

I. DISTRIBUIÇÃO DOS LÍQUIDOS CORPORAIS. Do total de líquidos presentes no corpo humano, dois terços encontram-se dentro das células (i.e., líquido intracelular) e um terço fora delas (i.e., líquido extracelular [LEC]). O paciente com edema generalizado tem excesso de LEC, encontrado em dois locais: no compartimento vascular (líquido plasmático) e entre as células do corpo, porém fora do compartimento vascular (líquido intersticial). No compartimento vascular, aproximadamente 85% do líquido encontram-se do lado venoso da circulação e 15% do lado arterial (Tabela 1-1). O excesso de líquido intersticial constitui edema. Ao se aplicar pressão digital, o líquido intersticial geralmente se desloca a partir da área da pressão, deixando uma depressão, o que é descrito como *pitting*. Isso demonstra que o excesso de líquido intersticial pode se movimentar livremente em seu espaço entre as células do corpo. Se a pressão digital não provocar *pitting* no paciente edematoso, então o líquido intersticial não consegue se movimentar livremente. Tal edema sem *pitting* pode surgir em caso de obstrução linfática (i.e., linfedema) ou fibrose local do tecido subcutâneo, que pode ocorrer com estase venosa crônica.

Embora o edema generalizado signifique sempre excesso de LEC, especificamente no compartimento intersticial, o volume intravascular pode estar reduzido, normal ou aumentado. Como dois terços do LEC residem no espaço intersticial e apenas um terço encontra-se no compartimento intravascular, aumento no volume total de LEC pode ocorrer em conseqüência do excesso de líquido intersticial (i.e., edema generalizado), muito embora o volume intravascular esteja diminuído.

A. A **Lei de Starling** estabelece que a taxa de movimentação de líquido através da parede de um capilar é proporcional à permeabilidade hidráulica do capilar, à diferença de pressão hidrostática transcapilar e à diferença de pressão oncótica transcapilar. Como mostrado na Figura 1-1, em condições normais, o líquido deixa o capilar no lado arterial, porque a diferença de pressão hidrostática transcapilar, que favorece a transudação, excede a diferença de pressão oncótica transcapilar, que favorece a reabsorção do líquido. Por outro lado, o líquido retorna ao capilar no lado venoso, porque a diferença de pressão oncótica transcapilar excede a diferença de pressão hidrostática. Como a albumina sérica é o principal determinante da pressão oncótica capilar, que atua de forma a manter o líquido dentro do capilar, a hipoalbuminemia pode levar a excesso de transudação de líquido do compartimento vascular ao intersticial. Embora seja esperado que a hipoalbuminemia leve comumente ao edema, vários fatores atuam de modo a atenuar os efeitos dessa hipoalbuminemia na transudação de

Tabela 1-1 Distribuição do líquido corporal.

Compartimento	Quantidade	Volume (L) em homem de 70 kg
Líquido corporal total	60% do peso corporal	42
Líquido intracelular (LIC)	40% do peso corporal	28
Líquido extracelular (LEC)	20% do peso corporal	14
Líquido intersticial	Dois terços do LEC	9,4
Líquido plasmático	Um terço do LEC	4,6
Líquido venoso	85% do líquido plasmático	3,9
Líquido arterial	15% do líquido plasmático	0,7

líquidos. Primeiro, aumento na transudação tende a diluir o líquido intersticial, diminuindo assim a concentração de proteína nesse local. Segundo, esse aumento do volume de líquido eleva a pressão hidrostática intersticial. Terceiro, o fluxo linfático para as veias jugulares, que retorna o transudado para a circulação, sofre aumento. De fato, na cirrose, em que a fibrose hepática causa altas pressões hidrostáticas capilares associadas a hipoalbuminemia, o fluxo linfático pode aumentar 20 vezes, para 20 litros por dia, atenuando a tendência ao acúmulo de líquido intersticial. Quando esses fatores de segurança são sobrepujados, o acúmulo de líquido no interstício pode levar ao aparecimento de edema. Outro fator que se deve ter em mente como causa de edema é o aumento na permeabilidade ao líquido (aumento na condutividade hidráulica) da parede capilar. Esse aumento é causa de edema associado a reações de hipersensibilidade e edema angioneurótico e pode ser um fator no edema associado ao diabetes mellitus e ao edema idiopático cíclico.

B. Esses comentários referem-se ao **edema generalizado** (i.e., aumento no líquido intersticial corporal total), mas cabe observar que tal edema pode ter predileção por áreas específicas do corpo por várias razões. A formação de ascite em virtude de hipertensão portal já foi mencionada. Durante a quantidade normal de horas em postura ereta, deve-se esperar acúmulo de líquido edematoso nas partes mais distais do corpo, enquanto o excesso de horas em repouso na cama na posição supina, predispõe ao acúmulo de edema nas regiões sacral e periorbital. O médico também deve estar atento para a presença de edema localizado, que deve ser diferenciado do edema generalizado.

C. Embora o edema generalizado possa ter predileção por certos locais do corpo, ele não deixa de ser um fenômeno do excesso de líquido intersticial **em todo esse corpo**. O edema localizado, por outro lado, é causado por fatores locais e, portanto, não se trata de um fenômeno que ocorre em todo o corpo. A obstrução venosa, como pode ocorrer na tromboflebite, pode causar edema localizado de extremidade inferior. A obstrução linfática (por malignidade, por exemplo) também pode causar acúmulo excessivo de líquido intersticial e, conseqüentemente, edema.

O exame físico de um paciente com edema nos tornozelos deve, portanto, incluir uma busca por incompetência venosa (ex., veias varicosas) e por sinais de doença linfática. Deve-se reconhecer,

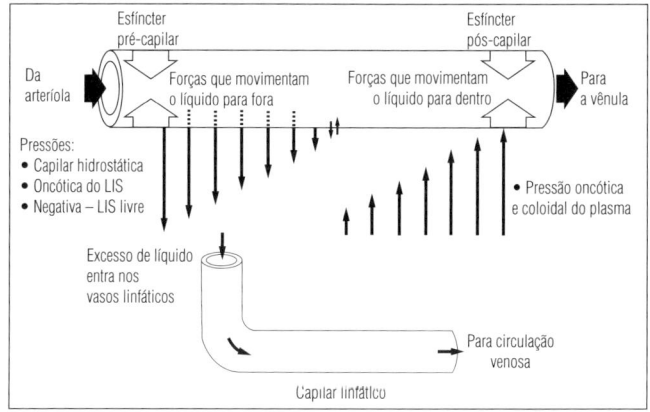

Figura 1-1 Efeito das forças de Starling sobre o movimento do líquido através da parede do capilar. (LIS, líquido intersticial.)

entretanto, que doenças venosas profundas podem não ser detectáveis ao exame físico e, portanto, podem ser necessários outros métodos de diagnóstico (ex., métodos não-invasivos). Dessa forma, se a doença venosa for bilateral, o médico pode, equivocadamente, procurar por causas de edema generalizado (por exemplo, insuficiência cardíaca e cirrose), quando, na verdade, o edema bilateral nos tornozelos deve-se a fatores locais. A obstrução linfática pélvica (ex., malignidade) pode também causar edema bilateral em membros inferiores e, dessa forma, simular edema generalizado. Traumatismo, queimaduras, inflamação e celulite são outras causas de edema localizado.

II. REGULAÇÃO DO VOLUME DO LÍQUIDO CORPORAL. O paciente edematoso há muito representa um desafio à compreensão da regulação do volume do líquido corporal. No indivíduo normal, se o LEC aumentar pela administração de solução salina isotônica, os rins irão excretar o excesso de sódio e água, fazendo com que o volume do LEC retorne ao normal. Esse importante papel dos rins na regulação do volume é reconhecido há anos. O que não se compreende, entretanto, é por que os rins continuam a reter sódio e água no paciente edematoso. É compreensível que, quando há presença de doença renal e a função renal está acentuadamente prejudicada (i.e., insuficiência renal aguda ou crônica), os rins continuem a reter sódio e água até um grau que provoque hipertensão e edema pulmonar. Muito mais intrigantes são aquelas circunstâncias em que os rins são considerados normais e, no entanto, continuam a reter sódio e água, apesar do aumento do LEC e da formação de edema (ex., cirrose, insuficiência cardíaca congestiva). Por exemplo, se os rins de um paciente cirrótico forem transplantados em um paciente sem doença hepática, a retenção do excesso de sódio e água deixa de ocorrer. A conclusão a que se chega, portanto, é que nem o LEC total nem seu componente intersticial, ambos aumentados no paciente com edema generalizado, são moduladores da excreção renal de sódio e água. Ao contrário, conforme sugerido por Peters na década de 1950, algum outro compartimento do líquido corporal que não o volume total de LEC ou do líquido intersticial deve ser o regulador da excreção renal de sódio e água.

A. O termo volume efetivo de sangue foi cunhado para descrever esse compartimento indefinido e enigmático de líquido corporal que atua nos rins, por vias desconhecidas, para que retenha sódio e água, apesar do aumento do LEC total. Sugeriu-se que os rins podem estar reagindo ao débito cardíaco, o que explica a retenção de sódio e água na insuficiência cardíaca de baixo débito. Essa idéia, entretanto, não fornece uma explicação universal para o edema generalizado, porque se constatou que muitos pacientes com cirrose descompensada que estavam avidamente retendo sódio e água tinham débitos cardíacos normais ou elevados.

B. Os volumes totais de plasma ou de sangue foram então considerados possíveis candidatos a volume efetivo de sangue, que modula a excreção renal de sódio e água. Contudo, ficou logo evidente que volumes expandidos de plasma e sangue estavam freqüentemente presentes em estados de retenção de sódio e água, como insuficiência cardíaca congestiva e cirrose. O componente venoso do plasma na circulação também é proposto como modulador da excreção renal de sódio e água e, conseqüentemente, da regulação do volume, porque se sabe que aumento da pressão atrial esquerda causa diurese aquosa e natriurese, mediadas em parte pela supressão de vasopressina e diminuição da resistência vascular renal neuralmente mediada. Constatou-se ainda que um aumento na pressão atrial direita e esquerda causa aumento dos peptídeos natriuréticos atriais. Entretanto, apesar desses efeitos no lado venoso hipotenso da circulação, a retenção renal de sódio e água é característica da insuficiência cardíaca congestiva, situação em que as pressões nos átrios e no componente venoso da circulação sofrem aumento de forma rotineira.

C. A porção arterial dos líquidos corporais (Tabela 1-1) é o componente restante que pode ser essencial na regulação da excreção renal de sódio e água. Mais recentemente, a relação entre débito cardíaco e resistência arterial periférica [volume efetivo de sangue arterial (VESA)] foi proposta como regulador da reabsorção renal de sódio e água.

Essa relação estabelece um "preenchimento" da árvore vascular arterial. Nesse contexto, redução primária do débito cardíaco, vasodilatação arterial periférica ou uma combinação das duas coisas pode causar depleção arterial e, assim, iniciar e sustentar um estado de retenção de sódio e água que leve a edema. Os estados de retenção de sódio e água, deflagrados por um declínio no débito cardíaco, são mostrados na Figura 1-2 e incluem (a) depleção de volume do LEC (ex., diarréia, vômito, hemorragia); (b) insuficiência cardíaca de baixo débito, tamponamento pericárdico e pericardite constritiva; e (c) depleção de volume intravascular secundária à perda de proteína e hipoalbuminemia (ex., síndrome nefrótica, queimaduras ou outras dermopatias com perda de proteína); e (d) permeabilidade capilar aumentada (síndrome do vazamento capilar). As causas do aumento da retenção renal de

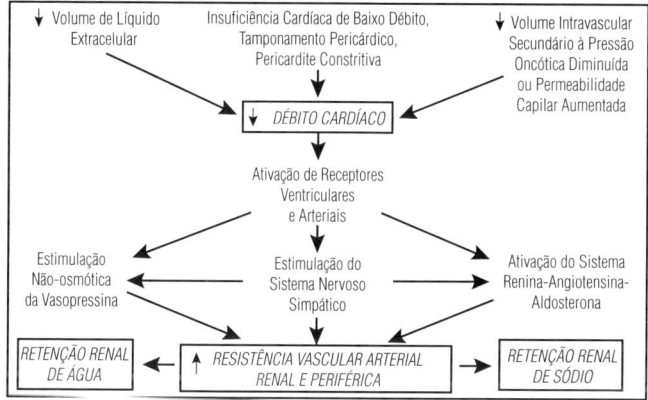

Figura 1-2 Débito cardíaco diminuído como iniciador de depleção arterial (*underfilling*). (Extraído de Schrier RW. A unifying hypothesis of body fluid volume regulation. *J R Coll Physicians Lond* 1992;26:296. Reimpresso com autorização.)

sódio e água levando a edema, iniciadas por vasodilatação arterial periférica primária, são igualmente numerosas e são mostradas na Figura 1-3. Anemia grave, beribéri, doença de Paget e tirotoxicose são causas de insuficiência cardíaca de alto débito, que pode levar à retenção de sódio e água. Fístulas arteriovenosas muito abertas, cirrose hepática, septicemia, gravidez e medicamentos vasodilatadores (ex., minoxidil ou hidralazina) são outras causas de vasodilatação arterial periférica, que diminuem a excreção renal de sódio e água.

D. Dois principais processos compensatórios protegem contra a depleção (diminuição do volume arterial efetivo), como definido pelo inter-relacionamento entre débito cardíaco e resistência vascular arterial periférica. Um dos processos compensatórios é muito rápido e consiste de resposta neuro-humoral e hemodinâmica sistêmica. O outro é mais lento e envolve retenção renal de sódio e água. No paciente edematoso, essas respostas compensatórias ocorrem em vários graus, dependendo de quando o paciente é visto durante a sua evolução clínica. Por causa da ocorrência desses processos compensatórios, a pressão arterial média é um índice insuficiente da integridade da circulação. Não importa se o agente iniciador da depleção arterial é o débito cardíaco ou a vasodilatação periférica; as respostas compensatórias serão muito semelhantes.

Como podemos observar nas Figuras 1-2 e 1-3, a resposta neuro-humoral comum a uma diminuição de VESA envolve a estimulação de três vias vasoconstritoras, quais sejam, sistema nervoso simpático, angiotensina e vasopressina. Além dos efeitos diretos, o sistema nervoso simpático também aumenta a angiotensina e a vasopressina, porque o aumento do estímulo hipotalâmico simpático central e dos estímulos beta-adrenérgicos via nervos renais são componentes importantes do aumento da liberação não-osmótica de vasopressina e do estímulo à secreção de renina, respectivamen-

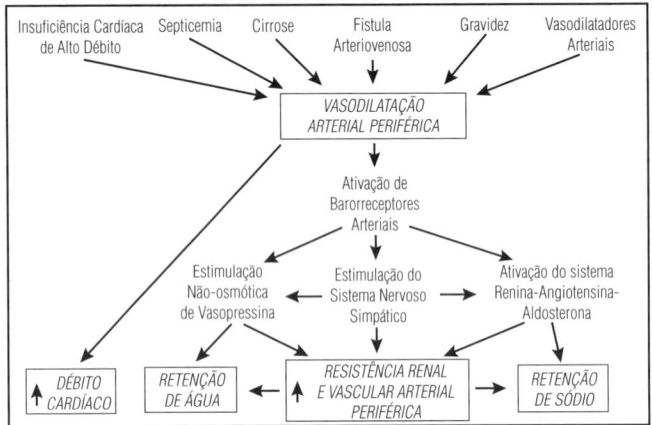

Figura 1-3 Vasodilatação arterial periférica como iniciadora de depleção arterial. (Extraído de Schrier RW. A unifying hypothesis of body fluid volume regulation. *J R Coll Physicians Lond* 1992;26:296. Reimpresso com autorização.)

te. Com queda primária do débito cardíaco ou da vasodilatação arterial periférica primária, ocorre aumento secundário na resistência vascular arterial periférica ou débito cardíaco, respectivamente, para manter-se a pressão arterial. Essa rápida compensação propicia tempo para que ocorra retenção renal mais lenta de sódio e água, restaurando mais adiante a integridade circulatória arterial. Com diminuição do volume do LEC, como acontece em perdas gastrintestinais agudas, pode ocorrer retenção de sódio e água suficiente para restaurar o débito cardíaco ao estado normal e assim interromper a retenção de sódio e água antes que se forme edema. Pode não ser esse o caso na insuficiência cardíaca de baixo débito, porque, talvez, nem mesmo essas respostas compensatórias consigam restaurar o débito cardíaco ao nível normal.

1. Portanto, os mecanismos neuro-humoral e de retenção de água e sódio persistem como importantes processos compensatórios na manutenção do VESA. Especificamente, nem os mecanismos compensatórios agudos nem os crônicos obtêm êxito em restaurar a contratilidade cardíaca ou reverter o tamponamento cardíaco ou o tamponamento pericárdico constritivo. Retenção renal compensatória de sódio e água ocorre com expansão do lado venoso da circulação, à medida que o enchimento vascular arterial melhora, mas não volta ao normal. O aumento resultante na pressão venosa aumenta a pressão hidrostática capilar e, conseqüentemente, a transudação de líquido para o interstício, com conseqüente formação de edema. Na hipoalbuminemia e na síndrome do vazamento capilar, a transudação excessiva de líquido ocorre através do leito capilar e também impede a restauração do débito cardíaco; assim, ocorre retenção renal contínua de sódio e água, com conseqüente formação de edema.

2. Vasodilatação arterial periférica, outro importante iniciador da depleção de volume arterial, também não pode, de modo geral, ser totalmente revertida pelos mecanismos compensatórios e, portanto, pode levar à formação de edema. Ela resulta em dilatação de esfíncteres arteriolares pré-capilares, aumentando assim a pressão hidrostática capilar e, provavelmente, a área da superfície capilar. Uma proporção maior de sódio e água retidos passa então do leito capilar para dentro do interstício nesses distúrbios edematosos (ver Figura 1-3).

E. Outra razão pela qual o baixo débito cardíaco ou a vasodilatação arterial periférica pode levar à formação de edema é a incapacidade de pacientes com esses distúrbios, comparativamente a indivíduos normais, escaparem do efeito de retenção de sódio da aldosterona (Figura 1-4). No indivíduo normal que recebe grandes doses exógenas de aldosterona ou outro hormônio mineralocorticóide, aumento da filtração glomerular e diminuição na reabsorção tubular proximal de sódio e água levam a aumento no transporte de sódio e água ao local de ação da aldosterona no néfron distal. Esse aumento no transporte distal de sódio é o principal mediador de escape ao efeito de retenção de sódio dos mineralocorticóides em indivíduos normais, evitando assim a formação de edema. Por outro lado, a vasoconstrição renal que acompanha a resposta neuro-humoral compensatória à depleção arterial relaciona-se a diminuição no transporte distal de sódio e água até o local de ação da aldosterona no néfron distal.

Essa diminuição no oferecimento do filtrado para o transporte distal, que ocorre basicamente por causa da queda na taxa de filtração glomerular e de aumento na reabsorção tubular proximal de sódio, resulta na incapacidade de escapar do efeito da aldosterona e, portanto, na formação de edema. A importância da hemodinâmica renal, especialmente da taxa de filtração glomerular, no fenômeno de escape da aldosterona é enfatizada pela observação de que, na gravidez, estado de vasodilatação arterial primária, o escape da aldosterona ocorre, apesar da depleção arterial, por causa do aumento de 30% a 50% na taxa de filtração glomerular. Ainda não se determinou por que a gravidez está relacionada a esse grande aumento da taxa de filtração glomerular, que ocorre com duas a quatro semanas de concepção. O aumento da taxa de filtração não pode ser atribuído à expansão do volume de plasma, porque isso só ocorre várias semanas depois da concepção. A carga filtrada mais elevada de sódio e, conseqüentemente, a carga distal de sódio na gravidez, sem dúvida, possibilitam escape ao efeito de retenção de sódio da aldosterona. A ocorrência de escape da aldosterona na gravidez atenua a formação de edema, comparativamente a outros distúrbios edematosos.

III. TRATAMENTO DIETÉTICO E DIURÉTICO DO EDEMA: PRINCÍPIOS GERAIS.
A ingestão diária de sódio nos EUA é tipicamente de 4 a 6 g (1 g de sódio contém 43 mEq; 1 g de cloreto de sódio [NaCl] contém 17 mEq de sódio). Ao se evitar o uso de sal nas refeições, a ingestão diária de sódio pode ser reduzida para 4 g (172 mEq), ao passo que uma dieta típica com baixo teor de sal contém 2 g (86 mEq). Podem-se prescrever dietas com baixo teor de NaCl, porém

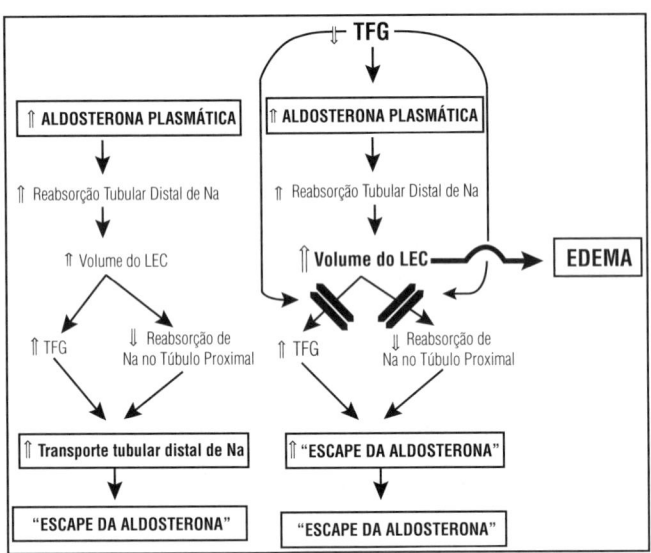

Figura 1-4 Escape da aldosterona em um indivíduo normal (lado esquerdo) e incapacidade de escape da aldosterona em pacientes com depleção do volume arterial (lado direito). (VESA, volume efetivo de sangue arterial; LEC, líquido extracelular; TFG, taxa de filtração glomerular.) (Extraído de Schrier RW. Body fluid regulation in health and disease: a unifying hypothesis. *Ann Intern Med* 1990;113:155–59. Adaptado com autorização.)

muitos indivíduos acham-nas insossas. Se forem usados substitutos do sal, é importante lembrar que eles contêm cloreto de potássio, portanto diuréticos poupadores de potássio (i.e., espironolactona, eplerenona, trianterene, amilorida) não devem ser usados com substitutos do sal. Outros medicamentos que aumentam a concentração sérica de potássio também devem ser usados com cautela quando há ingestão de substitutos do sal (ex., inibidores da enzima conversora, betabloqueadores e medicamentos antiinflamatórios não-esteróides [AINEs]). Ao prescrever tratamento dietético para paciente edematoso, é importante enfatizar que é necessário a restrição do cloreto de sódio, mesmo que sejam usados medicamentos diuréticos. A eficácia terapêutica dos diuréticos varia inversamente à ingestão de sal na dieta.

Todos os diuréticos comumente usados atuam aumentando a excreção urinária de sódio. Eles podem ser divididos em cinco classes, com base em seu local de ação predominante ao longo do néfron (Tabela 1-2). Os diuréticos osmóticos (ex., manitol) e os diuréticos proximais (ex., acetazolamida) não são usados como agentes primários para tratar distúrbios edematosos. No entanto, os diuréticos de alça (ex., furosemida), de túbulo contorcido distal (TCD; ex., hidroclorotiazida) e de duto coletor (ex., espironolactona) desempenham papéis importantes, porém distintos, no tratamento de pacientes edematosos. A meta do tratamento diurético do edema é reduzir o volume do líquido extracelular e mantê-lo em nível reduzido. Isso requer uma natriurese inicial, mas, em estado de equilíbrio, a excreção urinária de cloreto de sódio retorna a nível quase normal, apesar da administração continuada de diuréticos. É importante notar que aumento na excreção de sódio e água não demonstrará eficácia terapêutica se o volume de líquido extracelular não diminuir. Por outro lado, retorno a níveis "basais" de excreção urinária de cloreto de sódio não indica resistência diurética. A eficácia mantida de um diurético é documentada pelo rápido reinício da expansão do volume de LEC, que ocorre se o diurético for suspenso.

A. Ao começar a usar um diurético de alça como tratamento para edema, é importante estabelecer uma meta terapêutica, geralmente um peso a ser atingido. Se uma dosagem baixa não levar à natriurese, ela pode ser dobrada repetidamente, até que a dose máxima recomendada seja alcançada (Tabela 1-3). Quando um diurético é administrado por via oral, a magnitude da resposta natriurética é determinada pela potência intrínseca do medicamento, dose, biodisponibilidade, quantidade que chega ao rim, quantidade que entra no líquido tubular (a maioria dos diuréticos atua a partir do lado luminal) e estado fisiológico do indivíduo. Exceto nos diuréticos proximais, a potência natriurética máxima de um diurético pode ser prevista a partir de seu local de atuação.

Tabela 1-2 Classificação fisiológica dos diuréticos.

Diuréticos osmóticos

Diuréticos proximais
Inibidores de anidrase carbônica
  Acetazolamida

Diuréticos de alça (FE_{Na} máxima = 30%)
Inibidores de Na-K-2Cl
  Furosemida
  Bumetanida
  Torsemida
  Acido etacrínico

Diuréticos de TCD (FE_{Na} máxima = 9%)
Inibidores de Na-Cl
  Clorotiazida
  Hidroclorotiazida
  Metolazona
  Clortalidona
  Indapamida*
  Muitos outros

Diuréticos de duto coletor (FE_{Na} máxima = 3%)
Bloqueadores de canal de Na
  Amilorida
  Trianfereno
Antagonistas da aldosterona
  Espironolactona
  Eplerenona

* A indapamida pode ter outras ações também. TCD, Túbulo contorcido distal.

A Tabela 1-2 mostra que os diuréticos de alça podem aumentar a fração de excreção do sódio (Na) para 30%, os diuréticos de túbulo contorcido distal (TCD) podem aumentá-la para 9% e os bloqueadores de canal de sódio podem aumentá-la para 3% da carga filtrada. A potência diurética intrínseca de um diurético é definida por sua curva dose-resposta, que é geralmente sigmóide. A relação sigmóide acentuada é a razão pela qual diuréticos de alça são descritos como *threshold drugs* ou "medicamentos de limiar". Ao iniciar tratamento com diuréticos de alça, é importante garantir que cada dose alcance a parte inclinada da curva dose-resposta antes que a freqüência da dose seja ajustada.

Em virtude de os diuréticos de alça possuírem ação rápida, muitos pacientes notam aumento da diurese várias horas depois de tomar o medicamento; isso pode ser útil para constatar se foi alcançada a dose adequada. Como os diuréticos de alça são de ação curta, qualquer aumento da diurese por mais de seis horas após uma dose não tem relação com os efeitos do medicamento. Portanto, a maioria dos diuréticos de alça deve ser administrada pelo menos duas vezes ao dia, quando tomados por via oral.

B. A biodisponibilidade dos diuréticos varia muito entre as classes de medicamento, entre medicamentos diferentes da mesma classe e até mesmo entre medicamentos iguais. A dos diuréticos de alça varia de 10% a 100% (em média, 50% para a furosemida; de 80% a 100% para a bumetanida e a torsemida). A biodisponibilidade limitada pode geralmente ser superada pela dosagem adequada, mas alguns medicamentos, como a furosemida, são absorvidos de maneira variada pelo mesmo paciente em dias diferentes, tornando difícil a titulação precisa. É praxe dobrar a dose de furosemida ao mudar a terapia de intravenosa para oral, mas a relação entre a dose intravenosa e a oral pode variar. Por exemplo, a quantidade de sódio excretada durante 24 horas é semelhante, independentemente da furosemida ser administrada a um indivíduo normal via oral ou por via intravenosa, apesar da biodisponibilidade de 50%.

Tabela 1-3 Doses máximas de diuréticos de alça.

	Furosemida (mg)		Bumetanida (mg)		Torsemida (mg)	
	IV	Oral	IV	Oral	IV	Oral
Insuficiência renal						
TFG 20-50 ml/min	80	80-160	2-3	2-3	50	50
TFG < 20 ml/min	200	240	8-10	8-10	100	100
Insuficiência renal aguda severa	500	NA	12	NA		
Síndrome nefrótica	120	240	3	3	50	50
Cirrose	40-80	80-160	1	1-2	10-20	10-20
Insuficiência cardíaca congestiva	40-80	160-240	2-3	2-3	20-50	50

TFG, Taxa de filtração glomerular.
Observação: A dose máxima indica a dose que produz o aumento máximo na excreção fracionada de sódio. Doses maiores podem aumentar a natriurese líquida diária ao aumentarem a *duração* da natriurese sem aumentar a taxa máxima.

Esse paradoxo resulta do fato de que a absorção da furosemida por via oral é mais lenta que seu *clearance*, levando a uma cinética de "absorção limitada". Assim, as concentrações séricas efetivas de furosemida persistem mais tempo quando o medicamento é administrado via oral, porque um reservatório no trato gastrintestinal continua a fornecer furosemida ao corpo. Essa relação é válida para um indivíduo normal. Portanto, é difícil prever a relação precisa entre doses orais e intravenosas.

IV. RESISTÊNCIA DIURÉTICA. Os pacientes são considerados diurético-resistentes quando se observa redução inadequada no volume do LEC, apesar de doses quase máximas de diuréticos de alça. Várias causas dessa resistência podem ser determinadas, considerando-se fatores que afetam a eficácia diurética, conforme discutido acima.

A. Causas da resistência diurética
   1. Ingestão excessiva de NaCl na dieta é uma das causas da resistência diurética. Quando a ingestão de NaCl é alta, pode ocorrer retenção renal de NaCl entre períodos natriuréticos, mantendo assim a expansão do volume do LEC. Dosagem do sódio urinário excretado durante 24 horas pode ser útil no diagnóstico de ingestão excessiva. Se o paciente estiver em estado de equilíbrio (peso estável), então o sódio urinário excretado durante 24 horas é igual à ingestão na dieta de NaCl. Se a excreção de sódio exceder 100 a 120 mM (aproximadamente 2-3 g de sódio por dia), então o consumo de NaCl na dieta está alto demais e deve-se proceder à orientação alimentar adequada.
   2. Deficiência no transporte diurético para seu local de ação no túbulo renal é outra causa de resistência diurética. A maioria dos diuréticos, incluindo os diuréticos de alça, de TCD e amilorida, atua a partir da superfície luminal. Embora os diuréticos tenham moléculas pequenas, a maioria circula enquanto ligadas firmemente a proteínas e alcançam o líquido tubular basicamente por meio de secreção tubular. Os diuréticos de alça e de TCD são ânions orgânicos que circulam ligados à albumina e alcançam o líquido tubular basicamente através da via secretora de ânions orgânicos no túbulo proximal. Embora dados experimentais sugiram que a resistência diurética ocorra quando as concentrações séricas de albumina estão muito baixas, em virtude do aumento do volume de distribuição do diurético, a maioria dos estudos sugere que esse efeito é apenas marginalmente significativo em termos clínicos e observado apenas quando a concentração sérica de albumina diminui abaixo de 2 g/l. Uma variedade de substâncias endógenas e exógenas que competem com os diuréticos por secreção no líquido tubular são causas mais prováveis de resistência diurética. Ânions urêmicos, AINEs, probenecida e penicilinas, todos inibem a secreção de diuréticos de TCD e de alça no líquido tubular. Sob certas condições, isso pode predispor à resistência diurética, porque a concentração do medicamento alcançada no líquido tubular não excede o limiar de ação do diurético. Por exemplo, a insuficiência renal crônica desloca para a direita a curva dose-resposta do diurético de alça, exigindo, portanto, uma dose mais alta para atingir o efeito máximo.

3. Ligação do diurético a proteínas no líquido tubular é outro fator que pode influenciar a eficácia do diurético. Os diuréticos encontram-se normalmente ligados a proteínas no plasma, embora nunca sejam secretados na luz tubular. Isso reflete as concentrações normalmente baixas de proteína no líquido tubular. Por outro lado, quando proteínas séricas, como a albumina, são filtradas em quantidades satisfatórias, como na síndrome nefrótica, os diuréticos interagem com elas e perdem eficácia. Apesar de haver evidências em estudos experimentais, estudos clínicos recentes indicam que esse fenômeno não contribui significativamente para a resistência diurética na síndrome nefrótica.

B. Tratamento da resistência diurética. Várias estratégias estão disponíveis para se conseguir o controle efetivo do volume de LEC em pacientes que não respondem a doses máximas de diuréticos de alça eficazes.
   1. Um diurético de outra classe pode ser acrescentado a um tratamento que inclua um diurético de alça (Tabela 1-4 – Terapia Combinada de Diuréticos). Essa estratégia produz verdadeira sinergia; a combinação de agentes é mais eficaz do que a *soma* das respostas a cada agente sozinho. Diuréticos de TCD são mais comumente combinados com diuréticos de alça e inibem as mudanças adaptativas no néfron distal, que aumentam a capacidade de reabsorção do túbulo e limitam a potência dos diuréticos de alça. Como os diuréticos de TCD têm meia-vida mais longa do que a dos diuréticos de alça, eles impedem ou atenuam a retenção de NaCl durante os períodos entre doses de diuréticos de alça, aumentando assim seu efeito líquido. Quando dois diuréticos são combinados, o de TCD é geralmente administrado algum tempo antes do de alça (1 hora é tempo razoável) para garantir que o transporte de NaCl no néfron distal seja bloqueado quando ele for inundado de soluto. Quando a terapia intravenosa é indicada, pode-se usar clorotiazida (500–1.000 mg). Metolazona é o diurético de TCD mais freqüentemente combinado com diuréticos de alça, porque sua meia-vida é relativamente longa (segundo a formulação de Zaroxylin) e porque tem sido constatada sua eficácia em presença de insuficiência renal. Outros diuréticos tiazídicos e semelhantes aos tiazídicos, entretanto, parecem ser igualmente eficazes, mesmo em caso de insuficiência renal grave. A dramática eficácia da terapia combinada de diuréticos é acompanhada por complicações em um número significativo de pacientes. Perdas grandes de líquidos e eletrólitos levam a colapso circulatório durante a terapia combinada, e os pacientes devem ser acompanhados com atenção. A dose eficaz mais baixa de diurético de TCD deve ser acrescentada ao tratamento com diurético de alça; freqüentemente, os pacientes podem ser tratados com terapia combinada durante apenas alguns dias e, depois, devem retornar ao tratamento com medicamento único. Quando for necessária terapia combinada, doses baixas de diuréticos de TCD (25 mg de metolazona e 25 mg de hidroclorotiazida) administradas apenas duas ou três vezes por semana podem ser suficientes.
   2. Para pacientes hospitalizados que são resistentes à terapia com diuréticos, a infusão contínua de diuréticos de alça é uma meto-

Tabela 1-4 Terapia combinada de diuréticos (a ser acrescida a uma dose máxima de diurético de alça).

Diuréticos de túbulo contorcido distal:
  Metolazona* 2,5-10 mg oral, diariamente
  Hidroclorotiazida (ou equivalente) 25-100 mg oral, diariamente
  Clorotiazida 500-1.000 mg intravenoso

Diuréticos de túbulo proximal:
  Acetazolamida 250-375 mg diário ou até 500 mg intravenoso

Diuréticos de duto coletor:
  Espironolactona 100-200 mg, diariamente
  Amilorida 5-10 mg, diariamente

*Metolazona é geralmente mais bem administrada por período limitado (3-5 dias) ou deve ser reduzida em freqüência para três vezes por semana depois que o volume do líquido extracelular tiver diminuído até o nível pretendido. Somente em pacientes em que o volume continua expandido, deve-se continuar a administrar doses máximas indefinidamente, com base no peso que se deseja alcançar.

dologia alternativa. **Infusões contínuas de diuréticos** (Tabela 1-5) têm muitas vantagens sobre a administração de diuréticos em *bolus*. Primeiro, por evitarem picos e vales de concentração de diuréticos, as infusões contínuas impedem que ocorram períodos de equilíbrio positivo de NaCl (retenção pós-diurética de NaCl). Segundo, as infusões contínuas são mais eficazes que a terapia em *bolus* (a quantidade de NaCl excretada por mg de medicamento administrado é maior). Terceiro, alguns pacientes que são resistentes a grandes doses de diuréticos ministradas em *bolus* respondem à infusão contínua. Quarto, a resposta diurética pode ser titulada; na unidade de tratamento intensivo, onde a administração necessária de líquidos deve ser equilibrada com sua excreção, pode-se obter controle mais adequado de NaCl e água. Finalmente, complicações relacionadas a altas doses de diuréticos de alça, como a ototoxicidade, parecem ser menos comuns quando são administradas grandes doses como infusão contínua. Doses diárias totais de furosemida acima de 1 g têm sido toleradas quando administradas ao longo de 24 horas. Uma das abordagens é administrar uma dose de carga de 20 mg de furosemida, seguida de uma infusão contínua de 4 a 60 mg por hora. Em pacientes com função renal preservada, a terapia com dose mais baixa deve ser suficiente. Na presença de insuficiência renal, doses maiores podem ser usadas, mas os

Tabela 1-5 Infusão contínua de diuréticos de alça.

Diurético		Taxa de infusão, mg/h		
	Bolus inicial mg	TFG < 25 ml/min	TFG 25-75 ml/min	TFG >75 ml/min
Furosemida	40	20, depois 40	10, depois 20	
Bumetanida	1	1 depois 2	0,5, depois 1	10
Torsemida	20	10 depois 20	5, depois 10	05

pacientes devem ser monitorados atentamente quanto a efeitos colaterais, como depleção de volume do LEC e ototoxicidade.
3. Quando a terapia com diuréticos falha, tem-se utilizado a ultrafiltração com uso de equipamento de hemodiálise ou similar. Embora essa abordagem não seja recomendada para uso rotineiro, em um estudo controlado a resposta à retirada de volume por meio de ultrafiltração foi mais bem sustentada do que após a retirada de volume equivalente por meio de diuréticos. No estudo, os diuréticos de alça induziram a um grande aumento na secreção de renina e angiotensina, provavelmente por estimularem diretamente o mecanismo da *macula densa*. Isso talvez explique os resultados benéficos exclusivos algumas vezes observados depois de retirada não-farmacológica de volume.

V. INSUFICIÊNCIA CARDÍACA CONGESTIVA

A. Os primeiros sintomas clínicos de insuficiência cardíaca ocorrem antes da constatação física evidente de edema e congestão pulmonar. Esses sintomas estão relacionados com a retenção renal compensatória de sódio e água que acompanha a depleção do volume arterial. O paciente pode apresentar histórico de ganho de peso, fraqueza, dispnéia de esforço, tolerância ao exercício diminuída, dispnéia paroxística noturna e ortopnéia. Pode ocorrer nictúria, porque o débito cardíaco e, conseqüentemente, a perfusão renal podem aumentar por causa da posição supina. Pacientes com insuficiência cardíaca congestiva podem perder peso consideravelmente durante os primeiros dias de hospitalização, até mesmo sem a administração de diuréticos, por causa dessa nictúria. Embora o edema não seja perceptível no início da evolução da insuficiência cardíaca congestiva, o paciente pode queixar-se de olhos inchados ao acordar e anéis e sapatos apertados, particularmente no final do dia. Com um edema incipiente, cerca de 3 a 4 litros de líquidos podem ser retidos antes da ocorrência de edema visível.

O período de edema incipiente é seguido de mais sintomas e achados físicos evidentes: crepitações basilares nos pulmões, edema nos tornozelos, estase jugular a 30 graus, taquicardia e ritmo de galope com terceira bulha. Embora os raios x de tórax mostrem apenas a cefalização de vasos pulmonares no início da insuficiência cardíaca, mais tarde ocorre aumento de vasos hilares, linhas B de Kerley e derrames pleurais, geralmente acompanhados de aumento da área cardíaca.

B. Etiologia. Dois mecanismos que reduzem o débito cardíaco são causas reconhecidas da insuficiência cardíaca congestiva: disfunção sistólica e disfunção diastólica. Como existe uma terapia específica que salva vidas no caso da disfunção diastólica, é essencial determinar se a disfunção sistólica está presente quando um paciente apresenta os sintomas e sinais de insuficiência cardíaca, embora exame físico, raios X e eletrocardiograma sejam úteis nesse aspecto, exames diagnósticos adicionais são normalmente indicados. Um ecocardiograma fornece informações sobre as funções sistólica (fração de ejeção) e diastólica e sobre doenças valvulares que possam requerer cirurgia. Hipertiroidismo ou hipotiroidismo oculto e cardiomiopatia alcoólica podem simular insuficiência cardíaca congestiva; estas são doenças tratáveis. Hipertensão não controlada pode contribuir para a insuficiência cardíaca congestiva, porém a doença coronariana é a causa mais comum. Em um estudo, foi constatada doença coronariana em 9 de 38 pacientes que sofreram transplante cardíaco devido a cardiomiopatia dilatada idiopática presumida e em 3 entre 4 pacientes com cardiomiopatia alcoólica presumida. Esses dados sugerem que o cateterismo cardíaco pode ser indicado em praticamente todos os pacientes que apresentem insuficiência cardíaca congestiva recém-instalada. Em pacientes com doença cardíaca preexistente, arritmia cardíaca, embolia pulmonar, suspensão do uso de medicamentos, anemia grave ou febre, abuso do sódio na dieta e agravamento de doença pulmonar obstrutiva crônica com infecção e conseqüente hipóxia são exemplos de fatores precipitantes do agravamento da insuficiência cardíaca congestiva que são potencialmente tratáveis. Medicamentos com efeito inotrópico negativo, como o verapamil, podem piorar a insuficiência cardíaca ao diminuir o débito cardíaco. Um teste de suspensão do uso de medicamentos é o melhor meio de determinar seu possível papel no agravamento da insuficiência cardíaca congestiva.

C. Tratamento. Quando nenhuma dessas causas primárias ou precipitantes da insuficiência cardíaca congestiva for detectável, os princípios gerais de tratamento devem ser revistos. Todo paciente com disfunção sistólica sintomática ou, se assintomática, com fração de ejeção de menos de 40%, deve começar a tomar um inibidor da enzima conversora da angiotensina (iECA), desde que não exista contra-indicação específica. Os iECAs (e os inibidores dos receptores da angiotensina) são agentes singulares que reduzem a pressão sangüínea (pós-carga), deslocam a curva de função renal para a esquerda (promovem perdas contínuas de sódio) e bloqueiam hormônios neurorreguladores mal-adaptativos (Figura 1-5). Esses agentes devem ser iniciados em doses baixas (enalapril 2,5 mg duas vezes ao dia ou captopril 6,25 mg três vezes ao dia) e aumentados, caso sejam tolerados, para 10 mg duas vezes ao dia de enalapril ou 50 mg três vezes ao dia de captopril, a menos que ocorram efeitos colaterais. Se o uso do iECA for limitado por tosse ou angioedema, deve-se usar um bloqueador de receptores AT1 da angiotensina (embora o angioedema possa se desenvolver com bloqueadores de receptores AT1, a incidência é mais baixa com essa classe de medicamentos). Se nenhuma classe de medicamento puder ser empregada com segurança, deve-se usar terapia com hidralazina e diidrato ou monoidrato de isossorbida. Tem-se constatado que betabloqueadores melhoram os sintomas e a mortalidade em pacientes com disfunção sistólica. Tanto betabloqueadores seletivos (metoprolol) quanto não-seletivos com propriedades de bloqueio alfa (carvedilol) são aprovados pela Food and Drug Administration (FDA) para tratamento de insuficiência cardíaca congestiva. Como os betabloqueadores podem levar a exacerbações sintomáticas da insuficiência cardíaca, esses medicamentos são iniciados apenas quando os pacientes estão clinicamente estáveis e sem expansão do volume do LEC. O papel dos digitálicos foi esclarecido por recentes estudos controlados. Digoxina melhora significativamente os sintomas e reduz a incidência de hospitalização em pacientes com função ventricular esquerda prejudicada, mas não parece prolongar a sobrevida.

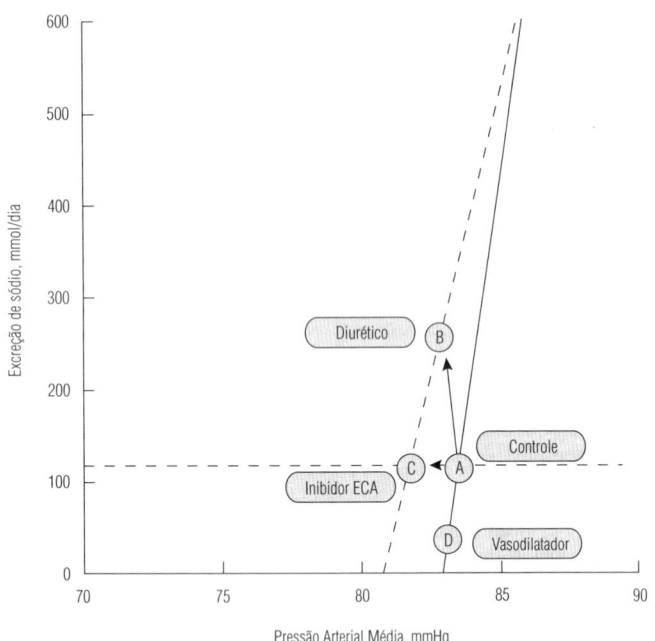

Figura 1-5 Comparação dos efeitos de diurético, inibidor de enzima conversora de angiotensina (iECA) e vasodilatador sobre a pressão arterial média e a natriurese. A curva da função renal normal é mostrada (linha sólida). Acréscimo de um vasodilatador reduz a pressão arterial média, mas também diminui a natriurese, porque a pressão sangüínea diminui. Um diurético muda o indivíduo para uma nova curva de função renal (linha tracejada), aumentando assim a natriurese, mas tem pouco efeito sobre a pressão sanguínea. Um iECA muda o indivíduo para uma nova curva de função renal, mantendo a natriurese a uma pressão sanguínea mais baixa.

Portanto, esse medicamento é indicado para tratamento sintomático quando combinado com iECAs e diuréticos. Em certos estados clínicos de insuficiência cardíaca, porém, os digitálicos têm demonstrado valor terapêutico, por exemplo, em relação a tireotoxicose, doença pulmonar obstrutiva crônica e *cor pulmonale*. Os digitálicos podem, na verdade, piorar os sintomas em pacientes com cardiomiopatia obstrutiva hipertrófica e estenose subaórtica, tamponamento pericárdico e pericardite constritiva. Deve-se lembrar também que a digoxina é excretada pelos rins; portanto, o intervalo das doses deve ser aumentado no paciente com doença renal crônica (ver Capítulo 16). Pacientes idosos devem receber uma dose reduzida (ex., 0,125 mg por dia), mesmo que o nível sérico de creatinina não esteja aumentado. Como a função renal se deteriora com a idade, os níveis séricos de creatinina podem não subir por causa de perda concomitante de massa muscular. Embora se trate de uma terapia aguda potencialmente útil, os inibidores de fosfodiesterase, como a milrinona, que também aumenta o débito cardíaco, demonstraram aumentar a mortalidade quando usados cronicamente. Esses medicamentos deveriam ser evitados.

Na presença de congestão pulmonar sintomática ou edema periférico, a terapia com diuréticos é indicada (Figura 1-5). Um diurético de alça geralmente é utilizado como terapia de primeira linha, embora alguns pacientes possam ser tratados utilizando-se um tiazídico. Em pacientes com insuficiência cardíaca congestiva, a terapia com diuréticos deve ser instituída com total conhecimento da curva de Starling-Frank de contratilidade miocárdica (Figura 1-6). Paciente com insuficiência cardíaca congestiva que responde a um diurético apresentará melhora da sintomatologia à medida que diminuem o volume diastólico final e a congestão pulmonar. Contudo, como a curva de Starling-Frank é geralmente plana ou tem inclinação ascendente, até mesmo em corações que estão falhando, pode não ocorrer melhora no débito cardíaco. Se, durante o tratamento com diurético de pacientes com insuficiência cardíaca congestiva, o nível sérico de creatinina e o nível de nitrogênio uréico no sangue começarem a subir, é provável que o débito cardíaco tenha caído. Essa situação é especialmente percebida em pacientes que recebem terapia com iECA. Os iECAs prejudicam a auto-regulação renal e tornam os pacientes susceptíveis à azotemia pré-renal. Quando se desenvolve azotemia branda em um paciente tratado com iECA, aconselha-se a redução da dose de diuréticos ou liberação da ingestão de sal na dieta, desde que não haja presença de congestão pulmonar simultaneamente. Constata-se que essa

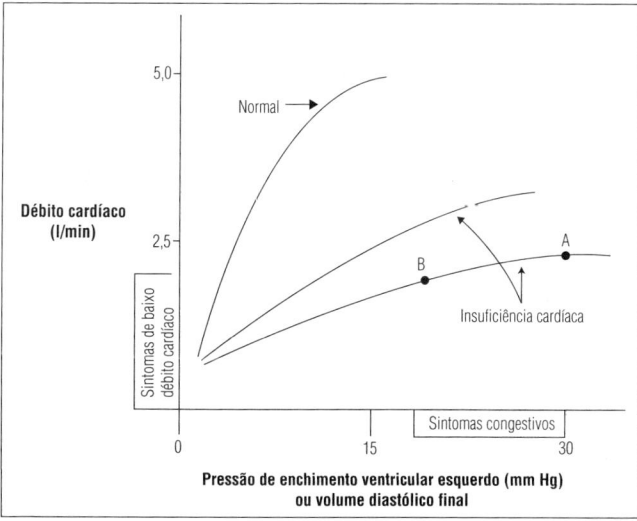

Figura 1-6 Relação entre débito cardíaco e pressão de enchimento ventricular esquerdo em circunstâncias normais (curva superior) e insuficiência cardíaca congestiva de baixo débito (curva inferior). Redução da pós-carga (ex., inibidor da enzima conversora da angiotensina ou vasodilatador) ou melhora da contratilidade (agentes inotrópicos) pode deslocar a curva inferior em direção à curva do meio. Redução de pré-carga induzida por diurético ou outras causas de depleção de volume podem reduzir o débito cardíaco (ex., deslocamento do ponto A para o ponto B na curva inferior). (Extraído de Schrier RW, *Renal and Electrolyte Disorders*, 4ª ed. Boston: Little, Brown, 1990. Reimpresso com autorização.)

abordagem tem permitido a administração continuada de iECAs a muitos pacientes. É preferível edema nos membros inferiores a declínio no débito cardíaco induzido por diuréticos, conforme estimado pela ocorrência ou agravamento de azotemia pré-renal. Pacientes com insuficiência cardíaca congestiva são especialmente sensíveis à deterioração da função renal se forem usados AINEs junto com diuréticos e iECAs. Por isso, os AINES devem ser evitados ao máximo nessa população de pacientes.

Tanto a insuficiência cardíaca congestiva em si quanto o tratamento com diuréticos de alça estimulam o eixo renina-angiotensina-aldosterona. Dois grandes estudos forneceram evidências de que o bloqueio de receptores de mineralocorticóides (aldosterona) pode melhorar a mortalidade de tais pacientes. Em um experimento, o acréscimo de espironolactona (25 mg a 50 mg por dia) a um tratamento que incluía um iECA e um diurético (com ou sem digoxina) reduziu a mortalidade por todas as causas em 30% e a hospitalização por insuficiência cardíaca em 35%. Ginecomastia, efeito colateral relativamente comum da espironolactona devido a seus efeitos colaterais estrogênicos, não parece ocorrer com a eplerenona, droga mais nova e mais seletiva.

Hipercalemia é uma preocupação quando se institui o bloqueio da aldosterona. Recomenda-se atualmente que o potássio sérico seja monitorado uma semana após o início da terapia com bloqueador de aldosterona, depois de um mês e, daí por diante, a cada três meses. Aumento no potássio sérico maior que 5,5 mEq/l deve ensejar uma avaliação sobre o uso de suplementos de potássio ou AINEs que possam estar contribuindo para a hipercalemia. Se tais fatores não forem detectados, a dose do bloqueador de aldosterona deve ser reduzida 25 mg em dias alternados. É prudente evitar o uso de bloqueadores de aldosterona em pacientes com *clearance* de creatinina < 30 ml/min e ter cautela com aqueles com *clearance* de creatinina entre 30 e 50 ml por minuto. Esses pacientes devem ser acompanhados com muita atenção.

As complicações da terapia com diuréticos são mostradas na Tabela 1-6. Embora a hiponatremia possa ser uma complicação do tratamento com diuréticos, a furosemida, quando combinada com iECAs, pode atenuá-la em alguns pacientes com insuficiência cardíaca congestiva, possivelmente ao melhorar o débito cardíaco. Hipocalemia e hipomagnessemia são complicações freqüentes do tratamento com diuréticos em pacientes com insuficiência cardíaca, por causa do hiperaldosteronismo secundário, que aumenta o transporte de sódio para locais distais em que a aldosterona estimula a secreção de íons de potássio e hidrogênio. Perda renal grave de magnésio pode ocorrer também em presença de hiperaldosteronismo secundário e na administração de diuréticos de alça. Como a depleção de magnésio ou de potássio causa efeitos deletérios similares no coração, e a repleção de potássio é muito difícil na presença de depleção de magnésio, a reposição suplementar desses cátions é freqüentemente necessária em pacientes com insuficiência cardíaca.

O tratamento de pacientes com insuficiência cardíaca congestiva e função sistólica preservada tem definição menos clara. O controle da hipertensão é, evidentemente, de suma importância nesses

Tabela 1-6 Complicações dos diuréticos.

Contração do volume vascular
Hipotensão ortostática (causada por depleção de volume)
Hipocalemia (diuréticos de alça e de TCD)
Hipercalemia (espironolactona, eplerenona, triamterene e amilorida)
Ginecomastia (espironolactona)
Hiperuricemia
Hipercalcemia (tiazidas)
Hipercolesterolemia
Hiponatremia (especialmente com diuréticos de TCD)
Alcalose metabólica
Mal-estar gastrintestinal
Hiperglicemia
Pancreatite (diuréticos de TCD)
Nefrite intersticial alérgica

---

pacientes, por ser causa freqüente de hipertrofia cardíaca. Os diuréticos são normalmente necessários para melhorar sintomas de dispnéia e ortopnéia. Betabloqueadores, iECAs, bloqueadores de receptores da angiotensina ou antagonistas de cálcio não-derivados da diidropiridina podem ser benéficos para alguns pacientes com disfunção diastólica.

VI. CIRROSE HEPÁTICA. A fisiopatologia da retenção renal de sódio e água é similar em todas as variedades de cirrose, incluindo a alcoólica, a viral e a biliar. Estudos em seres humanos e animais indicam que a retenção renal de sódio e água precede a formação de ascite na cirrose. Portanto, a clássica "teoria do *underfill*" (hipofluxo), que atribuí à retenção renal de sódio e água da cirrose a formação de ascite com conseqüente hipovolemia, parece indefensável como mecanismo primário. Como a expansão do volume de plasma secundária à excreção renal de sódio e água ocorre antes da formação de ascite, foi proposta a "teoria do transbordamento" (*overflow*) para a formação da ascite. Essa teoria postulava que um processo indefinido, deflagrado pelo fígado adoecido (ex., pressão intra-hepática aumentada), causa retenção renal de sódio e água que, em seguida, transborda para o abdome por causa da hipertensão portal. A teoria do transbordamento, no entanto, prevê que a retenção renal de sal e a formação de ascite estariam relacionadas com níveis reduzidos de vasopressina, renina, aldosterona e norepinefrina. Como esses hormônios aumentam progressivamente, à medida que a cirrose avança do estado de compensação (sem ascite) para descompensação (ascite) e para a síndrome hepatorrenal, a hipótese de transbordamento também não parece explicar a retenção renal de sódio e água relacionada à cirrose avançada. Mais recentemente, foi proposta a teoria da vasodilatação arterial periférica. Essa teoria, resumida na Figura 1-7, é compatível com praticamente todas as observações conhecidas sobre vasodilatação arterial periférica em pacientes, durante os diversos estágios de cirrose.

Segundo ela, a cirrose causa vasodilatação arterial e queda na pressão sanguínea; a hipotensão estimula a retenção renal de NaCl. Não

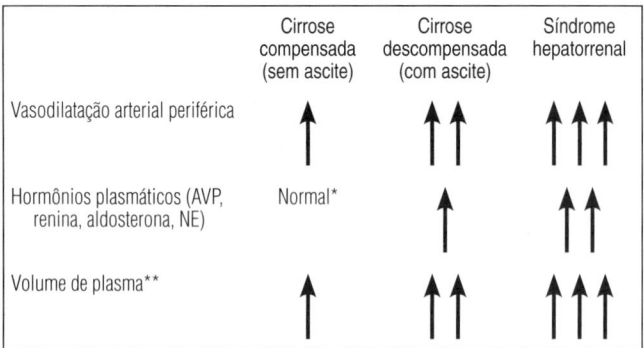

Figura 1-7 Hipótese da vasodilatação arterial periférica. Estágios de progressão da cirrose. (AVP, arginina vasopressina; NE, norepinefrina.)
*Dado o equilíbrio positivo de sódio e água que ocorre, esses hormônios plasmáticos seriam suprimidos em um indivíduo normal sem doença hepática.
**A retenção renal progressiva de sódio e água aumenta o volume de líquido extracelular, líquido intersticial e plasma. Entretanto, a ocorrência concomitante de hipoalbuminemia na cirrose descompensada e a síndrome hepatorrenal podem atenuar o grau de expansão de volume.

se conhece a causa da vasodilatação arterial primária na cirrose, mas sabe-se que ela ocorre no início do curso da doença, antes da formação de ascite, basicamente na circulação esplâncnica.

Embora vários mediadores, entre os quais substância P, peptídeo intestinal vasoativo, endotoxina e glucagon tenham sido propostos como tendo papel importante na vasodilatação arterial, informações recentes indicam que o oxido nítrico pode ter participação crucial. Abertura de *shunts* arteriovenosos esplâncnicos existentes talvez responda por um pouco da vasodilatação arterial inicial. Posteriormente, podem ocorrer novos *shunts* portossistêmicos e arteriovenosos secundários à hipertensão portal.

A. **Opções de tratamento de ascite cirrótica e edema** incluem dieta restritiva de NaCl, diuréticos, paracentese de grande volume, *shunts* peritoneovenosos, *shunts* portossistêmicos (geralmente, *shunts* portossistêmicos intra-hepáticos transjugulares, ou TIPS[1]) e transplante de fígado. Cada uma dessas abordagens desempenha um papel no tratamento da ascite cirrótica, mas a maioria dos pacientes pode ser tratada com êxito por meio de restrição na dieta, diuréticos e, ocasionalmente, paracentese de grande volume.

A terapia inicial da ascite cirrótica é de apoio, incluindo dieta com restrição de sódio e suspensão da ingestão de álcool. Caso essas medidas demonstrem ser inadequadas, deve-se começar um tratamento diurético com espironolactona, que apresenta diversas vantagens. Primeiramente, um experimento controlado mostrou que ela é mais eficaz do que a furosemida sozinha na redução da ascite em pacientes cirróticos. Em segundo lugar, é um diurético de ação prolongada que pode ser administrado uma vez ao dia, em doses variando de 25 mg a 400 mg por dia. Em terceiro lugar, diferentemente da maioria dos diuréticos, não ocorre hipocalemia quando é administrada. Hipocalemia aumenta a produção de amô-

---

[1]. *Transjugular intrahepatic portosystemic shunts* (N. da T.).

nia renal e pode precipitar uma encefalopatia. O efeito colateral mais comum da espironolactona é a ginecomastia dolorosa. (A ginecomastia parece ser muito menos comum com a eplerenona, um antagonista mais novo e mais seletivo, que pode ser usado como substituto.) Embora a amilorida, outro diurético poupador de potássio, possa ser usada como alternativa, a espironolactona é mais eficaz do que a amilorida em reduzir a ascite. Em pacientes que não respondem a uma dose baixa de espironolactona, esta pode ser combinada com a furosemida, começando com 100 mg de espironolactona e 40 mg de furosemida (até um máximo de 400 mg de espironolactona e 160 mg de furosemida). Esse tratamento tem as vantagens de ter dose única diária e de causar hipocalemia mínima.

B. **A taxa adequada de diurese** depende da presença ou ausência de edema periférico. Como é lenta a mobilização do líquido ascítico no compartimento vascular (aproximadamente 500 ml por dia), a taxa de diurese diária deve ser limitada a 0,5 kg por dia, caso haja ausência de edema periférico. Na presença deste, entretanto, a maioria dos pacientes pode tolerar até 1,0 kg por dia de remoção de líquido. Considerando que a ascite no paciente cirrótico descompensado está relacionada a complicações substanciais, entre as quais (a) peritonite bacteriana espontânea (50% a 80% de mortalidade), que não ocorre na ausência de ascite; (b) dificuldade de ambulação, diminuição do apetite e dores nas costas e no abdome; (c) diafragma elevado com ventilação reduzida, predispondo à hipoventilação, atelectasia e infecções pulmonares; e (d) efeitos cosméticos e psicológicos negativos, o tratamento da ascite com diuréticos e restrição de sódio é apropriado. Essa abordagem tem sucesso em aproximadamente 90% dos pacientes, com raras complicações. Estudos anteriores sobre complicações da terapia diurética utilizaram, com freqüência, tratamentos diuréticos mais agressivos.

Uma abordagem alternativa aos diuréticos é a **paracentese de grande volume**. A paracentese total, que ocorre em incrementos ao longo de três dias ou, mais comumente, de uma só vez, tem apresentado poucas complicações; em alguns estudos, a paracentese parece ter menor incidência de complicações do que o tratamento diurético. Quando o edema periférico está ausente, a albumina (6 g para cada litro de líquido ascítico retirado) pode ser infundida visando a reduzir o comprometimento hemodinâmico e a produção de hormônios vasorreguladores. O uso da albumina continua controvertido em pacientes com edema periférico concomitante. Pacientes freqüentemente preferem a paracentese, por causa da melhora rápida dos sintomas; entretanto, os diuréticos e a restrição de sal continuam a ser a abordagem primária e são necessários entre as paracenteses, mesmo naqueles pacientes que não podem ser mantidos sob tratamento apenas com diuréticos.

Os *shunts* portossistêmicos são normalmente realizados como TIPS. Em dois experimentos não-controlados, os TIPS levaram ao aumento no volume de urina excretada, à diminuição marcada da ascite e à redução no uso de diuréticos. A função renal também melhorou. Entretanto, em um experimento controlado, a mortalidade aumentou em pacientes que receberam TIPS, comparativamente aos grupos de controle. Os TIPS podem precipitar encefalopatia hepática, especialmente em pacientes *Child-Pugh* Classe C. Revisão recente da literatura confirmou que os TIPS podem reduzir efetivamente ou eliminar a ascite, mas acarretam uma taxa de complicação substancial. Portanto, é melhor que sejam reservados para pacientes realmente refratários que não receberão transplante de fígado. Considerações semelhantes se aplicam aos *shunts* peritoneovenosos (LeVeen). Em experimentos controlados, constatou-se que os *shunts* peritoneovenosos reduziam a ascite mais eficazmente que a paracentese ou os diuréticos, porém, houve alta taxa de complicações (ex., obstrução de *shunt*); o *shunt* não traz nenhuma vantagem em termos de sobrevida.

Apesar de relatórios que afirmam que a taxa de complicações pode ser reduzida, a maioria dos centros reserva essa terapia para pacientes que são verdadeiramente refratários a abordagens mais tradicionais e que não são candidatos a transplante de fígado.

O desenvolvimento de ascite em paciente portador de cirrose compensada é indicação para transplante de fígado. Em vista da morbidade e da mortalidade relacionadas à cirrose descompensada resistente a diuréticos, o transplante de fígado é um tratamento importante para a expansão do volume do LEC que acompanha a ascite cirrótica. Agravamento da ascite em um indivíduo anteriormente estável é mais freqüentemente causado por doença hepática progressiva, mas também deve ser motivo para investigação da presença de carcinoma hepatocelular e trombose da veia porta.

C. O tratamento da vasodilatação arterial periférica da cirrose tem sido usado apenas em quadro agudo de paciente com hipertensão portal e sangramento em varizes esofágicas. O oxido nítrico pode desempenhar um papel importante na vasodilatação relacionada à cirrose. Em um modelo de cirrose em ratos, o bloqueio da síntese de oxido nítrico corrigiu muitas das perturbações hemodinâmicas e neuro-humorais e reduziu dramaticamente a retenção de sódio e água. Em um experimento de curta duração em seres humanos, entretanto, o bloqueio da síntese de oxido nítrico aumentou a pressão sangüínea, mas não levou à natriurese. Evidências definitivas dessa abordagem dependem de estudos de maior duração. Hipertensão venosa portal é causada não apenas por fibrose capilar intra-hepática, que causa resistência ao fluxo, mas também por aumento do fluxo esplâncnico. Portanto, administração da vasopressina, que contrai seletivamente a vasculatura esplâncnica, tem demonstrado diminuir a pressão venosa portal, reduzindo assim o sangramento varicoso esofágico. Um análogo crônico oral da vasopressina com atividade agonista seletiva V1 (vascular), mas não atividade V2 (antidiurética) e ação razoavelmente prolongada (horas) pode ser valioso no tratamento crônico da hipertensão portal e na prevenção de sangramento varicoso esofágico. Entretanto, um composto assim ainda tem de ser desenvolvido. Como há menos receptores V1 no leito renal que no leito vascular esplâncnico, uma abordagem como essa poderia também aumentar a pressão da perfusão renal sem causar mais vasoconstrição renal.

VII. SÍNDROME NEFRÓTICA. Outra grande causa de edema é a síndrome nefrótica, cujas características clínicas incluem proteinúria (> 3,5 g por dia), hipoalbuminemia, hipercolesterolemia e edema. O grau do edema pode variar de edema nos pés a anasarca, incluindo ascite e derrames pleurais. Quanto menor a concentração de albumina plasmática, maior a probabilidade de ocorrência de anasarca; porém, o grau de ingestão de sódio é também um determinante do grau de edema. A síndrome nefrótica tem muitas causas (ver Capítulo 8). Entre as causas sistêmicas estão diabetes mellitus, lúpus eritematoso, substancias químicas (ex., fenitoína, metais pesados, AINEs), carcinomas, doença de Hodgkin e doenças renais primárias, como a glomerulopatia de lesões mínimas, glomerulopatia membranosa, glomeruloesclerose focal e glomerulonefrite membranoproliferativa.

A. A fisiopatologia da expansão de volume do LEC na síndrome nefrótica parece ser mais variável do que a fisiopatologia do edema na insuficiência cardíaca congestiva ou na ascite cirrótica. Tradicionalmente, acreditava-se que a expansão do volume do LEC na síndrome nefrótica dependia da hipoalbuminemia e da depleção de volume da circulação arterial. Várias observações levantaram dúvidas sobre essa hipótese. Primeiro, a pressão oncótica intersticial em indivíduos normais é maior do que anteriormente avaliado. A transudação de líquido durante a expansão do volume do LEC reduz a pressão oncótica interstcial, minimizando assim a alteração na pressão oncótica transcapilar. Segundo, pacientes em recuperação da glomerulonefrite de lesões mínimas começam freqüentemente a excretar sódio antes que sua concentração de albumina sérica aumente. Terceiro, as concentrações circulantes de hormônios reguladores de volume não são tão altas em pacientes nefróticos quanto em pacientes com cirrose grave ou insuficiência cardíaca congestiva. Essas e outras observações sugerem um papel para a retenção renal primária de NaCl na fisiopatologia do edema nefrótico.

B. Embora a retenção renal "primária" de NaCl possa contribuir para o edema nefrótico em muitos pacientes, ela não é, freqüentemente, o único mecanismo; algum componente do "underfill" também desempenha, com freqüência, papel importante. Entre as evidências desse papel está a observação de que a retenção renal "primária" de NaCl sozinha não leva a edema. A infusão crônica de aldosterona, por exemplo, leva à hipertensão e ao escape da retenção de sódio na ausência de formação de edema. Além disso, os níveis de hormônios vasoativos, embora menores que os níveis comumente vistos na cirrose e na insuficiência cardíaca congestiva, são freqüentemente mais altos do que seria esperado, com base no nível de expansão de volume do LEC. Parece, portanto, que a síndrome nefrótica reflete uma combinação de retenção renal primária de NaCl e depleção do volume arterial relativa. A preponderância de um ou outro mecanismo pode ser observada em nefroses por diferentes causas. Em geral, taxa de filtração glomerular normal ou quase normal está relacionada à síndrome nefrótica vasoconstritora e hipovolêmica, enquanto diminuição na taxa de filtração glomerular, retenção renal primária de sódio e evidências de expansão de volume (ex., redução da atividade da renina plasmática) são características da síndrome nefrótica hipervolêmica.

C. Tratamento. O enfoque inicial da terapia deve ser voltado às causas sistêmicas tratáveis da síndrome nefrótica, como o lúpus eritematoso sistêmico ou medicamentoso (ex., fenitoína, AINE). O tratamento das causas renais primárias da síndrome nefrótica é descrito no Capítulo 8. O tratamento do edema em pacientes nefróticos envolve restrição de sódio na dieta e uso de diuréticos. Como esses pacientes podem não apresentar depleção do volume arterial, como os pacientes com cirrose ou insuficiência cardíaca congestiva, os tratamentos diuréticos são freqüentemente bem tolerados. Em geral, os diuréticos de alça são usados como terapia inicial. Por várias razões, entretanto, pacientes nefróticos são relativamente resistentes a esses medicamentos. Embora baixas concentrações de albumina sérica possam aumentar o volume de distribuição diurética e a albumina alterada possa se ligar aos diuréticos no lúmen do túbulo, esses fatores não parecem ser as causas predominantes da resistência diurética. Ao contrário, esta provavelmente reflete uma combinação de taxa reduzida de filtração glomerular e intensa retenção renal de NaCl. Quando a taxa de filtração glomerular é reduzida, os ânions orgânicos endógenos dificultam a secreção diurética no lúmen tubular, onde esses medicamentos atuam para inibir o transporte de NaCl. Portanto, doses mais altas de diuréticos de alça são freqüentemente necessárias para obter natriurese. A administração de albumina a pacientes com síndrome nefrótica pode ser dispendiosa e causar edema pulmonar. Um estudo, entretanto, sugeriu que a mistura de albumina com um diurético de alça (6,25 g de albumina para 40 mg de furosemida) pode induzir diurese em pacientes gravemente hipoalbuminêmicos. Recentemente, um estudo duplo-cego controlado com nove pacientes nefróticos comparou os efeitos de (a) 60 mg de furosemida intravenosa, (b) 60 mg de furosemida intravenosa mais 200 ml de solução de albumina a 20%, e (c) uma infusão de placebo mais 200 ml de albumina. A co-administração de furosemida e albumina foi significativamente mais eficaz do que de uma ou outra sozinha. Os autores observaram que, embora o acréscimo de albumina aumentasse de fato a natriurese, o benefício foi relativamente pequeno.

LEITURAS SUGERIDAS

Abraham W, Cadnapaphornchai M, Schrier RW. Cardiac failure, liver disease and the nephrotic syndrome. In: Schrier RW, ed. *Diseases of the kidney and urinary tract*, 7th ed. Philadelphia: Lippincott Williams & Wilkins, 2004;2465-2510.

Brater DC. Diuretic therapy. *N Engl J Med* 1998; 839:387-395.

Ellison DH. *Intensive diuretic therapy.* In: Seldin D, Giebisch G, eds. *Clinical physiology and use of diuretic agents.* San Diego: Academic Press, 1997:281-300.

Ellison DH. *Adaptation to diuretic drugs* In: Seldin D, Giebisch G, eds. *Clinical physiology and use of diuretic agents.* San Diego: Academic Press, 1997;209-231.

Ellison DH. Diuretic therapy and resistance in congestive heart failure. *Cardiology* 2001;96:132-143.

Fliser D, Zurbruggen I, Mutschler E, et al. Coadministration of albumin and furosemide in patients with the nephrotic syndrome. *Kidney Int* 1999;55: 629-634.

Schrier RW. Pathogenesis of sodium and water retention in high and low output cardiac failure, cirrhosis, nephrotic syndrome, and pregnancy. *N Engl J Med* 1988;319:16,1065-1072;319:17,1127-1134.

Schrier RW. A unifying hypothesis of body fluid volume regulation. *J R Coll Physicians Lond* 1992;26:297.

Schrier RW, Abraham WT. Hormones and hemodynamics in heart failure. *N Engl J Med* 1999;341:8:577-585.

Schrier RW, Arroyo V, Bernardi M, et al. Peripheral arterial vasodilation hypothesis: a proposal for the initiation of renal sodium and water retention in cirrhosis. *Hepatology* 1998;8:1151.

Schrier RW, Fassett RG. A critique of the overfill hypothesis of sodium and water retention in the nephrotic syndrome. *Kidney Int* 1998;53:1111-1117.

Schrier RW, Gurevitch AK, Abraham WT. Renal sodium excretion, edematous disorders, and diuretic use. In: Schrier RW, ed. *Renal and electrolyte disorders* 6th ed. Philadelphia: Lippincott Williams & Wilkins, 2002:64-114.

Capítulo 2

O Paciente com Hiponatremia e Hipernatremia

Tomas Berl e Robert W. Schrier

Controle do sódio sérico e osmolalidade. Em condições fisiológicas, a concentração de sódio no plasma é mantida em uma faixa muito estreita, entre 138 e 142 mEq por litro, apesar de grandes variações na ingestão de água. Como o sódio é o cátion predominante no líquido extracelular (LEC), isso reflete a faixa igualmente estreita em que é regulada a tonicidade (osmolalidade) dos fluidos corporais, entre 250 e 290 mOsm por kg. Assim, a osmolalidade plasmática calculada pode ser expressa como se segue:

$$P_{OSM} = 2[Na^+] + \frac{\text{nitrogênio uréico no sangue (mg/dl)}}{2,8} + \frac{\text{glicose (mg/dl)}}{18}$$

O sódio sérico (concentração) e a osmolalidade plasmática são mantidos nessas faixas normais pela função da arginina vasopressina, um osmorreceptor muito sensível que controla a secreção do hormônio antidiurético. Esse hormônio, por sua vez, é essencial para determinar a excreção de água, ao possibilitar a diluição urinária em sua ausência e a concentração urinária em sua presença. Ocorrem transtornos hiponatrêmicos quando a ingestão de água excede a capacidade de diluição dos rins do paciente. Por outro lado, ocorre hipernatremia em quadros relacionados a defeitos de concentração urinária, acompanhados de ingestão inadequada de água.

Hiponatremia. *Hiponatremia*, definida como concentração de sódio plasmático menor que 135 mEq/l, é uma ocorrência freqüente no paciente internado. Sugere-se que aproximadamente 10% a 15% dos pacientes em hospitais têm baixa concentração de sódio plasmático em algum momento de seu período de internação. Hiponatremia, no paciente ambulatorial, é uma ocorrência muito menos freqüente e está normalmente relacionada a doença em estado crônico.

I. INTERPRETAÇÃO DO SÓDIO SÉRICO. Na maioria das circunstâncias clínicas, decréscimo do sódio sérico reflete um estado hipoosmolar. Entretanto, é importante reconhecer quadros em que o nível de sódio normal, ou mesmo baixo, não reflete um estado osmótico normal ou hipoosmótico. Acréscimo ao LEC de solutos osmoticamente ativos que não penetram imediatamente nas células, como glicose, manitol ou glicina, faz com que a água passe das células para o LEC, levando assim à desidratação celular e à diminuição na concentração de sódio sérico. Essa *hiponatremia translocacional* não reflete mudanças na água total do corpo, mas, sim, seu movimento dessa do compartimento intracelular para o extracelular.

Na hiperglicemia, para cada aumento de 100 mg/l na glicose sangüínea, ocorre queda de 1,6 mEq/l na concentração de sódio plasmático, à medida que a água sai das células e entra no LEC. Por exemplo, em um paciente diabético não tratado, à medida que a glicose sanguínea aumenta de 200 para 1.200 mg/dl, espera-se que a concentração de sódio plasmático caia de 140 para 124 mEq/l (1,6 mEq/L × 10 = 16 mEq) sem alteração no total de água corporal e eletrólitos. Por outro lado, o tratamento com insulina e a redução no açúcar no sangue de 1.200 para 200 mg/dl nesse paciente diabético resulta em um comparável movimento osmótico da água do LEC para dentro das células e um retorno da concentração de sódio plasmático para 140 mEq/l, sem qualquer alteração no total de água corporal e eletrólitos.

Hiponatremia pode ocorrer sem alteração na osmolalidade plasmática, fenômeno chamado de pseudo-hiponatremia, que por sua vez ocorre quando a fase sólida do plasma, basicamente lipídeos e proteínas (normalmente 6% a 8%), aumenta muito, como na hipertrigliceridemia grave e transtornos paraproteinêmicos. Essa falsa leitura é conseqüência dos métodos de fotometria de chama, que medem a concentração de Na^+ em todo o plasma e não apenas na fase líquida. Estima-se que um aumento de 4,6 g/l nos lipídeos plasmáticos ou de 10 g/dl nas proteínas plasmáticas reduz a concentração de sódio sérico em 1 mEq/g. Isso não representa um problema quando o soro não-diluído é analisado com um eletrodo de íon específico que mede a concentração de sódio na água sérica.

II. ABORDAGEM DO PACIENTE HIPONATRÊMICO HIPO-OSMOLAR.

Na ausência de pseudo-hiponatremia ou de excesso de soluto osmoticamente ativo no LEC, a etapa inicial mais importante no diagnóstico da hiponatremia é a avaliação do status do volume de LEC.

O sódio é o cátion primário no compartimento do LEC. Portanto, o sódio e os ânions que o acompanham determinam a osmolalidade do LEC e o volume de fluido. O volume do LEC propicia o melhor índice de sódio intercambiável corporal total. Um exame físico atento voltado para a avaliação do status do volume do LEC possibilita, portanto, a classificação do paciente hiponatrêmico em três categorias exclusivas: (a) hiponatremia na presença de excesso de sódio corporal total; (b) hiponatremia na presença de déficit de sódio corporal total; e (c) hiponatremia com sódio corporal total quase normal. Por exemplo, o paciente edematoso é classificado como tendo hiponatremia com excesso de sódio corporal total. O paciente que apresenta depleção de volume sem estase jugular, turgor de pele reduzido, membranas mucosas secas e hipotensão ortostática e taquicardia é classificado como tendo hiponatremia com déficit de sódio corporal total. O paciente sem edema nem evidência de depleção do volume do LEC é classificado como tendo hiponatremia com sódio corporal total quase normal (Figura 2-1).

A. No paciente **hiponatrêmico hipervolêmico (edematoso)**, o sódio corporal total e a água corporal total estão aumentados; a água mais do que o sódio.

Esses pacientes apresentam insuficiência cardíaca, cirrose, síndrome nefrótica ou insuficiência renal. Quando a hiponatremia é secundária a doença cardíaca e hepática, a doença está avançada e é imediatamente detectável no exame clínico. Na ausência do uso de diuréticos, a concentração de sódio urinário no paciente edematoso hiponatrêmico deve ser muito baixa (menor que 10 mEq/l),

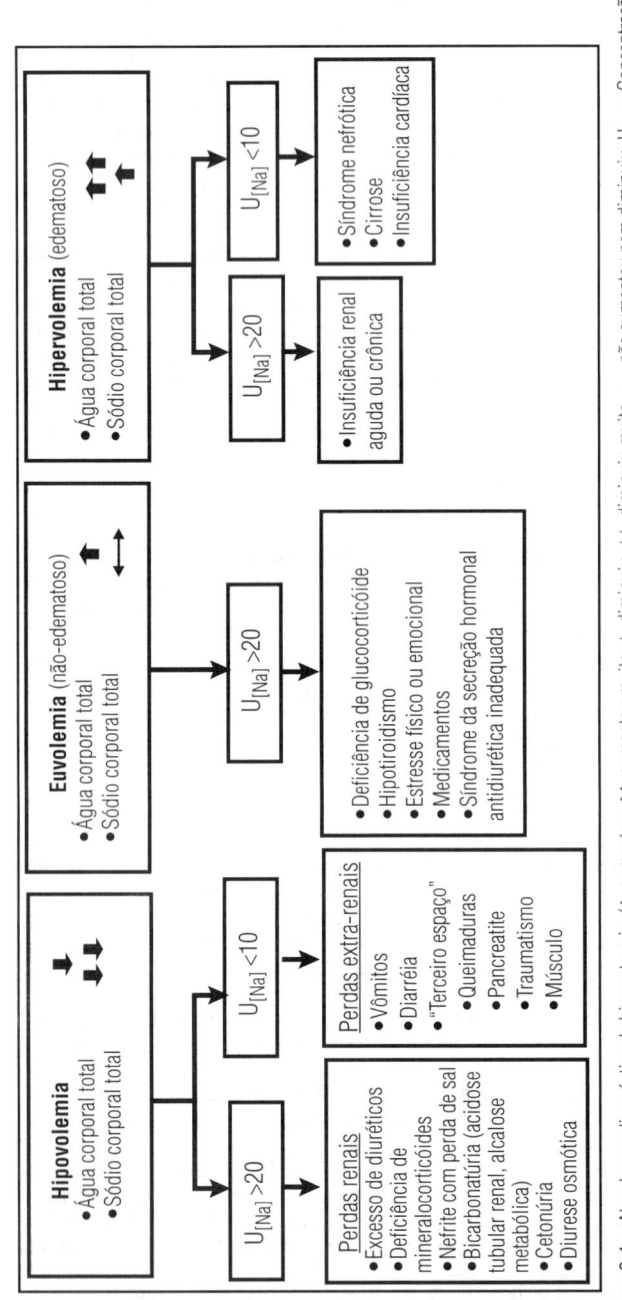

Figura 2-1 Abordagem diagnóstica da hiponatremia. (↑, aumentou; ↑↑, aumentou muito; ↓, diminuiu; ↓↓, diminuiu muito; ↔, não aumentou nem diminuiu; $U_{[Na]}$ = Concentração de sódio urinário, em mEq/l.)

Hipovolemia
- Água corporal total ↓
- Sódio corporal total ↓↓

$U_{[Na]} > 20$ — Perdas renais
- Excesso de diuréticos
- Deficiência de mineralocorticóides
- Nefrite com perda de sal
- Bicarbonatúria (acidose tubular renal, alcalose metabólica)
- Cetonúria
- Diurese osmótica

$U_{[Na]} < 10$ — Perdas extra-renais
- Vômitos
- Diarréia
- "Terceiro espaço"
- Queimaduras
- Pancreatite
- Traumatismo
- Músculo

Euvolemia (não-edematoso)
- Água corporal total ↑
- Sódio corporal total ↔

$U_{[Na]} > 20$
- Deficiência de glucocorticóide
- Hipotiroidismo
- Estresse físico ou emocional
- Medicamentos
- Síndrome da secreção hormonal antidiurética inadequada

Hipervolemia (edematoso)
- Água corporal total ↑↑
- Sódio corporal total ↑

$U_{[Na]} > 20$
- Insuficiência renal aguda ou crônica

$U_{[Na]} < 10$
- Síndrome nefrótica
- Cirrose
- Insuficiência cardíaca

por causa da ávida reabsorção tubular de sódio. Ocorre exceção na presença de insuficiência renal aguda ou crônica, em que, por causa da disfunção tubular, a concentração de sódio urinário é mais alta (maior que 20 mEq/l).
B. As possibilidades diagnósticas do paciente hiponatrêmico hipovolêmico são inteiramente diferentes. Novamente, a dosagem da concentração de sódio urinário é importante.

Se o paciente hiponatrêmico com depleção de volume apresenta baixa concentração de sódio (inferior a 10 mEq/l), os rins estão funcionando normalmente ao conservar sódio em resposta à depleção de volume do LEC. Por outro lado, se a concentração de sódio urinário for maior que 20 mEq/l em um paciente hiponatrêmico e hipovolêmico, os rins não estão respondendo adequadamente à depleção de volume do LEC, e as perdas renais de sódio e água devem ser avaliadas como causa provável da hiponatremia.

Em um paciente hiponatrêmico e hipovolêmico com concentração de sódio urinário menor que 10 mEq/l, deve-se investigar uma fonte de perda gastrintestinal (ou "de terceiro espaço") de sódio e água. A fonte pode ser imediatamente detectável se o paciente apresentar histórico de vômitos, diarréia ou ambos. Na ausência de um histórico óbvio de perda de líquidos gastrintestinais, várias outras possibilidades diagnósticas devem ser avaliadas. Podem ocorrer perdas substanciais do LEC na cavidade abdominal, na peritonite ou pancreatite, e dentro do lúmen intestinal, na ileocolite ou colite pseudomembranosa. O paciente que faz uso abusivo subreptício de catárticos pode apresentar depleção visível de volume do LEC e nenhum histórico de perdas gastrintestinais. A presença de acidose metabólica hipocalêmica e fenoftaleína na urina pode ser uma pista para esse diagnóstico. A constatação de perda de haustrações no enema de bário e melanosis coli na endoscopia são outras pistas com relação ao abuso de catárticos. Queimaduras ou lesões musculares também podem levar a um estado de hipovolemia e hiponatremia secundário a perdas substanciais de fluidos e eletrólitos na pele e nos músculos.

Em paciente hiponatrêmico e hipovolêmico com nível de sódio urinário superior a 20 mEq/l ocorrem perdas renais, e várias possibilidades diagnósticas diferentes devem ser levadas em conta.
a. O uso excessivo de diuréticos é o principal entre esses diagnósticos. Ele ocorre quase exclusivamente com diuréticos tiazídicos, porque esses agentes, ao contrário dos diuréticos de alça, alteram apenas a capacidade de diluição urinária; a concentração urinária permanece inalterada. Queda na concentração de sódio plasmático em paciente que está recebendo diuréticos pode ser a primeira pista de que é necessário ajuste de dosagem. Em alguns pacientes com abuso de diuréticos, a depleção de volume do LEC não é imediatamente visível ao exame clínico. Contudo, uma pista importante para o diagnóstico da hiponatremia induzida por diuréticos é que praticamente todos esses pacientes, caso estejam recebendo diuréticos que causam perda de potássio, apresentam alcalose metabólica hipocalêmica relacionada ao quadro. Se, no entanto, um diurético poupador de potássio estiver envolvido (ex., triamtereno, amilorida ou espironolactona), pode não haver presença de hipocalemia

nem de alcalose metabólica. Suspensão do uso do diurético é o melhor meio de confirmar o diagnóstico da hiponatremia induzida por diuréticos. Contudo, deve-se ter em mente que a restauração do volume do LEC também é necessária para corrigir a hiponatremia. No paciente hipocalêmico, a reposição de potássio também pode ser necessária para concluir a correção do desequilíbrio na concentração de sódio plasmático.

O abuso sub-reptício de diuréticos ocorre entre mulheres na pré-menopausa, que os usam para perda de peso ou outras razões cosméticas (ex., tornozelos, panturrilhas ou rosto edemaciados). Pode ser difícil distinguir esses pacientes de outros com vômito sub-reptício, porque ambos podem apresentar evidências de depleção do volume do LEC e alcalose metabólica hipocalêmica. A presença ou ausência de hiponatremia depende da ingestão de água do paciente. O principal exame diagnóstico para distinguir entre o paciente hiponatrêmico hipovolêmico com alcalose metabólica que abusa de diuréticos e o paciente com vômito sub-reptício é a concentração de cloreto urinário. Pacientes com vômito sub-reptício têm concentrações baixas (inferior a 10 mEq/l) e pacientes que abusam de diuréticos as têm altas (superior a 20 mEq/l).

b. **Nefrite perdedora de sal.** Pacientes com doença cística medular, nefrite intersticial crônica, doença renal policística, nefropatia por analgésicos, obstrução parcial do trato urinário e, raramente, glomerulonefrite crônica podem apresentar hiponatremia hipovolêmica secundária à nefrite perdedora de sal. Esses pacientes geralmente têm insuficiência renal moderadamente avançada com níveis de creatinina sérica maiores que 3 a 4 mg/dl. Esse diagnóstico praticamente não deveria ser levado em conta em pacientes com doença renal que não esteja relacionada a creatinina sérica elevada. Pacientes com nefrite perdedora de sal podem precisar ingerir cloreto de sódio (NaCl) suplementar para evitar depleção do volume do LEC, ou podem se tornar muito suscetíveis à depleção do volume do LEC relacionado a uma ingestão reduzida ou a perdas extra-renais (ex., gastrintestinais) de sódio e água. Como esses pacientes podem apresentar pigmentação secundária a dermatite urêmica e exibir hiponatremia e depleção de volume, sua doença foi inicialmente descrita como simulando a doença de Addison.

c. **Deficiência de mineralocorticóides.** Paciente com doença de Addison (i.e, insuficiência adrenal primária) geralmente apresenta hipercalemia relacionada ao quadro; azotemia pré-renal normalmente não aumenta a creatinina sérica para concentrações maiores que 3 mg/dl. Em pacientes com deficiência de mineralocorticóides, a reposição do volume do LEC pode corrigir tanto a hiponatremia quanto a hipercalemia. Durante períodos de estresse, o nível de cortisol plasmático retorna à faixa normal. Assim, caso haja suspeita de insuficiência adrenal, deve-se fazer um teste de estimulação de duas horas com cosintropina (Cortrosyn). Além de concentração de sódio urinário superior a 20 mEq/l, outra pista para a deficiência de mineralocorticóides seria a concentração de potássio urinário inferior a de 20 mEq/l. Se a ingestão de líquidos estiver restringida, o paciente com doença de Addison pode não apresentar hiponatremia, e a hipercalemia pode não estar presente se a depleção do volume do LEC não for grave. Dessa forma, é necessário um alto índice de suspeita para se fazer um diagnóstico de insuficiência adrenal. Esses pacientes podem apresentar sintomas não-específicos, como perda de peso, anorexia, dor abdominal, náusea, vômitos, diarréia e febre.

d. **Diurese osmótica que acarreta excreção de íons e cátions** é outra importante consideração diagnóstica com relação ao paciente hiponatrêmico-hipovolêmico com concentração de sódio urinário superior a 20 mEq/l.

 (1) **Diurese dependente de glicose, uréia ou manitol.** Paciente diabético não-controlado pode apresentar grau substancial de glicosúria, causando perdas de água e eletrólitos, e, conseqüentemente, depleção do volume do LEC. Diurese pela uréia após desobstrução do trato urinário é outro exemplo de diurese osmótica que pode causar depleção do volume do LEC. Infusão crônica de manitol com reposição de eletrólitos pode produzir uma situação semelhante.

 (2) **Bicarbonatúria.** Aumento da excreção de ânions também pode levar a perdas renais de água e eletrólitos. O exemplo mais freqüentemente encontrado é a alcalose metabólica com bicarbonatúria. O ânion do bicarbonato na urina é acompanhado de cátions, incluindo sódio e potássio, que mantêm a neutralidade elétrica. A bicarbonatúria pode se seguir ao desenvolvimento inicial da alcalose metabólica que acompanha a sucção nasogástrica pós-operatória ou vômitos. Acidose tubular renal proximal (ex., na síndrome de Fanconi) é outra condição em que a bicarbonatúria causa perda eletrolítica renal. Na ausência de infecção no trato urinário com organismos produtores de urease, um pH urinário (medido por um medidor de pH) maior que 6,1 indica a presença de bicarbonato na urina.

 (3) **Cetonúria.** Os ânions de cetoácido também acarretam perdas de eletrólitos renais, apesar da depleção do volume do LEC; isso pode contribuir para perdas de eletrólitos urinários na cetoacidose diabética, alcoólica ou na desnutrição.

C. **Hiponatremia euvolêmica** é uma forma de hiponatremia freqüentemente encontrada em pacientes hospitalizados. A concentração de sódio urinário na hiponatremia euvolêmica é geralmente superior a 20 mEq/l. Porém, se o paciente estiver em dieta com restrição de sódio ou com depleção de volume, a concentração de sódio urinário pode ser inferior a 10 mEq/l. O retorno a uma ingestão normal de sal ou a re-expansão do volume do LEC com solução salina aumentam a concentração de sódio urinário para mais de 20 mEq/l, mas a hiponatremia persistirá no paciente com hiponatremia euvolêmica. Esses pacientes não apresentam nenhum sinal de aumento ou diminuição no sódio corporal total. Embora a retenção de água leve ao excesso de água corporal total, não se detecta nenhum edema, porque dois terços da água estão dentro das células. Existe um número limitado de possibilidades diagnósticas para pacientes hiponatrêmicos que não apresentam nem edema nem depleção do volume do LEC (i.e., pacientes hipernatrêmicos euvolêmicos) (Figura 2-1). Dois transtornos endócrinos devem ser considerados: hipotiroidismo e insuficiência adrenal secundária relacionada a doença pituitária ou hipotalâmica.

1. Ocorrência de hiponatremia com hipotiroidismo geralmente sugere doença grave, incluindo coma mixedematoso. Em alguns pacientes, particularmente os idosos, o diagnóstico pode não ser imediatamente evidente. Por isso, a função da tiróide deve ser avaliada no paciente hiponatrêmico euvôlemico.
2. Deficiência de glucocorticóides. Um sistema renina-angiotensina-aldosterona intacto evita a depleção do volume do LEC em pacientes com insuficiência adrenal secundária, mas está claro que a deficiência de glucocorticóides sozinha pode dificultar a excreção de água e causar hiponatremia. Embora radiografias do crânio e tomografias computadorizadas (TC) devam ser sempre obtidas no paciente hiponatrêmico euvôlemico quando a causa da hiponatremia não é óbvia, radiografias de crânios normais ou TCs não excluem insuficiência adrenal secundária. Baixo nível de cortisol plasmático relacionado a baixo nível de hormônio adrenocorticotrópico evidencia o diagnóstico de insuficiência adrenal secundária. Nesse quadro, tanto a insuficiência adrenal secundária quanto o hipotiroidismo secundário podem contribuir para a hiponatremia que acompanha a insuficiência pituitária.
3. Estresse físico ou emocional deve ser avaliado no paciente hiponatrêmico euvôlemico antes de se invocar o diagnóstico da síndrome da secreção inadequada do hormônio antidiurético (SIHAD). Dor aguda ou estresse emocional grave (ex., psicose descompensada relacionada à ingestão contínua de água) pode levar a hiponatremia aguda e grave. É provável que uma combinação de choque emocional e dor física seja responsável pela secreção de vasopressina encontrada freqüentemente no estado pós-operatório, que, por sua vez, leva à hiponatremia em face da administração de líquidos hipotônicos.
4. Alguns agentes farmacológicos estimulam a liberação de vasopressina ou intensificam sua ação. Entre estes estão:
   a. Nicotina
   b. Cloropropamida
   c. Tolbutamida
   d. Clofibrato
   e. Ciclofosfamida
   f. Morfina
   g. Barbitúricos
   h. Vincristina
   i. Carbamazepina (Tegretol)
   j. Acetaminofen
   k. Antiinflamatórios não-esteróides (AINEs)
   l. Antipsicóticos
   m. Antidepressivos

   Portanto, determinar se o paciente hiponatrêmico euvôlemico está recebendo tais medicamentos é uma etapa importante do diagnóstico.

5. A SIHAD deve ser avaliada depois de excluídos outros diagnósticos no paciente hiponatrêmico euvôlemico. Em geral, entre as causas da SIHAD estão:
   a. Carcinomas, mais freqüentemente, mas não exclusivamente, do:
      (1) Pulmão
      (2) Duodeno
      (3) Pâncreas
   b. Transtornos pulmonares, entre os quais, mas não se limitando a eles:
      (1) Pneumonia viral
      (2) Pneumonia bacteriana
      (3) Abscessos pulmonares
      (4) Tuberculose
      (5) Aspergilose
   c. Transtornos do sistema nervoso central (SNC):
      (1) Encefalite (viral ou bacteriana)
      (2) Meningite (viral, bacteriana ou turbéculos)
      (3) Psicose aguda
      (4) Derrame (trombose ou hemorragia cerebral)
      (5) Porfiria intermitente aguda
      (6) Tumor cerebral
      (7) Abscesso cerebral
      (8) Hematoma ou hemorragia subdural ou subaracnóide
      (9) Síndrome de Guillain-Barré
      (10) Traumatismo craniano
   d. Síndrome da Imunodeficiência Adquirida
   Portanto, a SIHAD ocorre basicamente relacionada a infecções e em processos vasculares e neoplásicos no SNC ou pulmão.

III. SINAIS E SINTOMAS. O nível de hiponatremia que pode causar o aparecimento de sinais e sintomas varia com a taxa de declínio na concentração de sódio plasmático e com a idade do paciente. Em geral, o paciente adulto jovem parece tolerar um nível específico de hiponatremia melhor do que o paciente mais idoso. Entretanto, o desenvolvimento agudo (i.e., em poucas horas) de hiponatremia em paciente jovem anteriormente assintomático pode causar sinais e sintomas graves no SNC, como sensório deprimido, convulsões e até mesmo morte, quando a concentração de sódio plasmático alcança um nível entre 125 e 130 mEq/l apenas. Isso ocorre por causa da capacidade das células cerebrais expelirem partículas osmoticamente ativas. Assim, a redução do edema cerebral que acompanha a hiponatremia requer um tempo maior para ser mobilizada no início do quadro. Por outro lado, esse mecanismo de proteção contra o edema cerebral torna-se muito eficaz com o desenvolvimento crônico de hiponatremia ao longo de dias ou semanas, de modo que uma pessoa pode até mesmo apresentar, sem que haja sinais ou sintomas visíveis, concentração de sódio plasmático abaixo de 110 mEq/l.

Sintomas gastrintestinais, incluindo anorexia e náuseas, podem ocorrer no início com a hiponatremia. Os sinais e sintomas tardios mais graves estão relacionados ao SNC, porque o edema das células que ocorre com a hiponatremia é mal tolerado dentro do envoltório rígido do crânio. Hiponatremia grave de rápida instalação pode levar a edema cerebral e herniação e, portanto, requer tratamento rápido. A respiração de Cheyne-Stokes pode ser um sinal indicativo de hiponatremia aguda grave.

Além da exposição tempo, uremia e hipotiroidismo, a hiponatremia também deve ser considerada no diagnóstico diferencial do paciente em hipotermia.

Em resumo, entre os sintomas que podem estar relacionados à hiponatremia estão:
A. Letargia, apatia
B. Desorientação
C. Cãibras musculares
D. Anorexia, náuseas
E. Agitação
   Entre os sinais que podem estar relacionados à hiponatremia estão:
F. Sensório anormal
G. Reflexos tendinosos profundos deprimidos
H. Respiração de Cheyne-Stokes
I. Hipotermia
J. Reflexos patológicos
K. Paralisia pseudobulbar
L. Convulsões

IV. TERAPIA

A. **Fatos que afetam a abordagem do tratamento.** Presença ou ausência de sintomas e duração da hiponatremia são as diretrizes básicas para a estratégia de tratamento. Diferentes processos que dependem de tempo estão envolvidos na adaptação a mudanças em tonicidade, e presença de sintomas cerebrais reflete uma falha na resposta adaptativa. Nesse sentido, a hiponatremia, que se desenvolve com 48 horas, acarreta risco maior de seqüelas neurológicas permanentes causadas por edema cerebral se a concentração de sódio plasmático não for corrigida rapidamente. Por outro lado, pacientes com hiponatremia crônica correm risco de desmielinação osmótica se a correção for excessiva ou rápida demais.

B. **Adaptação cerebral à hipotonicidade.** Diminuições na osmolalidade extracelular causam a entrada de água nas células, aumentando o volume intracelular e causando edema tecidual. O edema dentro do crânio aumenta a pressão intracraniana, levando a síndromes neurológicas. Para impedir essa complicação, ocorre uma adaptação reguladora de volume. No início do curso da hiponatremia, no período de uma a três horas, o volume cerebral do LEC diminui com a entrada do líquido no líquor, que é então desviado para a circulação sistêmica. Daí em diante, o cérebro se adapta, perdendo potássio celular e solutos orgânicos, que tendem a reduzir a osmolalidade intracelular sem ganho substancial de água. Se a hiponatremia persistir, perdem-se outros osmólitos orgânicos como fosfocreatina, mioinositol e aminoácidos (ex., glutamina e taurina). A perda destes solutos diminui muito o edema cerebral. Pacientes nos quais essa resposta adaptativa falha são propensos a apresentar edema cerebral grave quando desenvolvem hiponatremia. Mulheres que estão no período mestrual em pós-operatório, mulheres idosas que tomam diuréticos tiazídicos, pacientes psiquiátricos com polidipsia e pacientes hipoxêmicos são particularmente propensos a hiponatremia relacionada à encefalopatia. Por outro lado, como observado anteriormente, pacientes que apresentam resposta adaptativa estão em risco de síndrome de desmielinação osmótica se a hiponatremia for corrigida excessiva ou rapidamente. Por exemplo, aumento rápido na osmolalidade plasmática pode causar excesso de perda de água cerebral em cérebros já adaptados. Indivíduos alcoólatras, vítimas de queimaduras e pacientes gravemente hipocalêmicos correm risco de apresentar essa complicação.

C. **Hiponatremia sintomática aguda**, que se desenvolve em menos de 48 horas, é quase inevitável em pacientes hospitalizados que recebem líquidos hipotônicos. O tratamento deve ser imediato porque o risco de edema cerebral agudo excede o risco de desmielinação osmótica. A meta deve ser elevar o Na^+ sérico em 2 mmol/l por hora até que os sintomas desapareçam. A correção completa é desnecessária, embora não seja insegura. Infunde-se uma solução salina hipertônica (NaCl a 3%) à velocidade de 1 para 2 ml/kg por hora, e um diurético de alça, como a furosemida, que aumenta a excreção de água livre de soluto e acelera o retorno ao nível normal de Na^+ sérico. Se estiverem presentes sintomas neurológicos graves (convulsões, obnubilação ou coma), deve-se infundir uma solução salina de NaCl a 3% à velocidade de 4 a 6 ml/kg por hora. Até mesmo NaCl a 29,2% (50 ml) tem sido usado com segurança. Os eletrólitos séricos devem ser monitorados atentamente.

D. **Hiponatremia sintomática crônica**. Se a hiponatremia estiver presente há mais de 48 horas ou a duração não for conhecida, a correção deve ser feita cuidadosamente. Não importa se não se conhece a taxa de correção da hiponatremia ou a magnitude que predispõe à desmielinação osmótica, pois, na prática, dissociar as duas é difícil porque uma taxa rápida de correção geralmente significa correção maior em dado período de tempo. As seguintes diretrizes são fundamentais para o êxito da terapia:
   1. Como a água cerebral está aumentada apenas em aproximadamente 10% na hiponatremia crônica grave, deve-se aumentar imediatamente o nível de Na^+ sérico em 10% ou aproximadamente 10 mEq/l.
   2. Depois da correção inicial, não se deve exceder a velocidade de correção de 1,0 a 1,5 mEq/l por hora.
   3. O Na^+ sérico não deve ser aumentado em mais do que 12 mEq/l nas 24 horas.
       É importante levar em conta a taxa de infusão e o conteúdo eletrolítico da urina. Uma vez obtido o incremento desejado na concentração de Na^+ sérico, o tratamento deve consistir de restrição de água.

E. A abordagem do paciente com **hiponatremia assintomática crônica** é diferente. A avaliação inicial no leito inclui a investigação de algum transtorno subjacente. Hipotroidismo e insuficiência adrenal devem ser investigados como possíveis etiologias e devem-se repor hormônios se essas deficiências forem encontradas. Deve-se proceder à análise atenta das medicações do paciente, fazendo-se os ajustes necessários.

Para pacientes com SIHAD, caso a etiologia não seja identificável ou não puder ser tratada, a abordagem deve ser conservadora porque alterações rápidas na tonicidade sérica levam a um grau maior de perda de água cerebral e possível desmielinação. Abordagens diversas podem ser levadas em conta.
1. A **restrição de líquidos** é uma opção fácil e geralmente bem-sucedida, se o paciente aderir. Deve-se fazer um cálculo da restrição de líquidos que irá manter um nível específico de Na^+ sérico. A carga osmolar diária ingerida dividida pela osmolalidade urinária mínima (função da gravidade do transtorno de diluição) determina o volume de urina máximo de um paciente. Em uma dieta norte-americana normal, a carga osmolar diária é cerca de 10 mOsm por quilograma de peso corporal; em uma pessoa saudável, a osmolalidade urinária mínima (dada a ausência de vasopressina circulante) pode ser de 50 mOsm/kg. Assim, o volume de urina diário em um homem de 70 kg pode chegar a 14 l (700 mOsm por 50 mOsm/l). Se o paciente apresentar SIHAD e a osmolalidade urinária não puder ficar abaixo de 500 mOsm/kg, a mesma carga osmolar de 700 mOsm/dia permite apenas 1,4 l de urina. Assim, se o paciente bebe mais de 1,4 l por dia, o Na^+ sérico irá cair. A dosagem da concentração de sódio (U_{Na}) e potássio (U_K) urinários pode orientar o grau de restrição de água necessário. Se $U_{Na} + U_K$ for maior que a concentração de sódio sérico, a restrição de água pode não ser suficiente para aumentar a concentração de sódio sérico.
2. **Agentes farmacológicos.** O lítio foi a primeira substância usada para antagonizar a ação da vasopressina em transtornos hiponatrêmicos. O lítio pode ser neurotóxico e seus efeitos são imprevisíveis. Portanto, a demeclociclina tornou-se o agente preferencial. Essa substância inibe a formação e a ação da adenosina monofosfato no duto coletor renal. A ação se inicia de três a seis dias após o começo do tratamento. A dose deve ser diminuída ao nível mínimo que mantenha a concentração de sódio sérico dentro da faixa desejada, com ingestão não-restritiva de água; essa dose é normalmente de 300 a 900 mg diários. O medicamento deve ser ministrado uma a duas horas após as refeições, devendo-se evitar antiácidos contendo alumínio e magnésio. No entanto, a poliúria tende a dificultar a adesão dos pacientes ao tratamento. Pode ocorrer fotossensibilidade da pele; em crianças, podem resultar anormalidades nos dentes ou ossos. Nefrotoxicidade também limita o uso do medicamento, especialmente em pacientes com doença hepática subjacente ou insuficiência cardíaca congestiva, em quem o metabolismo hepático da demeclociclina pode ser dificultado.
3. **Antagonistas da vasopressina.** Antagonistas específicos da ação da vasopressina sobre o duto coletor podem complementar esses agentes farmacológicos em breve.

Antagonistas não-peptídeos do receptor tipo 2 da vasopressina (V_2) oralmente ativos, que têm demonstrado resultados encorajadores em modelos animais e em seres humanos com hiponatremia, estão sendo submetidos a estudos clínicos, porém esses agentes "aquaréticos" ainda não foram aprovados pela US Food and Drug Administration (FDA).

4. Aumento da excreção de solutos. Como o fluxo urinário pode aumentar significativamente por causa da necessidade de excreção de solutos e, assim, possibilitar ingestão maior de água, são empregadas medidas para aumentar a excreção de solutos. Um diurético de alça, quando combinado com alta ingestão de sódio (2 a 3 g de NaCl adicional), mostra-se eficaz. Uma única dose de diurético (40 mg de furosemida) geralmente é suficiente. A dose deve ser dobrada se a diurese induzida nas primeiras oito horas for menor que 60% da produção diária de urina. Administração de uréia para aumentar a carga de solutos aumenta o fluxo urinário por causar diurese osmótica. Isso permite ingestão livre de água, sem agravar a hiponatremia e sem alterar a concentração urinária. A dose é geralmente de 30 a 60 g de uréia diariamente. As principais limitações são distúrbios gastrintestinais e impalatabilidade.
F. Hiponatremia hipovolêmica e hipervolêmica. Os sintomas diretamente relacionados à hiponatremia são incomuns na hiponatremia hipovolêmica porque a perda tanto de sódio quanto de água limita os deslocamentos osmóticos no cérebro. A restauração do volume do LEC com cristalóides ou colóides interrompe a liberação não-osmótica de vasopressina. Em pacientes com hiponatremia hipovolêmica causada por diuréticos, o medicamento deve ser suspenso, fazendo-se em seguida a reposição de potássio. O tratamento da hiponatremia em estados hipervolêmicos é mais difícil porque requer atenção ao transtorno subjacente da insuficiência cardíaca ou doença hepática crônica. Na insuficiência cardíaca congestiva, a restrição de sódio e de água é essencial. Pacientes refratários podem ser tratados com uma combinação de inibidor de enzima conversora da angiotensina (iECAs) e um diurético. O aumento resultante no débito cardíaco com iECAs pode aumentar a excreção de água livre de solutos e corrigir a hiponatremia. Diuréticos de alça diminuem a ação da vasopressina nos túbulos coletores, aumentando assim a excreção de água livre de solutos. Diuréticos tiazídicos dificultam a diluição urinária e podem agravar a hiponatremia. Restrição de água e sal é também o sustentáculo principal da terapia em pacientes cirróticos. Para ambos os transtornos, estão em estudo antagonistas de receptores V; em um futuro próximo, esses aquaréticos podem estar clinicamente disponíveis para tratar a hiponatremia.

Hipernatremia. A *hipernatremia,* definida como concentração de sódio plasmático maior que 150 mEq/l, é menos comum do que a hiponatremia, provavelmente causada por comportamentos quanto à ingestão de líquidos e não pela ocorrência mais freqüente de transtornos de diluição urinária. Especificamente, se houver incapacidade de diluir a urina, a ingestão de 1 a 2 litros de água por dia pode causar hiponatremia. Essa quantidade de fluido pode ser ingerida como comportamento rotineiro, apesar de um estímulo hipoosmolar para suprimir a sede, o que pode explicar a freqüência da hiponatremia. De forma contrária, as deficiências de concentração urinária que causam perdas renais de água geralmente não causam hipernatremia, a não ser que estejam também presentes distúrbios da sede ou o paciente não consiga beber nem obter fluidos adequados para beber. Os muito jovens, muito idosos e muito doentes são, portanto, aquelas populações que desenvolvem hipernatremia com mais freqüência. Quando não há incapacidade de ingerir líquidos (ex., no coma, náuseas e vômitos) ou de obter água (ex., em bebês ou adultos gravemente enfermos), os mecanismos de sede são muito eficazes em impedir a hipernatremia. Conforme observado anteriormente, a hiponatremia nem sempre reflete um estado hipotônico (i.e., pseudo-hiponatremia ou hiponatremia por translocação), enquanto a hipernatremia sempre denota um estado hipertônico.

I. **ABORDAGEM AO PACIENTE HIPERNATRÊMICO.** Como ocorre com a hiponatremia, pacientes hipernatrêmicos podem apresentar nível baixo, alto ou normal de sódio corporal total (Figura 2-2). Tal classificação possibilita ao clínico concentrar-se no diagnóstico mais provável em cada categoria.

A. Paciente hipovolêmico hipernatrêmico. O paciente hipernatrêmico pode apresentar sinais de depleção do volume do LEC que ocorre secundariamente a perdas renais ou extra-renais. Esses pacientes apresentam perdas de água maiores do que as perdas de sódio.
1. Perdas extra-renais. Se as perdas são oriundas de local extra-renal (ex., na diarréia), então a conservação de sódio e água pelos rins deve ser imediatamente evidente. Em tais pacientes, a concentração de sódio urinário é menor que 10 mEq/l e a urina é hipertônica. De fato, as perdas na diarréia hipotônica estão entre as causas mais comuns de hipernatremia, tanto em crianças quanto em adultos, especialmente naqueles que estão tomando lactulose para doença hepática subjacente.
2. Perdas renais. Em contraste, as perdas eletrolíticas hipotônicas podem ocorrer durante diurese osmótica ou uso de diuréticos de alça. Nesses pacientes, obviamente, não estão presentes evidências de conservação renal de sódio e água, porque a urina é a fonte das perdas. Portanto, a urina não é hipertônica e a concentração de sódio urinário é geralmente maior que 20 mEq/l. No paciente diabético hiperglicêmico com boa função renal e glicosúria intensa, a hipernatremia pode estar presente, porque as perdas renais hipotônicas podem obscurecer qualquer efeito da hiperglicemia para deslocar água osmoticamente das células para o LEC. Isso é particularmente verdade se o paciente não tem acesso a água ou é incapaz de ingerir líquidos (ex., paciente comatoso, diabético cetoacidótico). Em caso de alimentação parenteral com alto teor de proteína, a alta taxa de excreção de uréia leva a perdas renais significativas de água.

B. Paciente hipervolêmico hipernatrêmico. Pacientes com hipernatremia também podem apresentar sinais de expansão de volume do LEC. Geralmente, esses pacientes recebem quantidades excessivas de NaCl hipertônico ou bicarbonato de sódio. Em quadro tão agudo, a incidência de expansão de volume do LEC está mais provavelmente relacionada à congestão pulmonar, presença de estase jugular ou ambos, sem apresentar edema periférico. Essa variedade de hipernatremia hipervolêmica é bastante infreqüente, mas pode ocorrer na ressuscitação cardíaca ou quando comprimidos de NaCl são tomados durante exercício físico em ambiente de temperatura e umidade elevadas.

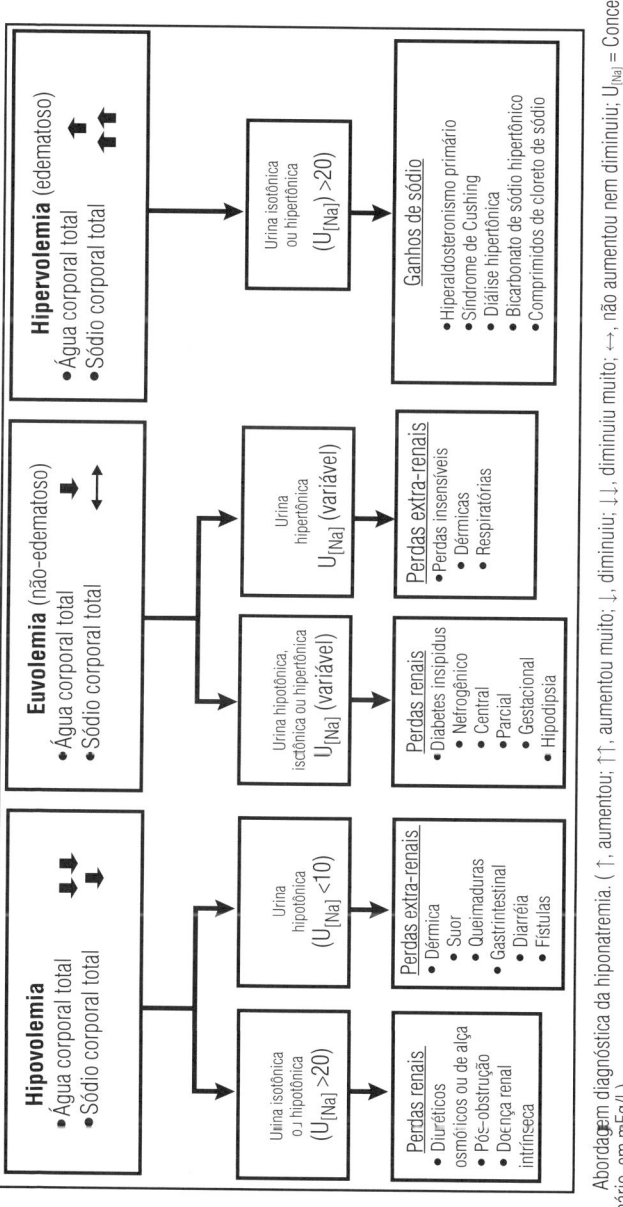

Figura 2-2 Abordagem diagnóstica da hiponatremia. (↑, aumentou; ↑↑, aumentou muito; ↓, diminuiu; ↓↓, diminuiu muito; ↔, não aumentou nem diminuiu; $U_{[Na]}$ = Concentração de sódio urinário, em mEq/l.)

C. **Hipernatremia euvolêmica.** A maioria dos pacientes com hipernatremia secundária à perda de água apresenta-se euvolêmica, com nível normal de sódio corporal total, porque a perda de água sem sódio não leva à contração visível de volume. A perda de água por si só não precisa culminar em hipernatremia, a menos que não seja acompanhada por ingestão de água. Como tal hipodipsia é incomum, a hipernatremia geralmente ocorre apenas naqueles indivíduos que não têm acesso algum a água ou que apresentam déficit neurológico que não lhes permite buscá-la. Perda extra-renal de água ocorre na pele e no trato respiratório em estados febris ou outros estados hipermetabólicos. A osmolalidade urinária é muito alta, refletindo resposta osmorreceptor-vasopressina renal intacta. Portanto, a defesa contra a hiperosmolalidade requer estimulação da sede e capacidade de responder bebendo água. A concentração de sódio urinário varia com a ingestão de sódio.

Perdas renais de água que levam à hipernatremia euvolêmica são conseqüência de defeito na produção ou liberação de vasopressina (diabetes insipidus central) falha do duto coletor em responder ao hormônio (nefrogênico) ou degradação rápida excessiva da vasopressina (gestacional).

1. Aproximadamente 50% dos casos de **diabetes insipidus central** não têm nenhuma causa subjacente detectável e são, portanto, classificados como idiopáticos. Traumatismos, procedimentos cirúrgicos na região da pituitária ou do hipotálamo e neoplasmas cerebrais primários ou secundários (ex., causados por câncer de mama metastático) constituem a maioria das causas restantes do diabetes insipidus central. Além disso, encefalite, sarcoidose ou granuloma eosinofílico pode causar diabetes insipidus central. O diabetes insipidus central pode ser parcial, com alguma preservação da liberação de vasopressina.

    Quando o diabetes central é relacionado a lesões hipotalâmicas e hipodipsia, esses pacientes apresentam hipernatremia e urina concentrada. Uma forma congênita de diabetes insipidus central também foi descrita.

2. **Diabetes insipidus nefrogênico.** Esse transtorno pode ser congênito ou adquirido. A forma congênita é herdada como transtorno ligado ao cromossomo X. O defeito subjacente reside no receptor de vasopressina que está localizado no cromossomo X. Uma forma autossômica recessiva mais rara está relacionada a uma mutação do canal de água sensível à vasopressina (AQP2). Têm-se descrito algumas causas adquiridas, muitas das quais também relacionadas à diminuição da produção em AQP2:

    a. **Secundária a doenças renais.** Doenças medulares ou intersticiais, particularmente, têm probabilidade de ser acompanhadas por defeitos de concentração renal resistentes a vasopressina; as mais freqüentes destas doenças são doença cística medular, nefrite intersticial crônica (ex., nefropatia analgésica), doença renal policística e obstrução bilateral parcial do trato urinário. Uma doença renal muito avançada de qualquer etiologia está uniformemente relacionada a defeito de concentração renal. Entretanto, por causa da taxa de filtração glomerular muito baixa, a perda renal de água (i.e., poliúrica) é modesta (2 a 4 l/dia).

b. **Hipercalcemia e hipocalemia secundárias.** Hipercalcemia secundária por qualquer causa, incluindo hiperparatiroidismo primário, intoxicação por vitamina D, síndrome da intoxicação por leite, hipertiroidismo e tumor, pode também causar diabetes insipidus nefrogênico. Similarmente, a hipocalemia secundária a qualquer causa, incluindo aldosteronismo primário, diarréia e uso crônico de diuréticos, pode causar diabetes insipidus nefrogênico. Contudo, parte da poliúria que acompanha a hipercalcemia ou a hipocalemia pode ser em razão da estimulação da sede e conseqüente aumento da ingestão de água.
c. **Substâncias químicas, anormalidades na dieta e outras causas.** Várias substâncias químicas dificultam a resposta do órgão-alvo à vasopressina, causando assim um defeito de concentração renal (ver seção I.C.2.d.3). Ingestão excessiva de água e restrições de sódio e de proteínas na dieta também podem prejudicar a concentração urinária. Entre outras causas exclusivas de diabetes insipidus nefrogênico estão mieloma múltiplo, amiloidose, síndrome de Sjögren e sarcoidose.
d. Eis aqui um resumo de causas adquiridas do diabetes insipidus nefrogênico:
 (1) Doença renal crônica
  Doença renal policística
  Doença cística medular
  Pielonefrite
  Obstrução do trato urinário
  Insuficiência renal muito avançada
  Nefropatia analgésica
 (2) Distúrbios eletrolíticos
  Hipocalemia
  Hipercalcemia
 (3) Medicamentos
  Lítio
  Demeclociclina
  Acetoexamida
  Tolazamida
  Glibenclamida
  Propoxifeno
  Anfotericina
  Metoxiflurano
  Vinblastina
  Colchicina
 (4) Anormalidades nas dietas
  Ingestão excessiva de água
  Ingestão diminuída de cloreto de sódio
  Ingestão diminuída de proteínas
 (5) Diversas
  Mieloma múltiplo
  Amiloidose
  Síndrome de Sjögren
  Sarcoidose
  Anemia falciforme

3. **Diabetes insipidus secundária à vasopressinase.** Diabetes insipidus central e diabetes nefrogênico não são as únicas causas de poliúria durante a gravidez. A vasopressinase é uma enzima produzida na placenta que causa degradação *in vivo* da arginina-vasopressina durante a gravidez. Normalmente, aumento na síntese e liberação da vasopressina durante a gravidez compensa o aumento da degradação do hormônio. Em raros casos, entretanto, o excesso de vasopressinase tem sido culpado pela poliúria durante a gravidez. Como a vasopressinase não consegue degradar a deamino-8-D-arginina vasopressina, esse é o tratamento de preferência para a poliúria relacionada à gravidez.
4. **Resposta à privação de fluidos e arginina vasopressina no diagnóstico do distúrbio poliúrico.** As formas variadas de diabetes insipidus devem ser diferenciadas da polidipsia primária em pacientes que apresentam poliúria. A Tabela 2-1 resume o procedimento e a interpretação de um teste de privação de água. Pacientes que bebem água compulsivamente podem apresentar poliúria e resposta fraca ao teste de privação de líquidos; quando da suspensão da ingestão de líquidos, esses pacientes não desenvolvem hipernatremia e seu defeito de concentração renal deve-se basicamente a uma resistência dos rins à vasopressina. Porém, como os pacientes com diabetes insipidus central ou nefrogênico podem apresentar poliúria e polidipsia na ausência de hipernatremia, é muito importante que haja diagnóstico de ingestão compulsiva (psicogênica) de água.

Mulheres na menopausa, com problemas psiquiátricos anteriores, são particularmente propensas à ingestão compulsiva de água.

Tabela 2-1 Procedimento e interpretação de teste de privação de água.

Causa de poliúria	Osmolalidade urinária com privação de água (mOsm/ kg de água)	Arginina-vasopressina plasmática (AVP) após desidratação	Aumento da osmolalidade urinária com AVP exógena
Normal	< 800	>2 pg/ml	Pouco ou nenhum aumento
Diabetes insipidus central completo	< 300	Não detectável	Aumento substancial
Diabetes insipidus central parcial	300-800	< 1,5 pg/ml	Aumento de mais de 10% depois da privação de água
Diabetes insipidus nefrogênico	< 300-500	> 5 pg/ml	Pouco ou nenhum aumento
Polidipsia primária	> 500	< 5 pg/ml	Pouco ou nenhum aumento

Observação: Ingestão de água fica restrita até que o paciente perca de 3 a 5% de peso corporal ou até que três determinações horárias de osmolalidade urinária estejam com diferença de 10% uma da outra. (Deve-se ter cautela para assegurar que o paciente não se torne excessivamente desidratado.) Ministra-se AVP aquosa (6 unidades subcutaneamente) e mede-se a osmolalidade urinária depois de 60 minutos. As respostas esperadas são fornecidas acima.
Extraído de Lanes D, Teitelbaum I. Hypernatremia. In: Jacobson HR, Striker GE, Klahr S, eds. *The principles and practice of nephrology*, 2nd ed. St. Louis: Mosby, 1995:893-898. Reimpresso com autorização.

Psiconeurose e psicose também estão freqüentemente relacionadas ao aumento da ingestão de água. Por fim, o paciente com diabetes insipidus nefrogênico pode ocasionalmente apresentar urina hipotônica resistente à vasopressina (ex., nefropatia hipercalcêmica ou hipocalêmica); assim, ausência temporária de ingestão de líquidos por causa de doença intercorrente pode estar relacionada à hipernatremia. Em todo paciente hipernatrêmico que apresenta, basicamente, perdas de água sem perdas de eletrólitos, a concentração de excreção de sódio na urina meramente reflete a ingestão de sódio. Durante qualquer diurese hídrica livre de soluto, a concentração de sódio urinário diminui de modo que o equilíbrio do sódio é mantido.

II. SINAIS E SINTOMAS. Poliúria e polidipsia podem ser sintomas pronunciados no paciente que subseqüentemente desenvolve hipernatremia relacionada à ingestão inadequada de água.

A. Disfunção do SNC. Anormalidades neurológicas constituem as manifestações mais proeminentes dos estados hipernatrêmicos. Essas manifestações neurológicas parecem se dever basicamente à desidratação celular e ao encolhimento das células cerebrais, relacionados ao rompimento de vasos cerebrais. Têm sido descritos como situações que se associam à hipernatremia, a congestão capilar e venosa, hemorragia subcortical e subaracnoidal e trombose.

B. Prognóstico da hipernatremia aguda versus crônica. Os sinais e sintomas da hipernatremia são mais graves na hipernatremia aguda que na crônica.

De fato, constata-se que 75% da mortalidade estão relacionadas à hipernatremia aguda em adultos, com elevação aguda da concentração de sódio plasmático acima de 160 mEq/l. Esses adultos, porém, apresentam freqüentemente doenças primárias graves relacionadas à hipernatremia, as quais podem ser responsáveis por grande parte da alta taxa de mortalidade. Mortalidade de 45% foi constatada em crianças com hipernatremia aguda, e cerca de dois terços das crianças sobreviventes podem apresentar seqüelas neurológicas.

C. Osmoles idiogênicos com hipernatremia crônica. O curso mais benigno da hipernatremia crônica parece estar relacionado a mecanismos celulares que protegem contra desidratação cerebral grave. O cérebro, entretanto, requer um período de tempo, talvez dias, para se adaptar. Na hipernatremia crônica, as células cerebrais geram osmoles idiogênicos, alguns dos quais parecem ser aminoácidos; esses osmoles idiogênicos são osmoticamente ativos e restauram a água no cérebro a níveis praticamente controlados, apesar da hipernatremia persistente. A presença desses ânions idiogênicos na hipernatremia crônica, embora proteja contra a desidratação e o encolhimento do cérebro, pode predispor a edema cerebral se a hipernatremia for corrigida rápido demais.

D. Correlação da disfunção do SNC com grau de hiperosmolalidade. As primeiras manifestações de hipernatremia são agitação, irritabilidade e letargia. Esses sintomas podem ser acompanhados de espasmos musculares, hiperflexia, tremores e ataxia. O nível de hiperosmolalidade em que ocorrem esses sinais e sintomas depende não apenas da rapidez da alteração na concentração de sódio plasmático, mas também da idade do paciente; os muito jovens e os muito idosos apresentam manifestações mais graves. Porém, em geral, esses sinais e sintomas podem ocorrer progressivamente com a osmolalidade plasmática na faixa de 325 a 375 mOsm por quilograma de água. Em osmolalidades plasmáticas acima desse nível, podem ocorrer espasticidade muscular tônica, convulsões focais ou generalizadas e morte. O paciente idoso com demência ou doença cerebrovascular grave pode demonstrar esses sinais e sintomas, que podem levar à morte, em um nível mais baixo de hiperosmolalidade plasmática.

III. TERAPIA. Hipernatremia é freqüentemente um distúrbio eletrolítico evitável se as perdas de água forem detectadas e adequadamente repostas. Na maioria dos casos, pode ser tratada com a administração adequada de água aos pacientes com distúrbios de perda de água que não consigam obtê-la. O tratamento da hipernatremia depende de dois fatores importantes: status do volume do LEC e velocidade de desenvolvimento da hipernatremia.

A. Correção da depleção do volume do LEC. Quando a hipernatremia está relacionada à depleção do volume do LEC, a meta terapêutica básica é administrar solução salina isotônica até que a restauração de volume do LEC seja alcançada, conforme indicado pelas jugulares normais e ausência de hipotensão ortostática e de taquicardia. Soluções de NaCl hipotônico (0,45%) ou glicose a 5% podem ser usadas em seguida para corrigir a osmolalidade plasmática.

B. Correção de expansão de volume do LEC. Por contraste, se a hipernatremia estiver relacionada à expansão de volume do LEC, diuréticos (ex., furosemida) podem ser usados para tratar a hipernatremia. Na presença de insuficiência renal avançada, o paciente com hipernatremia e sobrecarga de líquidos pode precisar ser submetido a diálise para tratar a hipernatremia.

C. Método de cálculo de reposição de água. Por fim, o paciente com hipernatremia euvolêmica pode ser tratado basicamente com reposição oral ou parenteral com 6% de glicose em água. O método de cálculo da reposição necessária de água para um homem de 75 kg com sódio plasmático de 154 mEq/l é o seguinte:

$$\text{Água corporal total (ACT)} = \text{peso corporal} \times 60\% \text{ ou}$$
$$\text{ACT} = 75 \times 0,6 = 45 \text{ litros}$$

Então,

$$\frac{\text{Sódio plasmático real}}{\text{Sódio plasmático desejado}} \times \text{ACT} = \frac{154 \text{ mEq/L}}{140 \text{ mEq/L}} \times 45 \text{ litros} = 49,5 \text{ litros}$$

Portanto, a reposição do balanço positivo de água de 4,5 litros (49,5 litros – 45 litros) corrigirá a concentração de sódio plasmático. As perdas de água em progresso não devem ser negligenciadas.

D. Velocidade de correção. A velocidade de correção recomendada para a hipernatremia depende de sua taxa de desenvolvimento e dos sintomas. Há mais sinais e sintomas neurológicos relacionados à hipernatremia aguda; portanto, essa anormalidade bioquímica deve ser rapidamente corrigida ao longo de poucas horas. Por outro lado, osmoles idiogênicos parecem se acumular nas células cerebrais durante períodos de hipernatremia crônica, mecanismo que protege contra o encolhimento do cérebro. Assim, a rápida correção da hipernatremia crônica pode criar um gradiente osmótico entre o LEC e os compartimentos intracelulares, com entrada osmótica de água nas células e subseqüente edema cerebral. Por isso, em geral, na hipernatremia crônica é mais adequada a correção gradual a uma velocidade que não exceda 2 mOsm por hora. Metade da correção pode ser obtida em 24 horas e a outra metade nas 24 horas ou mais.

LEITURAS SUGERIDAS

Berl T, Schrier RW. Disorders of water metabolism. In: Schrier RW, ed. *Renal and electrolyte disorders,* 6th ed. Philadelphia: Lippincott Williams & Wilkins, 2003:1-63.

Berl T, Verbails S. Pathophysiology of water balance. In: Brenner B, ed. *The kidney,* 7th ed. Philadelphia: WB Saunders, 2003:867-919.

Bichet D. Nephrogenic and diabetes insipidus central. In: Schrier RW, ed. *Diseases of the kidney and urinary tract,* 7th ed. Philadelphia: Lippincott Williams & Wilkins, 2001:2549-2576.

Durr JA, Hoggard JG, Hunt JM, Schrier RW. Diabetes insipidus due to abnormally high circulating vasopressinase activity in a pregnancy. *N Engl J Med* 1987;316:1070-1074.

Furst H, Hallowsk, Post J, et al. The urine/plasma electrolyte: rate a predictive guide to water restriction. *Am J Med Sci* 2000;319:240-244.

Kumar S, Berl T. Disorders of water metabolism. In: Schrier RW, ed. *Atlas of diseases of the kidney.* Philadelphia: Blackwell, 1999:1-22.

Kumar S, Berl T. Sodium. *Lancet* 1998;362:220-228.

Lanese D, Teitelbaum L. Hipernatremia. In: Jacobson HR, Striker GE, Klahr S, eds. *The principles and practice of nephrology,* 2nd ed. St. Louis: Mosby, 1995:893-898.

Thurman J, Halterman R, Berl T. Therapy of dysnatremic disorders. In: Brady N, Wilcox C, eds. *Therapy of nephrology and hypertension,* Philadelphia: WB Saunders, 2003:335-348.

Verbalis J. The syndrome of inappropriate anti-diuretic hormone secretion and other hypoosmolar disorders. In: Schrier RW, ed. *Diseases of the kidney and urinary tract,* 7th ed. Philadelphia: Lippincott Williams & Wilkins, 2001:2511-2598.

Capítulo 3

O Paciente com Hipocalemia e Hipercalemia

Catherine L. Kelleher e Stuart L. Linas

O potássio é o cátion mais abundante no corpo humano. Ele regula a função enzimática intracelular e ajuda a determinar a excitabilidade dos tecidos neuromuscular e cardiovascular. Noventa por cento do potássio total do corpo está localizado no líquido intracelular (LIC; basicamente no músculo), 10% no líquido extracelular (LEC) e menos de 1% no plasma. A proporção de potássio extracelular com relação ao potássio intracelular determina o potencial de membrana. A intensidade das alterações na concentração de potássio sérico e no potencial de membrana determina a gravidade dos sintomas clínicos e está subjacente aos achados clínicos causados por distúrbios de metabolismo do potássio.

I. VISÃO GERAL DA FISIOLOGIA DO POTÁSSIO. A dieta ocidental típica contém entre 40 e 120 mEq diárias de potássio. O controle rigoroso do potássio sérico entre 3,5 e 5,5 mEq por dia é conseguido basicamente pelos rins, com secreção variando entre 40 e 120 mEq por dia. As perdas de potássio nas fezes e suor são pequenas (5 a 10 mEq). Embora o potássio corporal total diminua com a idade e a taxa de declínio pareça ser influenciada por sexo e raça, o significado clínico disso não é claro. A regulação interna de potássio envolve a interação de vários sistemas hormonais, bem como o ambiente ácido-base interno.

A. Equilíbrio interno. Após uma refeição, o potássio é rapidamente redistribuído entre o plasma e os compartimentos intracelulares. Vários sistemas interagem para regular o movimento transcelular do potássio:
  1. Insulina. A ligação do hormônio insulínico aos receptores de insulina causa hiperpolarização das membranas celulares, que facilita a recaptação de potássio. A insulina também ativa as bombas de sódio-potássio ligadas à adenosina trifosfato (ATP) e causa a recaptação celular de potássio.
  2. Catecolaminas. A ativação do beta-adreno-receptor resulta em recaptação celular de potássio. Esse efeito é conseguido pela ativação das bombas de sódio-potássio ligadas à ATPase por meio da adenosina monofosfato cíclica (AMPc), causando influxo de potássio em troca de sódio. Agentes terapêuticos, como a teofilina, potencializam a recaptação de potássio mediada por beta-adreno-receptores ao inibir a degradação de AMPc.
  3. Aldosterona. Embora esse mineralocorticóide facilite a recaptação de potássio nos músculos, falta uma prova clara da importância desse efeito.

4. **Ácido-base.** A acidose inorgânica (ex., ácido clorídrico) facilita o movimento de potássio do LIC para o LEC. Os prótons entram nas células, o que não ocorre com os íons inorgânicos não-permeáveis. Aumentos resultantes na carga positiva no LIC favorecem o movimento de saída de potássio. Como os íons orgânicos (lactato, cetoácidos) têm menos restrições para entrar nas células, pode não ocorrer aumento de potássio sérico na acidose orgânica.
5. **Tonicidade.** Hiperglicemia faz com que o líquido rico em potássio deixe a célula, aumentando assim o potássio no LEC. Na maioria das condições, aumentos de insulina modulam e revertem o efeito no incremento da tonicidade extracelular. Entretanto, quando a insulina não pode ser aumentada (como no diabetes mellitus) ou quando ocorre hiperglicemia rapidamente (como na administração de glicose a 50%), sobrevém hipercalemia. Infusões rápidas de manitol também podem causar hipercalemia.

B. **Equilíbrio externo.** Excreção de potássio urinário é resultado da diferença entre o potássio secretado e o potássio reabsorvido no néfron distal. O potássio é livremente filtrado no glomérulo. Mais de 50% de potássio filtrado é reabsorvido no túbulo contorcido proximal. No ramo descendente da alça de Henle, especialmente em néfrons profundos, a concentração de potássio aumenta. No ramo ascendente da alça de Henle, o co-transportador Na-K-2Cl leva à reabsorção de potássio. Quando o líquido tubular alcança o túbulo contorcido distal, resta apenas 10% a 15% do potássio filtrado. O potássio é excretado pelas células principais dos dutos coletores cortical e medular externo e reabsorvido no túbulo coletor, um efeito mediado por células intercaladas. Queda na taxa de filtração glomerular (TFG) não está geralmente relacionada à diminuição da excreção de potássio e hipercalemia, a não ser que a TFG esteja abaixo de 20 ml por minuto. Os principais fatores que regulam a excreção de potássio são os seguintes:

1. **Taxa de fluxo no néfron distal e transporte de sódio.** Em condições normais, o sódio transportado para o túbulo coletor cortical é reabsorvido por canais apicais de sódio nas células principais. Isso aumenta a concentração de sódio nas células e a atividade ATPase sódio-potássio basolateral. Aumentos resultantes no potássio celular levam a aumento de transporte apical de potássio por canais de potássio específicos. Aumentos no transporte de sódio facilitam esse mecanismo de secreção de potássio. Além disso, aumentos na taxa de fluxo tubular ajudam a manter baixa concentração de potássio urinário, que favorece o movimento de potássio das células para o líquido tubular.
2. **Mineralocorticóides.** Aldosterona é o principal mineralocorticóide; ela aumenta a secreção de potássio no líquido tubular ao:
   a. aumentar o número e a atividade de canais apicais de sódio
   b. aumentar a atividade da ATPase sódio-potássio basolateral
   c. aumentar o número de canais apicais de potássio
3. Aumento ou diminuição do potássio na dieta causa aumento ou diminuição, respectivamente, do potássio urinário. A adaptação renal à alta ingestão de potássio é mediada por aumento

induzido por potássio da secreção de aldosterona e por aumento na atividade da ATPase sódio-potássio no néfron distal. Em resposta à restrição de potássio, a atividade mineralocorticóde diminui, causando queda na secreção de potássio.

4. Aumentos em ânions relativamente não-reabsorvíveis (ex., bicarbonato, penicilinas) mantêm o potássio secretado no lúmen tubular e limitam sua reabsorção no duto coletor medular. Essas perdas renais podem levar à uma grave depleção de potássio.

II. HIPOCALEMIA

A. Diagnóstico. A abordagem inicial da hipocalemia é determinar se ela é espúria, secundária à movimentação de potássio do compartimento extracelular para o intracelular ou se resulta de aumentos reais no potássio corporal total (Figura 3-1).

Hipocalemia espúria (pseudo-hipocalemia) ocorre em quadros de leucocitose extrema (leucócitos *in vitro* captam potássio no tubo de ensaio) e não está relacionada a alterações no equilíbrio de potássio, tanto interno quanto externo.

Redistribuição de potássio para dentro das células pode ocorrer agudamente em condições relacionadas a aumentos de insulina endógena ou catecolaminas. Por exemplo, liberação de catecolamina relacionada à perda de fôlego (asma, exacerbações de doença pulmonar obstrutiva crônica, insuficiência cardíaca precordialgias, incluindo enfarto do miocárdio ou angina) ou a liberação de catecolamina causada por síndrome de abstinência de drogas (álcool, narcóticos ou barbitúricos) redistribuem o potássio para dentro das células, diminuindo assim a concentração do potássio sérico. Hipocalemia pode também ser causada por administração de insulina (correção de cetoacidose diabética, pós-ressuscitação por hipercalemia) ou miméticos de beta-adreno-receptor (beta-agonistas, teofilina). Entre outras causas comuns de diminuição de potássio sérico, sem redução

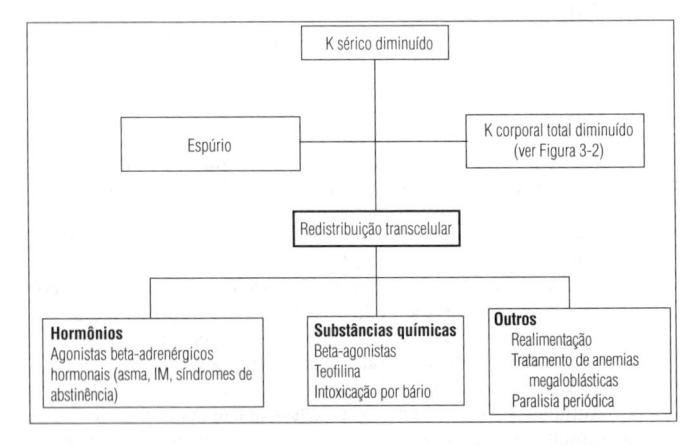

Figura 3-1 Abordagem diagnóstica da hipocalemia (K, potássio; IM, infarto do miocárdio).

no potássio corporal total, estão a paralisia periódica hipocalêmica (dos tipos familiar e no hipertireoidismo), tratamento de anemias megaloblásticas e síndromes de realimentação (provavelmente mediada por insulina).

A síndrome de realimentação, em que pacientes gravemente desnutridos são alimentados por via nasogástrica, é detectada também em adultos mais velhos, em quem as manifestações clínicas de desnutrição são menos evidentes.

Diminuições no potássio corporal total (Figura 3-2) são causadas por ingestão inadequada ou por perdas extra-renais excessivas de potássio. A dosagem da excreção de potássio urinário (avaliadas em urina coletada em 24 horas ou em amostras aleatórias) é usada para distinguir a perda de potássio renal da extra-renal. As concentrações de potássio urinário menores que 20 mEq por litro sugerem baixa ingestão de potássio ou perda extra-renal de potássio. O status do equilíbrio ácido-base sérico também é útil na avaliação do local de perda de potássio. A acidose metabólica pode sugerir perdas gastrintestinais (GI) (diarréia de qualquer etiologia, ex., infecciosa, tóxica, por abuso de laxativos). Um pH sérico normal é menos útil porque a hipocalemia pode ser secundária a ambas as diminuições, de ingestão e perdas GI. Alcalose metabólica com potássio urinário menor que 20 mEq/l, embora rara, relaciona-se a abuso de laxativos, adenoma viloso ou diarréia congênita com perda de cloreto. Hipocalemia com excreção de potássio urinário maior que 20 mEq/l sugere perda renal de potássio. O pH sérico é usado para avaliar melhor as etiologias. Acidose metabólica sugere acidose tubular renal (tipo 1 ou tipo 2), cetoacidose diabética (diurese osmótica), ureterossigmoidostomia ou uso de inibidor de anidrase carbônica.

Mais comumente, as perdas renais de potássio são relacionadas à alcalose metabólica. Diante desse quadro clínico, a concentração de cloreto urinário é de grande valia. Baixa concentração de cloreto urinário (inferior a 20 mEq/l) sugere perdas de potássio pelo trato GI superior, uso recente de diuréticos ou síndrome pós-hipercápnica. Hipocalemia com alta concentração de cloreto urinário é melhor diferenciada com base na presença ou ausência de hipertensão. Em indivíduos normotensos, a hipocalemia com alcalose metabólica e alta concentração de cloreto urinário ocorre com o uso de diuréticos (de alça ou de túbulo contorcido distal), nas síndromes de Bartter e de Gitelman e com diminuições graves do magnésio ou potássio corporal total.

Hipocalemia com perda renal de potássio, perda renal de cloreto e hipertensão pode ser avaliada pelas concentrações de aldosterona urinária.

Nível elevado de aldosterona sugere aldosteronismo primário (adenoma, hiperplasia, terapia com glicocorticóide) ou aldosteronismo secundário (hipertensão renovascular ou acelerada, uso de diuréticos). Por outro lado, níveis normais de aldosterona com aumento do cortisol sérico sugerem doença de Cushing ou uso de esteróide exógeno. Níveis normais de cortisol indicam síndrome de Liddle (causada por aumentos na atividade do canal de sódio do túbulo coletor cortical) ou síndrome de excesso de mineralocorticóides (diminuições da atividade da desidrogenase hidro-

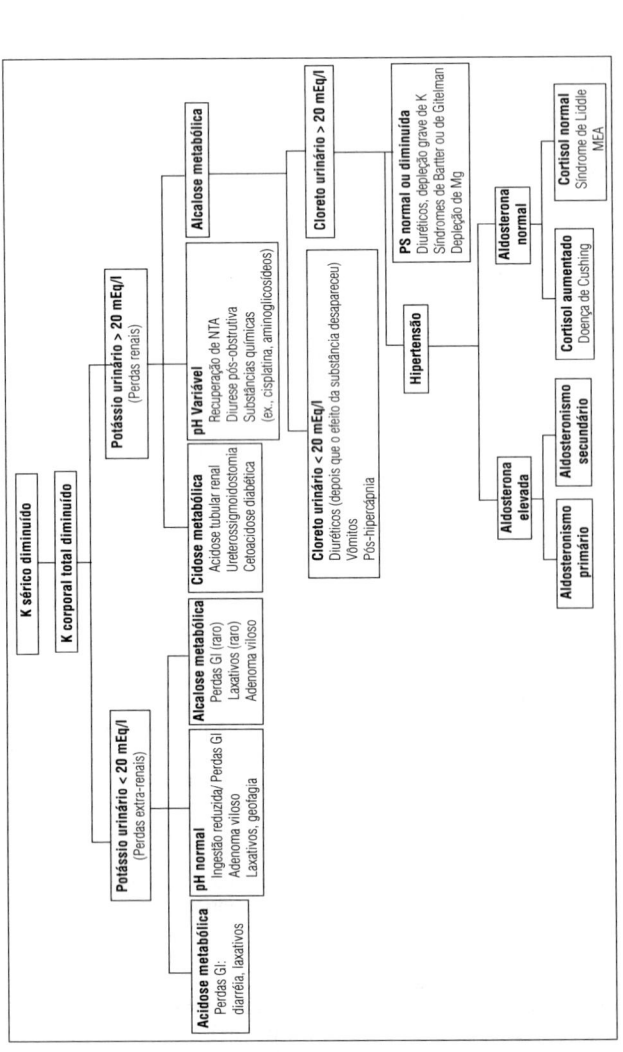

Figura 3-2 Abordagem diagnóstica da hipocalemia. (MEA, meningoencefalite asséptica NTA, necrose tubular aguda; PS, pressão sanguínea; GI, gastrintestinal; K, potássio.

xiesteróide 11β no tecido renal [congênita, ingestão de alcaçuz], fazendo com que o receptor de mineralocorticóide responda ao glicocorticóide). Aumentos na excreção de potássio urinário sem transtorno ácido-base significativo são constatados durante a fase de recuperação da necrose tubular aguda, diurese pós-obstrutiva e depleção de magnésio relacionada a medicamentos como aminoglicosídeos e cisplatina ou na leucemia mielomonocítica (secundária a lisozimúria).

Finalmente, hipocalemia está freqüentemente relacionada ao alcoolismo crônico. O mecanismo por trás dessa anormalidade eletrolítica não está bem definido, mas é provavelmente multifatorial, secundário à ingestão pobre de potássio, diarréia, abstinência alcoólica com alcalose respiratória e caliurese relacionada à hipomagnesemia.

Embora a hipocalemia por deslocamento celular e as diminuições do potássio corporal total ocorram de fato como problemas isolados, elas freqüentemente acontecem simultaneamente. Diminuições no potássio corporal total potencializam os efeitos de medicamentos e hormônios destinados a fazer com que o potássio entre nas células. Por exemplo, pequenas alterações no potássio durante a terapia com insulina podem não causar hipocalemia se o potássio corporal total estiver normal, mas em quadros de depleção do potássio corporal total (ex., durante o tratamento da cetoacidose diabética ou terapia com uso de diuréticos), a redistribuição de potássio celular durante a terapia podem resultar em hipocalemia profunda.

B. Manifestações de hipocalemia são principalmente cardíacas e neuromusculares (Tabela 3-1). Os sintomas neuromusculares mais dramáticos são paresia, paralisia e insuficiência respiratória. Depleção do potássio causa arritmia supraventricular e ventricular, especialmente em pacientes em tratamento com digitálicos. Embora a hipocalemia grave tenha mais probabilidade de causar complicações, até mesmo diminuições mínimas no potássio sérico ou potássio corporal total podem ser arritmogênicas em pacientes com doença cardíaca subjacente ou em tratamento com os digitálicos.

C. O tratamento da hipocalemia depende da causa subjacente, do grau de depleção de potássio e do risco ao paciente. Em geral, a hipocalemia secundária à redistribuição celular é administrada tratando-se as condições subjacentes. Por exemplo, em um quadro de aumento de catecolaminas, como nas síndromes precordialgias, o tratamento é dirigido para o controle da dor. Entretanto, quando a hipocalemia por redistribuição celular está relacionada a condições com risco de vida, como paresia, paralisia ou hipocalemia em um quadro de infarto do miocárdio, a administração de potássio está indicada. Com a depleção de potássio, a terapia de reposição depende do grau estimado de diminuição do potássio corporal total. Por exemplo, diminuições no potássio corporal total acompanhadas de queda no potássio sérico para 3,5 a 3,0 mEq/l estão associadas a um déficit de potássio de 160 a 200 mEq.

Diminuições do potássio sérico de 3 para 2 mEq/l estão associadas a diminuições de 200 para 400 mEq no potássio corporal total. O potássio pode ser administrado por via intra-

Tabela 3-1 Manifestações clínicas de hipocalemia.

Cardiovasculares
  Anormalidades eletrocardiográficas: ondas U, prolongamento Qt, depressão ST
  Predisposição à toxicidade dos digitálicos
  Arritmias atrioventriculares

Neuromusculares
  Músculos esqueléticos
    Fraqueza
    Cãibras
    Tetania
    Paralisia – flacidez
    Rabdomiólise
  Músculos lisos
    Constipação
    Íleo paralítico
    Retenção urinária

Endócrinas
  Intolerância a carboidratos
  Diabetes mellitus
  Aldosterona diminuída
  Retardo do crescimento

Renais/eletrolíticas
  Fluxo sanguíneo renal e taxa de filtração glomerular diminuída
  Diabetes insipidus nefrogênico
  Aumento da amoniogênese (encefalopatia hepática)
  Perda de cloreto/alcalose metabólica
  Formação de cistos
  Nefrite intersticial
  Vacuolização tubular

---

venosa, mas em quantidades limitadas (10 mEq por hora em veia periférica; 15 a 20 mEq por hora em veia central). Necessidades maiores de potássio só podem ser fornecidas por terapia oral ou diálise.

III. HIPERCALEMIA

A. A abordagem da hipercalemia (Figura 3-3) é determinar se os aumentos no potássio sérico são espúrios, causados por redistribuições de potássio do espaço intracelular para o extracelular ou se representam aumento real no potássio corporal total.

Hipercalemia espúria (pseudo-hipercalemia) é causada por hemólise *in vitro* dos eritrócitos, coletas de sangue sob isquemia,[1] trombocitose extrema (maior que 1 milhão/ml) ou leucocitose (maior que 50.000/ml). Hipercalemia espúria distingue-se da hipercalemia verdadeira pela ausência de anormalidades eletrocardiográficas (ECG). Hipercalemia causada por redistribuição de potássio celular ocorre agudamente e resulta da diminuição da transferência de potássio para dentro das células (nas diminuições das terapias com bloqueador beta-adrenérgico ou insulina), aumento da saída de potássio das

---

[1]. Devido a uso prolongado de torniquete (N. da T.).

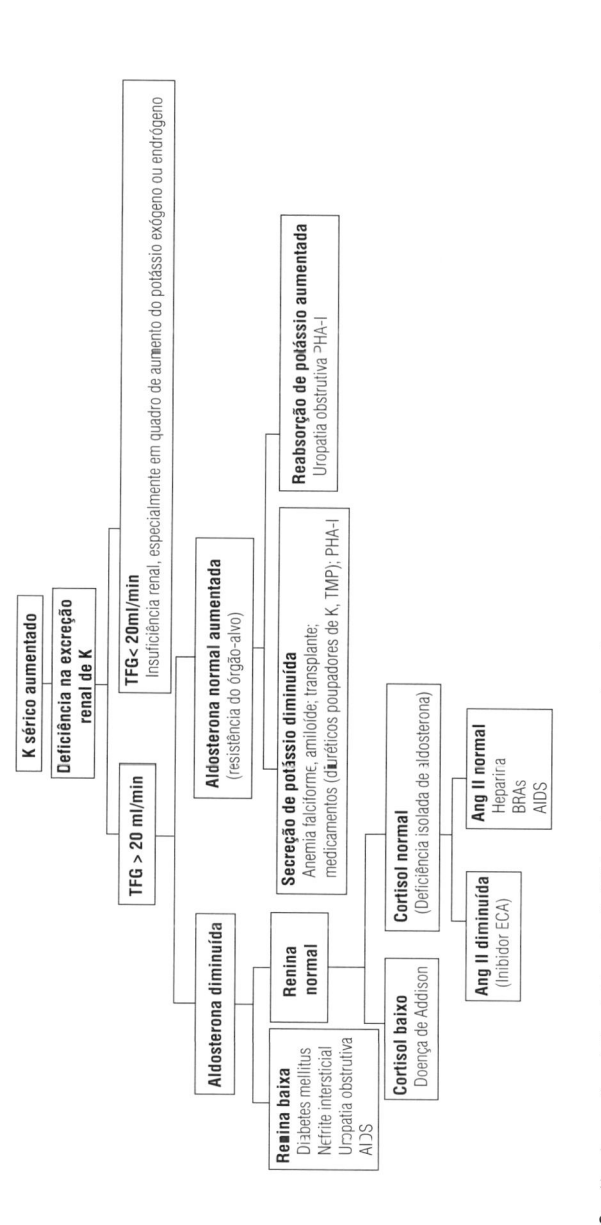

Figura 3-3 Abordagem diagnóstica da hipocalemia (ECA, enzima conversora da angiotensina; AIDS, síndrome da imunodeficiência adquirida; BRAs, bloqueadores do receptor da angiotensina; TFG, taxa de filtração glomerular; K, potássio; PHA, pseudo-hipoaldosteronismo; TMP, sulfa-trimetoprim).

K sérico aumentado
Deficiência na excreção renal de K

- **TFG > 20 ml/min**
  - **Aldosterona diminuída**
    - **Renina baixa**
      Diabetes mellitus
      Nefrite intersticial
      Uropatia obstrutiva
      AIDS
    - **Renina normal**
      - **Cortisol baixo** (Doença de Addison)
      - **Cortisol normal** (Deficiência isolada de aldosterona)
        - **Ang II diminuída** (Inibidor ECA)
        - **Ang II normal**
          Heparina
          BRAs
          AIDS
  - **Aldosterona normal aumentada** (resistência do órgão-alvo)
    - **Secreção de potássio diminuída**
      Anemia falciforme, amiloide; transplante; medicamentos (diuréticos poupadores de K, TMP); PHA-I
    - **Reabsorção de potássio aumentada**
      Uropatia obstrutiva PHA-I

- **TFG < 20 ml/min**
  Insuficiência renal, especialmente em quadro de aumento do potássio exógeno ou endógeno

células para o espaço extracelular (na acidose metabólica), hipertonicidade (na hiperglicemia ou administração de manitol), exercícios, colapso muscular (na rabdomiólise) ou intoxicação por substâncias químicas – digitálicos ou succinilcolina.

Hipercalemia mantida é causada por diminuições da excreção renal de potássio. Isso só é percebido depois que a taxa de filtração glomerular fica menor que 20 ml/min. Entretanto, pode ocorrer com diminuições menos acentuadas na TFG, quando os rins têm de lidar com uma carga de potássio proveniente de sua ingestão (ex., dieta, substitutos do sal ou substâncias químicas, incluindo cloreto de potássio e citrato de potássio) e de aumentos na produção de potássio endógeno (ex., sangramento GI, hematoma em resolução, rabdomiólise, estados catabólicos, lise tumoral). Hipercalemia com diminuições menos acentuadas da função renal também está relacionada a reduções da taxa de fluxo do néfron distal ou a níveis baixos de aldosterona sérica, por exemplo, no hipoaldosteronismo hiporeninêmico. Por fim, a hipercalemia está relacionada também a diminuições menos acentuadas da TFG, quando são administrados medicamentos que alteram a excreção de potássio (ex., diuréticos poupadores de potássio, bloqueadores beta-adrenégicos, inibidores da enzima conversora da angiotensina, bloqueadores de receptores da angiotensina, antiinflamatórios não-esteróides [AINEs]).

Tabela 3-2 Medicações comumente usadas que causam hipercalemia.

Medicação	Mecanismo
Superdosagem de digitálicos	Inibição da bomba Na-K-ATPase
Inibidores de angiotensina II	Excreção diminuída de aldosterona
AINEs	Bloqueiam a estimulação da renina pela prostaglandina
Trimetoprim	Agente catiônico que reduz o número de canais de sódio abertos na membrana luminal dos dutos coletores
Pentamidina	Mesmo mecanismo do trimetoprim – bloqueia a excreção distal do potássio
Espironolactona	Compete por receptor de aldosterona no túbulo coletor
Amilorida	Bloqueia o canal de sódio
Heparina	Diminui a aldosterona
Substitutos do sal	Contêm potássio
Succinilcolina	Leva o potássio do fluido intracelular para o extracelular
Ciclosporina	Multifatorial, incluindo hipoaldosteronismo hiporeninêmico e interferência com a ação da aldosterona nas células secretoras de potássio do duto coletor cortical
Pentamidina	Bloqueia a secreção distal de potássio

Estudos clínicos também sugerem que indivíduos mais idosos têm risco aumentado de hipercalemia. Embora não exista nenhuma explicação clara para essa observação, ela pode estar relacionada ao declínio da síntese de aldosterona próprio da idade ou possivelmente à redução da sensibilidade tubular a sua ação. Medicamentos comumente usados que causam hipercalemia são mostrados na Tabela 3-2.

Hipercalemia também ocorre em quadros de TFG relativamente bem preservada. As causas da hipercalemia nesse quadro são diferenciadas com base nos níveis de aldosterona plasmática ou urinária. Diminuições de aldosterona ocorrem em face da atividade da renina plasmática diminuída, aumentada ou normal. Diminuição da atividade da renina plasmática (hipoaldosteronismo hiporeninêmico) tende a ocorrer em adultos mais velhos e está relacionada a várias doenças renais, incluindo diabetes, nefrite intersticial (ex., anemia falciforme, uso de analgésicos, toxicidade por metal pesado), uropatia obstrutiva, lúpus eritematoso sistêmico e amiloidose. Diminuições da atividade da renina plasmática também estão relacionadas à síndrome da imunodeficiência adquirida (AIDS), nefropatia, transplantes e uso de medicamentos, incluindo ciclosporina e AINEs. Hipoaldosteronismo hiper-reninêmico também ocorre com reduções na produção de cortisol (doença de Addison) e com a produção normal de cortisol quando são usados medicamentos como inibidores da enzima conversora de angiotensina, bloqueadores de receptores da angiotensina e heparina. Finalmente, aumentos no potássio sérico podem estar associados a níveis normais ou elevados de aldosterona e à resistência do órgão-alvo à aldosterona. Esta é causada por diminuições na secreção de potássio (medicamentos como diuréticos poupadores de potássio trimetoprim e pentamidina), doenças renais intersticiais (lúpus eritematoso sistêmico, doença falciforme), uropatia obstrutiva ou transplante. Também ocorrem em uma doença hereditária incomum chamada *pseudo-hipoaldosteronismo tipo I*, cuja etiologia é uma diminuição no número de receptores de aldosterona ou um aumento da atividade do co-transportador de cloreto de sódio (NaCl) no túbulo contorcido distal. Com a dosagem da atividade do co-transportador, o transporte de sódio para o túbulo distal fica reduzido. Hipercalemia relacionada à secreção normal de potássio e ao aumento da reabsorção ocorre na uropatia obstrutiva.

B. **Diagnóstico.** A taxa de excreção do potássio urinário ou gradiente de potássio transtubular (GKTT) (potássio urinário dividido pelo potássio sérico dividido pela proporção da osmolalidade urinária com relação à osmolalidade plasmática) é usada para distinguir as causas de hipercalemia renais das extra-renais (Tabela 3-2). As causas extra-renais da hipercalemia (ex., dieta) estão relacionadas a aumentos da excreção de potássio (excreção de potássio 24 horas maior que 80 mEq e GKTT maior que 10). Por outro lado, as causas renais da hipercalemia (por exemplo, doença de Addison) relacionam-se a reduções na excreção de potássio urinário (menos de 20 mEq por dia) e GKTT (menor que 3). Administração de um mineralocorticóide (0,05 mg de fludrocortisona) resulta em aumentos na excreção de potássio urinário (acima de 40 mEq por dia) e GKTT (maior que 7) em pacientes com deficiência de aldosterona (doença de Addison), mas nenhum aumento na excreção do potássio urinário ou no GKTT em pacientes com resistência à aldosterona (ex., anemia falciforme).

C. **Manifestações clínicas da hipercalemia** são predominantemente cardíacas e neuromusculares. É importante observar que pacientes com hipercalemia freqüentemente apresentam queixas gastrintestinais vagas e sensações de mal-estar não específicas. Entre as anomalias de eletrocardiograma (ECG) incluem-se ondas de pico T, intervalo QRS ampliado e assístole. Entre as anomalias neuromusculares estão fraqueza, constipação e paralisia.

D. **O tratamento da hipercalemia** (Figura 3-4) depende da presença ou ausência de anomalias neuromusculares e no ECG. Na ausência de sintomas ou anomalias no ECG, a hipercalemia é tratada conservadoramente, por exemplo, com redução da ingestão de potássio na dieta ou retirada de medicamentos tóxicos.

Na presença de anormalidades no ECG ou de sintomas, a meta da terapia é estabilizar as membranas celulares. Como terapia de primeira linha usa-se gluconato de cálcio, 10 a 30 ml com solução a 10% (início da ação em 1 a 2 minutos). Embora o mecanismo permaneça indefinido, o cálcio antagoniza as membranas e despolariza os efeitos da hipercalemia. Entre outras terapias, estão o bicarbonato de sódio, 50 a 150 mEq (início da ação em 15 a 30 minutos) e cinco a 10 unidades de insulina intravenosa (início da ação em 5 a 10 minutos), o que aumenta a atividade da bomba Na-K-ATPase no músculo esquelético e leva o potássio a entrar nas células. Simultaneamente, administram-se 25 g de glicose intravenosa para prevenir a hipoglicemia. Os açúcares no sangue devem ser monitorados por aproximadamente seis horas para identificar e tratar a hipoglicemia decorrente da insulina. Nebulização de albuterol 20 mg em 4 ml de solução salina normal (início da ação em 15 a 30 minutos) também ativa a bomba Na-K-ATPase e leva

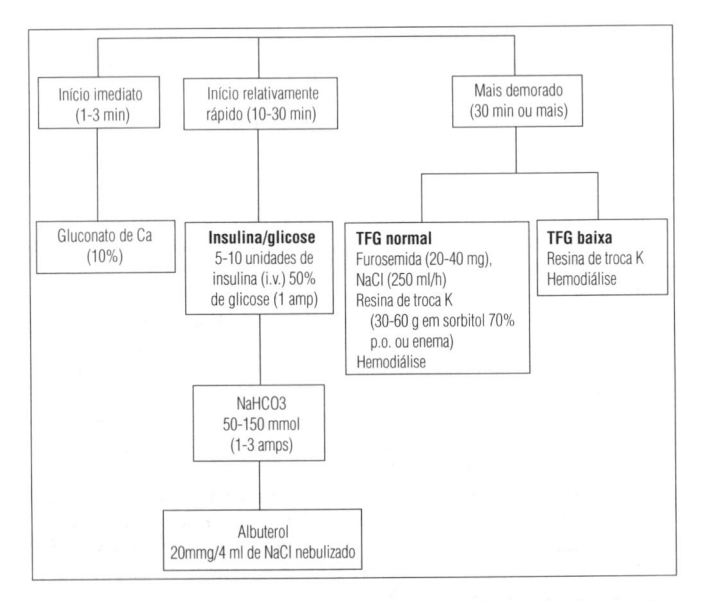

Figura 3-4 Tratamento da hipercalemia (TFG, taxa de filtração glomerular; K, potássio).

potássio para dentro das células. O potássio que entra nas células geralmente começa a se deslocar para fora delas novamente depois de cerca de seis horas, aumentando a concentração de potássio sérico. Portanto, deve-se iniciar simultaneamente terapia para retirar potássio do corpo. Reduções no potássio corporal total podem ser alcançadas através de uma resina de troca de potássio. A resina de potássio usada basicamente é o polistireno sulfonato de sódio. Um grama desse medicamento liga aproximadamente 1 mEq de potássio e libera de 1 a 2 mEq de sódio de volta à circulação. Esse medicamento pode ser administrado oralmente (início da ação em 2 horas) ou por enema (início da ação em 30 a 60 minutos). Finalmente, caso seja indicada, inicia-se a hemodiálise, retirando-se de 25 a 30 mEq de potássio por hora.

LEITURAS SUGERIDAS

Allon M. Hipercalemia in end stage renal disease: mechanisms and management. *J Am Soc Nephrol* 1995;6:1134-1142.
Ethier JH, Kanel KS, Magner PO, Lemann J, Halperin ML. The transtubular potassium concentration in patients with hypokalemia and hyperkalemia. *Am J Kidney Dis* 1990;15:309-316.
Gennari F J. Hypokalemia. *N Engl J Med* 1998;339:451-458.
Halperin ML, Kamel SK. Electrolyte quintet: potassium. *Lancet* 1998;352; 185-140.
Kamel KS, Halperin ML. Treatment of hypokalemia and hyperkalemia. In: Brady HR, Wilcox CS, eds. *Therapy in nephrology and hypertension*. Philadelphia: WB Saunders, 1999:270-278.
Kellerman PS, Linage SL. Disorders of potassium metabolism. In: Feehally J, Johnson R, eds. *Comprehensive clinical nephrology*. Londres: Mosby International, 1999.
Osorio FV, Linas SL. Disorders of potassium metabolism. In: Schrier RW, ed. *Atlas of diseases of the kidney*, vol 1. Philadelphia: Blackwell Science, 1998:sec 1.
Oster JR, Singer I, Fishman LM. Heparin-induced aldosterone suppression and hyperkalemia. *Am J Med* 1995;98:575-586.
Perazella MA, Mahnensmith RL. Hyperkalemia in the elderly. *JGIM*. 1997;10: 646-656.
Perazella M, Rastegar Asghar. Disorders of potassium and acid-base metabolism in association with renal disease. In: Schrier RW. ed. *Diseases of the kidney and urinary tract*, 7th ed. Philadelphia: Lippincott Williams & Wilkins, 2001:2577-2606.
Peterson L, Levi M. Disorders of potassium metabolism. In: Schrier RW, ed. Renal and electrolyte disorders, 6th ed. Philadelphia: Lippincott Williams & Wilkins, 2003:171-215.
Moonseong QH, Heshka S, Wang J, et al. Total body potassium differs by sex and age across the adult like span. *Am J Clin Nutri* 2003;78:72-77.
Weiner ID, Linas SL, Wingo CS. Disorders of potassium metabolism. In: Johnson RJ, Feehally JF, ed. *Comprehensive clinical nephrology*, 2nd ed. St. Louis: Mosby, 2003;109-121.
Weiner ID, Wingo CS. Hyperkalemia: a potential silent killer. *J Am Soc Nephrol* 1998;9:1535-1543.
Weiner ID, Wingo CS. Hypokalemia: consequences, causes, and correction. *J Am Soc Nephrol* 1997;8:1179-1188.

Capítulo **4**

O Paciente com Distúrbio Ácido-Base

William D. Kaehny

I. DISTÚRBIOS ÁCIDO-BASE ocorrem comumente em pacientes hospitalizados e são marcadores importantes de distúrbio fisiológico subjacente. Ocasionalmente, distúrbios ácido-base interferem na homeostase o suficiente para alterar o pH arterial para uma faixa perigosa (menor que 7,10 ou maior que 7,60). Dependendo do status geral do paciente e da resposta do sistema cardiovascular, o nível do pH pode exigir atenção. Depois que o clínico é alertado para a presença de um distúrbio ácido-base por meio de exames clínicos e pistas laboratoriais, uma progressão lógica da análise leva ao tratamento otimizado do paciente.
A. 1º Passo. Meça o pH. Isso identifica acidemia ou alcalemia. A alteração no bicarbonato e na pressão parcial de CO_2 (PCO_2) indica se o processo primário é metabólico ou respiratório.
B. 2º Passo. Verifique a resposta compensatória, ou secundária, da PCO_2 ou do HCO_3^- para saber se o distúrbio é simples ou misto.
C. 3º Passo. Calcule a diferença aniônica (*anion gap*, ou AG) sérica para detectar algum aumento de ânions orgânicos, como lactato. Adicione qualquer aumento de AG (ΔAG) que seja HCO_3^- em potencial ao total de dióxido de carbono sérico (tCO_2) para detectar alcalose metabólica oculta.
D. 4º Passo. Determine a causa do distúrbio ácido-base a partir do quadro clínico e dos exames de laboratório.
E. 5º Passo. Trate a doença subjacente, a menos que o pH esteja perigosamente alterado de forma aguda ou crônica (como na acidose que afeta os ossos).

II. QUANDO SUSPEITAR DE DISTÚRBIOS ÁCIDO-BASE
A. Clínica. A causa subjacente do distúrbio ácido-base é mais freqüentemente responsável pelos sinais e sintomas do paciente. Certos quadros e achados clínicos devem alertar o clínico para sua probabilidade. Coma, convulsões, insuficiência cardíaca congestiva, choque, vômitos, diarréia e insuficiência renal geram mudanças nos níveis de PCO_2 ou HCO_3^-. Mudanças acentuadas do pH podem ocasionalmente provocar manifestações clínicas diretas. Alcalemia grave causa irritabilidade do coração e da musculatura esquelética. Acidemia grave causa depressão da função da bomba cardíaca e do tônus vascular. Embora as disfunções do sistema nervoso central surjam freqüentemente com distúrbios ácido-base, as alterações do pH não parecem ser a causa. Ao contrário, osmolalidade plasmática e PCO_2 alteradas parecem ser os agentes responsáveis.
B. Laboratório. Dosagem criteriosa dos eletrólitos séricos em pacientes com perdas ou ganhos anormais de líquidos corporais é uma

boa prática. tCO_2 sérico anormal é evidência definitiva de distúrbio ácido-base; AG sérico anormal é muito sugestivo; nível anormal de potássio sérico é suspeito.

1. TCO_2 sérico. O HCO_3^- presente no sangue pode ser estimado razoavelmente pela medição do tCO_2 no soro venoso. Acrescenta-se ácido ao soro para liberar CO_2 do HCO_3^- mais CO_2 dissolvido, carbonato e ácido carbônico. O CO_2 se difunde em uma solução tamponada e causa mudança do pH. Essa mudança se traduz em tCO_2 dado em mmol/l. O tCO_2 sérico é de 1 a 3 mmol/l maior que o HCO_3^- arterial porque ele provém do sangue venoso, que tem mais HCO_3^-. Níveis normais de tCO_2 sérico em nível do mar chegam em média a 26 a 27 mmol/l. Valor abaixo de 24 ou acima de 30 provavelmente define um distúrbio ácido-base clínico. Distúrbio ácido-base do tipo misto pode existir com um tCO_2 sérico normal.

2. A diferença aniônica sérica (Anion gap-AG) é calculada a partir do sódio sérico venoso, cloreto e tCO_2.

$$AG = Na_+ - (Cl + tCO_2)$$

As unidades são mEq/l porque esse cálculo estima a diferença de carga entre os chamados ânions não-dosados (total de ânions séricos representado por Cl^- e HCO_3^-) e cátions não-dosados (total de cátions representado por Na^+). O valor normal médio é 9 ± 3 mEq/l, mas pode variar dependendo do laboratório. Albumina contribui em grande parte para a AG. Queda na albumina sérica de 1 g/dl, de um normal de 4,5, reduz a AG em 2,5 mEq/l.

   a. Acidose metabólica devido a ácido orgânico, como ácido lático e ácido acetoacético, é definida por AG aumentada. Aumento na AG de 8 mEq/l para 17 ou mais, geralmente indica a presença de acidose orgânica, embora, às vezes, o ânion exato não possa ser identificado. O ânion de um ácido substitui o HCO_3^- perdido no tamponamento na parte do ácido do íon de hidrogênio (H^+), aumentando assim, o ânion não-dosado. É importante notar que AG normal ou ligeiramente elevada não descarta a presença de acidose metabólica orgânica, como a cetoacidose diabética, porque um paciente com boa perfusão renal e fluxo urinário pode excretar os cetoânions a uma taxa suficiente para impedir que a AG sérica aumente muito.

   b. Alcalose metabólica. Às vezes, a acidose metabólica que aumenta a AG e reduz o HCO_3^- pode coincidir com um processo que gera alcalose metabólica. Por exemplo, vômitos que geram alta taxa de HCO_3^- podem ser causados por ceto-acidose diabética, que diminui o HCO_3^-. Nesse caso, o tCO_2 sérico (e o HCO_3^- arterial) pode diminuir ou se normalizar, apesar da atuação da alcalose metabólica no sentido de elevá-lo. A presença dessa alcalose metabólica oculta é deduzida, à moda de Sherlock Holmes, adicionando-se o tCO_2 sérico medido e a ΔAG (AG medida – 9). Se essa soma for maior que 30 mEq/l, provavelmente há alcalose

metabólica presente. A ΔAG é um marcador de "perda" ou existência potencial de HCO_3^-, titulado pelo H^+ de um ácido orgânico. Alcalose metabólica pura pode aumentar diretamente a AG em até 5 mEq/l devido a efeitos na carga e concentração de albumina.
3. Potássio sérico. Metabolismo do potássio está ligado ao metabolismo ácido-base no nível dos deslocamentos celulares, funções tubulares renais e transporte gastrintestinal. Portanto, concentração anormal de potássio sérico alerta o clínico para a probabilidade também da presença de um distúrbio ácido-base.

III. IDENTIFICANDO OS PRINCIPAIS DISTÚRBIOS ÁCIDO-BASE. Quando o clínico suspeita de que pode haver distúrbio ácido-base e o tratamento do paciente pode ser ajustado, deve-se obter um conjunto de parâmetros do equilíbrio ácido-base, quais sejam: pH, PCO_2 e HCO_3^-.

A. Química e fisiologia do equilíbrio ácido-base. Os sistemas de células, tecidos e órgãos aparentemente funcionam melhor com um pH do líquido extracelular (LEC) em torno de 7,40. O pH do fluido intracelular (LIC) é heterogêneo dentro da célula, dependendo da atividade metabólica e das organelas, mas fica em torno de 7,00 em média. O pH do LEC é função dos tamponamentos disponíveis, aquelas moléculas que respondem a mudanças no pH liberando ou captando H^+ para manter o pH próximo a 7,40. Os tampões impedem alterações extremas de pH em face do ganho ou perda de ácidos ou bases.
1. O pH sanguíneo é a expressão matemática da intensidade da acidez ou atividade de H^+. Ele pode ser traduzido em concentração de H^+ em mol/l:

$$pH = -\log [H^+] \text{ ou } [H^+] = 10^{-pH}$$

A concentração de H^+ é normalmente expressa em nmol/l. A concentração de H^+ é 100 nmol/l em pH 7,00 e 40 nmol/l em pH 7,40. Com o pH na faixa de 7,26 a 7,45, a concentração de H^+ é estimada precisamente como (80 - o decimal do pH). Por exemplo, em pH 7,32, H^+ é igual a 80 menos 32, ou seja, 48 nmol/l. O pH é medido à temperatura corporal com um eletrodo de fluxo com membrana de vidro.
2. Pressão parcial do dióxido de carbono no sangue, PCO_2, representa o componente respiratório no sangue. O sistema respiratório determina o nível em que a PCO_2 está ajustada. A PCO_2 é substituída pelo tampão de ácido carbônico, H_2CO_3, na equação ácido-base. O H_2CO_3 é formado a partir de água e CO_2. A PCO_2 é medida em todo o sangue com um eletrodo de pH que detecta a alteração causada pela difusão de CO_2 da amostra para uma solução-tampão.
3. O HCO_3^- é o componente metabólico da equação ácido-base, servindo de base ao parceiro captador de H^+ no par de tamponamento; a concentração de HCO_3^- é controlada pelo estado de tamponamento, processos metabólicos e rins. A concentração de HCO_3^- é calculada a partir do pH e da PCO_2, usando a equação de Henderson-Hasselbalch. O fato de ela ser calculada não

torna seu valor menos confiável do que o do tCO_2 sérico, que também é calculado.
4. A equação ácido-base possibilita a determinação do estado de equilíbrio ácido-base no LEC, da presença de distúrbio ácido-base, da natureza desse distúrbio e de sua classificação em simples ou misto:

$$pH = \text{constante} \times [HCO_3^-]/PCO_2$$

Assim, o nível do pH depende da proporção ou razão matemática entre o HCO_3^- e a PCO_2. Um distúrbio ácido-base é gerado por uma alteração no estado normal de um desses dois fatores. A mudança resultante no pH acarreta mudanças químicas nos tampões, que de alguma forma atenuam a mudança no pH. No sistema respiratório, ocorre uma resposta fisiológica a um distúrbio metabólico e, nos rins, uma resposta a um distúrbio respiratório. Um novo estado de estabilidade se segue ao novo pH determinado pelos novos valores de concentração de HCO_3^- e PCO_2.

B. **Medida das variáveis ácido-base.** A determinação do estado do equilíbrio ácido-base geralmente se baseia em análise do sangue arterial, embora a análise do sangue venoso arterializado seja igualmente válida. Depois de aquecer a extremidade, o sangue é retirado sem mistura de ar de uma artéria ou de uma veia, sem uso de garrote. Embora estudos experimentais mostrem que o pH do LIC e medidas de ácido-base venosas mistas têm correlação com a função de órgãos, as medidas de sangue arterial estão facilmente disponíveis e propiciam visão imediatamente interpretável do estado metabólico dos órgãos e suas funções. Deve-se ter em mente que a hipoperfusão dos tecidos, como na parada cardiopulmonar ou no choque profundo, torna a acidose dos tecidos pior do que o refletido pelos valores de ácido-base no sangue arterial.
  1. Cálculo de HCO_3^- a partir do pH e da PCO_2. O HCO_3^- arterial é 1 a 3 mmol/l menor que o tCO_2 venoso. Para calcular o HCO_3^- ou verificar o valor informado, converte-se o pH em H^+ e usa-se uma forma simplificada da equação de Henderson:

$$HCO_3^- = 24 \times PCO_2/H^+$$

C. **Identificação de um distúrbio ácido-base importante.** A base dessa abordagem é a determinação da direção (para cima ou para baixo) em que os valores medidos diferem dos valores normais arbitrados para o pH (7,40), PCO_2 (40 mm Hg) e HCO_3^- (24 mmol/l). Primeiramente, determina-se se há presença de acidemia (pH baixo) ou alcalemia (pH alto). Em seguida, determina-se se a alteração geradora primária foi no HCO_3^- ou na PCO_2 (Tabela 4-1). O fator de compensação deve mudar na mesma direção do fator gerador para resultar em um distúrbio ácido-base simples.
  1. *Exemplo de distúrbio simples.* Análise do sangue arterial revelou os seguintes valores: pH 7,55, HCO_3^- de 18 mmol/l, PCO_2 de 21 mmHg.
     a. Estágio 1. O pH está alto. Portanto, há presença de alcalemia que deve ser causada por aumento de HCO_3^- (como na alca-

Tabela 4-1 Distúrbios ácido-base simples.

	Acidose metabólica	Alcalose metabólica	Acidose respiratória	Alcalose respiratória
Alteração primária	↓ HCO_3^-	↑ HCO_3^-	↑ PCO_2	↓ PCO_2
Compensação	↓ PCO_2	↑ PCO_2	↑ HCO_3^-	↓ HCO_3^-
Efeito no pH	↓ pH	↑ pH	↓ pH	↑ pH

↓ diminuiu; ↑ aumentou

lose metabólica) ou diminuição da PCO_2 (como na alcalose respiratória).
  b. Estágio 2. O HCO_3^- está baixo e não pode ser a causa de um aumento de pH.
  c. Estágio 3. Como a PCO_2 está baixa, ela pode ser a causa do aumento do pH; isso é uma alcalose respiratória.
  d. Estágio 4. A alteração no HCO_3^- ocorre na mesma direção da PCO_2; isso é consistente com alcalose respiratória simples.
 2. Exemplo de distúrbio ácido-base misto. Amostra de sangue arterial gerou os seguintes dados: pH 7,55, HCO_3^- de 30 mmol/l e PCO_2 de 35 mmHg.
  a. Estágio 1. O pH está alto. Portanto, há presença de alcalemia.
  b. Estágio 2. O HCO_3^- está aumentado e pode ser o responsável pelo aumento do pH.
  c. Estágio 3. A PCO_2 está baixa e também pode ser responsável pelo aumento do pH.
  d. Estágio 4. Os dois determinantes do equilíbrio ácido-base estão alterados em direções opostas. Portanto, há alcalose respiratória metabólica e respiratória mista. Alcalose metabólica é predominante porque o percentual de alteração do HCO_3^- é 6/24, ou 25%, enquanto o percentual de mudança da PCO_2 é 5/4, ou 12,5%.

IV. DETERMINANDO SE UM DISTÚRBIO ÁCIDO-BASE É SIMPLES OU MISTO.
Quando um processo subjacente gera distúrbio ácido-base ao alterar um dos componentes da dupla-tampão HCO_3^- e PCO_2 (lembremos que a PCO_2 representa H_2CO_3), o outro componente é ajustado pela resposta fisiológica do corpo e se altera na mesma direção que o primeiro componente, a fim de reduzir a magnitude da alteração no pH. O termo consagrado para essa resposta fisiológica é *compensação*. No entanto, os mecanismos de resposta fisiológica podem ser ativados por outros estímulos diferentes do pH e, de fato, podem contribuir para a manutenção desse pH anormal. Assim, alguns chamaram essas respostas de mal-adaptativas porque elas nem sempre são verdadeiramente compensatórias. Por exemplo, uma PCO_2 baixa em resposta à acidose metabólica faz com que os rins reduzam a reabsorção de HCO_3^-. É importante ressaltar que a compensação não restaura o pH ao normal, porque isso interromperia o estímulo para o mecanismo compensatório.
  A. Etapas para determinar se um distúrbio ácido-base é simples. Depois de identificado o distúrbio principal, determina-se se a compensação para o evento primário é adequada.

1. Verifique as direções das alterações do HCO_3^- e PCO_2. A dupla ácido-base de tamponamento altera-se, a partir do nível normal, na mesma direção em todos os distúrbios ácido-base simples. Caso se alterem em direções opostas, o distúrbio deve ser misto. Essa etapa é discutida na seção III.C.2.d.
2. Compare a magnitude da compensação da PCO_2 ou HCO_3^- com a alteração primária no HCO_3^- ou PCO_2. No distúrbio metabólico, a alteração primária nos distúrbios ácido-base ocorre no HCO_3^-, com a compensação ocorrendo na PCO_2.

   O oposto é verdade nos distúrbios respiratórios. A Tabela 4-2 contém diretrizes ou regras que podem ser usadas para avaliar se a compensação é adequada. Os distúrbios respiratórios têm dois estágios de compensação: aguda, quando apenas o tamponamento dos tecidos altera ligeiramente o HCO_3^-, e crônica (após 24 horas), quando os rins causam alterações importantes na concentração de HCO_3^-. Se a alteração medida no fator de compensação não se aproximar da prevista, é provável que haja distúrbio misto. Dois métodos de prever a compensação são mostrados na Tabela 4-2. Um deles descreve as alterações esperadas no outro componente do tampão para dada alteração no componente gerador. Por exemplo, espera-se que uma queda no HCO_3^- de 10 mmol/l na acidose metabólica resulte em hiperventilação, que reduz a PCO_2 de 10 a 15 mmHg, para 25 a 30 mmHg. O outro método relaciona a alteração no fator gerador primário à alteração no pH. Por exemplo, espera-se que uma queda no HCO_3^- de 10 mmol/l na acidose metabólica reduza o pH em 0,1, para 7,30.
3. Verifique a diferença aniônica (AG) para detectar evidências de distúrbio metabólico oculto. Aumento na AG de mais de 8 mEq/l para um valor maior que 17 sugere a presença de acidose metabólica devido a ácido orgânico. Se ΔAG for acrescentado ao tCO_2 sérico medido, teoricamente pode-se estimar o tCO^2 sérico máximo. Valor maior que 30 mmol/l sugere alcalose metabólica.

Tabela 4-2 Compensação adequada nos distúrbios ácido-base.

	Alteração da PCO_2 x alteração do HCO_3^-	Alteração no pH x alteração no HCO_3^-
Acidose metabólica	1,0–1,5 por 1	0,010 por 1
Alcalose metabólica	0,25–1,00 por 1	0,015 por 1
	Alteração do HCO_3^- x alteração da PCO_2	Alteração no pH x alteração da PCO_2
Acidose respiratória		
Aguda	1 por 10	0,08 por 10
Crônica	4 por 10	0,03 por 10
Alcalose respiratória		
Aguda	1 por 10	0,08 por 10
Crônica	4 por 10	0,03 por 10

B. Aplicação das regras
 1. O evento primário na acidose metabólica é uma queda no HCO_3^-; a compensação é uma queda na PCO_2, devido à estimulação de receptores do sistema nervoso central pelo baixo pH. Hiperventilação aumenta a excreção de CO_2, e a PCO_2 cai. Por exemplo, se o HCO_3^- cair 10 pontos, passando de 24 mmol/l para 14 mmol/l, a PCO_2 deve cair de 1 a 1,5 vez esse valor, ou seja, de 10 a 15 mmHg, para um nível de 25 a 30 mmHg (40 – 10 = 30; 40 – 15 = 25).
 2. O evento primário na alcalose metabólica é um aumento do HCO_3^-. O sistema respiratório responde ao aumento de pH com hiperventilação, que reduz a excreção de dióxido de carbono e resulta em aumento na PCO_2. Por exemplo, se o HCO_3^- aumenta em 16 mmol/l, de 24 para 40 mmol/l, a PCO_2 deve aumentar em 0,25 a 1,00 multiplicado pelo aumento de 16 no HCO_3^-, ou seja, em 4 a 16 mmHg, indo para um nível de 44 a 56 mmHg (40 + 4 = 44; 40 +16 = 56).

    Essa resposta é atenuada pela resposta do corpo à hipoxemia concomitante resultante da hipoventilação.
 3. O evento primário na acidose respiratória é um aumento na PCO_2. Durante a fase aguda (até 24 horas), apenas o tamponamento contribui de forma mensurável para a resposta. O HCO_3^- deve aumentar, mas sem chegar a 30 mmol/l. Por outro lado, os rins respondem à elevação crônica da PCO_2 gerando HCO_3^- suficiente para impedir que o pH caia abaixo de 7,20, mesmo nos casos mais graves de acidose respiratória crônica.
 4. O evento primário na alcalose respiratória é uma queda na PCO_2. Inicialmente, o tamponamento ocorre como resultado da liberação de H^+ das células; mais tarde (horas), os rins excretam HCO_3^- na urina, com conseqüente queda de HCO_3^- no sangue, conforme definido na Tabela 4-2.
C. Efeitos da resposta respiratória aos distúrbios metabólicos. Os rins respondem a alterações na PCO_2, independentemente do pH. Queda na PCO_2 causa perda renal de HCO_3^-; aumento da PCO_2 causa geração renal de HCO_3^-. Assim, na acidose metabólica crônica (que dura dias), um pouco da redução no bicarbonato deve-se de fato à queda compensatória na PCO_2 e não diretamente ao processo que causa a acidose metabólica. Da mesma forma, aumento da PCO_2 na alcalose metabólica crônica contribui para a hiperbicarbonatemia.
D. Exemplos de distúrbios ácido-base mistos. São possíveis quatro combinações de distúrbios ácido-base mistos "duplos". Duas são importantes porque causam alterações drásticas no pH: acidose metabólica e respiratória e alcalose metabólica e respiratória. Os outros dois distúrbios tendem a estar relacionados a valores de pH próximos ao normal e não são perigosos por si; porém, são marcadores importantes de doenças subjacentes. Dois outros distúrbios mistos, chamados de *distúrbios triplos*, também foram descritos. O AG aponta para o desenvolvimento simultâneo ou seqüencial de acidose e alcalose metabólica. Imposição de distúrbio respiratório gera o conhecido distúrbio ácido-base triplo.
 1. Acidose metabólica e acidose respiratória. Paciente com enfisema e retenção de dióxido de carbono (acidose respiratória crônica)

desenvolve diarréia (acidose metabólica). Observe-se que a redução do HCO_3^- para níveis normais resulta em acidemia grave (Tabela 4-3).
2. Alcalose metabólica e acidose respiratória. O mesmo paciente enfisematoso toma um diurético para cor pulmonale. O nível de bicarbonato sobe de 40 para 48 mmol/l, o que, com a PCO2 a 80 mmHg, ajusta o pH em 7,40. Embora esse seja um pH normal, alguns acreditam que é melhor que pacientes com retenção de dióxido de carbono fiquem levemente acidêmicos para manter a ventilação estimulada.
3. Distúrbio ácido-base triplo. Uma mistura mais comum de distúrbios envolve acidose metabólica em paciente com alcalose metabólica e alcalose respiratória superpostas. Por exemplo, paciente com alcalose metabólica (HCO_3^- = 32) em virtude de sucção nasogástrica torna-se septicêmico, o que gera, ao mesmo tempo, acidose lática e hiperventilação pronunciada, causando assim alcalose respiratória independente, devido a endotoxina (Tabela 4-4). Observa-se que a alcalose, tanto metabólica quanto respiratória, deveria causar apenas pequenos aumentos na AG. Essa acidose lática do choque septicêmico resulta em queda de 32 a 24 mmol/l no HCO_3^-, com aumento recíproco na AG. Essa AG de 33 é diagnóstico de acidose orgânica. ΔAG de 26 (35 - 9) adicionado a um tCO_2 sérico de 9 totaliza 35 mmol/l, valor estimado antes da acidose, é um indicativo de alcalose metabólica. São evidências da presença de alcalose respiratória o pH alto e a PCO2 baixa devido a hiperventilação causada por endotoxemia.

Tabela 4-3 Exemplo de distúrbio ácido-base misto.

	Saúde	Enfisema	Enfisema e diarréia
pH	7,40	7,32	7,10
PCO_2	40	80	80
HCO_3^-	24	40	24

Tabela 4-4 Exemplo de distúrbio ácido-base misto triplo.

	Salto	Sucção nasogástrica	Choque septicêmico	Endotoxemia
pH	7,40	7,49	7,14	7,44
PCO_2	40	44	24	12
HCO_3^-	24	32	8	8
Diferença aniônica (AG)	9	11	33	35
Dióxido de carbono venoso total	26	35	9	9
Distúrbio		Alcalose metabólica	Alcalose metabólica Acidose metabólica	Alcalose metabólica Acidose metabólica Alcalose respiratória

V. IDENTIFICANDO A CAUSA SUBJACENTE A UM DISTÚRBIO ÁCIDO-BASE.
Normalmente, a causa de um distúrbio ácido-base fica óbvia no histórico, exame físico e evolução clínica. Entretanto, ocasionalmente, é necessário fazer a revisão atenta de um diagnóstico diferencial para identificar uma causa pouco freqüente.

A. Causas de acidose metabólica. A AG é usada para dividir as causas da acidose metabólica em causas com influxo de ácido orgânico para o plasma (AG) e causas com perdas externas de bicarbonato (AG normal; hipercloremia). Alguns distúrbios pertencem a ambos os grupos em estágios diferentes (cetoacidose diabética) ou são gerados por mecanismos que não aqueles descritos (insuficiência renal). Uma lista de causas é dada na Tabela 4-5.

1. Acidose metabólica com AG aumentada. Acidose metabólica grave é causada por apenas três grupos de distúrbios: cetoacidose, acidose lática e envenenamentos. Além disso, insuficiência renal pode causar acidose de leve a moderada. Isso gerou o mnemônico KlaPR (pronuncia-se "clá-per"), para *ketoacidosis, lactic acidosis, poisonings, renal failure.*[1]

   a. A cetoacidose surge quando a glicose não está disponível para as células por falta de insulina, disfunção celular ou depleção de glicose, e os ácidos graxos são oxidados para produzir energia, acetona (não é ácido) e os dois cetoácidos (acetoacético e beta-hidroxibutírico). Os H^+ produzidos são consumidos (tamponados) pelo HCO_3^-, gerando ácido carbônico, que se transforma em água e dióxido de carbono. Os cetoânions acumulam-se no soro em lugar do HCO_3^-, aumentando ainda mais a AG. O exame diagnóstico para cetoacidose consiste em testar o soro com um reagente de nitroprussiato, que só reage com o acetoacetato. Na cetoacidose diabética, a proporção de beta-hidroxibuturato-acetoacetato é em média de 5 para 2, enquanto na cetoacidose alcoólica ela pode chegar a 20 para 1. Nesses casos, somente a urina, um concentrado de soro, pode ter uma concentração de acetoacetato alta o bastante para gerar uma reação violeta positiva com o reagente. Cetoacidose diabética ocorre por causa da deficiência de insulina. Hiperglicemia pode ser corrigida pela re-expansão do volume, mas é necessário insulina para deter a cetogênese. A expansão do volume aumenta a excreção renal de cetoânions, corrigindo, portanto, o aumento da AG. Entretanto, os rins levam tempo para gerar mais HCO_3^- para repor o que foi perdido antes, no tamponamento de H^+. Assim, no início da cetoacidose diabética, a AG está normalmente aumentada; durante a correção, a AG pode voltar ao normal, apesar do HCO_3^- baixo.

   O cloreto substitui os cetoânions, e esse estágio é chamado, portanto, de acidose metabólica hiperclorêmica ou de AG normal. Cetoacidose alcoólica ocorre por causa da depleção de volume, que causa a supressão α-adrenérgica da liberação de insulina. O paciente relata um histórico de vômitos intensos após aumento recente na ingestão

---

[1] Cetoacidose, acidose lática, envenenamento, insuficiência renal (N. da T.).

Tabela 4-5 Causas da acidose metabólica.

Com AG elevada

Cetoacidose
   Diabética
   Alcoólica
   Inanição

Acidose láctica
   Tipo A
   Tipo B
   Acidose láctica D

Envenenamentos
   Etileno glicol
   Metanol
   Salicilato

Insuficiência renal avançada

Com AG normal

Perda gastrintestinal de HCO_3^-
   Diarréia
   Fístula externa

Perda renal de HCO_3^-
   Acetazolamida
   Acidose tubular renal (ATR) proximal
   ATR distal
   ATR hipercalêmica

Diversos
   Ingestão de NaCl
   Ingestão de enxofre
   Inalação de tolueno
   Diluição pronunciada

---

de álcool. As cetonas urinárias são geralmente positivas. A glicose sanguínea varia entre 50 e 250 mg/dl. A cetoacidose por desnutrição ocorre como conseqüência do uso de ácidos graxos para a manutenção de energia. O grau de acidose é leve, com HCO_3^- arterial raramente menor que 18 mmol/l.

  b. **Acidose láctica** surge quando o transporte de oxigênio para as células é inadequado para a demanda (tipo A) ou os processos celulares não conseguem usar o oxigênio (tipo B). Nessa situação, a glicose é metabolizada via glicólise e transformada em piruvato e, em seguida, em lactato (metabólito final). Os H^+ produzidos a partir da nicotinamida adenina dinucleotídeo (NADH) (um por lactato) são tamponados por HCO_3^-, substituído no sangue pelo lactato. Assim, a AG aumenta. Acidose láctica tipo A é causada pelo transporte primário inadequado de oxigênio para os tecidos. Choque é o mecanismo mais comum. Hipovolemia, insuficiência cardíaca e septicemia causam choque. Como o monóxido de carbono liga-se mais avidamente à hemoglobina do que ao oxigênio, o envenenamento por monóxido de carbono pode causar graus variados de acidose láctica. Acidose láctica tipo B ocorre quando a oxigenação dos tecidos está normal, mas os tecidos não conseguem usar o oxigênio normalmente ou precisam de quantidades excessivas desse gás. Entre as causas da acidose láctica tipo B estão insuficiência hepática, malignidade, medicamentos e convulsões. Metformina é um agente hipoglicemiante do grupo das biguanidas que raramente (8 em 100.000) causa acidose láctica, em comparação com outra droga desse grupo, a fenformina. Insuficiências renal, hepática e cardíaca são fatores de risco. Inibidores de transcriptase reversa para AIDS também são causas raras de acidose láctica devido a danos na mitocôndria celular. Acidose láctica é constatada em pacientes que recebem altas doses intravenosas de lorazepam e diazepam, devido ao solvente propileno glicol. Acidose láctica D ocorre quando as bactérias do cólon metabolizam açúcares malabsorvidos, transformando-os em lactatos L e D, que se acumulam no sangue. A manifestação clínica é a encefalopatia metabólica. Pelo menos cerca de duas dezenas de erros congênitos de metabolismo resultam em acidose láctica pediátrica. O diagnóstico é geralmente estabelecido por exclusão de cetoacidose, intoxicações e insuficiência renal avançada como causas de acidose metabólica com AG elevada. O lactato L pode ser dosado por analisador automatizado, mas essa dosagem é freqüentemente desnecessária.

c. Três envenenamentos modernos causam acidose metabólica com AG elevada: **ingestão de etileno glicol, ingestão de metanol e intoxicação por salicilato**. O metanol e o etileno glicol são alcalóides de baixo peso molecular que entram rapidamente nas células. O metabolismo gera H^+, que causa acidose e formato (com metanol) ou glicolato (com etileno glicol), que causam AG elevada. Uma pista para a presença de estágios iniciais de acidose com níveis de álcool elevados é o aumento do intervalo sérico osmolal (*gap osmolal*). Esse intervalo é a diferença entre a osmolalidade sérica medida e a osmolalidade calculada (OsmSCalc).

OsmSCalc = 2 × [Na+] + [glicose/18 + [nitrogênio uréico]/2,8 + [etanol]/4,6

Se essa diferença for maior que 25 mOsm/kg de soro, a presença de álcool tóxico é provável. Cristais de oxalato de cálcio em forma de envelope ou agulha na urina sugerem ingestão de etileno glicol. Combinação de acidose metabólica com AG elevada e intervalo sérico osmolal elevado é indicação para análise específica de metanol e etileno glicol. A decisão de dosar os níveis destes alcoóis deve ser baseada obviamente no quadro clínico. Intoxicação por salicilato, intencional crônica ou não intencional aguda, é causa importante de acidose metabólica, alcalose respiratória ou distúrbio misto. Deve-se suspeitar dela nos extremos de idade.

d. **Insuficiência renal.** Dificuldade em excretar a carga ácida diária de 1 mmol por quilograma de peso corporal, gerada pelo metabolismo, resulta em acidose metabólica. Tampões ósseos captam alguns íons de hidrogênio durante insuficiência renal crônica e, assim, o grau de acidose fica moderado até os estágios finais da doença. O bicarbonato arterial normalmente mantém-se acima de 15 mmol/l. Na insuficiência renal aguda, o tCO2 venoso ou o HCO_3^- arterial caem cerca de 0,5 mmol/l por dia, a menos que o hipercatabolismo aumente a produção diária de ácido. AG aumenta menos que a diminuição do HCO_3^-, resultando em acidose metabólica hiperclorêmica nos estágios iniciais e intermediários da insuficiência renal crônica. Na insuficiência renal crônica avançada, a AG sérica aumenta cerca de 0,5 mEq/l para cada aumento de 1,0 mg/dl na creatinina sérica. Retenção de sulfato, fosfato e ânions orgânicos causa aumento na AG.

2. Acidose metabólica com diferença aniônica normal (hiperclorêmica) pode ser causada por três grupos de distúrbios: perda gastrintestinal de HCO_3^-, perda renal de HCO_3^- ou retenção de ácido e ingestão de ácido inorgânico.

   a. Perda gastrintestinal de bicarbonato. O trato gastrintestinal distal do estômago tem capacidade para absorver cloreto e secretar bicarbonato. Assim, diarréias e drenagem externa dos sucos pancreático, biliar ou do intestino delgado podem causar perdas externas de líquidos ricos em bicarbonato. Líquidos relativamente ricos em cloreto são mantidos. Isso gera acidose metabólica hiperclorêmica (com AG normal). Variedade interessante desse distúrbio ocorre quando a urina normal, rica em cloreto de sódio (NaCl) proveniente de fontes da dieta, é drenada para os intestinos via ureterossigmoidostomia ou alça ileal (ambos derivações de substituição da bexiga). Se o tempo de contato com a mucosa for excessivo, o intestino reabsorve o cloreto em troca de bicarbonato, resultando em acidose metabólica hiperclorêmica.

   b. Perda renal de bicarbonato. O túbulo renal proximal reabsorve a maior parte (85%) do HCO_3^- filtrado. Acetazolamida, inibidor de anidrase carbônica, bloqueia grande parte de sua reabsorção, resultando em perdas de bicarbonato urinário até que o HCO_3^- caia para 16 a 18 mmol/l. A carga filtrada de HCO_3^- a essa concentração pode ser completamente reabsorvida pelo néfron distal. Assim, a urina fica livre de bicarbonato e com pH ácido, nesse novo estado de estabilidade. Acidose tubular renal (ATR) proximal (antiga ATR tipo II), um defeito na reabsorção tubular proximal de HCO_3^- tem características idênticas. ATR proximal é incomum, mas pode ocorrer em doença de Wilson, mieloma múltiplo, rejeição de transplantes e outros estados de doença. ATR distal (antigo tipo I) difere daquela por ser um defeito no duto coletor em que a carga diária de ácido metabólico não é criada totalmente e ocorre todo dia um pequeno vazamento de HCO_3^-. Isso leva a uma acidose metabólica hiperclorêmica de leve a moderada, com AG normal, e à hipercalciúria com cálculos de cálcio ou nefrocalcinose. Duas variedades ocorrem: ATR distal hipocalêmica e ATR distal hipercalêmica. ATR distal hipocalêmica ocorre quando a secreção de potássio no duto coletor está intacta e, de fato, incrementada pela pequena quantidade de bicarbonatúria. ATR distal hipercalêmica ocorre devido a dois mecanismos distintos quando a secreção de potássio e íons de hidrogênio no duto coletor está dificultada: hipoaldosteronismo (antiga ATR tipo IV) ou defeito tubular. ATR distal hipocalêmica ocorre com toxicidade da anfotericina B, cirrose hepática, rim esponjo medular e muitas outras doenças. Obstrução renal crônica, lúpus eritematoso e anemia falciforme podem causar o tipo de defeito tubular da ATR distal hipercalêmica. Diabetes mellitus, insuficiência renal crônica leve e idade avançada estão relacionados à ATR distal hipercalêmica do tipo hipoaldosteronismo hiporeninêmico. O diagnóstico da ATR é feito eliminando-se causas não-renais de acidose metabólica com AG normal (ex., diarréia). ATR proximal é caracterizada por eliminação pela urina de mais de 5% a 15% da carga filtrada de HCO_3^-, quando os níveis séricos são mantidos próximos do normal. ATR distal hipocalêmica é caracterizada pela incapacidade de reduzir o pH da urina para menos de 5,4 com carga ácida oral de cloreto de amônio. Acidose metabólica hipercalêmica com AG normal quase sempre se deve a ATR distal. O tipo de defeito tubular é definido pela incapacidade de acidificação máxima (pH da urina normalmente acima de 6,0), em contraste com o tipo com hipoaldosteronismo, em que a intensidade da acidificação está inalterada (pH da urina pode cair para menos de 5,5). Em ambos os tipos, a excreção renal de amônia é reduzida e o intervalo aniônico da urina é freqüentemente positivo (ver seção V.A.2.d).

c. **Ingestão de ácido inorgânico.** Ingestão de cloreto de amônio para reduzir o apetite ou acidificar a urina produz acidose metabólica hiperclorêmica. Enxofre inorgânico, como o catártico flor de enxofre, é oxidado e transformado em H_2SO_4. Íons de hidrogênio reduzem a titulação de HCO_3^- e o sulfato é excretado rapidamente com o sódio. Isso resulta em HCO_3^- baixo com AG normal. Processo similar acontece ao inalar tolueno ou cheirar tinta ou cola. O tolueno é metabolizado e transformado em ácido hipúrico, e o hipurato é excretado rapidamente.

d. Ocasionalmente, a **diferença aniônica urinária** (AGU) pode ajudar a distinguir a perda gastrintestinal de HCO_3^- da renal como causa da acidose metabólica hiperclorêmica:

$$AGU = (Na^+ + K^+) - Cl^-$$

AGU é uma estimativa da amônia urinária que está elevada na perda gastrintestinal de HCO_3^-, mas baixa na ATR distal. Tem valor negativo se a amônia urinária está alta (como na diarréia; em média, -20 mEq/l), e positivo se a amônia urinária estiver baixa (como na ATR distal; em média, +23 mEq/l).

B. **Causas da alcalose metabólica.** Alcalose metabólica caracteriza-se por baixo nível de Cl⁻ na urina, indicando a avidez dos rins por solutos, principalmente NaCl. Durante as fases de geração de alcalose metabólica pode ocorrer bicarbonatúria com excreção inevitável de Na^+ e K^+. Portanto, o Cl⁻ urinário é melhor do que o Na^+ urinário como marcador da estimulação da reabsorção de sal pelos rins, determinada por depleção de volume. Durante o estágio de manutenção da alcalose metabólica, a bicarbonatúria é mínima, o pH da urina é ácido e o Na^+ urinário é baixo. Alcalose metabólica por reposição de volume deve-se a perdas externas de íons de hidrogênio ou cloreto. Alcalose metabólica por reposição de volume caracteriza-se por dosagem de Cl⁻ urinário em amostra aleatória normalmente bem acima de 20 mmol/l. Os rins não estão ávidos por sal por causa da expansão de volume (leve) e, portanto, excretam a carga diária de Na^+ e Cl⁻ sem dificuldade. Esse grupo de distúrbios deve-se a hipermineralocorticoidismo ou depleção profunda de potássio.
  1. Alcaloses metabólicas com depleção de volume têm em comum a perda externa de líquidos ricos em H^+ ou Cl⁻. Estômago, rins ou pele podem ser os responsáveis (Tabela 4-6).
  2. Alcaloses metabólicas com reposição de volume são caracterizadas por secreção aumentada de H^+ renal, a despeito do volume de LEC normal ou aumentado. O estímulo para essa secreção sustentada de H^+ é a aldosterona (ou similar) ou uma grande depleção de potássio celular (ver Tabela 4-6). A síndrome de Gitelman é um distúrbio recessivo autossômico que aparece geralmente em adultos na forma de alcalose metabólica hipomagnessêmica hipocalêmica. O co-transportador Na^+Cl^- do túbulo contorcido distal está alterado. Por outro lado, a síndrome de Bartter surge na infância, na forma de alcalose metabólica hipocalêmica. Nessa síndrome, alterações na reabsorção de Na^+Cl^- na alça de Henle levam ao hiperaldosteronismo secundário normotenso. Abuso de diuréticos simula esses distúrbios.

Tabela 4-6 Causas da alcalose metabólica.

Do tipo com depleção de volume

  Perda de ácido gástrico
  Vômitos
  Sucção gástrica
  Perda de cloreto renal
  Diuréticos
  Pós-hipercapnia
  Fibrose cística

Do tipo com repleção de volume

  Excesso de mineralocorticóides
  Hiperaldosteronismo
  Síndrome de Gitelman
  Síndrome de Bartter
  Síndrome de Cushing
  Excesso de alcaçuz
  Depleção profunda de potássio

Tabela 4-7 Causas de acidose respiratória crônica.

Esforço respiratório anormal

Síndrome da hipoventilação da obesidade
Apnéia do sono
Infartos do tronco cerebral
Mixedema

Condução nervosa anormal

Poliomielite
Esclerose múltipla
Esclerose lateral amiotrófica
Dano ao nervo frênico
Síndrome de Guillain-Barré

Problemas na caixa torácica

Cifoescoliose
Espondilite anquilosante
Distrofia muscular
Polimiosite

Doença pleural

Fibrotórax
Hidrotórax

Doença pulmonar

Fibrose intersticial avançada
Doença pulmonar obstrutiva crônica

C. **Causas de acidose respiratória.** Duas anormalidades ventilatórias possibilitam retenção de CO_2 e aumento da PCO_2: hipoventilação alveolar e desequilíbrio grave entre ventilação e perfusão. Ocorre hipoxemia em ambos os quadros. As causas estão listadas, segundo o nível afetado do sistema respiratório, na Tabela 4-7. Compensação renal da acidose respiratória crônica produz níveis muito altos de HCO_3^-. Se a PCO_2 for reduzida por meio de ventilação artificial, o alto nível de HCO_3^- poderá persistir se não se fornecer cloreto suficiente para reposição. Isso resulta em alcalose metabólica pós-hipercápnica. Acetazolamida pode ser útil nesse quadro.

D. **Causas de alcalose respiratória.** Distúrbios que levam à ventilação, independentemente da PCO_2, podem causar hiperventilação e hipocapnia. Lesões inflamatórias e maciças do cérebro, distúrbios psiquiátricos e certos medicamentos de ação central aumentam o esforço respiratório central e produzem hipocapnia. É importante salientar que salicilatos, endotoxina e progesterona enquadram-se nesse grupo de medicamentos. Distúrbios que causam hipoxemia são causas comuns de hiperventilação que levam à hipocapnia, que pode ser causada por distúrbios que reduzem a distensibilidade pulmonar ou torácica, como pneumonia branda ou edema pulmonar; distúrbios vasculares, como embolia; distúrbios mistos, como cirrose ou insuficiência hepática. A depleção de volume é um estímulo primário para a hiperventilação e hipocapnia.

VI. TRATANDO DISTÚRBIOS DE EQUILÍBRIO ÁCIDO-BASE.

Conforme discutido, distúrbios de equilíbrio ácido-base são marcadores de doenças subjacentes e essas doenças devem ser alvo do tratamento.

A. 1º Passo. Corrija as deficiências eletrolíticas e de volume.
B. 2º Passo. Direcione tratamento específico à causa subjacente.
C. 3º Passo. Manipule o bicarbonato ou a PCO_2 somente se o pH estiver afetando de modo adverso a função do órgão ou se seu valor for menor que 7,10 ou maior que 7,60.
D. O tratamento da acidose metabólica com álcalis não tem se mostrado eficaz em situações agudas, incluindo ressuscitação cardiopulmonar, possivelmente porque a reação do HCO_3^- com o H^+ gera CO_2 em nível de tecido e reduz o pH das células. Porém, mesmo uma mistura de carbonato e bicarbonato que produz menos CO_2 não demonstrou vantagem clínica. Atualmente, não recomendamos a terapia com álcalis para nenhuma acidose metabólica aguda. Na acidose tubular renal distal crônica, a terapia com álcalis reduz a perda óssea, a hipercalciúria e a nefrocalcinose. Podem-se administrar álcalis orais, como comprimidos de bicarbonato de sódio de 500 mg ou 6 mmol ou solução de citrato de potássio ou sódio de 1 mmol/ml. Usualmente, a dose inicial é de 3 mmol por quilograma de peso corporal. HCO_3^- oral é acompanhado de uma carga de sódio ou potássio que deve ser observada para evitar efeitos colaterais.

1. Insulina é o tratamento específico para a cetoacidose diabética. É desnecessário administrar HCO_3^- e fosfato, mas reposição de potássio é importante. Reposição eletrolítica e de volume, mais glicose e tiamina, é suficiente para corrigir a cetoacidose alcoólica. Desnutrição requer apenas calorias. Observe-se que o metabolismo de cetoânions, como acontece com todos os ânions orgânicos, produz HCO_3^-; metabolismo corrige cerca de metade do déficit de HCO_3^-. Se os álcalis forem administrados de forma imprudente, pode acabar provocando alcalose metabólica.

2. No tratamento da acidose láctica, é desejável a restauração da perfusão e oxigenação dos tecidos, embora isso seja freqüentemente difícil de se obter. É importante prestar atenção nos níveis de potássio e cálcio.

3. Tratamento de envenenamentos. Envenenamentos por etileno glicol e metanol requerem infusão imediata de fomepizol para retardar a metabolização do álcool e sua transformação em produtos tóxicos. Hemodiálise deve ser iniciada se houver presença de insuficiência renal. Uma abordagem alternativa é infundir etanol para manter um nível sanguíneo de 100 mg/dl para competir pela atividade de desidrogenase do álcool. A dose de ataque de etanol é de 0,6 a 1,0 g por quilograma de peso corporal, seguida de infusão de manutenção de 10 a 20 g por hora. Os níveis de álcool no sangue devem ser monitorados freqüentemente. Intoxicação por salicilato deve ser tratada com alcalinização urinária, infundindo-se uma solução de glicose a 5%, contendo 150 mmol de $NaHCO_3^-$, a cada litro, a uma velocidade de 375 ml por hora, durante quatro horas ou mais.

Hemodiálise deve ser usada para retirar salicilato de pacientes com insuficiência renal grave, deterioração do estado mental, acidose refratário ou deterioração geral do quadro.

E. Correção da alcalose metabólica muito raramente requer a administração de ácido. Se a insuficiência renal impede a excreção renal de HCO_3^-, o paciente normalmente precisa de diálise por outros motivos. Pode ser usado um dialisato com baixa concentração de bicarbonato. Se a insuficiência cardíaca contra-indica o uso de NaCl, a acetazolamida 500 mg, administrada oral ou intravenosa, reduz consistentemente o tCO_2 sérico em cerca de 6 mmol/l. Raramente, o ácido clorídrico diluído (150 mmol/l) precisa ser utilizado e pode ser infundido a 250 ml por hora em cateter venoso central ou, preferivelmente, em solução de nutrição parenteral. Infusão de ácido apresenta muitas complicações potenciais de hemólise e necrose vascular e é melhor ser evitada. O cloreto de amônio pode substituir o ácido clorídrico, porém causa perturbações gástricas mesmo quando ministrado por via intravenosa e pode causar intoxicação por amônia.
  1. Alcalose metabólica com depleção de volume é corrigida ministrando-se quantidade suficiente de cloreto de sódio ou potássio. Entretanto, é preferível a prevenção. Inibidores da bomba de prótons minimizam a perda de ácido gástrico em pacientes com sucção nasogástrica. Uso de diuréticos poupadores de potássio, como espironolactona, triamtereno e amilorida, reduz a freqüência e gravidade da alcalose induzida por diuréticos.
  2. Tratamento da alcalose metabólica com depleção de volume. Se possível, a causa da produção aumentada de mineralocorticóides deve ser eliminada. Por exemplo, um adenoma adrenal preexistente deve ser removido cirurgicamente. Enquanto isso, o uso de espironolactona em doses de até 400 mg por dia, com grandes quantidades de cloreto de potássio, pode ser eficaz. A indometacina pode ser benéfica na síndrome de Bartter.
F. Acidose respiratória *per se* não requer tratamento direto. Mesmo em níveis crônicos de PCO_2, acima de 100 mmHg, os rins geram e mantêm níveis de HCO_3^- suficientes para manter o pH acima de 7,20. No entanto, oxigenação adequada é de suma importância na acidose respiratória tanto aguda quanto crônica.
G. O tratamento definitivo da alcalose respiratória requer, mais uma vez, a correção de doenças subjacentes que causem a hiperventilação. Administração de oxigênio é essencial para o paciente hipoxêmico.
H. Tratamento de distúrbios mistos do equilíbrio ácido-base
  1. Acidose metabólica e acidose respiratória. O tratamento mais rápido é fornecer ventilação assistida ou controlada. Não se recomenda a administração de bases. Correção da causa da acidose metabólica é prioridade.
  2. Na alcalose metabólica e acidose respiratória, o pH é freqüentemente alcalêmico. Acetazolamida administrada diariamente ou em dias alternados pode ser usada para manter o pH próximo de 7,35 a 7,40, que é um bom nível para evitar supressão respiratória.
  3. Alcalose metabólica e alcalose respiratória em combinação podem produzir alcalemia grave com arritmias perigosas. O tratamento mais ágil consiste em morfina intravenosa e um benzodiazepínico, com acesso imediato a entubação das vias aéreas e ventilação mecânica.

LEITURAS SUGERIDAS

Adrogué HJ, Madias NE. Management of life-threatening acid-base disorders. *N Engl J Med* 1998;338;26-34,107-111.

Alpern RJ, Preisig PA. Renal acid-base transport. In: Schrier RW, ed. *Diseases of the kidney and urinary tract,* 7th ed. Philadelphia: Lippincott Williams & Wilkins:2001;203-216.

Batlle DC, Hizon M, Cohen E, et al. The use of the urinary anion gap in the diagnosis of hyperchloremic metabolic acidosis. *N Engl J Med* 1988; 318:594-599.

DuBose TD Jr. Hyperkalemic hyperchloremic metabolic acidosis: pathophysiologic insights. *Kidney Int* 1997;51:591-602.

Gabow PA, Kaehny WD, Fennessey PV, et al. Diagnostic importance of an increased serum anion gap. *N Engl J Med* 1980;303:854-858.

Galla JH. Metabolic alkalosis. *J Am* Soc *Nephrol* 2000;11:369-375.

Kaehny W. Pathogenesis and management of respiratory and mixed acid-base disorders. In: Schrier RW, ed. *Renal and electrolyte disorders,* 6th ed. Philadelphia: Lippincott Williams & Wilkins: 154-170.

Kassirer JP, Bleich HL. Rapid estimation of plasma carbon dioxide tension from pH and total carbon dioxide content. *N Engl J Med* 1965;272:1067-1068.

Kraut JA, Kurtz I. Use of base in the treatment of severe acidemic states. Am *J Kidney Dis* 2001;38:703-727.

Rodriguez-Soriano J. Renal tubular acidosis. The clinical entity. *J Am Soc Nephrol* 2002;13:2160-2170.

Shapiro J, Kaehny W. Pathogenesis and management of metabolic acidosis and alkalosis. In: Schrier RW, ed. *Renal and electrolyte disorders,* 6th ed. Philadelphia: Lippincott Williams & Wilkins: 115-153.

Capítulo **5**

O Paciente com Distúrbios do Cálcio e Fosfato Séricos

Robert F. Reilly

DISTÚRBIOS DO CÁLCIO SÉRICO

A maior parte do cálcio presente no corpo está em forma de hidroxiapatita nos ossos (99%). Embora uma pequena fração do cálcio corporal total esteja contida no líquido extracelular (LEC), apenas a concentração de cálcio ionizado no LEC é fisiologicamente ativa e regulada. Aproximadamente 60% do cálcio no LEC é ultrafiltrável e existe livre em solução, como o cálcio ionizado (50%), ou formando complexos aniônicos, como o citrato, fosfato, sulfato e bicarbonato (10%). Os 40% restantes estão ligados a proteínas (basicamente albumina). A Figura 5-1 ilustra os fluxos de cálcio entre o LEC, intestino, rins e ossos. A absorção intestinal líquida de cálcio totaliza cerca de 200 mg da ingestão normal pela dieta, que é de 800 a 1.000 mg. Em estado de equilíbrio, essa absorção intestinal líquida é igualada pela excreção urinária. Como resultado, 10.600 mg de aproximadamente 10.800 mg (98%) de cálcio que é filtrado diariamente são reabsorvidos.

I. REGULAÇÃO DO CÁLCIO. O cálcio plasmático ionizado é regulado pela interação complexa e coordenada do hormônio da paratireóide (PTH[1]) e pela vitamina D3 $1,25(OH)_2$ (calcitriol) no intestino, ossos e rins. A paratireóide detecta a concentração de cálcio ionizado do LEC por meio de um receptor sensível ao cálcio. Altas concentrações de cálcio no LEC estimulam o receptor e ativam vias mensageiras secundárias, que, por sua vez, inibem a liberação de PTH. Baixas concentrações de cálcio no LEC estimulam a secreção e produção de PTH e aumentam a massa da glândula paratireóide. A paratireóide responde rapidamente (em minutos) a alterações na concentração de cálcio ionizado. Existe uma relação sigmóide inversa entre a concentração de cálcio no LEC e a secreção de PTH, com um componente não-suprimível presente até mesmo em altas concentrações de cálcio plasmático. A quantidade de hormônio armazenado é suficiente para manter a secreção basal por seis horas e a secreção estimulada por duas horas. Nos ossos, o PTH, na presença de quantidades permissivas de calcitriol, estimula a reabsorção ao aumentar o número e a atividade dos osteoclastos. No intestino, o PTH aumenta indiretamente a absorção de cálcio e fosfato ao promover a produção de calcitriol. Nos rins, o PTH aumenta a reabsorção tubular distal do cálcio, estimula a produção de calcitriol no túbulo proximal e diminui a reabsorção tubular proximal de fosfato e bicarbonato. O calcitriol é produzido no túbulo proximal por meio da 1-α hidroxilação de 25(OH) vitamina D3 (calcidiol). A via biossintética

---

[1] Paratormônio (N. da T.).

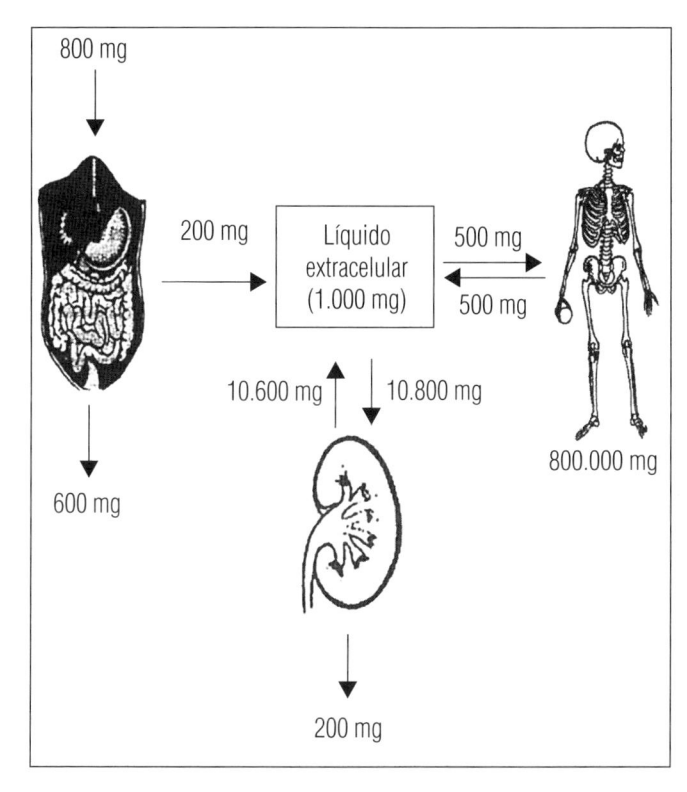

Figura 5-1 Homeostase do cálcio.

do calcitriol está ilustrada na Figura 5-2. Os principais estimuladores da 1-α hidroxilase são o PTH e a hipofosfatemia. A principal função do calcitriol é aumentar a disponibilidade de cálcio e fosfato para a renovação óssea e a prevenção de hipocalcemia e hipofosfatemia sintomáticas. No intestino e nos rins, o calcitriol aumenta a produção de proteínas ligantes de cálcio (calbindina) que ajudam no movimento transcelular de cálcio; essa pode ser a ação limitadora da taxa do fluxo transepitelial de cálcio. Nos ossos, o calcitriol potencializa as ações do PTH, estimula a reabsorção osteoclástica e induz a diferenciação de monócitos em osteoclastos.

Na paratireóide, o calcitriol se liga a seu receptor, levando à diminuição na produção de PTH. O *promoter* do gene do PTH contém regiões que se ligam ao receptor de calcitriol. A ligação resulta em uma diminuição dramática da expressão do PTH. O calcitriol é o supressor mais potente da transcrição de gene do PTH.

II. HIPERCALCEMIA

A. Etiologia. Três mecanismos fisiopatológicos contribuem para a hipercalcemia: aumento da reabsorção do cálcio no trato gastrintesti-

```
                        Luz UV
7-desidrocolesterol ─────────▶  colecalciferol  ◀───── dieta
                                     │ 25-OHase
                                     ▼ fígado (não regulado hormonalmente)
                              25-OH vitamina D3
                         1-OHase │      ╲ 24-OHase
                                 │       ╲
                                 │        ▶ 24,25-(OH)2 vitamina D3
                          1,25-(OH)2 vitamina D3
                                          ╲ 24-OHase
                                           ▶
                                  1,24,25-(OH)3 vitamina D3
```

O PTH estimula a 1-OHase, inibe a 24-OHase

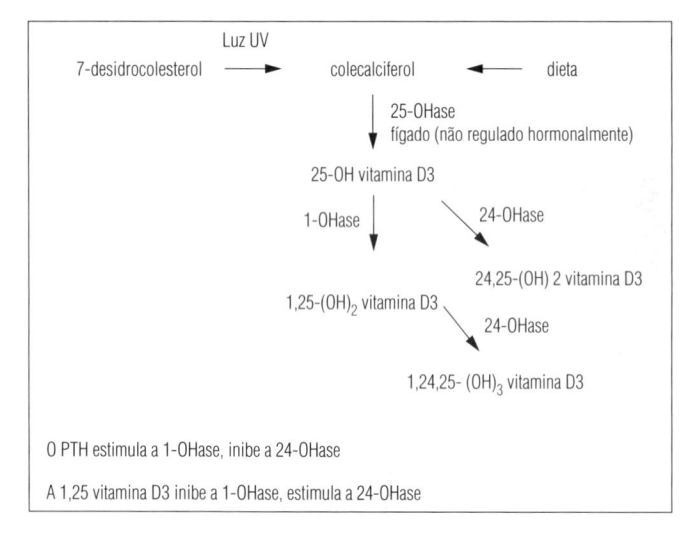

A 1,25 vitamina D3 inibe a 1-OHase, estimula a 24-OHase

Figura 5-2 Metabolismo da vitamina D (PTH, hormônio paratireóide; UV, ultravioleta).

nal, diminuição da excreção renal de cálcio e aumento da reabsorção óssea de cálcio.

As etiologias mais comuns da hipercalcemia estão listadas na Tabela 5-1.

1. **Aumento da reabsorção de cálcio no trato gastrintestinal** desempenha um papel primário na hipercalcemia da síndrome do leite-álcali, intoxicação por vitamina D e distúrbios granulomatosos.
    a. A síndrome do leite-álcali é resultado da ingestão de quantidades excessivas de cálcio e álcali. No passado, as fontes mais comuns de cálcio e álcali eram leite e bicarbonato de sódio, respectivamente. Hoje em dia, essa síndrome ocorre mais freqüentemente em mulheres idosas que consomem quantidades excessivas de citrato ou carbonato de cálcio para o tratamento da osteoporose. Os pacientes apresentam a tríade clássica da hipercalcemia, alcalose metabólica e insuficiência renal. O tratamento da hipercalcemia nesses pacientes é freqüentemente complicado por hipocalcemia resultante de supressão mantida de PTH.
    b. **Hipercalcemia na insuficiência renal** é incomum, exceto em pacientes tratados com suplementos de cálcio e vitamina D. Esse distúrbio e a síndrome do leite-álcali ilustram o conceito importante de que a hipercalcemia provocada pela ingestão de quantias excessivas de cálcio na dieta não ocorre na ausência de insuficiência renal.
    c. **Intoxicação por vitamina D** também resulta em hipercalcemia. O cálcio é absorvido primariamente no intestino delgado, e esse processo é estimulado pelo calcitriol.

Tabela 5-1 Etiologias da hipercalcemia.

Hiperparatireoidismo

Malignidade

Intoxicação por vitamina A e D

Síndrome do leite-álcali

Tireotoxicose

Doença granulomatosa

Imobilização

Doença de Paget

Ingestão de diurético tiazídico

Doença de Addison

Feocromocitoma

Ingestão de lítio

Insuficiência renal

Após transplante renal

Hipercalcemia hipocalciúrica familiar

---

    d. Hipercalcemia também pode ser secundária a distúrbios granulomatosos, como a sarcoidose. Os macrófagos ativados produzem calcitriol, que leva ao aumento da absorção intestinal do cálcio da dieta. Hipercalciúria é mais freqüente do que hipercalcemia. Linfomas ocasionalmente acarretam hipercalcemia por meio do mesmo mecanismo.

2. Aumento da absorção de cálcio proveniente dos ossos desempenha um papel primário na calcemia resultante de malignidade primária e secundária do hiperparatireoidismo primário e secundário, hipertireoidismo, malignidade, imobilização, doença de Paget e toxicidade pela vitamina A.

    a. Hiperparatireoidismo primário é a causa mais freqüente de hipercalcemia com prevalência estimada de 1 para 10.000. A patologia subjacente é mais freqüentemente um adenoma solitário (80%). Entre os casos restantes, de 15% a 20% apresentam hiperplasia difusa e aproximadamente metade deles apresenta síndrome familiar (neoplasia endócrina múltipla NEM tipo I, associada a adenomas pituitários e tumores de células das ilhotas, NEM tipo II, associada a tireóide e a carcinoma medular de feocromocitoma). Adenomas múltiplos são incomuns, e o carcinoma de paratireóide é raro (ocorrendo em menos de 1%). Hipercalcemia resulta de aumento da absorção de cálcio proveniente do intestino, mediada pelo calcitriol, e de aumento da reabsorção de cálcio renal tubular distal. No hiperparatireoidismo primário, a hipercalcemia é freqüentemente branda, assintomática, identificável em exames de sangue rotineiros em pacientes ambulatoriais. Ocorre mais comumente em pacientes na faixa de 50 e 60 anos de idade. As mulheres são afetadas duas a três vezes mais freqüentemente do que os homens, e dois terços dos casos ocorrem em mulheres que passaram da menopausa.

b. Hiperparatireoidismo secundário leva à hipercalcemia após transplante renal quando o fosfato plasmático, o metabolismo da vitamina D e a função renal melhoram, mas a secreção de PTH continua alta em virtude do aumento da massa da glândula paratireóide. Na maioria dos pacientes, a hipercalcemia desaparece durante o primeiro ano após o transplante.

c. Malignidade é a segunda causa mais comum de hipercalcemia. Hipercalcemia da malignidade resulta de vários mecanismos fisiopatológicos: superprodução de peptídeos relacionados ao PTH (PTHrP), absorção local do osso em torno de locais de infiltração do tumor (mediada por uma variedade de citocinas e prostaglandinas osteolíticas) e produção de calcitriol (ex., em linfomas). Pacientes com câncer espinocelular de pulmão, câncer de mama, mieloma múltiplo e carcinoma renal têm maior risco. Hipercalcemia devido à produção tumoral de PTHrP é freqüentemente chamada de hipercalcemia humoral da malignidade (HHM). O PTHrP tem 70% de identidade de aminoácidos relativamente aos primeiros aminoácidos do PTH, liga-se ao receptor de PTH e tem atividade biológica similar, mas não idêntica, à do PTH. HHM apresenta-se freqüentemente com hipercalcemia grave (concentração de cálcio maior que 14 mg/dl) em pacientes com histórico de malignidade ou com evidência de malignidade na apresentação inicial. O PTHrP é imunologicamente distinto do PTH e não é detectado pelos exames padrão de PTH, mas exames específicos de PTHrP estão disponíveis comercialmente. Exames que medem o fragmento C-terminal do PTHrP podem mostrar aumento, quando usados em pacientes grávidas ou pacientes com doença renal crônica. A sobrevida média após a instalação da hipercalcemia com HHM é de apenas três meses. Tumores de células escamosas, carcinoma de células renais e a maioria dos neoplasmas produzem PTHrP. Os diagnósticos de hiperparatireoidismo primário e malignidade não são mutuamente exclusivos. Incidência aumentada de hiperparatireoidismo primário foi constatada em pacientes com malignidade. Mieloma múltiplo está associado à hipercalcemia e às lesões osteolíticas locais no esqueleto. Aproximadamente 30% dos pacientes com mieloma apresentam hipercalcemia em algum momento durante a evolução de sua doença. Destruição dos ossos ocorre como conseqüência da liberação de interleucina-6, interleucina-1 e fator beta de necrose tumoral por células plasmáticas malignas. Lesões ósseas demonstram aumen-

to pronunciado na reabsorção osteoclástica sem manifestações de formação óssea aumentada, em contraste com as lesões metastáticas do câncer de mama e de próstata, que geralmente mostram alguma aumento na formação de ossos e recaptação de radionuclídeos em locais de atividade osteoclástica aumentada.
- d. **Hipertireoidismo** resulta em hipercalcemia leve em 10% a 20% dos pacientes, em conseqüência do aumento do *turnover* ósseo.
- e. **Imobilização e doença de Paget** também causam hipercalcemia, embora a probabilidade maior seja em crianças. Em adultos, hipercalciúria é mais comum que hipercalcemia.
- f. Entre as **causas raras de hipercalcemia** incluem-se o uso de lítio (leve e interfere com o receptor de sensibilidade ao cálcio) de diuréticos tiazídicos (deve-se suspeitar de hiperparatireoidismo primário oculto), feocromocitoma, insuficiência adrenal primária e um distúrbio genético raro, a hipercalcemia hipocalciúrica familiar (HHF), distúrbio autossômico dominante causado por mutação no receptor de sensibilidade ao cálcio. Caracteriza-se por hipercalcemia leve em idade mais jovem, hipocalciúrica e concentração de PTH normal ou ligeiramente aumentada na ausência de sinais ou sintomas de hipercalcemia. Em conseqüência da mutação, o receptor de sensibilidade ao cálcio fica menos sensível à concentração de cálcio plasmático, e é necessário concentração de cálcio mais alta que o normal para suprimir o PTH. Deve-se estar atento para a HHF porque essa doença é freqüentemente diagnosticada erradamente como hiperparatireoidismo primário, e os pacientes podem ser submetidos inadequadamente a exploração cervical. A HHF talvez responda por pequena porcentagem de pacientes submetidos à cirurgia de hiperparatireoidismo primário em quem nenhum adenoma é encontrado.

B. Os **sinais e sintomas** de hipercalcemia estão relacionados com a gravidade e a velocidade do aumento da concentração de cálcio ionizado plasmático. Hipercalcemia leve é geralmente assintomática e freqüentemente descoberta por acaso, em exames de sangue de rotina, como no caso de muitos pacientes com hiperparatireoidismo primário. Por outro lado, hipercalcemia grave está freqüentemente associada a sintomas gastrintestinais e neurológicos. O paciente pode apresentar ampla gama de sintomas do sistema nervoso central, desde mudanças leves no estado mental até estupor e coma. Os sintomas gastrintestinais incluem constipação, anorexia, náusea e vômitos. Dores abdominais podem resultar de úlcera péptica ou pancreatite induzidas por hipercalcemia. Conforme discutido no Capítulo 2, Hipernatremia (seção I.C.2.a), hipercalcemia resulta em poliúria e polidipsia secundária, que levam à contração do volume do LEC, redução na taxa de filtração glomerular (TFG), elevação do nitrogênio uréico sanguíneo e da concentração de creatinina. Hipercalcemia também potencializa os efeitos cardíacos da toxicidade dos digitálicos.

C. **Diagnóstico.** As causas mais comuns de hipercalcemia são hiperparatireoidismo primário e malignidade. Esses dois distúrbios constituem mais de 90% de todos os casos. Avaliação inicial inclui histórico e exame físico. Deve-se determinar o uso de suplementos de cálcio, antiácidos, preparados vitamínicos e medicamentos vendidos sem prescrição. Deve-se obter uma radiografia de tórax para descartar malignidades pulmonares e distúrbios granulomatosos.

1. **Exames laboratoriais iniciais** incluem dosagem dos eletrólitos, NUS (nitrogênio uréico sanguíneo), creatinina e fósforo; eletroforese de proteínas séricas; e um exame de urina 24 horas para cálcio e creatinina. Presença de alta concentração de cloreto sérico e de baixa concentração de fósforo sérico em proporção maior que 33 para 1 é sugestiva de hiperparatireoidismo primário resultante do efeito do PTH na diminuição da reabsorção de fosfato tubular proximal. Baixa concentração de cloreto sérico, alta concentração de bicarbonato sérico e concentrações elevadas de NUS e creatinina são características da síndrome do leite-álcali. Pico monoclonal na eletroforese de proteínas ou na eletroforese de proteínas urinárias é sugestivo de mieloma múltiplo ou doença de cadeias leves. Concentração baixa de fósforo sérico é encontrada no hiperparatireoidismo primário e na HHM. Excreção urinária de cálcio em 24 horas é baixa na hipercalcemia causada pela síndrome do leite-álcali, uso de diuréticos tiazídicos ou HHF.

    Como regra geral, hiperparatireoidismo primário é a etiologia em pacientes ambulatoriais assintomáticos com concentração de cálcio sérico menor ou igual a 11 mg/dl, ao passo que malignidade é freqüentemente a causa em pacientes assintomáticos com instalação abrupta de doença e concentração de cálcio sérico maior ou igual a 14 mg/dl.

2. **Concentração de PTH intacta** é obtida depois que a avaliação inicial é concluída. A causa mais comum de concentração elevada de PTH é hiperparatireoidismo primário, embora concentração elevada de PTH possa também ser constatada em uso de lítio e na HHF. Ocasionalmente, em hiperparatireoidismo primário, a concentração de PTH pode estar dentro da faixa normal em contraste com o aumento do cálcio sérico. Em todas as outras doenças, o PTH será suprimido pela hipercalcemia.

3. Se nenhuma malignidade óbvia estiver presente e a concentração de PTH não estiver aumentada, a possibilidade de intoxicação por vitamina D ou doença granulomatosa deve ser melhor investigada com uma análise da concentração de **calcidiol e calcitriol**. Concentração aumentada de calcidiol é verificada na ingestão de vitamina D ou de calcidiol. Observa-se concentração elevada de calcitriol na ingestão de calcitriol em doenças granulomatosas, linfoma e hiperparatireoidismo primário. Como última providência, se a concentração de calcitriol estiver aumentada sem causa aparente, pode-se avaliar a possibilidade de doença granulomatosa com um teste de supressão de hidrocortisona. Após a administração de

40 mg de hidrocortisona a cada oito horas, durante dez dias, a hipercalcemia desaparecerá se for resultante de doença granulomatosa.
D. O tratamento da hipercalcemia varia dependendo da gravidade da elevação do cálcio sérico. Ele é direcionado para o aumento da excreção de cálcio urinário, inibição da reabsorção óssea e redução da absorção intestinal de cálcio.
1. Excreção urinária de cálcio aumenta, expandindo-se o volume do LEC e, subseqüentemente, administrando-se diuréticos de alça. Reabsorção de cálcio no túbulo proximal é passiva e comparável à reabsorção de sódio. Contração do volume do LEC, portanto, aumenta a reabsorção proximal de sódio e ajuda a manter a hipercalcemia. Pacientes com hipercalcemia freqüentemente apresentam volume contraído. Ela diminui a reabsorção de sódio no ramo grosso ascendente da alça de Henle por meio da ativação do receptor de sensibilidade ao cálcio e também antagoniza os efeitos do hormônio antidiurético. Em um quadro de TFG reduzida, doses maiores de diuréticos de alça podem ser necessárias. Na presença de pouca ou nenhuma função renal e hipercalcemia grave, a hemodiálise está indicada. Se a hipercalcemia for moderada, a expansão de volume e os diuréticos de alça podem ser a única terapia necessária.
2. Um agente que inibe a reabsorção óssea é freqüentemente necessário quando a hipercalcemia é moderada ou grave. No quadro agudo, a calcitonina é freqüentemente útil por causa de sua ação de início rápido (2 a 4 horas). Calcitonina inibe a reabsorção óssea osteoclástica e aumenta a excreção renal do cálcio. Ela reduz a concentração de cálcio sérico, porém apenas em 1 a 2 mg/dl, com o desenvolvimento freqüente de taquifilaxia com o uso repetido. Por essas razões, a calcitonina não deve ser usada como agente único para inibir a reabsorção óssea.
   a. Bisfosfonatos são os agentes preferenciais para administração na hipercalcemia causada por reabsorção óssea. Esses análogos do pirofosfato inorgânico são seletivamente concentrados nos ossos, onde interferem com a ligação e função dos osteoclastos, e têm início de ação lento (2 a 3 dias) e ação prolongada (várias semanas). O etidronato foi o primeiro bisfosfonato aprovado para tratamento da hipercalcemia. A concentração de cálcio sérico começa a cair no segundo dia, com o etidronato, e alcança seu nadir no sétimo dia. O efeito hipocalcêmico pode ser prolongado por várias semanas. Se o cálcio sérico cair rapidamente nas primeiras 48 horas, o medicamento deve ser suspenso para evitar hipocalcemia. O etidronato pode ser administrado por via intravenosa a uma dosagem de 7,5 mg/kg durante quatro horas por três dias consecutivos. Entretanto, uma única dose intravenosa de 30 mg/kg administrada como infusão durante 24 horas em 1 litro de solução salina pode ser mais eficaz.
   O pamidronato é mais potente que o etidronato e é o bisfosfonato mais usado no tratamento da hipercalcemia.

Ele é ministrado a uma dosagem de 60 ou 90 mg, por via intravenosa, por quatro horas. Se a concentração de cálcio sérico for menor ou igual a 13,5 mg/dl, são dados 60 mg. Se a concentração de cálcio sérico for maior que 13,5 mg/dl, administram-se 90 mg. A concentração de cálcio sérico gradualmente diminui ao longo dos dois a quatro dias seguintes. Uma única dose é geralmente eficaz durante uma a duas semanas. Na maioria dos pacientes, a concentração de cálcio sérico normaliza-se depois de sete dias. As doses de etidronato e pamidronato devem ser ajustadas para a função renal.

b. Plicamicina (mitramicina) pode ser usada, exceto em pacientes com distúrbios medulares, renais e hepáticos graves. Seu efeito começa em 12 horas e alcança picos em 48 horas. A dose pode ser repetida em intervalos de três a sete dias. Seu perfil de efeitos colaterais (náuseas, hepatotoxicidade, proteinúria e trombocitopenia) levou à diminuição do entusiasmo por seu uso.

c. Nitrato de gálio inibe a reabsorção óssea por mecanismos desconhecidos e é um agente adicional que pode ser empregado para tratar a hipercalcemia da malignidade. Ele é administrado como infusão contínua a uma dosagem de 100 a 200 mg por m^2 durante cinco dias consecutivos e não deve ser administrado a pacientes com concentrações de creatinina sérica acima de 2,5 mg/dl. Provavelmente, é melhor que seja reservado para pacientes que não respondem a agentes mais convencionais. Um resumo das opções de tratamento está na Tabela 5-2.

3. Medidas para diminuir a absorção intestinal de cálcio são freqüentemente empregadas em pacientes ambulatoriais com doenças mais leves. Corticosteróides podem ser úteis na intoxicação por vitamina D, doença granulomatosa e certos neoplasmas (linfoma, mieloma). Entre as alternativas aos corticosteróides estão o cetoconazol e a hidroxicloroquina. Pode-se administrar fosfato oral, desde que o paciente não tenha concentração elevada de fósforo sérico ou insuficiência renal. Ele, entretanto, freqüentemente causa diarréia e somente reduz a concentração de cálcio sérico em cerca de 1 mg/dl.

4. Remover cirurgicamente ou não um adenoma da paratireóide ainda é uma questão difícil na avaliação do tratamento. Os seguintes critérios para intervenção cirúrgica foram sugeridos em uma conferência de consenso em 1991 do National Institutes of Health: concentração total de cálcio sérico maior que 1 mg/dl acima do limite superior da faixa normal; doença óssea manifesta; densidade mineral óssea maior que dois desvios padrões (DP) abaixo da média ajustada para idade, sexo e raça; redução da função renal em mais de 30%; histórico de nefrolitíase ou nefrocalcinose; excreção urinária de cálcio maior que 400 mg por dia; e episódio de hipercalcemia sintomática aguda. Estima-se que aproximadamente 50% dos pacientes satisfaçam esses critérios.

Tabela 5-2 Tratamento de hipercalcemia.

Medicamento	Dosagem
Solução salina normal	2-4 l/dia inicialmente
Furosemida	20-160 mg i.v. cada 8h após expansão de volume
Calcitonina de salmão	4 UI/kg s.c. cada 12h
Etidronato dissódico	7,5 mg/kg i.v. durante 4 h q.d., por 3-7 d, 30 mg/kg i.v. durante 24h, dose única
Pamidronato dissódico	60-90 mg i.v. durante 4 h
Plicamicina	25 µg/kg i.v. durante 4 h q.d. por 3-4 d
Corticosteróides	200-300 mg de hidrocortisona i.v. q.d. durante 3-5 d
Nitrato de gálio	100-200 mg/m^2 durante 5 d

Com o advento da cirurgia minimamente invasiva de glândula paratireóide, esses critérios provavelmente serão liberalizados. O adenoma é inicialmente localizado usando-se mapeamento com sestaMIBI. Caso seja identificado um *hot spot*, o adenoma é extirpado sob anestesia local. Concentração do hormônio paratireóide é dosada no intra-opertório. Sua concentração deve cair em minutos se o adenoma for extirpado com sucesso, dada a meia-vida curta do PTH (4 minutos). Se a concentração de PTH continuar elevada, o paciente é colocado sob anestesia geral e o lado oposto do pescoço é explorado. Combinação de mapeamento com sestaMIBI e medida intra-operatória da concentração do PTH resulta na remoção bem-sucedida de adenomas solitários na vasta maioria dos casos.

III. HIPOCALCEMIA

A **Etiologia.** Hipocalcemia (verdadeira) é o resultado da diminuição da absorção do cálcio proveniente do trato gastrintestinal ou da diminuição da reabsorção de cálcio proveniente dos ossos. Pelo fato de 98% do cálcio corporal total estar contido no esqueleto, não ocorre hipocalcemia sustentada sem anormalidade da ação do calcitriol ou do PTH nos ossos.

O cálcio plasmático total é composto de três componentes: cálcio ionizado (50%), cálcio complexo (10%) e cálcio ligado a proteínas (40%). Hipocalcemia (verdadeira) está presente apenas quando a concentração de cálcio ionizado está reduzida. A faixa de referência para a concentração de cálcio ionizado é de 4,2 a 5 mg/dl (1,05 a 1,25 mmol/l). Portanto, sempre que se observar baixa concentração de cálcio total, esse valor deve ser comparado à concentração de albumina sérica. Para cada decréscimo de 1 g/dl na concentração de albumina sérica a partir de sua concentração normal de 4 g/dl, pode-se esperar uma redução de 0,8 mg/dl na concentração de cálcio sérico total. Assim, para cada queda de 1 g/dl na concentração de albumina sérica, deve-se acrescentar 0,8 mg/dl à concentração de cálcio sérico total. A ligação do cálcio à albumina é afetada pelo pH do LEC. Acidemia aumenta e alcalemia diminui a concentração de cálcio ionizado. A concentração de cálcio ionizado aumenta aproximadamente 0,2 mg/dl para cada decréscimo de 0,1 no pH. Fatores de correção são apenas diretrizes gerais e não devem ser usados como substitutos da medida direta da concentração de cálcio sérico ionizado, conforme recomendado em caso de suspeita clínica.

Hipocalcemia verdadeira é causada pela redução da secreção de PTH, resistência do órgão-alvo ao PTH ou distúrbios do metabolismo da vitamina D. Ocasionalmente, hipocalcemia ocorre como resultado de deposição de cálcio extravascular ou da captação de cálcio intravascular. As etiologias mais comuns da hipocalcemia verdadeira estão ilustradas na Tabela 5-3.

1. Hipoparatireoidismo é causado por grande variedade de doenças adquiridas e herdadas, que resultam da dificuldade de síntese e liberação de PTH devido à resistência periférica dos tecidos ao PTH.

    a. A causa mais comum de hipoparatireoidismo idiopático é a síndrome autoimune poliglandular tipo I, caracterizada por candidíase mucocutânea crônica e insuficiência adrenal primária. Ocasionalmente, anemia perniciosa, diabetes mellitus, vitiligo e doença auto-imune da tireóide estão relacionadas ao hipoparatireoidismo. Candidíase mucocutânea freqüentemente aparece pela primeira vez no início da infância e é seguida, vários anos depois, por hipoparatireoidismo. Insuficiência adrenal aparece na adolescência. Combinação de hipoparatireoidismo, insuficiência adrenal e candidíase mucocutânea é chamada de "síndrome HAM".

    b. Hipocalcemia familiar resulta de mutações no receptor de sensibilidade ao cálcio, que aumentam sua sensibilidade a esse elemento.

    c. Cirurgia radical de pescoço e paratireóide pode resultar na perda de tecido glandular. Remoção cirúrgica de tecido da paratireóide no hiperparatireoidismo secundário ou terciário é freqüentemente complicada por hipocalcemia grave devido a remineralização dos ossos, a chamada "síndrome da fome óssea".

Tabela 5-3 Etiologias da hipocalcemia.

Hipoparatireoidismo

  Idiopático - síndrome HAM
  Familiar
  Pós-cirurgia - síndrome da "fome óssea"
  Distúrbios infiltrativos
  Pseudo-hipoparatireoidismo 1A, 1B, 2
  Hipermagnesemia

Distúrbios no metabolismo da vitamina D

  Nutricional
  Má absorção
  Medicamentos
  Doença hepática
  Doença renal

Raquitismo dependente de vitamina D

Diversos

  Síndrome de lise tumoral
  Metástases osteoblásticas
  Pancreatite aguda
  Síndrome do choque tóxico
  Septicemia

HAM, hipoparatireoidismo, insuficiência adrenal e candidíase mucocutânea.

d. Hipocalcemia também ocorre após cirurgia de tireóide (5% dos casos); em aproximadamente 0,5% desses pacientes a hipocalcemia é permanente. Fatores de risco para o desenvolvimento de hipocalcemia permanente incluem remoção de três ou mais glândulas paratireóides; concentração pós-operatória de PTH menor ou igual a 12 pg/ml; concentração de cálcio sérico total menor ou igual a 8 mg/dl após uma semana de suplementação de cálcio via oral; e concentração de fósforo sérico menor ou igual a 4 mg/dl após uma semana de suplementação de cálcio.
e. Pode correr hipoparatireoidismo transitório após remoção de adenoma de paratireóide.
f. Distúrbios infiltrativos, como hemocromatose, doença de Wilson e infecção por vírus da imunodeficiência humana (HIV) podem também diminuir a secreção de PTH.
g. Hipermagnesemia grave é a causa mais comum de hipoparatireoidismo. Deficiência de magnésio acarreta resistência do órgão-alvo à secreção do PTH e diminuição dessa secreção. Pacientes com hipocalcemia resultante de hipermagnesemia não respondem à reposição de cálcio ou vitamina D.
2. Uma variedade de distúrbios genéticos raros causa resistência do órgão-alvo ao PTH, incluindo pseudo-hipoparatireoidismo tipos I e II. Pacientes com pseudo-hipoparatireoidismo são classificados com base na resposta nefrogênica da adenosina monofosfato cíclica à administração de PTH. Resposta reduzida é indicativa do tipo I e resposta normal é indicativa do tipo II.
3. Distúrbios no metabolismo da vitamina D também causam hipocalcemia. Entre as etiologias inclui-se a ingestão reduzida de vitamina D, má absorção, medicamentos, doença hepática, doença renal e raquitismo dependente de vitamina D. Deficiência nutricional de vitamina D é incomum nos Estados Unidos, em conseqüência da suplementação do leite e outros produtos alimentícios, porém pode ocorrer em pacientes desnutridos com pouca exposição ao sol. Como a vitamina D é solúvel em gordura, sua deficiência pode ser verificada na má absorção intestinal por qualquer causa. Anticonvulsivantes induzem à deficiência de vitamina D por mecanismo desconhecidos; isso geralmente ocorre em pacientes com fatores de predisposição adicionais, como desnutrição e pouca exposição ao sol. Fenobarbital melhora o metabolismo hepático da vitamina D e do calcidiol. Deficiência de vitamina D pode resultar de doença hepatocelular, se ela for grave o suficiente para dificultar a 25-hidroxilação de vitamina D e do calcidiol. Doença renal crônica dificulta a 1-α hidroxilação do calcidiol em calcitriol. Raquitismo vitamina D-sensível é resultado da hidroxilação deficiente de calcidiol em calcitriol (tipo I) ou da resistência do órgão-alvo ao calcitriol (tipo II). Pacientes do tipo I respondem a doses fisiológicas de calcitriol. Pacientes do tipo 2 apresentam concentrações de calcitriol dramaticamente aumentadas, respondem mal à terapia com calcitriol e apresentam mutações no receptor de vitamina D.

4. Entre as causas menos comuns da hipocalcemia estão a síndrome de lise tumoral, metástases osteoblásticas, pancreatite aguda, síndrome do choque tóxico e septicemia. Acréscimo ou liberação aguda de fosfato no espaço extracelular pode causar hipocalcemia por meio de uma variedade de mecanismos. O cálcio e o fosfato podem se precipitar em tecidos, embora o tecido exato em que ocorre a deposição nunca tenha sido identificado. Além disso, a infusão de fosfato aumenta a velocidade de formação óssea e inibe a reabsorção óssea induzida por PTH, diminuindo a concentração de cálcio.

B. Como ocorre na hipercalcemia, os sinais e sintomas de hipocalcemia dependem não apenas do grau desse distúrbio, mas também da velocidade de diminuição da concentração de cálcio sérico. O limiar em que os sintomas se desenvolvem também depende do pH sérico e da presença concomitante de hipomagnesemia, hipocalemia ou hiponatremia. Predominam sintomas de excitabilidade neuromuscular. O paciente pode queixar-se de parestesia de extremidade distal e circumoral e de espasmos carpopedais. Entre as manifestações do sistema nervoso central estão mudanças no estado mental, irritabilidade e convulsões. Durante o exame físico, pode-se constatar hipotensão, bradicardia, espasmos laringeais e broncoespasmos. Devem-se verificar os sinais de Chvostek e Trousseau. O sinal de Chvostek é um espasmo facial provocado ao se darem tapinhas no nervo facial logo abaixo do arco zigomático, com a boca ligeiramente aberta. Ocasionalmente, observa-se um sinal positivo em pacientes normais. O sinal de Trousseau é o desenvolvimento de flexão do pulso, flexão da junta metacarpofalangeal, dedos hiperestendidos, flexão do polegar após o manguito do esfigmomanômetro ser inflado em torno do braço até 20 mmHg acima da pressão sistólica durante três minutos.

C. Diagnóstico. O diagnóstico diferencial da hipocalcemia verdadeira é freqüentemente objetivo. A Figura 5-3 mostra um algoritmo de diagnóstico. As causas mais comuns são deficiência de magnésio, insuficiência renal e complicações de cirurgia da paratireóide.
   1. O primeiro passo na avaliação do paciente com concentração de cálcio sérico total diminuída é verificar a albumina sérica e, se necessário, dosar a concentração de cálcio sérico ionizado. Se a hipocalcemia verdadeira estiver documentada, deve-se obter exame de sangue para concentração de NUS (nitrogênio uréico sangüíneo), creatinina, cálcio e magnésio e deve-se coletar amostra de urina 24 horas para verificar a excreção de fósforo e creatinina.
   2. O segundo passo é avaliar a concentração de magnésio sérico. Hipermagnesemia é a causa mais comum de hipocalcemia em pacientes hospitalizados. Alto índice de suspeita deve estar presente em pacientes com histórico de esteatorréia, diarréia ou alcoolismo crônico. Esses pacientes geralmente apresentam hipomagnesemia grave e não se corrige hipocalcemia enquanto as perdas de magnésio não forem repostas. Freqüentemente, são necessários vários dias para que a concentração de cálcio sérico seja corrigida, depois que a deficiência de magnésio for revertida.

```
                    ┌─────────────────────────────┐
                    │ Cálcio sérico total diminuído│
                    └─────────────┬───────────────┘
                                  ▼
                         ┌─────────────────┐
                         │ Albumina sérica │
                         └────────┬────────┘
                                  ▼
                         ┌─────────────────┐
                         │ Cálcio ionizado │
                         └────────┬────────┘
                     ┌────────────┴────────────┐
                     ▼                         ▼
                  Normal                     Baixo
               Nenhuma ação          Hipocalcemia verdadeira
                                              │
                                              ▼
                                     ┌─────────────────┐
                                     │ Magnésio sérico │
                                     └────────┬────────┘
                                      Normal  │    ╲
                                              ▼     ╲──► Baixo
                                     ┌─────────────┐     Determinar causa
                                     │Fósforo sérico│    Repor magnésio
                                     └──────┬──────┘
                              ┌─────────────┴─────────────┐
                              ▼                           ▼
                             Alto                       Baixo
                              ▼                           ▼
                           ┌─────┐              ┌──────────────────┐
                           │ PTH │              │Calcidiol, calcitriol│
                           └──┬──┘              └─────────┬────────┘
                         ┌────┴────┐                      │
                         ▼         ▼                      │
                       Alto      Baixo                    │
         Pseudo-hipoparatireoidismo  Hipoparatireoidismo
         Síndrome de lise tumoral
         Insuficiência renal           ┌───────────────┬──────────────┐
                                       ▼               ▼              ▼
                                  Calcidiol baixo  Calcidiol normal  Calcitriol alto
                                                   Calcitriol baixo
                                   Nutricional    Raquitismo dependente  Raquitismo
                                   Má absorção    de vitamina D tipo I   dependente
                                   Substâncias químicas Insuficiência renal de vitamina D tipo II
```

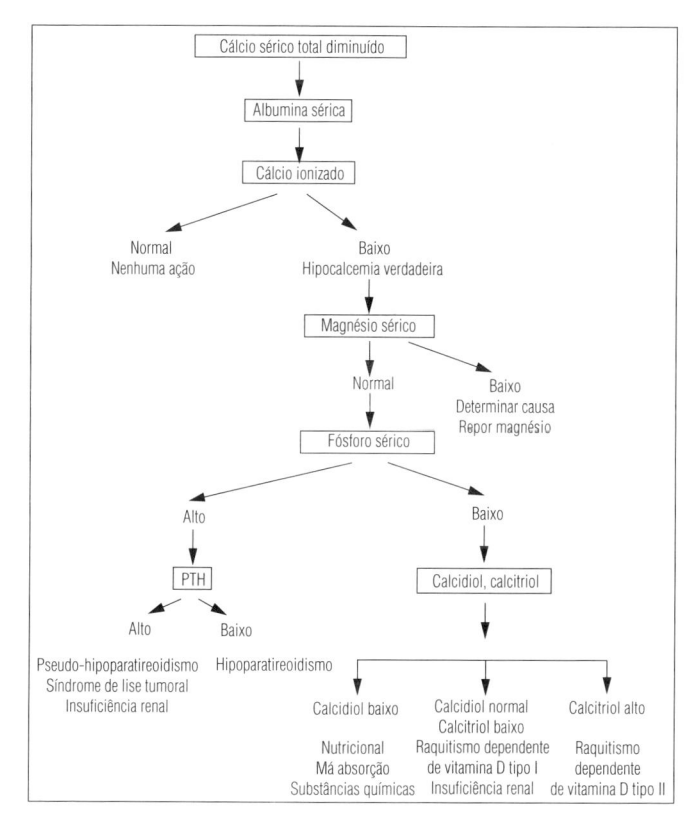

Figura 5-3 Avaliação da hipocalcemia (PTH, hormônio paratireóide).

3. Concentrações de fósforo urinário e sérico são avaliadas em seguida. Hiperfosfatemia na ausência de insuficiência renal sugere um diagnóstico de hipoparatireoidismo ou de pseudo-hipoparatireoidismo.

   Concentração de PTH pode diferenciar esses distúrbios. No hipoparatireoidismo primário, o PTH é baixo; no pseudo-hipoparatireoidismo, o PTH é aumentado. Diminuição na concentração de fósforo sérico indica distúrbio no metabolismo da vitamina D. Hipocalcemia resulta em um hiperparatireoidismo secundário que, por sua vez, reduz a reabsorção tubular proximal de fosfato, resultando assim em perda de fosfato. Portanto, espera-se que a fração de excreção de fosfato (FEF) seja alta (maior que 5%). Na hipofosfatemia, os rins têm capacidade extraordinária de conservar fosfato e, em distúrbios extra-renais, a FEF está abaixo de 1%. Caso se observe fosfatúria, a concentração de calcidiol e calcitriol deve ser dosada. A concentração de calcidiol é reduzida na má absorção, doença hepática e fenobarbital. Concentração de calcitriol mostra-se reduzida na insuficiência renal e aumentada no raquitismo dependente de vitamina D.

D. **O tratamento da hipocalcemia** depende tanto de sua gravidade quanto de sua causa. Em situação de emergência em que se suspeita de hipocalcemia e há presença de convulsões, tetania, hipotensão ou arritmias cardíacas, deve-se administrar cálcio venoso (100 a 300 mg durante 10 a 15 minutos) antes mesmo que os resultados da concentração de cálcio sérico retornem do laboratório. Pacientes com hipocalcemia assintomática ou concentração de cálcio sérico total corrigida para albumina menor ou igual a 7,5 mg/dl devem ser tratados inicialmente com cálcio parenteral. Hipocalcemia leve crônica, conforme constatado em quadros ambulatoriais, pode ser tratada com suplementos de cálcio, aos quais um preparado de vitamina D pode ser acrescentado caso necessário.

1. **Hipocalcemia assintomática aguda** é tratada com cálcio intravenoso. Na ausência de convulsões, tetania ou arritmias cardíacas, uma infusão de 15 mg/kg de cálcio elementar durante quatro a seis horas eleva o cálcio sérico total em 2 a 3 mg/dl. Gluconato de cálcio (10%) é fornecido em ampolas de 10 ml e contém 94 mg de cálcio elementar. A primeira ampola pode ser ministrada durante vários minutos, seguida de infusão constante iniciada à taxa de 0,5 a 1,0 mg/kg por hora, com ajuste da taxa com base em determinações seqüenciais da concentração de cálcio sérico. Gluceptato de cálcio (10%) fornece 90 mg de cálcio elementar em ampola de 5 ml. Cloreto de cálcio tem maior biodisponibilidade e cada ampola de 10 ml contém 272 mg de cálcio elementar. O tratamento da hipocalcemia é ineficaz na presença de hipermagnesemia. Nos quadros de acidose metabólica, a hipocalcemia deve ser corrigida antes de se reverter a acidose.

   Pacientes com **hipoparatireoidismo** são tratados com suplementos de cálcio e vitamina D. A concentração de cálcio sérico deve ser mantida no limite normal inferior. De 1 a 3 g por dia de cálcio elementar oral é normalmente suficiente. Uma variedade de preparados orais de cálcio está disponível, alguns dos quais são mostrados na Tabela 5-4. O cálcio é melhor absorvido quando tomado entre as refeições. O citrato de cálcio é mais solúvel do que o carbonato de cálcio, especialmente em pacientes que precisam de bloqueadores de H_2 ou inibidores da bomba de próton. Na presença de hiperfosfatemia grave, a suplementação de cálcio deve ser adiada, se possível, até que a concentração de fósforo sérico esteja reduzida abaixo de 6 mg/dl usando quelantes de fosfato. Hipocalcemia grave, entretanto, pode precisar ser tratada, apesar da hiperfosfatemia.

2. **Calcitriol** é o mais potente dos **preparados de vitamina D** e tem ação de início mais rápido e duração menor, mas é também mais caro. Normalmente, é necessária uma dose de 0,5 a 1,0 mg por dia. Ao se retroagir na via metabólica a partir do calcidiol, passando pelo colecalciferol e ergocalciferol, o custo diminui e a duração da ação aumenta. Esses agentes, entretanto, podem ser menos eficazes na presença de doenças renais

Tabela 5-4 Preparados orais de cálcio.

Preparado	Formulação	Cálcio elementar por comprimido
Carbonato de cálcio	Tums 500 mg	200 mg
	Rolaids 550 mg	220 mg
	Os-cal 1.250 mg	500 mg
Citrato de cálcio	Citracal 950 mg	200 mg
Lactato de cálcio	650 mg	85 mg
Gliconato de cálcio	1.000 mg	90 mg

ou hepáticas. Pacientes com hipoparatireoidismo apresentam reabsorção tubular distal de cálcio reduzida em conseqüência da falta de PTH. Portanto, aumento da carga filtrada de cálcio que resulta da reposição de cálcio e vitamina D pode levar à hipercalciúria, nefrolitíase e nefrocalcinose.

Se a excreção urinária de cálcio exceder 350 mg por dia, apesar da concentração de cálcio sérico na faixa de normal a baixa, a ingestão de sódio deve ser restringida; se isso não resolver, deve-se acrescentar um diurético tiazídico.

DISTÚRBIOS DO FÓSFORO SÉRICO

I. VISÃO GERAL. Aproximadamente dois terços do fósforo plasmático total é fósforo orgânico (fosfolipídeos) e um terço é inorgânico. Os laboratórios de análises químicas trabalham apenas com a fração inorgânica. A faixa de referência é de 2,8 a 4,5 mg/dl (0,89 a 1,44 mmol/l). Aproximadamente 85% do fósforo inorgânico é livre e circula como HPO_4 (−2) ou H_2PO_4 (−1). A proporção desses dois íons depende do pH do LEC. Do restante, 10% são ligados a proteínas e 15% são em forma complexa, combinados cálcio ou com magnésio.

Da mesma forma que o cálcio, a maior parte do fosfato corporal total está contida no esqueleto (80%). Do restante, cerca de 10% residem na musculatura esquelética e vísceras. Apenas uma pequena fração de todo esse fosfato é inorgânica e disponível para síntese de adenosina trifosfato (ATP). A dieta ocidental mediana contém de 800 a 1.400 mg de fosfato por dia, dos quais aproximadamente 80% são absorvidos no intestino delgado. A maior parte é absorvida passivamente, mas existe um componente ativo regulado pelo calcitriol. O PTH e o calcitriol, atuando nos ossos, intestinos e rins, regulam a concentração de fósforo. O principal regulador da concentração de fósforo sérico é a excreção renal de fosfato. Nos rins, o fosfato é reabsorvido primariamente no túbulo proximal (80%), onde é co-transportado com o sódio através da membrana luminal.

A ação do co-transportador de sódio-fosfato é intensificada em resposta à depleção de fosfato e, sob essas circunstâncias, os rins são capazes de reduzir a FEF de fosfato a níveis muito baixos.

II. REGULAÇÃO DO FOSFATO.

O PTH atua diretamente nos ossos para aumentar a entrada de fosfato no LEC, e indiretamente no intestino, ao estimular a produção de calcitriol. A maior parte do fosfato da dieta é reabsorvida no intestino delgado, mas um componente de secreção não regulada está presente no cólon (100 a 200 mg por dia). O PTH reduz a reabsorção tubular proximal de fosfato nos rins. O resultado final é o aumento da concentração de cálcio plasmático, ao mesmo tempo mantendo constante a concentração de fósforo sérico. O principal papel do calcitriol é aumentar a disponibilidade de cálcio e fosfato para a renovação óssea e proteger o LEC da hipocalcemia e da hipofosfatemia. O PTH e a hipofosfatemia estimulam a produção de calcitriol no túbulo proximal; embora os rins sejam o principal regulador da concentração de fósforo sérico. Hipofosfatemia acarreta a introdução de co-transportadores na membrana luminal no túbulo proximal, ao passo que o PTH resulta em sua remoção. A capacidade do PTH em remover co-transportadores de sódio-fosfato da membrana apical fica prejudicada com a depleção de fosfato.

III. HIPERFOSFATEMIA

A. Etiologia. Hiperfosfatemia pode resultar de insuficiência renal, de uma carga aguda de fosfato de fonte exógena ou endógena ou do aumento da reabsorção tubular proximal de fosfato. As etiologias são mostradas na Tabela 5-5.
   1. **Insuficiência renal** é causa subjacente em 90% ou mais dos casos. À medida que a TFG começa a declinar, a FEF de fosfato aumenta. Porém, quando a TFG cai abaixo de 30 ml por minuto, a reabsorção de fósforo é suprimida ao máximo e a FEF não consegue subir mais. Como resultado, a excreção renal não consegue mais se manter em compasso com a ingestão na dieta e a concentração de fósforo sérico aumenta. Um novo estado de equilíbrio acaba se estabelecendo, embora com concentração de fósforo sérico mais alta.
   2. **Sobrecarga maciça e aguda de fosfato** pode acarretar aumento na concentração de fósforo sérico. O fosfato pode ser liberado no espaço intracelular, como no caso de síndrome de lise tumoral ou de rabdomiólise, ou pode ser ingerido e absorvido, como na intoxicação por vitamina D.

Tabela 5-5 Etiologias da hiperfosfatemia.

Excreção renal diminuída
Insuficiência renal aguda
Insuficiência renal crônica
Carga aguda de fosfato
Síndrome de lise tumoral
Rabdomiólise
Infarto intestinal
Hemólise grave
Intoxicação por vitamina D
Reabsorção renal de fosfato aumentada

Tabela 5-5 Etiologias da hiperfosfatemia (*continuação*).

Hipoparatireoidismo Acromegalia Tirotoxicose Medicamentos - bisfosfonatos Calcinose tumoral
Pseudo-hiperfosfatemia

    A síndrome de lise tumoral é mais comumente vista no tratamento de malignidade de rápido desenvolvimento, como leucemia e linfomas. Ela ocorre após o tratamento de tumores sólidos, como carcinoma de células pequenas, câncer de mama e neuroblastoma. Os fatores de risco para essa síndrome em pacientes com tumores sólidos incluem insuficiência renal prétratamento e nível aumentado de lactato desidrogenase. Níveis aumentados de lactato desidrogenase e hiperuricemia são indicadores de grande massa tumoral.

  3. **Aumentos primários da reabsorção de fosfato tubular** são menos comuns. Eles podem ocorrer no hipoparatireoidismo; na acromegalia, como resultado da estimulação do fator de crescimento insulínico (IGF[2]) no transporte do fosfato com bisfosfonatos, por meio de efeito direto na reabsorção de fosfato; e na calcinose tumoral, causada por anomalia no túbulo proximal que leva a aumento na reabsorção de fosfato.

B. Muitos dos sinais e sintomas de aumento agudo do fósforo sérico são secundários à hipocalcemia concomitante, devido à deposição de cálcio nos tecidos moles e conseqüente queda na concentração de cálcio ionizado do LEC. Hipofosfatemia também pode causar hipocalcemia ao diminuir a atividade da 1-α hidroxilase e a produção de calcitriol.

C. **Diagnóstico.** Hiperfosfatemia persistente, sem explicação clínica, deve levantar suspeitas de pseudo-hiperfosfatemia, cuja causa mais comum é a paraproteinemia. Nenhuma relação consistente de tipo ou subclasse de imunoglobulina foi identificada. Essa é uma conseqüência relacionada a método, e a interferência de paraproteínas pode ser um problema geral nas análises espectrofotogramétricas. Se a paraproteinemia estiver ausente, a causa é geralmente insuficiência renal crônica ou aguda.

D. O tratamento da hiperfosfatemia destina-se a reduzir a absorção intestinal de fosfato. Isso é conseguido com o uso de substâncias quelantes de fosfato, como carbonato de cálcio, acetato de cálcio, hidrocloreto de sevelâmer e hidróxido de alumínio. Esses agentes devem ser administrados com as refeições. Hidróxido de alumínio pode ser usado durante curto período, mas o uso crônico em pacientes com doenças renais deve ser evitado por causa do potencial de toxicidade do alumínio. Em pacientes com hipocalcemia coexistente, é preferível diminuir o fósforo sérico abaixo de 6 mg/dl, se possível, antes de tratar a hipocalcemia, para evitar a complicação potencial de calcificação metastática devido à co-precipitação de fosfato de cálcio.

---

[2] NT: *Insuline growth factor* (N. da T.).

IV. HIPOFOSFATEMIA

A. Etiologia. Hipofosfatemia pode resultar da redistribuição do fosfato do espaço extracelular para o intracelular, diminuição da absorção intestinal de fosfato ou diminuição da reabsorção renal de fosfato. O diagnóstico diferencial é apresentado na Tabela 5-6.

1. Alcalose respiratória e síndrome de realimentação são as causas mais comuns de deslocamento de fosfato do LEC para o LIC em pacientes hospitalizados. Alcalose respiratória provoca aumento no pH intracelular que estimula a atividade da fosfofrutoquinase, que regula a velocidade da glicólise. Isso resulta em hipofosfatemia grave, com concentrações de fósforo sérico menores que 0,5 a 1,0 mg/dl. Redistribuições intracelulares são também verificadas no tratamento da cetoacidose diabética e na "síndrome da fome óssea", que ocorre após paratireoidectomia no hiperparatireoidismo secundário. Na "síndrome da fome óssea", a concentração de cálcio e fósforo séricos cai dramaticamente no período pós-operatório, embora clinicamente a hipocalcemia seja uma questão mais importante do ponto de vista do tratamento do que hipofosfatemia.

2. Diminuição da ingestão na dieta é causa incomum de hipofosfatemia porque a ingestão oral quase sempre excede as perdas gastrintestinais, e os rins são capazes de recuperar quase toda a carga filtrada de fosfato. Em geral, diminuição da ingestão deve ser combinada com aumento das perdas gastrintestinais (ex., diarréia) ou com o uso de quelantes de fosfato para que resulte uma hipofosfatemia.

3. Aumento da excreção urinária de fosfato ocorre no hiperparatireoidismo primário, no hiperparatireoidismo secundário, devido a defeitos na metabolização de vitamina D, síndrome de Fanconi, diurese osmótica, uso de acetazolamida e osteomalacia

Tabela 5-6 Etiologias da hipofosfatemia.

Ingestão diminuída na dieta

  Alcoolismo
  Agentes quelantes de fosfato

Redistribuição de fosfato no líquido intracelular

  Alcalose respiratória
  Realimentação
  Cetoacidose diabética
  Síndrome da fome óssea

Excreção renal aumentada

  Hiperparatireoidismo
  Deficiência de vitamina D
  Raquitismo hipofosfatêmico ligado ao cromossomo X
  Raquitismo hipofosfatêmico dominante autossômico
  Síndrome de Fanconi
  Medicamentos - acetazolamida
  Diurese osmótica
  Osteomalacia oncogênica

oncogênica. Osteomalacia oncogênica é um distúrbio raro associado a tumores mesenquimais e caracteriza-se por hipofosfatemia, fosfatúria, diminuição da concentração de calcitriol, concentração normal de calcidiol e evidências clínicas e histológicas de osteomalacia. Pode ocorrer um lapso de tempo considerável entre a apresentação da síndrome e a descoberta do tumor, que produz um fator humoral que interfere com a reabsorção tubular proximal do fosfato e com a produção de calcitriol; essa interferência é eliminada com a remoção do tumor. O fator humoral foi identificado como fator de crescimento fibroblástico 23 (FCF23).

O FCF23 está presente na circulação dos indivíduos normais, consistente com seu papel fisiológico na regulação do fósforo sérico. Estudos com animais demonstraram que o FCF23 é fosfatúrico. Ao ser administrado *in vivo*, induz à hipofosfatemia, suprime a concentração de $1,25(OH)_2$ vitamina D_3 e leva à osteomalacia. Dois distúrbios de perda renal de fosfato herdados, raquitismo hipofosfatêmico autossômico dominante (RHAD) e hipofosfatemia ligada ao cromossomo X (HLX), são resultados de defeitos no metabolismo do FCF23. Mutações *missense* no FCF23 causam RHAD.

RHAD caracteriza-se por hipofosfatemia, perda renal de fosfato, baixa estatura e deformidades corporais. Nele, as mutações em local de clivagem proteolítica impedem sua clivagem e inativação. Estudos *in vivo* mostraram que a atividade biológica limita-se a todo o FCF23 (251 ácidos). A enzima responsável pela clivagem do FCF23 não foi identificada. Um estudo sugeriu que a Phex, metaloprotease na superfície celular, talvez faça a clivagem do FCF23, mas isso não foi confirmado.

HLX caracteriza-se por perda renal de fosfato, retardo no crescimento da hipofosfatemia, calcificação defeituosa de cartilagens e ossos e resistência à reposição de fosfato e vitamina D. Mutações inativantes da Phex causam HLX. A Phex faz parte de uma família de proteases de superfície sensíveis ao zinco que fazem a clivagem de pequenos peptídeos como a endotelina. Ela se expressa predominantemente na cartilagem, ossos e dentes. Seu substrato fisiologicamente relevante ainda não foi identificado. Embora se postule que a Phex faz clivagem e inativação do FCF23, o grande tamanho do FCF23 – 251 aminoácidos – torna isso pouco provável. Outros substratos intermediários de pequeno peso molecular provavelmente relacionam a função da Phex ao FCF23.

B. **Sinais e sintomas.** Hipofosfatemia acarreta uma variedade de seqüelas clínicas. Correção da hipofosfatemia moderada melhora a função diafragmática em pacientes com insuficiência respiratória aguda. Em pacientes com hipofosfatemia grave, demonstrou-se que não se consegue retirar a ventilação mecânica enquanto não há reposição de fosfato. Hipofosfatemia *in vitro* causa deslocamento para a esquerda na curva de dissociação de oxigênio. Entre os sintomas neuromusculares estão parestesias, tremores, fraqueza muscular e estado mental alterado; hipofosfatemia grave aumenta a fragilidade das células vermelhas, levando à hemólise e diminuindo a quimiotaxia, fagocitose e destruição de bactérias pelas células brancas, com aumento da susceptibilidade a infecções como possível conseqüência.

C. **Diagnóstico.** FEF ou excreção urinária de fosfato 24 horas pode ser usada para se distinguir os mecanismos fisiopatológicos da hipofosfatemia. Se os rins estiverem respondendo adequadamente à diminuição da absorção intestinal ou redistribuição do fosfato para as células, a FEF é maior que 5% e a excreção urinária 24 horas de fosfato é menor que 100 mg por dia. Quando os rins são a causa da hipofosfatemia, a FEF é maior que 5% e a excreção de urina 24 horas contém mais de 100 mg de fosfato por dia. Nesse caso, indica-se a urinálise para glicosúria, concentração de PTH para descartar hiperparatireoidismo e dosagem das concentrações de calcidiol e calcitriol.

D. Indica-se tratamento para hipofosfatemia grave (menor ou igual a 1 mg/dl) ou sintomáticas. Isso é complicado pelo fato de o fosfato ser, principalmente, um íon intracelular e de a concentração de fósforo sérico não ser um indicador confiável do fosfato corporal total. Hipofosfatemia está freqüentemente associada à depleção de potássio e magnésio. Reposição de fosfato deve ser feita com extremo cuidado no paciente com insuficiência renal; a modalidade mais segura de terapia é a oral, e a hipofosfatemia normalmente pode ser corrigida com 1.000 mg de fosfato por dia. Formas alternativas de reposição oral de fosfato estão listadas na Tabela 5-7. Diarréia é a complicação mais comum. Reposição intravenosa traz o risco de hipocalcemia e hiperfosfatemia e só é recomendada em pacientes com hipofosfatemia sintomática grave. Deve-se usar fosfato sódico, a não ser que o potássio sérico seja menor que 4 mEq/l.

Concentração sérica de fósforo, cálcio, magnésio e potássio e produção de urina devem ser monitoradas atentamente durante reposição intravenosa. Depois que a concentração de fósforo sérico tiver aumentado para mais de 1 mg/dl, deve-se mudar o paciente para um preparado oral. Raramente recomenda-se a administração de doses maiores que 0,32 mmol/kg por um período de 12 horas.

Tabela 5-7 Preparados orais de fosfato.

Preparado	Dosagem	Conteúdo
K-phos-neutral	2 comprimidos, bid ou tid	250 mg de fosfato, 12 mEq de sódio, 2 mEq de potássio por comprimido
Fleets Phospho-Soda	5 ml bid	149 mg de fosfato, 6 mEq de sódio por mililitro
Neutra-Phos-K	1–2 cápsulas, bid ou tid	250 mg de fosfato, 14 mEq de potássio por cápsula
K-phos	2 comprimidos, tid ou qid	114 mg de fosfato, 3,68 mEq de potássio por comprimido

Bid, duas vezes ao dia; tid, três vezes ao dia; qid, quatro vezes ao dia.

LEITURAS SUGERIDAS

Brooks MJ, Melnik G. The refeeding syndrome: an approach to understanding its complications and preventing its occurrence. *Pharmacotherapy* 1995;15:713-726.

Bugg NC, Jones JA. Hypophosphatemia. *Anaesthesia* 1998;58:895-902.

Bushinsky DA. Calcium. *Lancet* 1998;352:306-411.

Crook M. Phosphate: an abnormal anion? *Br J Hosp Med* 1994;52:200–208.

Econs MJ, Francis F. Positional cloning of the PEX gene: new insights into the pathophysiology of X-linked hypophosphatemic rickets. Am *J Physiol* 1997;278:F489-F498.

Fiaschi-Taesch NM, Stewart AF. Minireview: parathyroid hormone-related protein as an intracrine factor – trafficking mechanisms and functional consequences. *Endocrinology* 2003;144:407-411.

Fiorino AS. Hypercalcemia and alkalosis due to the milk-alkali syndrome: a case report and review. *Yale J Biol Med* 1996;69:517-523.

Guise TA, Mundy GR. Evaluation of hypocalcemia in children and adults. *J Clin Endocrinol Metab* 1995;80:1473-1478.

Lourwoad DL. The pharmacology and therapeutic utility of bisphosphonates. *Pharmacotherapy* 1998;18:779-789.

Mundy GR, Guise TA. Hypercalcemia of malignancy. *Am J Med* 1997;103:184-145.

Potts JT Jr., Fradkin JE, Aurbach JD, Bilezikian JP, Raisz LG. Proceedings of the NIH consensus development conference on diagnosis and management of asymptomatic primary hyperparathyroidism. *J Bone Miner Res* 1991; 6:S1-S165.

Quarles, LD. FCF23, PHEX, and MEPE regulation of phosphate homeostasis and skeletal mineralization. *Am J Physiol Endocrinol Metab* 2003;285:E1-E9.

Tenenhouse HS, Murer H. Disorders of renal tubular phosphate transport. *J Am Soc Nephrol* 2003;14:240-248.

Reber, PM, Heath HH III. Hypocalcemic emergencies. *Med Clin North Am* 1995;79:93-106.

Weisinger JR. Magnesium and phosphorus. *Lancet* 1998;352:391-396.

Zahrani AA, Levine MA. Primary hyperparathyroidism. *Lancet* 1997; 849:1233-1236.

Capítulo 6

O Paciente com Calculose Renal

Robert F. Reilly

Nefrolitíase é um distúrbio comum nos Estados Unidos, com incidência anual de 7 a 21 em 10.000 pacientes. Cálculos renais respondem por aproximadamente uma em cada 100 internações hospitalares, sendo os homens afetados quatro vezes mais do que as mulheres. Estima-se que até os 70 anos de idade, cerca de 20% de todos os homens caucasianos e 7% de todas as mulheres caucasianas terão cálculo renal. Afro-americanos e asiáticos são menos afetados e a incidência máxima ocorre entre os 20 e 30 anos de idade.

Cálculos renais são uma das causas principais de morbidade devido a cólicas renais resultantes, obstrução do trato urinário, infecção do trato urinária (ITU) e danos ao parênquima renal. Nos Estados Unidos, cálculos contendo cálcio constituem aproximadamente 90% do total; eles contêm basicamente oxalato de cálcio sozinho ou associado a fosfato de cálcio. Os 10% restantes são compostos de ácido úrico, estruvita-carbonato e cistina.

Um cálculo renal se forma somente quando a urina está supersaturada com sais formadores de cálculos. É interessante notar que a urina em muitos indivíduos normais apresenta-se saturada com relação ao oxalato de cálcio, fosfato de cálcio ou ácido úrico, sem que, no entanto, ocorra formação de cálculo. Pelo menos dois outros fatores desempenham papel importante na fisiopatologia da formação do cálculo: nucleação heterogênea e presença na urina de inibidores da cristalização. A cristalização de um sal requer muito menos energia quando existe uma superfície sobre a qual ele pode precipitar (nucleação heterogênea), em oposição à cristalização que ocorre na ausência de tal superfície (nucleação homogênea). Além disso, a urina normal contém uma variedade de substâncias inorgânicas e orgânicas que atuam como inibidores da cristalização. As mais importantes clinicamente são citrato, magnésio e pirofosfato.

Deve-se gerar energia suficiente para que um cristal se forme em uma solução. Uma vez formado, ele pode crescer o suficiente para obstruir o lúmen tubular ou ancorar-se no epitélio urinário, que, por sua vez, oferece uma superfície sobre a qual ele pode aumentar. O tempo de trânsito típico de um cristal no néfron é de 3 minutos, período curto demais para que um cristal forme núcleo, cresça e obstrua o lúmen tubular. Um estudo recente sobre 19 indivíduos com formação de cálculos lançou nova luz sobre como as pedras se formam nos rins. Em 15 pacientes com hipercalciúria, o local inicial de formação de cristais foi, surpreendentemente, a membrana basal do ramo fino da alça de Henle. O núcleo do cálculo era constituído de fosfato de cálcio envolvido por oxalato de cálcio. O depósito de cristal instalou-se então dentro da pélvis renal, onde poderia se banhar de urina supersaturada com componentes formadores de cálculo. O porquê do fosfato de cálcio precipitar-se na superfície basolateral do ramo fino da alça de Henle continua sendo um mistério. Quatro dos 19 pacientes formaram cálculos após cirurgia de *bypass* intestinal para obesidade. Nesses pacientes, os mecanismos de formação de cálculo foram diferentes. Os cristais de fosfato de cálcio ficavam inicialmente presos ao duto coletor medular. O núcleo de fosfato de cálcio atuava então como *nidus* para a precipitação do oxalato de cálcio, que resultava na oclusão luminal e no crescimento ao longo do duto coletor medular interno para fora, para a pélvis renal.

I. APRESENTAÇÃO INICIAL. Um cálculo renal apresenta-se mais comumente com forte dor nos flancos, de início súbito e freqüentemente associada a náuseas e vômitos. A irradiação da dor pode dar alguma pista sobre onde, no trato urinário, a pedra está alojada. Cálculos na junção ureteropélvica causam dor nos flancos, que pode irradiar para a virilha, ao passo que cálculos alojados na porção mais estreita do ureter, onde ele entra na bexiga, são acompanhados de sinais de irritação da bexiga (disúria, freqüência e urgência). Cálculos de estruvita-carbonato às vezes são descobertos por acaso em radiografias abdominais. Exame abdominal atento e, nas mulheres, exame pélvico são importantes para descartar outras causas possíveis de dor abdominal.

A. Avaliação laboratorial deve incluir contagem completa no sangue de eritrócitos, exames séricos e urinálise. Contagem sérica de leucócitos pode estar discretamente elevada, mas geralmente é menor que 15.000 por mm^3. Contagem maior que esse valor é sugestiva de outra causa intra-abdominal ou de infecção relacionada à obstrução por cálculo. Elevação do nitrogênio uréico no sangue (NUS) e da creatinina indica azotemia pré-renal, doença renal parenquimal ou obstrução de rim solitário em funcionamento. Deve-se realizar rotineiramente uma urinálise em qualquer paciente com dor abdominal. Observa-se hematúria microscópica em aproximadamente 90% dos pacientes com nefrolitíase.

B. Havendo suspeita de diagnóstico com base no histórico, exame físico e exames laboratoriais preliminares, o estabelecimento de um diagnóstico definitivo é o próximo estágio da avaliação.

   1. Obtém-se com freqüência uma radiografia simples do abdome com a qual conseguem-se identificar cálculos radiopacos (oxalato de cálcio, fosfato de cálcio, estruvita-carbonato e cistina) com tamanho maior ou igual a 2 mm. Não serão vistas as pedras radiotransparentes, das quais as mais comuns são compostas de ácido úrico, nem cálculos sobrepostos à pélvis óssea. Por esses motivos, uma radiografia simples do abdome é mais valiosa para descartar outros processos intra-abdominais.

   2. Exame de ultra-som do trato geniturinário freqüentemente identifica cálculos na pélvis renal; porém, a maioria dos cálculos está alojada no ureter e o exame de ultra-som com freqüência não os detecta.

   3. Urografia excretora era considerada antigamente como o padrão-ouro do diagnóstico de nefrolitíase e ainda tem valor considerável em quadros agudos. Embora o cálculo em si não possa ser visualizado em uma urografia excretora, o local da obstrução é normalmente identificado. É possível perceber anormalidades estruturais ou anatômicas que possam estar presentes no trato urinário e complicações renais ou ureterais. Entre as desvantagens da urografia estão a necessidade de contraste intravenoso

e o tempo de espera prolongado freqüentemente requerido para visualizar o sistema coletor no lado da obstrução.

4. Tomografia computadorizada (TC) em espiral, quando disponível, é o exame preferencial para o paciente com suspeita de nefrolitíase. Suas vantagens são sensibilidade mais alta, tempo mais rápido de mapeamento, sendo ainda desnecessário o uso de contraste.

C. Tratamento. Depois que o diagnóstico é estabelecido, o tratamento subseqüente é determinado pelo seguinte: (a) presença ou ausência de pielonefrite relacionada ao quadro; (b) necessidade ou não de narcóticos parenterais para controle da dor; e (c) probabilidade de passagem espontânea da pedra. A obstrução por cálculos pode ser acompanhada apenas observando-se se a dor pode ser controlada com analgésicos orais e se a passagem espontânea é provável. Pode ser necessário empregar a litotripsia extracorpóreas em cálculos alojados no ureter em sua região-proximal. Cálculos no ureter inferior podem ser removidos por meio de cistoscopia e ureteroscopia. Internação hospitalar é necessária se há evidências de infecção do parênquima renal; se há náuseas, vômitos ou dor muito intensa sem alívio com o uso de analgésicos orais; ou se não há possibilidade de esse cálculo sair espontaneamente. A probabilidade de saída espontânea é determinada por seu tamanho e sua localização no ureter (ver Tabela 6-1). Cálculos pequenos no ureter distal provavelmente sairão, enquanto os maiores e localizados no ureter superior provavelmente exigirão avaliação urológica e intervenção.

II. TIPOS DE CÁLCULOS

A. Cálculos contendo cálcio constituem 90% dos casos e compõem-se geralmente de uma mistura de oxalato de cálcio e fosfato de cálcio. Em pedras mistas, o oxalato de cálcio normalmente predomina, e pedras de oxalato de cálcio puro são mais comuns do que pedras de fosfato de cálcio puro.

Fosfato de cálcio tende a precipitar em urina alcalina, como ocorre na acidose tubular renal (ATR), enquanto a precipitação do oxalato de cálcio não varia muito com o pH. Como a urina é ácida na maioria dos pacientes, cálculos de oxalato de cálcio são mais comuns. Os principais fatores de risco para a formação dos cál-

Tabela 6-1 Probabilidade de saída espontânea.

	Probabilidade de saída espontânea
Tamanho	
>6 mm	25%
4–6 mm	60%
<4 mm	90%
Localização	
Ureter superior, >6 mm	1%
Ureter superior, <4 mm	81%
Ureter inferior, <4 mm	93%

culos de cálcio são hipercalciúria, hipocitratúria, hiperuricosúria, hiperoxalúria, baixo volume de urina e rim esponjo medular. Esses fatores de risco podem ocorrer isolados ou em combinação. Sua freqüência relativa está mostrada na Tabela 6-2.

1. Hipercalciúria é definida como excreção de cálcio acima de 250 mg em volume urinário de 24 horas em mulheres e acima de 300 mg em homens. Está presente em cerca de dois terços dos pacientes com cálculos contendo cálcio e pode resultar de aumento da carga filtrada, diminuição da reabsorção proximal ou diminuição da reabsorção distal de cálcio. Reabsorção proximal de cálcio é igual à reabsorção de sódio. Qualquer situação que diminua a reabsorção proximal de sódio, como a expansão de volume do fluido extracelular (LEC), também diminui a reabsorção proximal do cálcio. Reabsorção tubular distal de cálcio é estimulada pelo hormônio da paratireóide (PTH), tiazidas e amilorida, e inibida pela acidose e depleção de fosfato.

   Hipercalciúria pode ser idiopática ou secundária ao hiperparatiroidismo primário, ATR, sarcoidose, imobilização, doença de Paget, hipertiroidismo, síndrome do leite-álcali e intoxicação por vitamina D. O grupo idiopático constitui 90% de toda a hipercalciúria. Essa categoria de pacientes é caracterizada por aumento da concentração de 1,25(OH)$_2$ vitamina D$_3$, PTH suprimido e densidade mineral óssea reduzida. Postulam-se três mecanismos fisiopatológicos: aumento da absorção intestinal de cálcio, diminuição da reabsorção renal de cálcio ou fósforo e aumento da desmineralização óssea. Com base em um estudo sobre jejum e carga de cálcio, alguns autores defendem a subdivisão da hipercalciúria idiopática em hipercalciúria absortiva tipos I, II e III e hipercalciúria por perda renal. A justificativa para essa abordagem é que o mecanismo fisiológico identificado ajudará a orientar terapias específicas.

   Na prática, porém, isso é freqüentemente desnecessário. No passado, aumento da absorção intestinal de cálcio era tratado com dieta pobre em cálcio. Esse não é mais o caso. Pacientes com hipercalciúria idiopática freqüentemente apresentam massa óssea reduzida e equilíbrio de cálcio negativo, que será exacerbado pela dieta pobre em cálcio. Além disso, existe uma relação recíproca entre cálcio livre e oxalato livre no lúmen intestinal. O cálcio atua de modo a captar o oxalato no intestino e reduzir sua absorção. Se a ingestão oral de cálcio for reduzida, o oxalato permanece livre no lúmen intestinal e sua absorção aumenta. Um estudo recente com pacientes com cálculo renal comparando uma dieta pobre em cálcio com uma dieta normal em cálcio, mas pobre em sódio e

Tabela 6-2 Fatores de risco de cálculos renais contendo cálcio.

Fator de risco	Isolado	Associado
Hipercalciúria	60%	80%
Baixo volume de urina	10%	50%
Hipocitratúria	10%	50%
Hiperuricosúria	10%	40%
Hiperoxalúria	2%	15%

proteínas, mostrou que o oxalato urinário e o risco de formação recorrente de cálculos estavam aumentados nos pacientes com a dieta pobre em cálcio. Finalmente, como mostrado na Tabela 6-3, a maioria dos estudos aleatórios controlados que mostra que dada intervenção farmacológica reduz o risco de calculose não subdividiu os pacientes com base nos resultados de um estudo a respeito de cálcio.

No hiperparatiroidismo primário, a carga filtrada de cálcio é aumentada em conseqüência da liberação de cálcio dos ossos e do aumento da absorção intestinal de cálcio mediada pela $1,25\ (OH)_2$ – vitamina D_3. Aumento na carga de cálcio filtrado supera as ações distais do PTH para aumentar a reabsorção tubular de cálcio. Na ATR, o aumento do pH sistêmico resulta no aumento da liberação de cálcio dos ossos. Além disto, a acidose inibe diretamente a reabsorção de cálcio no néfron distal.

Macrófagos na sarcoidose produzem $1,25\ (OH)_2$ – vitamina D_3, levando ao aumento da absorção intestinal de cálcio. Imobilização, doença de Paget e hipertiroidismo causam hipercalciúria ao liberar cálcio dos ossos e aumentar a carga filtrada de cálcio.

2. Hipocitratúria. Citrato combina-se com cálcio no lúmen tubular para formar um complexo não-dissociável, porém solúvel. Como resultado, menos cálcio livre fica disponível para se combinar ao oxalato. Citrato também impede a nucleação e agregação de oxalato de cálcio. Acidose metabólica crônica por qualquer causa aumenta a reabsorção tubular proximal de citrato e diminui a concentração de citrato na urina; esse é o mecanismo pelo qual a diarréia crônica, a ATR e a sobrecarga protéica na dieta resultam em hipocitratúria. Outra causa importante da hipocitratúria é a hipocalemia, que aumenta a expressão do co-transportador de sódio-citrato presente na membrana luminal do túbulo proximal.

3. Hiperuricosúria. Ácido úrico e urato monossódico podem agir por meio de vários mecanismos para reduzir a solubilidade do oxalato de cálcio na urina. Eles podem atuar como um *nidus* sobre o qual os sais de cálcio podem precipitar. Ácido úrico também quela os inibidores macromoleculares excretados normalmente e atenua suas atividades. Finalmente, acréscimo de concentrações crescentes de urato de sódio à urina humana normal pode induzir a precipitação do oxalato de cálcio por meio de um fenômeno fisiológico pouco compreendido conhecido como *salting out*.

4. Hiperoxalúria. Entre as etiologias da hiperoxalúria incluem-se a entérica por doença intestinal inflamatória, ressecção do intestino delgado ou *bypass* jejuno-ileal; excesso na dieta (ex., espinafre, acelga, ruibarbo); e hiperoxalúria primária, distúrbio genético raro. O oxalato urinário é derivado de duas fontes principais: 80% a 90% provêm de produção endógena no fígado e o restante é obtido do oxalato ou ácido ascórbico proveniente da dieta. Na hiperoxalúria entérica, a hiperabsorção intestinal de oxalato ocorre por dois mecanismos. Primeiro, os ácidos graxos livres formam complexos com o cálcio e limitam a quantidade de cálcio livre disponível para formar complexos com o oxalato, aumentando assim o total de oxalato disponível para absorção. Segundo, sais biliares e ácidos

Tabela 6-3 Experimentos aleatórios em nefrolitíase por cálcio.

Autor	Tratamento	Dose	Condição	No. de pacientes; Extensão do acompanhamento	Redução de risco
Borghi	Água		Primeiro cálculo	199; 5 anos	55%
Laerum	Hidroclorotiazida	25 mg bid	Não-categorizada, recorrente	50; 3 anos	54%
Ettinger	Clortalidona	25-50 mg	Não-categorizada, recorrente	54; 3 anos	48%
Ettinger	Alopurinol	100 mg tid	Hiperuricosúria, recorrente	60; 3 anos	45%
Barcelo	Citrato de potássio	30-60 mEq	Hipocitratúria, recorrente	57; 3 anos	65%
Ettinger	Potássio-magnésio-citrato	42/21/63 mEq	Não-categorizada, recorrente	64; 3 anos	81%
Ettinger	Fosfato de potássio	1,4 g	Não-categorizada, recorrente	71; 3 anos	Nenhuma
Ettinger	Hidróxido de magnésio	650-1.300 mg	Não-categorizada, recorrente	52; 3 anos	Nenhuma

Bid, duas vezes ao dia; Tid, três vezes ao dia.

graxos aumentam a permeabilidade do cólon ao oxalato. São fatores de risco adicionais para a formação de cálculo nesses pacientes as perdas intestinais de líquido, que diminuem a diurese, e as perdas intestinais de bicarbonato, que resultam em hipocitratúria.
5. **Baixo volume urinário.** Intuitivamente, esse talvez seja o mais óbvio dos fatores de risco para cálculos renais que contenham cálcio. Quanto menor o volume de solvente, maior a probabilidade de que dada quantidade de sal seja supersaturante. Esse fator de risco é particularmente evidente em climas quentes com baixa umidade.
6. **Rim esponjo medular.** Deve-se suspeitar dessa alteração em mulheres ou homens sem nenhum outro fator de risco para cálculos com conteúdo de cálcio. Estudos mostram que cerca de 3% a 12% dos pacientes com cálculos contendo cálcio apresentam esse distúrbio, que tem uma prevalência de cerca de 1 em 5.000 e afeta homens e mulheres igualmente. A anormalidade anatômica é o alargamento irregular dos dutos coletores medular e interno papilar. O diagnóstico é normalmente estabelecido na quarta ou quinta década de vida, por urografia excretora que revele estrias lineares radiais nas coleções papilares ou císticas de meio de contraste em dutos coletores ectásicos. Pacientes apresentam cálculos ou ITU de repetição, freqüentemente relacionada à ATR distal. Malformações do duto coletor terminal resultam em estase urinária, que promove precipitação de cristais e sua ligação ao epitélio tubular.

Em um estudo, nanobactérias foram isoladas em 30 de 30 cálculos contendo cálcio. Elas pertencem à família das Proteobacterium e crescem em ambientes livres de proteína e lipídeos. São capazes de promover nucleação da apatita carbonatada diretamente em sua superfície a um pH fisiológico. Esse achado aguarda confirmação de outros laboratórios. Um estudo subseqüente não conseguiu cultivar nanobactérias de dez cálculos do trato urinário superior.

B. **Cálculos de ácido úrico** representam aproximadamente 5% de todos os casos de nefrolitíase em países ocidentais. A maior incidência foi relatada em Israel e no Oriente Médio, onde cerca de 75% de todos os cálculos renais consistem exclusivamente de ácido úrico, que pode ser conseqüência do clima árido e do volume reduzido de diurese. O ácido úrico é o principal produto final metabólico da metabolização de purina em seres humanos. Diferentemente da maioria dos outros mamíferos, seres humanos não expressam a uricase, que degrada o ácido úrico em alantoína, que é muito mais solúvel. Cálculos de ácido úrico são as pedras radiotransparentes mais comuns.
1. **Fisiopatologia.** O principal determinante da cristalização do ácido úrico é sua relativa insolubilidade a um pH ácido. Ele é um ácido orgânico fraco, com dois prótons dissociáveis. O primeiro tem pk_a 5,5 e o segundo, pk_a10. Como resultado, apenas o primeiro próton é dissociado na urina. A um pH menor que 5,5, o ácido indissociado predomina e tem mais probabilidade de cristalizar (solubilidade de 80 mg/l). À medida que o pH aumenta, o ácido úrico dissocia-se em urato de sódio, que é mais solúvel (solubilidade de 1 g/l). Por causa do grande aumento na solubilidade com aumento do pH, os cálculos de ácido úrico são os únicos

cálculos renais que podem ser completamente dissolvidos com tratamento médico. Os principais determinantes da solubilidade do ácido úrico são pH, concentração e outros cátions presentes na urina. Concentração mais alta de sódio diminui a solubilidade do ácido úrico, enquanto concentração maior de potássio aumenta-a. Isso pode explicar a complicação que pode ocorrer com a formação de cálculos contendo cálcio durante o tratamento com alcalinizantes urinários que contêm sódio, porém não ocorre no tratamento com alcalinizantes urinários que contêm potássio. Os alcalinizantes urinários que contêm sódio também aumentam a excreção urinária de cálcio secundária à expansão de volume do LEC.
2. Sinais e sintomas. Pacientes com cálculos de ácido úrico apresentam pH urinário médio e taxa de excreção de íon amônio mais baixas. Cerca de 75% apresentam deficiência leve na amoniogênese renal, em resposta a uma sobrecarga de ácido. Tampões urinários além da amônia são titulados de forma mais completa do que nos indivíduos não-afetados, resultando em um pH urinário próximo de 4,5.

Aqueles com deficiências de amoniogênese, como idosos e pacientes com rins policísticos, têm risco aumentado de litíase com ácido úrico. O segundo fator de risco mais importante é a diminuição do volume urinário. Hiperuricosúria é o fator de risco menos importante e é visto em menos de 25% dos pacientes com cálculos de ácido úrico recorrentes.
3. Diagnóstico definitivo é estabelecido por meio da análise dos cálculos e é sugerido pela presença de cálculo radiotransparente, embora cálculos de xantina e de 2,8-diidroxiadenina também possam ser radiotransparentes, ou ainda pela presença de cristais de ácido úrico em urina ácida.

C. Cálculos de estruvita-carbonato, conhecidos também como cálculos de infecção, são compostos de uma mistura de fosfato amônio magnesiano (estruvita: $MgNH_4PO_4 \cdot 6H_2O$) e apatita carbonatada ($Ca_{10}[PO_4]_6CO_2$). De todos os cálculos, estima-se que 10% a 15% são de estruvita-carbonato. Essa é provavelmente uma estimativa exagerada, dado que essas cifras se baseiam em relatórios de análises químicas dos cálculos, e uma proporção maior desses cálculos quimicamente analisados é obtida de espécimes cirúrgicos. É provável que esses cálculos constituam não mais que 5% dos cálculos renais. São também conhecidas como "cálculos cancerosos" porque, antes dos avanços terapêuticos mais recentes, eles eram causa de muitas cirurgias, insuficiência renal e morte.

Esses cálculos são a causa mais comum de cálculos coraliformes, embora cistina, oxalato de cálcio e urato também possam, ocasionalmente, tomar a formação coraliforme. Cristais de estruvita-carbonato tornam-se supersaturados na urina somente em uma circunstância: infecção por organismos que quebram a uréia, porque secretam urease. As bactérias produtoras de urease mais comuns são *Proteus, Morganella, Providencia, Pseudomonas* e *Klebsiella*. *Escherichia coli* e *Citrobacter* não produzem urease.
1. Fatores de risco. Mulheres com ITU recorrente e pacientes com lesões na medula espinhal, outras formas de bexiga neurogênica ou desvios ileais do ureter são mais propensos à formação

de cálculos de estruvita-carbonato. Homens com cateter intravesical e transecção total da medula espinhal têm maior risco.
2. **Sinais e sintomas.** Cálculos de estruvita podem se apresentar com uma variedade de sintomas, incluindo febre, hematúria, dor nos flancos, ITU recorrente e septicemia. Eles podem crescer bastante e preencher a pélvis renal como um cálculo coraliforme. O componente da apatita carbonatada torna-os radiopacos. Raramente, se tanto, são expelidos espontaneamente e 25% são descobertos incidentalmente. Se não forem tratados, resultam na perda do rim afetado em 50% dos casos.
3. **Fisiopatologia.** Para que se formem cálculos de estruvita-carbonato, a urina deve ser alcalina, com pH maior que 7,0, e supersaturada com hidróxido de amônio. Urease bacteriana hidrolisa a uréia, transformando-a em amônia e dióxido de carbono. A amônia, por sua vez, hidrolisa-se espontaneamente e forma hidróxido de amônio; o dióxido de carbono hidrata-se e forma ácido carbônico e, subseqüentemente, bicarbonato. A um alto pH, o bicarbonato perde seu próton e torna-se carbonato. ITU com organismo produtor de urease é a única situação em que o pH urinário, amônia e carbonato estão simultaneamente elevados. Bactérias produzem supersaturação em seu próprio entorno imediato. Formam-se cristais em torno de grupamentos de bactérias, e elas permeiam cada interstício de um cálculo de estruvita-carbonato. O cálculo em si nada mais é do que um corpo estranho infectado.

D. **Cálculos de cistina.** Cistinúria é resultado de defeito recessivo autossômico na reabsorção jejunal e tubular proximal dos aminoácidos dibásicos cisteína, ornitina, lisina e arginina. Quantidades excessivas desses aminoácidos são excretadas na urina, mas a doença clínica deve-se exclusivamente à má solubilidade urinária da cistina, que é um dímero da cisteína. Cálculos de cistina representam menos de 1% de todos os cálculos em adultos, mas podem constituir cerca de 5% a 8% de todas as calculoses em crianças. A prevalência da cistinúria é aproximadamente de 1 por 15.000 nos Estados Unidos. Cálculos de cistina pura formam-se apenas em homozigotos. Um adulto normal excreta menos de 19 mg de cistina por grama de creatinina em 24 horas. Cálculos de cistina são radiopacos devido ao teor sulfidril da cisteína.
1. **Fisiopatologia.** A solubilidade da cistina é de aproximadamente 250 mg/l, e aumenta em proporção direta ao pH urinário. O pK_a da cisteína é 6,5; portanto, aumento gradual na solubilidade ocorre quando o pH aumenta de 6,5 para 7,5. Ocorre supersaturação em concentrações de cistina maiores que 250 mg/l. Se a concentração de cistina puder ser mantida abaixo de 200 mg /l, não se devem formar cálculos de cistina. Como os homozigotos excretam de 800 a 1.000 mg de cistina por dia, é necessário pelo menos quatro litros de urina a um pH urinário normal para manter a concentração de cistina dentro da faixa de solubilidade.
2. **Sinais e sintomas.** Cálculos de cistina começam a se formar na primeira à quarta década de vida. Pacientes tendem a apresentar cálculos coraliformes obstrutivos bilaterais relacionados à insuficiência renal. Cristais hexagonais característicos podem

ser identificados, particularmente na primeira urina da manhã, que é normalmente ácida.

Heterozigotos podem formar cálculos sem cistina ou tendo-a como componente menor, dado que a ela pode atuar como *nidus* tanto para a cristalização do oxalato de cálcio quanto do fosfato de cálcio.

E. Cálculos relacionados a drogas. Uma variedade de substâncias pode se precipitar na urina, incluindo sulfonamidas, triamtereno, aciclovir e o agente anti-retroviral indinavir. Ocorre hematúria microscópica em até 20% dos pacientes que recebem indinavir. Nefrolitíase desenvolve-se em 3% deles, e 5% apresentam disúria ou dor nos flancos, que desaparece quando o medicamento é suspenso. Relatórios mostram que pacientes com dor nos flancos podem apresentar exames de TC anormais, com diminuição na excreção de contraste nos raios medulares.

Aproximadamente 1 em 2.000 é cálculo de efedrina. Eles podem resultar de abuso de medicamentos para gripe vendidos sem receita médica ou da ingestão de *ma-huang*, preparado com caules secos de efedra e rico em efedrina, norefedrina, pseudoefedrina e norpseudoefedrina. Faz parte de uma variedade de preparados vendidos em lojas de produtos naturais. A FDA recentemente proibiu a venda de produtos que contêm efedrina.

III. AVALIAÇÃO DO PACIENTE

A. Cálculos contendo cálcio. A primeira questão a ser abordada em um paciente com cálculos contendo cálcio é se a calculose é simples ou complicada. A simples é definida como um único cálculo sem distúrbio sistêmico relacionado; a complicada está presente se o paciente apresenta múltiplos cálculos, evidência de formação de novos cálculos, aumento de tamanho de cálculos antigos ou cristalúria intensa. Essa distinção é feita com base na avaliação inicial. Deve-se levantar o histórico familiar de litíase, doença inflamatória intestinal e ITU. Avaliam-se fatores de risco, como ingestão de líquidos, volume urinário, imobilização, dieta, medicações e ingestão de vitaminas, e faz-se exame físico. Entre os exames laboratoriais iniciais estão exames de sangue, urinálise e radiografia simples do abdome para avaliar o tamanho dos cálculos. Deve-se sempre fazer a análise do cálculo. Essa análise é barata e é também a única maneira de estabelecer o diagnóstico de um distúrbio específico, o que freqüentemente ajuda a orientar a terapia. Além disto, demonstrou-se que em 15% dos casos, os exames de urina de 24 horas não previam a composição química do cálculo.

No paciente com complicações, devem-se fazer duas a três dosagens de cálcio sérico. Se qualquer delas estiver acima de 10 mg/dl, deve-se avaliar a concentração de PTH. Exames de sangue são analisados. Deve-se indicar urogragia excretora para descartar anormalidades estruturais que predisponham à formação de cálculos. Amostra da primeira urina da manhã deve ser analisada para detecção de cristais de cistina. Pelo menos duas coletas de urina de 24 horas devem ser obtidas do paciente, em dieta normal, para avaliação de volume, pH, presença de cálcio, citrato, ácido úrico, oxalato, sódio, fosfato e creatinina. Intervenção terapêutica posterior depende dos resultados dessas coletas. Os valores normais para coleta de urina de 24 horas são mostrados na Tabela 6-4. Se for feita intervenção terapêutica, deve-se repetir a coleta de urina de 24 horas em seis a oito semanas para verificar o efeito esperado e, então, repeti-la anualmente.

B. Cálculos de ácido úrico. As etiologias dos cálculos de ácido úrico podem ser subdivididas em três grupos fisiopatológicos com base em fatores de risco. O baixo volume urinário contribui para a formação de cálculos de ácido úrico em distúrbios gastrintestinais, como doença de Crohn, colite ulcerativa, diarréia, ileostomias e desidratação.

O pH urinário ácido desempenha papel importante na gota primária e nos distúrbios gastrintestinais. Hiperuricosúria é dividida entre aquelas com hiperuricemia (gota primária, distúrbios enzimáticos, doenças mieloproliferativas, anemia hemolítica e substâncias uricosúricas) e aquelas sem hiperuricemia (excesso pela dieta).

Gota primária é um distúrbio herdado, mais provavelmente transmitido de maneira dominante autossômica com penetrância variável. Está relacionada à hiperuricemia, hiperuricosúria e urina persistentemente ácida. Em pacientes afetados, 10% a 20% apresentam cálculos de ácido úrico e, em 40% os cálculos renais precedem o primeiro ataque de artrite gotosa. Como a urina é sempre ácida, o risco de litíase de ácido úrico varia diretamente com a concentração sérica e urinária de ácido úrico.

Cálculos de ácido úrico são tipicamente redondos e regulares e têm mais probabilidade de serem expelidos espontaneamente do que os cálculos contendo cálcio, que são freqüentemente irregulares. São também radiotransparentes, da mesma forma que os cálculos de xantina, hipoxantina e 2,8-diidroxiadenina. Deve-se suspeitar de cálculos de xantina, hipoxantina e 2,8-diidroxiadenina se um cálculo radiotransparente não se dissolver com terapia alcalinizante.

C. Cálculos de estruvita-carbonato. Dos cálculos coraliformes, 75% são compostos de estruvita-carbonato. Cálculos de estruvita-carbonato são grandes e menos radiopacos do que cálculos contendo cálcio. Como acontece com qualquer cálculo renal, o diagnóstico definitivo só pode ser estabelecido após análise química, mas deve-se suspeitar fortemente de diagnóstico de cálculo de estruvita-carbonato em qualquer paciente com urina alcalina infectada. Na presença de urina ácida infectada e cálculo coraliforme, deve-se pensar na possibilidade de as duas coisas não estarem relacionadas e que o cálculo pode ser ou cálcio ou de ácido úrico. Deve ser feita a análise do cálculo e da cultura em todos os pacientes após nefroli-

Tabela 6-4 Valores normais para coleta de urina de 24 horas.

Substância	Homem (mg/24h)	Mulher (mg/24h)
Cálcio	< 300	< 250
Ácido úrico	< 800	< 750
Citrato	> 200	> 400
Oxalato	< 40	< 40

totomia percutânea ou litotripsia extracorpórea. Alguns pacientes, especialmente do sexo masculino que podem se locomover, apresentam cálculos que contêm uma mistura de estruvita-carbonato e oxalato de cálcio. Esses pacientes devem ser sempre submetidos a uma avaliação metabólica completa porque praticamente todos eles apresentam um defeito metabólico subjacente e, provavelmente, correm maior risco de recorrência de cálculo, até mesmo com a remoção total deles.

A *Proteus mirabilis* responde por mais da metade das infecções produtoras de urease. Cultura dos cálculos, quando possível, é importante porque cultura de urina nem sempre é totalmente representativa dos organismos presentes no cálculo. Se nenhum organismo for cultivado, então a possibilidade de infecção por *Ureaplasma urealyticum*, que é freqüentemente difícil de crescer em culturas, deve ser levada em conta.

D. Cálculos de cistina. Presença de cristais hexagonais característicos em amostra de primeira urina da manhã indica de cistinúria, embora seja um achado muito infreqüente. O exame de detecção mais rápido e mais simples para cistinúria é o método do nitroprussiato de sódio, que tem limite inferior de detecção de 76 mg por grama de creatinina. O complexo do nitroprussiato liga-se aos grupos sulfetos e pode gerar um resultado falso-positivo em pacientes que tomam substâncias contendo enxofre. Ácido fosfotúngstico também tem sido usado como método alternativo de detecção. Pacientes com exame positivo devem ser submetidos a quantificação de cistina urinária de 24 horas. Cálculos de cistina são normalmente menos radiodensos na radiografia do que os cálculos contendo cálcio ou de estruvita-carbonato. Apresentam tipicamente uma estrutura homogênea sem estrias.

IV. TRATAMENTO

A. **Cálculos contendo cálcio.** O tratamento de cálculos contendo cálcio depende se o paciente apresenta litíase simples ou complicada. O American College of Physicians aconselha que o paciente com um único cálculo isolado e sem doença sistêmica associada seja tratado de maneira não-específica, incluindo aumento da ingestão de líquidos e dieta com teor normal de cálcio. Essa abordagem é apropriada em pacientes com baixo risco de recorrência. Entretanto, pode-se considerar a realização de estudos mais extensos naqueles pacientes com alto risco de recorrência (homens caucasianos; 63% irão formar um segundo cálculo em oito anos) ou naqueles que podem apresentar morbidez substancial em uma recorrência (paciente com rim transplantado).

Paciente com litíase complicada é tratado com medidas tanto específicas quanto não-específicas. A primeira depende da avaliação dos fatores de risco provenientes da análise dos resultados nas amostras de urina de 24 horas.

1. As opções terapêuticas não-específicas incluem manipulação de ingestão de líquidos e dieta. Aumento na ingestão de líquidos é a maneira mais barata de reduzir a supersaturação urinária com oxalato de cálcio e fosfato. Em um experimento aleatório prospectivo com 199 pacientes que apresentaram cálculo renal pela primeira vez, acompanhados por cinco anos, o risco de

formação de cálculo recorrente foi reduzido de 27% para 12%, aumentando-se o volume urinário para mais de dois litros por dia, com ingestão de água. O aumento médio no volume de urina em pacientes aconselhados a aumentar a ingestão de líquidos é de aproximadamente 300 ml por dia.

Antes de 1993, a maioria dos pacientes com cálculos contendo cálcio era aconselhada a restringir o cálcio na dieta. Estudos mais recentes realizados com homens e mulheres sugerem, no entanto, que dieta pobre em cálcio pode, na verdade, aumentar o risco de formação de cálculos contendo cálcio. O mecanismo postulado é o de que o cálcio ingerido ajuda a formar complexos com o oxalato na dieta, e redução na ingestão de cálcio resulta em aumento recíproco da absorção intestinal do oxalato. Conseqüentemente, a supersaturação urinária de oxalato de cálcio aumenta. Nesses estudos, porém, a ingestão de dieta com alto teor de cálcio também foi relacionada a aumento da ingestão de magnésio, potássio e fosfato, o que pode ter atuado como uma variável de confusão na redução do risco de formação de cálculos. Um experimento aleatório prospectivo recente comparou pacientes em dieta pobre em cálcio com outros em dieta com teor normal de cálcio, pobre em sódio e pobre em proteínas. O risco relativo para formação de cálculo renal foi reduzido em 51% naqueles em dieta com teor normal de cálcio. Como previsto, o oxalato urinário aumentou no grupo com dieta pobre em cálcio, compatível com a hipótese da relação recíproca.

Outro estudo analisou os efeitos da dieta Atkins sobre os fatores de risco para formação de cálculos renais contendo cálcio. A excreção líquida de ácido aumentou em 56 mEq por dia, o citrato urinário diminuiu de uma média de 763 mg para 449 mg, o pH urinário caiu de 6,09 para 5,67 e o cálcio urinário aumentou de 160 mg para 248 mg. Pacientes com histórico de cálculos renais devem evitar essa dieta altamente litogênica.

Com base nesses achados, a abordagem mais prudente é consumir uma dieta que tenha teor normal de cálcio. A questão de que o cálcio suplementar aumenta ou não o risco de nefrolitíase em mulheres é controversa. Um relato sugeriu que qualquer uso de cálcio suplementar aumenta o risco relativo de litíase em aproximadamente 20%. O risco nesse estudo, entretanto, não aumentou com a elevação da dose. Embora o risco relativo de formação de cálculo renal aumente com o cálcio suplementar, deve-se ter em mente que as mulheres, em geral, apresentam baixo risco de formação de cálculo renal.

2. **Formas específicas de tratamento** são orientadas pelos resultados dos exames de urina de 24 horas. A terapia concentra-se em torno de agentes que comprovadamente reduziram o risco relativo de formação de cálculos em experimentos clínicos aleatórios, controlados com placebo, com acompanhamento por mais de um ano (os resultados estão mostrados na Tabela 6-3). Isso é importante por causa do "efeito clínico do cálculo". Depois

que os pacientes se apresentam para avaliação da nefrolitíase, o período subseqüente é freqüentemente relacionado a um risco reduzido de formação de novos cálculos ("efeito clínico do cálculo"). Isso é conseqüência de pelo menos dois fatores: (a) regressão à média e (b) maior adesão a formas não-específicas de tratamento. Experimentos com menos de 12 a 24 meses de acompanhamento devem ser vistos com ceticismo se não for detectado nenhum efeito. No início do tratamento, pacientes com alto risco de recorrência podem apresentar cálculos pequenos demais para serem detectados radiograficamente, mas que crescem e, subseqüentemente, são identificadas como novos cálculos. Como freqüentemente é difícil impedir que os cálculos que contêm cálcio aumentem de tamanho uma vez estabelecido um *nidus*, isso poderia minimizar o efeito do tratamento em pacientes de alto risco. Entre os agentes que comprovaram ser eficazes em experimentos aleatórios controlados com placebo, com acompanhamento de longa duração, estão os tiazídicos, o alopurinol e o citrato de potássio-magnésio.

a. Hipercalciúria é tratada inicialmente com diuréticos tiazídicos. As tiazidas atuam diretamente aumentando a reabsorção de cálcio distal e indiretamente aumentando a reabsorção de cálcio no túbulo proximal ao induzir um estado de leve contração de volume. A contração de volume deve ser mantida e a hipocalemia evitada a fim de que os diuréticos tiazídicos mantenham eficácia máxima. As tiazidas geralmente reduzem o cálcio urinário em aproximadamente 50%. As doses usadas em estudos que mostram eficácia são altas, 25 mg de hidroclorotiazida duas vezes ao dia ou 50 mg de clortalidona uma vez ao dia. Se forem ineficazes, o motivo é geralmente a não-adesão à dieta com baixo teor de sódio. Isso pode ser monitorado com um exame de urina de 24 horas para sódio. A amilorida atua independentemente da tiazida em um local mais distal e pode ser acrescentada se necessário. Dois experimentos aleatórios controlados com pacientes com litíase recorrente demonstraram redução no risco de formação de novos cálculos com diuréticos tiazídicos. Embora todos os pacientes nesses experimentos apresentassem cálculos contendo cálcio, a minoria era de fato hipercalciúrica. Isso sugere que as tiazidas podem ter efeitos adicionais à redução do cálcio urinário ou que a redução do cálcio urinário, mesmo na ausência de hipercalciúria, pode diminuir o risco de recorrência de formação de cálculo renal. Argumenta-se que o efeito dos diuréticos tiazídicos pode diminuir com o tempo, mas não parece ser esse o caso. Para pacientes que não toleram diuréticos tiazídicos, há outras terapias possíveis, como ortofosfato e fosfato sódico de celulose.

Estes são freqüentemente pouco tolerados. O fosfato neutro de liberação lenta parece ser melhor tolerado e pode tornar-se o segundo agente de preferência. Experimentos controlados aleatórios com fosfato ácido de potássio e hidróxido de magnésio não demonstraram nenhum benefício em comparação ao uso de placebo.

b. Hipocitratúria é tratada com citrato de potássio ou citrato de potássio-magnésio. Cada um desses agentes reduziu o risco relativo de formação de cálculos em experimentos aleatórios controlados. Citrato de potássio-magnésio pode ser particularmente benéfico em pacientes que tomam diuréticos tiazídicos porque as perdas de potássio e magnésio induzidas pelo diurético são repostas. Pacientes com cálculos de estruvita-carbonato não devem receber citrato porque ele pode aumentar a deposição de fosfato de magnésio e apatita carbonatada. Citrato também pode aumentar a absorção intestinal de alumínio em pacientes com insuficiência renal. O de potássio-magnésio não está clinicamente disponível atualmente. Os preparados de citrato freqüentemente são difíceis de se tolerar por provocarem diarréia. Preparados de liberação lenta, como o Urocit®-K, são bem tolerados, mas são relativamente caros. Em pacientes com níveis de citrato urinário menores que 150 mg nas 24 horas, deve-se administrar 60 mEq diariamente em doses divididas com as refeições. Se o citrato urinário for maior que 150 mg nas 24 horas, a dose é de 30 mEq por dia.
c. Hiperuricosúria é provavelmente mais bem tratada com o alopurinol. Não se sabe se a alcalinização é benéfica porque a nucleação heterogênea e o *salting out* podem ser ambos deflagrados pelo urato de sódio. O citrato pode reduzir a precipitação de oxalato de cálcio nesse quadro, mas isso ainda não está comprovado.
d. Hiperoxalúria é tratada com dieta com baixo teor de oxalato. Hiperoxalúria entérica deve ser tratada inicialmente com dieta pobre em gordura e oxalato. Se não houver êxito, pode-se acrescentar carbonato de cálcio ou colestiramina ou ambos.
e. O volume urinário deve ser aumentado para pelo menos dois litros por dia. A melhor maneira de fazê-lo é bebendo água, que é o único líquido que comprovadamente reduziu a taxa de formação de cálculos em experimentos aleatórios controlados. Se o paciente não quiser beber água, limonada é uma alternativa sensata, embora não comprovada. O suco de limão é rico em citrato e pobre em oxalato.

Essa abordagem, orientada para a redução de fator de risco específico e não-específico para formação de cálculos contendo cálcio, demonstrou diminuir a freqüência de recorrência na formação de cálculos e também o número de cistoscopias, cirurgias e internações.

B. **Cálculos de ácido úrico.** A terapia para cálculos de ácido úrico é direcionada aos três principais fatores de risco para litíase de ácido úrico (pH da urina reduzido, volume de urina reduzido e hiperuricosúria). Primeiro, o volume de urina deve ser aumentado para dois a três litros por dia. Segundo, a urina deve ser alcalinizada para um pH de 6,5 usando-se citrato de potássio. A dose inicial é 30 mEq, duas vezes ao dia, a ser titulada para mais conforme o pH urinário. Raramente requer-se mais que 80 a 100 mEq. A terapia com alcalinizantes à base de sódio deve ser evitada porque pode resultar em hipercalciúria. Em um estudo com 12 pacientes, a terapia com álcali resultou em dissolução de cálculos em um período de três semanas a cinco meses. Aumentos no pH urinário acima de 6,6 devem ser evitados. Se a primeira urina da manhã continuar ácida, pode-se acrescentar acetazolamida (250 mg) na hora de deitar.

Se houver hiperuricosúria, o consumo de purina da dieta deve ser reduzido. Alopurinol só deve ser usado quando houver recorrência dos cálculos, apesar da administração de álcalis e líquidos, ou se a excreção de ácido estiver acima de 1.000 mg por dia.

Quando alopurinol for administrado para superprodução maciça de ácido úrico, deve-se manter hidratação adequada para evitar a precipitação de cristais de xantina.

C. **Cálculos de estruvita-carbonato.** Antigamente, a remoção por cirurgia aberta era o tratamento preferencial para cálculos coraliformes de estruvita-carbonato. A taxa de recorrência, entretanto, seis anos após a cirurgia, é de 27%, havendo persistência de ITU em 11% dos casos. Uma segunda pielolitotomia acarreta aumento substancial da morbidade. Mais recentemente, a combinação de nefrolitotomia percutânea e litotripsia extracorpórea diminuiu a morbidade substancialmente e é hoje a modalidade de tratamento preferencial. A total eliminação do cálculo continua sendo um desafio por causa da incapacidade de se removerem pequenas partículas contendo bactérias, que atuam como *nidus* para o crescimento de mais cristais. Depois da remoção completa, agentes antimicrobianos para culturas específicas crônicas são indicados como profilaxia contra a recorrência de infecções. Se o cálculo de estruvita-carbonato não for removido integralmente, o paciente continuará a apresentar ITU recorrente e o cálculo irá crescer novamente. O crescimento dos cálculos na maioria dos pacientes com fragmentos residuais progride apesar do tratamento com antibióticos. Ele pode ser reduzido ao se diminuir a população de bactérias, mas a chance de cura apenas com antibióticos é remota. Inibidores de urease, como o ácido acetoidroxâmico, reduzem a saturação urinária de estruvita-carbonato, impedem o crescimento dos cálculos e podem, ocasionalmente, acarretar a dissolução de cálculos existentes. Esses agentes, contudo, estão associados a uma variedade de complicações graves, entre elas anemia hemolítica, tromboflebite e sintomas neurológicos não-específicos (ex., desorientação, tremores, dores de cabeça).

D. **Cálculos de cistina.** Água é a base do tratamento da cistinúria. A dose requerida deve se basear na excreção urinária de cistina do paciente.

O objetivo é reduzir a concentração de cistina urinária para abaixo de 250 mg/l. Isso freqüentemente requer produção de urina de no mínimo quatro litros por dia. Devem-se ingerir dois copos d'água de 250 ml a cada quatro horas. Caso os pacientes urinem durante a noite, eles devem beber dois copos d'água a seguir. A urina pode ser periodicamente analisada para detecção de cristais de cistina e para se avaliar a adequação da ingestão de líquidos.

Alcalinização urinária pode ser de algum benefício. A constante de dissociação da cistina é 6,5. Conseqüentemente, requer-se um pH de 7,5 para que 90% da cistina assuma a forma ionizada. A esse pH, aumenta o risco de formação de cálculos de fosfato de cálcio. Como resultado, a alcalinização deve ser vista como medida auxiliar. Como agente, é preferível citrato de potássio a álcali contendo sódio porque a expansão de volume do LEC aumenta a excreção de cistina.

Se essas medidas não forem eficazes, pode-se tentar D-penicilamina, alfa-mercaptopropionilglicina ou captopril. Esses compostos são tióis que se ligam preferencialmente à cisteína, formando compostos que são mais solúveis do que os dímeros cisteína-cisteína (cistina). Alfa-mercaptopropionilglicina causa menos complicações do que a D-penicilamina. D-penicilamina também se liga à piridoxina e, portando, deve-se administrar piridoxina (50 mg por dia) para prevenir deficiências. Suplementos de zinco normalmente conseguem prevenir anosmia e perda de paladar que freqüentemente ocorrem com a D-penicilamina. O captopril tem menos efeitos colaterais do que a D-penicilamina ou a alfa-mercaptopropionilglicina, mas pode ser menos eficaz na redução da cistina urinária.

LEITURAS SUGERIDAS

Borghi L, Schianchi T, Meschi T, Guerra A, Allegri F, Maggiore U, Novarini A. Comparison of two diets for the prevention of recurrent stones in idiopathic hypercalciuria. *N Engl J Med* 2002;346:77-84.

Coe FL, Favus MJ, Pak CYC, Parks JH, Preminger GM, eds. *Kidney stones: medical* and *surgical management*. Philadelphia: Lippincott-Raven, 1996.

Delvecchio FC, Preminger GM. Medical management of stone disease. *Curr Opin Urol* 2003;13:229-233.

Evan AP, Lingeman JE, Coe FL, Parks JH, Bledsoe SB, Shao Y, Sommer AJ, Paterson RF, Kuo RL, Grynpas M. Randall's plaque of patients with nephrolithiasis begins in basement membranes of thin loops of Henle. *J Clin Invest* 2003;111:607-616.

Frick KK, Bushinsky DA. Molecular mechanisms of primary hypercalciuria. *J Am Soc Nephrol* 2003;14:1082-1095.

Gettman MT, Segura JW. Struvite stones: diagnosis and current treatment concepts. *J Endourol* 1999;13:653-658.

Low RK, Stoller ML. Uric acid-related nephrolithiasis. *Urol Clin North Am* 1997;24:135-148.

Pak CYC. Medical prevention of renal stone disease. *Nephron* 1999;81:S60-S65.

Pak CYC. Southwestern internal medicine conference: medical management of nephrolithiasis – a new, simplified approach for general practice. *Am J Med Sci* 1997;313:215-219.

Parks JH, Coe FL. Pathogenesis and treatment of calcium stones. *Semin Nephrol* 1996;16:398-411.

Renner C, Rassweiler J. Treatment of renal stones by extracorporeal shock wave lithotripsy. *Nephron* 1999;81:S71-S81.

Rodman JS. Struvite stones. *Nephron* 1999;81:S50-S59.

Rutchik BD, Resnick ML Cystine calculi: diagnosis and management. *Urol Clin North Am* 1997;24:163-171.

Shekarriz B, Stoller ML. Cystinuria and other noncalcareous calculi. *Endocrinol Metab Clin North* Am 2002;31:951-977.

Zerwekh JE, Reed-Gitomer BY, Pak CY. Pathogenesis of hypercalciuric nephrolithiasis. *Endocrinol Metab Clin North Am* 2002;31:869-884.

Capítulo **7**

O Paciente com Infecção do Trato Urinário

Marilyn E. Levi, Jay Redington e L. Barth Reller

Infecções do trato urinário (ITUs) são algumas das infecções mais comuns que afetam os seres humanos, só excedidas em freqüência, entre pacientes ambulatoriais, pelas infecções respiratórias e gastrintestinais. De fato, as infecções bacterianas do trato urinário são a causa mais comum de infecções tanto adquiridas na comunidade quanto nosocomiais em pacientes internados em hospitais nos Estados Unidos. Entretanto, o prognóstico e administração das ITUs dependem do local de infecção e de alguns fatores de predisposição.

I. DEFINIÇÕES. Algumas definições são necessárias, porque a infecção do trato urinário pode resultar de invasão microbiana de quaisquer dos tecidos que se estendem do orifício uretral até o córtex renal. Embora a infecção e os sintomas resultantes possam estar restritos a certo local, presença de bactérias na urina (bacteriúria) coloca todo o sistema urinário em risco de invasão por bactérias.

A. Bacteriúria significativa é definida como a presença de 100.000 ou mais unidades formadoras de colônias (UFC) de bactérias por mililitro de urina, embora contagens de colônias menores possam ser de importância diagnóstica, particularmente em mulheres jovens, em que 1.000 bactérias por UFC podem estar relacionadas à cistite ou síndrome ureteral aguda.

B. Localização anatômica. A primeira distinção útil é entre infecções urinárias do trato superior (rins) e do trato inferior (bexiga, próstata e uretra). Infecções limitadas à bexiga (cistite), uretra (uretrite) e próstata (prostatite) causam comumente disúria, freqüência e urgência. Pielonefrite é a inflamação não-específica do parênquima renal e a bacteriana aguda é uma síndrome clínica caracterizada por calafrios e febre, dor nos flancos e sintomas constitucionais causados pela invasão bacteriana dos rins.

Pielonefrite crônica tem uma histopatologia semelhante à da nefrite túbulo-intersticial, doença renal causada por uma variedade de distúrbios, como uropatia obstrutiva crônica, refluxo ureterovesical (nefropatia de refluxo), doença medular renal, medicamentos e toxinas e, possivelmente, bacteriúria renal crônica ou recorrente.

C. Recorrência de ITU é resultado de recidiva ou de reinfecção; fazer essa distinção é clinicamente importante. Reinfecção é uma infecção recorrente devido a microorganismo diferente, normalmente suscetível a medicamentos. A maioria dos episódios de recorrência de cistouretrite deve-se a reinfecção. Recidiva é o retorno da infecção devido ao mesmo microorganismo, freqüentemente resistente a medicamentos. A maioria das recidivas ocorre após tratamento de pielonefrite aguda ou prostatite. Finalmente, bacteriúria assintomática é uma pista importante para a presença de infecção parenquimal em algum lugar do trato urinário; porém, a importância da infecção e a necessidade de tratamento dependem de idade, sexo e condições subjacentes do paciente.

D. **ITUs complicadas e não-complicadas.** Para o clínico, outra distinção importante é feita entre infecções não-complicadas e complicadas.

Infecção não-complicada é um episódio de cistouretrite após colonização bacteriana da mucosa uretral e da bexiga, na ausência de doença do trato superior. Esse tipo de infecção é considerada *não-complicada* porque as seqüelas são raras e devem-se exclusivamente à morbidade relacionada a reinfecções em um subgrupo de mulheres. ITUs complicadas podem ocorrer também na gravidez, diabetes, imunossupressão, anormalidades estruturais do trato urinário, sintomas com duração maior que duas semanas e pielonefrite preexistente. Mulheres jovens constituem um subgrupo de pacientes com pielonefrite (pielonefrite não-complicada aguda) que freqüentemente respondem à terapia e podem também apresentar baixa incidência de seqüelas. Por outro lado, infecções complicadas são aquelas que envolvem o parênquima (pielonefrite ou prostatite) e freqüentemente ocorrem em quadros de uropatia obstrutiva ou após instrumentação. Os episódios podem ser refratários à terapia, resultando freqüentemente em recidivas e levando ocasionalmente a seqüelas significativas, como septicemia, abscessos metastáticos e, raramente, insuficiência renal aguda.

E. Vários autores propuseram uma classificação clínica para uso do clínico geral.[1]
   1. Bacteriúria assintomática
   2. Cistite não-complicada aguda em mulheres
   3. Infecções recorrentes em mulheres
   4. Pielonefrite aguda não-complicada em mulheres
   5. ITUs complicadas em ambos os sexos
   6. ITUs relacionadas a cateter

II. FATORES DE RISCO E PATOGÊNESE.

Identificação precoce e possível prevenção dependem da compreensão da patogênese e da epidemiologia da ITU. A Figura 7-1 mostra os períodos de vida de maior risco de ITUs sintomáticas; a crescente prevalência de bacteriúria assintomática que acompanha o envelhecimento é evidente. Muito se tem descoberto sobre os fatores de risco de ITUs.[2] Tem-se estabelecido associação entre ITU e idade; gravidez; relações sexuais, uso de diafragmas, preservativos e espermicidas, particularmente Nonoxynol-9; micção pós-coital retardada; menopausa e histórico de ITU recente. Entre os fatores que não parecem aumentar o risco estão dieta, uso de tampões higiênicos, higiene pessoal e das roupas, incluindo orientações para limpeza após defecação e práticas de banho.

Estudos sobre a patogênese têm elucidado interações específicas entre hospedeiro e micróbios que estejam relacionados de forma causal à bacteriúria. Bactérias na flora entérica periodicamente têm acesso ao trato geniturinário. Não se sabe como essas bactérias realmente migram do trato gastrintestinal para a região periuretral; a grande proximidade com o ânus nas mulheres é um fator provável.

A subseqüente colonização bacteriana das células uroepiteliais é o fenômeno biológico que prepara o terreno para a bacteriúria persisten-

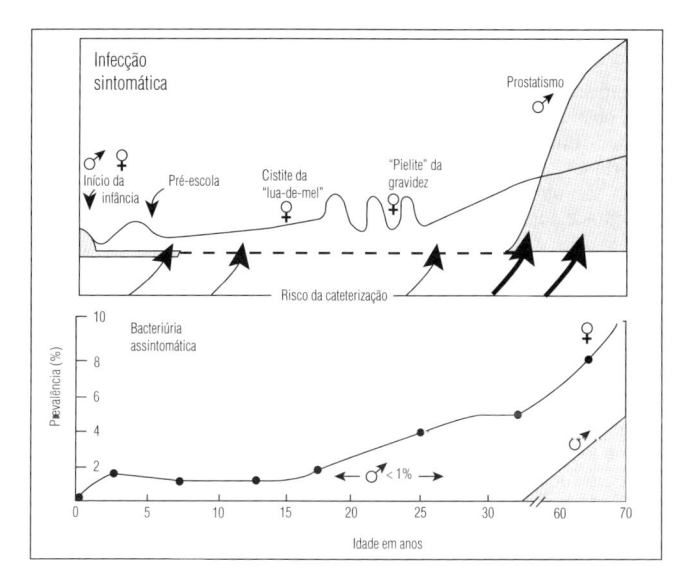

Figura 7-1 Distribuição de freqüência das infecções sintomáticas do trato urinário e prevalência da bacteriúria assintomática por idade e sexo (masculino, *área sombreada*; feminino, *linha*). (Modificado a partir do conceito original de Jawetz. Extraído de Kunin CM. *Detection, prevention and management of urinary tract infections*, 4th ed. Philadelphia: Lea & Febiger, 1987. Reimpresso com autorização.)

te. Colonização da região periuretral freqüentemente precede a instalação da bacteriúria na bexiga. Cepas de *Escherichia coli* P-fimbriadas aderem às células uroepiteliais, nas quais os glicolipídeos atuam como receptores em mulheres que secretam antígenos de grupo sanguíneo. A *E. coli* que codifica o pilus tipo 1, que contém a adesina FimH, reconhece muitos tipos de células relacionadas à cistite, septicemia e meningite. Pacientes imunocomprometidos podem infectar-se com cepas menos agressivas de *E. coli*. Opondo-se à colonização, há vários fatores do hospedeiro, mais notadamente pH ácido, flora vaginal normal e anticorpos cervicovaginais de tipo específico.

Após colonização periuretral, os uropatógenos ganham acesso à bexiga via uretra, aos rins via ureteres e à próstata via dutos ejaculatórios. A uretra e a junção ureterovesical são barreiras mecânicas que impedem a ascensão. Contudo, além da instrumentação e obstrução mecânica, os fatores que promovem a ascensão das bactérias não estão bem compreendidos.

Na bexiga, os organismos multiplicam-se, colonizam a mucosa da bexiga e invadem a superfície das mucosas. Embora a urina permita o crescimento livre da maioria dos uropatógenos, a bexiga possui vários mecanismos que impedem a bacteriúria, quais sejam: (a) uma camada de mucopolissacarídeos (muco urinário) cobre o epitélio da bexiga e impede a colonização; (b) a proteína de Tamm-Horsfall, um componente uromucóide, aderes às fímbrias P e impede a colonização; e (c) o fluxo urinário e a contração da bexiga atuam para prevenir estase e co-

Ionização. Bacteriúria na bexiga prepara o terreno para a subseqüente migração para os rins, onde organismos como a *E. coli* P-fimbriada aderem às células tubulares renais. De fato, fora dos quadros de nefropatia obstrutiva, essa cepa de *E. coli* é a causa mais comum de pielonefrite. Com a obstrução, entretanto, a aderência bacteriana perde sua importância. Outros fatores de hospedeiro que impedem as infecções renais são alta osmolalidade urinária, alta concentração de amônia, fagócitos e aumento da velocidade do fluxo urinário.

III. QUADRO CLÍNICO

A. **Bacteriúria assintomática** é especialmente comum em mulheres, conforme evidenciado pela prevalência mínima de 2% a 4% em jovens e 10% em idosas, e de três a quatro vezes mais alta em mulheres diabéticas, comparativamente às não-diabéticas. Prevalência cumulativa de bacteriúria assintomática em mulheres aumenta cerca de 1% por década no decorrer da vida. Ressalta-se que esse fenômeno é observado em grupos étnicos e localizações geográficas diferentes. Contrastando com as mulheres, a ocorrência de bacteriúria assintomática em homens é rara até depois da idade de 60 anos, quando a prevalência aumenta a cada década e freqüentemente aproxima-se da taxa constatada em mulheres idosas. Por exemplo, em homens idosos internados e não-cateterizados, a prevalência de bacteriúria excede 20%. Hipertrofia prostática e aumento da probabilidade de instrumentação são considerados causas de bacteriúria em homens mais velhos. Além disso, diferenças nas taxas de bacteriúria entre homens e mulheres são atribuídas ao fato de a uretra feminina ser mais curta e estar mais próxima às mucosas vaginal e retal, e à abundante flora microbiana dessas áreas.

B. **ITUs sintomáticas** ocorrem em todos os grupos etários. Entre recém-nascidos e crianças pequenas, os meninos são mais afetados do que as meninas. Quando o trato urinário é a fonte de septicemia neonatal, freqüentemente estão presentes sérias anomalias congênitas. Durante a infância, a bacteriúria persistente, com ou sem episódios sintomáticos repetidos, ocorre em um pequeno grupo (menos de 2%) das meninas em idade escolar. Essas meninas e também meninos em idade escolar com bacteriúria devem ser submetidos à avaliação urológica para detectar anormalidades estruturais corrigíveis quando as ITUs são documentadas. Mulheres sexualmente ativas apresentam risco pronunciadamente aumentado de episódios de cistite. A *E.coli* é o organismo predominante em 75% a 90% dos casos, enquanto o *Staphylococus saprophyticus* é encontrado em 5% a 15%, basicamente em mulheres jovens. O restante dos casos se deve a enterococos e bastonetes gram-negativos, como *Klebsiella sp.* e *Proteus mirabilis*.

Na ausência de prostatite, a bacteriúria e as ITUs sintomáticas são incomuns em homens. De fato, a prostatite assintomática é muito comum em homens com ITUs febris. Mais recentemente, cepas uropatogênicas de *E. coli* foram identificadas como causa de cistite em homens jovens com risco aumentado por causa de homossexualidade e relações anais, falta de circuncisão ou por terem parceira com colonização vaginal com *E. Coli* P-fimbriada. Em qualquer idade, ambos os sexos podem desenvolver infecções

sintomáticas na presença de fatores de risco que alterem o fluxo urinário.
1. Obstrução do fluxo urinário
   a. Anomalias congênitas
   b. Cálculos renais
   c. Oclusão ureteral (parcial ou total)
2. Refluxo ureterovesical
3. Urina residual na bexiga
   a. Bexiga neurogênica
   b. Estreitamento uretral
   c. Hipertrofia prostática
4. Instrumentação do trato urinário
   a. Cateter urinário de demora
   b. Cateterização
   c. Dilatação uretral
   d. Cistoscopia

IV. ASPECTOS CLÍNICOS

A. Síndrome uretral aguda. Os sintomas principais de polaciúria e disúria ocorrem em mais de 90% dos pacientes ambulatoriais com infecções agudas do trato geniturinário. Porém, de um terço a metade dos pacientes com polaciúria e disúria não apresenta bacteriúria significativa, embora a maioria tenha piúria. Esses pacientes apresentam síndrome uretral aguda, que pode simular infecções tanto de bexiga quanto renais. Vaginite, uretrite e prostatite são causas comuns da síndrome uretral aguda. Embora certos sinais e sintomas ajudem a diferenciar essas entidades clínicas, uma ITU clássica pode ser diagnosticada definitivamente por culturas quantitativas de urina.
  1. Vaginite. Aproximadamente 20% das mulheres nos Estados Unidos apresentam um episódio de disúria por ano; metade desse percentual procura cuidados médicos. Corrimento vaginal anormal (leucorréia) e irritação tornam a vaginite a causa provável da disúria, a menos que se possa confirmar uma ITU concomitante por meio de cultura. *Candida albicans*, causa específica mais comum de vaginite, pode ser constatada prontamente por meio de cultura ou pela existência de leveduras em esfregaço de secreção vaginal corado pelo método de Gram ou em preparação salina com adição de hidróxido de potássio. Tricomoníase pode ser documentada com uma preparação salina que mostra o protozoário móvel do *Trichomonas vaginalis*. Vaginites não-específicas relacionam-se, na maioria das vezes, à *Gardnerella vaginalis*. Uma pista para esse diagnóstico é a presença de muitos bacilos Gram-negativos pequenos, que aderem às células do epitélio vaginal.
  2. Uretrite. Polaciúria urinária aguda, disúria e piúria na ausência de sintomas vaginais favorecem diagnóstico de uretrite ou ITU em vez de vaginite. *Chlamydia trachomatis* é uma causa comum da síndrome uretral aguda em mulheres, bem como de uretrite não-específica em homens. *Neisseria gonorrhoeae* é também uma causa comum de uretrite e disúria. O diagnóstico e tratamento da gonorréia estão hoje muito bem padronizados. Infecções com baixa contagem de colônias (100 a 1.000

UFCs) de coliformes são hoje causa reconhecida de uretrite em mulheres jovens sintomáticas de piúria. O vírus do *herpes simplex*, normalmente tipo 2, é outro agente sexualmente transmissível que pode causar disúria intensa por causa de ulcerações muito próximas ao orifício uretral. O diagnóstico do *herpes progenitalis* pode ser confirmado pela existência de células transformadas em multinucleadas gigantes em raspagens epidérmicas coradas pelo método de Wright (esfregaço de Tzanck), isolando-se o vírus em cultura de tecido ou por teste direto de anticorpo fluorescente.

3. Prostatite. Prostatite é uma afecção comum no sexo masculino e causa disúria e polaciúria em homens jovens e de meia-idade mais freqüentemente do que as ITUs. Além disso, mais de 90% dos homens com ITUs febris apresentam prostatite assintomática manifestada por elevação do antígeno específico para próstata (PSA*) e aumento do volume da próstata. O PSA pode permanecer elevado por até 12 meses. As síndromes de prostatite foram subdivididas classicamente em quatro entidades clínicas: (a) prostatite bacteriana aguda; (b) prostatite bacteriana crônica; (c) prostatite não-bacteriana; e (d) prostatodinia.

   a. Prostatite bacteriana aguda é facilmente diferenciada das outras síndromes de prostatite por suas características agudas. O paciente freqüentemente apresenta-se doente subitamente, com aparecimento de calafrios e febre, polaciúria e urgência urinária, disúria, dores perineais e lombares e sintomas constitucionais. O exame retal não deve ser realizado por causa do risco de precipitar septicemia, embora ele possa revelar uma próstata dolorida, quente e edemaciada. Exame microscópico da urina normalmente mostra alta contagem de leucócitos. Cultura de urina é geralmente positiva para bactérias gram-negativas entéricas (especialmente *E. coli*); bactérias gram-positivas (estafilococos e enterococos) são isoladas com menos freqüência.

   b. Prostatite bacteriana crônica. Um forte indicador de prostatite crônica são as ITUs recidivantes. Polaciúria, disúria, noctúria, dores lombares e perineal são os sintomas usuais, embora os pacientes possam ser pouco sintomáticos entre as ITUs. O paciente freqüentemente está afebril, não parece agudamente doente e, ao exame, sua próstata pode-se mostrar normal. Um mecanismo proposto para explicar a migração das bactérias para a próstata é o refluxo de urina e bactérias nos dutos prostáticos desde a uretra. Essa síndrome distingue-se de outras formas de prostatite crônica por mostrar exame inicial negativo de urina com coleta de jato médio e cultura; após massagem da próstata, entretanto, a urina mostra, ao exame microscópico, presença de leucócitos e nas uroculturas pode crescer um uropatógeno (ver seção V). Prostatite não-bacteriana é a forma mais comum de prostatite crônica. Ela simula clinicamente a prostatite bacteriana crônica e apresen-

---

* *Prostate specific antigen* (N. da T.).

ta células inflamatórias em amostras pós-massagem de próstata. Porém, as uroculturas para piogênicos e as culturas das secreções prostáticas são negativas. A etiologia é desconhecida, mas existem algumas evidências de etiologia infecciosa envolvendo organismos que são difíceis de crescer nas culturas.
  c. Prostatodinia tem sido chamada de prostatite não-inflamatória crônica. Clinicamente, ela apresenta sintomas semelhantes aos de outras formas de prostatite crônica. Ela se distingue pela ausência de células inflamatórias ou uropatógenos.
B. ITUs. Apesar das síndromes que as simulam, um diagnóstico presuntivo de infecções do trato urinário pode ser estabelecido de forma econômica, analisando-se a urina em pacientes com sintomas e sinais característicos, embora não específicos. ITUs não-complicadas agudas ocorrem principalmente em mulheres em idade reprodutiva. As características de apresentação são apenas sugestivas do local de infecção. Pacientes com cistouretrite bacteriana, em oposição à uretrite causada por patógeno de doença sexualmente transmissível (DST), relatam episódios anteriores, têm sintomas há menos de uma semana e apresentam dor suprapúbica.

V. DIAGNÓSTICO LABORATORIAL

A. Amostras de urina para cultura
  1. Indicações. O diagnóstico da ITU – da cistite simples à pielonefrite complicada com septicemia – pode ser estabelecido com absoluta certeza somente com culturas quantitativas de urina. As principais indicações para cultura de urina são:
     a. Pacientes com sintomas ou sinais de ITUs
     b. Acompanhamento de ITU tratada recentemente
     c. Remoção de sonda urinária de demora.
     d. Detecção precoce de bacteriúria assintomática durante a gravidez
     e. Pacientes com uropatia obstrutiva e estase antes de instrumentação
  2. Quando universalmente aplicadas, as duas primeiras indicações podem não ser a abordagem mais vantajosa em termos de custo para diagnosticar ITUs em mulheres adultas jovens, não-grávidas. Esses indivíduos apresentam disúria, urgência miccional e piúria devido a um episódio não-complicado de cistouretrite, com organismos normalmente suscetíveis a uma variedade de agentes antimicrobianos ou devido a patógenos de DST, como gonococo ou clamídia. Além disso, como o objetivo da terapia é o de minimizar a morbidade e não impedir complicações que ponham em risco a vida, os custos de laboratório e uso de recursos podem ser minimizados se culturas pré-tratamento não forem colhidas nesse quadro clínico. Portanto, mulheres com sintomas condizentes com doença do trato inferior simples e não-complicada e exame positivo de urina com fita reagente (*dipstick*) podem ser tratadas sem obtenção de cultura de urina. Adicionalmente, se os sintomas desaparecerem totalmente, culturas pós-tratamento também são desnecessárias para pacientes com infecções não-complicadas.

3. **Métodos.** Amostras de urina devem ser semeadas prontamente no período de duas horas ou conservadas em refrigeração ou com aditivo químico adequado (ex., conservante de ácido bórico e formato de sódio). Os métodos aceitáveis de coleta são os seguintes:
   a. Jato médio da primeira urina colhido em recipiente estéril depois de lavagem cuidadosa (água ou solução salina) da genitália externa (qualquer vestígio de sabão deve ser totalmente enxaguado)
   b. Urina obtida por cateterização simples ou aspiração com agulha suprapúbica na bexiga
   c. Aspiração, com agulha estéril, de urina de um tubo de sistema fechado de drenagem com sonda (não desconectar o tubo para obter a amostra)
4. Não são aceitáveis, por causa de constante contaminação e da impossibilidade de contagens quantitativas, pontas de sondas urinárias de demora e urina obtida aleatoriamente, sem preparação adequada do paciente. A técnica de coleta do jato médio com assepsia é preferida sempre que possível para evitar a contaminação na hora da sondagem vesical, um risco em pacientes confinados ao leito, em homens com coletas feitas através de preservativos e em pacientes diabéticos com bexigas disfuncionais. Como a contaminação é extremamente rara em homens circuncidados, é desnecessário coletar amostras de jato médio em tais pacientes. Ocasionalmente, aspiração suprapúbica da bexiga é necessária para verificar se há infecção. Essa técnica tem sido de muita utilidade para obter amostras em crianças pequenas possivelmente septicêmicas e em adultos para os quais repetidas amostras de urina coletadas com assepsia geraram contagens de colônias equivocadas em culturas.
5. Os patógenos microbianos usuais isolados em pacientes com ITUs estão listados na Tabela 7-1. Porém, os resultados das culturas dependem muito do quadro clínico em que ocorre a bacteriúria. Por exemplo, a *E. coli* é encontrada na urina de 80% a 90% dos pacientes com cistite não-complicada aguda e pielonefrite não-complicada aguda. Muitos pacientes com cálculos renais coraliformes apresentam em sua urina organismos da espécie *Proteus*, que quebram a uréia. Infecções por *Klebsiella, Pseudomonas aeruginosa* e *Enterobacter* são comumente adquiridas em hospital. Presença de *Staphylococcus aureus* na urina muito freqüentemente deve-se à presença concomitante de bacteremia estafilocócica, a menos que haja fator de risco subjacente. Microorganismos em homens jovens são similares aos organismos que causam infecções não-complicadas em mulheres. Enterococos e estafilococos coagulase-negativos são mais comuns em homens idosos, a maioria provavelmente submetida a instrumentação ou sondagem vesicais recentes.

C. albicans é raramente encontrada, exceto em pacientes com cateter de demora, ITUs nosocomiais ou infecções recidivantes após múltiplos e seguidos tratamentos com antibióticos.

Tabela 7-1 Patógenos microbianos da bexiga e dos rins.

Organismo	Cistite não-complicada: Mulheres jovens [a] (%)	Pielonefrite: Paciente ambulatorial, mulheres [b] (%)	ITU: Homens [c] (%)	ITUs bacterêmicas [d] (%)	ITUs nosocomiais [e] (%)
Bactérias gram-negativas					
Escherichia coli	79	86	41	54	29
Klebsiella pneumoniae	3	4	3	9	8
Proteus	2	3	6	8	4
Enterobacter	0	0	1	2	4
Pseudomonas aeruginosa	0	0	ND	3	9
Bactérias gram-positivas					
Staphylococcus saprophyticus	11	3	ND	0	0
Staphylococcus aureus	0	1	1	13	8
Estafilococos não-aureus	0	0	5	1	5
Enterococos	2	0	5	6	13
Outras bactérias	0	4	19	4	15
Infecções mistas	3	3	18	2	ND
Leveduras	0	0	0	3	13

ND, não declarada; ITUs, infecções do trato urinário.
[a] Dados de 607 episódios de cistite; extraído de Stamm WE. Urinary tract infections. In: Root RK, ed. *Clinical infectious diseases: a practical approach*, 1st ed. Nova York: Oxford University Press, 1999.
[b] Oitenta e quatro episódios, extraído de Stamm 1992; e 34 mulheres não-hospitalizadas, extraído de Pinson AG, Philbrock JT, Lindbeck GH, Schorling JB, eds. Management of acute pyelonephritis in women: a cohort study. *Am J Emerg Med* 1994;12:271-278.
[c] Dados de 223 pacientes ambulatoriais do sexo masculino com sintomas; extraído de Pead L, Maskell R. Urinary tract infections in adult men. *J Infect* 1981;3:71-78.
[d] 185 casos (excluindo cinco casos de *Candida albicans*); extraído de Ackermann RJ, Monroe PW. Bacteremic urinary tract infection in older people. *J Am Geriatr Soc* 1996;44:927-933.
[e] 90% de infecções relacionadas a cateter, experimento de 1991 na Universidade de Iowa (hospital com 900 leitos); extraído de Bronsema DA, Adams JR, Pallares R, Wenzel RP. Secular trends in rates and etiology of nosocomial urinary tract infections at a university hospital. *J Urol* 1993;150:414-416.

Apesar da probabilidade de microorganismos e padrões usuais de susceptibilidade serem suficientes para orientar a terapia empírica inicial da cistite não-complicada, o tratamento adequado da pielonefrite bacteriana aguda e das ITUs complicadas necessita terapia precisa com base no isolamento da bactéria causadora e em testes padrões de susceptibilidade usando os métodos de disco-difusão ou de diluição em caldo ou ágar.

B. **Interpretação de culturas de urina.** Organismos que habitam a uretra distal e os pêlos púbicos podem contaminar amostras de urina coletadas com assepsia. Essa contaminação bacteriana deve ser distinguida da "infecção verdadeira" ou "bacteriúria significativa" em culturas de urina. A bacteriologia quantitativa faz essa distinção. Como a quantificação da bacteriúria é tão importante clinicamente, métodos para cultura de urina devem possibilitar a avaliação do número de UFCs de um patógeno potencial por mililitro de urina. Procedimento padrão envolve o uso de pipetas calibradas que levem determinado volume de urina à superfície das placas de ágar. Técnicas adequadas de preparo de placas mostram colônias isoladas que podem ser contadas com precisão. Alternativa satisfatória para o diagnóstico de ITUs não-complicadas é o método *dipslide*,** que é particularmente bem adequado para culturas quantitativas de urina em clínicas menores. Métodos rápidos baseados em filtração e colorimetria, bioluminescência, cinética de crescimento e reações bioquímicas são cada vez mais usados para verificar a presença de bactérias em amostras de urina. A sensibilidade desses testes rápidos está na faixa de 10^4 a 10^5 UFC por mililitro. O teste mais simples é o de fita de papel para detecção de esterase dos leucócitos e nitrito em amostras de primeira urina da manhã. Porém, esses métodos não são substitutos das culturas padrão em pacientes sintomáticos com ITUs complicadas.

1. **Contagem de colônias.** A Figura 7-2 mostra uma orientação básica para a interpretação de culturas quantitativas de urina. Contagem de colônias maior que 10^5 UFC por mililitro em amostras adequadamente coletadas e transportadas normalmente indicam infecção. Contagens de colônia de 10^3 ou menos UFCs por mililitro de pacientes não tratados são incomuns em ITUs verdadeiras, exceto em mulheres jovens sintomáticas com piúria e uretrite, em quem a baixa contagem de colônias de *E. coli* de cerca de 10^3 pode ser interpretável se a urina foi obtida por uma única sondagem vesical.

    Contagens intermediárias, especialmente com flora mista, normalmente indicam má coleta ou atraso no transporte e na cultura. Diurese abundante pode reduzir temporariamente uma alta contagem de colônias.

2. **Aspiração com agulha suprapúbica.** Qualquer crescimento em urina obtida por aspiração com agulha suprapúbica pode ser importante. Uso de uma pipeta quantitativa de 0,01 ml para semear urina aspirada permite a detecção de quantidades tão pequenas quanto 100 UFC por mililitro. Duas ou mais colônias (igual ou menos que 200 UFC por mililitro) do mesmo microor-

---

** Cultivo laminar (N. da T.).

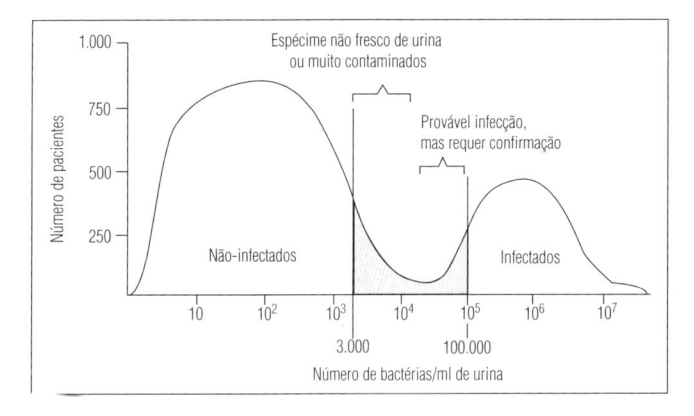

Figura 7-2 Resultados de contagem quantitativa de bactérias em culturas de amostra de urina. (Extraído de Brumfitt W, Percival A. Pathogenesis and laboratory diagnosis of nontuberculous urinary tract infection: a review. *J Clin Pathol* 1964;17:482. Reimpresso com autorização.)

ganismo garantem a pureza do crescimento em tais amostras e permitem o teste de suscetibilidade antimicrobiana padronizado. Critérios similares devem ser usados para pacientes que estejam recebendo antimicrobianos na época da cultura. Exceto em circunstâncias incomuns, isolamento de estreptococos alfa-hemolíticos difteróides e lactobacilos indica contaminação da amostra de urina com flora vaginal ou periuretral.

3. Secreções prostáticas. Em homens, deve-se fazer a distinção entre uma fonte urinária e um foco prostático de infecção. Os procedimentos para obter amostra de urina e secreções prostáticas após massagem da próstata, em segmentos divididos que possibilitem interpretação adequada, são mostrados na Figura 7-3. Leucócitos (em número maior que 10 a 15 por campo) e macrófagos repletos de lípides são raramente observados na secreção prostática após massagem da próstata de homens saudáveis.

Esses agentes significam inflamação da próstata. Portanto, deve-se considerar um foco prostático de infecção quando ocorrer aumento significativo na contagem de colônias em amostras de secreção prostática. ITU de origem prostática é indicada pela contagem de colônias de 10^5 ou mais UFC por mililitro do mesmo microorganismo em todas as quatro amostras. Urologistas e médicos no atendimento primário subutilizam esse procedimento. Em um estudo, um procedimento em duas etapas envolvendo exame microscópico e cultura de amostra de urina pré e pós-massagem da próstata foi comparativamente melhor do que esse procedimento de quatro etapas. Essa abordagem simplificada conseguiu chegar a um diagnóstico similar em 91% dos pacientes. Há necessidade de mais experimentos para sua avaliação, que podem aperfeiçoar seu uso pelos médicos.

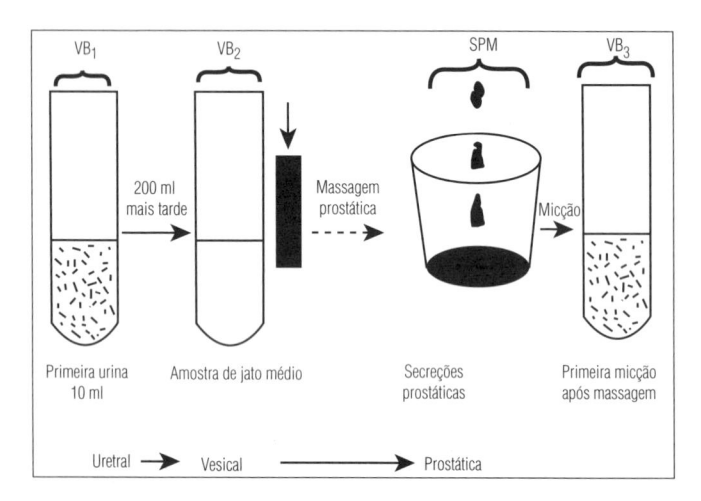

Figura 7-3 Localização de infecção com culturas segmentadas do trato urinário inferior em homens. VB_1 são os primeiros 10 ml de urina e VB_2 é a amostra de jato médio de urina obtida antes da massagem prostática. Subseqüentemente, as secreções prostáticas pós-massagem (SPM) são coletadas antes da última amostra de urina (VB_3). Quando a contagem de colônias bacterianas na cultura uretral for maior dez vezes ou mais que a das culturas de jato médio e prostática, a uretra é a fonte da infecção. O diagnóstico é prostatite bacteriana se a contagem quantitativa das amostras prostáticas exceder a das amostras uretral e de jato médio. (Extraído de Meares EM, Stamey TA. Bacteriologic localization patterns in bacterial prostatitis and urethritis. *Invest Urol* 1968;6:492. Reimpresso com autorização.)

C. **Exame microscópico da urina.** Os procedimentos para exame microscópico de urina são pouco padronizados; contudo, visualização de bactérias, leucócitos e células epiteliais pode fornecer informações úteis e possibilitar ao clínico fazer um diagnóstico provável de ITU. As vantagens da análise microscópica são sua disponibilidade imediata e baixo custo. As desvantagens, dependendo do método, são falta de sensibilidade, de especificidade ou ambas. Somente amostras adequadamente colhidas e processadas para culturas quantitativas de urina podem propiciar um diagnóstico definitivo. Exame microscópico pode ser feito em urina não-centrifugada ou no sedimento centrifugado. Não existe comparação crítica dessas duas técnicas. Presença de células epiteliais escamosas misturadas à flora bacteriana indica contaminação e necessidade de repetição da amostra.
1. **Urina não-centrifugada.** Quando se examina microscopicamente (1.000x) urina recém-colhida, não-centrifugada de pacientes com bacteriúria significativa (maior que 10^5 UFC por mililitro), 90% das amostras apresentam uma ou mais bactérias e 75% apresentam uma ou mais células brancas por campo de imersão em óleo. A melhor avaliação da piúria é a constatação de aproximadamente 10 leucócitos por mm^3 de urina não-centrifugada examinada em uma câmara de contagem.

2. **Sedimento centrifugado.** Depois que 10 ml de urina são centrifugados em um tubo cônico padrão de 15 ml durante cinco minutos, a 2.500 revoluções por minuto, em uma centrífuga clínica, três ou quatro gotas do sedimento são examinadas sob lamínula, por campo (400x) com pouca luz. Pacientes com bacteriúria significativa normalmente apresentam bacilos no sedimento urinário, quando apenas 10% aproximadamente de pacientes com menos de 10^5 UFC por ml apresentam bactérias. Aproximadamente 60% a 85% dos pacientes com bacteriúria significativa têm 10 ou mais leucócitos por campo no sedimento de jato médio de urina; entretanto, aproximadamente 25% dos pacientes com culturas de urina negativas também apresentam piúria (10 ou mais leucócitos por campo) e apenas cerca de 40% dos pacientes com piúria têm 10^5 ou mais bactérias por mililitro de urina por cultura quantitativa. O principal problema é a piúria falso-positiva devido a leucócitos provenientes de corrimento vaginal contaminante.
3. **Coloração de Gram.** Um simples esfregaço de urina não-centrifugada ou sedimento centrifugado corado pelo método de Gram pode aumentar a especificidade do teste porque a morfologia e as características da coloração ajudam a identificar o patógeno provável e a orientar a terapia empírica.
4. **Piúria.** Embora a presença de piúria em amostra de jato médio tenha pouco valor preditivo para bacteriúria significativa, ela é um indicador sensível para inflamação. E, pode ser mais precisa do que a bacteriúria para distinguir uma "infecção verdadeira" de uma contaminação: 95% dos pacientes com piúria apresentam infecção do trato geniturinário; no entanto, a piúria não consegue distinguir uma ITU bacteriana de uma síndrome uretral aguda. Além da ITU, quaisquer das causas de síndrome uretral aguda (ver a seção IV.A) pode resultar em piúria. Por exemplo, tuberculose é causa de piúria com uroculturas negativas de rotina, embora as culturas micobacterianas sejam positivas em 90% dos casos. Nefropatia por analgésicos, nefrite intersticial, abscesso perinéfrico, abscesso cortical renal, infecção fúngica disseminada e apendicite também podem provocá-la.

D. **Exames bioquímicos para bacteriúria.** Duas capacidades metabólicas que a maioria dos patógenos bacterianos do trato urinário tem em comum são o uso de glicose e a redução do nitrato a nitrito, que são propriedades de todas as enterobacteriáceas. Como pequenas quantidades de glicose e nitrato estão normalmente presentes na urina, presença de números significativos de bactérias na urina resulta em ausência de glicose e presença de nitrito. Há fitas reagentes comercialmente disponíveis para ambos os tipos de testes. Estudos com fitas indicadoras de nitrito mostram que 85% das mulheres e crianças com bacteriúria significativa confirmada por cultura apresentam resultados positivos se forem testadas três amostras consecutivas de primeira urina da manhã. Prefere-se uma amostra da primeira urina da manhã para exame de urina porque a maioria das bactérias leva de quatro a seis horas para converter nitrato em nitrito. Pode-se observar exame negativo para nitrito em pacientes que tomam diuréticos ou com organismos que não produzem nitrato redutase (*Staphylococcus sp., Enterococcus sp.* e *P. aeruginosa*). A sensibilidade dos testes com glicose é de cerca de 90% a 95% em pacientes sem diabetes mellitus. Ambos os testes bioquímicos apresentam menos de 5% de resultados falso-positivos. Portanto, esses testes bioquímicos podem ser usados por pacientes ou pais, depois de adequadamente instruídos, para determinar quando são necessárias culturas quantitativas na administração de episódios recorrentes de ITU. O viés de espectro no uso de fitas reagentes deve ser evitado. As fitas reagentes só devem ser usadas em pacientes com sintomas sugestivos de ITU (i.e., alta probabilidade pré-teste de ITU) e não para detecção precoce em paciente assintomático, como na gravidez.

E. Localização da infecção. O local da infecção dentro do trato urinário tem grande importância terapêutica e prognóstica. Infecção do trato urinário superior (pielonefrite) indica probabilidade muito maior de uropatia subjacente (ex., anomalias congênitas, cálculos renais, oclusão ureteral, refluxo ureterovesical, bexiga neurogênica ou hipertrofia prostática) ou instrumentação anterior (ver seção Ill.8). Recidivas com as mesmas bactérias, freqüentemente resistentes a muitos antibióticos, são comuns na pielonefrite ou prostatite bacteriana crônica. O tratamento é longo (no mínimo 10 a 14 dias) e pode ser difícil. Por outro lado, a cistite raramente é complicada e o tratamento pode ser curto (dose única ou três dias) e é normalmente fácil. Não existe maneira de se distinguir prontamente entre infecções do trato urinário superior e inferior com exames laboratoriais simples. A dificuldade em fazer essa distinção de modo confiável apenas em bases clínicas foi discutida (ver seção IV.B). Métodos indiretos mais antigos (ex., anticorpos séricos, teste de concentração de urina e atividade da beta-glicuronidase urinária) ou não são sensíveis ou não são específicos. Métodos diretos de localização (ex., cateterização ureteral, biopsia renal e a técnica de lavagem da bexiga) são arriscados, caros ou ambos. Erradicação da bacteriúria com antibioticoterapia em dose única ou por curto período (três dias) em pacientes sintomáticos com doença não-complicada é um método prático para a localização presumida da infecção na bexiga ou uretra.

F. Radiografia e outros procedimentos diagnósticos: indicações. O principal papel dos estudos radiográficos e urológicos de pacientes com ITUs é detectar refluxo ureterovesical, cálculos renais e lesões potencialmente corrigíveis que obstruam o fluxo urinário e causem estase. Reinfecções não-complicadas (cistite e uretrite) em mulheres que respondem à terapia antimicrobiana de curta duração não são indicação para investigação radiográfica e cistoscópica do trato urinário. Deve-se considerar a possibilidade de avaliação radiológica e urológica em todas as crianças com primeiro episódio de ITU (exceto meninas em idade escolar). Deve-se dar especial ênfase na detecção precoce de anormalidade urológica em todas as crianças pequenas e meninos com primeira infecção, bem como qualquer criança com pielonefrite ou evolução complicada. Uma revisão de estudos que avaliavam diagnósticos por imagem em crianças com ITUs mostrou a necessidade de pesquisas mais baseadas em evolução clínica nessa área. Deve-se considerar a opção de avaliação radiológica e urológica em adultos com ITUs. No passado, todas as ITUs em homens eram consideradas complicadas. A recomendação convencional de que todos os homens com ITU clínica fossem submetidos a avaliação urológica para identificar anormalidades funcionais ou anatômicas predisponentes ainda é seguida. No entanto, vários estudos indicam que aproximadamente 20% apenas dos homens apresentam anormalidades não-identificadas previamente.

Alguns homens sexualmente ativos têm maior risco de ter cistite (homossexuais, com parceiros portadores de uropatógenos e não-circuncidados). Não se sabe qual o valor da avaliação urológica desse grupo de alto risco com episódio único de cistite e evoluções não-complicadas. Em geral, as avaliações urológicas são recomendadas nas seguintes situações: (a) homens com primeiro episódio; (b) todos os pacientes com infecção complicada ou bacteremia; (c) suspeita de obstrução ou de cálculo renal; (d) hematúria após infecção; (e) falha em responder à terapia antibiótica apropriada; e (f) pacientes com infecções recorrentes.

Alguns especialistas recomendam a avaliação de todos os pacientes com pielonefrite. Avaliação radiológica de um subgrupo de pacientes com pielonefrite (mulheres jovens e relativamente saudáveis que respondem bem à terapia) pode ter baixo valor diagnóstico. Em um estudo, apenas em 25 mulheres jovens com pielonefrite não-complicada apresentava etiologia cirurgicamente corrigível, e 2 em 25 tinham anomalias focais que desapareceram em um ultra-som de acompanhamento. Isso fez com que outros recomendassem avaliação diagnóstica em mulheres jovens com pielonefrite não-complicada após a segunda recorrência ou a qualquer época, caso haja evolução complicada. A facilidade de obter um teste não-invasivo (ultra-som) aumentou as avaliações radiológicas da maioria dos pacientes admitidos com pielonefrite.

Ultra-som convencional com RX simples de abdome substituiu a urografia excretora como estudo radiológico inicial para a maioria dos adultos. Para avaliação mais detalhada da junção ureterovesical, bexiga e uretra pode ser necessário uretocistografia miccional e medida da urina residual após micção. Se o refluxo ureterovesical estiver presente depois que a infecção aguda tiver sido tratada, deve-se consultar um urologista. Talvez seja recomendável cistoscopia. Cálculos renais podem normalmente ser detectados em RX simples de abdome. Urografia excretora confirma a presença e a localização de cálculos, detecta cálculos radiotransparentes (menos de 10% dos cálculos renais) e revela o grau de obstrução e dilatação. Normalmente, estudos radiográficos não devem ser realizados durante um período de seis semanas pós-infecção aguda. Bacilos gram-negativos têm a capacidade de impedir peristaltismo ureteral, e anormalidades transitórias na urografia são comuns na pielonefrite aguda. Entre estas estão hidrureter, refluxo ureterovesical, pielograma diminuído, perda de contorno renal e aumento do tamanho dos rins. Pielonefrite aguda com ureter obstruído é uma emergência cirúrgica, e abscesso perinéfrico também requer drenagem cirúrgica. Essas complicações, entretanto, são melhor detectadas inicialmente por ultra-som e por tomografia computadorizada, respectivamente. Para evitar insuficiência renal aguda induzida por radiocontraste sempre que possível devem-se evitar urografias excretoras e outros exames com radiocontraste em pacientes com creatinina sérica acima de 1,5 mg/dl, diabetes mellitus, desidratação ou idade avançada.

VI. TRATAMENTO DA ITU

A. Princípios de terapia e acompanhamento. Para tratar com êxito a ITU, o clínico deve ter conhecimento da suscetibilidade microbiana e dos mecanismos de resistência, farmacocinética e farmacodinâmica e status das defesas do hospedeiro. Primeiramente, a maioria dos uropatógenos é suscetível a uma ampla gama de antibióticos; entretanto, bactérias gram-negativas resistentes freqüentemente são encontradas em sondas vesicais de demora em pacientes imunocomprometidos e em pacientes com bacteriúria recidivantes. Em segundo lugar, a maioria dos antibióticos é filtrado pelos rins, alcançando, assim, concentração urinária muitas vezes maior do que a concentração inibitória mínima. Em terceiro lugar, embora a maioria dos antibióticos atinja concentração adequada no tecido renal, apenas tetraciclinas, trimetoprima-sulfametoxazol e fluoroquinolonas alcançam alguma concentração razoável na próstata. Finalmente, pacientes com anormalidades sistêmicas ou locais nas defesas do hospedeiro normalmente desenvolvem infecção renal refratária à terapia. Nesse caso, os antibióticos que alcançam concentrações séricas adequadas e são bactericidas são preferíveis a agentes bacteriostáticos. As precauções básicas para a administração eficaz de ITUs estão esboçadas aqui.
1. Pacientes assintomáticos devem ter contagem de colônias maior ou igual a 100.000 por mililitro em pelo menos duas ocasiões antes de se pensar em tratamento.
2. A menos que haja sintomas, não se deve fazer nenhuma tentativa de erradicar a bacteriúria enquanto sondas, cálculos ou obstruções não forem removidos.
3. Pacientes selecionados com bacteriúria crônica podem se beneficiar da terapia de supressão.
4. Paciente que desenvolve bacteriúria em consequência de sondagem vesical deve receber tratamento para restabelecer urina estéril.
5. Agentes antimicrobianos usados para tratamento devem ser os agentes mais seguros e mais baratos aos quais as infecções sejam suscetíveis.
6. A eficácia do tratamento deve ser avaliada por cultura de urina uma semana após a conclusão da terapia, exceto em mulheres adultas não-grávidas que respondam à terapia para cistite não-complicada e pielonefrite não-complicada.

B. Agentes antimicrobianos
1. Beta-lactâmicos
A crescente resistência antimicrobiana observada na *E. coli* torna amoxicilina e ampicilina opções menos atraentes para terapia empírica no paciente com ITU, a menos que o enterococo seja fortemente suspeito de ser agente etiológico. Amoxicilina tem substituído ampicilina oral devido à sua melhor biodisponibilidade e dosagem menos freqüente. Ela é eficaz para cistite não-complicada, mas uma terapia de curta duração (dose única

e regime de três dias) tem geralmente se mostrado menos eficaz do que trimetoprim-sulfametoxazol ou fluoroquinolonas ministrados por período similar. Cefixima e cefpodoxima são cefalosporinas orais de terceira geração com atividade aumentada contra bactérias entéricas gram-negativas, meia-vida sérica mais longa e dosagem menos freqüente do que as cefalosporinas de primeira geração. Beta-lactâmicos parenterais são geralmente reservados para infecções mais complicadas. Ceftriaxona é uma cefalosporinas de terceira geração com boa atividade contra a maior parte das bactérias entéricas gram-negativas adquiridas na comunidade (exceto *P. aeruginosa*).

Ceftazidima e cefepima são exemplos de cefalosporinas com boa atividade contra muitas bactérias gram-negativas, incluindo *P. aeruginosa*.

2. Nitrofurantoína é ativa contra muitos uropatógenos, incluindo *E. coli*, *Staphylococcus saprophyticus* e *Enterococcus faecalis*. Algumas bactérias gram-negativas são resistentes à nitrofurantoína (*Klebsiella*, *Enterobacter* e *Pseudomonas sp.*), tornando-a um agente não tão adequado para terapia empírica de ITUs complicadas. Nenhum aumento clinicamente significativo na resistência foi observado. Entretanto, essa droga é significativamente menos ativa do que as fluoroquinolonas e trimetoprim-sulfametoxazol contra bastonetes gram-negativos aeróbicos não-*E. coli* e é inativa contra *Proteus* e *Pseudomonas sp.* O papel principal da nitrofurantoína nas terapias é tratar a cistite não-complicada e servir como agente alternativo para a cistite causada por *E. faecalis*. A dose adulta oral para preparados tanto cristalinos quanto macrocristalinos é de 50 a 100 mg a cada seis horas durante sete dias. Embora um regime de três dias seja bem-sucedido em muitos pacientes com cistite não-complicada, um experimento clínico revelou que a nitrofurantoína é menos eficaz do que um regime de três dias de trimetoprim-sulfametoxazol. Pacientes com insuficiência renal (*clearance* de creatinina menor que 60 ml por minuto) não deveriam receber esse agente. A nitrofurantoína tem sido usada na gravidez (categoria B da U.S. Food and Drug Administration [FDA]), embora seja contra-indicada em mães que amamentam, mulheres grávidas perto do termo e recém-nascidos (em quem ela está relacionada à anemia hemolítica). Terapia supressiva tem sido usada com êxito em alguns pacientes, embora a preocupação com reações pouco comuns (ex., neuropatia periférica, pneumonite, hepatite) possa limitar o uso de longo prazo.

3. Sulfametoxasol-trimetoprim e trimetoprim. Trimetoprim-sulfametoxazol tem amplo espectro de atuação contra muitos uropatógenos. No entanto, a falta de atividade clínica contra enterococos, *P. aeruginosa*, bem como a maior resistência de algumas bactérias entéricas gram-negativas (*Klebsiella sp.*, *Enterobacter sp.*) fazem com que o trimetoprim-sulfametoxazol não seja um agente ideal para tratamento de ITUs complicadas. Além disso, os padrões de resistência utilizados por laboratórios de microbiologia mostram a variabilidade de resistência ao trimetoprim-sulfametoxazol dependendo do local geográfico; incidência de 18% de resistência está

presente no oeste e sudoeste dos EUA, em mulheres com cistite aguda que tiveram ITU nos últimos seis meses. Portanto, algumas autoridades recomendam o uso de trimetoprima-sulfametoxazol somente se (a) o padrão de resistência local é menor que 20 %, (b) não existe nenhuma alergia a sulfa e (c) não houve uso recente de antibióticos. O interessante é que, apesar da prevalência de resistência de 30% em alguns locais, pelo menos metade das mulheres tratadas com trimetoprima-sulfametoxazol apresenta 80% a 85% de curas clínicas e microbiológicas. Trimetoprim-sulfametoxazol é bem tolerado na maioria dos pacientes. Os efeitos adversos devido a sulfonamidas estão bem descritos e abrangem o seguinte: sintomas gastrintestinais, elevação temporária da creatinina sérica, reações hematológicas e dermatológicas. Sulfonamidas competem com a warfarina e os agentes hipoglicemiantes pela albumina, potencializando assim os efeitos dessas drogas. Trimetoprim-sulfametoxazol é altamente eficaz para profilaxia e terapia de cistite não-complicada e para terapia de pielonefrite não-complicada. Um experimento aleatório com quatro medicamentos diferentes em regimes de três dias em mulheres com cistite aguda não-complicada revelou que o regime de três dias de trimetoprim-sulfametoxazol era o menos dispendioso. ITUs complicadas, especialmente as infecções relacionadas a cateteres e ITUs nosocomiais, devem ser submetidas a testes de suscetibilidade *in vitro*. Trimetoprim-sulfametoxazol tem sido usado na gravidez, mas não é aprovado pela FDA para mulheres grávidas. Outros agentes, como amoxicilina, nitrofurantoína e cefalosporinas são preferidos.

Alguns especialistas preferem trimetoprim isolado à combinação trimetoprim-sulfametoxazol para profilaxia e tratamento de cistite não-complicada, porque sua eficácia é similar e os efeitos colaterais menos numerosos (por causa da ausência do sulfametoxazol). Esse agente não deve ser usado isolado para terapia de ITUs complicadas. Monoterapia com trimetoprim também alcançou boas concentrações na próstata e é uma alternativa às fluoroquinolonas, dependendo do padrão de suscetibilidade das bactérias.

4. Muitas fluoroquinolonas estão hoje disponíveis para uso clínico (Tabelas 7-2 e 7-3). Esses agentes alcançam concentrações muito altas na urina e no tecido renal, superando facilmente a concentração inibitória da maioria dos uropatógenos. Fluoroquinolonas não devem ser usadas como agentes de primeira linha para terapia de cistite não-complicada por causa da preocupação com o desenvolvimento de resistência e do custo. No entanto, seu espectro antimicrobiano e perfil menos evidente em termos de efeitos colaterais as tornam opções excelentes para terapia empírica de ITUs complicadas. Entre os agentes atuais dentro de sua classe antimicrobiana, nenhum medicamento em particular demonstrou eficácia clínica superior para terapia de pacientes com ITUs. Uma exceção é o moxifloxacino, que não alcança concentrações urinárias adequadas e deve ser evitado no tratamento de ITUs. Fluoroquinolonas não devem ser usadas em ITUs enterocócicas

Tabela 7-2 Agentes antimicrobianos orais comumente usados para tratamento de infecções do trato urinário.

	Dose adultos	Comentário
Agentes diversos		
Trimetoprim	100 mg a cada 12 h	Profilaxia, cistite não-complicada
Trimetoprim-sulfametoxazol	160 mg/800 mg a cada 12 h	Cistite não-complicada; custo baixo
Nitrofurantoína	50-100 mg a cada 6 h	Prolilaxia, cistite não-complicada
Tetraciclina	250-500 mg a cada 6 h	Profilaxia
Beta-lactâmicos		
Amoxicilina	250-500 mg a cada 8 h	Durante a gravidez, infecções enterocócicas
Cefalexina ou cefradina	250 mg a cada 6 h	Durante a gravidez, cistite não-complicada
Cefixima	200 mg a cada 12 h/400 mg a cada 24 h	Início intravenoso (IV) com mudança para via oral[a]
Cefpodoxima	100-200 mg a cada 12 h	Início intravenoso (IV) com mudança para via oral[a]
Fluoroquinolonas		
Norfloxacino	400 mg a cada 12 h	Baixos níveis séricos do medicamento
Ciprofloxacino	250-500 mg a cada 12 h	Primeira fluoroquinilona "sistêmica"
Lomefloxacino	400 mg a cada 24 h	Reações de fotossensibilidade da pele
Enoxacino	400 mg a cada 12 h	Interações medicamentosas P-4-50 [b]
Ofloxacino	200-400 mg a cada 12 h	Geralmente substituída pelo levofloxacino
Levofloxacino	250-500 mg a cada 24 h	Isômero L do ofloxacino

Observação. Comentários sobre agentes diversos e beta-lactâmicos relacionam-se com seus papéis na terapia. O papel das fluoroquinolonas tem sido o de tratamento de ITIs complicadas e o de agente alternativo para cistite não-complicada. Como esses agentes não foram rigorosamente comparados, os comentários relacionam-se a atividade, perfil de efeitos colaterais e de interações medicamentosas.
[a] Terapias de curta duração para cistite não-complicada têm sido menos eficazes do que o uso de trimetoprim-sulfametoxazol ou fluoroquinolonas por tempo similar. O papel geral das cefalosporinas de amplo espectro (cefixima, cefpodoxima) tem sido o de tratamento de ITUs complicadas (agentes alternativos) e terapia inicial intravenosa passando para oral.
[b] O enoxacino é um potente inibidor das isoenzimas hepáticas P-450. (A inibição de isoenzimas hepáticas causa a elevação dos níveis séricos de teofilina e de cafeína.)

(apenas 60% a 70% suscetíveis), durante a gravidez ou em crianças (até que mais informações estejam disponíveis). Antiácidos contendo alumínio e magnésio e preparados contendo ferro, cálcio e zinco não devem ser administrados com fluoroquinolonas orais devido à redução significativa na absorção.

Tabela 7-3 Agentes antimicrobianos intravenosos comumente usados no tratamento de Infecções do trato urinário (ITUs).

	Dose adultos	Comentário
Beta-lactâmicos		
Ampicilina	1-2 g a cada 4 h	*Enterococcus faecalis;* normalmente combinado com gentamicina
Ceftriaxona	1 g a cada 12-24 h	
Ceftazidima	1-2 g a cada 8-12 h	Pielonefrite ITU complicada, incluindo *Pseudomonas aeruginosa*
Cefepima	1-2 g a cada 12 h	
Aztreonam	1 g a cada 8-12 h	ITU complicada, incluindo *Pseudomonas aeruginosa*. Paciente alérgico a penicilina
Fluoroquinolonas[a]		
Ciprofloxacino	200-400 mg a cada 12 h	
Ofloxacino	200-400 mg a cada 12 h	
Levofloxacino	500 mg a cada 24 h	Geralmente trocado para levofloxacino
Agentes diversos		Profilaxia, cistite não-complicada
Trimetoprim-sulfametoxazol	160 mg/800 mg a cada 12 h	Resistente à meticilina
Vancomicina	1 g a cada 12 h	*Staphylococcus aureus;* infecção enterocócica séria em paciente alérgico a penicilina
Gentamicina	4-7 mg/kg a cada 24 h	Infecção gram-negativa séria
	1,5-2,0 mg/kg a cada 8 h	Esquema de dosagem antigo; para enterococo combinado com ampicilina

[a] Como as fluoroquinolonas orais têm excelente biodisponibilidade e custam aproximadamente 20% do que custam as fluoroquinolonas parenterais, a conversão da terapia intravenosa para oral deve ser feita quando o paciente estiver clinicamente estável.

Em geral, esses agentes são bem tolerados pela maioria dos pacientes. Os efeitos adversos mais comuns são gastrintestinais e no sistema nervoso central, porém, raramente levam à suspensão do medicamento. Fotossensibilidade pode limitar o uso de alguns desses agentes (ex., lomefloxacino, esparfloxacino). Muitos deles estão disponíveis para administração parenteral e oral. Conversão de terapia parenteral em oral (*step-down*) deve ser analisada para pacientes que estejam clinicamente estáveis e tolerando medicação oral. A excelente biodisponibilidade desses medicamentos, a eficácia na terapia oral e o alto custo da terapia parenteral devido às complicações relacionadas ao uso de cateter intravenoso e custo de preparados intravenosos são boas razões para se pensar em terapia oral.

C. Tratamento de bacteriúria assintomática
1. Gravidez aumenta o risco de complicações na ITU. A taxa de prematuridade em crianças nascidas de mulheres com bacteriúria durante a gravidez aumenta, e 20% a 40% dessas pacientes desenvolvem pielonefrite. A terapia bem-sucedida dessas pacientes com bacteriúria diminui o risco de infecção sintomática em 80% a 90%. Portanto, todas as mulheres devem ser examinadas duas vezes durante a gestação para detecção precoce de bacteriúria assintomática. Todas as pacientes com bacteriúria devem ser tratadas durante sete dias, com culturas de acompanhamento para identificar recidivas. Profilaxia de longo prazo não oferece vantagem sobre a vigilância atenta. Ao escolher a terapia, o risco para o feto deve ser levado em conta. Sulfonamidas de ação curta ou amoxicilina durante sete dias normalmente bastam porque quase todas essas infecções são causadas por *E. coli* suscetível. Tetraciclinas (categoria D da FDA), trimetoprima (categoria C da FDA) e fluoroquinolonas (categoria C da FDA) devem ser evitadas.
2. Crianças. Bacteriúria assintomática em meninas em idade pré-escolar e escolar pode significar refluxo ureterovesical subjacente. Além disso, o refluxo ureterovesical, quando combinado com bacteriúria recorrente, pode resultar em cicatrização renal progressiva. Por isso, nessa população de risco, bacteriúria assintomática deve ser rotineiramente detectada e tratada, com avaliação urológica após seis semanas.
3. População em geral. Bacteriúria assintomática em homens e mulheres não grávidas, uma condição comum nos idosos, não parece causar lesão renal na ausência de uropatia obstrutiva ou refluxo ureterovesical. Estudos aleatórios prospectivos sobre terapia para bacteriúria assintomática em idosos foram revistos recentemente. De cinco experimentos clínicos revistos, três estudos tinham amostras muito pequenas e um estudo não-cego mostrou diminuição não estatisticamente significativa em infecções sintomáticas. O maior experimento aleatório não conseguiu demonstrar nenhuma diferença significativa em mortalidade entre pacientes tratados e não tratados. Portanto, tentativas repetidas de eliminar a bacteriúria com agentes antimicrobianos parecem não recomendáveis; elas podem apenas contribuir para a seleção de microrganismos mais resistentes e criar necessidade de antibióticos mais tóxicos e dispendiosos, caso o paciente desenvolva sintomas posteriormente.
4. Diversos. Instrumentação do trato geniturinário deve ser evitada em pacientes com bacteriúria assintomática ou, se necessário, feita com a proteção de terapia antimicrobiana profilática. Pacientes de alto risco selecionados (ex., com transplante renal ou neutropenia) podem se beneficiar da terapia para bacteriúria assintomática.
D. Tratamento da cistite não-complicada. Cistite aguda e a uretrite coliforme com baixa contagem de colônias são quase exclusivamente doenças de mulheres, a maioria sexualmente ativas, entre as idades de 15 e 45 anos. Embora reinfecção seja comum, complicações são raras.

1. **Terapia de curta duração.** Existem evidências razoáveis de que infecções realmente confinadas à bexiga ou à uretra respondem tão bem à terapia de dose única ou de curta duração (três dias) quanto à terapia convencional de 10 a 14 dias. De fato, a resposta à terapia de dose única ou de curta duração indica infecção do trato urinário inferior. Revisões de terapias de curta duração chegaram à conclusão de que regimes de três dias são mais eficientes do que terapias de dose única. Um experimento aleatório avaliou quatro regimes de três dias com medicamentos diferentes em mulheres com cistite aguda não-complicada. Um regime de três dias com trimetoprim-sulfametoxazol mostrou-se mais eficaz do que um regime de três dias com nitrofurantoína. As taxas de cura da cefadroxila (66%) e da amoxicilina (67%) não foram estatisticamente diferentes da taxa de cura do trimetoprim-sulfametoxazol (82%). O regime de três dias com trimetoprim-sulfametoxazol teve custo mais baixo. São necessários mais experimentos clínicos para avaliar outros pacientes com cistite não-complicada e para medir o impacto de agentes mais novos (fluoroquinolonas) nos resultados e redução de custos. Entre os regimes orais de três dias recomendados incluem-se o trimetoprim-sulfametoxazol, trimetoprim e uma fluoroquinolona. Essa variedade de tratamentos é um avanço importante na administração da cistite não-complicada e da uretrite coliforme porque todos os pacientes eram tratados anteriormente com terapias padrão de 10 a 14 dias. Mulheres diabéticas com infecções não-complicadas (i.e., com tratos urinários normais) podem também ser tratadas com terapias antibióticas de três dias. Não há necessidade de culturas de urina após tratamento, a não ser que os sintomas persistam. Exames urológicos formais de imagem, como ultra-som, urografia excretora e TC não são necessários na maioria dos casos, uma vez que anormalidades passíveis de correção raramente são encontradas.
2. **Regime de sete dias.** Uma terapia de maior duração para cistite deve ser considerada para pacientes com fatores complicadores que levem a uma taxa de sucesso menor e a um risco maior de recidivar. Esses fatores complicadores abrangem um histórico de sintomas prolongados (mais de sete dias), ITU recente, pacientes diabéticos com tratos urinários anormais, idade maior que 65 anos e uso de diafragma. É importante observar que os idosos freqüentemente apresentam bacteriúria renal concomitante, portanto não devem ser usadas terapias de curta duração.
3. **Piúria sintomática sem bacteriúria** Em uma pessoa jovem relativamente saudável, piúria sintomática sem bacteriúria sugere uretrite clamidial ou gonocócica. A importância de documentar essas infecções, bem como de detectar outras DSTs (ex., infecção por vírus da imunodeficiência humana adquirida, sífilis) e a necessidade de aconselhamento para a redução de riscos de DSTs não podem ser atenuadas. Diretrizes recentes sugerem que dose única de azitromicina ou terapia de sete dias com doxiciclina são eficazes para a uretrite clamidial. A terapia para a uretrite gonocócica inclui dose única de ceftriaxona

ou cefixima ou uma fluoroquinolona combinada com terapia para infecção clamidial.
E. **Terapia da cistite recorrente (reinfecções).** Dez a vinte por cento das mulheres desenvolvem ITUs recorrentes em um período de vários meses. Algumas infecções estão relacionadas a terapias antimicrobianas inadequadas. É comum, entretanto, que essas mulheres, cujas células epiteliais periuretrais e vaginais facilitam bastante a aderência de bactérias coliformes, sofram de episódios recorrentes de cistite na ausência de anormalidades estruturais identificadas no trato urinário. Um estudo prospectivo recente sobre ITUs em mulheres jovens identificou o uso recente de diafragma e espermicidas, como o Nonoxynol-9, relação sexual recente e histórico de infecção recorrente como fatores de risco para a infecção.
  1. Estratégias antimicrobianas. Entre as estratégias para o tratamento de mulheres com episódios freqüentes de cistite estão as seguintes: (a) profilaxia pós-coital; (b) profilaxia continua de baixa dosagem; (c) terapia auto-administrada; e (d) uso de métodos contraceptivos ou de barreira contra DSTs sem uso de espermicidas vaginais. Profilaxia pós-coital é muito útil para pacientes que associam ITUs recorrentes com relações sexuais. Nessas mulheres, dose única de antimicrobianos após relação sexual ou três vezes por semana, na hora de dormir, tem comprovado reduzir significativamente a freqüência dos episódios de cistite de uma média de 3 ao ano por paciente para 0,1 ao ano por paciente. Esses regimes profiláticos são oferecidos a mulheres com infecções freqüentemente recorrentes (mais do que três ITUs por ano). Para mulheres com menos que três ITUs por ano, pode ser sugerido a administração do tratamento pelo paciente (auto-administração). Agentes antimicrobianos múltiplos comprovaram a eficácia na profilaxia e na terapia auto-administrada. Alguns desses regimes incluem nitrofurantoína, 50 ou 100 mg; trimetoprim, 100 mg; trimetoprim-sulfametoxazol, 40 mg/200 mg; e cefalexina, 200 mg. Fluoroquinolonas e cefalosporinas também são eficazes, mas são mais caras. Embora a profilaxia antimicrobiana seja eficaz e normalmente tolerada com segurança durante meses a anos, a terapia de dose única para cistite aguda torna a profilaxia mais dispendiosa e possivelmente mais arriscada para a maioria dos pacientes, por causa de alterações na flora bacteriana fecal e vaginal. De fato, a auto-administração de um regime de dose única na instalação dos sintomas comprovou ser tão barata quanto a profilaxia.
  2. Sobre a profilaxia não-antimicrobiana. Incentivar as mulheres a praticar o esvaziamento regular e total da bexiga pode ajudar a prevenir cistites recorrentes. Tem-se recomendado também o esvaziamento pós-coital da bexiga, embora um estudo prospectivo não tenha conseguido demonstrar qualquer relação com infecções recorrentes. Além disso, várias medidas preventivas teóricas relacionam-se ao emprego de um método contraceptivo alternativo: usar diafragma adequadamente encaixado, urinar freqüentemente quando se estiver usando-o e limitar seu uso ao período recomendado de seis a oito horas após relação sexual.

Em mulheres na pós-menopausa, a administração intravaginal de estriol pode reduzir ITUs recorrentes ao modificar o meio da flora vaginal. Suco de *cranberry* (oxicoco) (300 ml por dia) demonstrou eficácia na diminuição da bacteriúria assintomática com piúria em mulheres na pós-menopausa. A pequena diferença nas ITUs sintomáticas não foi estatisticamente significante.

F. Tratamento da pielonefrite bacteriana aguda. Ocorrência de dor nos flancos, calafrios e febre, náusea e vômitos com ou sem disúria sugere pielonefrite bacteriana aguda. Nesse quadro clínico, devem-se obter culturas de sangue e culturas quantitativas de urina. Internação de pacientes ambulatoriais no hospital para tratamento depende em parte de avaliação subjetiva de toxicidade, probabilidade de adesão à terapia e situação doméstica. Quando a avaliação é duvidosa, o paciente deve ser tratado no hospital pelo menos até a ocorrência de resposta clara à terapia. Essa política também se aplica a pacientes com uropatias subjacentes conhecidas porque complicações são mais comuns nesses pacientes.

1. Terapia para pacientes ambulatoriais. As recomendações para terapia de pielonefrite não-complicada estão definidas na Tabela 7-4. Fluoroquinolona ou trimetoprim-sulfametoxazol são os medicamentos preferenciais para a terapia inicial de pielonefrite em pacientes ambulatoriais. Padrões de suscetibilidade local influenciarão a escolha da terapia inicial. Após verificação dos resultados de cultura e testes de suscetibilidade, a terapia antimicrobiana integral de 10 a 14 dias de duração pode ser completada com o medicamento mais caro a que o microorganismo do paciente seja suscetível.

2. Terapia para paciente internado. Pacientes que exigem internação em hospital devem ser tratados inicialmente com cefalosporinas de terceira geração ou com fluoroquinolona (intramuscular ou intravenosa) ou gentamicina ou tobramicina (1,5 a 2,0 mg/kg a cada 8 horas ou 4,0 a 7,0 mg/kg a cada 24 horas, com a alteração apropriada do intervalo entre as doses se a creatinina sérica exceder 1 mg/dl) e se a urina mostrar bacilos gram-negativos ao exame microscópico. Se forem vistos cocos gram-positivos na urina, deve-se administrar ampicilina intravenosa (1 g a cada 4 horas), além de aminoglicosídeo, como precaução contra infecção enterocócica, enquanto estiverem pendentes os resultados das culturas de sangue e urina e dos testes de suscetibilidade. Se não houver nenhuma complicação e o paciente se tornar afebril, os dias restantes do período de 10 a 14 dias da terapia podem ser completados com terapia oral. Porém, febre persistente, bacteriúria persistente em 48 a 72 horas ou sinais contínuos de toxicidade depois de oito dias de terapia sugerem a necessidade de avaliação para excluir obstrução, foco metastático ou formação de abscesso perinéfrico. O trato urinário é fonte comum de septicemia em choque bacterêmico em pacientes com uropatias subjacentes. Da mesma forma que com outros pacientes em choque septicêmico, devem-se ministrar fluidos intravenosos para se manter a perfusão arterial, o que resulta normalmente em produção urinária acima de 50 ml por hora. A não-resposta do paciente à terapia apropriada sugere

Tabela 7-4 Recomendações de terapia para infecções do trato urinário.

Infecção	Grupo	Medicação	Duração
Cistite não-complicada	Mulheres jovens	Trimetoprim-sulfametoxazol, trimetoprim, fluoroquinolona[a],	3d
Cistite	Mulheres com fatores de risco, incluindo ITU recente, sintomas > 7 d, uso de diafragma, idade > 65 anos, diabéticas com estruturas trato urinário anormais	Trimetoprim-sulfametoxazol, trimetoprim, fluoroquinolona nitrofurantoína, cefalosporinas	7d
	Grávidas	Amoxicilina, cefalosporinas[b], nitrofurantoína, sulfonamidas, trimetoprim-sulfametoxazol[c]	7d
Pielonefrite aguda não-complicada	Mulheres (ambulatorial)	Fluoroquinolona, trimetoprim-sulfametoxazol, cefalosporina oral[d]	10-14d
	Mulheres (em internação)	Fluoroquinolona[e], ceftriaxona, ampicilina mais gentamicina[f], trimetoprim-sulfametoxazol	14d
Infecção complicada	Paciente ambulatorial	Fluoroquinolona	10-14d
	Paciente internado	Fluoroquinolona[e], cefalosporina[g], ampicilina mais gentamicina[f]	14d

ITU, Infecção do trato urinário.
[a] As fluoroquinolonas orais estão listadas na Tabela 7-2; elas não apresentam nenhuma vantagem significativa sobre trimetoprim-sulfametoxazol em mulheres com cistite não-complicada.
[b] Cefalosporinas orais: cefradina, cefalexina.
[c] Trimetoprim-sulfametoxazol tem sido usado na gravidez, mas não é aprovado pela U. S. Food and Drug Administration para pacientes grávidas.
[d] Cefalosporinas orais com espectro ampliado: cefpodoxima, loracarbef.
[e] As fluoroquinolonas disponíveis para administração intravenosa estão listadas na Tabela 7-3.
[f] A crescente resistência à ampicilina de muitas bactérias entéricas, incluindo a *Escherichia coli*, limita o uso desse medicamento como agente único para ITUs complicadas. Se não há probabilidade de enterococos, recomenda-se, portanto, fluoroquinolona ou cefalosporina parenteral de terceira ou quarta geração.
[g] Alguns exemplos de cefalosporina parenteral estão listados na Tabela 7-3.
Adaptado de Falagas ME. Practice guidelines: urinary tract infections. *Infect Dis Clin Pract* 1995;4:241-257; Kunin CM. *Detection, prevention, and management of urinary tract infections*, 5th ed. Philadelphia: Lea & Febiger, 1997; Stamm WE. Urinary tract infections. In: Root RK, ed. *Clinical infectious diseases: a practical approach*, 1st ed. Nova York: Oxford University Press, 1989.

a possibilidade de abscesso. Exame de ultra-som ou TC pode revelar ureter obstruído ou abscesso perinéfrico, ambos requerendo drenagem cirúrgica.

G. **Tratamento de infecções renais recorrentes (recidivas).** Pielonefrite bacteriana crônica é um dos problemas mais refratários da medicina clínica; as taxas de recidivas podem chegar a 90%. Essa é uma entidade heterogênea com múltiplos fatores subjacentes.
   1. **Fatores de risco.** Para melhorar a taxa de sucesso, é de suma importância que qualquer lesão passível de correção seja reparada, que obstruções do fluxo da urina sejam eliminadas e que corpos estranhos (ex., sondas vesicais de demora ou cálculos renais coraliformes) sejam removidos, se possível. Se os fatores de risco não puderem ser corrigidos, torna-se quase impossível a erradicação da bacteriúria no longo prazo. Tentar a erradicação em tais circunstâncias leva apenas ao surgimento de cepas mais resistentes de bactérias ou fungos. Conseqüentemente, o médico deve se resignar a ficar tratando episódios sintomáticos de infecção e a suprimir a bacteriúria em pacientes selecionados.
   2. **Infecção sintomática aguda.** O tratamento dos sintomas e sinais agudos de ITU em paciente com bacteriúria renal crônica é o mesmo para pacientes com pielonefrite bacteriana aguda. É importante realizar culturas de urina para detectar possível mudança na suscetibilidade antimicrobiana do microorganismo infectante. Pacientes toxemiados também devem fazer cultura de sangue.
   3. **Tratamento prolongado.** Alguns pacientes com bacteriúria recidivante após duas semanas de terapia respondem a seis semanas de terapia antimicrobiana. Isso é especialmente válido para pacientes sem qualquer anormalidade estrutural subjacente. Homens podem requerer de 6 a 12 semanas de terapia antibiótica para ITUs febris, uma vez que mais de 90% apresentam prostatite assintomática relacionada ao quadro. Pacientes que não têm êxito com terapia mais longa, que apresentam episódios repetidos de infecção sintomática ou que têm doença renal progressiva, apesar das medidas corretivas, são candidatos a quimioterapia supressiva.
   4. **Terapia supressiva.** Para reduzir a contagem de colônias na urina, os pacientes selecionados para terapia supressiva devem ser submetidos a dois a três dias de terapia antimicrobiana específica de alta dosagem à qual as bactérias infectantes sejam suscetíveis. O agente preferencial para supressão de longa duração é o mandelato de metenamina, 1 g, quatro vezes por dia em adultos. Para maior eficácia, o pH da urina deve ser mantido abaixo de 5,5, o que pode ser conseguido com ácido ascórbico 500 mg, duas a quatro vezes ao dia. Alternativamente, a dosagem apenas do mandelato de metenamina pode ser aumentada para 8 g ou até mesmo 12 g por dia. A dosagem deve ser ajustada para a quantidade mínima requerida para manter a urina livre de bactérias. Para evitar acidose metabólica, a dosagem de mandelato de metenamina deve ser reduzida em pacientes com insuficiência renal, para os quais 2 g por dia podem ser suficientes. Nesses pacientes, o mandelato de metenamina só deve ser usado se o *clearance* de creatinina for maior que 10 ml por minuto. Uma terapia alternativa é o trimetoprim-sulfametoxazol (comprimidos de

60 mg/800 mg duas vezes ao dia) ou nitrofurantoína (50 a 100 mg uma ou duas vezes ao dia).
5. **Prognóstico.** Embora seja causa comum de morbidade apreciável, a ITU não desempenha papel importante na patogênese da insuficiência renal. Pacientes que vêm para diálise ou transplante por causa de pielonefrite bacteriana crônica quase sempre apresentam um defeito estrutural subjacente. Muito freqüentemente, a lesão é uma pielonefrite atrófica crônica relacionada a refluxo ureterovesical que começou na infância. O papel da correção cirúrgica do refluxo ureterovesical não está claro, apesar de anos de debate; o que é certo, porém, é a importância do controle meticuloso de infecções em crianças para prevenir cicatrização renal progressiva e insuficiência renal no início da idade adulta.

H. Tratamento de prostatite
1. **Prostatite bacteriana aguda** é comumente acompanhada de cistite aguda, que possibilita a recuperação de seu patógeno causador por meio de cultura de urina. Massageamento de glândula prostática agudamente inflamada resulta freqüentemente em bacteremia, portanto, esse procedimento deve ser evitado, a menos que o paciente já esteja recebendo terapia antibiótica efetiva. A seleção do antimicrobiano depende (a) do padrão de suscetibilidade das bactérias causadoras e (b) da capacidade do medicamento de atingir concentrações na próstata que excedam as concentrações inibitórias mínimas das bactérias. Os medicamentos preferenciais mais comumente usados são a combinação trimetoprim-sulfametoxazol (cotrimoxazol) ou uma fluoroquinolona; o tratamento, entretanto, deve-se basear, em última instância, em diagnóstico microbiológico preciso. Antibióticos beta-lactâmicos devem ser evitados por causa das baixas concentrações alcançadas no tecido prostático e das taxas mais baixas de cura. O tratamento deve ser ministrado durante 30 dias para prevenir prostatite bacteriana crônica. Depois que os sintomas agudos cederem, pode-se administrar um antibiótico oral adequado em dosagem completa por pelo menos 30 dias. Deve-se evitar a sondagem ureteral. Caso se desenvolva retenção urinária aguda, a drenagem deve ser feita por meio de aspiração por agulha suprapúbica ou, se necessário, drenagem prolongada da bexiga, por meio de tubo suprapúbico de cistostomia, colocado enquanto o paciente estiver sob anestesia local.
2. **Prostatite bacteriana crônica.** O principal indicador de prostatite bacteriana crônica é a ITU recidivante, que é mais refratária ao tratamento. Embora eritromicina com alcalinização da urina mostre-se eficaz contra patógenos gram-positivos suscetíveis, a maioria dos casos de prostatite bacteriana crônica é causada por bacilos entéricos gram-negativos. Cotrimoxazol ou fluoroquinolona são os medicamentos preferenciais. Aproximadamente 75% dos pacientes melhoram e 35% são curados com 12 semanas de terapia com cotrimoxazol (160 mg/800 mg duas vezes ao dia). Para pacientes que não toleram cotrimoxazol ou fluoroquinolona, pode-se usar terapia supressiva com nitrofu-

rantoína, 50 ou 100 mg, uma ou duas vezes ao dia por prazo longo (6 a 12 meses).
3. A terapia para prostatite crônica não-bacteriana é difícil, por não se identificar uma etiologia exata. Devido à preocupação com *C. trachomatis, Ureaplasma urealyticum* e outros organismos que são difíceis de crescer em meios de cultura, muitos especialistas recomendam uma experiência de seis semanas com tetraciclina ou eritromicina. A terapia sintomática com antiinflamatórios não-esteróides (AINEs) e bloqueadores de alfa-receptor também é usada.

I. Recomendações de cuidados com os cateteres urinários. As sondas urinárias são dispositivos valiosos para possibilitar a drenagem da bexiga, mas seu uso está relacionado a risco considerável de infecção no trato urinário.

Para sondagem única (colocação e retiradas rápidas), o risco é pequeno (12%), embora sua prevalência seja muito mais alta em mulheres diabéticas e idosas. No entanto, ocorre bacteriúria em praticamente todos os pacientes com sondas urinárias de demora depois de três a quatro dias, a não ser que a colocação seja feita em condições estéreis e o sistema fechado de drenagem seja mantido estéril (Figura 7-4). Uso de um irrigante de neomicina-polimixina não impede infecções relacionadas às sondas. As sondas urinárias são a causa mais comum de infecções nosocomiais e são responsáveis por mais de 5.000 mortes por septicemia gram-negativas todo ano nos Estados Unidos. As recomendações explícitas para prevenção de ITUs relacio-

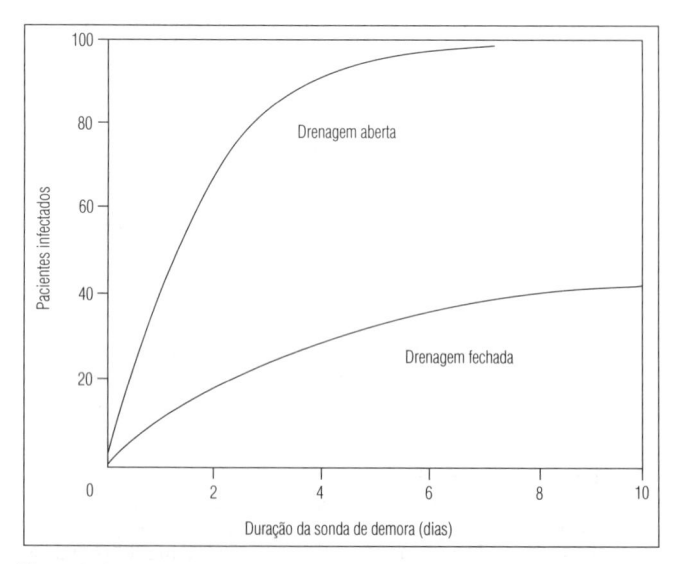

Figura 7-4 Prevalência de bacteriúria em pacientes cateterizados segundo a duração da sondagem e o tipo de sistema de drenagem. (Extraído de Fass RJ, Klainer AS, Perkins RL. Urinary tract infection: practical aspects of diagnosis and treatment. *JAMA* 1973; 225:1509. Reimpresso com autorização.)

nadas a sondas urinárias, formuladas pelo Center for Disease Control and Prevention, são as seguintes:

1. Sondas urinárias de demora devem ser usadas apenas quando absolutamente necessárias. Não devem ser usadas para a conveniência do médico ou da enfermeira e devem ser removidas assim que possível.
2. Sondas devem ser introduzidas apenas por pessoal adequadamente treinado. Caso seja mais prático, deve-se atribuir a uma equipe de indivíduos a responsabilidade por sua colocação e manutenção.
3. Sondas urinárias devem ser introduzidas de maneira asséptica utilizando técnica estéril adequada e os seguintes equipamentos estéreis: luvas, campo fenestrado e esponjas estéreis, solução de iodofor para limpeza periuretral, gel lubrificante e sonda urinária de tamanho apropriado. Após a inserção, devem ser presas corretamente de modo a impedir tração e movimentação na uretra.
4. Os cuidados perineais com pacientes sondados, uma ou duas vezes por dia, devem incluir limpeza da junção meato-sonda com sabão anti-séptico; subseqüentemente, deve-se aplicar pomada antimicrobiana.
5. Deve-se utilizar sempre sistema fechado de drenagem estéril. A sonda urinária e a porção proximal do tubo de drenagem não devem ser desconectados (abrindo, assim, o sistema fechado), a menos que seja necessário para irrigação de sonda obstruída. Devem-se observar técnicas estéreis sempre que o sistema coletor estiver aberto e a irrigação da sonda for feita. Uma seringa estéril de grande volume deve ser usada e depois descartada. Se forem necessárias irrigações freqüentes para garantir desobstrução da sonda, é preferível uma sonda de triplo lúmen que possibilite irrigação contínua com sistema fechado.
6. Pequenos volumes de urina para cultura podem ser coletados na parte distal do cateter, com seringa estéril e agulha 21. A sonda deve ser primeiramente preparada com tintura de iodo ou álcool. A urina para análise química pode ser obtida da bolsa de drenagem, usando técnica estéril.
7. Deve-se manter um fluxo gravitacional não obstruído durante todo o tempo. Isso requer o esvaziamento da bolsa coletora regularmente, com a substituição de sondas obstruídas ou com mau funcionamento, garantindo-se que as bolsas coletoras permaneçam sempre abaixo do nível da bexiga.
8. Todos os sistemas coletores fechados contaminados por técnicas inadequadas, desconexão acidental, vazamentos ou outros meios devem ser imediatamente substituídos.
9. Não é necessário trocar rotineiramente a sonda em pacientes com cateterização urinária com duração menor que duas semanas, exceto quando ocorrer obstrução, contaminação ou outro problema de funcionamento. Em pacientes com sondas de demora crônicos, é necessário fazer a substituição quando houver concreções palpáveis nessas sondas ou quando ocorrer obstrução ou mau funcionamento.

10. Pacientes sondados devem ser separados uns dos outros sempre que possível e não devem ocupar o mesmo quarto ou camas adjacentes quando houver outros arranjos disponíveis. A separação entre pacientes bacteriúricos e não-bacteriúricos é particularmente importante. Essas diretrizes devem ser seguidas à risca, e o uso de sondas urinárias de demora deve ser mantido em nível mínimo, com responsabilidade.
J. Infecções relacionadas a sondas urinárias. Bacteriúria relacionada só deve ser tratada nos pacientes sintomáticos. Quando se tomar a decisão de tratar um paciente com infecção relacionada com sonda urinária, a remoção desta é um aspecto importante da terapia. Se a sonda infectada permanecer inserida, é muito comum ocorrer recidiva da infecção. Interação entre os organismos e a sonda (corpo estranho) faz com que aqueles formem uma biopelícula ou área em que os antibióticos não conseguem erradicar completamente esses organismos. Recomendações referentes à terapia empírica são similares a recomendações para ITUs complicadas (ver Tabela 7-4). A escolha de uma terapia empírica baseia-se no exame inicial de urina usando o método de Gram, padrões locais de suscetibilidade, fatores do hospedeiro e uso recente de antibiótico pelo paciente. A escolha final de um antibiótico e a duração da terapia devem-se basear na identificação e suscetibilidade do agente etiológico e na resposta do hospedeiro à terapia. Pacientes que respondem rapidamente à terapia podem ser tratados durante sete dias, embora chegar a conclusões definitivas sobre a duração da terapia seja muito difícil. Pacientes com candidúria podem se enquadrar em várias categorias clínicas diferentes. Por outro lado, pacientes saudáveis com candidúria assintomática freqüentemente requerem troca apenas da sonda urinária e pode não ser necessário terapia antifúngica. Na outra extremidade do espectro está o hospedeiro imunocomprometido, em quem a candidúria pode representar infecção disseminada. Paciente com candidíase disseminada requer terapia sistêmica com fluconazol ou anfotericina B ou um preparado lipossomal de anfotericina. Recomendações gerais para tratamento de pacientes com candidúria e sem evidência de infecção disseminada incluem a remoção da sonda urinária e a suspensão dos antibióticos. Entre as opções de antifúngicos estão fluconazol (200 mg no primeiro dia, depois 100 mg durante quatro dias), irrigação contínua da bexiga com anfotericina B (50 mg por 1.000 ml de água estéril por meio de sonda de três vias durante cinco dias) ou terapia intravenosa de baixa dosagem com anfotericina (0,3 mg/kg em dose única). Ocasionalmente, faz-se necessário terapia sistêmica mais longa com 5-fluorocitosina via oral, anfotericina B intravenosa ou ambas.

REFERÊNCIAS

1. Stamm WE, Hooton TM. Management of urinary tract infections in adults. *N Engl J Med* 1993;329:1328-1334.
2. Hooton TM, Scholes D, Hughes JP, et al. A prospective study of risk factors for symptomatic urinary tract infection in young women. *N Engl J Med* 1996;335:468-474.

LEITURAS SUGERIDAS

Ang BSP, Telenti A, King B, Steckelberg JM, Wilson WR. Candidemia from a urinary source: microbiological aspects and clinical significance. *Clin Infect Dis* 1993;17:662-666.

Domingue GJ, Hellstrom WJG. Prostatitis. *Clin Microbiol Rev* 1998;11: 604-613.

Edelstein H, McCabe RE. Perinephric abscess: modern diagnosis and treatment in 47 cases. *Medicine* (Baltimore) 1988;67:118-131.

Fihn SD. Acute uncomplicated urinary tract infection in women. *N Engl J Med* 2003;349:259-266.

Fisher JF, Newman CL, Sobel JD. Yeast in the urine: solutions for a budding problem. *Clin Infect Diseases* 1995;20:183-189.

Fowler JE Jr., Pulaski ET. Excretory urography, cystography, and cystoscopy in the evaluation of women with urinary-tract infection. *N Engl J Med* 1981;304:462-465.

Godfrey KM, Harding MD, Zhanel GG, et al. Antimicrobial treatment in diabetic women with asymptomatic bacteriuria. *N Engl J Med* 2002;347:1576-1583.

Hooton TM, Fihn SD, Johnson C, Roberts PL, Stamm WE. Association between bacterial vaginosis and acute cystitis in women using diaphragms. *Arch Intern Med* 1989;149:1932-1936.

Hooton TM, Stamm WE. Diagnosis and treatment of uncomplicated urinary tract infections. *Infect Dis Clin North Am* 1997;11:551-582.

Hooton TM, Winter C, Tiu F, Stamm WE. Randomized comparative trial and cost analysis of 3-day antimicrobial regimens for treatment of acute cystitis in women. *JAMA* 1995; 273:41-45.

Kincaid-Smith P, Becker G. Reflux nephropathy and chronic atrophic pyelonephritis: a review. *J Infect Dis* 1978;138:774-780.

Krieger JN. Complications and treatment of urinary tract infections during pregnancy. *Urol Clin North Am* 1986;13:685-693.

Kunin CM. Detection, prevention, and management of urinary tract infections, 5th ed. Philadelphia: Lea & Febiger, 1997.

Kunin CM, Chin QF, Chambers S. Indwelling urinary catheters in the elderly: relation of "catheter life" to formation of encrustations in patients with and without blocked catheters. *Am J Med* 1987;82:405-411.

Kunin CM, Van Arsdale White L, Hua TH. A reassessment of the importance of "low-count" bacteriuria in young women with acute urinary symptoms. *Ann Intern Med* 1993;119:454-460.

Lachs MS, Nachamkin I, Edelstein PH, Goldman J, Feinstein AR, Schwartz JS. Spectrum bias in the evaluation of diagnostic tests: lessons from the rapid dipstick test for urinary tract infection. *Ann Intern Med* 1992;117:135-140.

Lipsky BA, Baker CA. Fluoroquinolone toxicity profiles: a review focusing on new agents. *Clin Infect Dis* 1999;28:352-364.

Nickel JC. The Pre and Post Massage Test (PPMT): a simple screen for prostatitis. *Tech Urol* 1997;3:38-43.

Nicolle LE. Asymptomatic bacteriuria in the elderly. Infect Dis *Clin North Am* 1997;11:647-662.

Nicolle LE, Bjornson J, Harding GK, MacDonell JA. Bacteriuria in elderly institutionalized men. *N Engl J Med* 1983;309:1420-1425.

Nicolle LE, Harding GK, Preiksaitis J, Ronald AR. The association of urinary tract infection with sexual intercourse. *J Infect Dis* 1982;146:579-583.

Silverman DE, Stamey TA. Management of infection stones: the Stanford experience. *Medicine* (Baltimore) 1983;62:44-51.

Stamm WE. Guidelines for prevention of catheter-associated urinary tract infections. *Ann Intern Med* 1975;82:386-390.

Stamm WE, Counts GW, Wagner KF, et al. Antimicrobial prophylaxis of recurrent urinary tract infections: a double-blind, placebo-controlled trial. *Ann Intern Med* 1980;92:770-775.

Stapleton A, Latham R, Johnson C, Stamm WE. Postcoital antimicrobial prophylaxis for recurrent urinary tract infection: a randomized, double-blind, placebo-controlled trial. *JAMA* 1990;264:703-706.

Stapleton A, Stamm WE. Prevention of urinary tract infection. *Infect Dis Clin North Am* 1997;11:719-733.

Strom BL, Collins M, West SL, Kreisberg J, Weller S. Sexual activity, contraceptive use and other risk factors for symptomatic and asymptomatic bacteriuria: a case-control study. *Ann Intern Med* 1987;107:816-823.

Talan DA, Klimberg IW, Nicolle LE, Song J, Kowalsky SF, Church DA. Once daily, extended release ciprofloxacin for complicated urinary tract infections and acute uncomplicated pyelonephritis. *J Urol* 2004 Feb;171(2):734-739.

Ulleryd P. Febrile urinary tract infection in men. *Intnl J Antimicrobial Agents* 2003;22:S89-S93.

Velasco M, Martinez JA, Moreno-Martinez A, et al. Blood cultures for women with uncomplicated acute pyelonephritis: are they necessary? *Clin Infect Dis* 2003;37:1127-1130.

Warren JW. Catheter-associated urinary tract infections. *Infect Dis Clin North Am* 1997;11(3)609-622.

Capítulo **8**

O Paciente com Hematúria, Proteinúria ou Ambos e Achados Anormais em Microscopia Urinária

Sharon G. Adler e Kenneth Fairley

I. ANÁLISE DE URINA. Uma amostra de urina é geralmente fácil de ser obtida e pode ser examinada, com técnicas muito simples, nas enfermarias hospitalares ou no consultório do médico. Análise da urina é um dos procedimentos mais recompensadores da medicina clínica, pois não apenas revela doenças do parênquima renal e do trato urinário que desafiam a detecção por outros métodos de investigação, como também aponta freqüentemente para um diagnóstico específico. Quase todo paciente com doença do parênquima renal apresenta achados anormais na microscopia urinária, aumento na proteína urinária ou ambos. Microscopia urinária revela anormalidades em muitos pacientes com doença renal que não apresentam proteinúria significativa. A partir de achados urinários, suspeita-se de muitas doenças renais que requerem tratamento, em particular, infecções, glomerulonefrite e nefrite intersticial.

A. Método de coleta de amostras de urina. O método de coleta de amostra de urina é de importância crítica quando esta será examinada microscopicamente. Para teste com fitas reagentes (*dipstick*), a amostra deve ser examinada imediatamente para a obtenção de resultados precisos. O pH da urina pode mudar com o tempo, após a coleta, e bactérias contaminantes multiplicam-se e convertem nitrato em nitrito, causando resultado falso-positivo para bacteriúria. À baixa densidade (menor que 1.010), as células sofrem autólise e os cilindros demoram mais a se formar. Os cilindros também se dissolvem em urina alcalina.

   1. Coleta de jato médio de urina. Ao coletar urina para exame, é muito importante evitar a contaminação por bactérias, células epiteliais e leucócitos. A contaminação é muito comum em mulheres, nas quais células e bactérias contaminantes originam-se na vagina e na região da vulva. Os pontos importantes na coleta de uma boa amostra de jato médio de urina estão na Tabela 8-1. Embora bactérias sejam freqüentemente detectadas na microscopia, comprova-se melhor a infecção por meio de cultura, que também possibilita a determinação da sensibilidade dos organismos aos antibióticos. São necessários meios especiais para a cultura de alguns organismos, como bacilo da tuberculose, micoplasma, organismos anaeróbios e leveduras. Os resultados das culturas são expressos em unidades formadoras de colônia (UFC) por ml de urina; a significância de uma contagem depende do método de coleta (Tabela 8-2).

Tabela 8-1 Orientações para se coletar amostras de jato médio de urina.

Mulheres

Quanto possível, use tampão vaginal.
Separe bem os lábios vaginais durante a coleta da amostra.
Limpe suavemente a área periuretral de frente para trás com várias gases umedecidas.

Homens

Mantenha o prepúcio retraído durante a coleta.
Limpe o meato uretral com gaze umedecida.
Caso se suspeite de infecção ureteral ou prostática: os primeiros 10 ml de urina refletem a infecção uretral (eles também incluem conteúdos da bexiga).
O jato médio da urina coletado conforme descrito acima reflete o conteúdo da bexiga. O fluido prostático, se disponível, reflete a infecção prostática com mais precisão. Os primeiros 10 ml de urina após massageamento da próstata fornecem informações sobre infecções nas secreções prostáticas (eles também incluem conteúdo da bexiga).

Observação: Em ambos os casos, pelo menos 200 ml devem ser desprezados antes de se coletar a amostra de urina de jato médio, sem interrupção do fluxo da urina.

Tabela 8-2 Influência da técnica de coleta sobre a precisão da detecção de anormalidade na urina.

Técnica de coleta	Hematúria	Piúria	Bacteriúria significativa (UFC/ml)	Microorganismos persistentes
Jato médio de urina	Excelente	Razoável[a]	> 100.000	Ruim
Sonda de extremidade aberta	Boa	Muito boa	> 1.000	Boa
Aspiração suprapúbica	Ruim	Excelente	> 1	Excelente

UFC, unidades formadoras de colônias.
[a] Depende da técnica de coleta.

2. Uma amostra coletada por sondagem vesical em mulheres é mais adequada quando colhida durante a metade da drenagem, usando-se uma sonda curta aberta na extremidade. Pelo menos 200 ml devem passar através dessa sonda, para eliminar o conteúdo uretral contaminante, antes que a amostra seja colhida. Sondas com furos laterais (*side hole*) convencionais permitem extravasamento do conteúdo da uretra para dentro da bexiga antes que a urina possa sair, e as contagens críticas de bactérias são 30 vezes maiores usando-se um cateter convencional do que aquelas obtidas em urina coletada com sonda de extremidade aberta.
3. **Aspiração suprapúbica.** Uma agulha fina de punção lombar com estilete é introduzida através da pele suprapúbica, convenientemente esterilizada, até dentro da bexiga. A urina não contaminada pode então ser aspirada.

B. **Teste com fitas reagentes (*dipstick*).** O teste de urina com fitas reagentes propicia determinação rápida do pH da urina, densidade, presença de proteínas, sangue (hemoglobina), leucócitos, nitritos, glicose e bile. As fitas reagentes são menos sensíveis para a detecção de piúria e bacteriúria. O método de detecção de proteinúria é feito por meio de amostra de urina obtida aleatoriamente, usando-se fitas reagentes. Tampona-se o tetrabromofenol a um pH de 3, o que resulta em uma cor amarelo-azulada que se altera com o aumento da concentração de proteína. Resultados falso-positivos em fitas reagentes para proteinúria são constatados quando o pH é maior ou igual a 8 ou quando o paciente está excretando metabólitos de penicilina, aspirina ou agentes hipoglicemiantes orais na urina.

O jato médio da urina coletado conforme descrito acima reflete o conteúdo da bexiga. O fluido prostático, se disponível, reflete a infecção prostática com mais precisão. Os primeiros dez mililitros de urina após massageamento da próstata fornecem informações sobre infecções nas secreções prostáticas (eles também incluem conteúdo do bexiga).

Fitas reagentes padrão para proteína não conseguem detectar quantidades muito pequenas de albuminúria anormal (ex., microalbuminúria) e são relativamente insensíveis até mesmo a grandes quantidades de proteína não-albumínica. Para evitar a primeira dessas duas limitações, existem atualmente fitas reagentes capazes de detectar microalbuminúria que são úteis, quando empregadas adequadamente, como teste para identificar pacientes com diabetes mellitus e nefropatia incipiente ou para detectar pacientes com alto risco de doença coronariana e/ou cerebrovascular. Fitas reagentes mais sensíveis a proteínas não-albumínicas estão em desenvolvimento. Para melhor análise, é necessário coleta de urina de 24 horas para detectar tais proteínas.

A cor da urina varia de acordo com sua concentração e a presença de substâncias como fenazopiridina (Pyridium), fenindiona e comprimidos multivitamínicos e com a presença de sangue, bile, porfirina, melanina e ácido homogentísico. Algumas dessas mudanças de cor podem ser confundidas com hematúria. Teste da urina com fita reagente determina com precisão a presença de hemoglobina, que depende da oxidação da ortotolidina pelo hidroperóxido de cumeno, apesar de ocorrer reatividade cruzada com mioglobina. Embora o exame microscópico da urina para detecção de eritrócitos forneça muito mais informações sobre a lesão renal subjacente, um teste de fita reagente é rápido, simples e fornece informações quantitativas. Testes néfron Ames N Multistix e Boehringer são métodos sensíveis e específicos para detecção de hematúria microscópica.

Ácido ascórbico, forte agente redutor, impede a reação química em *dipsticks* que detectam hemoglobina e é causa de muitos testes falso-positivos. No caso de urina de baixa densidade (abaixo de 1.010), autólise dos eritrócitos leva a microscopia falso-negativa, mas os *dipsticks* propiciam resultado positivo.

C. **Análise microscópica.** Nos Estados Unidos, a urina é examinada usando-se caracteristicamente microscopia óptica padrão para se fazer uma estimativa quantitativa da freqüência dos elementos nela formados, contando-se seu número por campo. Podem-se obter contagens quantitativas examinando-se a urina em uma câmera de contagem com lamínula em vez de lâmina de vidro convencional. O método da câmara de contagem é mais preciso, principalmente porque elimina o erro introduzido pela variabilidade da profundidade da camada de urina sobre a lâmina, que ocorre em função da viscosidade. A precisão do exame microscópico também pode ser

aumentada usando-se microscopia de contraste de fase, que possibilita maior sensibilidade na observação de detalhes morfológicos. Se não houver microscópio de contraste de fase disponível, a coloração do sedimento urinário com corante de Sternheimer-Malbin pode também melhorar a visualização de elementos celulares, usando-se um microscópio óptico padrão.
1. Hematúria. Grande quantidade de sangue presente na urina torna-se óbvia a olho nu e a contagem de células vermelhas em tais casos fica sempre acima de 10^6 células por ml. Morfologia e quantificação dos eritrócitos urinários são duas das investigações mais importantes na nefrologia clínica. Elas não apenas fornecem informações sobre a causa subjacente, mas também ajudam a determinar a natureza das investigações necessárias. Como o reconhecimento de sangramento glomerular pode ser determinado pela presença de eritrócitos na microscopia de contraste de fase, imediata avaliação do número e morfologia dos eritrócitos na urina assume nova importância. No caso de glomerulonefrite crescêntica, de que se pode suspeitar quando depósitos de células vermelhas e grande número de eritrócitos dismórficos são vistos na microscopia urinária, o médico é alertado para a necessidade urgente de confirmação por biópsia e tratamento adequado.

Contagem alta de eritrócitos glomerulares (mais de 10^6 células vermelhas por ml) tem implicações tanto prognósticas quanto terapêuticas porque sugere a presença de crescentes na biópsia renal. Se o teste de fita reagente para heme der resultado 4+, indica-se microscopia urinária imediata para determinar a natureza e, portanto, a fonte dos eritrócitos e, se possível, a contagem por mililitro. A fonte dos eritrócitos pode ser determinada medindo-se seu tamanho e examinando-se sua morfologia. Após centrifugar a amostra de urina, se resultar um grumo vermelho, quantidades adequadas de eritrócitos estão presentes para medir seu volume em um contador automático do tipo normalmente usado para contagens completas do sangue (CBC[1]). Se o volume corpuscular médio dos eritrócitos urinários for menor que 72 fL, é provável que a fonte seja um sangramento glomerular.

O melhor método de avaliar a morfologia dos eritrócitos é a microscopia de contraste de fase. Se for usado campo claro, muitos eritrócitos não serão corretamente identificados. Em particular, aqueles que perderam sua coloração pela hemoglobina não são vistos, ocorrência comum em urinas ácidas. Eritrócitos pequenos e deformados, característicos de sangramento glomerular, também podem não ser vistos. Eritrócitos dismórficos característicos que indicam que a hematúria está se originando dos glomérulos são mostrados na Figura 8-1. Eles variam consideravelmente em tamanho, forma e teor de hemoglobina e muitas formas bizarras estão presentes. Urina normal contém até 8.000 eritrócitos glomerulares por ml em amostra centrifugada e 13.000 por ml em urina não centrifugada. Eritrócitos originários de fonte não-glomerular são unifor-

---

[1] *Complete blood count* (N. da T.).

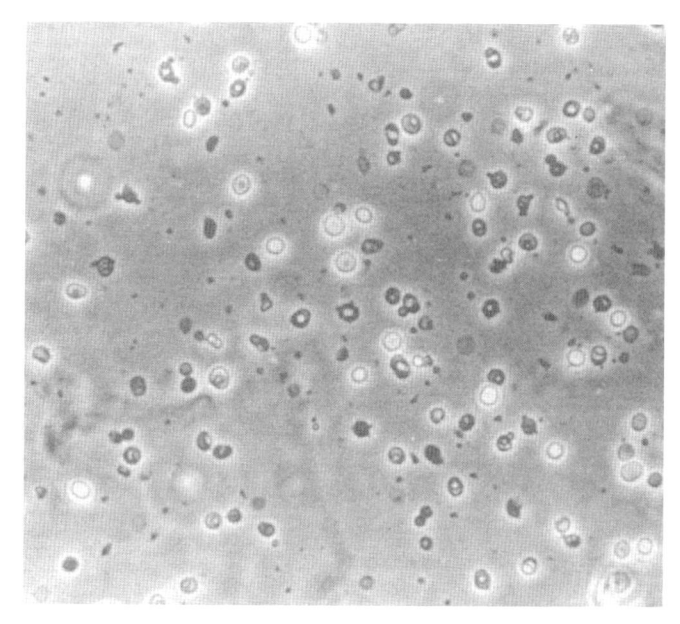

Figura 8-1 Eritrócitos apresentando grande variação de tamanho, forma e teor de hemoglobina na urina de paciente com glomerulonefrite (microscopia de contraste de fase). (Extraído de Fairley KF. Urinalysis. In: Schrier RW, Gottschalk CW, eds. *Diseases of the kidney*, 4th ed. Boston: Little, Brown, 1988. Reimpresso com autorização.)

mes em tamanho e forma, mas apresentam algumas "células-fantasmas", que estão perdendo hemoglobina (Figura 8-2). Essa última alteração ocorre particularmente em urina ácida.

2. **Cilindros.** Formam-se a partir da glicoproteína de Tamm-Horsfall, sintetizada e secretada no ramo ascendente da alça de Henle e nos túbulos distais contornados.

   a. **Cilindros fisiológicos.** Cilindros hialinos são transparentes e são vistos na urina de indivíduos normais. Sua presença não indica doença renal. Cilindros granulosos são semitransparentes com grânulos refráteis de origem indeterminada. Estes também estão presentes em indivíduos sem doença renal. A quantidade de cilindros hialinos e granulosos na urina pode aumentar devido a febre, exercícios e depleção de volume.

   b. **Cilindros patológicos.** Podem conter material celular (eritrócitos, leucócitos, células tubulares, bactérias ou fungos), fibrina, lípides, bile e cristais.

   O cilindro celular mais importante é aquele composto de eritrócitos (Figura 8-3). Isso indica sangramento glomerular, assim como células eritrofagocíticas. Grandes quantidades de cilindros eritrocitários (ou hemáticos) também aumentam a probabilidade de crescentes em glomérulos. Cilindros compostos de leucócitos polimorfonucleares geralmente indicam infecção no parênquima renal. Estes

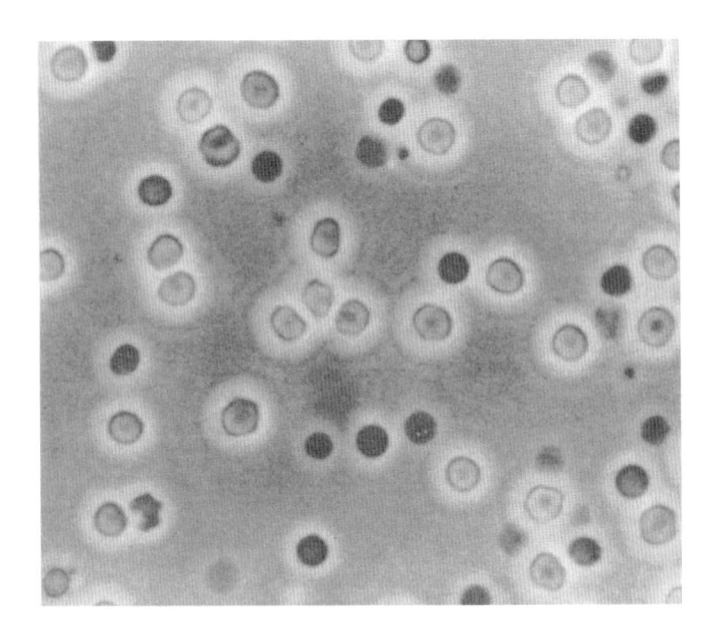

Figura 8-2 Sangramento não-glomerular mostrando duas populações de células (microscopia de contraste de fase). (Extraído de Fairley KF. Urinalysis. In: Schrier RW, Gottschalk CW, eds. *Diseases of the kidney*, 4th ed. Boston: Little, Brown, 1988. Reimpresso com autorização.)

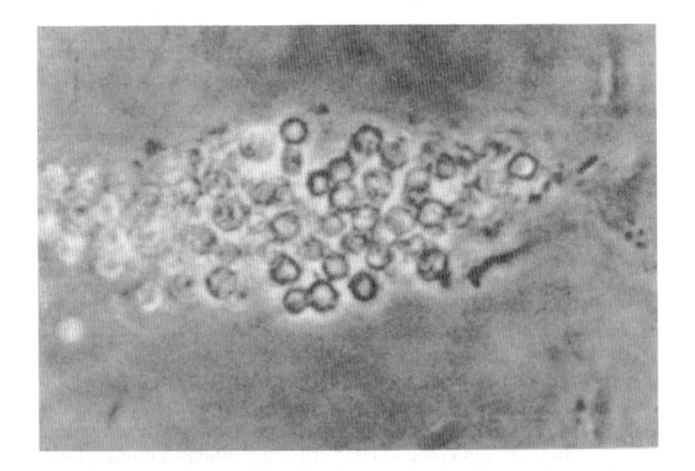

Figura 8-3 Cilindro eritrocitário (hemático) em urina ácida, composto de células das quais grande parte da hemoglobina desapareceu. (Extraído de Fairley KF. Urinalysis. In: Schrier RW, Gottschalk CW, eds. *Diseases of the kidney*, 4th ed. Boston: Little, Brown, 1988. Reimpresso com autorização.)

também podem ser vistos na nefrite intersticial aguda e, ocasionalmente, em lesões glomerulares, onde existem numerosos leucócitos polimorfonucleares nos glomérulos. Cilindros podem conter ainda toda variedade de leucócitos mononucleares e podem incluir células epiteliais tubulares de todos os segmentos do néfron.

Na síndrome nefrótica, geralmente todos os cilindros contêm partículas de gordura e alguns contêm corpos graxos ovais. Como os corpos graxos consistem de ésteres de colesterol, eles podem ser facilmente identificados por sua birrefringência em forma de "Cruz de Malta" (Figuras 8-4 e 8-5). Muitos corpos graxos, entretanto, são compostos de partículas de gordura pequenas demais para apresentarem cruzes, e elas aparecem como um brilho fraco na luz polarizada.

Cristais em depósitos são comumente encontrados em pacientes que estão tomando trianterene e desaparecem quando a urina é alcalinizada ou o medicamento é descontinuado. Eles também podem estar ocasionalmente presentes em depósitos em pacientes com hipercalcemia ou hiperuricosúria ou se apresentarem como achado isolado.

Grandes depósitos cerosos significam doença renal crônica. Eles apresentam tipicamente bordas muito nítidas e são facilmente vistos com iluminação de campo claro. Não se dissolvem em urina alcalina.

3. Leucócitos e células nucleadas na urina. Jato médio de urina normal contém até 2.000 células nucleadas por mililitro, e a maioria destas é leucócitos. Urina normal obtida da bexiga por aspiração com agulha contém quantidades muito pequenas de leucócitos (média de 283 por ml, com apenas duas de 25 urinas contendo mais de 1.000 por ml). No laboratório de um dos autores (KF), a contagem média em uma amostra de jato médio nos mesmos indivíduos, realizada ao mesmo tempo, foi de 2.018 leucócitos

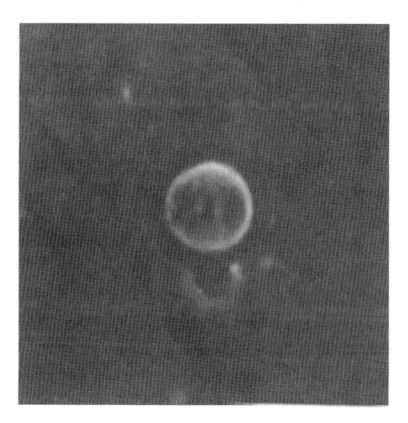

Figura 8-4 Esferulito de colesterol aproximadamente do mesmo tamanho que um eritrócito. (Extraído de Fairley KF. Urinalysis. In: Schrier RW, Gottschalk CW, eds. *Diseases of the kidney,* 4th ed. Boston: Little, Brown, 1988. Reimpresso com autorização.)

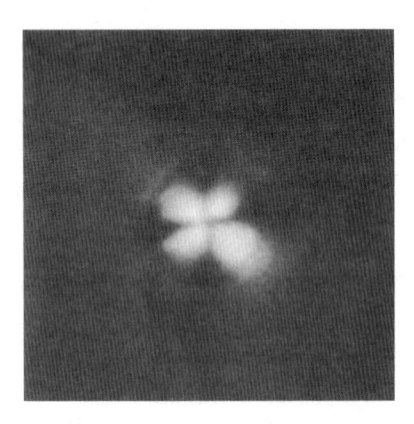

Figura 8-5 A partícula na Figura 8-4, quando vista com luz polarizada, mostra a clássica "Cruz de Malta". (Extraído de Fairley KF. Urinalysis. In: Schrier RW, Gottschalk CW, eds. *Diseases of the kidney,* 4th ed. Boston: Little, Brown, 1988. Reimpresso com autorização.)

por ml, mesmo tendo-se tomado extremo cuidado para evitar contaminação. As células adicionais na amostra de jato médio presumivelmente originam-se da uretra.

Aumento na contagem de leucócitos na urina geralmente significa infecção. Urinas infectadas apresentam aumento nos leucócitos em mais de 90% dos casos. Quando há piúria sem bacteriúria, três quartos dos pacientes apresentam anormalidade subjacente do trato urinário.

Piúria estéril pode ser verificada na tuberculose, necrose papilar renal, nefrite intersticial aguda, nefropatia por urato, glomerulonefrites e rim policístico. Ela pode também estar presente em pacientes com cálculos e em uma variedade de outras anormalidades do trato urinário. Antes de se fazer um diagnóstico de piúria estéril, organismos persistentes como ureaplasmas, bactérias anaeróbias como *Gardnerella vaginalis* e clamídia devem ser investigados em uma amostra apropriada, usando técnicas especiais de cultura.

Quando for difícil distinguir leucócitos de células epiteliais tubulares renais, uma gota de ácido acético facilita o reconhecimento dos núcleos lobulados dos leucócitos polimorfonucleares. Corar as células também ajuda a distingui-las.

4. **Células tubulares renais.** Grandes quantidades de células tubulares renais são encontradas na urina na necrose tubular aguda e na nefrite intersticial aguda, que pode ser identificada pela contagem muito mais alta de leucócitos (mais de 15.000 por ml) e pela contagem total mais alta de células nucleadas (mais de 75.000 por ml) do que a encontrada na necrose tubular aguda.

Há presença de eosinófilos na urina, na maioria dos casos de nefrite intersticial, em contagens acima de 5.000 por ml; eles são raros, porém, na necrose tubular aguda.

Eosinófilos na urina são melhor visualizados com corante de Hansel, que, diferentemente do corante de Wright, não é sensível ao pH.

Células nucleadas também estão presentes na urina na glomerulonefrite, particularmente na glomerulonefrite crescêntica, em que a contagem total de células, leucócitos e células tubulares renais ocorre em número mais alto que na glomerulonefrite não-crescêntica. Células epiteliais glomerulares identificadas por coloração com anticorpos monoclonais também estão presentes em percentual muito mais alto de urinas de pacientes com glomerulonefrite crescêntica do que nas daqueles com glomerulonefrite não-crescêntica.

5. **Cristais.** Embora cristais de oxalato de cálcio e ácido úrico possam ser vistos em amostras de urina normal, cristais grandes e bizarros, incluindo oxalato de cálcio e ácido úrico, geralmente indicam aumento na excreção urinária e podem mostrar a presença de calculose renal. Cristais de cistina são sempre anormais e indicam cistinúria.

II. HEMATÚRIA

A. **Localização e diagnóstico diferencial.** Quantidade anormal de eritrócitos na urina pode ter relação com distúrbio glomerular ou sangramento não-glomerular. Deve-se suspeitar de sangramento glomerular se alguns dos seguintes fatores for constatado: eritrócitos urinários dismórficos, eritrócitos com volume corpuscular médio menor que 72 fL, cilindros eritrocitários e proteinúria concomitante, especialmente mais que 1 g por dia. Na Tabela 8-3, um asterisco indica os distúrbios glomerulares que freqüentemente manifestam hematúria.

Hematúria não-glomerular caracteriza-se pela presença de eritrócitos urinários isomórficos com volume corpuscular médio de mais de 72 fL, na ausência de depósitos de células vermelhas ou proteinúria significativa. A localização do sangramento não-glomerular pode ser sugerida pelo exame das três amostras.

Tabela 8-3 Causas de proteinúria glomerular.

Distúrbios glomerulares "primários"
Glomerulonefrite de lesão mínima, proliferativa mesangial (IgA, IgM*), glomerulosclerose focal e segmentar*, membranosa, membranoproliferativa*, crescêntica*

Hereditárias
Síndrome de Alport*, doença de Fabry*, síndrome nail-patella*

Infecciosas
Bactérias*, vírus*, fungos*, protozoários* e helmintos*, incluindo endocardite bacteriana*, glomerulonefrite pós-estreptocócica*, abscessos viscerais*, sífilis secundária*, hepatite B e C*, vírus da imunodeficiência humana*, malária*

Metabólicas
Diabetes mellitus*

Imunológicas
Lúpus eritematoso sistêmico*, doença mista do tecido conjuntivo, síndrome de Sjögren, púrpura de Henoch-Schonlein*, granulomatose de Wegener*, poliarterite nodosa microscópica*, síndrome de Goodpasture*, crioglobulinemia*

Tabela 8-3 Causas de proteinúria glomerular (*continuação*)

Medicamentosas
  Penicilamina, compostos contendo ouro ou mercúrio, lítio, antiinflamatórios não-esteróides, inibidores da enzima conversora da angiotensina, heroína*

Neoplásicas
  Mieloma múltiplo*, carcinoma do cólon, pulmão ou mama; linfoma, leucemia

Diversas
  Anemia falciforme*, alergias*, imunizações*, cirrose*, glomerulopatia imunotactóide*, amiloidose*, nefropatia de refluxo*, síndrome nefrótica congênita

IgA, imunoglobulina A; IgM, imunoglobulina M.
*Indica distúrbios glomerulares freqüentemente acompanhados de hematúria.

Nesse procedimento, pacientes com hematúria macroscópica urinam alíquotas de 10 e 15 ml de urina cada em três recipientes. Suspeita-se de sangramento uretral se a hematúria predominar nos primeiros 10 ml, enquanto sangramento na bexiga é sugerido se a maior parte do sangue estiver na alíquota final. Sangramentos no trato superior caracterizam-se por hematúria em todos os três frascos de coleta. O diagnóstico diferencial de proteinúria não-glomerular está descrito na Tabela 8-4.

Tabela 8-4 Causas de proteinúria tubular.

Hereditárias
  Rim policístico, doença cística medular

Infecciosas
  Pielonefrite, tuberculose*

Metabólicas
  Diabetes mellitus, hiperuricemia, uricosúria, hipercalcemia, hipercalciúria, hipocalemia, oxalose, cistinose

Imunológicas
  Síndrome de Sjögren, rejeição de transplante renal, hipersensibilidade a medicamento, sarcoidose

Tóxicas
  Abuso de analgésicos, nefrite por radiação, lítio, metais pesados (chumbo, cádmio, mercúrio), nefrite dos Balcãs, ciclosporina, cisplatina, aminoglicosídeos

Anatômicas
  Obstrução, refluxo ureterovesical, rim esponjo medular

Diversas
  Mieloma múltiplo, amiloidose, anemia falciforme, rim esponjo medular

Muitos desses distúrbios são caracterizados por hematúria ou apresentam-na ocasionalmente.

B. **Avaliação clínica e tratamento.** Pacientes com hematúria podem apresentar quantidades de sangue visíveis a olho nu (hematúria macroscópica) ou visíveis apenas com exame microscópico (hematúria microscópica). Avaliação inicial do paciente com hematúria macroscópica ou microscópica deve incluir aquelas etapas descritas acima para distinguir entre causas glomerulares e não-glomerulares. Se uma causa glomerular estiver sob suspeita, o paciente deve ser avaliado conforme descrito na seção III.C. Para pacientes em que se constatou hematúria não-glomerular, o diagnóstico diferencial descrito na Tabela 8-4 pode ser restringido, obtendo-se um histórico relevante e realizando-se exame físico. O histórico e a revisão dos sistemas devem incluir perguntas com relação à eliminação de cálculos na urina, tecido ou coágulos sanguíneos; freqüentes infecções do trato urinário (ITUs); hematúria macroscópica episódica; febre; perda de peso; uso de medicamento ou substância química, especialmente contraceptivos orais ou analgésicos; disúria; tuberculose; diabetes mellitus; trauma; distúrbios da coagulação; histórico de distúrbios da coagulação; e história familiar de doença renal. Aspectos pertinentes do exame físico devem incluir a presença ou ausência de sopros sobre os rins, palpação da próstata para verificação de nódulos ou prostatite e palpação do abdome para detecção de aumento dos rins, indicativo de rim policístico.

A Tabela 8-5 mostra a abordagem diagnóstica sugerida para o paciente com hematúria não-glomerular. Entre os exames de laboratório estão contagem completa de sangue (hemograma completo), tempo de protrombina e tempo de tromboplastina parcial para descartar coagulopatia e hemoglobinopatia. Um painel de exames séricos é útil para determinar o nível da função renal e descartar a presença de hipercalcemia, hiperuricemia e hiperglicemia.

Tabela 8-5 Abordagem diagnóstica do paciente com hematúria não-glomerular.

Achados urinários
Nenhum cilindro eritrocitário
Eritrócitos urinários de morfologia
  normal
Proteinúria < 1 g/d/1,73 m^2
Eritrócitos urinários > 72 fL
↓

| Cultura de urina e sensibilidade, bactérias álcool-ácido resistentes 3x
Exame da próstata
Citologia | Conclusivo → | Infecção do trato urinário
Tuberculose
Tumores |

↓
Não conclusivo
↓

Urografia intravenosa (ou ultra-som)	Conclusivo →	Distúrbios císticos Tumores intra-renais
↓		Cálculos
Não conclusivo		Necrose papilar
↓		Traumatismo/fratura rim esponjo medular Rim em ferradura

| Cistoscopia/retrógrados | Conclusivo → | Lesões uretrais
Cistite
Tumores do sistema coletor/bexiga |

↓
Não conclusivo
↓

| Angiografia | Conclusivo → | Varizes uretrais
Aneurisma
Malformação arteriovenosa |

Deve-se fazer cultura de urina para investigar infecções bacterianas e micobacterianas e, se houver suspeita clínica, de micoplasma ou outros organismos que não crescem facilmente nos meios de culturas habituais. Uma vez excluídas as ITUs, deve-se realizar exame da anatomia do trato urinário para definir o local de sangramento. Na presença de taxa de filtração glomerular (TFG) normal ou quase normal, urografia excretora é o procedimento radiológico de diagnóstico mais útil para definir a anatomia renal. Ela deve revelar a presença de cisto renal (hereditário e adquirido), cálculos, necrose papilar, rim esponjoso medular, tumores renais, pélvicos e ureterais e estreitamentos ureterais. Em caso de estudo urográfico não conclusivo, a cistoscopia pode ser realizada para que se examine, de forma mais definitiva, a bexiga, para detecção de tumores ou cistite infecciosa (inflamatória/intersticial) e a uretra, para verificação de uretrite, estreitamentos ou ambos. Exame cistoscópico não conclusivo pode ser seguido, se clinicamente indicado, de arteriografia para investigar a possibilidade de a hematúria ser secundária a varizes ureterais ou aneurismas, malformações arteriovenosas ou síndrome da hematúria com dor lombar.

O tratamento dos estados hematúricos depende inteiramente da causa subjacente à hematúria. O leitor, portanto, deve consultar livros de medicina interna, nefrologia e urologia para obter cobertura detalhada desses tópicos. Nesta seção, entretanto, as ITUs são discutidas de forma breve porque são comumente encontradas tanto pelo clínico geral quanto pelo especialista.

ITU apresenta-se mais comumente com disúria e polaciúria em mulheres em idade reprodutiva. A urina pode mostrar hematúria macroscópica ou hematúria microscópica não-glomerular intensa, bem como piúria e bacteriúria.

Alguns defenderam recentemente que nem mesmo em pacientes com diabetes, a piúria sem sinais ou sintomas clínicos de infecção deve ser tratada com antibióticos. Naqueles para os quais o tratamento é indicado, uma dose única de antibiótico adequado (ex., 2 g de amoxicilina ou ampicilina) cura a infecção em 80% dos casos. Resistência a antibióticos pode ser responsável por algumas falhas no tratamento (ex., *Escherichia coli* resistente à ampicilina). Porém, falta de resposta ao tratamento pode ser indicação para mais investigações porque um alto percentual daqueles que não respondem à dose única revela anormalidades quando a investigação é aprofundada com técnicas de diagnóstico por imagem, como a urografia excretora. Falta de resposta ao tratamento pode também sugerir ITU superior em vez de inferior. ITU em crianças ou homens deve ser sempre investigada por causa da alta incidência de anormalidades subjacentes. Infecção na presença de uma anomalia subjacente do trato urinário requer tratamentos de maior duração. Erradicação da infecção por meio da remoção da anormalidade pode ser impossível em alguns casos, notadamente nos de cálculos infectados ou coraliformes.

III. PROTEINÚRIA

A. Avaliação bioquímica. Embora não seja específica de doença glomerular, quantidade anormal de proteína excretada na urina é uma das principais manifestações de doença em praticamente todos os pacientes com glomerulonefrite. Febre, exercícios, hiperglicemia e hipertensão grave podem aumentar temporariamente a proteinúria.

Para quantificar e analisar qualitativamente a quantidade e composição das proteínas na urina, normalmente é necessário exame de urina coletada, em 24 horas. O método de coleta envolve esvaziar a bexiga, desprezando-se a primeira urina da manhã da coleta, e coletando-se rigorosamente todas as urinas subseqüentes durante as próximas 24 horas. A última urina no final do período de 24 horas é também mantida como parte da coleta. Se a urina for refrigerada durante o período de 24 horas, não é necessário nenhum conservante. Se a refrigeração não for possível, um conservante como o ácido acético (ou uma xícara de vinagre) pode ser acrescentado ao recipiente de coleta.

Quantificação da creatinina da urina de 24 horas deve ser realizada para garantir que uma coleta completa tenha sido apresentada. Em pacientes do sexo feminino com função renal em condições de equilíbrio, a excreção urinária de 24 horas de creatinina deve ser de aproximadamente 15 a 20 mg por quilograma de peso corporal ideal; em pacientes do sexo masculino, a excreção deve ser de 18 a 25 mg por quilograma. Métodos quantitativos precisos de excreção de proteína por precipitação incluem o teste de precipitação do ácido sulfossalicílico, método micro-Kjeldahl, método de Esbach, com reagente ácido pícrico-ácido cítrico e método do biureto. Os resultados são expressos ou em gramas excretadas em 24 horas ou como relação de excreção de proteína para creatinina.

No acompanhamento de paciente com proteinúria intensa (ex., ao avaliar a resposta à terapia), a taxa de concentração urinária de proteína-creatinina é útil como substituto para coletas de urina de 24 horas. A excreção normal de proteína urinária de 24 horas no adulto varia de 30 a 130 mg. Crianças e adolescentes podem excretar cerca de duas vezes essa quantidade. A relação normal urinária de proteína/creatinina em amostras aleatórias avulsas geralmente está abaixo de 0,2. Valores mais altos que 3 sugerem proteinúria na faixa nefrótica.

Avaliações qualitativas da composição da proteína urinária são freqüentemente um acréscimo valioso ao exame quantitativo. Eletroforese de proteínas urinárias (EFPU) separa as proteínas urinárias, com base nos pesos moleculares, em cinco picos: albumina e globulinas α_1, α_2, β e γ. Normalmente, as proteínas urinárias são compostas de proteínas filtradas do plasma (50%) e proteínas secretadas na urina por células do trato urinário (50%). Das proteínas filtradas, albumina é a mais abundante, representando aproximadamente 15% das proteínas urinárias totais, seguidas pelas imunoglobulinas (5%), cadeias leves (5%), β_2 microglobulinas (< 0,2%) e outras proteínas plasmáticas (25%). Das proteínas secretadas, a proteína de Tamm-Horsfall entra na urina após síntese nas células tubulares do ramo ascendente da alça de Henle. É a mais abundante na urina normal, respondendo por 50% do total de proteínas urinárias.

EFPU e imunoeletroforese (IEF) podem ser úteis na identificação da natureza das proteínas presentes na urina. Imunofixação pode ser mais sensível do que qualquer dos dois últimos méto-

dos. Exame de urina para detecção de proteinúria de Bence-Jones, buscando-se precipitados urinários a 45° a 55°C que redissolvam a uma temperatura mais alta, é um método menos sensível do que a EFPU e a IEF para identificar proteinúria de alto fluxo (*overflow*).
B. Classificação fisiopatológica da proteinúria. Dadas as fontes variadas de proteínas urinárias e a implicação da fonte no local da patologia, a proteinúria é classificada em três principais categorias conforme sua patogênese.
1. Proteinúria de alto fluxo (*overflow*) deve-se à filtração pelo glomérulo normal de quantidade anormalmente grande de proteínas de pequeno peso molecular presentes no soro, cuja filtração exceda a capacidade de reabsorção dos túbulos normais. Isso ocorre em gamopatias monoclonais (como o mieloma múltiplo), hemólise intravascular (hemoglobinúria) e rabdomiólise (mioglobinúria). Proteinúria de alto fluxo pode ser identificada por um pico anormal na EFPU que ocorre na região γ (ou menos comumente, na região α_2 ou β) e sugere a presença de gamopatia monoclonal. Melhor identificação da proteína pode ser feita com a realização de IEF.
2. Proteinúria tubular é encontrada em lesões tanto agudas quanto crônicas, envolvendo a região tubulointersticial renal. Em geral, quantitativamente menor que 2 g por dia, ela deriva de três fontes. Primeiramente, os túbulos lesados não conseguem reabsorver completamente proteínas de pequeno peso molecular filtradas pelo glomérulo, como β_2 microglobulina e amilase. Em segundo lugar, os túbulos lesados secretam componentes das microvilosidades (*brush border*) e enzimas celulares, como n-acetilglucosamina e lisozima, na urina. Finalmente, com a lesão tubulointersticial, a proteína de Tamm-Horsfall pode ser secretada na urina em maiores quantidades pelas células tubulares do ramo ascendente da alça de Henle e pelo néfron distal. EFPU e IEF também podem ajudar na distinção entre proteinúria glomerular e tubular. Predominância esmagadora de albumina em lugar de globulinas em EFPU sugere a presença de proteinúria glomerular. Comparação quantitativa dos níveis de albumina urinária e β_2 microglobulina feita por IEF ou outras técnicas imunológicas (incluindo imunoprecipitação, imunodifusão ou ensaio radioimuno) também pode ser útil nesse caso. Proporção urinária de albumina-β_2 microglobulina de 10 para 1 sugere a presença de proteinúria tubular, ao passo que, na proteinúria glomerular, essa proporção costuma exceder 1.000 para 1. Na urina normal, a proporção albumina-β_2 microglobulina varia de 50 para 1 a 200 para 1.
3. Proteinúria glomerular ocorre quando a lesão ao glomérulo resulta em ultrafiltrado caracterizado por aumento fracional no *clearance* de proteínas séricas. Em algumas formas de glomerulonefrite, isso se deve a mudanças nas propriedades de seleção de tamanho da parede capilar glomerular, que permite a passagem de proteínas de grande peso molecular ou mesmo de células (ex., na glomerulonefrite crescêntica). Em outras formas, isso se deve a mudanças nas propriedades de seleção de carga da parede capilar glomerular que aumenta a ultrafiltração de albumina de carga negativa (ex., glomerulonefrite de lesões

mínimas). Alguns distúrbios glomerulares caracterizam-se por alterações na seletividade tanto de tamanho quanto de carga (ex., nefropatia diabética). Lesão mesangial também pode acarretar proteinúria, talvez por interferir nas funções normais de *clearance* mesangial.

Proteinúria glomerular compõe-se predominantemente de albumina e, quando quantitativamente grande (i.e., mais de 3,0 a 3,5 g por dia, ou mais de 2 g por dia por m^2), é considerada como estando na faixa nefrótica. Síndrome nefrótica consiste de cinco alterações: proteinúria na faixa nefrótica, hipoalbuminemia, hiperlipidemia, lipidúria e edema. Com exceção da glomerulopatia de lesões mínimas, a ocorrência de proteinúria intensa em distúrbios glomerulares está relacionada a risco maior de insuficiência renal progressiva.

4. Outros tipos de proteinúria. Duas formas de proteinúria não se encaixam facilmente na classificação acima descrita. Proteinúria ortostática benigna é encontrada tipicamente em adolescentes altos e ocorre na posição lordótica. Encontra-se proteína na urina coletada ao dormir e de manhã, depois que o paciente já está em movimento, mas não na amostra coletada imediatamente ao se levantar. Nenhuma anormalidade deve estar presente no sedimento urinário e a proteinúria não deve ultrapassar 1 g por dia. Em metade desses pacientes, a proteinúria desaparece em até dez anos; entretanto, uma pequena parcela desenvolve doença renal manifesta no final da vida. Finalmente, proteinúria funcional transitória pode estar relacionada a causas tão diversas quanto insuficiência cardíaca, febre ou exercícios pesados. Ela desaparece horas depois de cessado os exercícios e com a eliminação do processo de doença. Proteinúria após corrida de maratona pode ser intensa, chegando a 5 g por litro de urina.

C. Avaliação clínica e tratamento. A etapa final mais importante no desenvolvimento de diagnóstico diferencial apropriado e plano de tratamento subseqüente para pacientes com proteinúria é a classificação das proteínas urinárias.
1. Classificação da proteinúria
   a. Proteinúria de alto fluxo (*overflow*). A presença de alto fluxo de proteína é sugerida por uma disparidade caracterizada por pequena quantidade de proteinúria demonstrada por fita reagente e por quantidade desproporcionalmente maior medida em amostra coletada por 24 horas. Isso se deve mais freqüentemente à excreção de cadeias leves monoclonais, o que pode ser confirmado pela IEF. Identificação de uma imunoglobulina monoclonal na urina deve levar à investigação de mieloma múltiplo, amiloidose ou distúrbio linfoproliferativo. Hemoglobinúria e mioglobinúria também podem causar proteinúria de alto fluxo. No entanto, elas são prontamente identificáveis porque nessas condições a fita reagente para sangue é fortemente positiva, enquanto o exame microscópico de urina apresenta poucas ou nenhuma hemácia. Esse achado deve estimular uma investigação para hemólise e para rabdomiólise.

b. **Proteinúria tubular.** Uma ampla gama de condições pode causar lesão tubulointersticial (ver Tabela 8-4). Uma investigação de proteinúria tubular deve começar com histórico detalhado com relação a outros familiares afetados (para descartar rim policístico), uso de medicamentos com e sem receita médica (nefropatia por analgésicos), ITUs freqüentes (refluxo), dor nos flancos, eliminação de cálculo renal, erupções na pele, artralgias, artrite (hipersensibilidade a medicamentos, doença vascular ou colagenose), boca ou olhos secos (síndrome de Sjögren), exposição ocupacional ou recreacional a toxinas potenciais, e manifestações de doenças sistêmicas.

Os achados físicos confirmatórios de distúrbios no diagnóstico diferencial listados na Tabela 8-4 devem ser investigados. Entre eles incluem-se rins aumentados e palpáveis (rim policístico), ceratopatia em banda (hipercalcemia, hiperparatiroidismo), erupção cutânea (lúpus sistêmico, hipersensibilidade a medicamento), artrite (gota, lúpus) ou linha do chumbo na mucosa oral (toxicidade pelo chumbo). Exames laboratoriais incluindo hemograma com análise de esfregaço periférico; dosagens de creatinina sérica, nitrogênio uréico, glicose, cálcio, fósforo, ácido úrico e potássio; e cultura de urina são informações coadjuvantes ao histórico, exame físico e estudos quantitativos de urina no direcionamento do diagnóstico diferencial. Resultados positivos ou negativos nessas áreas podem sugerir necessidade de exames futuros, que podem incluir ultra-som renal (rim policístico, cálculos renais, obstrução), eletroforese de urina, soro ou hemoglobina (gamopatia monoclonal, anemia ou traço falciforme), cultura de urina e antibiograma (pielonefrite, tuberculose renal), nível sérico de enzima conversora da angiotensina (sarcoidose), urografia excretora (rim esponjo medular) ou níveis séricos de chumbo (toxicidade pelo chumbo). Embora alguns distúrbios tubulointersticiais tenham características histomorfológicas (doença cística medular, amiloidose, rim do mieloma, hipocalemia), a aparência microscópica da maioria dos distúrbios tubulointerticiais carece de características que os distinga exclusivamente. Biópsia renal não é, portanto, usada com freqüência no diagnóstico de pacientes com doença tubulointersticial e terapia para estes distúrbios depende da causa subjacente.

c. **Proteinúria glomerular.** Quando a proteinúria caracteriza-se por quantidade desproporcional de albumina, está implícita a origem glomerular. Proteinúria leve transitória, especialmente relacionada a doença aguda e reversível, é normalmente de pouca importância no longo prazo. Entretanto, proteinúria intensa e mantida sugere distúrbio mais sério. Como o diagnóstico diferencial é amplo e muitos dos distúrbios envolvidos são incomuns, recomenda-se consultar um nefrologista durante a avaliação inicial e o tratamento.

Pacientes com proteinúria intensa constante requerem avaliação diagnóstica precisa. Proteinúria glomerular nesse grupo é freqüentemente categorizada como não-nefrótica (menos de 3,5 g por dia por 1,73 m² de área de superfície corporal) ou nefrótica (mais de 3,5 g por dia por 1,73 m² de área de superfície corporal). Essa divisão um tanto arbitrária em pacientes com quantidades menores e maiores de proteína urinária é justificada por duas observações importantes. Primeiramente, pacientes com proteinúria não-nefrótica tendem a ter prognóstico melhor com relação à função renal do que pacientes com proteinúria mais intensa. Conseqüentemente, diagnóstico ou abordagem terapêutica agressiva pode não ser indicada imediatamente. Assim, após investigar causas subjacentes discerníveis por meio do histórico, exame físico e avaliação sorológica (ver a seção III.D.), uma terapia incluindo o uso de agentes antiproteinúricos, como os inibidores da enzima conversora da angiotensina (iECAs) com ou sem bloqueadores do receptor da angiotensina (BRA), e acompanhamento para observar a evolução da função renal e do grau de proteinúria podem ser indicados em pacientes individualmente, antes de se pensar em biópsia renal e uso de regimes terapêuticos imunossupressivos com riscos inerentes a esse tipo de tratamento. Em segundo lugar, morbidade e prognóstico de pacientes com proteinúria intensa são determinados não apenas pelo desfecho da função renal do paciente, mas também pelas conseqüências fisiopatológicas da proteinúria intensa (ex., a síndrome nefrótica).

Síndrome nefrótica é definida pela presença de mais de 3,5 g de proteinúria por 1,73 m² de área de superfície corporal por dia, hipoalbuminemia, hiperlipidemia, lipidúria e edema. Proteinúria intensa induz o aumento da reabsorção tubular e catabolismo de proteínas que vazaram para o ultrafiltrado glomerular, contribuindo assim para a hipoproteinemia. Retenção de sódio e água, com conseqüente edema, ocorre secundariamente à hipoproteinemia em alguns pacientes e como resultado direto de lesão glomerular em outros. Hipoproteinemia e um decremento correlacionado na pressão oncótica plasmática pode estimular a síntese de apolipoproteínas no fígado, causando hiperlipidemia e lipidúria. Postula-se que nos distúrbios nefróticos que persistem durante muitos anos (ex., nefropatia membranosa), a hiperlipidemia pode contribuir para aterosclerose acelerada. Proteinúria intensa também predispõe à hipercoagulabilidade; perdas variáveis de antitrombina III, proteína S e proteína C têm sido descritas em alguns pacientes nefróticos, mas não em todos. Outras perdas urinárias podem, de forma variável, induzir anormalidades súbitas de função em alguns pacientes com síndrome nefrótica, incluindo perdas de imunoglobulina e complemento (predisposição a infecções), globulina ligada à tireóide (tiroxina total baixa, hormônio estimulante da tireóide normal) e vitamina D (hipovitaminose, hipocalcemia e hiperparatiroidismo secundário). Indivíduos com proteinúria intensa expressam as complicações da síndrome nefrótica de maneira variada, refletindo ainda mais as diferenças nas perdas de proteína urinária, ingestão na dieta e predisposição genética.

D. Diagnóstico diferencial da proteinúria maciça. Uma vez que se determine que proteinúria resulta de lesão glomerular, distúrbio subjacente deve ser investigado. O número muito grande de diagnósticos diferenciais listados na Tabela 8-3 pode ser reduzido substancialmente, obtendo-se histórico detalhado, exame físico e exames sorológicos apropriados. O histórico deve abranger os seguintes detalhes importantes: presença de diabetes, surdez, familiares afetados de forma semelhante (sugestivo de nefropatia de Alport ou outra nefrite familiar), etnia (a nefropatia por deposição da imunoglobulina A [IgA] é freqüente em asiáticos e infreqüente em afro-americanos); febre, viagens, uso de medicação, transfusões, abuso de substâncias, orientação sexual e parceiros (vírus da imunodeficiência humana [HIV], hepatite, sífilis), artrite, artralgias, erupções malares ou cutâneas, úlceras orais, alopecia (lúpus eritematoso sistêmico [LES] e outros distúrbios imunes ou de hipersensibilidade), hemoptise (doença de Goodpasture, granulomatose de Wegener), sinusite, otite estéril (granulomatose de Wegener), parestesias, angioceratomas, desidrose, déficit neurológico focal (doença de Fabry), perda de peso, tosse, massas mamárias (malignidade e nefropatia membranosa secundária), alergias, ITUs na infância ou adolescência (esclerose focal secundária com nefropatia de refluxo), e episódios de hematúria macroscópica, microscópica ou persistente (nefropatia por IgA, nefropatia da membrana basal fina). Exame físico deve ser direcionado para estabelecer se há presença de doença sistêmica e se a síndrome nefrótica ou suas complicações estão presentes. Todos os pacientes adultos com proteinúria anormal devem ter, minimamente, radiografia de tórax, hemograma, eletroforese de proteínas séricas e urinárias, painel de exames sorológicos, incluindo testes de função renal e hepática, e dosagem de albumina sérica, proteínas totais, colesterol total e lipoproteínas de alta densidade e total, triglicérides, glicose e níveis de cálcio. Para pacientes com mais de 40 anos de idade devem ser feitos também exame para detectar sangue oculto, para homens e mulheres, e mamografia para mulheres. Para aqueles com mais de 50 anos, deve ser feita colonoscopia preventiva, caso nenhuma tenha sido feita ainda. Exames sorológicos adicionais podem ser recomendados dependendo da presença ou ausência de hematúria e dos resultados dos exames supramencionados. Tais exames adicionais incluem, sem a isso se limitar, anticorpos antinucleares e anti-DNA de dupla hélice (lúpus), anticorpos citoplasmáticos antineutrofílicos (ANCA), anticorpos antiproteinase 3 e antimieloperoxidase (granulomatose de Wegener e outras vasculites); C3, C4 (podem estar baixos na endocardite, glomerulonefrite pós-estreptocócica, lúpus, glomerulonefrite membranoproliferativa, crioglobulinemia); anti-hialuronidase, anti-DNase B, antiestreptolisina O (glomerulonefrite pós-estreptocócica); anticorpo antimembrana basal glomerular (Doença de Goodpasture); fator reumatóide (endocardite, crioglobulinemia, artrite reumatóide);

crioglobulinas séricas; enzima conversora da angiotensina (sarcoidose); hemoglobina glicosilada; teste sorológico para sífilis; antígenos e anticorpos da hepatite B; teste *immunoblot* recombinante e carga viral para hepatite C; e ensaio de imunoadsorção ligado à enzima/*Western blot* para vírus da imunodeficiência humana. No espírito da racionalização de custos, esses exames não devem ser pedidos rotineiramente para todos os pacientes com proteinúria glomerular. Em vez disso, uma síntese cuidadosa do histórico e exame físico devem orientar a seleção dos exames apropriados entre aqueles listados (e potencialmente outros não mencionados).

Deve-se avaliar a possibilidade de biópsia renal caso não surja nenhum distúrbio subjacente como causa da proteinúria glomerular, depois de uma análise cautelosa. Além disso, biópsia renal é indicada quando uma causa secundária foi identificada e a análise histológica do tecido renal ajudará a orientar a terapia, como no caso do LES.

IV. TERAPIA. O tratamento de distúrbios glomerulares recai em três categorias: tratamento da doença sistêmica subjacente, tratamento não-específico da síndrome nefrótica e terapias específicas para doenças glomerulares.

A. **Tratamento de doença sistêmica subjacente.** Devido ao grande número de entidades que potencialmente causam glomerulonefrite, recomenda-se que o leitor consulte um livro de medicina interna ou nefrologia para tratá-los. Contudo, deve-se fazer menção especial ao diabetes mellitus. Dados sugerem que controle glicêmico rigoroso e iECAs e/ou BRAs são úteis para prevenir ou deter o desenvolvimento de nefropatia diabética manifesta em pacientes com diabetes mellitus. Esses medicamentos também comprovaram ter impacto favorável sobre os níveis de creatinina sérica, progressão para doença em estágio final e mortalidade em geral em pacientes com nefropatia diabética.

1. **Tratamento não-específico da síndrome nefrótica.** O tratamento do edema causado por síndrome nefrótica começa com restrição de sódio e com diuréticos. Deve-se tomar cuidado para evitar a indução de um estado acentuado de azotemia pré-renal.

   Muitas estratégias têm sido defendidas como sendo capazes de reduzir a proteinúria intensa. Há relatos de que antiinflamatórios não-esteróides (AINEs) diminuem proteinúria em alguns pacientes, com decremento menor na TFG. Apesar de sua utilidade em uns poucos pacientes, o impacto geral dos AINEs em diminuir substancialmente a proteinúria na maioria dos pacientes com nefrose é decepcionantemente pequeno. iECAs e BRAs também são úteis para diminuir proteinúria, e sua eficácia tem sido testada com nefropatia diabética e com síndrome nefrótica idiopática. Combinações desses agentes parecem ser cumulativas em limitar a proteinúria. Muitos meses podem decorrer entre o início do uso de iECAs e BRAs e a obtenção do decremento máximo da proteinúria a partir daquela dose, fenômeno que sugere mais do que uma mudança hemodinâmica como seu mecanismo de ação. Proteinúria pode também ser reduzida diminuindo-se a pressão arterial média dos pacientes a níveis abaixo de 92 mm Hg, independentemente da classe de agentes anti-hipertensivos usados para atingir essa meta. Finalmente, restrição de proteínas na dieta na faixa de 0,6 a 0,8 g por kg por dia tem sido sugerida tanto para reduzir a taxa de perda de função quanto para diminuir proteinúria. Eficácia do bloqueio da angiotensina, dados conflitantes de sustentação da eficiência das dietas de baixo teor de proteína e preocupações com relação à segurança nutricional em pacientes com proteinúria intensa (i.e., mais de 10 g por dia) têm tornado a restrição rigorosa de proteínas na dieta menos freqüentemente prescrita nos últimos anos. No entanto, pacientes com proteinúria intensa devem ser aconselhados a adotar uma dieta próxima à quantidade diária de proteína recomendada, que é de 0,6 a 0,8 g de proteína/kg de peso corporal.

Hiperlipidemia na síndrome nefrótica pode contribuir para aterosclerose acelerada. Uso de inibidores da HMG-CoA (3-hidróxi-3- metilglutaril-coenzima A) redutase ou agentes como a gemfibrozila freqüentemente baixam substancialmente os níveis de colesterol lipoproteíco de baixa densidade (LDL) e triglicérides em pacientes com nefrose. Contudo, não devem ser usados juntos por causa do risco aumentado de rabdomiólise. Para paciente com trombose venosa ou, menos comumente, trombose arterial ou embolia pulmonar, recomenda-se anticoagulação de longa duração enquanto durar a síndrome nefrótica.

2. **Terapias para doenças glomerulares específicas.** Os chamados distúrbios glomerulares primários enquadram-se essencialmente em sete categorias histológicas: glomerulopatia de lesão mínima, glomerulonefrite proliferativa mesangial por IgM, glomeruloesclerose focal e segmentar, nefropatia por IgA, nefropatia membranosa, glomerulonefrite membranoproliferativa (GNMP) e glomerulonefrite crescêntica. Do ponto de vista terapêutico, as três primeiras são consideradas freqüentemente como um grupo e as últimas quatro são consideradas em separado. Como esses distúrbios são relativamente incomuns e as terapias envolvem, com freqüência, o uso de medicamentos potencialmente tóxicos, aconselha-se consultar um nefrologista.

   a. **Glomerulopatia de lesão mínima – glomerulonefrite proliferativa mesangial por IgM – glomeruloesclerose focal e segmentar.** Se a síndrome nefrótica está presente, os cuidados gerais conservadores descritos na seção IV.A.1 podem ser adequados com a terapia específica. Esses distúrbios glomerulares são, em vários graus, sensíveis a prednisona em alta dosagem (1 mg por kg, máximo de 80 mg). Mais de 90% das crianças com glomerulopatia de lesão mínima apresentam remissão completa da proteinúria dois meses depois de iniciar terapia com esteróides. Em adultos, esse percentual é aproximadamente de 80% a 90%. As taxas de resposta para os dois últimos distúrbios não são tão altas (aproximadamente 40% a 50% e 20% a 30%, respectivamente). A extensão da duração da terapia com prednisona em alta dose para quatro a seis meses pode acrescer cerca de 10% a 15% em remissões totais adicionais. Prednisona deve ser lentamente reduzida durante aproximadamente quatro meses. Recidivas, casos cortiço-dependentes ou ambos, podem ser tratados com acréscimo de agentes citotóxicos (ex., ciclofosfamida ou clorambucil), ciclosporina A ou possivelmente micofenolato de mofetil, dependendo da gravidade da síndrome nefrótica e do nível da função renal. O tratamento de pacientes resistentes a prednisona é controverso. Geralmente, formas herditárias de glomeruloesclerose focal e segmentar têm sido identificadas e envolvem mutações de proteínas de podócitos. Essas formas herditárias podem ser ou não sensíveis a esteróides.

b. **Nefropatia por IgA (doença de Berger).** Essa é a forma mais comum de doença glomerular primária no mundo. É particularmente prevalente na Ásia e Austrália e rara entre afro-americanos. Originalmente considerada benigna, hoje é evidente que ela progride para doença renal em estágio final em 20% a 40% dos pacientes afetados. Ocasionalmente, nota-se insuficiência renal aguda reversível, particularmente relacionada a hematúria macroscópica. Raramente, pode complicar-se pela presença de crescentes. Clinicamente, pode ser confundia com distúrbio familiar benigno: nefropatia da membrana fina, porque a manifestação de apresentação de cada uma delas é predominantemente hematúria glomerular. Essas duas entidades podem ser distinguidas por um histórico familiar de hematúria (ocasional na nefropatia por IgA, freqüente na nefropatia da membrana fina) e pela presença de proteinúria anormal (resultante de nefropatia por IgA, incomum na nefropatia da membrana fina) e pela biópsia renal (sem presença de imunoglobulinas glomerulares na nefropatia da membrana fina, IgA com depósito mesangial na doença de Berger). Não há consenso sobre se algum regime terapêutico afeta claramente o desfecho da nefropatia por IgA, embora haja evidências da atuação em diferentes regiões geográficas da warfarina e do dipiridamol com ou sem ciclofosfamida, ácidos graxos ômega-3, iECAs com ou sem BRAs, esteróides de longa duração e esteróides com agentes citotóxicos, esses últimos particularmente para portadores de insuficiência renal progressiva.

c. **Nefropatia membranosa.** Dois terços dos pacientes com esse distúrbio apresentam remissão espontânea ou insuficiência renal de progressão muito lenta. Portanto, a maioria evolui bem com terapias conservadoras (incluindo iECAs e BRAs) direcionadas para minimizar complicações da síndrome nefrótica. Para pacientes com alto risco de progressão (ex., aqueles com proteinúria intensa – mais de 10 g por dia, hipertensão, TFG diminuída, do sexo masculino, ou com fibrose tubulointersticial constatada em biópsia renal) pode ser indicada terapia específica.

Nesse quadro, esteróides com agente citóxico (clorambucil ou ciclofosfamida) parecem ser preferíveis a somente esteróides para indução de remissão completa ou parcial.

Ciclosporina A comprovou ser benéfica em um experimento aleatório; o benefício do micofenolato mofetil continua sem comprovação.
d. Glomerulonefrite membranoproliferativa. Hepatite C é a causa mais comum de GNMP tipo 1. Não existe terapia definitiva, mas uma combinação de interferon-alfa e ribavirina (ou interferon-alfa peguilado com ribavirina) pode ser indicada. Efeitos colaterais devido à ribavirina aumentam quando a TFG cai abaixo de 50 ml por min. Esteróides e citotóxicos podem aumentar a carga viral e devem ser usados apenas para complicações de vascullite crioglobulinêmica da hepatite C. Alguns pesquisadores sugerem, de forma polêmica, que crianças com GNMP tipo I (depósitos mesangiais e subendoteliais) beneficiam-se de terapia com esteróides. O entusiasmo inicial pelo uso de aspirina e dipiridamol arrefeceu. Nenhuma terapia é eficaz para o tipo II (doença de depósitos densos).
e. Glomerulonefrite crescêntica. Quando a glomerulonefrite é acompanhada de crescentes, está presente uma emergência nefrológica em função da propensão para progressão rápida para doença renal terminal. Diagnóstico precoce e implementação de terapia são essenciais para preservar a função renal. Após excluir glomerulonefrite pós-estreptocócica, três formas de glomerulonefrite crescêntica são identificadas. Recomenda-se que o leitor consulte livros de nefrologia para tratamento do tipo I (nefrite da membrana basal antiglomerular ou síndrome de Goodpasture) e tipo III (glomerulonefrite pauci-imune, granulomatose de Wegener). O tipo II (glomerulonefrite mediada por complexo imune) é tratado inicialmente com succinato sódico de metilprednisolona (Solu-Medrol®) intravenoso, seguido de prednisona em dose oral alta, com ou sem citotóxicos. Por causa da relativa raridade da síndrome, nenhum experimento aleatório controlado comprovou haver benefícios adicionais com uso de agentes citotóxicos. Porém, graças principalmente aos benefícios evidentes da ciclofosfamida nos tipos I e III e da plasmasférese no tipo I, alguns pesquisadores recomendam seu uso no tipo II.

LEITURAS SUGERIDAS

Addis T. The number of formed elements in the urinary sediment of normal individuals. *J Clin Invest* 1926;2:409.

Birch DF, Fairley KF, Whitworth JA, et al. Urinary erythrocyte morphology in the diagnosis of glomerular hematuria. *Clin Nephrol* 1983;20:78.

Fairley KF, Birch DF. Haematuria: a simple method for identifying glomerular bleeding. *Kidney Int* 1982;21:105.

Gadehold H. Quantitative estimation of cells in the urine. *Acta Med Scand* 1968;183:309.

Godfrey K, Harding M, Zhanel GG, Nicolle LE, Cheang M, for the Manitoba Diabetes Urinary Tract Infection Study Group. Antimicrobial treatment in diabetic women with asymptomatic bacteriuria. *N Engl J Med* 2002;347:1576-1583.

Haver MH. *Urinary sediment: a textbook atlas*. Chicago: American Society of Pathologists; 1983.

Kincaid-Smith P, Whitworth JA, eds. *The kidney*. 2nd ed. Oxford, UK Blackwell; 1987.

Murphy BM, Fairly KF, Birch DF, et al. Culture of mid catheter urine collected via an open-ended catheter: a reliable guide to bladder bacteriuria. *J Urol* 1984;131:19.

Kim M, Corwin H. Urinalysis. In: Schrier RW. ed. *Diseases of the kidney and urinary tract*; 7th ed. Philadelphia: Lippincott Williams & Wilkins; 317-332.

Nakao N, Yoshimura A, Morita H, Takada M, Kayano T, Ideura T. Combination of treatment of angiotensin II receptor blocker and angiotensin-converting enzyme inhibitor in nondiabetic renal disease (COOPERATE): a randomised controlled trial. *Lancet* 2003;361:117-124.

Ruggenenti P, Gaspari F, Perna A, Remuzzi G. Cross-sectional longitudinal study of spot morning urine protein: creatinine ratio, 24-hour urine protein excretion rate, glomerular filtration rate, and end-stage renal failure in chronic renal disease in patients without diabetes. *BMJ (Clinical Research Edition)* 1998;316(7130):504.

Scherberieh JE. Urinary proteins of tubular origin: basic immunochemical and clinical aspects. *Am J Nephrol* 1990;10 [Suppl 1]:43.

Waller KV, Ward KM, Mahan JD, Wismatt DK. Current concepts in proteinuria. *Clin Chem* 1989;35:755.

Capítulo **9**

O Paciente com Glomerulonefrite ou Vasculite

Alexander Wiseman

I. VISÃO GERAL. Doenças glomerulares são definidas de forma mais simples como um processo primário, em que o processo da doença está limitado aos rins, ou processo secundário, em que uma doença sistêmica afeta os rins. Uma ampla variedade de processos não totalmente compreendidos pode levar a anormalidades histológicas na região mesangial, espaço subepitelial (o lado urinário da membrana basal do capilar glomerular), espaço subendotelial (lado vascular da membrana basal glomerular) ou qualquer combinação das regiões acima dentro do glomérulo. Esses padrões distintos de lesão constatados em biópsias renais formam a base da classificação dessas doenças e orientam a terapia. Como certas vasculites sistêmicas podem causar inflamação em pequenos vasos, freqüentemente os pequenos vasos dos rins e os capilares glomerulares são alvo de inflamação vascular e podem ser reconhecidos na biópsia renal.

Clinicamente, presença de doença glomerular deve ser levada em conta quando houver proteinúria; deve-se suspeitar de glomerulonefrite e vasculite quando estiverem presentes hematúria e/ou proteinúria. Assim, a abordagem do paciente com possível doença glomerular deve começar com avaliação da excreção de proteínas na urina e exame microscópico da urina para detecção de hemácias dismórficas e/ou cilindros eritrocitários.

II. PROTEINÚRIA. Embora determinadas doenças, como nefrite intersticial, possam causar proteinúria, tipicamente a quantidade de proteinúria não-glomerular é menor que 1 g na coleta de urina de 24 horas, enquanto clínica e terapeuticamente, doenças glomerulares relevantes estão relacionadas a proteinúria maior que 1,5 a 3 g por dia. O clínico deve avaliar a presença e o grau da proteinúria a fim de detectar possível doença glomerular.

A. Avaliação da proteinúria. São utilizados diversos métodos para avaliar a presença e o grau de proteinúria:
1. Coleta de urina de 24 horas. Quando realizada adequadamente, coleta de urina de 24 horas fornece mensuração mais precisa da proteína urinária excretada. O método envolve esvaziar a bexiga e desprezar a primeira urina da manhã, em seguida coletar toda a urina das 24 horas subseqüentes, inclusive a primeira urina da manhã do dia seguinte. A urina deve ser refrigerada durante o período de coleta. Se isso não for possível, pode-se adicionar uma xícara de vinagre ao recipiente da coleta. Para garantir coleta adequada, deve-se obter o total de creatinina excretada em 24 horas na mesma amostra. Em mulheres em

condições de equilíbrio da função renal, a excreção urinária de 24 horas de creatinina deve ser igual a cerca de 15 a 20 mg por kg de peso corporal ideal; em homens, a excreção deve estar entre 18 a 25 mg por kg de peso corporal ideal.
2. **Teste de urina com fita reagente (*dipstick*).** Como teste rápido para detectar a presença de albuminúria, as fitas reagentes (*dipsticks*) disponíveis comercialmente podem fornecer ao clínico uma estimativa geral da presença e do grau da proteinúria. A quantificação da proteinúria, no entanto, deve ser realizada usando coleta de urina de 24 horas ou, alternativamente, coletas múltiplas de amostra de urina para cálculo da relação proteína/creatinina.
3. **Teste urinário com ácido sulfossalicílico.** Teste de urina com fita reagente detecta albuminúria, mas não proteínas de menor peso molecular, como as cadeias leves de imunoglobulina. Teste de urina com ácido sulfossalicílico (ASS) detecta a presença de todas as proteínas na urina, incluindo as cadeias leves. Esse teste é particularmente útil em pacientes com insuficiência renal crônica de etiologia desconhecida, sem anormalidades na urinálise e com pouca ou nenhuma proteína detectada em exames com fita reagente. Teste com ASS positivo indica a presença de proteínas não-albumínicas na urina, levando a uma investigação mais aprofundada quanto a doenças de deposição de cadeias leves, mais freqüentemente relacionadas com mieloma múltiplo.
4. **Relação proteína/creatinina urinária.** Pode-se usar a medida da relação proteína/creatinina urinária em amostra da primeira urina da manhã para rápida avaliação de proteinúria, e ela pode ser útil como substituta de repetidas coletas de urina de 24 horas para avaliação da resposta à terapia. Excreção normal de proteína na urina de 24 horas em adultos pode variar de 30 a 130 mg, ao passo que crianças e adolescentes podem excretar cerca de duas vezes esse valor. Supondo-se que a média dos indivíduos excreta aproximadamente 1 g de creatinina por dia, as relações normais de proteína/creatinina em amostras urinárias aleatórias geralmente ficam abaixo de 0,2 (mg de proteína por mg de creatinina), ao passo que valores maiores que 3 sugerem a presença de proteinúria na faixa nefrótica. Essa taxa não deve ser usada como substituto de uma primeira coleta de urina de 24 horas em casos em que há suspeita de glomerulonefrite ou em casos em que a produção de creatinina é possivelmente maior do que 1 g por dia (por exemplo, em indivíduos com grande massa muscular).

B. **Classificação da proteinúria.** Conforme mencionado acima, diversas doenças não-glomerulares podem levar à proteinúria. Ao ser detectada, é importante identificar se ela é de origem glomerular ou não-glomerular, já que os tratamentos para essas doenças são dramaticamente diferentes. Em geral, a proteinúria pode ser classificada em três principais categorias:
1. **Proteinúria de alto fluxo (*overflow*).** Proteinúria de alto fluxo (*overflow*) é causada pela filtração de quantidade anormalmente grande de proteínas de pequeno peso molecular do soro (por glomérulos normais), que ultrapassa a capacidade de reab-

sorção dos túbulos normais. Rabdomiólise (mioglobinúria), hemólise intravascular (hemoglobinúria) e gamopatias monoclonais (como a doença da deposição de cadeias leves vista no mieloma múltiplo) são doenças relacionadas à proteinúria de alto fluxo. Avaliação da proteinúria de alto fluxo pode ser auxiliada pela eletroforese de proteínas urinárias (EFPU), que separa as proteínas urinárias em cinco picos com base nos pesos moleculares das proteínas, que são a albumina e as globulinas α_1, α_2, β e γ. Por exemplo, um pico anormal que ocorra na região γ (ou, menos comumente nas regiões α_2 ou β) sugere a presença de gamopatia monoclonal.

2. Proteinúria tubular. Em contraste com a proteinúria de alto fluxo, em que a reabsorção tubular é prejudicada por quantidade anormalmente grande de proteínas filtradas, a tubular é causada por lesões na região tubulointersticial dos rins, que leva à insuficiência na reabsorção de proteínas de pequeno peso molecular. Em circunstâncias normais, a pequena quantidade de proteínas urinárias é composta de proteínas filtradas do plasma (50%) e proteínas secretadas na urina a partir de células do trato urinário (50%). Entre as proteínas filtradas, estão pequenas quantidades de albumina (aproximadamente 15% do total de proteínas urinárias), imunoglobulinas (5%), cadeias leves (5%), β_2-microglobulinas (<0,2%) e outras proteínas plasmáticas (25%). A proteína tubular mais prevalente (e a mais abundante na urina normal) é a proteína de Tamm-Horsfall, que entra na urina após síntese nas células tubulares do ramo ascendente da alça de Henle e é secretada na urina. Em caso de lesão tubulointersticial, as proteínas tanto filtradas quanto secretadas são encontradas na urina em quantidades aumentadas de até 1 a 2 g por dia. Aumentos na proteinúria tubular podem ocorrer por três mecanismos. No primeiro, os túbulos lesados não conseguem reabsorver as proteínas de pequeno peso molecular, normalmente alteradas pelos glomérulos, como as β_2-microglobulinas. No segundo, os componentes das microvilosidades (*brush border*) e enzimas celulares como N-acetilglucosamina e lisozima são secretados na urina em caso de lesões tubulares. Por último, quantidades aumentadas de proteína de Tamm-Horsfall podem ser secretadas na urina por células tubulares lesadas do ramo ascendente da alça de Henle e do néfron distal. Quando a fonte de proteinúria não é identificada, deve-se utilizar a eletroforese de proteínas urinárias (EFPU) e a imunoeletroforese (IEF) para ajudar no diagnóstico. Na proteinúria glomerular, a EFPU mostra mais albumina primária do que globulinas, ao passo que a proteinúria tubular mostra predominância de proteínas de pequeno peso molecular. IEF pode quantificar melhor essa distinção se não houver pico definitivo na EFPU. Uma relação albumina urinária-β_2-microglobulina de 10 para 1 indica proteinúria tubular, em contraste com a proteinúria glomerular, em que essa proporção ultrapassa 1.000 para 1. Por comparação, na urina normal a relação albumina-β_2-microglobulina varia de 50 para 1 a 200 para 1.

3. **Proteinúria glomerular.** Proteinúria glomerular resulta de lesão no glomérulo, levando a aumento nas proteínas filtradas. Essa lesão pode resultar em alterações nas propriedades seletivas de tamanho da membrana basal glomerular, permitindo a passagem de proteínas de maior peso molecular ou até mesmo de células (como na glomerulonefrite crescêntica), ou pode resultar em mudanças nas propriedades seletivas de carga da membrana basal glomerular, permitindo ultrafiltração de albumina de carga negativa (como na glomerulopatia de lesões mínimas). Lesão glomerular pode levar à combinação de deficiências na seletividade tanto de tamanho quanto de carga (como na nefropatia diabética). Finalmente, lesão mesangial também pode induzir proteinúria por mecanismos ainda não conhecidos, talvez por interferir nas funções normais do *clearance* mesangial.

   Conforme já descrito, proteinúria glomerular é identificada pela preponderância de albumina com relação a proteínas de menor peso molecular. Geralmente, quanto maior o grau de proteinúria, pior o prognóstico renal. Nesse aspecto, proteinúria na faixa nefrótica, definida por proteinúria significativa, maior que 3,0 a 3,5 g por dia, freqüentemente requer intervenção terapêutica específica baseada na doença subjacente.

4. **Outras proteinúrias.** Embora a maioria das formas de proteinúria possa ser classificada em fontes de alto fluxo, tubular ou glomerular, existem mais duas causas de proteinúria que não se enquadram nessas categorias. Proteinúria ortostática benigna é uma proteinúria de menos de 1 g por dia sem outras anormalidades urinárias; é tipicamente encontrada em adolescentes altos. Quando se realizam coletas de urina em separado (uma coleta de 12 horas durante a noite e uma coleta de 12 horas durante o dia), a proteína é encontrada apenas na coleta durante o dia. Essa condição é considerada benigna e freqüentemente desaparece na idade adulta; entretanto, pequena proporção de indivíduos afetados desenvolve doença renal manifesta na idade adulta. Proteinúria pode ocorrer com insuficiência cardíaca, febre ou exercícios intensos. Ela é temporária e desaparece em horas após a cessação dos exercícios ou com a recuperação após o processo de doença. A Tabela 9.1 lista as causas mais comuns de proteinúria não-glomerular.

C. **Avaliação clínica da proteinúria.** A abordagem clínica de um paciente com proteinúria identificada em exame aleatório (como teste com fita reagente ou medida de proteína em amostra de urina coletada) deve ser orientada de modo a avaliar a presença de lesão renal concomitante e o potencial de desenvolvimento de lesão renal futura. Deve-se fazer a mensuração da proteína em amostra de urina de 24 horas e da creatinina sérica, e a urina deve ser analisada para detectar a presença de hemáceas e cilindros (descritos em III.A). Se a função renal estiver normal, não houver presença de hemáceas e a proteinúria for menor que 200 mg por dia, o dano renal acarretado por uma potencial doença glomerular de baixo grau é mínimo, e o risco de lesão renal futura é baixo se não houver diabetes e/ou hipertensão. Proteinúria na faixa de 200 mg por dia a 2 g por dia sem hematúria e com função renal normal pode ser causada por lesões glomerulares, mas é mais provável

Tabela 9-1 Causas comuns da proteinúria não-glomerular.

Alto fluxo (*Overflow*)	Tubular	Outras
Rabdomiólise	Rim policístico	Proteinúria ortostática benigna
Hemoglobinúria	Pielonefrite	Proteinúria transitória (insuficiência cardíaca, febre, exercícios intensos)
Gamopatia monoclonal (doença de depósito e cadeias leves)	Obstrução	
	Refluxo ureterovesical Medicamentos (exposição crônica ao lítio, nefropatia por analgésicos, aminoglicosídeos) Defeitos metabólicos (oxalose, cistinose, hipercalcemia, hipercalciúria, hiperuricemia) Metais pesados (chumbo, mercúrio, cádmio)	

que esteja relacionada a anormalidades tubulares; deve-se direcionar a investigação adequadamente, porque doença glomerular nesse cenário clínico tem bom prognóstico se a pressão sanguínea for adequadamente controlada.

Proteinúria maior que 2 a 3 g por dia necessita melhor avaliação para verificar a presença de lesão glomerular, independentemente da função renal. Essa avaliação está descrita na seção IV. Quando há presença de cilindros eritrocitários ou hemácias dismórficas, independentemente do grau de função renal ou proteinúria, deve-se proceder a mais avaliações para verificar a presença de glomerulonefrite ou vasculite.

III. HEMATÚRIA. O achado patognomônico da lesão glomerular é a presença de hemácias dismórficas ou cilindros eritrocitários na urina. Esse achado é indicador de lesão capilar glomerular e limita significativamente o diagnóstico diferencial. Contudo, deve-se ter o cuidado de descartar outras causas de hematúria na presença de hemácias não dismórficas sem a presença dos cilindros (típicas de anormalidades do trato uritnário inferior), além da presença de hematúria constatada em testes com fita reagente que na verdade pode ser positiva devido a presença de mioglobinúria ou hemoglobinúria.

A. **Avaliação e classificação da hematúria.** Avaliação inicial é tipicamente provocada por hematúria macroscópica ou por achados incidentais em teste com fita reagente. Similarmente à avaliação de proteinúria, a hematúria pode ter a ver com distúrbio glomerular ou com fonte não-glomerular. Deve-se suspeitar de sangramento glomerular se houver presença de hemácias dismórficas, cilindros eritrocitários (hemáticos) e proteinúria.

Hematúria não-glomerular caracteriza-se pela presença de eritrócitos isomórficos urinários sem cilindros eritrocitários ou proteinúria significativa. Hematúria secundária a causas não-glomerulares pode ser diferenciada pelo teste das três amostras. Nesse procedimento, coletam-se amostras do primeiro jato, jato médio e jato final de urina (10 a 15 ml cada) em três recipientes separados. É provável que o local de sangramento seja a uretra se a hematúria predominar na amostra inicial, enquanto sugere-se que ele seja originário da bexiga se a hematúria predominar na amostra final. Suspeita-se de fontes ureterais e renais se a hematúria estiver presente em todas as três amostras coletadas.

B. **Avaliação clínica da hematúria.** Avaliação inicial do paciente com hematúria macroscópica ou microscópica deve-se concentrar na diferenciação das causas glomerulares das não-glomerulares.

Tabela 9-2 Doenças sistêmicas que causam lesão glomerular e apresentação clínica nefrítica.

Doença	Exemplos específicos	Achados laboratoriais
Infecções	Hepatite C (B menos comumente)	C3 baixo, Hep C An[2], Hep C viral PCR, crioglobulinas
	GN pós-estreptocócica	C3 baixo, antiestreptolisina An
	Endocardite bacteriana	C3 baixo, culturas de sangue positivas
	Infecção MRSA[1]	C3 baixo, culturas de sangue positivas
Vasculite	LES	C3 baixo, ANA, anti-DNA
	Granulomatose de Wegener	c-ANCA
	Síndrome de Goodpasture	Anti-MBG An
	Síndrome de Churg-Strauss	p-ANCA
	Púrpura de Henoch-Shonlein	IgA em biópsia de pele
	Poliarterite nodosa	ANCA em 20% (c- ou p-ANCA)
	Crioglobulinemia mista	Fator reumatóide, C4 baixo
Microangiopatia trombótica	Crise renal esclerodérmica	Anti-Sscl-70
	Púrpura trombocitopênica trombótica	Plaquetas baixas, hemólise
	Síndrome hemolítica urêmica	
	Hipertensão maligna	Plaquetas baixas, hemólise, enterite por *E. coli*

[1] Infecção por *Staphylococcus aureus* resistente à meticilina.
[2] NT: Anormal.

Se a microscopia sugerir causa glomerular, com hemácias dismórficas e cilindros eritrocitários, os pacientes devem ser melhor avaliados para verificação de disfunção renal e glomerulonefrite, conforme descrito na seção IV.C. Hematúria não-glomerular requer tipicamente a avaliação da possibilidade de malignidade urogenital, infecção, cálculos ou doença cística. Nesse aspecto, o histórico e a revisão de sistemas devem enfocar a freqüência e natureza da hematúria (macroscópica ou microscópica), dores, queimação ao urinar, aumento da freqüência miccional, febre, perda de peso e eliminação de cálculos. Medicamentos que podem levar à hematúria devem ser revistos, incluindo contraceptivos orais e analgésicos, particularmente em pacientes com diabetes. Outras causas da hematúria, incluindo trauma, distúrbios da coagulação e história familiar de doenças renais, devem ser avaliadas. Exame físico pode identificar certas causas de hematúria, como sopros renais sugestivos de fístulas arteriovenosas; próstata aumentada ou nódulos sugestivos de hipertrofia, prostatite ou malignidade; ou rins aumentados à palpação abdominal, sugestivos de doença renal policística.

Avaliação diagnóstica da hematúria não-glomerular deve incluir cultura de urina para detecção de infecção bacteriana e, caso se suspeite, infecção micobacteriana e por micoplasma. Excluída a possibilidade de ITU, a anatomia do trato urinário deve ser avaliada por meio de diagnósticos por imagem radiológica ou visualização direta para descartar malignidade, litíase e doença renal hereditária. O trato urinário superior (rins e ureteres) pode ser avaliado por meio de ultra-som renal, tomografia computadorizada (TC) ou urografia excretora, enquanto o trato urinário inferior (bexiga e uretra) é mais bem avaliado pela cistoscopia. Citologia urinária pode servir como exame adicional para verificação de celularidade anormal sugestiva de malignidade urogenital. A critério de um urologista, uma combinação dos exames acima deve ser realizada no paciente com hematúria não explicada.

Na presença de taxa de filtração glomerular (TFG) normal ou quase normal, a urografia é o procedimento diagnóstico radiológico mais útil para determinação da anatomia renal. Ela revela a presença de cistos renais (hereditários e adquiridos), cálculos, necrose papilar, rim esponjo medular, tumores renais, pélvicos e ureterais e estreitamentos ureterais. Em caso de estudo urográfico não conclusivo, a cistoscopia pode ser realizada para examinar mais definitivamente a bexiga para detecção de tumores ou cistite infecciosa (inflamatória/intersticial), e a uretra para detecção de uretrite, estreitamentos ou ambos. Exame cistoscópico não conclusivo pode ser seguido, se indicado clinicamente, de arteriografia para verificar a possibilidade de a hematúria ser secundária a varizes ou aneurismas ureterais, malformações arteriovenosas ou síndrome da hematúria com dor lombar.

IV. HEMATÚRIA E/OU PROTEINÚRIA GLOMERULAR.
Se a avaliação da hematúria e/ou proteinúria levar o clínico a considerar uma doença glomerular como etiologia mais provável, informações clínicas adicionais podem auxiliar na classificação do distúrbio renal antes da realização de exames invasivos. Embora seja freqüentemente difícil prever o padrão histológico da lesão em um paciente com doença glomerular, pode-se investigar se existe um padrão de lesão que possa ser separado com base em duas apresentações clínicas gerais – síndrome nefrítica e síndrome nefrótica – para auxiliar os exames sorológicos.

A. **Síndrome nefrítica.** Essa síndrome clínica apresenta tipicamente achados clínicos de hematúria, proteinúria e hemácias dismórficas e/ou cilindros eritrocitários. Proteinúria pode variar de 200 mg por dia a proteinúria intensa (maior que 10 g por dia).

Clinicamente, ela é acompanhada de hipertensão e edema. Insuficiência renal é comum e tipicamente progressiva. O termo "glomerulonefrite rapidamente progressiva" refere-se a doenças com síndrome nefrítica que levam à rápida deterioração da função renal, definida como duplicação da creatinina sérica ou uma diminuição de 50% na taxa de filtração glomerular durante três meses ou menos.

B. Síndrome nefrótica. Essa síndrome clínica também apresenta proteinúria e edema, mas, diferentemente da síndrome nefrítica, a proteinúria é a característica mais evidente (maior que 3,6 g por 1,73 m^2 por dia). Hemácias dismórficas e cilindros eritrocitários estão tipicamente ausentes (há exceções: glomeruloesclerose segmentar e focal [GESF] e nefropatia por IgA, condições que geralmente apresentam proteinúria nefrótica e também podem apresentar hematúria). São características adicionais da síndrome nefrótica a hipercolesterolemia e a hipoalbuminemia (albumina sérica menor que 3,0 mg/dl).

Doenças que causam a síndrome nefrótica podem levar à lesão renal progressiva crônica, mas são tipicamente mais indolentes do que doenças que levam à síndrome nefrítica.

Depois de identificado o padrão clínico, o médico deve verificar se existe um processo sistêmico que esteja causando proteinúria. As Tabelas 9-2 e 9-8 listam doenças sistêmicas que apresentam as síndromes nefrítica e nefrótica, respectivamente, e também destacam achados laboratoriais importantes que podem ajudar no diagnóstico inicial.

Na ausência de evidências de doença sistêmica, o clínico deve investigar doenças glomerulares primárias (ou isoladas) no diagnóstico diferencial. Histologicamente, essas doenças primárias não se distinguem do padrão de lesão visto em doenças sistêmicas. Glomerulopatias primárias são identificadas pelo padrão histológico definido por microscopia óptica, reação de imunofluorescência para imunoglobulinas e características e localização dos depósitos imunes via microscopia eletrônica. Doenças glomerulares primárias estão listadas na Tabela 9-4, com os achados histológicos de destaque na biópsia que definem o distúrbio.

C. Avaliação clínica da doença glomerular
   1. Síndrome nefrítica. Em casos em que a síndrome nefrítica é a apresentação clínica predominante, recomenda-se a investigação de doenças sistêmicas. Histórico e exame físico devem concentrar-se, particularmente, na avaliação de erupções, doenças pulmonares, anormalidades neurológicas, evidências de infecção viral ou bacteriana e anormalidades musculoesqueléticas e hematológicas. Avaliação laboratorial deve ser adequada aos achados clínicos no histórico e exame físico. Inicialmente deve-se obter um hemograma completo, coleta de urina de 24 horas para mensuração da proteína *clearance* de creatinina e exames de função hepática. Níveis de complemento sérico (C3) são frequentemente úteis clinicamente para auxiliar no diagnóstico de doença renal específica (Tabela 9-6).

   Devem-se planejar mais avaliações laboratoriais com base nesses achados, que podem incluir titulação de antiestreptolisina (ASO), anticorpo antinuclear (ANA), anticorpos citoplasmáticos antineutrofílicos (ANCA), crioglobulinas e/

Tabela 9-3 Doenças sistêmicas que causam lesão glomerular e apresentação clínica nefrótica.

Estado de doença	Etiologias comuns	Achados laboratoriais
Infecções	Hepatite B (C, menos comum) HIV Sífilis	Hep B SAg, Hep B eAg HIV An RPR
Doenças crônicas	Diabetes	HgbAlc, glicose sanguínea elevados
	Amiloidose	EFPU/IEF (quando relacionada a cadeias leves)
	Anemia falciforme Obesidade	Eletroforese de hemoglobina
Malignidades	Mieloma múltiplo Adenocarcinoma (mais comuns no pulmão, mama, cólon) Linfoma	EFPS, EFU Exames anormais de câncer (normalmente massa tumoral clinicamente evidente)
Reumatológicos	Lúpus eritematoso sistêmico Artrite reumatóide Doença do tecido conjuntivo misto	ANA, anti-dsDNA An Fator reumatóide Anti-RNP An
Medicamentosos	AINEs Bucilamina Penicilamina Lítio Ampicilina Captopril Probenecid Ouro	

ou anticorpo anti-MBG. Essas primeiras avaliações podem fornecer um diagnóstico provável e devem levar o clínico a uma intervenção terapêutica apropriada, enquanto aguarda os resultados da biópsia renal, que não deve ser substituída por essas avaliações laboratoriais. Somente com um diagnóstico de tecido que confirme os achados clínicos e forneça informação quanto à exatidão e cronicidade do processo da doença é que uma doença glomerular pode ser tratada adequadamente.

2. **Síndrome nefrótica.** Identificada proteinúria significativa, com ou sem outras características da síndrome nefrótica, suas causas secundárias devem ser investigadas. Histórico e exame físico devem avaliar a presença de infecções virais e bacterianas, malignidades (particularmente pulmão, mamas e linfonodos), doenças crônicas (como diabetes), devendo-se rever medicamentos para verificar seu potencial de causar proteinúria glomerular. Avaliação laboratorial abrange inicialmente hemograma, eletrólitos, coleta de urina de 24 horas para avaliação da proteinúria e do *clearance* de creatinina, exames de função hepática e lipidograma. Avaliação posterior pode incluir sorologia para hepatites e vírus da

Tabela 9-4 Doenças glomerulares primárias definidas por histologia.

Nefríticas	Achados histológicos	Nefróticas	Achados histológicos
Vasculite limitada aos rins / poliangeíte microscópica	Lesões capilares necrotizantes, crescentes; IF, ME negativos	Glomerulonefrite de lesões mínimas	Microscopia óptica, fusão de pedicelos em ME
Doença por anticorpos antimembrana glomerular	Depósitos lineares de IgG ao longo da membrana basal glomerular	Nefropatia membranosa	*Spikes* subepiteliais na microscopia óptica, IF, ME
Crioglobulinemia essencial	Fibrilas à microscopia eletrônica	Glomerulonefrite membranoproliferativa	Matriz mesangial espessada, duplo contorno da membrana basal glomerular, depósitos granulares de C3 na IF
		Glomeruloesclerose segmentar e focal	Esclerose em segmentos dos glomérulos, C3 em áreas de esclerose na IF
		Nefropatia por IgA	IgA no mesângio na IF
		Glomerulonefrite fibrilar	Depósitos fibrilares no mesângio, IF negativa para vermelho-congo

Tabela 9-5 Abordagem clínica da glomerulonefrite baseada em nível de complemento sérico.

Nível baixo de complemento sérico		Nível normal de complemento sérico	
Doenças sistêmicas	*Doenças renais primárias*	*Doenças sistêmicas*	*Doenças renais primárias*
LES	Glomerulonefrite pós-estreptocócica	Poliarterite nodosa	Nefropatia por IgA
Endocardite bacteriana subaguda	Glomerulonefrite membranoproliferativa (GNMP) Tipo 1 Tipo 2	Vasculite por hipersensibilidade	Glomerulonefrite idiopática rapidamente progressiva (doença antimembrana basal glomerular, glomerulonefrite pauci-imune, doença por complexo imune)
Nefrite por "*shunt*" (ou endocardite infecciosa)		Granulomatose de Wegener Púrpura de Henoch-Schonlein Síndrome de Goodpasture Abscesso visceral	
Crioglobulinemia			

(Adaptado de Madaio MP, Harrington JT. Current concepts. The diagnosis of acute glomerulonephritis. *N Eng J M* 1983;309:1299, com autorização.)

Tabela 9-6 Classificação histológica da glomerulonefrite crescêntica (ou rapidamente progressiva).

Imunofluorescência linear	Imunofluorescência granular	Imunofluorescência ausente (pauci-imune)
Doença de Goodpasture	LES	Vasculite relacionada a ANCA: granulomatose de Wegener, síndrome de Churg-Strauss, poliangeíte microscópica
Doença anti-MBG	Púrpura de Henoch-Schonlein, nefropatia por IgA Crioglobulinemia	

imunodeficiência humana (HIV), ANA, sorologia para sífilis e eletroforese sérica e urinária. Deve-se realizar biópsia renal em todos os casos em que não exista causa evidente ou para determinar a extensão da doença renal, de modo a orientar a terapia ou o prognóstico.

V. TERAPIA PARA GLOMERULONEFRITES. O tratamento de doenças sistêmicas que causam lesão glomerular secundária está mudando rapidamente (por exemplo, novas terapias antivirais para HIV e hepatite B e C e experimentos clínicos usando regimes quimioterapêuticos para malignidades e vasculites), portanto, incentiva-se o leitor a consultar recentes revisões da literatura sobre doenças específicas para conhecer as estratégias de tratamento atuais para essas doenças sistêmicas. Este capítulo revê o tratamento das doenças sistêmicas mais freqüentes que causam lesão glomerular.

O tratamento das glomerulopatias pode ser abordado por meio do tratamento não-específico da síndrome nefrótica e proteinúria, e por meio de terapias imunomoduladoras para doenças glomerulares específicas e vasculites.

A. Tratamento não-específico da síndrome nefrótica e proteinúria. Quatro estratégias gerais de tratamento devem ser analisadas para o paciente com síndrome nefrótica: tratamento do edema, da proteinúria, da hiperlipidemia, de hipercoagulabilidade.

O tratamento do edema deve inicialmente enfocar restrição de sódio e os diuréticos. Tiazidas são uma opção de tratamento razoável para pacientes com edema leve e função renal normal; porém, a maioria dos pacientes irá necessitar de diuréticos de alça, como furosemida, para o balanço adequado do sódio. A pedra de toque do controle da proteinúria é a inibição do sistema de renina-angiotensina, usando inibidores da enzima conversora da angiotensina (iECAs) ou bloqueadores do receptor da angiotensina (BRAs). Com o uso desses medicamentos, a pressão intraglomerular é reduzida devido à vasodilatação arteriolar eferente, resultando assim em quantidade reduzida de proteína filtrada. No diabetes, os iECAs têm provado eficácia na desaceleração do desenvolvimento da nefropatia diabética manifesta em pacientes com diabetes tipo 1 e microalbuminúria (30 a 300 mg por dia) e na redução da incidência de insuficiência de renal terminal (IRCT) e da mortalidade em geral em pacientes com diabetes tipo 1 e nefropatia diabética estabelecida (excreção urinária de proteína maior que 300 mg por dia).

BRAs têm demonstrado benefícios semelhantes em pacientes com diabetes tipo 2 com microalbuminúria ou nefropatia estabelecida. Em doenças renais proteinúricas não-diabéticas, os iECAs também reduzem significativamente o risco de desenvolvimento de IRCT.

Ainda não se conhece a dose terapêutica mínima de um agente único e o papel da combinação de iECAs e BRAs no tratamento da proteinúria significativa e progressão da doença renal. Proteinúria também pode ser reduzida baixando-se a pressão arterial média do paciente a níveis menores que 92 mmHg, independentemente da classe de agentes anti-hipertensivos usada para alcançar esse objetivo.

Finalmente, sugere-se restrição de proteína na dieta na faixa de 0,6 a 0,8 g por kg por dia para diminuir a taxa de perda de função renal e como mais uma forma de diminuir a proteinúria. Ainda há necessidade de estudos de longo prazo sobre segurança nutricional para que esta estratégia seja defendida em pacientes, particularmente aqueles com proteinúria intensa (i.e., mais de 10 g por dia).

O controle da hiperlipidemia freqüentemente pode ser acompanhado do uso de inibidores da HMG-CoA redutase ou agentes como a gemfibrozila. O problema da anticoagulação surge devido a um estado hipercoagulável induzido por proteinúria nefrótica. Perdas de proteína incluem a perda de fatores antitrombóticos, como a antitrombina III, levando a aumento da freqüência de trombose da veia renal e, menos comumente, trombose arterial ou êmbolos pulmonares. Anticoagulação de longo prazo pelo tempo de duração da síndrome nefrótica é recomendada para pacientes com episódios tromboembólicos documentados. Ainda há debate em torno da anticoagulação profilática para todos os pacientes com síndrome nefrótica.

B. **Terapias para doenças glomerulares específicas.** O tratamento específico das glomerulopatias pode ser iniciada após biópsia renal. Histologicamente, as glomerulopatias associadas a síndrome nefrótica dividem-se em cinco categorias gerais: glomerulopatia de lesões mínimas, nefropatia membranosa, glomerulonefrite proliferativa mesangial (GNPM), glomeruloesclerose segmentar e focal e nefropatia por IgA.

Na biópsia renal, glomerulopatias com apresentação clínica nefrítica tipicamente mostram rompimento da membrana basal glomerular com formação celular crescêntica no espaço de Bowman, (glomerulonefrite crescêntica). Essas glomerulopatias geralmente se enquadram em três categorias histológicas definidas por padrões de imunofluorescência com depósitos imunes dentro do glomérulo (Tabela 9-6): imunofluorescência linear, granular e ausente. Essa categorização é uma generalização, uma vez que formas agressivas de nefropatia por IgA e GNMP podem mostrar-se nefríticas e estar associadas com crescentes glomerulares.

1. **Glomerulopatia de lesões mínimas.** Aproximadamente 15% dos casos de síndrome nefrótica idiopática em adultos e 85% em crianças devem-se a glomerulopatia de lesões mínimas (GLM). Microscopia óptica é normal e, em combinação com achados da fusão dos processos podais na microscopia eletrônica, é diagnóstica de GLM na biópsia renal. Depósitos de IgM podem ser vistos no mesângio na imunofluorescência, o que pode sugerir prognóstico pior. Além do tratamento conservador da síndrome nefrótica, prednisona em alta dosagem (1 mg por kg, máximo de 80 mg) é usada como terapia básica por pelo menos 12 semanas. Mais de 90% das crianças com GLM terão remissão completa da proteinúria dois meses após início da terapia com corticosteróides; em adultos esse percentual é aproximadamente de 50% a 60%. Prolongar o tratamento com prednisona em altas doses para 5 a 6 meses aumenta a taxa de remissão total para 80%. A prednisona deve ser então diminuída lentamente por aproximadamente quatro meses. Para casos de recidiva e casos em que não se consegue diminuir a dose dos corticosteróides (cortico-dependência), aumento aos níveis anteriores dos esteróides com ou sem acréscimo de agentes citotóxicos (ex., ciclofosfamida ou clorambucil), ciclosporina A ou possivelmente micofenolato mofetil, pode ser eficaz.
2. **Nefropatia membranosa.** Aproximadamente 30% a 40% dos casos de síndrome nefrótica idiopática em adultos devem-se a nefropatia membranosa. Tipicamente, essa doença é lentamente progressiva e, freqüentemente, os pacientes podem ter remissão espontânea, particularmente mulheres. Entretanto, certos pacientes sofrem alto risco de lesão renal progressiva. Fatores de risco clínicos relativos à progressão incluem proteinúria intensa, maior que 8 g por dia, hipertensão, TFG diminuída (creatinina maior que 1,2 para mulheres, maior que 1,4 para homens), gênero masculino e fibrose tubulointersticial maior que 20% na biópsia renal. Para esses pacientes, esteróides combinados com um agente citotóxico (clorambucil ou ciclofosfamida) alternadamente por seis meses parecem ser mais eficazes em induzir remissão parcial ou completa do que o tratamento apenas com esteróides. Dados preliminares sugerem que a terapia com micofenolato também pode ser eficaz no tratamento de pacientes com risco baixo a moderado.
3. **GNMP.** GNMP idiopática pode ser classificada em tipo I (mediada por imunocomplexo) e tipo II (considerada como sendo mediada por complemento). Ambos os tipos, entretanto, parecem similares à microscopia óptica com expansão da matriz mesangial. À microscopia eletrônica, a GNMP tipo II mostra depósitos eletrodensos na MBG diferentemente dos depósitos eletrodensos subepiteliais vistos na GNMP tipo I. Juntas, essas entidades constituem 5% das síndromes nefróticas idiopáticas em adultos e tendem a apresentar prognóstico renal ruim. Dos pacientes com GNMP tipo I e proteinúria nefrótica, 60% vão progredir para IRCT em dez anos. Infelizmente, não existe terapia estabelecida para GNMP. Apesar dos dados conflitantes com respeito a sua eficiência, prednisona de longo prazo em

dias alternados é a terapia de preferência atualmente, particularmente para crianças e adolescentes. Em qualquer caso de GNMP, devem-se investigar meticulosamente causas secundárias, porque doenças como infecção bacteriana crônica, hepatite C e crioglobulinemia, bem como leucemias e linfomas, têm terapias que podem levar à remissão da doença renal.

4. **Glomeruloesclerose segmentar e focal.** Aproximadamente 20% dos casos de síndrome nefrótica idiopática em adultos devem-se a glomeruloesclerose segmentar e focal (GESF). GESF pode representar uma forma mais grave da glomerulonefrite de lesões mínimas (GLM) porque a fusão dos processos podais das células epiteliais glomerulares está presente à microscopia eletrônica. Diferentemente da GLM, porém, as áreas focais dentro dos rins apresentam esclerose em segmentos de glomérulos individuais. Antes considerada lesão renal não-tratável, evidências recentes sugerem que, com um tempo prolongado (pelo menos seis meses) de terapia com corticosteróides em alta dosagem, aproximadamente 30% dos pacientes conseguirão remissão da síndrome nefrótica. Os 70% restantes que não respondem a esteróides podem ocasionalmente alcançar remissão com agentes citotóxicos, como ciclosporina, ciclofosfamida ou clorambucil.

5. **Nefropatia por IgA (doença de Berger).** Nefropatia por IgA é a forma mais comum de glomerulopatia primária no mundo. Ela é particularmente prevalente na Ásia e Austrália (talvez devido a viés de amostragem resultante de taxa mais freqüente de biópsia nessas regiões) e rara em afro-americanos. Embora considerada geralmente como doença renal de progressão lenta, com a IRCT ocorrendo em 20% a 40% dos pacientes em 20 anos, uma minoria de pacientes pode sofrer glomerulonefrite rapidamente progressiva com formação de crescentes na biópsia. Ocasionalmente, ocorre insuficiência renal aguda reversível, particularmente em associação com hematúria macroscópica. O tratamento da nefropatia por IgA continua controverso porque nenhum regime terapêutico comprovou claramente ter eficácia. Alguns estudos defendem o uso de óleo de peixe para diminuir a progressão da insuficiência renal. Para doença crescêntica, prednisona em tratamento de curto prazo em altas doses pode ser benéfica. Uso de agentes citotóxicos, como ciclofosfamida, continua a ser investigado até o momento.

6. **Glomerulonefrite crescêntica com imunofluorescência linear.** Quando a glomerulonefrite é acompanhada de crescentes e a imunofluorescência para IgG demonstra um padrão linear de depósito ao longo dos capilares glomerulares na biópsia, presença de um auto-anticorpo antimembrana basal glomerular (anti-MBG) é a etiologia mais provável. Clinicamente, ela pode se apresentar como disfunção renal isolada (doença anti-MBG) ou como doença renal em conjunto com envolvimento pulmonar (síndrome de Goodpasture) com imunofluorescência para IgG da membrana basal dos capilares pulmonares. O tratamento desse distúrbio envolve a combinação de corticosteróides em altas doses, terapia com ciclofosfamida e plas-

maférese para remover o anticorpo anti-MBG. Pacientes que apresentam oligúria têm prognóstico renal ruim, mas ocasionalmente podem evitar diálise crônica com terapia agressiva e precoce.
7. Glomerulonefrite crescêntica com imunofluorescência granular. Nessa forma de glomerulonefrite, complexos imunes depositam-se dentro dos glomérulos de maneira não-linear, dando a aparência de "torrões e grumos" quando corados por marcadores imunofluorescentes. Entre as doenças nessa categoria histológica estão a GN pós-infecciosa (em que se revelam deposições de C3 e IgG no espaço subepitelial), púrpura de Henoch-Schonlein e, ocasionalmente, nefropatia por IgA (em que predominam depósitos de IgA no espaço mesangial), crioglobulinemia (em que o fator reumatóide IgM ou cadeias leves são identificados no espaço subendotelial) e lúpus eritematoso sistêmico (LES; em que C3, IgG, IgM, IgA e C1q estão presentes na imunofluorescência). Em geral, a terapia para glomerulonefrite mediada por complexos imunes inclui corticosteróides em altas doses e ciclofosfamida, particularmente para o tratamento de nefrite lúpica proliferativa difusa. Plasmaférese não comprovou benefício nessa classe de doenças renais, com exceção da crioglobulinemia.
8. Glomerulonefrite crescêntica, imunofluorescência ausente. Quando a glomerulonefrite crescêntica é acompanhada de lesões necrotizantes nos capilares sem a presença, na imunofluorescência, de depósitos imunes na biópsia renal, o diagnóstico diferencial de doenças "pauci-imunes" é investigado. Essas doenças são geralmente consideradas como secundárias a anticorpos para enzimas lisossômicas de neutrófilos (ANCA). Foram identificados dois ANCAs. O anticorpo para mieloperoxidase (MPO) resulta em coloração perinuclear dos neutrófilos (p-ANCA), enquanto o anticorpo para proteinase-3 resulta em coloração citoplasmática dos neutrófilos (c-ANCA).

Ambas as doenças sistêmicas (como a granulomatose de Wegener, relacionada primariamente a c-ANCA; síndrome de Churg-Strauss, relacionada a c-ANCA ou p-ANCA; e poliarterite nodosa) e doença renal primária (poliangeíte microscópica) podem causar glomerulonefrite necrotizante pauci-imune. Não importa se sistêmicas ou primárias, essas doenças são tratadas com altas doses de esteróides e ciclofosfamida como terapia preferencial.

A terapia com ciclofosfamida oral parece ser mais eficaz do que a terapia endovenosa dessa droga. Oitenta por cento dos pacientes respondem à terapia e, diferentemente da doença anti-MBG, os pacientes podem não precisar mais de diálise, embora pacientes com creatinina sérica maior que 6 mg/dl na apresentação tenham menos probabilidade de responder do que pacientes com creatinina sérica mais baixa na época da apresentação.

VI. AS MICROANGIOPATIAS TROMBÓTICAS: LESÃO GLOMERULAR QUE SE APRESENTA CLINICAMENTE COMO GLOMERULONEFRITE. Entre os distúrbios sistêmicos que podem produzir apresentação clínica nefrítica estão algumas doenças que não são doenças inflamatórias clássicas nem vasculites. Doenças sistêmicas como escleroderma, púrpura trombocitopênica trombótica (PTT), síndrome hemolítica urêmica (SHU), hipertensão maligna e síndrome antifosfolípide (SAF) podem apresentar hematúria, hipertensão e proteinúria (embora geralmente menor que 1 a 1,5 g por dia), mas todas têm achados histológicos distintos das glomerulonefrites. Entre os achados histológicos comuns de biópsia renal na SHU, PTT e SAF incluem-se trombos em capilares glomerulares e arteríolas aferentes com necrose fibrinóide causados por lesão endotelial. Imunofluorescência é tipicamente negativa, com exceção da presença de fibrinogênio. Microscopia eletrônica é geralmente sem novidades, sem identificação de depósitos. Adicionalmente, hipertensão maligna e escleroderma podem causar proliferação subintimal nos vasos sanguíneos, levando à aparência de "casca de cebola" nas arteríolas. Microtrombos também podem estar presentes. O tratamento específico das microangiopatias trombóticas difere significativamente de outros distúrbios que levam à apresentação clínica nefrítica. Assim, um diagnóstico correto em lugar da terapia empírica é fundamental diante das circunstâncias de apresentação nefrítica. Para tratamento de hipertensão maligna e crise renal esclerodérmica, o controle da pressão sanguínea é de suma importância. Uso de iECAs é a terapia de primeira linha para quadros de escleroderma, uma vez que dados comprovam melhora na sobrevivência do paciente e dos desfechos renais usando essa forma de terapia. Na SHU, o quadro clínico é predominantemente de insuficiência renal aguda, trombocitopenia e hemólise resultante ou de verotoxina (de infecção gastrintestinal por *E. coli* 0157:H7) ou de causas secundárias, como reações idiossincráticas a medicamentos como ciclosporina e mitomicina, ou SHU pós-parto. A terapia é conservadora, com diálise e correção de eletrólitos e tratamento de anemia, com resultados razoáveis no curto prazo. Noventa por cento dos casos de SHU relacionados à diarréia recuperam-se totalmente, enquanto 5% morrem na fase aguda e 5% continuam com complicações renais e extra-renais graves. Acompanhamento de longo prazo demonstra TFG diminuída em 40% desses pacientes em dez anos. Para PTT, o quadro clínico compõe-se de um grupo de cinco sinais neurológicos, púrpura, febre, trombocitopenia, hemólise e insuficiência renal, que normalmente não coexistem, mas aparecem e desaparecem. Existem formas secundárias de PTT, com causas associadas a gravidez, malignidade e HIV. Entretanto, a causa mais comum de PTT primária é secundária à lesão endotelial e à liberação de multímeros do fator de von Willebrand (FVW) anormalmente grandes na microcirculação. Isso leva à agregação de plaquetas e formação de trombos. Para essa síndrome, a troca com plasma fresco congelado ou infusão é a intervenção terapêutica mais eficaz, embora o mecanismo de seu efeito benéfico ainda esteja sob investigação. A troca de plasma deve ser mantida até que a contagem de plaquetas e o nível sérico da enzima lactato-desidrogenase (LDH) tenham se normalizado. São necessárias tipicamente 7 a 16 trocas para induzir a remissão, seguidas de redução lenta da terapia. Terapias adicionais já descritas incluem terapias com prednisona em altas doses, vincristina e outros agentes quimioterápicos. O benefício dessas terapias não é bem conhecido. Em alguns pacientes, nos quais a troca de plasma é apenas temporariamente eficaz, pode ser necessário realizar esplenectomia.

LEITURAS SUGERIDAS

Contreras G, Roth D, Pardo V, Striker LG, Schultz DR. Lupus nephritis: a clinical review for practicing nephrologists. *Clin Nephrol* 2002;57(2):95-107.

Falk RJ, Nachman, PH, Hogan SL, Jennette JC. ANCA glomerulonephritis and vasculitis: a Chapel Hill perspective. *Semin Nephrol* 2000;20(3):244-255.

Jennette JC, Falk RJ. Diagnosis and management of glomerular diseases. *Med Clin North Am* 1997;81(3):653-677.

Kuhn K, Haas-Wohrle A, Lutz-Vorderburgge A, Felten H. Treatment of severe nephrotic syndrome. *Kidney Int* 1998;64(S):S50-53.

Madaio MP, Harrington JT. The diagnosis of glomerular diseases, acute glomerulonephritis and the nephrotic syndrome. *Arch Intern Med* 2001;161(1):25-34.

Schnaper HW. Idiopathic focal segmental glomerulosclerosis. *Semin Nephrology* 2003;23(2):183-193.

Tsai HM. Advances in the pathogenesis, diagnosis, and treatment of thrombotic thrombocytopebic purpura. *J Am Soc Nephrol* 2003;14(4):1072-1081.

Capítulo **10**

O Paciente com Insuficiência Renal Aguda

Sarah Faubel, Charles L. Edelstein e Robert E. Cronin

I. DEFINIÇÃO E IDENTIFICAÇÃO DE INSUFICIÊNCIA RENAL AGUDA.
Insuficiência renal aguda (IRA) é uma redução súbita na taxa de filtração glomerular (TFG) que ocorre por um período de horas a dias e resulta em falha dos rins em excretar nitrogenados e manter a homeostase dos fluidos e eletrólitos. Clinicamente, é identificada por aumento na creatinina sérica e no nitrogênio uréico no sangue (NUS).

IRA pode ocorrer em pacientes com função renal anteriormente normal ou em pacientes com doença renal crônica (DRC); em qualquer dos casos, a abordagem clínica para descobrir e tratar a causa é a mesma.

A. Creatinina sérica como marcador de IRA e TFG. O nível normal de creatinina sérica é 0,6 a 1,2 mg/dL e é o parâmetro mais comumente usado para avaliar a função renal. Na prática e em experimentos clínicos com IRA, aumento na creatinina de 50% acima do nível normal ou aumento de 0,5 mg/dL são definições comumente usadas de IRA. Infelizmente, a correlação entre concentração de creatinina sérica e TFG pode ser confundida por vários fatores.
1. Excreção de creatinina depende da filtração glomerular e da secreção tubular proximal. Certos medicamentos, como trimetoprim, interferem com a secreção tubular proximal de creatinina e podem causar aumento na creatinina sérica sem queda na TFG (ver Tabela 10-1). Uma vez filtrada, a creatinina não pode ser reabsorvida.
2. Produção de creatinina depende da massa muscular. A massa muscular diminui com a idade e as doenças. Portanto, creatinina sérica de 1,2 mg/dL em paciente idoso com 40 kg, com câncer e perda de massa muscular, pode representar deficiência grave na TFG, enquanto creatinina sérica de 1,2 mg/dL em levantador de peso de 100 kg com grande massa muscular pode representar uma TFG normal.
3. Produção e excreção de creatinina devem estar em estado de equilíbrio antes que a creatinina possa ser usada em qualquer fórmula para cálculo da TFG. As fórmulas mais usadas para calcular a TFG são a de Cockcroft-Gault, a da modificação da dieta em doença renal ou *Modification of Diet in Renal Disease* (MDRD) e a MDRD modificada. Em estado de equilíbrio, a MDRD modificada é tão boa quanto a MDRD para estimar a função renal; ambas as equações são superiores à fórmula de Cockcroft-Gault. Depois de um acometimento agudo, podem ser necessários vários dias para excreção e produção de creatinina retornarem a um estado de equilíbrio. Por exemplo, se uma mulher de 60 kg, 30 anos de idade, com creatinina sérica de 1,0 mg/dL, perde repentinamen-

Tabela 10-1 Medicamentos que afetam a creatinina sérica sem afetar de fato a função renal.

Mecanismo e medicamento

Creatinina sérica aumentada pela inibição da secreção de creatinina
  Trimetoprim
  Cimetidina
  Probenecid
  Triamtereno
  Amilorida
  Espironolactona

Creatinina sérica aumentada devido a interferência na dosagem da creatinina
  Ácido ascórbico
  Cefalosporinas

---

te toda a função renal, sua creatinina sérica pode aumentar para 2,0 mg/dL depois de um dia apenas. Pela MDRD modificada, sua TFG é de 31 ml por minuto; pela equação de Cockcroft-gault, é de 39 ml por minuto, mas na verdade é zero.
  a. Fórmula de Cockcroft-Gault:

  $$TFG = \{([140 - \text{idade em anos}]) \times \text{massa corporal magra em kg}]/[\text{Cr sérica} \times 72]\} \times (0{,}85 \text{ se mulher})$$

  b. Fórmula MDRD:

  $$TFG, \text{ em ml/min por } 1{,}73 \text{ m}^2 = (170 \times (\text{Cr sérica}^{-0{,}999}) \times (\text{Idade}^{-0{,}176}) \times (NUS^{-0{,}170}) \times (\text{albumina sérica}^{+0{,}318}) \times (0{,}762, \text{ se mulher}) \times (1{,}180, \text{ se negro})$$

  Enquanto a Cr (creatinina) sérica e o NUS são dados em mg/dL; a albumina sérica é dada em g/dL.
  c. Fórmula MDRD modificada:

  $$TFG, \text{ em ml/min por } 1{,}73 \text{ m}^2 = 186{,}3 \times (\text{Cr sérica}^{-1{,}154}) \times (\text{Idade}^{-0{,}206}) \times (0{,}742, \text{ se mulher}) \times (1{,}21, \text{ se negro})$$

  d. *Clearance* de creatinina (CCr) dá uma melhor estimativa da TFG no quadro agudo do que as fórmulas acima listadas. Isso requer coleta de urina de 24 horas. As faixas normais de CCr são 120 ± 25 ml por minuto para homens e 95 ± 20 ml por minuto para mulheres.

  $$CCr = [\text{Creatinina urinária (mg/dL)} \times \text{Volume de urina (ml/24 h)}]/[\text{Cr sérica (mg/dL)} \times 1{,}440 \text{ min}]$$

B. **NUS como marcador de IRA e TFG.** O nível normal de NUS é 8 a 18 mg/dL. Aumento do NUS acompanha tipicamente aumento da creatinina sérica em quadros de IRA. A ureia é filtrada, mas não secretada. Aumento da reabsorção de ureia pelo túbulo proximal e transportadores de ureia sensíveis a AVP[1] no duto coletor ocorre em estados de depleção de volume. Nesse quadro, o NUS pode

---

[1] Angiotensina vasopressina (N. da T.).

subir sem que haja aumento de creatinina, resultando em uma proporção de NUS para creatinina sérica maior que 20 (veja seção IV.H.3).

Os níveis de NUS são afetados por múltiplos fatores não relacionados à TFG. Como a produção de NUS está relacionada ao metabolismo de proteínas, aumento do NUS sem declínio na TFG pode ocorrer em estados hipercatabólicos, sobrecarga protéica e na administração de esteróides. Por outro lado, NUS baixo pode estar presente em situação de TFG reduzida em pacientes que estão em dieta com baixo teor de proteína, gravemente desnutridos ou apresentam doença hepática.

C. **Distinguindo a insuficiência renal aguda da crônica.** Distinguir insuficiência renal aguda da crônica (IRC) pode ser um desafio. Achados laboratoriais como hiperfosfatemia, hipoalbuminemia e hipercalemia são fatores não confiáveis para isso e podem estar presentes em ambos os casos. Sintomas como náusea, vômitos e mal-estar também podem ocorrer na insuficiência renal aguda ou crônica. Entre os métodos potenciais para distinguir entre as duas estão os seguintes:
   1. **Prontuários antigos.** A maneira mais confiável de distinguir a insuficiência renal aguda da crônica é uma avaliação dos prontuários antigos. Aumentos de NUS ou creatinina sérica documentados meses antes e/ou histórico de doença renal sugerem que a insuficiência renal é crônica.
   2. **Rins pequenos (menos de 10 cm) no ultra-som renal.** Rins de tamanho normal podem ser vistos em alguns pacientes com doença renal crônica, como nefropatia diabética, amiloidose, doença renal policística autossômica dominante, glomerulonefrite rapidamente progressiva ou hipertensão maligna.
   3. **Anemia.** Anemia normocrômica normocítica é comum em pacientes com DRC e TFG menor que 30 ml por minuto; dos pacientes com TFG de 30 a 44 ml por minuto, apenas cerca de 20% têm anemia. Portanto, com TFG de 30 ml ou menos, a ausência de anemia sugere que a insuficiência renal é aguda. Em algumas etiologias de DRC (ex., doença renal policística), a anemia pode estar ausente.

D. **Diurese na IRA.** IRA é tipicamente descrita como oligúrica ou não-oligúrica. Oligúria é definida como produção urinária de menor que 400 ml por dia; 400 ml é a quantidade mínima de urina que uma pessoa em estado metabólico normal deve excretar para se livrar da produção diária de solutos. Por exemplo, uma pessoa com produção diária de soluto de 500 mOsm que concentra urina a um máximo de 1,200 mOsm por litro precisaria produzir 400 ml de urina por dia para também excretar a produção diária de soluto.

Anúria é definida como a falta de urina obtida de um cateter vesical; ela tem uma lista curta de causas possíveis. É mais freqüentemente causada por obstrução bilateral completa do trato urinário e choque. Causas menos comuns são síndrome hemolítica urêmica e glomerulonefrite rapidamente progressiva, particularmente glomerulonefrite por anticorpo anti-MBG; oclusão bilateral renal arterial ou venosa também pode causar anúria.

II. CLASSIFICAÇÕES DA IRA: DEFINIÇÕES E CAUSAS. IRA é classificada como pré-renal, renal intrínseca e pós-renal.

A. **IRA pré-renal** (Figura 10-1). IRA pré-renal é uma queda na TFG por causa da redução da perfusão renal em que não tenha havido nenhum dano estrutural ou celular aos rins. O sedimento urinário é tipicamente normal. É essencial para o diagnóstico que a função renal retorne ao normal em 24 a 72 horas de correção do estado de hipoperfusão.

IRA pré-renal ocorre nas seguintes situações:
1. Depleção de volume intravascular total. Essa condição pode ocorrer em diversos quadros em que o volume intravascular é reduzido e pode ser secundário a:
   a. Hemorragia
   b. Perda renal de líquidos
      Diurese excessiva (ex., diuréticos)
      Diurese osmótica (ex., glicosúria)
      Insuficiência adrenal (i.e., hipoaldosteronismo)
      Nefrite perdedora de sal
      Diabetes insipidus
   c. Perda gastrintestinal de líquidos
      Vômitos
      Diarréia
      Drenagem por sonda nasogástrica
   d. Perda de líquidos pela pele
      Queimaduras
      Suor excessivo
      Hipertermia
   e. Perda de líquidos para o terceiro espaço
      Peritonite
      Pancreatite
      Síndrome da resposta inflamatória sistêmica (SRIS)
      Hipoalbuminemia acentuada

Causas da IRA pré-renal

↓ Volume do LEC
- Perdas renais
- Perdas do terceiro espaço
- Perdas gastrintestinais

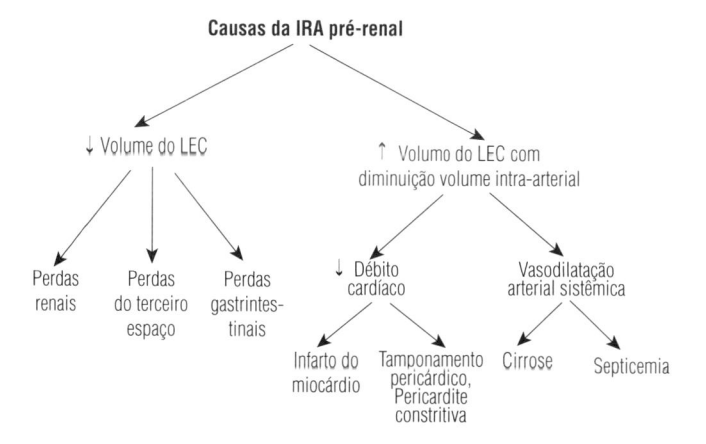

↑ Volume do LEC com diminuição volume intra-arterial
- ↓ Débito cardíaco
  - Infarto do miocárdio
  - Tamponamento pericárdico, Pericardite constritiva
- Vasodilatação arterial sistêmica
  - Cirrose
  - Septicemia

Figura 10-1 Causas da IRA pré-renal. IRA pré-renal pode ser secundária à depleção de volume intravascular ou à diminuição do volume intra-arterial (*underfilling*) por diminuição do débito cardíaco ou vasodilatação arterial. O volume do líquido extracelular (LEC) compreende os compartimentos do líquido corporal intravascular e intersticial.

2. **Diminuição do volume efetivo arterial** (*underfilling*). Essa diminuição arterial, ou *underfilling*, é um estado em que o volume intravascular está na verdade normal (ou até mesmo aumentado), mas os fatores circulatórios são inadequados para manter a pressão de perfusão renal. Diminuição do volume efetivo arterial pode ser causado por diminuição no débito cardíaco ou vasodilatação arterial e pode ocorrer em alguns quadros clínicos:
   a. Débito cardíaco reduzido
      Insuficiência cardíaca congestiva
      Choque cardiogênico (ex., infarto agudo do miocárdio)
      Derrame pericárdico com tamponamento
      Embolismo pulmonar maciço
   b. Vasodilatação periférica
      Septicemia
      Medicação anti-hipertensiva
      Anafilaxia
      Anestesia
      Cirrose e outras doenças hepáticas
3. Alterações hemodinâmicas intra-renais
   a. Vasoconstrição da arteríola glomerular aferente (efeito pré-glomerular)
      Antiinflamatórios não-esteróides (AINEs) (inibição da prostaglandina)
      Inibidores da ciclo-oxigenase 2 (inibidores da Cox2) (inibição da prostaglandina)
      Ciclosporina
      Tacrolimus
      Radiocontraste
      Hipercalcemia
   b. Vasodilatação da arteríola glomerular aferente (efeito pós-glomerular)
      Inibidores da enzima conversora da angiotensina (iECAs)
      Bloqueadores do receptor da angiotensina II (BRAs)

B. **IRA pós-renal.** IRA pós-renal é causada por obstrução aguda do fluxo urinário. Obstrução urinária de ambos os ureteres, da bexiga ou da uretra pode causar IRA pós-renal. Pacientes com o maior risco de IRA pós-renal são homens idosos, nos quais a hipertrofia prostática ou câncer da próstata podem levar à obstrução completa ou parcial do fluxo urinário. Em mulheres, a obstrução completa do trato urinário é relativamente incomum na ausência de cirurgia pélvica, malignidade pélvica ou irradiação pélvica anterior. As causas da IRA pós-renal são:
1. Obstrução ureteral bilateral ou unilateral em rim solitário (obstrução do trato urinário superior)
   a. Intraureterais
      Cálculos
      Coágulos sanguíneos
      Fragmentos piogênicos ou papilas necrosadas
      Edema após pielografia retrógrada
      Carcinoma de células de transcrição
   b. Extra-ureterais
      Malignidade pélvica ou abdominal
      Fibrose retroperitoneal

Ligação ureteral acidental ou traumatismo durante cirurgia pélvica
   c. Obstrução do colo vesical/uretral (obstrução do trato urinário inferior)
      Hipertrofia prostática e carcinoma de bexiga
      Neuropatia autonômica ou agentes anticolinérgicos causadores de retenção urinária
      Estreitamento uretral
      Cálculos na bexiga
      Infecções fúngicas (ex., bolas de fungo)
      Coágulos sanguíneos
C. IRA intra-renal ou intrínseca. Em contraste com IRA pré-renal e IRA pós-renal, os distúrbios aqui listados representam problemas do próprio tecido renal. Esses problemas podem ser vasculares, glomerulares, intersticiais ou tubulares. As doenças podem ser renais primárias ou parte de uma doença sistêmica. Evolução da IRA nessas situações não pode ser alterado manipulando-se fatores fora dos rins (ex., realizando reposição de volume, melhorando a função cardíaca, corrigindo a hipotensão ou removendo a obstrução).
   1. Vasculares. Distúrbios vasculares que causam IRA são classificados com base no tamanho dos vasos envolvidos.
      a. Vasos grandes e médios
         Trombose ou embolia da artéria renal
         Clampagem arterial cirúrgica
         Trombose bilateral da veia renal
         Poliarterite nodosa
      b. Pequenos vasos
         Doença ateroembólica
         Microangiopatias trombóticas
         Síndrome hemolítica urêmica (SHU)
         Púrpura trombótica trombocitopênica (PTT)
         Crise renal esclerodérmica
         Hipertensão maligna
         Microangiopatias trombóticas da gravidez
         Hemólise, elevação das enzimas hepáticas e plaquetas baixas; síndrome (HELLP)
         IRA pós-parto
   2. Glomerulares. Doenças glomerulares são tipicamente classificadas com base em achados urinários nefróticos ou nefríticos.
      a. Distúrbios glomerulares nefróticos caracterizam-se por grande proteinúria (maior que 3 g em 24 horas) e hematúria mínima. Distúrbios glomerulares nefróticos raramente estão relacionados a IRA, mas podem ocorrer na glomerulonefrite de lesões mínimas ou na glomeruloesclerose segmentar e focal (GESF), particularmente GESF colapsante.
      b. Distúrbios glomerulares nefríticos (glomerulonefrites) caracterizam-se por hematúria e proteinúria (tipicamente 1 a 2 g em 24 horas). Pacientes com glomerulonefrite identificada podem desenvolver IRA; por outro lado, glomerulonefrite pode comumente apresentar-se como IRA. Deve-se suspeitar de glomerulonefrite rapidamente progressiva (GNRP) (crescêntica) em paciente com glomerulonefrite que tenha duplicação da creatinina sérica em um período de três meses. GNRP é causada por lesão da parede do capilar glo-

merular que resulta em subseqüente inflamação, fibrose e formação de crescentes. É necessário urgência para fazer o diagnóstico da GNRP porque a formação de crescentes pode destruir rapidamente os glomérulos; a resposta à terapia é diretamente relacionada ao percentual de glomérulos com crescentes. Como o diagnóstico é feito tipicamente por biópsia renal, as causas da glomerulonefrite e GNRP são classificadas segundo os resultados da imunofluorescência na biópsia renal.

(1) Doenças com deposição linear de complexos imune (anticorpo antimembrana basal glomerular)
   Síndrome de Goodpasture (há presença de complicações renais e pulmonares)
   Síndrome de Goodpasture limitada aos rins
(2) Doenças com deposição granular de complexos imunes
   Glomerulonefrite pós-infecciosa aguda
   Nefrite lúpica
   Endocardite infecciosa
   Glomerulonefrite por imunoglobulina A (IgA)
   Púrpura de Henoch-Schonlein
   Glomerulonefrite membranoproliferativa
   Crioglobulinemia
(3) Doenças sem depósitos imunes (pauci-imune)
   Granulomatose de Wegener
   Poliangeite microscópica
   Síndrome de Churg-Strauss (SCS)
   Glomerulonefrite crescêntica idiopática

3. Intersticial. IRA de causa intersticial é conhecida como nefrite intersticial aguda (NIA). Lesão histológica primária da NIA é o edema evidente do espaço intersticial com infiltração focal ou difusa do interstício renal por células inflamatórias. NIA (também chamada de nefrite tubulointersticial aguda) deve-se mais comumente à hipersensibilidade a medicamento, mas pode também ser conseqüência de infecções ou doença sistêmica (ex., lúpus eritematoso sistêmico [LES]).

   a. NIA induzida por medicamentos. Mais de 100 medicamentos podem induzir NIA. Alguns deles, que estão mais comumente relacionados à nefrite intersticial aguda, são os seguintes:
      Antibióticos (ex., meticilina, cefalosporinas, rifampicina, sulfonamidas, eritromicina e ciprofloxacino)
      Diuréticos (ex., furosemida, tiazidas, clortalidona)
      AINEs
      Anticonvulsivantes (ex., fenitoína, carbamazepina)
      Alopurinol
   b. NIA associada a infecções
      Bacterianas (ex., estafilococos, estreptococos)
      Virais (ex., citomegalovírus, vírus de Epstein-Barr)
      Tuberculose

4. Tubulares. Necrose tubular aguda (NTA) caracteriza-se por redução abrupta na TFG em virtude de disfunção tubular proximal causada por isquemia (50% dos casos) e nefrotoxinas (35% dos casos). Embora esse tipo de lesão renal é chamada há muito tempo de NTA, em muitos casos há pouca presença de necrose ver-

dadeira de células tubulares no exame histológico. Ao contrário, os túbulos demonstram alterações morfológicas de lesão subletal (ex., edema, vacuolização, perda de microvilosidades [*brush border*], formação de vesículas apicais e perda das invaginações basolaterais). Também ocorre perda de células epiteliais tubulares viáveis na urina. Presença de disfunção tubular, e não da necrose, pode explicar a recuperação abrupta da função renal verificada em alguns pacientes com NTA.

NTA isquêmica é conseqüência da redução de fluxo sanguíneo para os rins, que resulta da diminuição do volume sanguíneo total ou de *underfilling* com redistribuição de sangue em detrimento dos rins. NTA isquêmica é verificada mais comumente após choque séptico ou hemorrágico. NTA nefrotóxica é mais comumente causada por antibióticos aminoglicosídeos e radiocontrastes.

Entre as causas da NTA incluem-se:
a. Isquemia renal
   Choque
   Hemorragia
   Traumatismo
   Septicemia por gram-negativos
   Pancreatite
b. Substâncias nefrotóxicas
   Antibióticos aminoglicosídeos
   Anfotericina B
   Pentamidina
   Foscarnet
   Aciclovir
   Indinavir
   Antineoplásicos (ex., cisplatina)
   Hipotensão de qualquer causa
   Radiocontrastes
   Solventes orgânicos (ex., tetracloreto de carbono)
   Etileno glicol (anticongelante)
   Anestésicos (enflurano)
c. Toxinas endógenas
   Mioglobina (ex., rabdomiólise)
   Hemoglobina (ex., transfusão de sangue incompatível, malária por plasmódio falciparum)
   Ácido úrico (ex., nefropatia aguda por ácido úrico)

III. **EPIDEMIOLOGIA DA IRA.** Ver Tabela 10-2.
A. IRA adquirida na comunidade. IRA está presente na internação em cerca de 1% de pacientes hospitalizados. Metade dos casos são de pacientes com DRC. As causas mais comuns de IRA adquirida na comunidade são as pré-renais (70%) e pós-renais (17%). A mortalidade em geral de pacientes com IRA é 15%.
B. IRA adquirida em hospital. Desenvolvimento de IRA em pacientes hospitalizados é comum e traz consigo um risco de mortalidade independente significativo. Em pacientes com função renal normal, a incidência de IRA adquirida em hospital é de aproximadamente 5%; em pacientes com DRC, é de aproximadamente 16%. No geral, cerca de 40% dos casos de IRA em pacientes hospitalizados

Tabela 10-2 Características da IRA com relação ao local de seu desenvolvimento.

Insuficiência renal aguda adquirida na comunidade		
Histórico/sintomas	Fator(es) predisponentes(s)	Tipo de IRA
Doença sistêmica (ex., gripe viral, gastroenterite)	Depleção de volume	Pré-renal ou NTA
Faringite estreptocócica ou pioderma (lesões vesiculares cutâneas, tipicamente localizadas nas extremidades, que se tornam pustulares e adquirem crosta)	Deposição de complexos imunes nos glomérulos	Glomerulonefrite pós-estreptocócica aguda
Traumatismo, lesão por esmagamento, imobilização prolongada	Lesão muscular extensa e rompimento de tecidos	Rabdomiólise
Sintomas do trato urinário, como dificuldade de urinar, incontinência	Obstrução do fluxo urinário ou bexiga neurogênica	Pós-renal
Febre e/ou erupção em paciente a quem se receitou recentemente nova medicação	AINES, antibióticos e diuréticos são freqüentemente receitados em pacientes tratados nos ambulatórios	Nefrite intersticial alérgica
Superdosagem acidental ou intencional de nefrotoxina (estado mental alterado pode ser um sintoma associado freqüente)	Compostos de metal pesado, solventes, etileno glicol, salicilatos e acetaminofen	NTA
Insuficiência renal aguda que ocorre em hospital		
Histórico/sintomas	Fator(es) predisponente(s)	Tipo de IRA
Perda excessiva de fluidos por diurese agressiva, sucção nasogástrica, drenos cirúrgicos, diarréia, etc.	Depleção de volume	Depleção de volume
Cirurgia com ou sem depleção de volume concomitante	Anestesia causa vasoconstrição renal, que reduz o fluxo sanguíneo renal	Anestesia causa vasoconstrição renal, que reduz o fluxo sanguíneo renal
Radiológico (ex., TC com contraste) ou outros procedimentos (angiografia coronariana)	Contraste intravenoso	Contraste intravenoso
Septicemia	Infecção, depleção de volume, hipotensão, antibióticos nefrotóxicos (ex., aminoglicosídeos)	Infecção, depleção de volume, hipotensão, antibióticos nefrotóxicos (ex., aminoglicosídeos)

devem-se a NTA, medicamentos respondem por cerca de 15%, radiocontraste por 10% e 5% são relacionados a AIDS.

Na IRA desenvolvida fora das unidades de tratamento intensivo (UTI), a modalidade pré-renal responde por 28% das IRA, enquanto a NTA responde por 38% delas. Se a IRA se desenvolve na UTI, a modalidade pré-renal responde por 18% das IRA e a NTA por 76%. A NTA na UTI é tipicamente multifatorial e freqüentemente faz parte da síndrome da falência múltipla dos órgãos.

C. Prevenção da IRA. Numerosos fatores predispõem pacientes hospitalizados ao desenvolvimento de IRA: depleção de volume, medicamentos que afetam o fluxo sanguíneo renal (ex., AINEs e inibidores da Cox-2) e uso de medicações nefrotóxicas e radiocontrastes.

Embora os dados sobre tratamentos para prevenir a IRA sejam limitados, é prudente acompanhar atentamente o status do volume e manter hidratação adequada, suspender (quando possível) medicamentos que afetem o fluxo sanguíneo renal, escolher técnicas alternativas de diagnóstico por imagem sem radiocontraste (ex, ressonância magnética [RM] com gadolínio) e usar antibióticos não-nefrotóxicos.

D. Morbidade e mortalidade associadas à IRA. É comum pensar que a IRA da NTA é distúrbio totalmente reversível. Dados recentes sugerem que até 30% dos pacientes que desenvolvem IRA na UTI vão precisar de diálise de manutenção depois de receberem alta hospitalar.

Outra grande crença é a de que os pacientes morrem com IRA, não de IRA.

Vários estudos bem controlados questionaram essa idéia e revelaram que, após o ajuste para co-morbidades, o desenvolvimento da IRA em pacientes hospitalizados é um preditor independente e significativo da mortalidade dentro de hospitais (Tabela 10-3).

IV. AVALIAÇÃO DO PACIENTE COM IRA. Recomenda-se uma abordagem de avaliação em etapas do paciente com IRA. Histórico abrangente e exame físico meticuloso sugerem o diagnóstico na maioria dos pacientes.

Tabela 10-3 Mortalidade da IRA.

Tipo de IRA	Mortalidade
IRA na UTI relacionada a insuficiência respiratória e a necessidade de diálise	> 90%
IRA na UTI	72%
IRA em pacientes hospitalizados, não na UTI	32%
IRA após contraste intravenoso	34% (comparados a 7% nos grupos de controle), taxa ajustada de probabilidade de morte: 5,5
IRA após cirurgia cardíaca	64% (comparados a 4,3% nos grupos de controle); taxa ajustada de probabilidade de morte: 7,9
IRA após administração de anfotericina B	Taxa ajustada de probabilidade de morte: 6,6

Não importando se o paciente é visto pela primeira vez no consultório, pronto-atendimento, hospital ou UTI, a tabulação e o registro dos dados são os primeiros passos na determinação do diagnóstico. Sinais vitais, pesagens diárias, registros de ingestão e excreção, dados laboratoriais passados e atuais e lista de líquidos e medicação recebidos devem ser registrados em um fluxograma e incluídos no prontuário do paciente. Quando o paciente está hospitalizado há vários dias ou semanas com evolução complicada antes de desenvolver IRA, um fluxograma cuidadosamente preparado pode freqüentemente ser a única maneira de compreender o problema e direcionar a seleção da terapia adequada.

Urinálise por meio de fita reagente *(dipstick)* e avaliação do sedimento urinário por microscopia devem ser sempre realizadas em pacientes com IRA. Entre os exames de urina que podem ser úteis no diagnóstico incluem-se os de sódio, creatinina, osmolalidade e proteínas.

Aspectos clínicos das causas comuns de IRA estão descritos nas seções seguintes.

A. **IRA pré-renal.** IRA pré-renal pode ocorrer em pacientes clinicamente hipovolêmicos (depleção do volume intravascular total) ou hipervolêmicos *(underfilling arterial)*.
1. Histórico. O seguinte histórico é sugestivo de IRA pré-renal causada por depleção verdadeira de volume ou hipovolemia: sede, diminuição da ingestão de líquidos, febre, náusea, vômitos, diarréia, queimadura, peritonite e pancreatite. IRA pré-renal causada por *underfilling* ocorre mais comumente em pacientes com insuficiência cardíaca congestiva (ICC) ou doença hepática. Entre os aspectos do histórico sugestivos de ICC estão infarto do miocárdio recente, ortopnéia, dispnéia noturna paroxística ou dispnéia de esforço. Nos aspectos sugestivos de doença hepática e cirrose, inclui-se histórico de abuso de álcool ou hepatite. É importante a documentação completa das medicações (com receita e sem receita) na avaliação de IRA pré-renal. Entre os medicamentos que afetam a hemodinâmica intra-renal estão ciclosporina, tacrolimo, AINEs, inibidores Cox-2, iECAs e BRAs.
2. Exame físico. Avaliação de status de volume e adequação do volume de líquido extracelular (LEC) é fundamental para o diagnóstico de IRA pré-renal.
   a. Achados físicos que sugerem redução no volume intravascular incluem:
   Ausência de suor axilar
   Recente redução no peso corporal
   Hipotensão ortostática, definida como queda na pressão sanguínea sistólica maior que 20 mmHg ou aumento na freqüência cardíaca maior que dez batidas por minuto após o paciente ficar de pé
   Taquicardia
   Membranas mucosas secas
   Tenting da pele na região torácica superior ao se pinçá-la entre os dedos
   Pressão venosa jugular não visível

b. Os achados de exame físico geralmente presentes em estados de depleção arterial (*underfilling*) com excesso do LEC incluem:
   Pressão venosa jugular elevada
   Ascite
   Edema depressivo nas extremidades inferiores
   Anasarca
   ICC, em particular, pode ser identificada por:
      Crepitação pulmonar
      Galope S3
   Pode-se identificar **insuficiência hepática** por:
      Icterícia
      Diminuição do tamanho do fígado
      Eritema palmar
      Telangiectasias
3. Achados urinários. Independentemente da causa da IRA pré-renal (hipovolemia, depleção arterial ou indução por medicamento), os testes de fita reagente, sedimento e exames de laboratório serão os mesmos. (Ver Tabela 10-4 que faz a comparação dos achados urinários em diversos tipos de IRA.)
   a. Teste urinário com fita reagente (***dipstick***) deve ser normal e negativo para proteínas, heme, esterase de leucócitos e nitrato. A densidade está aumentada (maior que 1,020).
   b. O sedimento urinário é normal (sem células ou depósitos).
   c. **Exames de urina e indicadores**. Freqüentemente, é difícil distinguir entre IRA pré-renal e outras formas de doença renal, particularmente NTA. A Tabela 10-5 apresenta um resumo dos exames laboratoriais e indicadores característicos de IRA pré-renal *versus* outras causas de IRA. A seção IV-G.3 apresenta uma discussão da base fisiopatológica desses testes.
4. Distúrbios específicos de IRA pré-renal
   a. Síndrome hepatorrenal (SHR) ocorre em pacientes com insuficiência hepática grave e caracteriza-se por vasodilatação periférica (baixa resistência vascular sistêmica) acompanhada de vasoconstrição renal intensa, que causa insuficiência renal. Duas formas de SHR são conhecidas. A de tipo I é a mais grave e caracteriza-se por declínio abrupto (em duas semanas) da função renal, definida por duplicação da creatinina sérica para mais que 2,5 ou redução de 50% no *clearance* de creatinina para menos de 20 ml por minuto. Sem transplante de fígado, a mortalidade dessa condição é maior que 90% em três meses. SHR tipo II caracteriza-se por insuficiência renal lentamente progressiva em pacientes com ascite refratária; seu prognóstico é muito melhor. Pacientes com SHR tipo II podem passar para o tipo I na ocorrência de certas morbidades, como desenvolvimento de infecções (ex., peritonite bacteriana espontânea) ou quando em uso de AINEs. SHR é similar a outras formas de azotemia pré-renal e os rins funcionam normalmente se transplantados em pessoas com fígado normal. A única cura permanente para a SHR é o transplante de fígado.

Tabela 10-4 Achados urinários em diversas causas de IRA.

	Pré-renal[a]	Pós-renal[b]	Vascular de pequenos vasos	Glomerular nefrótica	Glomerular nefrítica	NIA	NTA[c]
Fita reagente							
Esterase de leucócitos	(−)	(−)	(−)	(−)	(−)	(+)	(−)
Heme	(−)	(−)	(+)	(−) ou traço	(+)	(+)	(−)
Proteína	(−)	(−)	(+)	(+)	(+)	(+)	(−) ou traço
Densidade	> 1.020	1.010	variável	variável	variável	1.010	1.010
Microscopia							
Hemácias (H)	(−)	(−)	(+)	(−) ou poucos	(+)	(+)	(−)
Leucócitos (L)	(−)	(−)	(+)	(−)	(−)	(+)	(−)
Cilindros eritrocitários	(−)	(−)	(−)	(−)	(+)	(−)	(−)
Cilindros leucocitários	(−)	(−)	(−)	(−)	(−)	(+)	(−)
Cilindros granulosos	(−)	(−)	(−)	(−)	(−)	(−)	(+)
Células epiteliais tubulares renais	(−)	(−)	(−)	(−)	(−)	(−)	(+)
Testes							
Osmolalidade (mOsm/l)	> 500	≤ 350	variável	variável	variável	≤ 350	≤ 350
Proteína (g/dia)	(−)	(−)	1-2	> 3	1-2	1-2	≤ 1

[a] Embora classicamente relacionados a sedimento urinário normal, alguns cilindros granulosos podem ocasionalmente estar presentes.
[b] Se houver infecção superposta devido à estase urinária, esterase de leucócitos, heme, proteína, hemácias e leucócitos podem ser positivos.
[c] Se a NTA for secundária a rabdomiólise, o teste de fita reagente será positivo para heme e hemácias estarão ausentes na microscopia.

Tabela 10-5 Índices diagnósticos urinários.

Indicador	IRA pré-renal	Necrose tubular aguda
Sódio urinário (UNa), mEq/l	< 20	> 40
Osmolalidade urinária, mOsm/kg H_2O	> 500	< 350
Creatinina urinária (UCr) por creatinina plasmática (PCr)	> 40	< 20
NUS sérico/creatinina sérica	> 20	< 10
Excreção fracionada de sódio (FENa): FENa = ([UNa/PNa]/[UCr/PCr]) x 100	< 1	> 1
Excreção fracionada de uréia (FENu): FENu = ([NuU/NuP]/[UCr/PCr]) x 100	< 35	> 50

UNa, sódio urinário (mEq/IL); PNa, sódio plasmático (mEq/l); UCr, creatinina urinária (mg/dl); PCr, creatinina plasmática (mg/dl); NuU, uréia urinária (mgIdl); NuP, NUS (mg/dl).

Segundo consenso do International Ascites Club,[2] os critérios de diagnóstico de SHR estão divididos em principais e secundários. Para se diagnosticar SHR, cada um dos principais critérios deve estar presente. Critérios secundários sugerem, mas não são necessários para o diagnóstico.

Critérios principais

Insuficiência hepática grave (aguda ou crônica)

Creatinina sérica maior que 1,5 mg/dl ou *clearance* de creatinina 24 horas menor que 40 ml por minuto

Ausência de outra causa de insuficiência renal (ex., proteinúria menor que 500 mg/dl; nenhuma obstrução no ultra-som renal)

Ausência de infecção ou perda de líquido

Ausência de melhora mantida da função renal após retirada dos diuréticos e administração de 1,5 litros de solução salina isotônica

Critérios adicionais

Oligúria

Sódio urinário menor que 10 mEq por litro

Osmolalidade urinária maior que a osmolalidade plasmática

Contagem de hemácias urinárias menor que 50 por campo

Sódio sérico menor que 130 mEq por litro

b. IRA vasomotora devido a AINEs. Devem-se investigar agressivamente históricos de uso de AINEs em todos os pacientes com IRA. Em condições euvolêmicas com rins, fígado e função cardíaca normais, a administração de AINEs não causa aumento da creatinina sérica. Na presença de condições clínicas com aumento da atividade de va-

---

[2] Clube Internacional de Ascite (N. da T.).

soconstrição renal (ex., ICC, cirrose, síndrome nefrótica, hipertensão, septicemia, depleção de volume, anestesia), os AINEs podem causar IRA. Pacientes com insuficiência renal crônica (ex., nefropatia diabética) também apresentam risco de redução vasomotora aguda na função renal por causa dos AINEs. Os aspectos clínicos típicos são presença de fatores de risco, diurese diminuída, sedimento urinário normal, excreção fracionada de sódio baixa (menor que 1%) e melhora imediata da função renal após suspensão dos AINEs. Os AINEs também podem causar NIA e NTA.

c. Ciclosporina e tacrolimus podem causar IRA hemodinamicamente mediada e dose-dependente em órgãos sólidos e em pacientes com transplante de medula óssea. Ocorre grande aumento na resistência vascular renal. Perda de função renal é reversível quando a dosagem do medicamento é reduzida. O sedimento urinário é normal e tipicamente não há presença de NTA.

d. iECAs e BRAs são muito usados para o tratamento da hipertensão, ICC e nefropatia diabética. IRA pode ocorrer em condições em que a angiotensina desempenha um papel crucial de proteção, conservando a TFG ao contrair a arteríola eferente glomerular, como na depleção de volume, estenose bilateral da artéria renal, doença renal policística, insuficiência cardíaca, cirrose e nefropatia diabética. Depleção de sódio induzida por diuréticos e insuficiência renal crônica subjacente são outros importantes fatores predisponentes. IRA é geralmente assintomática, não-oligúrica e associada com hipercalemia, e é reversível na maioria dos casos após a suspensão dos iECA ou BRA. Pode ser normalmente tratada de forma ambulatorial por meio da suspensão dos iECA e dos diuréticos, se presentes. Aumento do NUS e da creatinina sérica em pacientes tomando iECAs ou BRAs deve levantar a possibilidade de estenose da artéria renal.

B. IRA pós-renal
1. Histórico. Sintomas que sugerem obstrução do trato urinário são anúria ou anúria intermitente e poliúria, sintomas prostáticos (poliúria e urgência urinárias, disúria, desconforto ao urinar), malignidade pélvica em radioterapia prévia e cálculos renais recorrentes. Os pacientes podem queixar-se de dor e bexiga distendida; pode haver dor intensa (cólica renal) se a obstrução for provocada por cálculos renais. Pacientes com diabetes mellitus, anemia falciforme e nefropatia por analgésicos estão predispostos a necrose papilar, que causa obstrução.

2. Exame físico. Exame físico é importante no diagnóstico de IRA pós-renal, especialmente no paciente inconsciente ou no paciente confuso, nos quais a agitação inexplicável pode ser a única pista para um quadro de retenção urinária aguda. Exame abdominal cuidadoso pode revelar bexiga distendida e dolorida ou rins bilateralmente hidronefróticos.

Deve-se realizar rotineiramente exame digital da próstata em qualquer paciente do sexo masculino com IRA, e devem-se investigar massas pélvicas em pacientes do sexo feminino por meio de exame pélvico bimanual. Em qualquer paciente com suspeita de obstrução do trato inferior como causa de IRA, deve-se realizar cateterização vesical pós-miccional estéril e única para diagnóstico como parte rotineira do exame físico. O volume de urina residual pós-miccional deve ser menor que 50 ml. O volume de urina deve ser registrado e a amostra guardada para estudos.

3. **Achados urinários.** Achados típicos de urinálise e sedimento na IRA pós-renal em comparação a outras causas de IRA são apresentados na Tabela 10-4.
   a. **Urinálise.** O teste urinário com fita reagente deve estar normal e negativo para proteína, heme, esterase de leucócitos e nitrato. A gravidade específica é tipicamente isosmótica (1,010). O teste de heme para hemáceas (H) pode ser positivo se a obstrução se dever a cálculos renais. Infecção secundária pode estar presente devido à estase urinária; nesse quadro, o teste com fita reagente pode ser positivo para esterase de leucócitos, nitrato, heme e traços de proteína.
   b. **Sedimento urinário** é tipicamente normal, sem células ou cilindros. Conforme observado, pode haver hematúria se a obstrução se dever a cálculos renais. Prostatite e alguns casos de hipertrofia prostática benigna também podem estar relacionados à hematúria. No caso de infecção do trato urinário (ITU), o sedimento pode conter leucócitos, hemácias e/ou bactérias.
4. **Exames radiológicos.** Ultra-som renal é suficiente para diagnosticar obstrução urinária na maioria dos pacientes. Por causa do risco do contraste intravenoso, deve-se evitar urografia excretora.
   a. **Ultra-som renal** é o exame radiológico de preferência para avaliar a existência de obstrução, caracterizada pela dilatação do trato urinário (hidronefrose). Ausência de hidronefrose praticamente exclui obstrução importante do trato urinário, mas ela pode estar ausente nos seguintes quadros: (a) obstrução precoce (antes que o trato urinário consiga dilatar) e (b) obstrução devido ao sistema urinário estar envolvido por fibrose retroperitoneal ou tumor.

   Pode ocorrer na gravidez e em pessoas com variações anatômicas do sistema coletor. Na gravidez pode ocorrer hidronefrose que não seja funcionalmente significativa. Se houver dúvida quanto à importância funcional da hidronefrose, um renograma isotópico com furosemida pode avaliar a importância funcional da obstrução.
   b. **Renograma isotópico** é realizado com injeção intravenosa de radionucleotídeo e furosemida. Esta aumenta o fluxo urinário e normalmente causa rápida excreção do radionucleotídeo. Persistência do isótopo no parênquima renal sugere obstrução.

Insuficiência renal limita a utilidade desse exame porque a resposta ao diurético pode ficar prejudicada, tornando difícil sua interpretação.
  c. Tomografia computadorizada sem contraste (TC) dos rins, ureteres e abdome é feita freqüentemente após ultra-som para identificar as causas e localização da obstrução urinária.
  d. Cistoscopia e pielografia retrógrada. Em caso de IRA com grande suspeita clínica de obstrução do trato urinário (ex., cálculos, fragmentos piogênicos, coágulos, câncer de bexiga), devem-se realizar cistoscopia e pielografia retrógrada ou anterógrada, mesmo se o ultra-som for negativo para obstrução.
C. Doença renal intrínseca – doença dos grandes vasos
  1. Histórico. Trombose, embolização da artéria renal ou trombose bilateral da veia renal pode ser acompanhada de dor nos flancos. Distúrbios predisponentes, como nefropatia membranosa ou síndrome do anticorpo antifosfolípide, podem estar presentes.
  2. Achados urinários.
    a. Urinálise. O teste urinário com fita reagente é positivo para heme.
    b. Sedimento urinário. Presença de hemácias.
  3. Exames laboratoriais e radiologia. Pode haver nível elevado de LDH sérica. Ultra-som com efeito Doppler pode ser usado na avaliação do fluxo sanguíneo renal para detectar trombose da veia renal. TC é útil para detectar coágulos na veia renal ou veia cava inferior. Angiografia pode ser necessária em casos de emergência (ex., anúria aguda por embolização renal aguda).
D. Doença renal intrínseca – doença dos pequenos vasos. Doença renal intrínseca devido à doença dos pequenos vasos é causada por doença ateroembólica ou microangiopatia trombótica. Os aspectos clínicos e laboratoriais desses distúrbios são os seguintes:
  1. Doença ateroembólica é causada pelo descolamento de placas ateromatosas da superfície intimal de grandes vasos. Essas placas deslocam-se distalmente e obstruem pequenas artérias ou grandes arteríolas dos rins. Deslocamento maciço de cristais de colesterol ou microêmbolos provenientes da superfície de placas ulceradas também podem ocorrer, deslocando-se distalmente para obstruir pequena arteríolas em todo o corpo (ex., rins, intestinos ou pele). Apresentação e achados clínicos da doença ateroembólica podem ser confundidos com os da poliarterite nodosa, vasculite alérgica, endocardite bacteriana subaguda ou mixoma atrial esquerdo.

  Geralmente, evolui para insuficiência renal progressiva. Entretanto, são descritas formas mais brandas de insuficiência renal com alguma recuperação de função. Não se conhece nenhum tratamento. Para prevenção da doença, devem-se evitar procedimentos invasivos desnecessários (ex., arteriograma renal em pacientes com evidência clínica de aterosclerose generalizada).

a. **Histórico.** Histórico de IRA antes de cirurgia cardiovascular, angiografia ou administração de trombolíticos intravenosos deve levantar suspeita de doença ateroembólica como causa de IRA, particularmente em paciente com aterosclerose constatada. Ocasionalmente, a doença ocorre espontaneamente.
b. **Exame físico.** Nas manifestações cutâneas de êmbolos de colesterol incluem-se áreas necróticas periféricas discretas, síndrome do artelho azul e livedo reticularis. Pequenos êmbolos de colesterol no intestino e pâncreas podem causar dor abdominal.
c. **Exames laboratoriais.** Investigação laboratorial pode revelar aumento na velocidade de hemossedimentação (VHS), eosinofilia e hipocomplementemia (C3 diminui enquanto C4 permanece normal). Biópsia de pele, músculos ou rins revela cristais de colesterol intravasculares.
d. Avaliação urinária
    (1) Urinálise. Testes com fita reagente são freqüentemente negativos, embora possa haver resultado positivo para heme e proteína ou ambas. A densidade é variável.
    (2) Sedimento urinário. O sedimento é freqüentemente normal, embora possam estar presentes hemácias cilindros granulosos, cilindros eritrocitários ou todos esses.
    (3) Exames de urina. Proteinúria é tipicamente menor que 1 g em 24 horas.
2. **Microangiopatias trombóticas** caracterizam-se por anemia hemolítica microangiopática, trombocitopenia e manifestações renais e neurológicas variáveis. Esses distúrbios começam com lesão endotelial seguida de formação de trombos plaquetários secundários em arteríolas renais; lesões arteriais podem resultar em necrose cortical. O local primário de lesão é o glomérulo ou seu suprimento vascular; o túbulo proximal e interstício ficam relativamente ilesos.
    a. **Histórico e exame físico.** Deve-se suspeitar de SHU-PTT em pacientes com anemia, IRA, trombocitopenia e sinais neurológicos como confusão e convulsões. Hipertensão maligna que causa microangiopatia trombótica caracteriza se por hipertensão associada a papiledema e/ou hemorragias retinianas; envolvimento de outros órgãos pode se manifestar como precordialgia, dispnéia por edema pulmonar e confusão mental por envolvimento do cérebro. Deve-se suspeitar de crise renal esclerodérmica em pacientes com escleroderma e aumento súbito da creatinina sérica associado à hipertensão.
    b. **Achados laboratoriais.** Esfregaço sanguíneo periférico mostra aumento da fragmentação de células vermelhas do sangue (esquizócitos) e trombocitopenia. Índices de hemólise (ex., LDH) são elevados.
    c. Achados urinários
        (1) Teste com fita reagente. Densidade específica variável; heme positivo, proteína positiva ou ambas.

(2) Sedimento urinário caracteriza-se por cilindros granulosos, cilindros eritrocitários ou ambos.
E. Doença renal intrínseca – doença glomerular de causa nefrótica. Distúrbios glomerulares nefróticos caracterizam-se por excreção urinária de proteína maior que 3 g em 24 horas. Distúrbios glomerulares nefróticos raramente associam-se a IRA, mas podem ocorrer em pacientes com glomerulopatia de lesões mínimas (especialmente nos idosos) e GESF (especialmente por GESF colapsante).
1. Histórico e exame físico. Os sintomas e sinais clínicos característicos de distúrbio nefrótico são edema periférico depressivo, hipertensão, edema periorbital e anasarca.
2. Achados laboratoriais. Tipicamente, hipoalbuminemia e hipercolesterolemia estão presentes.
3. Achados urinários. Em casos de IRA induzida por GLM, teste urinário com fita reagente e exame de sedimento também podem englobar aspectos da NTA.
   a. Teste com fita reagente é fortemente positivo para proteína. O resultado para heme é negativo ou traços.
   b. Sedimento urinário é tipicamente normal, possivelmente com poucas células vermelhas. Corpos graxos ovais refletindo lipidúria podem estar presentes.
   c. Exames de urina mostram proteinúria maior que 3 g em 24 horas.
F. Doença renal intrínseca – doença glomerular de causa nefrítica. Distúrbios glomerulares nefríticos (glomerulonefrite) freqüentemente causam IRA. Eles caracterizam-se por hematúria e proteinúria (tipicamente 1 a 2 g em 24 horas). Deve-se suspeitar de GNRP em paciente com glomerulonefrite cuja creatinina sérica tenha dobrado em um período de três meses.
1. Histórico e exame físico. Os sinais e sintomas clínicos que sugerem que glomerulonefrite é parte de uma doença sistêmica são púrpura palpável, eritema cutâneo, artralgias, artrite, febre, sopros cardíacos, sinusite, hemoptise, dor abdominal e neuropatia aguda.
   Hemoptise é um sintoma de mau prognóstico em paciente com IRA e pode indicar vasculite grave, como a síndrome de Goodpasture ou a granulomatose de Wegener.
2. Achados urinários. Glomerulonefrite caracteriza-se por hematúria e proteinúria. Identificação de cilindros eritrocitários confirma a presença de doença glomerular.
3. Achados laboratoriais. Anticorpos citoplasmáticos antineutrofílico (ANCA) são úteis em determinar a causa da glomerulonefrite. Identificação de ANCA por imunofluorescência pode ser citoplasmática (c-ANCA) ou perinuclear (p-ANCA). Embora c-ANCA e p-ANCA sejam exames sensíveis, diversas condições que não vasculite e glomerulonefrite podem gerar resultados positivos nesses exames. Portanto, todos os resultados positivos devem ser confirmados com ensaios de imunoabsorvação ligados à enzima (ELISA) para os antigenos-alvos mais específicos proteinase 3 (PR3) e mieloperoxidase (MPO). O anticorpo PR3-ANCA é tipicamente responsável pela identificação de c-ANCA, enquanto o anticorpo MPO-ANCA faz a identificação de p-ANCA.

Dos pacientes com doença de Wegener ativa, 90% têm ANCA positivo (a maioria é positiva para PR3-ANCA). Dos pacientes com poliangeite microscópica, 70% apresentam ANCA positivo (a maioria é positiva para MPO-ANCA), enquanto 60% dos pacientes com síndrome de Churg-Strauss apresentam ANCA positivo (PR3 e MPO-ANCA detectados com freqüência quase igual). Mais de 90% dos pacientes com vasculite pauci-imune idiopática limitada aos rins são positivos para ANCA (a maioria é positiva para MPO-ANCA).
4. Anticorpos anti-MBG são úteis para o diagnóstico de doença de Goodpasture, embora a taxa de falso-negativos possa chegar a 40%.
5. Complemento sérico. Avaliação de complemento sérico (C3 e C4) pode ser útil na avaliação de pacientes com IRA e glomerulonefrite. Hipocomplementemia é comum na glomerulonefrite pós-infecciosa, nefrite lúpica, glomerulonefrite membranoproliferativa e crioglobulinemia mista. Outra causa de IRA associada à hipocomplementemia é a doença renal ateroembólica. É importante reconhecer que outras condições não-renais podem reduzir os níveis de complemento sérico (ex., septicemia, pancreatite aguda e doença hepática avançada).

G. Doença renal intrínseca – NIA. Doença renal intrínseca devido à nefrite intersticial pode ser secundária a medicações, infecções ou a doença sistêmica, como lúpus. NIA induzida por drogas pode ser dividida em três categorias: NIA por meticilina, NIA por medicação diferente da meticilina e NIA induzida por AINEs. Apresentação e achados clínicos dessas três principais formas de NIA induzida por drogas estão descritas na Tabela 10-6. Insuficiência renal persiste tipicamente por uma média de 1,5 mês; entretanto, a recuperação total da função renal ocorre na maioria dos pacientes.
1. Histórico. Na NIA induzida por AINEs, os sintomas e achados só ocorrem vários meses após o início da terapia medicamentosa (seis meses em média); em metade dos casos, fenoprofeno está envolvido. NIA por outros medicamentos ocorre tipicamente em poucas semanas de terapia com a droga. Pacientes podem se queixar de febre, erupções ou dor nos flancos.
2. Exame físico. Pode não haver achados físicos na NIA induzida por drogas, embora possa ocorrer febre e erupção cutânea maculopapular ou petequial com qualquer dos agentes, particularmente os derivados da penicilina e o alopurinol.

Tabela 10-6 Três tipos de nefrite intersticial induzida por drogas.

Grupo de medicamento	Idade	Duração da terapia	Febre	Erupções	Hematúria e piúria	Eosinofilia	Síndrome nefrótica
Meticilina	Qualquer idade	2 semanas	80%	25%	90%	80%	Não
Diferente de meticilina	Qualquer idade	3 semanas	<50%	<50%	50%	<50%	Não
AINEs	>50 anos	meses	10%	10%	<50%	20%	70%

3. **Achados laboratoriais.** Eosinofilia é comum em NIA induzida por meticilina, mas está presente em menos que 50% dos casos de NIA por AINEs e outros medicamentos.
4. **Achados urinários.** Quando NIA é causada por meticilina e outros medicamentos, leucócitos e hemácias estão presentes na maioria dos casos; também há presença de cilindros leucocitários, a urina é tipicamente isotônica e 20% dos casos são oligúricos.

   Em NIA induzida por AINEs, proteinúria na faixa nefrótica está presente em 80% dos casos (maior que 3 g em 24 horas); leucócitos, hemácias e eosinófilos estão presentes em menos de 50% dos casos.

   Avaliação da presença de eosinófilos urinários deve ser feita pelo método de secreção de Hansel (azul de metileno e eosina Y em metanol), que é superior ao método de Wright porque os eosinófilos urinários são prontamente identificados por seus grânulos rosa-avermelhados brilhantes. O método de Hansel não é influenciado pelo pH urinário. Em uma revisão recente de quatro séries de NIA induzida por drogas, o valor preditivo positivo para eosinófilos na urina foi de apenas 50%; o valor preditivo negativo foi 90%.

H. **Doença renal intrínseca – NTA.** NTA ocorre tipicamente em pacientes hospitalizados como conseqüência de isquemia ou nefrotoxinas.
1. **Histórico.** Avaliação de paciente com suspeita de NTA deve se concentrar na identificação de uma causa predisponente. O prontuário deve ser revisto para obtenção de um histórico de episódios de hipotensão, perda de líquidos, uso de aminoglicosídeo, administração de AINE ou procedimentos radiológicos com administração de contraste.
2. **Exame físico.** Sinais de septicemia ou infecção ativa devem ser avaliados. O status do volume deve ser determinado (ver IV.20).
3. **Achados laboratoriais e urinálise.** Freqüentemente, é muito difícil distinguir NTA de IRA pré-renal; esse é um problema clínico importante porque a vasta maioria das IRAs em pacientes hospitalizados deve-se ou à NTA ou à IRA pré-renal. Além disso, IRA pré-renal prolongada freqüentemente predispõe ao desenvolvimento de NTA. Como os fatores causadores de IRA pré-renal e NTA sobrepõem-se, a distinção entre as duas só pode ser possível diante do resultado da terapia (ex., se a reposição de volume reverter IRA, então havia presença de IRA pré-renal).

   Em geral, sedimento urinário com cilindros granulosos castanhos lodosos é característico de NTA. Entretanto, esse achado pode não estar presente e outros indícios clínicos serão necessários para o diagnóstico. Para distinguir entre os dois, foram desenvolvidos diversos indicadores diagnósticos e fórmulas com base em suas diferenças fisiopatológicas.

   IRA pré-renal é uma condição hemodinâmica em que a função tubular é normal, enquanto NTA se caracteriza por disfunção tubular. Essa distinção é a base dos seguintes exames (Tabela 10-5):

   Densidade urinária
   Osmolalidade urinária

Creatinina urinária/creatinina plasmática
Concentração de sódio urinário
Fração de excreção de sódio (FENa)
Relação NUS sérico/creatinina

IRA pré-renal caracteriza-se pelo aumento da reabsorção de água e sódio pelo néfron. Reabsorção aumentada de água aumenta a densidade e a osmolalidade urinárias. Reabsorção tubular da uréia aumenta, aumentando também a relação NUS sérico/creatinina; creatinina, entretanto, não é reabsorvida e sua concentração na urina aumenta, aumentando também a relação da creatinina urinária/creatinina plasmática. Reabsorção de sódio aumenta, resultando em baixa concentração de sódio urinário e FENa baixo. Na NTA, esses processos não ocorrem. Portanto, densidade e osmolalidade urinárias são isotônicas, a relação creatinina urinária/creatinina plasmática não aumenta acima de 20:1, a relação NUS/creatinina não aumenta e o sódio urinário e a FENa são maiores do que na IRA pré-renal. A FENa nem sempre aumenta na NTA; as causas da NTA relacionadas a baixa concentração de sódio urinário e baixa FENa incluem nefropatia por radiocontraste, rabdomiólise e NTA superposta a estado pré-renal (ex., septicemia, queimadura, insuficiência hepática, insuficiência cardíaca).

Uso de diuréticos de alça na IRA é um fator de confusão no emprego da FENa para distinguir IRA pré-renal de NTA. Diuréticos de alça (ex., furosemida) aumentam a excreção urinária de sódio e também a FENa, mesmo que o paciente seja pré-renal. Um estudo recente avaliou o uso da fração de excreção da uréia (FENU) para distinguir a IRA pré-renal em quadro com uso de diurético da NTA (ambas são tipicamente relacionadas a FENa maior que 2%). A base desse teste é que a absorção de uréia no túbulo proximal aumenta na IRA pré-renal e não é afetada pelo uso de diuréticos, que atuam no túbulo distal. Em quadros com uso de diurético de alça, a FEUN foi um excelente teste para distinguir entre essas condições. Na IRA pré-renal, a FEUN é menor que 35% e na NTA é maior que 50%. Uso da FEUN em casos de NTA associada a baixa FENa não pôde ser avaliado nesse estudo por causa da falta de pacientes com essa condição. É bom ter em mente que a FEUN não pode ser usada quando há emprego de diurético osmótico (ex., manitol) por causa da maneira como esses agentes afetam a absorção tubular proximal.

4. Causas específicas de NTA.
   a. Nefrotoxicidade dos aminoglicosídeos. IRA ocorre em até 20% de pacientes que tomam aminoglicosídeos, mesmo com dosagem cuidadosa e níveis plasmáticos terapêuticos. Incidência de nefrotoxicidade é melhor correlacionada com a dose cumulativa total do que com níveis plasmáticos. Os fatores predisponentes são idade avançada, doença renal preexistente, depleção de volume e combinação com outros agentes (ex., diuréticos, cefalosporinas, vancomicina).

   Nefrotoxicidade em geral é clinicamente evidente após cinco a dez dias de terapia; os primeiros achados são isostenúria causada por diabetes insipidus nefrogênico e perda de magnésio e potássio. Achados posteriores incluem azotemia, que pode se desenvolver pela primeira vez depois que o medicamento for suspenso; por outro lado, recuperação da função renal após suspensão dos aminoglicosídeos nefrotóxicos é freqüentemente demorada e pode levar de semanas a meses para se completar. IRA por aminoglicosídeos é tipicamente não-oligúrica.

A Tabela 10-7 mostra uma comparação das características clínicas da nefropatia por radiocontraste e aminoglicosídeos.

b. **Nefropatia por contraste radiográfico.** Agentes de radiocontraste causam IRA por meio de efeito nefrotóxico direto e ao causar vasoconstrição renal. Entre os fatores de risco incluem-se idade avançada, alta dose de contraste, doença renal preexistente, (especialmente diabetes mellitus), depleção de volume e recente exposição a outros agentes, como iECA e AINEs.

Insuficiência renal desenvolve-se em um a dois dias após a exposição e é tipicamente não-oligúrica e relacionada a alta densidade urinária, sedimento urinário normal e FENa baixa. Creatinina sérica tipicamente atinge um pico em três a quatro dias e retorna ao normal depois de cerca de uma semana.

(1) **Prevenção.** Contrastes não-iônicos são menos nefrotóxicos e devem ser usados em pacientes de alto risco, especialmente pacientes com disfunção renal preexistente. Medicamentos que afetam a hemodinâmica renal (AINEs, iECAs, etc.) e diuréticos devem ser suspensos antes do procedimento, se possível.

Embora se estudem muitos agentes para prevenção da nefropatia por contraste, a única terapia que comprovou ser claramente eficaz é a hidratação com solução salina antes e depois da carga de contraste.

N-acetilcisteína (NAC) pode ser eficaz na prevenção de nefropatia por contraste e sua administração antes do contraste é razoável (600 mg duas vezes ao dia no dia anterior e no dia do procedimento).

Em um experimento prospectivo freqüentemente citado, o paciente tratado com NAC teve baixa significativa de creatinina sérica 48 horas após a administração do contraste. Eficácia da NAC na prevenção da nefropatia por contraste ainda não é conhecida. Alguns estudos confirmam a eficácia da NAC na prevenção da nefropatia por contraste, outros não. Além disso, novas evidências sugerem que a NAC pode interferir na dosagem da creatinina resultando na redução da creatinina sérica sem alterar de fato a função renal. Essas novas evidências podem pôr em dúvida os resultados dos estudos sobre a NAC que usaram creatinina sérica como base.

A importância clínica da nefropatia por contraste não deve ser subestimada. Demonstrou-se que o desenvolvimento de aumento de 0,5 mg/dl na creatinina sérica após contraste está relacionado à taxa ajustada de probabilidade de óbito de 5,5 (ver Tabela 9-3, mortalidade relacionada à IRA).

Os agentes testados que demonstraram ser ineficazes na prevenção da nefropatia por contraste são furosemida, ma-

Tabela 10-7 Comparação entre nefrotoxicidade de aminoglicosídeos e nefropatia por contraste.

	Fisiopatologia	Fatores de Risco	Início da insuficiência renal	Produção urinária	Prevenção
Aminoglicosídeos	Toxicidade tubular direta	Idade avançada Depleção de volume Diuréticos Cefalosporinas Vancomicina	5 a 10 dias	Não-oligúrica	Evitar Dosagem correta do medicamento
Contraste	Vasoconstrição	Idade avançada Diabetes Mieloma múltiplo iECAs AINEs	1 a 2 dias	Não-oligúrica	Contraste isosmótico não-iônico NAC Solução salina isotônica

nitol, teofilina, dopamina, fenoldopam e peptídeo natriurético atrial.

c. **Rabdomiólise** é causada por lesão muscular (traumática ou atraumática) que leva à liberação sistêmica de conteúdos musculares, incluindo mioglobina, pigmento heme diretamente nefrotóxico. Precipitação intratubular de mioglobina causa obstrução e também contribui para o desenvolvimento de insuficiência renal. Deve-se suspeitar de rabdomiólise em pacientes com traumatismo, dor muscular e urina castanho-escura. Entretanto, ela é freqüentemente atraumática e até 50% dos pacientes não têm queixas musculares. A Tabela 10-8 lista os fatores que lhe predisponentes.

Achado urinário característico é urina positiva para heme, com ausência de hemácias. Cilindros granulosos pigmentados estão tipicamente presentes no sedimento urinário. Indícios laboratoriais para diagnóstico são aumento rápido da creatinina sérica, creatinina fosfoquinase maciçamente aumentada, hiperfosfatemia, hiperuricemia, hipocalcemia, aumento da AG e hipercalemia desproporcional. Cálcio sérico reduz-se devido ao seqüestro de cálcio no músculo lesado; esse cálcio é liberado do tecido durante a fase de recuperação e pode causar hipercalcemia. Portanto, reposição do cálcio sérico deve ser evitada, a menos que haja sintomas de hipocalcemia.

A única terapia comprovada no tratamento da rabdomiólise é a infusão imediata e vigorosa de solução salina isotônica intravenosa. Em lesões por esmagamento, recomenda-se administração de solução salina intravenosa antes mesmo da remoção do indivíduo. Administração de manitol e alcalinização urinária são freqüentemente utilizados no tratamento de rabdomiólise, embora sua eficácia não tenha demonstrado ser superior à hidratação vigorosa apenas com solução salina. Teoricamente, diurese forçade com manitol pode ajudar na excreção de mioglobina obstrutiva.

Tabela 10-8 Causas da rabdomiólise.

Lesão muscular direta (ex., lesão por esmagamento, polimiosite, imobilização prolongada relacionada à inconsciência)

Isquemia muscular (ex., oclusão arterial ou embolismo)

Excesso de consumo de energia (ex., convulsões, hipertermia, delirium tremens)

Aumento da produção de energia (ex., hipofosfatemia grave, hipocalemia, mixedema, defeito genético)

Drogas e toxinas (ex., álcool, heroína, cocaína, anfetaminas, picadas de insetos e venenos de cobra)

Infecções graves (ex., tétano, doença dos Legionários, gripe)

Administração de manitol pode ser utilizada somente após a correção de déficits de volume; solução salina e manitol devem ser administrados em conjunto com o objetivo de alcançar diurese de 300 ml por hora. Alcalinização urinária pode inibir a precipitação da mioglobina; entretanto, ela é difícil de obter na prática e requer a administração de uma grande quantidade de bicarbonato. Administração de bicarbonato na rabdomiólise traz o risco de piorar a hipocalcemia em virtude do aumento da precipitação de cálcio e fósforo no músculo lesado.
   d. Nefropatia aguda por ácido úrico causa IRA pela deposição intratubular de cristais de ácido úrico. Concentração muito alta de ácido úrico sérico está presente (ex., maior ou igual a 15 mg/dl. A condição ocorre tipicamente durante quimioterapia de indução para malignidades com alto *turnover* celular (ex., leucemias e malignidades linfoproliferativas). Nefropatia aguda por ácido úrico e IRA ocorrem na síndrome de lise tumoral, mas podem ocorrer espontaneamente em pacientes com grande massa tumoral. Aspectos clínicos da nefropatia aguda por ácido úrico são hiperuricemia, hipercalemia, hiperfosfatemia e relação urato urinário/creatinina maior que um. Entre as medidas preventivas incluem-se administração de alopurinol e hidratação vigorosa e diurese forçada com manitol. Alcalinização da urina é tradicionalmente recomendada, mas não há comprovação de ser mais benéfica do que a administração de solução salina apenas; além disso, a terapia com bicarbonato aumenta o risco de precipitação de cálcio.

V. IRA EM CIRCUNSTÂNCIAS CLÍNICAS ESPECIAIS

A. IHA associada a cristais. Um número de causas importantes de IRA pode ser desencadeada pela formação de cristais urinários. A Tabela 10-9 lista as causas de IRA relacionadas a isso.

B. IRA em pacientes com síndrome da imunodeficiência adquirida (AIDS) (Tabela 10-10). Abordagem das causa de IRA em pacientes com AIDS é a mesma que a de outros pacientes (i.e., classificação em causas pré-renais, renais intrínsecas e pós-renais). IRA pode se desenvolver em até 20% dos pacientes hospitalizados com AIDS e é, na maioria dos casos, multifatorial. NTA é verificada na AIDS porque os pacientes freqüentemente estão agudamente doentes, com infecções múltiplas ou malignidades. Sua evolução clínica é freqüentemente complicada por hipovolemia, falência múltipla dos órgãos, comprometimento do status cardiovascular, procedimentos diagnósticos invasivos complicados por sangramentos e administração de muitos medicamentos nefrotóxicos e radiocontrastes. Embora a NTA seja a causa principal de morbidade e mortalidade em pacientes com AIDS, ela também é reversível e tratável.

Tabela 10-9 Cristais urinários associados a IRA.

Tipo de IRA	Cristal	Forma/aparência
NTA por etileno glicol	Oxalato de cálcio monoidrato ou oxalato de cálcio diidrato	Em forma de agulha Em forma de envelope
NTA por nefropatia ácido úrico	Ácido úrico	Em forma de diamante, amarelo ou castanho
IRA por sulfadiazina (obstrução intratubular)	Sulfadiazina	Em forma de agulha ou espiga de trigo
IRA por aciclovir (obstrução intratubular)	Aciclovir	Em forma de agulha, birrefringente
IRA por indinavir (obstrução intratubular)	Sulfato de indinavir	Em forma de agulha, ocasionalmente formando rosetas

Tabela 10-10 Insuficiência renal aguda em pacientes com síndrome da imunodeficiência adquirida (AIDS).

Pré-renal
 Hipovolemia (diarréia)
 Hipotensão (septicemia, sangramento)
 Diminuição do volume efetivo de sangue arterial (hipoalbuminemia, caquexia, nefropatia por HIV)
 Vasoconstrição (agentes de radiocontraste)

Pós-renal
 Obstrução tubular obstrução devido a cristalúria (aciclovir intravenoso, sulfadiazina, indinavir, saquinavir, ritonavir)
 Compressão ureteral extrínseca (linfonodos, tumores)
 Compressão ureteral intrínseca (bolas de fungo)
 Obstrução da bexiga (tumores, bolas de fungo)

Renal
 Síndrome hemolítica urêmica e púrpura trombocitopênica trombótica
 Glomerulonefrite pós-infecciosa
 Glomeruloesclerose segmentar e focal colapsante
 Nefrite intersticial alérgica aguda (penicilina, sulfonamidas)
 Nefrite intersticial plasmacítica
 Necrose tubular aguda (choque, septicemia, aminoglicosídeos, anfotericina)
 Rabdomiólise (pentamidina, zidovudine)

Todas as medidas de suporte, incluindo diálise, devem ser usadas conforme recomendado pela situação clínica. É importante notar que a NTA pode ser evitada em alguns casos, quando medidas preventivas são empregadas (ex., manter hidratação adequada antes de usar radiocontraste e durante uso de antibióticos e terapia anti-retroviral que precipite cristalúria).

C. **IRA em pacientes com transplante de medula óssea.** IRA é uma complicação comum do transplante de medula óssea. (Esse procedimento é hoje chamado de transplante de células hematopoiéticas [TCH] porque outras células, como as células-tronco, são transplantadas assim como as da medula óssea.) Aproximadamente 90% dos pacientes apresentam duplicação do nível de creatinina sérica após TCH alogenêico. Essa incidência é mais alta em pacientes que recebem transplante alogênico em comparação com o transplante autólogo. IRA também ocorre em TCHs não-mieloablativos, também conhecidos como transplantes "mini-alo". Incidência de IRA é alta no TCH por causa da natureza de risco à vida das doenças subjacentes e da toxicidade dos medicamentos contra câncer, regimes imunossupressivos e antibióticos. Pacientes com IRA após TCH que requerem diálise apresentam incidência de mortalidade maior que 90%.

Fatores que predispõem a NTA são vômitos e diarréia devido à radioquimioterapia ou doença aguda enxerto *versus* hospedeiro, medicamentos nefrotóxicos como aminoglicosídeos e anfotericina B, e choque séptico e hemorrágico. A doença veno-oclusiva hepática, mais comum no transplante de medula óssea alogênico do que no autólogo, é uma síndrome que pode se assemelhar à síndrome hepatorrenal. Ocorre um estado de retenção de sódio que leva a ganho de peso, edema e baixa FENa, menor que 1%, apesar do uso de diuréticos. Ocorrem ainda hiperbilirrubinemia progressiva e IRA não-oligúrica.

De longe, a época mais comum para desenvolvimento de IRA é de 7 a 21 dias após o transplante. Síndromes renais exclusivas em pacientes com transplante de medula óssea são classificadas de acordo com a época da apresentação em:
  Imediata (primeiros dias)
    Síndrome de lise tumoral
    Toxicidade da medula armazenada
  Inicial (7 a 21 dias)
    Doença veno-oclusiva hepática
    Septicemia
    NTA
    Toxicidade da ciclosporina ou do FK506
  Tardia (seis semanas a um ano)
    Síndrome hemolítica urêmica relacionada a transplante de medula óssea
    Nefrotoxicidade crônica da ciclosporina
D. **IRA em quadro de doença hepática.** Além da síndrome hepatorrenal, IRA em pacientes com doença hepática também pode ocorrer em outros quadros clínicos. Icterícia e IRA podem ser causadas por SHU, leptospirose, transfusão de sangue não-compatível ou malária por *Plasmodio falciparum*. Ocorrência simultânea de IRA e insuficiência hepática sugere superdosagem de acetaminofen, bacteremia ou exposição a tetracloreto de carbono. Glomerulonefrite e cirrose hepática estão relacionadas a crioglobulinemia, nefropatia por IgA, glomerulonefrite membranosa (relacionada à hepatite B) e glomerulonefrite membranoproliferativa (relacionada à hepatite C).

E. **Indicações de biópsia renal.** Não se realiza biópsia renal em pacientes com IRA pré-renal ou com sinais típicos da NTA. Entretanto, existem indicações importantes de biópsia renal em paciente com IRA.
   1. **IRA de etiologia desconhecida.** Na maioria dos casos, abordagem em etapas revela a causa da IRA. Entretanto, em alguns pacientes seu diagnóstico não é claro.
   2. **Suspeita de glomerulonefrite,** doença sistêmica (ex., vasculite), ou NIA como causa de IRA. Biópsia renal em tais circunstâncias pode fornecer a base e a justificativa para uma terapia agressiva que pode salvar a vida do paciente (ex., esteróides em alta dosagem, agentes citotóxicos, plasmaférese, suspensão do agente causador de NIA).
   3. **NTA não recorrente** após quatro a seis semanas de diálise sem recorrência de novos acometimentos. Biópsia renal pode determinar que se desenvolveu condição menos favorável, como necrose cortical difusa, e que pode ser necessário instituir hemodiálise crônica.

VI. TRATAMENTO

A. Azotemia pré-renal
   1. **Depleção de volume verdadeira ou hipovolemia.** A terapia nesse quadro é direcionada para correção de déficits de volume. Se a depleção de volume deve-se à hemorragia, então indica-se a administração de concentrado de hemácias; do contrário, administração de solução salina normal (SSN) a 0,9% é apropriada. Quando um litro de SSN a 9% for dado, aproximadamente 250 ml permanecem no compartimento plasmático, enquanto 750 ml entram no compartimento intersticial.

   Quantidade de líquido intravenoso (LIV) e rapidez da administração dependem da situação clínica. Em paciente jovem e estável, o LIV deve ser ministrado em *bolus* único (ex., 500 a 1.000 cm^3 durante uma hora); SSN a 0,9% não deve nunca ser prescrita como infusão contínua. Administração de *bolus* menores (ex., 250 ml durante uma hora) pode ser prudente em pacientes idosos cujo status cardíaco é desconhecido. Depois de um *bolus*, o paciente deve ser avaliado clinicamente para detecção de sinais de hipovolemia ou sobrecarga de volume. Avaliação no leito inclui monitoramento de alterações ortostáticas na pressão sanguínea e pulso e pulsação venosa jugular (PVJ). PVJ é um indicador não refinado de pressão venosa central do coração direito. Em paciente normovolêmico, as pulsações venosas jugulares são visíveis quando o paciente está em supino, mas desaparecem quando o paciente está sentado. Pulsações venosas jugulares não são visíveis no paciente com depleção de volume; assim, seu reaparecimento após administração de fluido sugere que a pressão venosa central (PVC) retornou ao normal. Presença de crepitações em bases pulmonares ou terceira bulha implica reposição vigorosa demais dos líquidos, com resultante congestão cardiopulmonar. *Bolus* intravenosos de fluido devem continuar até que se alcance euvolemia. Déficits eletrolíticos (ex., potássio) devem ser monitorados, fazendo-se reposição quando necessário.

Em pacientes em que são necessários esforços vigorosos de ressuscitação e a tolerância cardiovascular a infusões rápidas de líquidos é duvidosa, é desejável alguma forma de monitoramento permanente. Monitoramento hemodinâmico pode ser obtido pelo uso de cateter venoso central ou cateter de Swan-Ganz.

a. Cateter venoso central. Quando é necessária administração rápida de líquidos e há ausência de doença pulmonar ou cardíaca grave (ou ambas), um cateter posicionado na área venosa central do coração direito serve satisfatoriamente de guia para a velocidade de administração de líquidos. PVC normalmente varia entre 2 e 12 cm de água. Em estados de depleção de volume, pode-se esperar valor zero ou menos. Antes de iniciar reposição vigorosa de volume, deve-se fazer uma tentativa com 200 a 300 ml de solução salina normal por 10 a 20 minutos. Em paciente com depleção de volume não-complicada, essa quantidade de solução salina tem pouco efeito na leitura da PVC. Aumento da PVC de mais de 5 cm de água sugere insuficiência cardíaca e a infusão deve ser imediatamente suspensa.

b. Cateter de Swan-Ganz. Quando um déficit de volume tem de ser corrigido na presença de estenose tricúspide, doença pulmonar aguda ou crônica ou sistema cardiovascular instável, a PVC não oferece um indicador confiável de desempenho ventricular esquerdo. Nessa situação, um cateter Swan-Ganz com balão na extremidade pode ser colocado em uma artéria pulmonar. Isso fornece avaliação da pressão da artéria pulmonar (PAP), medida indireta da pressão diastólica final ventricular esquerda. PAP é um bom indicador da adequação e velocidade da reposição de líquido.

Por causa das complicações infecciosas, infarto pulmonar e hemopneumotórax, esse dispositivo deve ser introduzido e posicionado apenas por profissionais treinados e deve ser removido tão logo seja possível.

Em pacientes com encefalopatia hepática e IRA, pode ser difícil realizar avaliação clínica do equilíbrio de fluidos por causa de edema maciço e ascite.

Avaliação da PAP fornece informações vitais sobre o equilíbrio de fluidos: IRA em presença de PAP baixa pode responder à administração de líquidos.

2. Depleção arterial (*underfilling*) com excesso de LEC. IRA pré-renal nesse quadro é geralmente um problema secundário concomitante a doença cardíaca primária ou doença hepática. O objetivo do tratamento, portanto, é controlar a causa subjacente; se a doença primária não puder ser tratada, então, tratam-se os sintomas de maneira conservadora.

a. Insuficiência cardíaca. Muitos medicamentos podem ser usados para melhorar o débito cardíaco em pacientes com doença cardíaca. No tratamento ambulatorial de pacientes com insuficiência cardíaca congestiva (ICC), agentes diuréticos em combinação com digitálicos podem aumentar o débito cardíaco e melhorar a perfusão renal, diminuindo assim a azotemia. Agentes como iECAs, BRAs, nitratos e hidralazina também podem melhorar a função cardíaca. Entretanto, na insuficiência cardíaca avançada refratária ou com resposta parcial a esses agentes, o médico pode ser forçado a aceitar azotemia pré-renal leve a moderada como conseqüência inevitável. Essa azotemia raramente leva à uremia sintomática.

Em pacientes hospitalizados com ICC que sejam resistentes a diuréticos, o excesso de líquido pode ser removido com hemofiltração venovenosa contínua ou ultrafiltração intermitente, sem diálise.

b. **Doença hepática.** IRA pré-renal relacionada à cirrose hepática avançada e pacientes com SHR tipo II são freqüentemente refratários a tentativas de melhorar o volume intravascular. Normalmente, entretanto, o objetivo do tratamento é reduzir os sintomas e tratar ascite e edema com dieta restritiva de sódio (1 a 2 g de sal por dia), um antagonista da aldosterona (ex., espironolactona 200 a 400 mg por dia) e um diurético de alça (ex., furosemida), ignorando-se o estado pré-renal, geralmente brando. Pacientes resistentes a diuréticos podem ser tratados com paracentese intermitente de grande volume, *shunt* portossistêmico intra-hepático transjugular (TIPS) ou transplante de fígado.

O tratamento de pacientes hospitalizados com SHR tipo I pode incluir análogos da vasopressina ou somatostatina na tentativa de melhorar o fluxo sanguíneo renal. O impacto dessas terapias na mortalidade, que é maior que 90% na SHR, ainda precisa ser comprovado. Em relatos europeus, os análogos do ADH ornipressina e terlipressina, com infusão de albumina, mostraram-se promissores no tratamento da SHR; entretanto, esses agentes podem ter efeitos colaterais isquêmicos significativos. Ainda não se sabe se seus benefícios irão compensar o risco de seu uso (nenhum dos medicamentos está disponível atualmente nos Estados Unidos). TIPS podem ser uma alternativa para alguns pacientes; melhoria na mortalidade foi comprovada em um estudo, entretanto, mais estudos devem confirmar esse benefício. Até o momento, transplante de fígado é a única cura definitiva.

B. **Insuficiência pós-renal.** Drenagem com cateter de Foley é normalmente bem-sucedida na obstrução secundária hipertrofia prostática. A decisão com respeito à realização de terapias subseqüentes deve ser tomada com a ajuda de um urologista. A terapia médica com finasterida ou alfabloqueador ou a remoção cirúrgica da próstata talvez seja necessária.

Na obstrução ureteral, cistoscopia e colocação de cateter de drenagem ureteral ou *stents* pode possibilitar a eliminação de cálculos obstrutivos, sedimento ou pus, mas se isto falhar, é necessário intervenção cirúrgica.

C. **Doença renal primária: vasculites e glomerulonefrites.** Desenvolvimento de insuficiência renal na evolução de distúrbio sistêmico ou vascular é geralmente um sinal grave. Discussão abrangente sobre o tratamento desses distúrbios sistêmicos e vasculares não faz parte do escopo deste capítulo. Biópsia renal no início, após a apresen-

tação, é essencial para diagnóstico e orientação da terapia adequada. As opções terapêuticas incluem terapia imunossupressiva com esteróides e/ou ciclofosfamida. Um subgrupo de pacientes pode se beneficiar com a plasmaferése (ex., síndrome de Goodpasture).
D. Nefrite intersticial aguda. Quando um agente terapêutico é identificado como causa da nefrite intersticial aguda, sua remoção é a primeira providência óbvia na terapia. Etiologias infecciosas bacterianas devem ser tratadas com antibióticos apropriados. Quando o problema renal é leve, nada mais precisa ser feito. Se o problema renal estiver presente há semanas ou se o envolvimento renal é grave, terapia de curta duração com altas doses de prednisona (60 mg por dia por três a quatro semanas) pode acelerar a recuperação da função renal. Antes de começar a terapia com prednisona é importante confirmar o diagnóstico com biópsia renal.
E. Doença renal intrínseca, NTA. Não existe terapia específica para tratamento de IRA devido à NTA, embora seja uma área de interesse muito investigada.
  1. O que evitar na NTA
      a. Altas doses de diuréticos. Não existem dados que sustentem o uso de terapia com diuréticos em altas doses para NTA estabelecida. Furosemida e outros diuréticos de alça são usados freqüentemente em IRA oligúrica, na tentativa de convertê-la em não-oligúrica. Embora a conversão de insuficiência renal oligúrica em não-oligúrica possa facilitar a administração de líquidos, experimentos clínicos não conseguiram provar que o uso de diuréticos está associado à melhora de pacientes com IRA.
      b. Dopamina em dose renal. Dopamina é um vasodilatador renal seletivo. Ela estimula a natriurese profunda e aumenta a diurese. A dose seletiva renal é de 1 a 3 mcg por kg por minuto. Não existem evidências sugerindo que a dopamina em dose renal é eficaz na IRA. De fato, vários estudos identificaram efeitos deletérios, como isquemia intestinal e arritmias. A menos que seja necessária para a manutenção das condições hemodinâmicas, ela não deve ser usada para IRA.
      c. Substâncias nefrotóxicas. Medicamentos e agentes potencialmente nefrotóxicos devem ser evitados na IRA porque podem perpetuar a lesão renal. Entre esses agentes estão AINEs, iECAs, ciclosporina, tacrolimus, aminoglicosídeos, radiocontrastes e anfotericina B.
      d. Sobrecarga de volume. A quantidade de LIV necessária para pacientes criticamente doentes não é conhecida, e LIVs devem ser administrados criteriosamente em quadros de NTA, especialmente se o paciente é oligúrico. Em geral, LIVs não devem conter potássio.
  2. Terapia conservadora da NTA
      a. Dosagens de medicamentos. As dosagens de medicamentos devem ser ajustadas com base na dosagem ou na melhor estimativa do *clearance* de creatinina, e não meramente na creatinina sérica. Certas doses de medicação também devem ser ajustadas se o paciente com IRA estiver em diálise

(hemodiálise intermitente ou qualquer terapia substitutiva renal contínua).
b. **Apoio nutricional.** IRA é um estado hipercatabólico associado a aumento de quebra de proteínas. O balanço de nitrogênio é extremamente negativo, especialmente na IRA relacionada a septicemia, pós-cirurgia e no quadro de falência múltipla dos órgãos. Fatores renais que contribuem para o balanço negativo do nitrogênio são uremia, acidose, anormalidades do hormônio da paratireóide, ingestão inadequada de proteína e perdas de proteína. Em pacientes criticamente doentes, apoio nutricional suplementar com nutrição enteral *versus* parenteral está relacionado à melhora do status nutricional, redução de infecções e de septicemia e melhor sobrevida. Assim, alimentação enteral é o método preferido de apoio nutricional, embora nem sempre seja possível. Uso de nutrição parenteral continua controvertido e é preciso que experimentos clínicos aleatórios comprovem seu benefício em pacientes agudamente doentes com IRA. Alguns trabalhos sugerem que a ingestão de proteína não deve exceder 1,5 g de proteína por kg de peso corporal, que a suplementação nutricional precoce pode não ser benéfica e que a suplementação após duas a três semanas sem comer tem probabilidade de ser benéfica.
c. **Terapia dialítica.** Em geral, as indicações para iniciar diálise na NTA e IRA não são específicas e devem ser individualizadas com auxílio do nefrologista. Embora ainda não comprovada em experimentos clínicos, uma tendência na prática clínica é iniciar diálise precocemente para evitar as conseqüências potenciais da uremia. Diálise é prontamente indicada em uremia com estado mental alterado ou em casos de pericardite.

Fatores comuns levados em consideração ao se tomar a decisão de iniciar diálise estão listados aqui. Deve-se ter em mente que são diretrizes, não indicações absolutas para início da diálise, que depende de todo o quadro clínico, não apenas da presença ou ausência destes fatores.

Oligúria persistente (menos que 400 ml por dia)
Creatinina sérica maior que 6 mg/dl
NUS maior que 100 mg/dl
Edema pulmonar não respondendo a diuréticos
Hipercalcemia (potássio sérico maior que 6,5 mEq/dl)
Uremia sintomática (ex., encefalopatia, pericardite)
Acidose metabólica grave

As principais modalidades de diálise são hemodiálise intermitente (HDI) e terapias substitutivas renais contínuas (TSRC).
(1) A **HDI** é a mesma forma de diálise usada em pacientes com insuficiência renal em estágio terminal (IRCT) e é tipicamente usada em pacientes estáveis que conseguem tolerar a remoção rápida de fluidos (ex., um litro por hora). HDI é utilizada em pacientes ambulatoriais.

Nessa forma de diálise, o paciente é ligado a uma máquina de diálise durante quatro horas, diariamente ou em dias alternados. Remoção de líquidos e do *clearance* de uréia do dia são obtidos em algumas horas. Remoção rápida de solutos e líquidos pode causar instabilidade hemodinâmica. A técnica requer um cateter de duplo lúmen, equipos, uma máquina de hemodiálise (bomba de sangue, sistema de geração de dialisato, bomba de dialisato, alarmes e dispositivos de monitoramento de segurança), um dialisador e uma enfermeira da diálise. Tratamento diário de quatro horas, com *clearance* de uréia sanguínea de 200 ml por minuto, pode atingir *clearance* de uréia de 350 litros por semana.

A freqüência da HDI e dose de diálise requeridas na IRA são pontos de discussão. Em paciente com IRCT, a HDI é tipicamente realizada em dias alternados (três dias por semana por aproximadamente quatro horas por vez). A dose e freqüência da diálise para IRA podem ser mais elevadas do que no quadro crônico porque pacientes com IRA são tipicamente hipercatabólicos e a maioria dos cateteres temporários tem alta taxa de recirculação. Alguns estudos recentes demonstram que maior *clearance* de uréia obtido por hemodiálise diária (HD) ou por hemofiltração venovenosa contínua (HVVC), com aumento de ultrafiltração, está associada à taxa de mortalidade mais baixa. Assim, as evidências disponíveis parecem sugerir que HD simples em dias alternados pode ser inadequada para um subgrupo de pacientes com IRA, particularmente aqueles extremamente catabólicos.

(2) **TSRC.** Atualmente, são usados quatro tipos principais de TSRC: ultrafiltração contínua lenta (UFCL), hemofiltração venovenosa contínua (HVVC), hemodiálise venovenosa contínua (HDVVC) e hemodiafiltração venovenosa contínua (HDFVVC). A Tabela 10-11 resume as diferentes características de cada uma. O tipo de TSRC é individualizado. Uma abordagem comum é começar com HVVC e, a seguir, acrescentar dialisato (HDVVC) se as taxas de *clearance* estiverem baixas demais. Um recente estudo prospectivo aleatório demonstrou melhoria da mortalidade em pacientes em HVVC que tiveram formação de ultrafiltrado de 45 ml por kg por hora ou 35 ml por kg por hora em comparação com 20 ml por kg por hora. Em um homem de 70 kg, isso corresponde a 3.150 ml por hora; 2.450 ml por hora e 1.400 ml por hora, respectivamente. Pode ser tecnicamente difícil alcançar velocidades de formação de ultrafiltrado maiores que dois litros por hora.

Na TSRC, o objetivo é que o paciente faça diálise contínua 24 horas por dia. Na prática, interrupções na diálise são para realização de procedimentos no paciente, exames radiológicos e obstrução da membrana dialítica são freqüentes, reduzindo a quantidade de tempo em que o paciente está de fato recebendo diálise.

Tabela 10-11 Comparação entre hemodiálise intermitente (HDI) e vários tipos de terapia de substituição renal contínua (TSRC).

Terapia de substituição renal	Quantidade de ultrafiltrado formado por hora[a]	Uso de fluido de reposição[b]	Uso de dialisato	*Clearance* de uréia l/dia
Hemodiálise intermitente (HDI)	500 a 1.000 cm^3	Não	Sim	40-60
Ultrafiltração contínua lenta (UFCL)	50 a 100 cm^3	Não	Não	2-5
Hemofiltração venovenosa contínua (HVVC)	1.000 a 2.000 cm^3	Sim	Não	20-50
Hemodiálise venovenosa contínua (HDVVC)	50 a 100 cm^3	Não	Sim	20-55
Hemodiafiltração venovenosa contínua (HDFVVC)	1.000 a 2.000 cm^3	Sim	Sim	25-75

[a] O ultrafiltrado formado tem a mesma composição eletrolítica do plasma; portanto, com a alta formação de ultrafiltrado, pode ocorrer aumento de perdas de potássio, fósforo, cálcio e magnésio: esses eletrólitos talvez precisem ser repostos por via intravenosa.
[b] O fluido de reposição tipicamente contém sódio, cloreto e cálcio e repõe o fluido perdido no ultrafiltrado e outras fontes (gastrintestinais, etc.) para atingir a perda líquida desejada de fluido por hora. Na HDI, a perda líquida de fluido é geralmente de 600 a 1.000 cm^3 por hora, enquanto na TSRC a perda líquida de fluidos é tipicamente de 50 a 100 cm^3 por hora.

TSRC é a forma obrigatória de diálise para pacientes hemodinamicamente instáveis. Como a remoção de solutos e fluido é lenta e contínua, instabilidade hemodinâmica e episódios de hipotensão são reduzidos. Minimização da hipotensão teoricamente evita perpetuação da lesão renal. TSRC requer um cateter de duplo lúmen (o mesmo usado para HDI), equipos, uma bomba de sangue simples com dispositivos de segurança, líquido de reposição estéril, bombas volumétricas para controlar reposição e taxa de ultrafiltração, anticoagulação constante e membrana dialítica de alto fluxo. Enfermeiros da UTI costumam monitorar a terapia.

(3) Diálise intermitente *versus* contínua. Muitos estudos não-aleatórios compararam HDI e TSRC. Estudos aleatórios prospectivos são difíceis de serem realizados, porque pacientes hemodinamicamente instáveis que não conseguem tolerar a HDI sempre começam com TSRC. Por outro lado, confinar ao leito um paciente com mobilidade para que ele receba TSRC pode ser aético. Assim, aleatoriedade pode sofrer vieses. Acredita-se que TSRC seja a modalidade de preferência para pacientes muito doentes, enquanto HDI é usada em pacientes menos doentes. Atualmente, HDI e TSRC são consideradas métodos equivalentes para tratamento de IRA. A escolha de HDI ou TSRC deve ser feita com auxílio de um nefrologista e adequada aos pacientes individualmente. A decisão pode também depender de questões relativas às instalações, como experiência, recursos de enfermagem e capacitação técnica. O custo da TSRC é maior que o da HDI. Atualmente, entre as indicações para TSRC na IRA estão instabilidade hemodinâmica, edema cerebral,

hipercatabolismo e sobrecarga grave de líquidos. A Tabela 10-12 faz uma comparação entre HDI e TSRC. TSRC é similar, em termos de *clearance* de soluto, à TFG de 15 a 20 ml por minuto. Um dia de TSRC é equivalente a cerca de um tratamento de HD. Assim, devem-se ser feitos ajustes na dosagem de medicamentos na TSRC.

(4) Tipo de membrana dialítica. Alguns estudos demonstraram que diálise de pacientes com IRA feita com membranas biocompatíveis está associada à melhora na mortalidade; portanto, membranas biocompatíveis são usadas para diálise na IRA. Membranas biocompatíveis são feitas de polímeros sintéticos, incluindo poliamidas, policarbonato e polissulfona. Os efeitos adversos das membranas biocompatíveis de celulose (ex., celulose, cuprofane, hemofane, acetato de celulose) são ativação de complemento, aumento da produção de citocinas e hipotensão.

(5) Acesso vascular temporário. Os locais vasculares básicos usados para a inserção de cateteres de diálise temporários são a jugular interna e femoral. Acesso à jugular interna é requerido em pacientes que estão imobilizados, enquanto acesso femoral é indicado quando a condição cardiopulmonar do paciente dificulta as tentativas de cateterização torácica; ele é útil em pacientes acamados. A veia subclávia pode ser usada se não houver outros locais de acesso; entretanto, uso de cateteres na subclávia aumenta o risco de estenose ou trombose da veia ou suas ramificações.

(6) Diálise peritoneal é raramente usada como modalidade de terapia de diálise na IRA em países desenvolvidos, apesar do fato de não ser tecnicamente difícil e ser usada por pessoal minimamente treinado. Pode ser uma opção em locais

Tabela 10-12 Análise da terapia de substituição renal contínua *versus* hemodiálise intermitente.

Vantagens

Estabilidade hemodinâmica (pode-se relacionar em parte com diminuição da temperatura corporal)
Alimentação ilimitada
Evitar desequilíbrios rápidos no balanço hidroeletrolítico
Correção agressiva do status ácido-base
Remoção maciça de líquido
Eliminação potencial de mediadores (ex., citocinas) pela capacidade de absorção de membrana

Desvantagens

Imobilização
Carga de lactato[a]
Anticoagulação contínua[b]

---

[a] Lactato deve ser evitado em pacientes com doença hepática grave que não conseguem metabolizar lactato. A carga de lactato pode ser evitada, fazendo-se dialisato especial contendo bicarbonato em vez de lactato.
[b] TSRC pode ser feita sem anticoagulação, entretanto, pode ocorrer obstrução freqüente da membrana.

onde HDI ou TSRC não está disponível. É indicada em pacientes com catabolismo minimamente aumentado sem indicação imediata ou risco de vida. É ideal para pacientes hemodinamicamente instáveis. Para diálise de curta duração, um cateter de diálise rígido é introduzido no peritônio através da parede abdominal anterior, 5 a 10 cm abaixo do umbigo. Infunde-se de 1,5 a 2,0 litros de solução padrão para diálise peritoneal no peritônio. Os principais riscos são perfuração do intestino durante a introdução do cateter e peritonite. Diálise peritoneal aguda oferece ao paciente pediátrico as mesmas vantagens potenciais que a TSRC oferece ao adulto com IRA.

LEITURAS SUGERIDAS

Alkhunaizi AM, Schrier RW. Management of acute renal failure: new perspectives. *Am J Kidney Dis* 1996;28:315-328.

Carvounis CP, Nisar S, Guro-Razman S. Significance of the fractional excretion of urea in the differential diagnosis of acute renal failure. *Kidney Int* 2002;62:2223-2229.

Beutler JJ, Koomans HA. Malignant hypertension: still a challenge. *Nephrol Dial Transplant* 1997;12:2019-2023.

DuBose TD Jr., Warnock DG, Mehta RL, et al. Acute renal failure in the twenty-first century: recommendations for management and outcomes assessment. *Am J Kidney Dis* 1997;29:793-799.

Edelstein CL, Ling H, Schrier RW. The nature of renal cell injury. *Kidney Int* 1997;51:1341-1351.

Edelstein CL, Ling H, Wangsiripaisan A, Schrier RW. Emerging therapies for acute renal failure. *Am J Kidney Dis* 1997;30:S89-S95.

Esson ML, Schrier RW. Diagnosis and treatment of acute tubular necrosis. *Ann Int Med* 2002;137:744-752.

Jennette JC, Falk RJ. Diagnosis and management of glomerulonephritis and vasculitis presenting as acute renal failure. *Med Clin North Am* 1990; 74:893-908.

Parikh CR, McSweeney PA, et al. Renal dysfunction in allogeneic hematopoietic cell transplantation. *Kidney Int* 2002 Aug;62(2):566-573.

Proceedings of the First International Congress on Continuous Renal Replacement Therapy. *Am J Kidney Dis* 1996;28:Sl-S121.

Proceedings of the First International Course on Critical Care Nephrology. *Kidney Int* 1998;53:S1-S190.

Rao TK. Renal complications of HIV disease. *Med Clin North Am* 1996; 80:1437-1451.

Rossert J. Drug-induced acute interstitial nephritis. *Kidney Int* 2001;60:804–817.

Schlondorff D. Renal complications of nonsteroidal anti-inflammatory drugs. *Kidney* Int 1993;44:643-653.

Star RA. Treatment of acute renal failure. *Kidney Int* 1998;54:1817-1831.

Capítulo **11**

O Paciente com Doença Renal Crônica

Michael Conchol e David M. Spiegel

Pacientes com insuficiência renal crônica em estágio terminal (IRCT) tem pior qualidade de vida, alta morbidade e mortalidade anual de cerca de 22%. O número de pessoas com insuficiência renal tratadas com diálise e transplante tem projeção de aumentar de 340.000 em 1999 para 651.000 em 2010.[1] A alta morbidade e mortalidade verificada em pacientes em diálise pode diminuir significativamente se os pacientes estiverem mais saudáveis na época do início da terapia renal substitutiva.

Este capítulo apresenta uma visão geral das atuais recomendações destinadas a retardar a progressão de doença renal crônica (DRC), otimizar a administração médica de condições de co-morbidade, como doença cardiovascular (DCC), diabetes, dislipidemias e diminuir as complicações secundárias à progressão da doença renal, incluindo hipertensão, anemia, hiperparatiroidismo secundário e desnutrição. Essas recomendações originam-se de diretrizes de prática clínica recentes publicadas pelo programa Kidney Disease Outcomes Quality Initiative (K/DOQI) da National Kidney Foundation (NKF).[2]

I. DEFINIÇÃO DE ESTÁGIOS DE DOENÇA CRÔNICA RENAL. A definição de doença crônica renal (DRC) é a seguinte:

A. **Lesão renal** durante três meses ou mais, conforme definido por anormalidades estruturais ou funcionais dos rins, com ou sem diminuição da taxa de filtração glomerular (TFG), manifesta por:
  1. Anormalidades patológicas; ou
  2. Marcadores de lesão renal, incluindo anormalidades na composição do sangue ou urina, ou anormalidades em exames de imagem.

B. TFG menor que 60 ml por minuto por 1,73 m² durante três meses ou mais, com ou sem lesão renal.

Em um relatório recente da NKF, a DRC foi dividida em estágios de gravidade (Tabela 11-1). É importante observar que o sistema de divisão em estágios baseia-se na TFG calculada e não na medida da creatinina sérica. DRC estágio 1 é identificada pela presença de lesão renal com manutenção da TFG; e isso inclui pacientes com albuminúria ou com exames anormais de imagem. Por exemplo, paciente com diabetes tipo II e TFG normal, mas com microalbuminúria, é classificado como tendo DRC estágio 1. A definição de microalbuminúria é 30 a 300 mg por dia (excreção em 24 horas) e a da proteinúria clínica, mais de 300 mg por dia (excreção em 24 horas). DRC estágio 2 leva em conta pacientes com evidências de lesão renal e diminuição da TFG (60 a 89 ml/min por 1,73 m²). Finalmente, todos os pacientes com TFG menor que 60 ml por minuto por 1,73 m² são classificados como tendo DRC, independentemente de haver lesão renal.

Tabela 11-1 National Kidney Foundation: Programa Kidney Disease Outcomes Quality Iniciative - Prevalência e plano de ação para estágios de doença renal crônica.

Estágio	Descrição	TFG, ml por min por 1,73 m^2	Prevalência, n (%)	Ação
—	Com risco aumentado	≥ 60 (com fatores de risco para doenças renal crônica)	—	Exames preventivos: redução de risco para doença renal crônica
1	Lesão renal com TFG normal ou aumentada	> 90	5.900.000 (3,3)	Diagnóstico e tratamento; tratamento de condições de co-morbidade; redução da progressão; redução de risco para DCC
2	Lesão renal com diminuição significativa da TFG	60-89	5.300.000 (3,0)	Estimativa de progressão
3	TFG moderadamente diminuída	30-59	7.600.000 (4,3)	Avaliação e tratamento de complicações
4	TFG gravemente diminuída	15-29	400.000 (0,2)	Preparação para terapia renal substitutiva
5	Insuficiência renal	<15 (ou diálise)	300.000 (0,1)	Terapia renal substitutiva (se houver uremia)

National Kidney Foundation: K/DOQI Clinical Practice Guidelines for Chronic Kidney Disease: evaluation, classification, and stratification: *Am J Kidney Dis* 2002;39 (Suppl 1): S1M266.

Divisão da doença renal crônica em estágios é útil porque endossa o modelo em que médicos de cuidados básicos e especialistas têm responsabilidade de cuidar de pacientes com DRC. Essa classificação também propicia uma linguagem comum para pacientes e médicos envolvidos no tratamento da DRC. Para cada estágio de DRC o programa K/DOQI fornece recomendações para um plano clínico de ação (Tabela 11-1).

Requisito essencial para a classificação e monitoramento da DRC é a medida ou estimativa da TFG. Creatinina sérica não é o marcador ideal de TFG porque é alterada no glomérulo e secretada pelo túbulo proximal. Sabe-se que o *clearance* de creatinina (ClCr) superestima a TFG em cerca de 40% em indivíduos normais e em percentual ainda maior em pacientes com DRC.[3]

Estimativas de TFG baseadas no ClCr 24 horas requerem coletas de urina com hora marcada, que são difíceis de obter e freqüentemente envolvem erros de procedimento. Métodos clássicos de avaliação da TFG, incluindo o padrão-ouro do *clearance* de inulina, são trabalhosos, requerem infusão intravenosa e coleta de urina com hora marcada e não são clinicamente viáveis. Em adultos, a TFG normal baseada no *clearance* de inulina e ajustada à área de superfície corporal padrão de 1,73 m² é de 127 ml por minuto por 1,73 m² para homens e 118 ml por minuto por 1,73 m² para mulheres, com desvio padrão de aproximadamente 20 ml por minuto por 1,73 m². Após 30 anos de idade, o decréscimo médio na TFG é de 1 ml/min por 1,73 m² por ano.[2]

Equações baseadas na creatinina sérica, mas fatoradas de acordo com gênero, idade e etnia, são a melhor alternativa para estimar a TFG. A fórmula mais comumente usada é a equação de Cockcroft-Gault, desenvolvida para estimar o ClCr, mas que tem sido usada para estimar a TFG:[4]

$$ClCr = \frac{(140 - idade \times peso\ em\ kg)}{(creatinina\ sérica)(72)} \times 0,85\ se\ mulher$$

A equação do estudo da modificação da dieta na doença renal (*Modification of Diet in Renal Disease*, ou MDRD) foi elaborada com base em dados de mais de 500 pacientes com ampla variedade de doenças e TFG de até 90 ml/min por 1,73 m2. Assim, a equação MDRD abreviada é recomendada para uso rotineiro e requer apenas creatinina sérica, idade, gênero e raça.[2]

$$TFG\ (ml/min\ por\ 1,73\ m^2) = 186 \times (CrS)^{-1,154} \times (age)^{-0,203}$$
$$\times (0,742\ se\ mulher) \times (1,210\ se\ afro-americano)$$

Os cálculos podem ser feitos usando calculadoras médicas disponíveis na Internet para *download* (www.kdoqi.corn).

A equação do estudo MDRD possui muitas vantagens. Ela é mais precisa e acurada do que a equação de Cockcroft-Gault para pessoas com TFG menor que aproximadamente 90 ml por minuto por 1,73 m². Essa equação prevê a TFG medida usando um método aceito (*clearance* urinário de ^{125}I-iotalamato). Ela não requer altura nem peso e tem sido validada em receptores de transplante renal e afro-americanos com nefroesclerose. Porém, não foi validada em doenças renais diabéticas, em pacientes com condições sérias de co-morbidade, em pessoas normais ou indivíduos com mais de 70 anos de idade.[2]

II. PREVALÊNCIA DE DRC.
O estudo *Third National Health and Nutrition Examination Survey* (NHANES III) avaliou 15.625 pacientes com 20 anos de idade ou mais e foi conduzido entre 1978 e 1994 pelo National Center for Health Statistics (NCHS) dos Centers for Disease Control and Prevention.

A meta desse levantamento foi fornecer dados representativos em nível nacional sobre saúde e status nutricional da população civil não internada dos Estados Unidos (EUA). Os resultados, quando extrapolados para a população americana em idade adulta com mais de 20 anos (n = 177 milhões), revelaram as seguintes descobertas relevantes para a DRC:[5]

A. 6,2 milhões de indivíduos tinham creatinina sérica igual ou maior que 1,5 mg/dl, que é uma prevalência 30 vezes maior de função renal reduzida comparativamente à prevalência de IRCT tratada durante o mesmo intervalo de tempo.
B. 2,5 milhões de indivíduos apresentaram creatinina sérica igual ou maior que 1,7 mg/dl.
C. 800.000 indivíduos apresentaram creatinina sérica igual ou maior que 2,0 mg/dl.
D. Dos indivíduos com creatinina sérica elevada, 70% apresentaram hipertensão.
E. Apenas 75% dos pacientes com hipertensão e creatinina sérica elevada receberam tratamento, com apenas 27% obtendo medidas da pressão arterial (PA) menor que 140/90 mmHg, e 11% tendo a PA reduzida para menos que 130/85 mmHg.

Em uma análise posterior dos dados do NHANES III, a TFG estimada foi calculada a partir da creatinina sérica, usando a equação do estudo MDRD.[2] Prevalência dos diferentes estágios de DRC mostra claramente que a população com DRC é várias vezes maior do que a população com IRCT. O desafio para a comunidade médica é identificar os primeiros estágios da DRC e instituir estratégias de tratamento correto para diminuir complicações e retardar a progressão para IRCT.

III. MECANISMO DE PROGRESSÃO DA DOENÇA RENAL.
Diabetes e hipertensão são responsáveis pela maioria dos casos de IRCT. Glomerulonefrite representa a terceira causa mais comum de IRCT. Apesar das muitas doenças que podem causar lesão dos rins, é limitado o número de vias comuns disponíveis para progressão da doença renal.[6] Um tema geral de muitas dessas vias são as mudanças adaptativas no néfron que levam a conseqüências de má-adaptação. Um dos temas mais bem desenvolvidos é a hiperfiltração que ocorre nos néfrons remanescentes após perda de massa renal. Pressões glomerulares elevadas levam a isso. Hiperfiltração glomerular tem efeitos de adaptação iniciais ao manter o nível de TFG, porém, posteriormente, podem levar a lesão glomerular. Permeabilidade glomerular anormal é comum em distúrbios glomerulares, sendo a proteinúria sua conseqüência clínica. Acumulam-se evidências de que essa proteinúria pode ser fator predisponente de doença tubulointersticial.[6] Extensão da lesão tubulointersticial é importante fator de risco para a subseqüente progressão da doença renal em todas as formas de doenças glomerulares estudadas.[7] Em modelos experimentais e em experimentos com seres humanos, demonstrou-se de

forma consistente uma relação entre a redução da proteinúria e a renoproteção.

IV. FATORES DE RISCO DE PROGRESSÃO PARA IRCT. Quantidade de proteína excretada na urina é um dos preditores mais fortes de progressão de doença renal e uma resposta à terapia anti-hipertensiva em quase todos os estudos de DRC.[8] Assim, quanto maior a proteinúria, mais alto é o risco de progressão. Conforme descrito na seção anterior, um importante fator de risco para a maioria das doenças glomerulares é a extensão da doença tubulointersticial na biópsia renal.[7]

A. Etnia é fator de risco para muitas doenças renais. Por exemplo, pacientes afro-americanos com diabetes correm risco duas a três vezes maior de desenvolver IRCT comparativamente a pacientes brancos (9). Uma parte desse risco aumentado é atribuível a fatores modificáveis, como comportamentos de saúde subótimos, controle subótimo da PA e da glicemia e menor status socioeconômico (9). Nefropatia associada ao vírus da imunodeficiência humana (HIV) é também fator comum em pacientes afro-americanos em comparação com pacientes brancos.
B. Gênero é fator de risco adicional para desenvolvimento e progressão de certos tipos de doença renal. Em geral, a incidência de IRCT é maior em homens do que em mulheres.
C. Tabagismo tem sido relacionado à proteinúria e à progressão de doença renal no diabetes tipo 1 e 2, bem como na nefropatia por IgA, nefrite lúpica e doença renal policística. Suspensão do tabagismo tem sido relacionada à taxa mais lenta de progressão de insuficiência renal no paciente diabético tipo 1.[10]
D. Finalmente, o grande consumo de analgésicos não-narcóticos, particularmente fenacetina, tem sido associado a risco aumentado de DRC.

V. RETARDAMENTO A PROGRESSÃO PARA IRCT

A. Terapia anti-hipertensiva. Hipertensão é um fator de risco para a progressão de doença renal e a segunda causa mais comum de IRCT. O sétimo relatório do Joint National Committee (JNC VII) recomendou que a pressão sanguínea fosse reduzida a níveis abaixo de 130/80 mmHg em pacientes com diabetes ou doença renal crônica.[11] Número cada vez maior de evidências tem demonstrado que inibição do sistema renina-angiotensina com inibidores de conversão da angiotensina (iECAs) ou pelo bloqueio do receptor tipo A 1 da angiotensina (BRAs) tem efeitos renoprotetores independentemente dos seus efeitos na redução da pressão arterial.
1. Estudos em pacientes diabéticos e doença renal com nefropatia estabelecida
    a. Pacientes diabéticos tipo 1 com nefropatia estabelecida
    O benefício evidente dos iECAs em diabéticos tipo 1 que apresentam nefropatia foi demonstrado no maior estudo realizado até hoje. Quatrocentos e nove pacientes com proteinúria e concentração de creatinina plasmática igual ou maior que 2,5 mg/dl receberam aleatoriamente terapia com captopril ou placebo. Outros medicamentos anti-hipertensivos foram acrescentados quando necessá-

rio, com exceção de bloqueadores do canal de cálcio e outros iECAs. Após cerca de quatro anos de controle da PA praticamente equivalente, os pacientes tratados com captopril tiveram velocidade mais lenta de aumento na concentração de creatinina plasmática e menor probabilidade de progressão para IRCT ou óbito.[12]

b. Pacientes diabéticos tipo 2 com nefropatia estabelecida
   (1) O estudo *Reduction of Endpoints with Angiotensin II Antragonist Losartan (RENAAL)* analisou os efeitos do losartan comparado à terapia anti-hipertensiva com iECAs ou BRAs em 1.513 pacientes com diabetes tipo 2 e nefropatia, com acompanhamento durante 3,4 anos em média.[13] Os resultados desse estudo demonstraram efeitos benéficos do losartan, além de seus efeitos na redução da PA, no tempo de duplicação da concentração de creatinina sérica e no desenvolvimento de IRCT.
   (2) No experimento *Irbesartan Diabetic Nephropathy Trial* (IDNT), 1.715 pacientes com nefropatia secundária a diabetes tipo 2 receberam, aleatoriamente, irbesartan, amlodipino ou placebo. A duração média do acompanhamento foi de 2,6 anos. Esse estudo revelou que pacientes que receberam irbesartan apresentaram 33% de redução no risco de duplicação da concentração de creatinina sérica em comparação com placebo, e diminuição de 37% em comparação com pacientes que receberam anlodipino.[14]

c. Estudos em pacientes com doença renal diabética com microalbuminúria
   (1) Metanálise de experimentos publicados. Investigadores dos experimentos sobre nefropatia diabética analisaram 12 estudos selecionados envolvendo 698 pacientes, para comparar os efeitos dos iECAs e placebo em pacientes diabéticos tipo 1 apresentando microalbuminúria e PA normal.[15] Os resultados mostraram que os iECAs estavam mais provavelmente relacionados à regressão da microalbuminúria. Esse efeito persistiu, apesar do ajuste para quaisquer alterações na pressão sanguínea.
   (2) O estudo *United Kingdom Prospective Diabetes Study* (UKPDS) analisou a eficácia de atenolol e captopril na redução do risco de complicações macrovasculares e microvasculares em pacientes diabéticos tipo 2 com hipertensão. Esse estudo revelou que tanto captopril quanto atenolol tiveram eficácia equivalente na redução dos *endpoints* primários de evolução renal de albuminúria, nefropatia manifesta, duplicação da creatinina sérica e desenvolvimento de IRCT.[16]
   (3) O experimento *Appropriate Blood Pressure Control in Diabetics (ABCD)* consistiu no estudo prospectivo randomizado de 950 pacientes diabéticos tipo 2, que analisou a influência do controle intensivo comparado ao controle moderado da pressão sanguínea sobre a incidência da evolução de complicações do diabetes tipo 2.[17] Pacientes hipertensos (n = 470) receberam indicação aleatória para controle intensivo da pressão sanguínea (com meta de PAD de 75 mmHg) e controle moderado (PAD de 89 mmHg) e para distribuição de nisoldipina

ou enalapril como medicamento anti-hipertensivo. Controle da pressão sanguínea em 138/86 ou 132/78 mmHg, tendo nisoldipina ou enalapril como medicação anti-hipertensiva inicial, pareceu estabilizar a função renal em pacientes diabéticos tipo 2 hipertensos, sem albuminúria manifesta, durante um período de cinco anos. Pacientes tratados com enalapril tiveram significativamente menos eventos cardiovasculares do que aqueles tratados com nisoldipina. Controle mais intensivo da pressão sanguínea diminuiu a mortalidade por todas as causas. Efeitos do controle intensivo *versus* moderado da pressão sanguínea diastólica também foram estudados em 480 pacientes diabéticos tipo 2 normotensos.[18] Durante cinco anos de acompanhamento, o controle intensivo (em aproximadamente 128/75 mmHg) da pressão sanguínea em pacientes diabéticos tipo 2 normotensos (a) retardou a evolução para nefropatia incipiente e estabelecida, (b) retardou a evolução da retinopatia diabética e (c) diminuiu a incidência de acidentes vasculares cerebrais. Eventos cardiovasculares foram mais comuns no grupo da nisoldipina.[19]

(4) O estudo Heart Outcomes Prevention Evaluation (HOPE) incluiu 3.577 pessoas com diabetes.[20] Dos pacientes recrutados no estudo, 1.120 apresentavam microalbuminúria.[21] Eles receberam aleatoriamente iECA ramipril ou placebo. Pacientes tratados com ramipril tiveram redução de 25% nos infartos de miocárdio, acidentes vasculares cerebrais ou morte cardiovascular. No grupo do ramipril, o risco de desenvolver nefropatia estabelecida diminuiu em 24%.

(5) Irbesartan Microalbuminuria Study. Os efeitos do BRA irbesartan foram analisados em 590 pacientes hipertensos com diabetes tipo 2 e microalbuminúria (21). O *endpoint* primário foi o tempo desde a consulta de avaliação inicial até a detecção de nefropatia estabelecida. Esse estudo revelou que irbesartan teve efeito renoprotetor, independentemente de seu efeito anti-hipertensivo.

d. Estudos em pacientes com doença renal não-diabética
(1) O African-American Study of Kidney Disease and Hipertension (AASK) teve por objetivo estudar o efeito sobre a progressão da doença renal hipertensiva de (a) duas metas diferentes de pressão arterial média – usual (PAM: 102 a 107 mmHg) e mais baixa (PAM: menor ou igual a 92 mmHg) e (b) tratamento com três medicamentos anti-hipertensivos diferentes – iECA (ramipril), bloqueador do canal de cálcio derivado da diidropiridina (amlodipino) e betabloqueador (metoprolol).[22] Esse estudo concluiu que a redução da PA para abaixo de 141/85 mmHg não trazia efeitos benéficos adicionais e que iECAs são anti-hipertensivos mais eficazes em retardar a evolução da nefroesclerose hipertensiva.

(2) No estudo Ramipril Efficacy in Nephropathy (REIN), os pacientes foram estratificados, antes do procedimento de atribuição aleatória, pelo nível proteinúria de 24 horas, com o grupo 1 apresentando de 1 g a menos de 3 g de proteinúria de 24 horas, e o grupo 2 com proteinúria de 3 g ou mais de

24 horas.[23] Em seguida, os pacientes receberam, aleatoriamente, ramipril ou placebo, com acréscimo de outros medicamentos para atingir pressão sanguínea diastólica (PSD) alvo menor que 90 mmHg. Uma análise dos resultados desse estudo demonstrou que o efeito benéfico do ramipril em retardar a diminuição da TFG foi maior que aquele esperado com a redução da PA.

O tratamento de doença renal diabética e não-diabética avançou significativamente após essa série de experimentos controlados. Os resultados desses estudos demonstram claramente os efeitos renoprotetores dos iECAs e BRAs, tanto na redução da proteinúria quanto no retardo da evolução da doença renal. Efeitos desses medicamentos podem estar relacionados com diminuições na pressão dos capilares dos glomérulos ou a outros efeitos da angiotensina II sobre fibrose e crescimento. Esses agentes devem ser considerados os medicamentos de primeira escolha para pacientes com DRC, e a meta da PA deve ser menor que 130/80 mmHg.

e. Terapia combinada com iECAs e BRAs em doença renal não-diabética
   (1) Estudo COOPERATE. Esse foi um estudo duplo-cego aleatório destinado a testar a eficácia e segurança da terapia com combinação de um iECA (trandolapril) e um bloqueador de receptor da angiotensina (losartan), comparada à monoterapia com cada um desses medicamentos, em 263 pacientes com doença renal não-diabética.[24] A terapia combinada demonstrou um efeito acentuadamente antiproteinúrico, e menos pacientes alcançaram o *endpoint* primário composto de tempo para duplicação da creatinina sérica ou IRCT em comparação com os outros grupos de monoterapia.

f. Terapia combinada com iECAs e BRAs na doença renal diabética
   (1) No estudo *Candesartan and Lisinopril Microalbuminuria (CALM)*, os efeitos do candesartan ou lisinopril ou ambos sobre a PA ou excreção urinária da albumina foram analisados em pacientes com microalbuminúria, hipertensão e diabetes tipo 2.[25]

   A terapia combinada reduziu mais a PA e a excreção de albumina do que os dois agentes isoladamente. Em resumo, esses estudos fornecem alguma evidência de que a combinação de um iECA com um BRA pode ser mais eficaz do que o uso de cada um desses agentes isoladamente na redução da proteinúria e na melhoria da sobrevida renal. Não parece existir aumento dos eventos adversos na terapia combinada. Entretanto, atualmente não deixam claro alguns estudos se a maximização da dose de cada agente é melhor do que a combinação ou se o efeito da terapia combinada é independente da redução da PA.

VI. TRATAMENTO DAS COMPLICAÇÕES DA DOENÇA RENAL CRÔNICA

A. Anemia. Anemia na insuficiência renal crônica desenvolve-se durante a evolução da DRC. O grau de anemia é mais bem avaliado usando-se valores de hemoglobina em vez do hematócrito. Existe correlação direta entre nível de hemoglobina e TFG. Nos dados do estudo NHANES III, essa relação existe em níveis de TFG menores que 90 ml por minuto por 1,73 m2, mas ficava mais evidente quando a TFG era menor que 60 ml/min.[2] A etiologia da anemia na DRC é multifatorial, sendo o fator principal uma diminuição da síntese de eritropoietina pelos rins. Anemia está relacionada a piores evoluções clínicas em pacientes com DRC. Baixos níveis de hemoglobina têm sido relacionados a aumento na morbidade e mortalidade cardiovascular. Aumento dos *endpoints* cardiovasculares está provavelmente relacionado à associação entre baixa hemoglobina e aumento do índice da massa ventricular esquerda. Hemoglobina é um dos preditores mais importantes da hipertrofia ventricular esquerda. No estudo RENAAL, após controle da PA em pacientes diabéticos tipo 2, anemia foi identificada como um dos fatores de risco independentes que se correlacionam com a evolução da doença renal.[26] Diretrizes do K/DOQI recomendam que pacientes com DRC sejam avaliados para verificação de anemia quando a TFG for menor que 60 ml/min por 1,73 m[2]. Níveis de eritropoietina não são de utilidade na avaliação da anemia na doença renal. Status do ferro nos pacientes deve ser avaliado, incluindo dosagens de ferritina sérica, ferro e saturação de transferrina.[2] Níveis de saturação de transferrina e ferritina devem exceder 20% e 100 mg/ml, respectivamente, para otimizar eritropoiese. O tratamento precoce com eritropoietina (EPO) pode prevenir anemia grave e melhorar a sobrevivência no longo prazo de pacientes com IRCT. A hemoglobina ideal para pacientes com DRC ainda não foi definitivamente determinada. As diretrizes do K/DOQI recomendam hemoglobina-alvo de 11 a 12 g/dl.

B. **Controle de fosfato.** Controle de fosfato da DRC é importante para preservar o conteúdo mineral ósseo e evitar hiperparatiroidismo. Quelantes de fósforo à base de cálcio devem ser instituídos quando a TFG cair abaixo de 30 a 50 ml por minuto. Uso de análogos de vitamina D, basicamente 1,25-diidroxivitamina D3, é mais controvertido. Eles podem claramente ajudar a suprimir a superatividade da glândula paratireóide, mas, freqüentemente, à custa de níveis mais altos de fosfato sérico e do risco de hipercalcemia, os quais podem piorar as calcificações extra-esqueléticas. As recomendações para pacientes com DRC são:[2]

1. Manter o fósforo sérico entre 3,0 e 4,6 mg/dl.
2. Restringir o fósforo da dieta a 800 mg a 1.000 mg por dia quando o fósforo sérico for maior que 4,6 mg/dl.
3. Restringir o fósforo da dieta a 800 mg a 1.000 mg por dia quando os níveis séricos de PTH intacto forem maiores que 65 mg/ml.
4. Monitorar o fósforo sérico a cada três meses se os pacientes estiverem em dieta com restrição de fósforo.
5. A faixa-alvo para cálcio sérico corrigido (para cada 1 g de redução da albumina sérica o cálcio sérico deve ser corrigido em 0,8 mg) é de 8,8 a 9,5 mg/dl.
6. Se o cálcio sérico for maior que 10,2 mg/dl, reduzir ou suspender a vitamina D e/ou mudar para um quelante de fósforo que não contenha cálcio.
7. O produto cálcio-fósforo sérico deve ser menor que 55 g/dl.

C. **Controle ácido-base.** Acidose é comum em quase todas as formas de DRC. O principal mecanismo responsável pela acidose é a diminuição na excreção total de amônia, levando à diminuição da secreção líquida de hidrogênio e à queda no bicarbonato sérico. Esse excesso de ácido resultante leva à dissolução dos ossos, piorando, em última instância, a osteodistrofia urêmica. Outras conseqüências adversas da acidose metabólica são desnutrição protéica e supressão da síntese de albumina. O tratamento precoce da acidose por meio de terapia com bicarbonato oral pode ajudar a prevenir um pouco da doença óssea da uremia crônica. O K/DOQI recomenda manter um nível de bicarbonato sérico maior que 22 mEq/l.[2] Entretanto, deve-se ter cautela para não precipitar nem piorar a hipertensão com acréscimo de ingestão de sódio.

VII. TRATAMENTO DA CO-MORBIDADE CARDIOVASCULAR.

Doença cardiovascular continua sendo a causa mais comum de morte em pacientes com IRCT, e pacientes com DRC têm mais probabilidade de morrer de doença cardiovascular do que de evoluir para IRCT. A população com DRC apresenta incidência mais alta de fatores de risco cardiovasculares tradicionais, incluindo diabetes, hipertensão e dislipidemias. Além disso, evidências científicas irrefutáveis mostram que TFG reduzida e proteinúria são fatores de risco independentes para doença cardiovascular. Existe consenso na comunidade nefrológica de que a população com DRC deve ser submetida a tratamento agressivo dos fatores de risco. Isso inclui controle rígido da PA e lipídios, bem como suspensão do tabagismo. Diretrizes de prática clínica do K/DOQI sobre o tratamento das dislipidemias na DRC, recomendam terapia medicamentosa para pacientes com níveis de lipoproteínas de baixa densidade (LDL) maiores ou iguais a 100 mg/dl, após três meses de mudanças terapêuticas no estilo de vida. Estatinas são recomendadas como terapia medicamentosa inicial para LDL alto, e fibratos (ex., gemfibrozila) são recomendados para níveis elevados de triglicerídeos em jejum.

VIII. QUANDO ENCAMINHAR PARA UM NEFROLOGISTA.

Vários estudos mostram que a demora em recorrer a um nefrologista é comum e gera conseqüências adversas, incluindo grande morbidade e mortalidade, uremia mais grave, aumento do uso de acesso vascular percutâneo com conseqüente morbidade, uso reduzido da fístula arteriovenosa, que é o método preferencial de acesso vascular, restrição de alternativas de modalidade de tratamento, internação prolongada e mais dispendiosa para início de diálise e incidência mais alta de problemas emocionais e socioeconômicos. Consulta mais precoce possibilita ao paciente desenvolver relacionamento efetivo com uma equipe multidisciplinar composta de nefrologista, cirurgião vascular, enfermeira, nutricionista, assistente social e profissional de saúde mental. Esse relacionamento permite avaliação e informações mais adequadas aos pacientes sobre as opções de terapia renal substitutiva (TRS), incluindo transplante, início da TRS para manter a saúde do paciente em nível ótimo, colocação oportuna de acesso à diálise, supervisão de modificações da dieta e serviços de apoio para suprir necessidades psicológicas, sociais e financeiras. Um nefrologista deve participar dos cuidados ao paciente com TFG menor que 30 ml por minuto por 1,73 m^2.

REFERÊNCIAS

1. United States Renal Data System. Excerpts from the 2000 U.S. Renal Data System Annual Data Report: Atlas of End Stage Renal Disease in the United States. *Am J Kidney Dis* 2000;36:S1-S279.
2. National Kidney Foundation: K/DOQI Clinical Practice Guidelines for Chronic Kidney Disease: evaluation, classification, and stratification. *Am J Kidney Dis* 2002;39 (Suppl 1):Sl-S266.
3. Shemesh O, Golbetz H, Kriss JP, Myers BD. Limitations of creatinine as a filtration marker in glomerulopathic patients. *Kidney Int* 1985;28:830-838.
4. Cockcroft DW, Gault MH. Prediction of creatinine clearance from serum creatinine. *Nephron* 1976;16:31W1.
5. Jones C GM, Kusek JW, et al. Serum creatinine levels in the US population; Third National Health and Nutrition Examination Survey. *Am J Kidney Disease* 1998;32:992-999.
6. Remuzzi G, Bertani T. Pathophysiology of progressive nephropathies. *N Engl J Med* 1998;339:1448-1456.
7. Nath K. The tubulointerstitium in progressive renal disease. *Kidney Int* 1998;54:992-994.
8. Keane W. Proteinuria: its clinical importance and role in progressive renal disease. *Am J Kidney Dis* 2000;35:S97-S105.
9. Krop J, Coresh J, Chambless L, et al. A community-based study of explanatory factors for the excess risk for early renal function decline in blacks vs. whites with diabetes. *Arch Intern Med* 1999;159:1777-1783.
10. Orth SR, Ritz E, Schrier RW. The renal risks of smoking. *Kidney lnt* 2003; 51:1669-1677.
11. The JNC 7 Report. *JAMA* 2003;289:2560-2572.
12. Lewis EJ, et al. Effect of ACE inhibition on nephropathy in type 1 diabetes. *N Engl J Med* 1993;329:1456-1462.
13. Brenner BM, Cooper ME, De Zeeuw D, et al. Effects of losartan on renal and cardiovascular outcomes in patients with type 2 diabetes and nephropathy, *N Engl J Med* 2001;345:861-869.
14. Lewis E J, Hunsiker LG, Clarke W, et al. Renoprotective effect of the angiotensin receptor antagonist irbesartan in patients with nephropathy due to type 2 diabetes. *N Engl J Med* 2001;345:851-860
15. Kshirsagar AV, Joy MS, Hogan SL, et al. Effect of ACE inhibitors in diabetic and nondiabetic chronic renal disease: a systematic overview of randomized placebo-controlled trials. *Am J Kidney Dis* 2000;35:695-707.
16. UK Prospective Diabetes Study Group. Efficacy of atenolol and captopril in reducng risk of macrovascular and microvascular complications in type 2 diabetes: UKPDS 39. *Br Med J* 1998;317:713-720.
17. Estacio R, Jeffers B, Gifford N, Schrier RW. Effect of blood pressure control on diabetic microvascular complications in patients with hypertension and type 2 diabetes. *Diabetes Care* 2000;23 suppl 2;B54-64.
18. Schrier RW, Estacio R, Esler A, Mehler P. Effect of aggressive blood pressure control in normotensive type 2 diabetic patients on albuminuria, retinopathy and strokes. *Kidney Int* 2002;61:1086-1097.
19. Estacio R, Jeffers B, Gifford N, et al. Effect of blood pressure control on diabetic microvascular complications in patients with hypertension and type 2 diabetes. *N Engl J Med* 1998;338:645-652.
20. Mann JF, Gestein H, Pogue J, et al. Renal insufficiency as a predictor of cardiovascular outcomes and the impact of ramipril: the HOPE randomized trial. *Am Int Med* 2001,134.629-636.
21. Parving HH, Lehnert H, Brachner-Mortensen J, et al. The effect of irbesartan on the development of diabetic nephropathy in patients with type 2 diabetes. *N Engl J Med* 2001;345:870-878.
22. Wright JT, Bakris G, Greene T, et al. Effect of blood pressure lowering and anti-hypertensive drug class on progression of hypertensive kidney disease. Results from the AASK Trial. *JAMA* 2002;288:2421-2431.

23. The GISEN Group: randomized placebo-controlled trial of effect of ramipril on decline in glomerular filtration rate and risk of terminal renal failure in proteinuric, non-diabetic nephropathy. *Lancet* 1997;349:1857-1863.
24. Nakao N, Yoshimura A, Morita H, et al. Combination treatment of angiotensin II receptor blocker and angiotensin-converting enzyme inhibitor in non-diabetic renal disease (COOPERATE): a randomized controlled trial. *Lancet* 2003;361:117-124.
25. Mogensen CE, Neldam S, Tikkanen I, et al. Randomized controlled trial of dual blockade of renin-angiotensin system in patients with hypertension, microalbuminuria, and non-insulin dependent diabetes: the candesatan and lisinopril microalbuminuria (CALM) study. *Br Med J* 2000; 321:1440-1444.
26. Keane WF, Brenner BM, de Zeeuw D, et al. The risk of developing end stage renal disease in patients with type 2 diabetes and nephropathy: the RENAAL study. *Kidney Int* 2003;63:1499-1507.

Capítulo **12**

O Paciente em Terapia Renal Substitutiva com Diálise

David M. Spiegel

O número de indivíduos mantidos vivos por meio de terapia dialítica nos Estados Unidos continua a aumentar todo ano. Essa terapia, que prolonga a vida, continua a fazer da insuficiência renal em estágio final a principal falência sistêmica de órgão que não resulta em morte certa sem transplante do órgão. Entretanto, a morbidade e mortalidade relacionadas à insuficiência renal crônica em estágio terminal (IRCT) continua alta. Maior compreensão do processo da doença, novas percepções sobre mecanismos patogênicos e novas opções terapêuticas estão surgindo para tentar melhorar as taxas de sobrevivência e a qualidade de vida dos pacientes com IRCT.

I. NECESSIDADE DE TERAPIA RENAL SUBSTITUTIVA (TRS).
TRS é necessária quando a função renal se deteriora até o ponto em que o acúmulo de escórias começa a interferir com as funções vitais. À medida que a função renal deteriora, ocorrem certas alterações fisiológicas, muitas das quais acabam sendo prejudiciais. TRS está indicada quando essas mudanças não conseguem mais ser controladas por medicamentos e dieta ou quando o acúmulo de escórias começa a interferir nas funções vitais. A deterioração progressiva da função renal rumo à insuficiência renal terminal é considerada doença renal crônica (DRC). Cuidados adequados destinados a retardar a evolução da DRC, que sabidamente contribui para a morbidade e mortalidade da insuficiência renal, e o preparo adequado para TSR durante os estágios de DRC garantem que os pacientes estejam nas melhores condições gerais possíveis na época em que começam a diálise (ver Capítulo 11).

II. PREPARANDO PARA A TRS
A. Criação de acesso. O preparo para iniciar a diálise é essencial para uma transição tranqüila dos cuidados na DRC para a TRS. Mau planejamento para TRS é uma das grandes causas de aumento da morbidade e mortalidade quando da instituição da diálise. Uso de cateteres de diálise temporários ou tunelizados contribui para a mortalidade na diálise por causa da crescente incidência de septicemia, atuando como estímulo para inflamação crônica e lesando as veias centrais, impedindo ou abreviando a sobrevivência do acesso vascular definitivo uma vez já criado.
  1. Hemodiálise (HD). O acesso permanente para HD requer uma fístula arterial-venosa (FAV) nativa ou enxerto AV artificial. Ambos os tipos de acesso são feitos cirurgicamente. FAVs nativas são sempre preferíveis aos enxertos artificiais porque apresentam incidência significativamente menor de infecção e

sobrevida mais longa e livre de incidentes. Mapeamento das veias por ultra-som ou venografia pode aumentar probabilidade de sucesso na realização de FAV, ao identificar veias adequadas para a criação do acesso. Em candidatos ideais, uma FAV pode amadurecer em cerca de quatro semanas. Entretanto, em pacientes com veias não ideais, as FAVs podem levar seis meses ou mais para amadurecerem. Portanto, o planejamento do acesso deve começar 6 a 12 meses antes da data de previsão da diálise. Como regra geral, quanto mais tempo uma FAV leva para amadurecer antes do primeiro uso, maiores as chances de sucesso no longo prazo. Para enxertos artificiais, a cirurgia deve ser realizada quatro a seis semanas antes do início previsto para a diálise. Geralmente, o acesso é feito no braço não-dominante, na posição mais distal possível.
2. Diálise peritoneal (DP). Cateteres de DP são introduzidos cirurgicamente na cavidade peritoneal. Há vários tipos de cateter disponíveis atualmente, e o tempo da colocação até o primeiro uso pode variar muito. A maioria dos nefrologistas espera de sete a dez dias antes de usar um cateter exteriorizado na época da implantação. Muitos cateteres de DP são deixados em um túnel subcutâneo por vários meses antes de serem exteriorizados. Essa opção pode propiciar melhor implantação do cateter em ambiente estéril e permite sua exteriorização na época do treinamento.

III. SELEÇÃO DA MODALIDADE.
Evidências atuais sugerem que PD e HD propiciam igual TRS para a maioria dos pacientes. A seleção da modalidade deve se basear na preferência do paciente, que está amplamente relacionada a decisões de estilo de vida. Orientação adequada, começando precocemente na evolução da DRC, é o melhor meio de garantir que os pacientes sejam capazes de tomar decisões racionais e conscientes.

A. Hemodiálise.
1. HD em centros. Os maiores percentuais de pacientes de diálise nos Estados Unidos são dialisados nessa modalidade. Como regra geral, eles recebem diálise três vezes por semana por aproximadamente quatro horas a cada sessão. No início e durante todo o tratamento, os sinais vitais são medidos.

   Duas agulhas são colocadas na FAV ou enxerto de modo que o sangue possa circular através do rim artificial à velocidade de 300 a 500 ml por minuto.

   Excesso de líquido é removido por um gradiente de pressão transmembrana, enquanto as toxinas são retiradas por difusão, com diminuição de seu gradiente de concentração. No final do tratamento, as agulhas são retiradas e o sangramento estancado com a aplicação de pressão local. Embora a maioria dos pacientes participe muito pouco de seu tratamento de diálise, alguns centros promovem o "autocuidado", em que pacientes participam ativamente, medindo a própria pressão arterial (PA), respondendo aos alarmes da máquina e até mesmo colocando as agulhas.
2. HD domiciliar. O número de pacientes que faz HD domiciliar nos Estados Unidos continua pequeno. Tradicionalmente,

essa terapia requer que um parceiro ajude no tratamento, especialmente em emergências. Entretanto, as máquinas mais novas projetadas para uso domiciliar estão tornando possível para pacientes sem parceiros receberem os benefícios dessa modalidade. O tempo médio de treinamento para que eles sejam capazes de fazer HD domiciliar é de cerca de seis semanas. Depois de treinados, os pacientes geralmente se saem bem, apresentando taxa de mortalidade mais baixa com relação a qualquer grupo de pacientes em diálise nos Estados Unidos. Parte disso pode estar relacionada com a seleção de pacientes, uma vez que tradicionalmente apenas os mais saudáveis são selecionados para HD domiciliar.
3. Novas terapias de HD. As terapias de HD que estão surgindo oferecem algumas vantagens sobre os tratamentos atuais e podem, em última instância, melhorar a qualidade de vida dos pacientes em diálise, o mesmo tempo, aumentar a sobrevivência. Essas terapias incluem HD diária domiciliar, HD noturnas e HD diária em centros. Na HD tanto em domicílio quanto no centro, os pacientes submetem-se a diálise durante duas a três horas, seis dias por semana. Diálise noturna é tipicamente de seis a oito horas, seis dias por semana, embora um número menor de tratamentos por semana esteja sendo estudado. Em todas essas terapias, as vantagens são que os pacientes fazem diálise mais freqüentemente e alcançam *clearances* mais altos do que na HD tradicional. Aumento na freqüência da diálise possibilita melhor controle de líquidos e da PA. Experimentos não controlados também sugerem que os pacientes se sentem melhor, têm qualidade de vida mais alta e são mais ajustados socialmente. Alguns estudos revelaram a diminuição da necessidade de eritropoietina, embora isso não seja universal.

Pacientes em HD noturna geralmente têm muito menos necessidade de quelantes de fosfato (ver IV.A.6.c.[3]). Embora essas terapias sejam mais caras do que a HD tradicional, novas evidências sugerem que o custo total do cuidado com o paciente pode ser diminuído, porque os pacientes nessas terapias mais freqüentes têm menos necessidade de medicações suplementares e sofrem menos internações.
B. Diálise peritoneal
1 DP ambulatorial contínua (DPAC), com DP automatizada (DPA), responde por 15% a 18% de todas as diálises nos Estados Unidos. Com essa modalidade de diálise, a membrana peritoneal semipermeável é utilizada como membrana de diálise, de modo que as toxinas se difundem para fora do sangue em um líquido de dialisato estéril que é fundido na cavidade abdominal. O processo de drenagem do dialisato de DP usado e a infusão de novo dialisato na cavidade peritoneal é chamado de troca. Como os pacientes realizam as trocas de dialisato de DP em casa, essa modalidade lhes possibilita horários mais flexíveis do que na HD porque as trocas podem ser feitas em quase todos os horários. Outra vantagem da DP é que pacientes em regiões distantes não têm de viajar até um centro de diálise.

2. DPA usa uma máquina para executar as trocas de dialisato, geralmente durante a noite, possibilitando aos pacientes maior flexibilidade durante o dia. Isso é especialmente útil às pessoas que freqüentam escolas ou crianças pequenas.

IV. TERAPIA RENAL SUBSTITUTIVA. Não é possível definir claramente uma época apropriada para iniciar diálise em um paciente. A maioria dos nefrologistas baseia suas decisões em dados laboratoriais clínicos e em avaliação subjetiva do paciente. Quando a taxa de filtração glomerular (TFG) cai abaixo de 10 ml/min, a maioria dos pacientes requer intervenção dialítica. No entanto, muitos pacientes parecem se manter muito bem enquanto a TFG não chega a 5 ml/min. Como regra geral, pacientes com diabetes exigem intervenção mais precoce (TFG menor que 15 ml/min) do que aqueles com outras etiologias para sua insuficiência renal. Claramente, a diálise deve ser iniciada antes da manifestação dos sintomas urêmicos da neuropatia periférica, encefalopatia, desnutrição ou serosite (incluindo pericardite).

Embora muitas dessas complicações desapareçam com diálise adequada, neuropatia periférica e desnutrição podem ser muito difíceis de serem revertidas. Alguns nefrologistas acreditam que o início precoce da diálise pode melhorar a evolução no longo prazo, embora isso não tenha sido comprovado.

A. Hemodiálise
  1. Aspectos técnicos. Embora os princípios básicos da HD (transferência em massa por difusão de soluto e remoção de água por gradiente de pressão) não tenham mudado muito nos últimos 20 anos, a tecnologia melhorou dramaticamente. A maioria dos pacientes faz diálise três vezes por semana. Para cada tratamento, duas agulhas de grande calibre são introduzidas no acesso vascular para retirada e retorno de sangue. O paciente deve permanecer confinado à sua máquina de diálise durante o tratamento. Hoje em dia, a maioria das unidades de diálise usa máquinas volumétricas, destinadas a retirar uma quantidade precisa de líquido. Essas máquinas permitem o uso de dialisadores maiores, altamente porosos, com alta permeabilidade à água e a solutos. Esse novo *design* não apenas permite retirada significativamente maior de moléculas maiores do que nos dialisadores mais antigos, como também aumenta a eficácia da remoção de uréia.
  2. Adequação. O que constitui uma HD ótima ainda é assunto controvertido. Utilização do modelo da cinética da uréia é uma ferramenta útil para quantificar a diálise e, portanto, prevenir a subdiálise. Deve-se ter o cuidado de garantir que esse modelo se baseie na diálise feita. Além disto, à medida que os tempos de diálise são encurtados, deve-se levar em conta o rebote da uréia plasmática devido à demora nas trocas intercompartimentais. Atualmente, considera-se inadequada a prescrição de diálise, medida pela remoção de uréia, de menor que 65% ou um Kt/V (em que K é igual ao *clearance* de uréia do dialisador, t é o tempo de tratamento e V o volume de distribuição da uréia), menor que 1,2.[1] Para garantir uma diálise adequada, as

metas recomendadas são TRU* maior ou igual a 70% (TRU = $100 \times (1 - C_t/C_0)$, onde C_t é o NUS pós-diálise e C_0 é o NUS pré-diálise, ou Kt/V maior ou igual a 1,3 (determinado pelo modelo da cinética da uréia ou a fórmula do logaritmo natural de Kt/V).[1]

3. **Controle da pressão arterial sanguínea.** Mortalidade cardiovascular continua sendo a causa principal de morte em pacientes com IRCT. Embora a condição dos pacientes na época em que eles começam a diálise desempenhe claramente um papel importante em sua evolução no longo prazo, o controle da PA em níveis ideais durante a diálise ainda é essencial. Continua controversa a ocasião da determinação da PA em pacientes em HD. A maioria dos pacientes sofre queda da PA durante seu tratamento de diálise, freqüentemente correlacionada à quantidade de líquido retirado. Portanto, a PA pós-diálise é geralmente mais baixa do que a PA pré-diálise. A maioria dos estudos que avaliou atentamente a PA em pacientes em diálise deixa claro que em 8 a 12 horas após diálise a PA retorna aos níveis pré-diálise. Em geral, considera-se que das duas a PA pré-diálise reflete melhor o risco geral da hipertensão. Entretanto, devido à queda da PA com diálise, geralmente aceita-se uma PA ligeiramente maior do que a normal para pacientes em pré-diálise. Embora não existam estudos definitivos e o tópico continue controvertido, muitos nefrologistas visam a uma PA pré-diálise menor que 140 a 160/95 mmHg.

   Nos Estados Unidos, 50% a 80% dos pacientes em diálise recebem terapia anti-hipertensiva. Algumas evidências sugerem que muitos deles poderiam ter sua PA controlada adequadamente com ou sem medicação anti-hipertensiva se uma diálise adequada fosse fornecida com um controle mais restritivo da ingestão de líquidos. Embora todos os medicamentos anti-hipertensivos, exceto diuréticos, estejam disponíveis para tratar pacientes em diálise, aumento da freqüência do uso de inibidores da enzima conversora da angiotensina (iECAs) e betabloqueadores deve-se cada vez mais a seu vantajoso efeito cardioprotetor. Recentemente, um estudo prospectivo de pacientes em diálise com cardiomiopatia dilatada[2] demonstrou que carvedilol diminuiu a mortalidade.

4. **Anemia.** Anemia ocorre na maioria dos pacientes em diálise e quase certamente contribui para hipertrofia cardíaca. Estudos comprovam que a anemia da IRCT se deve em grande parte à deficiência de eritropoietina (EPO) e pode ser corrigida pela administração de EPO exógena. As doses iniciais geralmente variam de 120 a 180 unidades por kg por semana, por via intravenosa, ou de 80 a 120 unidades por kg por semana, por via subcutânea.[1] Ajustes de dosagem são feitos mensalmente ou quinzenalmente. Reservas adequadas de ferro também são necessárias. Correção da anemia em pacientes em diálise tem melhorado a qualidade de vida do paciente e a fisiologia do esforço. Estudos de curta duração demonstraram diminui-

---

* Taxa de redução da uréia (URR, *urea reduction rate*) (N. da T.).

ção da hipertrofia cardíaca quando se corrige parcialmente a anemia da DRC. Como ocorre na hipertensão, alguns dados de estudos sugerem que a diálise adequada está relacionada a melhoria de valores de hemoglobina e diminuição da necessidade de EPO. O nível ideal de hemoglobina para pacientes em diálise ainda não foi determinado. Evidências no benefício quanto à sobrevida foram obtidos aumentando a hemoglobina para níveis maiores que 11 g/dl. Alguns estudos retrospectivos sugerem que o aumento da sobrevida pode ser alcançado por meio de níveis de hemoglobina na faixa normal. Entretanto, um experimento aleatório prospectivo foi interrompido prematuramente devido ao fracasso em demonstrar a melhoria da eficácia em um grupo grande de pacientes em diálise, com doença cardíaca subjacente, cujos valores de hemoglobina eram normais.[3] Um pequeno experimento aleatório europeu demonstrou não haver nenhuma diferença de sobrevida entre pacientes com valores de hemoglobina mantidos entre 11 e 12 e 13 e 14 mg/dl sem doença cardíaca.[4]

5. Reabilitação e ajuste psicossocial. Quando comparados à população americana normal, pacientes em HD apresentam taxa de emprego muito menor e percentual muito mais alto de dependência de auxílio do seguro social. Esforços para melhorar essas cifras por meio de reabilitação vocacional não têm sido marginal bem-sucedidos. Entretanto, em questionários sobre qualidade de vida, a maioria dos pacientes em HD avalia a sua como ligeiramente abaixo da população em geral. Apesar da avaliação, em geral alta, em questionários sobre qualidade de vida, muitos pacientes em diálise sofrem de depressão e distúrbios de ansiedade. O profissional de assistência social é um membro importante nas equipes dos centros de diálise e pode desempenhar um papel vital ao ajudar os pacientes a se ajustarem à diálise e lidarem com sentimentos de depressão ou ansiedade.

6. Complicações. Apesar de salvar vidas, a HD continua sendo um substituto ruim para a função renal normal e é repleta de complicações técnicas e secundárias à própria insuficiência renal.
    a. Complicações técnicas
        (1) Acesso vascular. Apesar das vantagens recentes, o acesso vascular continua sendo o calcanhar-de-aquiles da HD. Embora algumas fístulas arteriovenosas durem de 5 a 20 anos, muitos pacientes possuem vasos nativos ruins e, portanto, têm taxas de sobrevivência de FAV diminuídas. Esses pacientes freqüentemente dependem de enxertos artificiais, que são predispostos a trombose, pseudo-aneurisma e infecção. A sobrevida média de novos enxertos é de cerca de dois anos. Intervenção precoce em enxertos que não funcionam, com novas técnicas radiológicas, melhorou a taxa média de sobrevida.[5] A intervenção pode assumir várias formas, incluindo a mensuração das pressões venosas dinâmicas ou estáticas ou mensurações da taxa de fluxo sangüíneo do acesso.

(2) Hipotensão. Apesar dos aperfeiçoamentos nos equipamentos de diálise, a hipotensão continua sendo um problema comum durante a HD. Uso de dialisato de bicarbonato, concentrações maiores de sódio em dialisatos e máquinas volumétricas têm ajudado a diminuir sua freqüência. Entretanto, ela continua a ocorrer por um número de razões, incluindo insuficiência autonômica, ultrafiltração rápida (remoção de fluidos) que excede a taxa de reposição vascular ou disfunção miocárdica.

(3) Reações alérgicas. Estas podem ocorrer com relação ao material dialisador ou esterilizante. Podem variar de prurido leve a anafilaxia.

(4) Outros. Embolismo aéreo, ruptura de dialisador, mistura imprópria de dialisato ou problemas no sistema de purificação da água são causas de complicação raras, mas freqüentemente letais. Cuidado com a manutenção adequada das máquinas de diálise e instalações de tratamento de água, com atenção especial à técnica de diálise e aos mecanismos de alarmes e segurança, ajuda a prevenir essas complicações.

b. Complicações relacionadas à diálise inadequada

(1) Pericardite urêmica. Embora considerada freqüentemente um problema pré-diálise, pacientes em HD ocasionalmente desenvolvem pericardite. Isso ocorre freqüentemente em quadros de doença aguda, estados catabólicos ou em época de dificuldade de acesso vascular, resultando em diálise inadequada.

(2) Neuropatia urêmica. Essa complicação é freqüentemente negligenciada por muitos nefrologistas, por ser geralmente uma neuropatia periférica que começa nos pés ou mãos. Ela deve ser diferenciada da neuropatia diabética, que é comum na população em diálise. Como as duas condições podem coexistir, diálise inadequada crônica deve ser investigada como causa possível de qualquer neuropatia periférica.

c. Complicações de longo prazo

(1) Cardiovasculares. Morte por eventos cardiovasculares continua sendo a principal causa de mortalidade em pacientes com IRCT. Muitos fatores contribuem, incluindo hipertensão, anemia, tabagismo, hipercolesterolemia e a presença de um *shunt* arteriovenoso. A maioria desses fatores está presente muito antes do desenvolvimento da IRCT. Embora o tratamento agressivo desses fatores de risco pareça prudente, faltam estudos em pacientes com IRCT. Novas evidências mostram que insuficiência renal e, possivelmente, metabolismo mineral anormal resultante aumentam a deposição de cálcio nos vasos sanguíneos dos pacientes. Essa deposição de cálcio parece ser um processo ativo muito semelhante à deposição de cálcio nos ossos. Calcificação vascular medial está relacionada a aumento da mortalidade, presumivelmente por causa das alterações na fisiologia vascular normal. Achados típicos em pacientes com calcificação vascu-

lar excessiva são pressão de pulso ampliada e deposição linear de cálcio visível em radiografias planas. Em pacientes em diálise, evidências de disfunção cardíaca e calcificação vascular são preditores de desfecho ruim.[6,7]

(2) Infecciosas. Infecções continuam sendo causa comum de morbidade e mortalidade em pacientes em HD. Infecção devido a cateteres temporários e enxertos AV artificiais é comum. Quando ficam infectados, cateteres temporários geralmente devem ser removidos. Evidências sugerem que a troca do cateter com fio guia, com a terapia antibiótica, pode possibilitar o desaparecimento da infecção. Organismos estafilocócicos ainda são os mais comuns, seguidos de outras bactérias gram-positivas. Uma vacina estafilocócica para pacientes em diálise está sendo desenvolvida. Endocardite é uma complicação muito séria que pode ser causada por cateter ou enxerto infeccionados. Fístulas em veias nativas apresentam taxa de infecção mais baixa do que todas as formas de material temporário ou de enxerto artificial e são o acesso preferencial. Além do acesso vascular como rota de infecção, reprocessamento impróprio dos dialisadores pode levar à septicemia, freqüentemente causada por organismos presentes na água.

(3) Doença óssea. Doença óssea é comum no paciente em diálise de longa duração. A morfologia da patologia óssea mudou nos últimos dez anos. A doença óssea do hiperparatiroidismo (i.e., osteíte fibrosa) ainda é a mais comum e resulta do excesso de atividade das glândulas paratireóides como conseqüência de hiperfosfatemia e níveis baixos de 1,25-vitamina D_3. Rápido *turnover* ósseo, aumento da atividade osteoclástica e, em última instância, fibrose do espaço medular caracterizam essa doença óssea. Ela pode variar de leve a grave, pura ou mista, como a doença óssea do alumínio (Al). Alumínio é diretamente tóxico aos ossos. Pacientes em diálise podem absorver alumínio dos quelantes de fósforo orais à base de alumínio ou via água contaminada. Ele se acumula devido à falta de excreção renal e deposita-se na frente de mineralização de ossos em crescimento ou em remodelação. Isso prejudica a mineralização óssea e leva a um estado de enfraquecimento dos ossos, com aumento da desmineralização da matriz ou osteóide (osteomalacia). Um padrão histológico cada vez mais encontrado em biópsias ósseas de pacientes em diálise é denominado osso adinâmico e caracteriza-se por *turnover* ósseo muito baixo com poucos osteoblastos ou osteoclastos. Além do hiperparatiroidismo grave, as doenças do alumínio nos ossos e a do osso adinâmico também predispõem os pacientes a hipercalcemia. O tratamento das anormalidades no metabolismo mineral na IRCT tem sido tradicionalmente limitado a captadores de fosfato orais e a preparados de vitamina D

intravenosos e orais. A recente clonagem do receptor-sensor de cálcio possibilitou uma nova classe de agentes terapêuticos chamados de calcimiméticos. Esses pequenos compostos orgânicos ligam-se ao receptor-sensor de cálcio e modificam sua afinidade por cálcio. Por meio de um segundo mensageiro intracelular, o efeito líquido é uma redução na liberação de hormônio da paratireóide.[8] Estão em andamento trabalhos para determinar se as anormalidades no metabolismo mineral ósseo ou o atual tratamento de doenças ósseas estão relacionados de alguma forma à calcificação vascular anormal verificada em pacientes em diálise. Uma forma final de doença óssea e osteoarticular verificada em pacientes em diálise de longa duração é a amiloidose por depósito de beta-2-microglobulina (β_2M).

β_2M é uma pequena proteína que se acumula no sangue de pacientes em diálise e se precipita nas superfícies osteoarticulares, formando amilóide.

Os sintomas são dor, inchaço, cistos ósseos e fraturas. Dados recentes sugerem que membranas dialíticas altamente permeáveis podem retardar a manifestação dos sintomas da doença.

(4) Síndrome da inflamação e desnutrição. Estudos em larga escala demonstram que o estado nutricional de um paciente em diálise, medido pela albumina sérica, tem grande impacto em sua sobrevivência no longo prazo. Tradicionalmente, acreditava-se que albumina baixa refletia ingestão inadequada de proteínas e calorias para manter a massa corporal magra. Embora alguns pacientes realmente sofram de desnutrição, reconhece-se hoje que a albumina é um importante reactante de fase aguda inverso, e a utilidade de uma albumina sérica baixa como marcador de mortalidade provavelmente reflete, em grande parte, a presença de um processo inflamatório ativo, em vez de deficiências nutricionais específicas. Embora a causa da inflamação crônica seja evidente em alguns pacientes, em muitos outros não se encontra uma causa claramente identificável. O achado de baixa albumina sérica e níveis elevados de marcadores inflamatórios foi denominado síndrome da inflamação e desnutrição. Identificação e correção das causas reversíveis tanto da inflamação quanto da desnutrição são essenciais para manter um bom estado de saúde em pacientes com IRCT.

(5) Distúrbios cutâneos. Prurido continua sendo uma das queixas mais incômodas dos pacientes em diálise. Entre as causas incluem-se produto cálcio-fósforo elevado, pele seca e hiperparatiroidismo. É possível obter algum alívio com anti-histamínicos e controle de fosfato. Em casos graves, o tratamento com luz ultravioleta (UV) tem-se mostrado eficaz. Outras condições cutâneas em pacientes em diálise são dermatite bolhosa e porfiria cutânea tardia.

(6) Doença cística renal adquirida. Muitos pacientes submetidos à diálise de manutenção desenvolvem, em seus rins nativos, cistos que tendem a aumentar de tamanho e número com o tempo. Embora esses cistos sejam geralmente um achado incidental, há relatos de complicações incluído policitemia, ruptura espontânea e sangramento retroperitoneal. Pacientes em diálise com doença cística renal adquirida parecem ter um aumento de 100 vezes na incidência de carcinoma de células renais. Entretanto, mortes por câncer renal continuam sendo incomuns na população com IRCT, e tem-se defendido exames preventivos de rotina. Devido à alta taxa de estudos falso-positivos que podem levar à cirurgia desnecessária nessa população de alto risco, pacientes com hematúria, dor nos flancos ou perda de peso anormal devem ser avaliados.

B. Diálise peritoneal
1. **Aspectos técnicos.** Tecnicamente, DP é muito menos complexa do que HD. Uma solução estéril de eletrólitos e dextrose (dialisato) é infundida na cavidade peritoneal através de um cateter previamente implantado, usando gravidade ou bomba de baixa pressão. Após um período específico (*dwell time***), o líquido é drenado da cavidade peritoneal e um novo é infundido. A membrana peritoneal atua como membrana semipermeável através da qual ocorre a difusão. O processo de infusão e drenagem do líquido (trocas) pode ser executado manualmente (DPAC) ou por meio de máquina (DPA). Uma nova solução de dialisato sem dextrose está disponível atualmente nos Estados Unidos. Suas vantagens são a longa duração da atividade osmótica devido a seu transporte peritoneal ruim e ausência de sobrecarga de glicose para o paciente, que ocorre quando a dextrose presente no fluido tradicional de DP é absorvida através da membrana peritoneal.[9]
2. **Adequação.** Pelo fato de a quantidade de DP que pode ser realizada ser limitada pela cinética da membrana peritoneal fixa e pela quantidade de dialisato que pode ser carregada e infundida confortavelmente, parece prudente executar o máximo de diálise que for razoavelmente possível. Para muitos pacientes em DP, a função renal residual desempenha um papel vital em sua capacidade de alcançar *clearances* adequados de creatinina. Muitos especialistas defendem metas mínimas para *clearance* de creatinina de 50 litros por semana por 1,73 m2 para pacientes com baixas velocidades de transporte da membrana peritoneal e 60 litros por semana por 1,73 m^2 para pacientes com velocidades de transporte mais rápidas. O *clearance* de uréia é menos afetado pela função renal residual. Tem-se defendido um Kt/V de uréia de 2,0 para todos os pacientes em DPAC.[1]
3. **Controle de pressão sanguínea.** Como na HD, o controle da PA é importante para o bem-estar no longo prazo dos pacientes em DP. Muitos pacientes em DP conseguem suspender seus anti-hipertensivos e manter uma PA normal. Isso pode ser atri-

---

**Tempo de permanência (do dialisato na cavidade peritoneal) (N. da T.).

buível ao controle e equilíbrio da volemia alcançado por essa modalidade de diálise contínua.
4. Anemia. Correção da anemia usando EPO é importante para melhorar a qualidade de vida dos pacientes em DP. EPO é geralmente administrada subcutaneamente em pacientes em DP. Correção adequada da anemia pode ser obtida, em geral, com injeções uma ou duas vezes por semana. Em geral, a dose mais baixa de EPO necessária para corrigir a anemia de pacientes em DP, comparativamente a pacientes em HD, reflete a diferença em vias de administração (a subcutânea é mais eficaz do que a intravenosa) e as pequenas perdas de sangue que ocorrem em pacientes em HD.
5. Aspectos nutricionais. Nutrição é essencialmente importante nos pacientes em DP. As necessidades de proteína para pacientes em DP são consideradas ligeiramente mais altas do que as dos pacientes em HD, em função da perda de proteína que ocorre no dialisato usado. Muitos pacientes em DP ganham peso nos primeiros 12 meses a 18 meses. Esse fenômeno provavelmente resulta de aumento na massa de gordura gerado pelo excesso de ingestão de calorias, parte das quais originárias do alto teor de glicose da solução de dialisato peritoneal. Entretanto, pacientes em DP de longa duração, assim como pacientes em HD, tendem a perder massa corporal magra. Não está claro se isso está relacionado a adequação da DP ou a processo inflamatório subjacente.
6. Reabilitação e ajuste psicossocial. Embora a DP possibilite que mais indivíduos controlem mais de perto sua saúde e tenham um cronograma de diálise mais flexível, o percentual de pacientes em DP na força de trabalho e o percentual de pacientes incapacitados não são diferentes daqueles da HD. Em questionários sobre qualidade de vida, os pacientes em DP, como grupo, avaliam sua qualidade de vida de forma quase igual a dos pacientes de HD. Infelizmente, não existem estudos prospectivos e a variabilidade na seleção de pacientes é certamente um fator importante nesses resultados.
7. Complicações. Assim como na HD, a DP apresenta complicações a ela relacionadas. Elas se dividem em complicações infecciosas e complicações de longo prazo. No entanto, diferentemente da HD, a DP inadequada tende a resultar em desnutrição e falha da técnica, com pericardite e neuropatia periférica sendo menos comuns, embora ocorram de fato.
   a. Infecciosas. Peritonite continua sendo a complicação mais freqüente da DP. Avanços técnicos, incluindo os sistemas de desconexão *flush before fill*, reduziram as taxas de peritonite na maioria dos centros. A maioria dos episódios de peritonite é tratado no ambulatório, contudo, infecções graves exigem internação e ocasionalmente remoção do cateter. Isso ocorre particularmente quando a peritonite é causada por infecção fúngica ou *Pseudomonas aeruginosa*. Infecções no local de saída também são comuns na DP e normalmente são causadas por organismos gram-positivos. Em geral, essas infecções podem ser tratadas com antibióticos e intensificação de cuidados locais. Contudo, algumas infecções, particularmente aquelas secundárias a

*Staphylo*coccus *aureus,* podem requerer a remoção do cateter. Embora não haja consenso sobre cuidados adequados no local de saída, a maioria dos especialistas concorda que o cateter deve sair da pele para baixo. Infecções de túnel normalmente resultam de infecções no local de saída e são freqüentemente causadas por *S. aureus.* Diagnóstico precoce é freqüentemente difícil. Episódio de peritonite, com o mesmo organismo causando infecção em local de saída, pode ser o sintoma de apresentação. Em alguns centros, o ultra-som tem sido útil na detecção de líquido em torno do túnel subcutâneo, que indica infecção do túnel. Infecções de túnel normalmente requerem a remoção do cateter.

b. **Complicações de longo prazo.** Embora as complicações hemodinâmicas agudas sejam menos freqüentes na DP devido à natureza contínua da técnica, a doença cardiovascular continua sendo a principal causa comum de morte. O tratamento agressivo das anormalidades lipídicas parece recomendado, embora não existam estudos sobre os resultados. Osteodistrofia renal também ocorre em pacientes em DP. A morfologia é similar à verificada em pacientes em HD, como incidência ligeiramente maior de doença óssea adinâmica. Amiloidose por $\beta_2 M$ também ocorre em pacientes em DP, embora, teoricamente, sua manifestação possa demorar devido ao aumento do *clearance* de $\beta_2 M$ promovido pela membrana peritoneal, comparativamente a HD convencional. Doença cística renal adquirida e câncer de células renais parecem ter o mesmo aumento de incidência em DP e HD. Algumas complicações de longo prazo são exclusivas da DP. Entre elas estão vazamento do líquido da DP do espaço peritoneal para o espaço pleural ou para os tecidos subcutâneos, resultando em derrames pleurais ou hérnias, respectivamente. Peritonite esclerosante, que resulta em insuficiência da técnica de ultrafiltração, é uma complicação incomum da DP; está presente normalmente em quadros de episódios repetidos de peritonite. Uma causa muito mais comum de insuficiência da técnica em pacientes em DP é a perda gradual da função renal residual, que resulta em queda no *clearance* total, levando freqüentemente à diálise inadequada.

V. MORTALIDADE. Apesar dos grandes avanços no transplante renal e na tecnologia de HD e DP, o diagnóstico de IRCT traz consigo aumento de mortalidade comparativamente a grupos de controle de idade equivalentes. Boa parte do aumento da mortalidade pode ser relacionada a condições médicas subjacentes que resultaram em insuficiência renal, porém alguns casos podem ser atribuídos diretamente à prática atual de diálise e transplante. A diálise, em qualquer forma, propicia apenas um pequeno percentual do *clearance* alcançado por rins normais. Embora os hormônios produzidos pelos rins normais, como eritropoietina, e a 1,25-diidróxi-vitamina D3 e seus análogos estejam disponíveis há algum tempo, seu uso otimizado ainda não foi determinado. A hemoglobina-alvo apropriada ainda é desconhecida, assim como o uso otimizado de análogos da vitamina D e o novo agente calcimimético.

A. Hemodiálise *versus* diálise peritoneal. Nos Estados Unidos, a mortalidade total anual entre pacientes em diálise é de cerca de 20% a 22%. Esse número é 25% a 50% maior do que o informado em grande parte da Europa e do Japão e tem levantado questionamentos sobre a realização de diálise nesse país. Entretanto, diferenças de *case mix**** continuam sendo uma grande variável de confusão. O risco de morte é mais alto nos pacientes com diabetes, bem como aqueles com idade avançada. Para todos os grupos etários e étnicos, a expectativa de vida com a diálise é significativamente menor do que a da população em geral. Como exemplo, um homem branco nos Estados Unidos, aos 45 anos de idade, tem uma expectativa de vida de 32 anos, em comparação aos pacientes brancos do sexo masculino em diálise, cuja expectativa de vida é de cerca de 7,4 anos. Para uma mulher negra, os números são similares: 33 anos para a população normal contra 8,4 anos para pacientes em diálise.[10] No entanto, a maioria dos estudos que comparam a sobrevivência na HD com a sobrevivência na DP revelou pouca diferença na mortalidade em geral.
B. Diálise *versus* transplante. Não há dúvida de que o transplante renal bem-sucedido melhora a qualidade de vida de um indivíduo e seu potencial de reabilitação. Para pacientes diabéticos e pacientes jovens, o transplante renal também aumenta significativamente a média da expectativa de vida daqueles com IRCT.

REFERÊNCIAS

1. *NKF-K/DOQI Clinical Practice Guidelines.* 2000 Update. Nova York: National Kidney Foundation, Inc., 2001.
2. Cice G, Ferrara L, D'Andrea A, D'Isa S, et al. Carvedilol increases two-year survival in dialysis patients with dilated cardiomyopathy: a prospective, placebo-controlled trial. *J Am Coll Cardiol* 2003; Maio 7;41(9):1438-1444.
3. Besarab A, Bolton WK, Browne JK, Egrie JC, et al. The effects of normal as compared with low hematocrit values in patients with cardiac disease who are receiving hemodialysis and epoetin. *N Engl J Med* 1998;339:584-590.
4. Furuland H, Linde T, Ahlmen J, Christensson A, Strombom U, Danielson BG. A randomized controlled trial of haemoglobin normalization with epoetin alfa in pre-dialysis and dialysis patients. *Nephrol Dial Transplant* 2003; Fev; 18(2):353-361.
5. Schwab SJ, Raymond JR, Saeed M, Newman GE, Dennis PA, Bollinger RR: Prevention of hemodialysis fistula thrombosis. Early detection of venous stenoses. *Kidney Int* 1989;36:707-711.
6. Foley RN, Parfrey PS, Harnett JD. Left ventricular hypertrophy in dialysis patients. *Sem Dialysis* 1992;5:34-41.
7. Blacher J, Guerin AP, Pannier B, Marchais SJ, London GM. Arterial calcifications, arterial stiffness, and cardiovascular risk in end stage renal disease. *Hypertension* 2001;38:938-942.
8. Lindberg JL, Moe SM, Goodman WG, Coburn JW, et al. The calcimimetic AMG 073 reduces parathyroid hormone and calcium X phosphorus in secondary hyperparathyroidism. *Kidney Int* 2003;63:248-254.
9. Davies S J, Woodrow G, Donovan K, Plum J, et al. Icodextrin improves the fluid status of peritoneal dialysis patients: results of a double-blind randomized controlled trial. *J Am Soc Nephrol* 2008; Sep;14(9):2338-2344.
10. U.S. Renal Data System. USRDS 2003 Annual Data Report: Atlas of End-Stage Renal Disease in the United States, Bethesda, MD: National Institutes of Health, National Institute of Diabetes and Digestive and Kidney Diseases, 2003.

*** Potencial de falha de órgãos vitais de cada caso (N. da. T.).

Capítulo **13**

O Paciente Transplantado Renal

Eric Gibney, Chirag Parikh e Alkesh Jani

I. INTRODUÇÃO E EPIDEMIOLOGIA. A prevalência de insuficiência renal crônica em estágio terminal (IRCT) nos Estados Unidos e nações desenvolvidas continua a aumentar a uma taxa alarmante. No ano de 2000, havia mais de 375.000 pacientes americanos com IRCT. Atualmente, hemodiálise (HD), diálise peritoneal (DP) e transplante renal são as únicas terapias disponíveis para IRCT, sendo a mais comum a HD realizada em centros. Comparações entre transplantados renais e pacientes em diálise aguardando transplante de rim demonstraram que o transplante renal, na maioria dos casos, é o tratamento ideal para IRCT. Entre as vantagens estão sobrevida maior do paciente, menor morbidade, economia de custos e melhoria na qualidade de vida em comparação a diálise. Além disso, ocorre uma melhora substancial na sobrevida dos enxertos no curto e longo prazo, que podem possibilitar ampliar a vantagem do transplante sobre a HD. A expectativa de vida média de transplantado de um rim de doador vivo atualmente ultrapassa 20 anos. Essa boa notícia é perturbada pela realidade de que a demanda por transplantes renais excede em muito o estoque de órgãos disponíveis. A lista de espera para transplante de rins era de mais de 56.000 pessoas em dezembro de 2003. Atualmente, menos de 15.000 transplantes de rins são realizados todo ano, e esse número está crescendo menos rapidamente do que a lista de espera. Em virtude da alta morbidade e mortalidade relacionada à IRCT, o triste resultado é que muitos pacientes morrem antes de serem transplantados.

II. SELEÇÃO DE PACIENTES. Existem poucas contra-indicações para o transplante renal. Contudo, os pacientes não devem receber transplante se apresentarem infecção ativa, doença imunológica ativa que leve à insuficiência renal, malignidade metastática, incapacidade de seguir tratamento médico por razões psicológicas ou se tiverem alto risco cirúrgico relacionado a outras condições. Embora não exista limite de idade definido para o transplante de rim, seus benefícios podem ser diminuídos por condições de co-morbidade. Portanto, pacientes idosos devem ser minuciosamente avaliados e aconselhados com relação aos riscos do transplante. Infecção por vírus da imunodeficiência humana (HIV) tem sido historicamente uma contra-indicação para o transplante, mas há ocorrência de transplante renal bem-sucedido em pacientes livres de infecções oportunistas, com replicação viral não detectável e contagens sustentadas de CD4 maiores que 200.

A. Avaliação do receptor. O objetivo da avaliação de um receptor potencial deve ser o de identificar possíveis obstáculos ao transplante, identificar condições tratáveis que possam atenuar o risco da operação ou imunossupressão e explicar benefícios e riscos. Deve-se dar atenção às causas da IRCT e sua tendência à recorrência em transplantes renais. São avaliadas as condições de co-morbidade e os efeitos da imunossupressão nessas condições. Idade acima de 50 anos, diabetes, eletrocardiograma anormal, angina ou insuficiência cardíaca congestiva (ICC) são fatores prognósticos comprovados de morte cardíaca e eventos cardíacos não-fatais. Estratégias não-invasivas, como exame de imagem com perfusão de tálio e eco de estresse com dobutamina, têm demonstrado capacidade de prever eventos cardíacos e podem impedir que pacientes de alto risco precisem de angiografia. Exames preventivos para malignidade devem seguir diretrizes adequadas à idade. Em pacientes com malignidade, pode ser necessário uma remissão de dois a cinco anos antes do transplante, dependendo do tipo de tumor e de sua invasividade. Embora obesidade seja um fator de risco para complicações relativas ao corte cirúrgico, sua evolução no longo prazo são similares aos de pacientes não-obesos, a menos que exista doença cardiovascular. Geralmente, realiza-se uma avaliação psicossocial. Exames normalmente incluem avaliação de HIV e de hepatite B e C. Pode ser necessário exame de imagem ou avaliação funcional dos rins e do trato urinário inferior em certos pacientes. Depois que o paciente é aceito como candidato, faz-se tipagem ABO e HLA (human leucocyte antigen), com a determinação do status sorológico para citomegalovírus (CMV) e varicela. O sangue do candidato é também analisado para determinação de porcentagem ou "painel" de anticorpos reativos (PRA), para detecção de anticorpos citotóxicos contra antígenos HLA comuns. Um paciente na lista de espera por mais de um ano deve ser examinado periodicamente para atualização de suas condições.

B. Avaliação do doador. Embora os riscos da doação sejam pequenos, eles precisam ser cuidadosamente explicados a um potencial doador vivo. A mortalidade é incomum, mas tem ocorrido em 0,2% de doadores (2 a cada 10.000). Infecção, sangramento e outras complicações pós-operatórias ocorrem em aproximadamente 0,5% a 3% dos pacientes. Evolução para IRCT tem ocorrido, mas não parece ser mais comum do que na população em geral. Pode ocorrer ligeiro aumento da pressão arterial e proteinúria após a doação, mas as conseqüências no longo prazo ainda não são conhecidas atualmente. Depois de garantidas a compatibilidade ABO e uma prova cruzada negativa, o processo de avaliação do doador pode começar. Se existem muitos candidatos, o doador com menos discrepâncias (*mismatches*) no HLA é geralmente selecionado. Os doadores são cuidadosamente examinados para detecção de doença renal para prevenir a possibilidade de perda de função do rim remanescente. Dependendo da gravidade do quadro, hipertensão, proteinúria, obesidade, cálculos renais e doença renal funcional ou estrutural podem ser contra-indicações para doação. Deve-se realizar exame para detecção de diabetes mellitus latente, por meio de teste de tolerância a glicose, caso haja histórico familiar ou risco de diabetes futuro. Quando os receptores sofrem de distúrbios hereditários, como doença renal policística ou nefrite hereditária, essa condição deve ser descartada antes de doação por doador vivo aparentado. Se um doador for considerado aceitável, realizam-se os exames de imagem dos rins, usando angiografia por ressonância magnética (ARM) ou outras modalidades, possibilitando à equipe detectar anomalias estruturais ou vasculares e avaliar a adequação para doação laparoscópica. Um doador cadáver ou morto também deve ser avaliado. Presença de metástase, causa de morte desconhecida, HIV ou infecção generalizada impede a doação. Doadores com hepatite C algumas vezes são aceitos para receptores positivos para hepatite C. Uma combinação de fatores como hipertensão, idade avançada, creatinina elevada, oligúria ou dependência de terapia de suporte com animais pode excluir um doador. Biópsias pré-implantação podem ser realizadas individualmente quando existe preocupação com a função renal de um doador.

C. **Marcadores de evolução.** Fatores do receptor, fatores do doador e incompatibilidade doador-receptor, tudo isso influencia na sobrevida do enxerto no longo prazo. Embora seja difícil eliminar as variáveis de confusão, o relatório *United States Renal Data Systems 2002* revelou que receptores mais jovens, que apresentam níveis de anticorpos reativos contra "painel" (PRA) mais baixos, passaram menos tempo em diálise, e aqueles que possuem emprego ou escolaridade de nível superior apresentaram maior sobrevivência do enxerto no longo prazo. Receptores com transplante preemptivo (antes de iniciar diálise) também apresentam maior sobrevida do enxerto. Raça e etnia podem afetar a sobrevida do enxerto para ambos, doador e receptor, com doadores não-negros e receptores não-negros e não-hispânicos apresentando maior sobrevivência do enxerto. Rins de doadores vivos relacionados e não relacionados sobrevivem mais tempo, em média, do que rins de doadores cadáver. Outras qualidades do doador que possivelmente afetam a evolução incluem idade mais jovem e menor tempo de isquemia fria. Presença de hipertensão, derrame como causa de morte, idade mais avançada e creatinina terminal maior que 1,5 podem qualificar um rim como rim de *doador "marginal" (com critérios de doação expandidos)* devido à influência na menor sobrevida do enxerto. Finalmente, fatores de compatibilidade de doador e receptor também afetam a evolução: melhor compatibilidade HLA, compatibilidade do status sorológico de CMV e índice de massa corporal doador-receptor equivalente, todos têm efeitos positivos na sobrevida.

III. IMUNOLOGIA E FARMACOTERAPIA

A. **Imunologia.** Uma revisão básica dos mecanismos de reconhecimento de resposta imunológica a um aloenxerto é útil para compreender o paciente de transplante, bem como os agentes farmacológicos usados para prevenir a rejeição do aloenxerto.
   1. **Complexo maior de histocompatibilidade (CMH).** Células dos tecidos de mamíferos, pássaros e peixes ósseos expressam moléculas superficiais de CMH, que são essenciais para que o sistema imune seja capaz de reconhecer e reagir a um antígeno estranho. Nos seres humanos, essas moléculas estão localizadas no braço curto do cromossomo 6 e codificam as proteínas HLA. Elas têm duas funções básicas: identificam "self" e "não-self" e coordenam o reconhecimento do receptor de células do complexo antígeno-CMH, e dividem-se em dois grupos: classe I e classe II. Moléculas CMH classe I aparecem na superfície de todas as células e são conhecidas como HLA-A, HLA-B e

HLA-DR. As de classe II aparecem em células apresentadoras de antígeno (APC[1]) e são denominadas HLA-DR, HLA-DP e HLA-DQ. Um *haplotipo* CMH *é herdado* de cada um dos pais e tem um *locus* contendo cada uma das seis moléculas de HLA geneticamente ligadas. No transplante renal, apenas HLA-A, HLA-B e HLA-DR são determinadas em função de sua imunogenicidade. Um rim com HLA idêntico sem discrepâncias em HLA A, B e DR pode mostrar discrepâncias em HLA-C, HLA-DP, HLA-DQ ou em outros antígenos menos importantes. Embora os avanços na imunossupressão tenham menos vantagens para transplantes muito compatíveis, transplante com dois haplótipos idênticos, recebido de familiar, ou transplante cadavérico com HLA idênticos conferem um benefício à sobrevivência do enxerto em comparação a transplantes com graus menores de compatibilidade.

2. Células apresentadoras de antígenos (APCs). APCs estão distribuídas de maneira generalizada nos tecidos do corpo e possibilitam que as células T reconheçam antígenos estranhos. Monócitos, macrófagos, células dendríticas e células B ativadas podem todas funcionar como APCs. Seja por fagocitose, seja pela imunoglobulina de superfície (células B), APCs capturam antígenos estranhos, degradam-nos e processam-nos, transformando-os em peptídeos, e expressam esses peptídeos estranhos em moléculas de superfície CMH classe II. Por meio de interações dos receptores de células T e diversos sinais intracelulares, a célula T é capaz de coordenar uma resposta imune a esse antígeno estranho.

3. Células T são processadas no timo e são vitais para a imunidade celular e reconhecimento e rejeição do aloenxerto. Essas propriedades as tornam alvo comum de medicamentos destinados a prevenir a rejeição. Essencial para a resposta imune é a capacidade da célula T de reconhecer antígenos estranhos por meio de um receptor de célula T (RCT) de superfície, que reconhecem antígenos por vias indiretas ou diretas. A via indireta envolve o reconhecimento pelo RCT de um antígeno estranho, apresentado por uma molécula CMH *self* localizada em uma superfície de APC. A via direta refere-se a capacidade de algumas populações de célula T de reconhecer CMH estranho que não é apresentado com CMH *self* em uma APC. Existem duas classes principais de células T: as auxiliares, que expressam moléculas de superfície CD4 (CD4+), e as citotóxicas, que expressam as células CD8 (CD8+). As células CD4+ reconhecem moléculas CMH classe II na superfície das APCs, enquanto as células CD8+ estão restritas ao reconhecimento de células CMH classe I. As células CD4+ são ativadas após o reconhecimento de um antígeno estranho (ex., CMH estranho proveniente de um transplante de rim). Elas então iniciam uma resposta imune a peptídeos, secretando citocinas importantes para a proliferação e ativação das células B e para a ativação das células T citotóxicas. As células T CD8+ matam células contendo antígenos estranhos

---

[1] *Antigen-presenting cell* (N. da T.).

utilizando moléculas citotóxicas, como perforinas, granzimas e Fas, que deflagram apoptose da célula-alvo.
4. **Células T e interações das APCs.** Células T e APCs apresentam algumas interações importantes, essenciais no reconhecimento e rejeição do aloenxerto. Sinal 1 é o termo usado para a ligação inicial da célula T à APC através de interações entre o complexo RCT/CD3 e o peptídeo estranho expresso no CMH. O sinal 1 é um processo sensível ao cálcio e resulta na ativação da calcineurina. Embora somente o sinal 1 cause anergia, o acréscimo do sinal 2, também conhecido como co-estimulação, leva à resposta imune.

O sinal de co-estimulação mais bem entendido ocorre entre CD28 na superfície da célula T e B7 na superfície da APC. Ativação CD28/B7 leva à sinalização intercelular, produção de interleucina-2 (IL-2) e ativação da célula T. Enquanto a B7 é expressa em células T em repouso, a molécula superficial CTLA4 (*cytotoxic T lymphocyte antigen-4-immunoglobulin*) é expressa apenas em células T ativadas. A CTLA4 liga-se preferencialmente à B7 e acaba desativando a resposta imune, propiciando assim um potente *feedback* negativo. Outra molécula co-estimuladora, a CD40, é encontrada nas APCs e células B ativadas. Ela se liga ao CD40 (CD40L) nas células T. A via CD40/CD40L é importante na produção de imunoglobulina e na mudança de classe pelas células B.

5. **Células B** desenvolvem-se em locais múltiplos do corpo, incluindo fígado, baço e linfonodos. Em resposta ao sinais das células T para ativação e proliferação, elas produzem imunoglobulinas. Uma célula B virgem ou madura produz imunoglobulina M (IgM) e, após mudar de classe, é capaz de produzir IgG, IgA ou IgE. Dependendo de sua classe, os anticorpos medeiam a opsonização para fagocitose ou citotoxicidade celular sensível a anticorpos e podem fixar complemento. Células B e anticorpos são importantes nos processos de rejeição hiperaguda (destruição imediata do aloenxerto devido a anticorpos pré-formados), e os anticorpos específicos do doador estão envolvidos na rejeição humoral aguda e na nefropatia crônica do enxerto.

B. **Farmacoterapia.** Nas últimas duas décadas, o número de agentes imunossupressores disponível aumentou muito. Agentes comumente utilizados, seu mecanismo de ação e toxicidades mais comuns são mostrados na Tabela 13-1. Esses agentes podem ser usados para terapia de *indução* na época do transplante, como terapia de *manutenção* para prevenir rejeição do aloenxerto ou para tratamento da *rejeição aguda*.
1. **Inibidores da calcineurina,** ciclosporina A (CsA) e o tacrolimus (FK506) são o principal esteio da imunossupressão. Ciclosporina e tacrolimo possuem efeitos colaterais similares, mas hiperlipidemia, hipertensão, hirsutismo e hiperplasia gengival são mais comuns com ciclosporina, sendo diabetes mellitus pós-transplante e neurotoxicidade mais comuns com tacrolimus. Ambos os agentes causam nefrotoxicidade significativa. Tacrolimus também tem sido apontado como agente

Tabela 13-1 Medicamentos usados comumente em transplantes renais

Classe e medicamentos	Mecanismo	Toxicidade	Indicação
Inibidores ca calcineurina Ciclosporina Tacrolimus	Liga-se à ciclosporina e bloqueia a ação da calcineurina Liga-se à FKBP, inibindo a ação da calcineurina	Hipertensão, hiperlipidemia, nefrotoxicidade, hirsutismo, hiperplasia gengival DMPT, neurotoxicidade, efeitos colaterais similares aos da ciclosporina	M
Inibidores TOR Sirolimus	Liga-se à FKBP e inibe os efeitos do mTOR, sinalização da citocina, ciclo celular e co-estimulação mediada por CD28	Colesterol e triglicerídeos elevados, citopenias, acne, artralgia, toxicidade da CsA, pneumonite	M, RIC
Antiproliferativos Azatioprina Micofenolato mofetil	Libera 6-MF *in vivo*, interfere com a síntese de DNA, ciclo celular Inibidores da inosina monofostato desidrogenase, bloqueia a síntese *de novo* da purina	Citopenias, diarréia, hepatotoxicidade, neoplasias Diarréia, desconforto GI, citopenias, CMV invasivo	M M
Corticosteróides	Múltiplos locais de ação; produção de citocina, proliferação de células T, agregação de leucócitos, outros	HTN, DMPT, hiperlipidemia, obesidade, infecção, osteoporose, AVN	I, M, RA
Terapias com anticorpos Muromonab/CD3 Globulina antitimocítica ATGAM Daclizumab Basilizimab	Ac monoclonal de rato contra CD3 em RCT Ac policlonal de coelho contra timócitos Ac policlonal de cavalo contra timócitos Ac monoclonal humanizada (90%) contra CD-25, a subunidade alfa do receptor de IL-2 receptor Ac monoclonal parcialmente humanizada (75%), mesmo alvo que o dacluzi mab	Síndrome da liberação de citocina Edema pulmonar, leucopenia Reação alérgica, leucopenia Trombocitopenia Baixa incidência de efeitos colaterais: febre, calafrios, alergia	I, RA I, RA

M: Manutenção, I: Indução, RA: Rejeição aguda, RIC: Retirada de inibidor da calcineurina, 6-MP: 6 Mercaptopurina, HTN: Hipertensão, NAV: Necrose avascular, DMPT: Diabetes mellitus pós-transplante, RCT: Receptor de célula T, Ac: Anticorpo.

preferencial de manutenção para rejeição aguda resistente a esteróides.
2. *Sirolimus*, inibidor alvo da rapamicina (inibidor TOR[2]), é usado atualmente para terapia de manutenção do transplante renal e para a retirada dos inibidores da calcineurina. Entre as toxicidades importantes estão hipertrigliceridemia, citopenias e diarréia. Sirolimus também pode aumentar a toxicidade da ciclosporina.
3. Antiproliferativos micofenolato mofetil (MMF) ou azatioprina podem ser usados em combinação com inibidores da calcineurina e corticosteróides para imunossupressão de manutenção. MMF freqüentemente causa diarréia e desconforto gastrintestinal, pode estar relacionado a citopenias e talvez a aumento do risco de invasão tecidual pelo *CMV*.

Azatioprina, análogo da purina, propicia inibição linfocítica menos seletiva e pode estar relacionado a citopenias e neoplasias.
4. Corticosteróides são usados durante a indução, como terapia de manutenção e no tratamento da rejeição aguda. Sua eficácia é complicada por uma variedade de efeitos colaterais bem conhecidos, incluindo hipertensão, intolerância à glicose, ganho de peso, catarata, cicatrização difícil de feridas, osteoporose e osteonecrose. Embora a retirada e não-utilização de corticosteróides estejam sendo avaliadas (V.C.2), eles continuam sendo o principal pilar da imunossupressão atual.
5. Terapias com anticorpos têm muitas indicações no transplante renal, incluindo rejeição humoral aguda, rejeição aguda resistente a esteróides e indução em pacientes com PRA elevado, retransplantes, prova cruzada (*cross-match*) positiva para células B, incompatibilidade AB0 e outras situações envolvendo alto risco imunológico. *Muromonab/CD8 (OKT3)* é um agente anticorpo monoclonal murínico contra o complexo CD3 dos RCTs. Ministrado por via intravenosa durante 7 a 14 dias, é usado na terapia de indução e para tratamento da rejeição aguda. Entre as toxicidades inclui-se a síndrome de liberação da citocinas, que pode ser algumas vezes complicada por aumento da permeabilidade capilar e edema pulmonar.

Meningite asséptica, doença do soro, imunossupressão profunda e distúrbios linfoproliferativos são efeitos colaterais menos comuns. *Preparados com anticorpos policlonais (globulina antilinfócito, globulina antitimócito)* estão também disponíveis para indução e rejeição aguda. Esses compostos são desenvolvidos injetando-se extratos tímicos ou linfóide humanos em animais (cavalo, coelho, etc.) e purificando-se os anticorpos produzidos. Esses preparados neutralizam os linfócitos por meio de mecanismos múltiplos mediados por anticorpos, com efeito sustentado na proliferação. Toxicidades relacionam-se de imunossupressão, heterogeneidade dos preparados ou reações anafilactóides a preparados não-humanos e citopenias. Finalmente, *daclizumab* e *basiliximab* são anticorpos monoclonais 90% e 75% humanizados para a porção CD25 do receptor da IL-2. Esses agentes são usados na terapia

---

[2] Target of Rapamycin (N. da. T.).

de indução e na prevenção da rejeição aguda. Sua administração tem reduzido a incidência de rejeição aguda, com mínimos efeitos colaterais.
6. **Interações medicamentosas.** Embora não seja possível listar todas as possíveis interações medicamentosas, é importante que o clínico conheça os tipos gerais de interações ao iniciar novas terapias ou ao se deparar com toxicidades inesperadas. Em geral, elas podem resultar de mudanças na absorção, metabolismo ou excreção ou de toxicidades cumulativas ou sinérgicas com agentes que possuem efeitos colaterais similares. Entre os agentes que podem aumentar a absorção dos agentes imunossupressores estão antiácidos, colestiramina, alimentos e agentes pró-motilidade. Metabolismo de tacrolimus e ciclosporina ocorrem através do citocromo p450-3A4, de modo que agentes que afetam esse sistema podem alterar os níveis dos inibidores da calcineurina ou o metabolismo do agente interagente, levando à toxicidade ou a níveis inadequados. Antifúngicos azólicos, bloqueadores do canal de cálcio, anticonvulsivantes, alguns antimicrobianos e suco de *grapefruit*. São exemplos desses agentes. O *clearance* das estatinas pode ser reduzido pelas interações do citocromo p450, resultando em miopatia e rabdomiólise. Antimicrobianos e outros agentes devem ser dosados de acordo com a função renal, como em qualquer paciente, com atenção redobrada a agentes que afetam o metabolismo de ciclosporina ou tacrolimus. Entre os medicamentos que causam toxicidades sinérgicas ou cumulativas incluem-se alopurinol, trimetoprim-sulfametoxazol, inibidores da enzima conversora da angiotensina (iECAs) ou ganciclovir com azatioprina; todos causam potencialmente mielossupressão. Antiinflamatórios não-esteróides (AINEs) e iECAs podem ter efeito cumulativo na hemodinâmica glomerular quando usados com inibidores da calcineurina. Anticoagulação ou terapias antiplaquetas requerem monitoramento mais cauteloso por causa da freqüente trombocitopenia e da terapia multimedicamentosa em muitos pacientes com transplante. Embora esse resumo não seja completo, atenção redobrada a essas possibilidades pode prevenir a morbidade por interações medicamentosas.

IV. TRANSPLANTE

A. **Indução.** Com poucas exceções, os receptores de transplante renal recebem, em curto prazo, altas doses de esteróides na época do transplante, seguido de redução gradual até a dose inicial de manutenção. Para pacientes com alto risco de rejeição aguda, a terapia com anticorpos pode ser dada durante a indução. Entre esses pacientes incluem-se aqueles com PRA (painel) elevado, transplantes anteriores, afro-americanos e com HLA pouco compatível. As terapias de anticorpos existentes são globulina antitimócito, muromonab/CD3 (OKT3) e antagonistas do receptor da IL-2 (veja seção IV.B.5).
B. **Nefrectomia do doador.** O rim do doador vivo pode ser retirado em cirurgia aberta ou laparoscópica, cada uma com suas próprias vantagens. O rim esquerdo é o mais freqüentemente selecionado por ter a veia renal mais longa e melhor acessibilidade. As taxas de doação com laparoscopia aumentaram graças ao avanço técnico e a preferências dos doadores. Em geral, a doação la-

paroscópica tem a vantagem da internação hospitalar mais curta, retorno mais rápido ao trabalho e menos dor, mas pode ser acompanhada de altos custos, cirurgia mais longa e mais tempo de treinamento para redução das taxas de morbidade e tempo de isquemia quente igual ao da nefrectomia aberta. Rins cadavéricos são removidos com um fragmento da aorta e da veia cava inferior, como parte do procedimento de retirada de vários órgãos, separados e armazenados em solução conservante hipotérmica até o implante.
C. Cirurgia do transplante. O rim transplantado é colocado no lado direito ou esquerdo da fossa ilíaca. A veia e a artéria renal são ambas conectadas por meio de anastomose término-lateral, sendo a veia do doador geralmente conectada à veia ilíaca externa e a artéria do doador à artéria ilíaca – externa, comum ou interna. O ureter é implantado dentro da bexiga e a mucosa da bexiga é geralmente puxada por cima dele para criar um túnel que impeça refluxo e vazamento de urina. Freqüentemente coloca-se um *stent* ureteral no momento da cirurgia para garantir a desobstrução e impedir vazamento de urina. Os vasos linfáticos são ligados para impedir a formação de linfocele pós-operatória. O fechamento de rotina não envolve o uso de drenos, exceto em pacientes anticoagulados; sua colocação pode indicar preocupação com a anastomose vascular ou ureterovesicular. Um cateter de Foley é colocado no momento da cirurgia e mantido na posição por até cinco dias após o procedimento. Transplante renal na ausência de isquemia do doador ou complicações técnicas é normalmente acompanhado de formação imediata de urina.

V. TRATAMENTO NO PÓS-OPERATÓRIO

A. O cuidado pós-operatório imediato do receptor de transplante envolve monitoramento atento da diurese, da administração de líquidos e dos sinais vitais. Muitos centros usam algoritmos que repõem a diurese com solução salina normal mais uma pequena quantidade de líquido hipotônico para compensar perdas não detectáveis. Freqüentemente, a pressão venosa central (PVC) é medida a cada hora, como parte da rotina de monitoramento, com PVC-alvo de 5 a 10 mmHg. Diurese abundante que pode se seguir em paciente transplantado pode causar distúrbios no potássio, magnésio, cálcio e fósforo. O efeito do aumento do paratormônio elevado, com um rim subitamente em funcionamento, também contribui para essas anormalidades. A necessidade de insulina pode aumentar em pacientes diabéticos ou sem diabetes anteriormente, em função da presença de esteróides, inibidores de calcineurina e do aumento do *clearance* de insulina pelo rim transplantado. Paciente sem complicações, com o rim funcionando, consegue deambular normalmente no primeiro ou segundo dia após a cirurgia e a dieta pode ser alterada de acordo com o tolerado. No quinto dia após a cirurgia, o cateter de Foley pode ser retirado e o paciente pode receber alta se estiver livre de outras complicações.
B. Complicações podem ocorrer como resultado de problemas técnicos relativos à cirurgia, infecções, distúrbios de função renal ou outras complicações pós-operatórias rotineiras. Entre as complicações ci-

rúrgicas estão problemas com cada um dos aspectos do transplante: anastomoses vasculares, complicações urológicas, linfocele e complicações do corte cirúrgico.
1. Entre as complicações urológicas incluem-se fístulas urinárias, obstrução e refluxo. Em muitos centros, a colocação rotineira de *stent* pode ser responsável por diminuição na incidência de complicações urológicas. Pode ocorrer fístula urinária em aproximadamente 2% dos transplantes, geralmente por causa de necrose ureteral causada por interrupção do suprimento sanguíneo, mas pode existir no local da implantação da bexiga ou nos cálices. Apresentação clínica consiste de diminuição da diurese, dor, febre, dor abdominal, edema e coleção de fluido perinéfrico detectável no ultra-som. Aspiração do líquido revela alta taxa de creatinina que excede em muito a creatinina plasmática. O diagnóstico pode ser confirmado por meio de renograma que mostra extravazamento em tecidos locais. Colocação de cateter de Foley temporário e de *stent* ureteral seguida de reparo cirúrgico é o tratamento usual. Obstrução ureteral é geralmente secundária à isquemia ureteral, mas pode ter relação com muitos outros fatores. Exames de imagem por ultra-som, cistografia ou outros exames geralmente levam ao diagnóstico; a obstrução pode ser melhorada por correção ureteral, *stent* ou nefrostomia. Refluxo ureterovesical no ureter transplantado é menos comum depois da introdução do túnel submucoso do ureter através da bexiga.
2. Não é comum ocorrer trombose arterial ou venosa, mas ela pode acontecer como resultado de hipercoagulabilidade preexistente ou dificuldade técnica; deve-se suspeitar de trombose quando houver súbita deterioração em um transplante anteriormente funcional. Embora a trombose venosa possa ser ocasionalmente revertida cirurgicamente ou por anticoagulação, as tromboses vasculares muito freqüentemente levam à perda do enxerto.
3. Linfocele apresenta-se freqüentemente como coleção cística de fluidos assintomática, porém pode causar obstrução do enxerto e redução da função renal, dor ou edema nas extremidades inferiores pela compressão da veia femoral. Linfoceles distinguem-se das fístulas urinárias quando a aspiração do líquidos mostra a creatinina igual à creatinina sérica. O líquido aspirado deve ser enviado para contagem de células e teste de Gram para se descartar hematoma ou abscesso. Linfoceles podem ser aspiradas, mas requerem reparo cirúrgico (marsupialização) se forem recorrentes.
4. Complicações de corte cirúrgico podem surgir dos problemas já descritos ou de infecção. É necessário estar-se atento, já que a imunossupressão mascara os sintomas e aumenta o risco de infecções do corte. Drenagem imediata e administração de antibióticos são vitais para o tratamento.
5. Infecções no primeiro mês após cirurgia são semelhantes àquelas em outros pacientes em pós-operatório, mas ocorrem freqüentemente em pacientes imunossuprimidos. Pneumonia, infecções do corte cirúrgico e urinárias e infecções relativas a

cateteres de diálise são comumente responsáveis. Infecções em coleções de líquido (linfocele, urinoma, hematoma) também podem ocorrer. Infecções oportunistas e outras infecções são discutidas na seção VI.

C. Imunossupressão de manutenção
1. Terapia convencional. Desde 1995, as opções disponíveis para imunossupressão de manutenção têm sido ampliadas com a introdução de MMF, tacrolimus, ciclosporina, microemulsão e sirolimus. Nos Estados Unidos, a terapia padrão consiste de um inibidor da calcineurina, um antiproliferativo ou inibidores da TOR e corticosteróides. Tacrolimus e ciclosporina, inibidores da calcineurina, apresentam eficácia similar em pacientes e na sobrevivência do enxerto, mas possuem perfis de toxicidade ligeiramente diferentes. Tacrolimus também tem reduzido a incidência e a gravidade da rejeição aguda em estudos comparativos. Nosso centro mantém, no limite superior, os níveis-alvo de concentração mínima de ciclosporina (300 mg por ml) no primeiro mês, com redução gradual para 200 a 250 mg/ml em seis meses e 150 a 200 mg por ml após 12 meses. Da mesma forma, os níveis-alvo de tacrolimus são de 12 a 16 mg por ml no primeiro mês, 8 a 12 mg por ml do mês 1 ao 5, e de 5 a 7 mg por ml após seis meses. Pode ser necessário reduzir os níveis-alvo em pacientes que recebem sirolimus; esses níveis são freqüentemente individualizados com base na compatibilidade, histórico de rejeição e presença de infecção. MMF e sirolimus suplantaram em muito a azatioprina no uso clínico, uma vez que ambos resultam em menor índice de rejeição aguda. Corticosteróides são o terceiro agente usado em regimes combinados; em geral, suas doses são rapidamente reduzidas nas primeiras duas a oito semanas após o transplante para minimizar os efeitos colaterais. Em seguida, são gradualmente reduzidos para 5 a 10 mg diariamente no sexto mês. A disponibilidade de muitos agentes têm permitido aos clínicos escolher um regime mais adequado ao perfil de risco imunológico do paciente e a sua suscetibilidade a efeitos colaterais. Por exemplo, pacientes com segundo transplante ou má compatibilidade que tenham risco maior de rejeição, podem receber tacrolimus. Porém, pacientes obesos com histórico familiar de diabetes, mas risco imunológico muito baixo, podem receber ciclosporina ou ser selecionados para um protocolo de retirada de esteróides na tentativa de reduzir o risco do diabetes mellitus pós-transplante.
2. Regimes alternativos. As toxicidades dos corticosteróides e dos inibidores de calcineurina têm despertado o interesse para a retirada ou a não-utilização de corticosteróides e retirada do inibidor da calcineurina. Uma metanálise sobre retirada tardia de esteróides, contudo, tem sido relacionada à rejeição aguda e perda do enxerto, particularmente em afro-americanos. Por outro lado, experimentos com retirada precoce ou não-utilização de esteróides em pacientes de baixo risco têm-se mostrado promissores, embora sem resultados de longo prazo. Enquanto não houver experimentos mais amplos com acompanhamento de longo prazo, a retirada

de esteróides continua sendo controvertida fora da realidade dos estudos clínicos. Retirar o inibidor da calcineurina é mais uma meta, por causa da nefrotoxicidade e outros efeitos colaterais. Uma metanálise de estudos revelou que essa retirada estava novamente relacionada a aumento do risco de rejeição aguda, especialmente em afro-americanos. No entanto, experimentos mais recentes com regimes à base de sirolimus possibilitaram sua retirada em pacientes com risco baixo a moderado e levaram à aprovação pela Food and Drug Administration (FDA) dessa indicação. Similarmente, a não-utilização dos inibidores da calcineurina em regimes à base de sirolimus está sendo estudada com resultados relativamente promissores.

VI. COMPLICAÇÕES RENAIS. Além do retardo no funcionamento do enxerto, rejeição aguda e doenças recorrentes e da nefropatia crônica do aloenxerto, pacientes transplantados são suscetíveis à insuficiência renal por todas as causas que afetam a população em geral. Nas primeiras 48 horas após o transplante, causas técnicas relacionadas com a cirurgia ou com o retardo no funcionamento do enxerto são as mais comuns. Depois de 48 horas, o tratamento de um paciente com disfunção renal deve descartar hipovolemia, toxicidade por medicamento e obstrução, e deve tentar descobrir causas de necrose tubular, como hipotensão, septicemia ou radiocontraste. Avaliação para detecção de rejeição aguda deve acontecer se não forem encontradas causas evidentes.

A. Retardo da função do enxerto (RFE). RFE é a necessidade de diálise nos primeiros sete dias após transplante. Ele ocorre em aproximadamente 20% dos transplantes cadavéricos, mas é raro em transplantes de doadores vivos.

Embora fatores técnicos ou outros eventos que afetam a função renal possam causar RFE, ele é mais comumente resultado de NTA pós-isquêmica causada por hipovolemia ou hipotensão do doador, ou por isquemia quente ou fria prolongada durante a retirada e preservação do órgão. RFE faz aumentar o custo e a duração da internação e está relacionado a sobrevida ruim do enxerto no curto e longo prazo. Para determinar a causa da disfunção do enxerto no início do período pós-operatório, deve-se realizar ultra-som renal para descartar causas técnicas, definindo-se, segundo o risco imunológico do paciente, a decisão de realizar biópsia do enxerto em tempo adequado para descartar rejeição aguda.

B. **Rejeição hiperaguda** é rara e é causada por anticorpos pré-formados contra antígenos do doador, levando à destruição imediata do enxerto após perfusão. **Rejeição aguda acelerada** normalmente ocorre dois a três dias após o transplante e freqüentemente é um processo mediado por anticorpos, que tem lugar em pacientes pré-sensibilizados com transplantes anteriores, transfusoes ou gestações. **Rejeição celular aguda** é uma resposta mediada por células T, que pode ocorrer a qualquer tempo, mas é mais comum de cinco a sete dias após o transplante, até quatro semanas após a cirurgia, com diminuição gradual do risco nos primeiros seis meses. Clinicamente, o espectro de febre baixa, aloenxerto inchado e dolorido e oligúria, geralmente não são vistos na imunossupressão moderna. Assim, é necessário monitoração laboratorial freqüente e sempre suspeitar de alterações mínimas para diagnosticar a rejeição aguda, que se apresenta tipicamente com redução da função renal, conforme medida pela creatinina sérica. Entretanto, pode ocorrer rejeição sem mudanças discerníveis na função renal, um processo chamado de rejeição subclínica. Alguns centros realizam "biópsias protocolares" de rotina para detectar a rejeição subclínica e outras anormalidades do enxerto. Regimes atuais que incorporam agentes mais novos reduziram a incidência de rejeição aguda no primeiro ano para menos de 20%, aumentaram a sobrevida do aloenxerto cadavérico de um ano em quase 90% e podem ser responsáveis por parte da melhora na evolução de longo prazo. O diagnóstico de rejeição aguda requer biópsia renal guiada por ultra-som, com aplicação dos critérios de Banff para graduar a gravidade da rejeição ou revelar outra patologia. Os aspectos patológicos são infiltração intersticial com linfócitos, tubulite e endarterite. O tratamento da rejeição aguda geralmente compreende a administração de três a cinco dias de esteróides intravenosos em altas doses, com OKT3 ou globulina antitimocítica reservada para rejeições refratária a esteróides ou mais graves. Embora a maioria das rejeições agudas possa ser revertida, sua ocorrência continua a ser um importante fator de prognóstico da sobrevida do enxerto no longo prazo. Pacientes que não sofrem rejeição aguda podem apresentar sobrevida do enxerto duas a três vezes maior do que aqueles com episódios de rejeição. O termo *rejeição humoral aguda* é reservado para rejeições mediadas por anticorpos. Ela se distingue pela deposição do subproduto C4d no complemento, glomerulite neutrofílica, anticorpos específicos do doador e necrose fibrinóide ocasional de vasos. Esse processo é freqüentemente resistente a esteróides e a terapias com anticorpos, e representa pior prognóstico do que o da rejeição celular. Rejeição humoral aguda tem sido tratada por meio de plasmaférese, imunoglobulina intravenosa (IGIV), imunoadsorção e resgate com tacrolimus ou MMF, sem que se tenha estabelecido ainda uma terapia otimizada.

C. **Doença recorrente**. O diagnóstico de doença recorrente é orientado pelo quadro clínico e pelo conhecimento de que doenças tendem a recorrer em transplantes renais. Em pacientes com glomerulonefrite, por exemplo, é a terceira causa mais comum de perda de enxerto, depois da nefropatia crônica do enxerto e da morte com enxerto em funcionamento. Nefrite recorrente pode estar presente, como proteinúria, síndrome nefrótica, hematúria microscópica e perda de função. Ela pode ser diferenciada de outras causas (disfunção crônica do aloenxerto, doença glomerular *de novo*) por meio de biópsia renal. No paciente transplantado, as variáveis importantes são a freqüência da recorrência e a de perda de enxerto por recorrência. Por exemplo, glomeruloesclerose segmentar e focal (GESF) e glomerulonefrite membranoproliferativa (GNMP) tipo 1 recorrem em 30% a 60% e 20% a 30% dos pacientes, respectivamente, e podem levar à perda do enxerto. Por outro lado, nefropatia por IgA, GNMP tipo 2 e diabetes tipo 1 recorrem em 50%, 50% a 100% até mais de 100% dos receptores, respectivamente, mas são causas raras de perda de enxerto. Lúpus eritematoso sistêmico (LES) também pode recorrer microscopicamente em aloenxertos renais, mas raramente é clinicamente importante. Oxalose é uma doença sistêmica que comumente causa perda de enxerto, a menos que seja realizado concomitantemente um transplante hepático, ao passo que a cistinose geralmente não recorre em aloenxertos. Doença renal policística autossômica dominante (DRPAD) não é recorrente em aloenxertos de doadores que não possuem mutação PKD.[3] Embora doença recorrente causou apenas 3% das primeiras perdas de enxerto em um estudo europeu recente, 48% dos pacientes que perderam o primeiro enxerto por recorrência, perderam um segundo enxerto para doença recorrente.

D. **Nefropatia crônica do enxerto (NCE)** é uma síndrome que se apresenta clinicamente como insuficiência renal progressiva, proteinúria e hipertensão. Patologicamente, suas características são atrofia tubular, fibrose intersticial e alterações vasculares, glomerulares e na matriz mesangial. Etiologia para esse distúrbio é desconhecida, mas uma combinação de fatores imunológicos e não-imunológicos está envolvida, explicando assim a substituição do termo "rejeição crônica". Apesar dos avanços no tratamento da rejeição aguda e outras áreas do transplante, até 40% dos enxertos sofrem de NCE, e essa é a causa mais comum de perda de enxerto após um ano. A importância dos mecanismos imunológicos no desenvolvimento da NCE é obscurecida pela realidade de que os episódios de rejeição aguda, má compatibilidade dos anticorpos HLA antidoador e deposição de C4d correlacionam-se todos com a incidência de nefropatia crônica do enxerto. No entanto, importantes fatores não-imunológicos também estão relacionados ao desenvolvimento de NCE. Entre eles incluem-se idade do doador, tempos de isquemia prolongados, discrepância de tamanho, hipertensão, hiperlipidemia, proteinúria e tabagismo. Alguns desses riscos implicam a diminuição de néfrons e lesão de hiperfiltração, como fator de contribuição. Resposta do aloenxerto à lesão pode causar liberação de fatores de crescimento pró-fibróticos e pró-inflamatórios, como fator transformador de crescimento beta (TGF[4]-β), fator de crescimento derivado de plaquetas (FCDP) e outros, piorando a cascata de NCE. Senescência (envelhecimento) também está envolvida. Embora a nefrotoxicidade induzida por inibidor da calcineurina tenha efeitos semelhantes sobre a função renal, existem resultados conflitantes sobre seu uso e risco de NCE. O tratamento da NCE não está atualmente bem definido; defende-se o controle da pressão sanguínea e dos lipídios, e a inibição da enzima conversora da angiotensina parece segura e útil em uma análise retrospectiva. Estratégias de imunossupressão não são geralmente eficazes, mas experimentos com novos regimes destinados a prevenir a NCE estão em andamento.

VII. **O CUIDADO MÉDICO COM O PACIENTE TRANSPLANTADO.** O sucesso do transplante renal e a crescente população de transplantados são, infelizmente, acompanhados das complicações das co-morbidades

---

[3] *Polycystic Kidney Disease*, ou doença renal policística (N. da T.).
[4] *Transforming growth factor* (N. da T.).

e efeitos colaterais da imunossupressão de longa duração. Pacientes freqüentemente morrem com enxertos em funcionamento por doença cardiovascular, infecções e malignidade, e essas e outras condições contribuem para um espectro de distúrbios comuns no transplante.

A. **Doenças infecciosas.** No paciente transplantado, sinais e sintomas típicos de infecção podem estar ausentes e co-infecções são comuns, necessitando assim de maior atenção. Após transplante renal, ocorrem infecções as quais é importante identificar. Imediatamente após o transplante, os pacientes estão sob risco de infecções pós-operatórias comuns: infecções do corte cirúrgico, pneumonia, infecções urinárias e por uso de cateteres. Os primeiros seis meses após o transplante são marcados pelo risco de infecções oportunistas em razão da imunossupressão mais intensa, especialmente após a *indução com anticorpos*. Por isso, os pacientes geralmente recebem profilaxia contra pneumonia por *Pneumocystis carinii* (PCP) durante pelo menos seis meses, e contra citomegalovírus (CMV) durante três a seis meses, se estiverem sob risco (veja seção VII.A.2). Alguns centros fazem profilaxia para infecções fúngicas. Depois de seis meses, o risco de infecção oportunista é menor, mas continua presente, e os pacientes continuam a apresentar risco de infecções mais freqüentes e graves por patógenos adquiridos na comunidade.

1. **Imunossupressão durante a infecção.** Não existe nenhuma diretriz definida para diminuição da imunossupressão durante as infecções. Além disso, muitas infecções aumentam o risco de rejeição aguda pela diminuição da intensidade da imunossupressão. Em geral, infecções brandas tratadas com antimicrobianos apropriados podem ser conduzidas sem alteração na imunossupressão. Contudo, infecções mais graves podem requerer diminuição ou interrupção dos medicamentos antiproliferativos (sirolimus, MMF, azatioprina) e redução da dosagem dos inibidores da calcineurina. Infecções graves ou sujeitas a risco de morte devem chamar a atenção para a necessidade de *doses de estresse* de corticosteróides, freqüentemente adequadas para diminuir o risco de rejeição durante uma doença. Redução da imunossupressão é mais adequada com monitoramento cuidadoso da função do enxerto, com uma consulta aos médicos que realizaram o transplante.

2. **Citomegalovírus (CMV)** é um vírus do herpes humano comum na população em geral, mas geralmente não leva à morbidade grave sem imunossupressão. Um potencial receptor de órgão que não tenha sido exposto ao CMV corre risco de uma infecção primária se transplantado com um órgão CMV+, e um receptor que tenha sido exposto antes do transplante corre risco de reativação ou superinfecção, especialmente se estiver recebendo indução com anticorpos. Assim, o risco de infecção por CMV está vinculado ao status sorológico do doador e do receptor, com taxas tão altas quanto 50% a 70% em pacientes com transplante doador+/receptor– que não recebem profilaxia, e 20% a 30% em pacientes que foram expostos antes do transplante. Infecção por CMV é incomum em transplantes doador–/receptor–. Portanto, pacientes doador+/recipiente– e

receptor+ que recebem terapias com anticorpos devem receber profilaxia para CMV durante três a seis meses. Opções de agentes orais incluem ganciclovir, valganciclovir e valaganciclovir. Infecção por CMV leva à morbidade relacionada diretamente à infecção, mas também aumenta o risco de rejeição aguda, perda de enxerto e morte. Clinicamente, a doença freqüentemente apresenta-se como febre baixa, leucopenia e/ou trombocitopenia e mal-estar. Pode ocorrer a invasão de tecidos em 5% a 15% das infecções, com síndrome de pneumonite, hepatite, esofagite e diarréia sendo as mais comuns. Exame baseado em PCR é a técnica diagnóstica mais sensível, mas existem outras opções, incluindo biópsia dos tecidos afetados. A terapia padrão é o ganciclovir intravenoso, um análogo de nucleosídeo, embora possa se desenvolver resistência ao ganciclovir.

3. **Nefropatia por vírus BK** (nefropatia por BKV, poliomavírus). O vírus humano BK V1TU8 é um poliomavírus presente como infecção latente na maioria da população e tem tropismo pelo trato geniturinário. Durante a imunossupressão, o vírus pode ser reativado. Em pacientes com transplante renal, o vírus BK geralmente causa uma síndrome de redução da função renal e nefrite intersticial que parece clínica e patologicamente semelhante à rejeição aguda. Estenose ureteral e ulceração podem também ocorrer, e a infecção é um risco para a perda do aloenxerto. Quando a nefropatia por BKV está presente, células com inclusão visual (*células decoy*) são geralmente liberadas na urina e o exame de reação em cadeia da polimerase (PCR) normalmente acusa virúria e viremia. Técnicas imunoistoquímicas e presença de inclusões virais podem ser usadas para confirmar o diagnóstico por meio de biópsia renal. É importante suspeitar de nefropatia por BKV quando uma rejeição aguda presumida não responder a esteróides ou ocorrer após seis meses, porque aumento da intensidade da imunossupressão pode levar à perda do enxerto. Diminuição da intensidade da imunossupressão pode estabilizar a função do enxerto, mas aumenta o risco de rejeição aguda. A terapia IGIV pode ter vantagens porque pode, teoricamente, melhorar tanto a rejeição aguda quanto a infecção viral. Cidofovir pode ter ação contra o vírus, mas pode causar nefrotoxicidade grave, enfatizando assim a necessidade de se encontrarem novos agentes antivirais.

4. **Hepatite B e C.** Embora a incidência de hepatite B em pacientes com IRCT esteja diminuindo graças à imunização, técnicas de isolamento e análise preventiva de sangue de transfusão, as infecções por hepatite C são relativamente comuns, afetando 79% dos receptores de transplante cadavérico recentes nos Estados Unidos. Não se formou nenhum consenso sobre o tratamento ou a evolução de cada uma dessas doenças com respeito a transplantes renais. Na hepatite B, pacientes com antigenemia normalmente passam por avaliação e fazem biópsia do fígado antes do transplante, porque as terapias antivirais podem ser mais eficazes nesse período. Na hepatite C, o efeito sobre a evolução e o tratamento são controvertidos. Dados sugerem que a infecção por hepatite C aumenta o risco de perda do enxerto, morte e dia-

betes mellitus pós-transplante e que a soropositividade do doador também possa afetar a perda do enxerto e causar morte. Embora muitos pacientes apresentem doença indolente branda, existem relatos de rápida evolução para cirrose e insuficiência hepática após transplante renal. Um fator de complicação é que a terapia com interferon pode aumentar o risco de rejeição aguda. Assim, decisões sobre o momento oportuno de tratamento da hepatite C devem ser avaliadas somente com monitoramento cuidadoso e a colaboração entre os cuidadores.

5. **Outras infecções.** Infecções urinárias são comuns no transplante renal, e pielonefrite do rim transplantado pode levar à diminuição da função renal. Infecções pulmonares por patógenos comuns e incomuns são a maior causa de infecção invasiva dos tecidos. Embora a lista de patógenos que afetam os pacientes seja longa demais para se mencionar, um diagnóstico diferencial deve incluir doenças fúngicas, como *cryptococus, Candida* e fungos endêmicos, doença micobacteriana, Nocardia, *P. carinii*, patógenos virais e outros.

6. **Imunização.** Receptores potenciais de transplante devem receber imunização contra gripe, pneumococos, hepatite B e varicela, se forem soronegativos. Após o transplante, muitos centros esperam seis meses antes de qualquer imunização por causa dos riscos teóricos de estimular o sistema imunológico e aumentar o risco de rejeição. Vacinas também podem ser menos eficazes nesse período. As vacinas orais da pólio, tifóide, varicela, febre amarela e bacilo de Calmette-Guerin (BCG) são vacinas vivas contra-indicadas após transplante renal por sua capacidade de causar doenças em hospedeiros imunocomprometidos. Entretanto, a vacina viva para sarampo-caxumba-rubéola (SCR) pode ser dada após seis meses, se indicada.

Vacinação para gripe, pneumococos, hepatite A e B e tétano/difteria deve ser dada conforme indicado. Doença cardiovascular é a causa mais comum de morte em pacientes com aloenxerto funcional. Doença isquêmica da artéria coronariana, insuficiência cardíaca congestiva (ICC) e hipertrofia ventricular esquerda são todas mais comuns em pacientes com doença renal do que na população em geral. Doença cerebrovascular é outra causa importante de morbidade e mortalidade. Assim, esforços para melhorar a evolução pós-transplante renal têm sido apropriadamente direcionados aos riscos cardiovasculares e começam com a avaliação pré-transplante, estratificação de riscos e intervenção quando necessário. Após transplante renal, dá-se atenção à modificação dos fatores de risco existentes e faz-se uma avaliação cuidadosa e o tratamento de novos sintomas ou doenças.

B. **Doença cardiovascular** é a causa mais comum de morte em pacientes com aloenxerto em funcionamento. Doença coronariana isquêmica, insuficiência cardíaca congestiva (ICC) e hipertrofia ventricular esquerda são mais comuns em pacientes com doença renal do que na população em geral. Doença cerebrovascular é outra causa importante de morbidade e mortalidade. Por isso, os esforços para proporcionar melhores resultados após transplante renal concentram-se nos riscos cardiovasculares. Prevenção de eventos cardiovasculares começam com avaliação pré-transplante, estratificação de riscos e intervenção, quando necessário. Após transplante renal, dá-se atenção à modificação dos fatores de risco existentes, com avaliação cuidadosa e tratamento de novos sintomas ou doenças.

1. **Hipertensão.** Desde a introdução dos inibidores da calcineurina, a hipertensão aparece em 70% a 90% dos pacientes após transplante renal. Ela não apenas representa um fator de risco cardiovascular modificável, mas também está relacionada à perda de enxerto, especialmente em afro-americanos. Os clínicos devem visar a pressão arterial alvo abaixo de 130/80 mmHg, conforme as recomendações atuais para pacientes com doença renal crônica. Escolha de agentes pós-transplante renal é controversa e complicada pela interpretação das flutuações na função renal que ocorrem com diuréticos, nos inibidores da enzima conversora da angiotensina (iECAs) e bloqueadores do receptor da angiotensina (BRAs). Em geral, betabloqueadores e bloqueadores do canal de cálcio derivados da diidropiridina são usados em virtude da falta de interações medicamentosas e de efeitos sobre a função renal. Muitos pacientes requerem diuréticos por causa da retenção de sal causada por corticosteróides, inibidores da calcineurina e outros medicamentos anti-hipertensivos. iECAs e BRAs são freqüentemente evitados no período inicial após o transplante devido aos seus efeitos sobre a hemodinâmica renal e creatinina sérica. Entretanto, esses agentes parecem ser seguros e eficazes em pacientes com nefropatia crônica do aloenxerto e podem ser um fator importante para atenuar hipertensão e risco cardiovascular.

2. **Hiperlipidemia.** Anormalidades lipídicas ocorrem em pelo menos 50% dos pacientes transplantados e representam um importante fator de risco cardiovascular modificável. Hipertrigliceridemia, aumento do nível de lipoproteína de baixa densidade (LDL) e baixo nível de lipoproteína de alta densidade (HDL) ocorrem freqüentemente como parte de uma síndrome metabólica que é comum após transplante. Corticosteróides, inibidores da calcineurina e sirolimo podem desempenhar papéis importantes na piora dos perfis lipídicos. Apesar das preocupações com relação à rabdomiólise por causa das interações medicamentosas, dispomos hoje de dados prospectivos de estudos aleatórios controlados indicando que as estatinas (especificamente a fluvastatina) previnem morte cardíaca e infarto do miocárdio não-fatal após transplante renal, sem efeitos na sobrevida do enxerto. Outras terapias, como niacina, fibratos e resinas quelantes, também têm sido usadas. Como sempre, deve se dar atenção às interações medicamentosas, especialmente com relação ao risco de rabdomiólise (estatinas, fibratos, inibidores da calcineurina) e diminuição ou aumento da absorção (resinas quelantes, ezetimibe).

3. Diabetes mellitus
   a. **Histórico.** O diabetes é um dos principais fatores de risco independente para doença cardiovascular e está presente em 30% a 40% dos pacientes antes do transplante, desenvolvendo-se após o transplante em 2,5% a 20% de pacientes não-diabéticos, levando à morbidade infecciosa e cardiovascular, perda do aloenxerto renal e diminuição da função, bem como redução da sobrevida do paciente. Em pacientes com

diabetes anterior ao transplante, o controle pode ser dificultado por corticosteróides, inibidores da calcineurina e pela diminuição da meia-vida da insulina endógena e exógena resultante da melhora da função renal. Controle rigoroso do diabetes pode diminuir complicações diabéticas com base em evidências acumuladas em outras populações. Hemoglobina glicosilada-alvo de 6,5 a 7,0 provavelmente relaciona-se a melhora na evolução.

   b. Diabetes mellitus pós-transplante (DMPT) também chamada de diabetes manifesta após transplante, complica um percentual substancial de transplantes renais e está relacionada a evoluções piores dos pacientes. Entre os riscos para DMPT estão aumento da idade, obesidade, histórico familiar de diabetes, raça ou etnia afro-americanos ou hispânica, infecção por hepatite C e tolerância anormal à glicose. Corticosteróides possuem efeitos adversos bem conhecidos sobre resistência à insulina, e inibidores da calcineurina são diabetogênicos provavelmente devido à combinação de toxicidade das células beta e da promoção da resistência à insulina. A definição de DMPT variava no passado, mas o consenso estabeleceu que deve ser a seguinte: glicemia de jejum maior que 126 mg/dl, sintomas de diabete com qualquer glicemia acima de 200 mg/dl ou teste de tolerância a glicose de 2 horas acima de 200 mg/dl. Glicemia de jejum deve ser monitorada rotineiramente após transplante, pelo fato de a incidência de DMPT ser alta. Deve-se tentar a prevenção do diabetes por meio de perda de peso e exercícios em pacientes com risco, e o tratamento do diabetes recém-instalado deve seguir diretrizes estabelecidas.

4. Outros fatores de risco cardiovasculares. Tabagismo é obviamente um importante fator de risco cardiovascular modificável. Acumulam-se evidências de que o hábito de fumar também influencia a deterioração da função renal e é um risco para a perda do enxerto. Em qualquer estágio do processo de transplante, aconselhamento, programas formais de combate ao tabagismo e agentes farmacológicos devem ser oferecidos para incentivar o abandono do fumo. Anemia está presente em muitos pacientes tanto antes quanto depois do transplante e pode não ser percebida nem devidamente tratada. Está relacionada com hipertrofia ventricular esquerda e doença cardiovascular, portanto, o diagnóstico e tratamento com base na causa é provavelmente apropriado. Homocisteína mostra-se aumentada em pacientes com transplante renal, estando também relacionada a eventos cardiovasculares. Não se sabe ainda se a redução dos níveis de homocisteína com altas doses de vitaminas do complexo B e ácido fólico pode levar à diminuição dos eventos.

C. Malignidade é uma complicação importante da imunossupressão, provavelmente devido a efeitos sobre a vigilância imune de populações de células tumorais anormais e cânceres mediados por vírus. Intensidade da imunossupressão, incluindo a exposição a anticorpos antilinfócitos, é um fator importante na determinação do risco de malignidade. Cânceres de pele não-melanômicos, especialmente carcinoma de células escamosas, têm incidência e agressividade particularmente altas em pacientes transplantados em

comparação com a população em geral. O papiloma vírus humano (HPV) está em parte envolvido nesses cânceres. Assim, pacientes com transplantes são aconselhados a evitar sol, usar protetor solar e roupas e consultar um dermatologista pelo menos uma vez por ano. Depois dos cânceres de pele, os distúrbios linfoproliferativos pós-transplante (DLPT) são a segunda malignidade mais comum. Esses linfomas estão relacionados à infecção por vírus de Epstein Barr (EBV) e geralmente contêm DNA de EBV. Os riscos aumentam após terapias com anticorpos com depleção de células T. Essas malignidades são freqüentemente tratadas com redução da imunossupressão e tratamento antiviral, mas tumores agressivos, particularmente os monoclonais, podem requerer quimioterapia sistêmica. Da mesma forma, as mulheres apresentam risco aumentado de carcinoma de células escamosas relacionado à infecção por HPV; é preciso que elas realizem esfregaços Papanicolaou anuais, com aumento da freqüência da vigilância e atenção para detecção de quaisquer anormalidades. Cânceres vulvares, perineais e anogenitais também são mais freqüentes após transplante. Hepatites B e C podem levar a carcinoma hepatocelular e sarcoma de Kaposi, causado por herpes vírus humano 8, é outro câncer mediado por vírus que afeta pacientes transplantados. Tumores sólidos, como câncer de mama, pulmão e cólon, são quase tão comuns em pacientes transplantados quanto na população em geral. Dados os riscos de malignidade no transplante, devem ser feitos exames preventivos apropriados à idade antes de se colocar o paciente na lista de espera, e os exames devem continuar pelo resto da vida do paciente.
D. Doença óssea.
  1. **Doença óssea preexistente.** O quadro clínico após transplante renal é freqüentemente complicado pela presença de doença óssea preexistente. É muito comum que o hiperparatiroidismo secundário leve à osteíte fibrosa, com risco de perda óssea e fratura. Outras causas de doença óssea preexistente são doença do osso adinâmico (baixo *turnover*), osteomalacia relacionada a alumínio e artropatia relacionada à β2-microglobulina (β2M). Além disso, pacientes diabéticos apresentam diminuição da densidade mineral interna do osso em comparação com outras populações. Embora as doenças ósseas do alumínio e β2M não sejam mais comuns, muitos pacientes são submetidos a transplante com perda óssea estabelecida e risco aumentado de fratura.
  2. **Doença óssea pós-transplante.** Sabe-se que até 9% da densidade óssea é perdida nos primeiros 6 a 12 meses após transplante. Além disso, osteopenia e osteoporose estão presentes em um número considerável de pacientes transplantados após acompanhamento de longa duração. Pacientes com transplante renal apresentam risco aumentado de fratura de 3% a 4% ao ano nos primeiros três anos após transplante, diminuindo um pouco depois disso. Os riscos de fratura estão aumentados em homens e mulheres e são particularmente maiores em mulheres mais velhas. Muitos fatores contribuem para as condições que levam à perda. Esteróides são conhecidos por induzir osteopenia e osteoporose ao causar efeitos sobre absorção e excreção de cálcio, agravamento do hiperparatiroidismo secundário e hipogonadismo, e sobre *turnover* ós-

seo. Ciclosporina, hiperparatireoidismo secundário, perda de fosfato renal, uremia e hormônios gonadais são outros fatores que contribuem para a perda. Outra síndrome que afeta pacientes transplantados é a osteonecrose avascular, especialmente na cabeça do fêmur, relacionada ao uso de esteróides. Pacientes podem apresentar dores ósseas, sendo, porém, assintomáticos. Freqüentemente, requerem intervenção cirúrgica, incluindo a substituição da articulação afetada.

3. Tratamento. O momento oportuno e a freqüência da mensuração da densidade mineral óssea ainda não estão bem definidos, mas essa mensuração deve ser realizada em determinado intervalo por causa do risco de fraturas. Controle do hiperparatiroidismo secundário antes do transplante é importante. Após transplante, recomenda-se a administração de suplementos de cálcio e vitamina D, a menos que haja presença de hipercalcemia. Paratireoidectomia é geralmente reservada para pacientes com hipercalcemia sintomática ou persistente ou com hiperparatiroidismo preexistente (acima de um a dois anos). Experimentos com bisfosfonatos têm demonstrado redução na perda óssea, especialmente quando ministrados imediatamente após o transplante, mas as indicações não estão definidas e continua a haver preocupação com a instalação da doença do osso adinâmico. Exercícios de levantamento de peso custam pouco e deveriam ser recomendados para todos os pacientes.

E. **Doença hematológica.** Distúrbios hematológicos são comuns no pós-transplante e têm origens multifatoriais. Anemia e eritrocitose pós-transplante são comuns. Leucopenia e trombocitopenia são vistas freqüentemente como complicações de medicamentos antiproliferativos, CMV ou outras infecções virais, ou qualquer das muitas doenças primárias.

1. Anemia é muito comum após o transplante renal, ocorrendo em 30% a 40% dos pacientes em alguns estudos. Além disso, ela tem sido relacionada a risco aumentado de eventos cardiovasculares e morte, sendo um fator importante de prognóstico. É mais comum no início do período pós-transplante, mas também está presente com alta freqüência em pacientes com função renal reduzida. Um fator óbvio envolvido na presença da anemia é a produção renal reduzida de eritropoietina (EPO), especialmente quando a função do enxerto está prejudicada. Deficiência de ferro, iECAs, BRAs, MMF e azatioprina também tem sido relacionada à anemia pós-transplante. Síndrome hemolítica urêmica (SHU) recorrente ou *de novo* pode ser uma causa dramática de anemia e perda de enxerto e estar relacionada com os inibidores da calcineurina e outras medicações. Embora haja necessidade de dados prospectivos, parece prudente corrigir a anemia dependendo da etiologia subjacente, incluindo administração de EPO àqueles com função renal deficiente.

2. Eritrocitose pós-transplante (EPT), definida como hematócrito acima de 51%, ocorre em 10% a 15% dos pacientes transplantados. A etiologia do distúrbio não é conhecida, mas há envolvimento de mecanismos dependentes e não dependentes da EPO. Ela é mais comum em fumantes, naqueles com episódios de rejeição aguda e em diabéticos. Essa condição

pode ser tratada normalmente por prescrição de iECA ou BRAs. Ocasionalmente, pode ser necessária flebotomia se não houver redução do hematócritos abaixo de 56% a 60%.
F. Gravidez. Anos de experiência em transplante renal possibilitaram alguma compreensão da gravidez após transplante. A maioria das mulheres é aconselhada a evitar a gravidez durante algum tempo depois do transplante, geralmente de seis meses a dois anos. A fertilidade melhora após o transplante e deve-se dar atenção à contracepção. Dispositivos intra-uterinos (DIUs) devem ser evitados, mas outras opções contraceptivas podem ser usadas, a menos que haja contra-indicações específicas. Em mães com alto risco de infecção primária por CMV, a gravidez deve provavelmente ser adiada até que se tenha resposta imunológica, com desaparecimento da viremia. A função renal, se normal na época da concepção, provavelmente não é afetada de forma adversa durante a gravidez. Entretanto, o risco de deterioração da função renal relacionada à gravidez aumenta quando há presença de insuficiência renal. Intolerância à glicose também pode complicar a gravidez, levando ao diabetes gestacional ou ao aumento da necessidade de insulina naqueles com diabetes. A imunossupressão deve ser mantida em níveis similares aos de não-grávidas, mas devem ser verificados freqüentemente, porque as mudanças na farmacocinética são imprevisíveis. Dados de experimentos com animais indicam que o MMF pode ser ser teratogênico; ele foi pouco usado na gravidez. O sirolimo, igualmente, é pouco usado na gravidez. As evoluções dos fetos após transplante renal incluem risco significativo de parto pré-termo (50%) e restrição de crescimento (40%), mas essas evoluções podem estar mais estreitamente relacionadas à insuficiência renal do que ao transplante em si. Após o parto, a amamentação pode não ser recomendada para pacientes que tomam inibidores da calcineurina, mas deve-se discutir sobre os riscos e benefícios individualmente.

LEITURAS SUGERIDAS

Chan L, Gaston R, Hariharan S. Evolution of immunosuppression and continued importance of acute rejection in renal transplantation. *Am J Kidney Dis* 2001;38(6 Suppl 6):S2-9

Hariharan S, Johnson CP, Bresnahan BA, et al. Improved graft survival after renal transplantation in the United States, 1988 to 1996. *N Engl J Med* 2000; 2;342(9):605-612

Kariske BL, Chakkera HA, Louis TA, Ma JZ. A meta-analysis of immunosuppression withdrawal trials in renal transplantation, *J Am Soc Nephrol* 2000;11(10):1910-1917

Oberbauer R, Kreis H, Johnson, et al. Long-term improvement in renal function with sirolimus after early cyclosporine withdrawal in renal transplant recipients: 2-year results of the Rapamune Maintenance Regimen Study. *Transplantation* 2003;76(2):364-370.

Primer on Transplantation, 2nd ed. Norman DJ, Turka LA, eds. Mt. Laural, NJ: American Society of Transplantation, 2001

Wolfe RA, Ashby VB, Milford EL, et al. Comparison of mortality in all patients on dialysis, patients on dialysis awaiting transplantation, and recipients of a first cadaveric transplant. *N Engl J Med* 1999;2;341(23):1725–1730.

USRDS 2002 Annual Data Report. *Am J Kidney Dis* 2003;41(4), Suppl 2 .

Chan L, Wang W, and Kam I. Outcomes and complications of renal transplantation. In: Schrier RW ed. *Diseases of the kidney and urinary tract*, 7th ed. Philadelphia: Lippincott Williams & Wilkins, 2001.

Capítulo **14**

A Paciente com Doença Renal e Hipertensão na Gravidez

Phyllis August e Marshall D. Lindheimer

Na maioria dos casos, a gravidez em mulheres com distúrbios renais é bem-sucedida, desde que a função renal esteja bem preservada e não haja hipertensão.

I. O RIM E A PRESSÃO ARTERIAL NA GRAVIDEZ NORMAL. A anatomia e função dos rins e trato urinário inferior ficam alteradas durante a gestação. Alterações fisiológicas na homeostase de volume e controle de pressão arterial (PA) também ocorrem e identificá-las é um pré-requisito para a interpretação apropriada de dados de pacientes grávidas com doença renal ou hipertensão (Tabela 14-1).

A. Alterações anatômicas e funcionais do trato urinário. O comprimento dos rins aumenta aproximadamente 1 cm durante a gestação normal. Porém, as principais alterações anatômicas do trato urinário durante a gravidez são verificadas no sistema coletor, onde os cálices, pélvis renal e ureteres dilatam-se, freqüentemente dando a impressão errônea de uropatia obstrutiva. A dilatação é acompanhada de hipertrofia do músculo liso ureteral e de hiperplasia de seu tecido conjuntivo, mas não se sabe se o refluxo vesical é mais comum em grávidas. A causa da dilatação ureteral é alvo de discussão. Alguns pesquisadores defendem mecanismos hormonais, enquanto outros acreditam que ela é obstrutiva na origem. Evidentemente, à medida que a gravidez evolui, a adoção de uma posição supina ou ereta pode causar obstrução ureteral quando o útero aumentado comprime os ureteres na borda pélvica (Figura 14-1). Essas alterações morfológicas têm considerável relevância clínica. Estase no trato urinário dilatado pode contribuir para a propensão de grávidas com bacteriúria assintomática desenvolverem pielonefrite manifesta. Ureteres dilatados contêm volumes consideráveis de urina, que podem levar a erros de coleta em exames que requerem volumes de urina coletados em determinado período. Esses erros podem ser evitados pelo seguinte protocolo simples. Grávidas submetidas a exame devem receber uma quantidade de água e ficar na cama em decúbito lateral por uma hora antes do início da coleta. Esse procedimento minimiza os erros ao padronizar os procedimentos e produzir modesta diurese, de modo que a urina residual seja diluída e de origem recente. As normas aceitáveis para o tamanho dos rins devem ser aumentadas em 1 cm se a estimativa for feita durante a gravidez ou no puerpério imediato, e as reduções do comprimento renal, observadas vários meses após o parto, não precisam ser atribuídas a doença renal. Raramente, a dilatação ureteral tem magnitude suficiente para causar síndrome de "distensão" (caracterizada por dor abdominal e, ocasionalmente, pequenos incrementos nos níveis de creatinina sérica aparecem no final da gestação; estes desaparecem com a colocação de *stents* ureterais). Da mesma forma, como a dilatação dos ureteres pode persistir até a 12ª semana pós-parto, exames ultra-sonográficos ou radiológicos eletivos do trato urinário devem ser realizados, se possível, depois desse período.

B. **Hemodinâmica renal.** Alterações na hemodinâmica renal na gestação são as mais surpreendentes e clinicamente significativas de todas alterações do trato urinário na gravidez.

1. **Taxa de filtração glomerular (TFG) e fluxo plasmático renal (FPR)** aumentam a níveis 30% e 50% acima dos valores pré-gestação durante a gravidez. Os incrementos que já ocorrem na TFG durante os primeiros dias após a concepção alcançam o máximo durante o primeiro trimestre. Não se sabe qual é a causa do aumento da TFG e do FPR. Estudos em animais sugerem que a vasodilatação renal (mediada pelo oxido nítrico), acarretando aumento do fluxo plasmático glomerular, é um fator contributivo, porém não é o único.

Tabela 14-1 Alterações renais na gravidez normal.

Alteração	Manifestação	Relevância clínica
Aumento de tamanho dos rins	Comprimento dos rins aproximadamente 1 cm maior nas radiografias	Reduções pós-parto no tamanho não devem ser confundidas com perda de parênquima
Dilatação da pelve, cálices e ureteres	Semelhança com hidronefrose no ultra-som renal ou urografia excretora (mais acentuado à direita)	Não deve ser confundida com uropatia obstrutiva; deve-se realizar avaliação eletiva na 12ª semana pós-parto; infecções do trato urinário superior são mais virulentas; urina retida leva a erros de coleta
Aumento da hemodinâmica renal	Taxa de filtração glomerular e fluxo plasmático renal aumentam 35% a 50%	Valores de creatinina sérica e nitrogênio uréico diminuem durante gestações normais; creatinina > 0,8 mg/dl é suspeita; excreções urinárias de proteínas, aminoácidos e glicose aumentam
Mudanças no metabolismo ácido-base	Diminuição do limiar renal de bicarbonato	Bicarbonato sérico é de 4 a 5 pmol/l mais baixo na gestão normal
Manuseio renal da água	Osmorregulação alterada Diminuição dos limiares osmóticos de sede e AVP; aumento pronunciado do clearance metabólico de AVP; altos níveis de vasopressinase em circulação	Osmolalidade sérica diminui 10 mOsm/l (sódio sérico diminui 5 mEq/l) durante a gestação normal Aumento do metabolismo de AVP pode causar diabetes insipidus transitório

AVP, arginina-vasopressina.

A   B

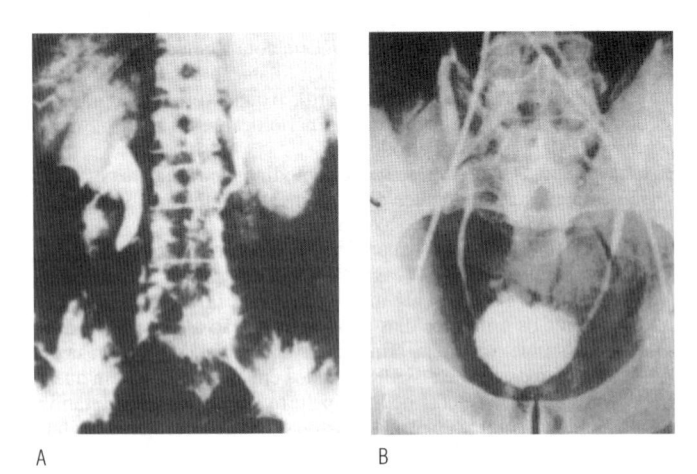

Figura 14-1 Urografia excretora. A: Dilatação ureteral na gravidez. O ureter direito é bruscamente interrompido na borda pélvica, onde cruza a artéria ilíaca (sinal ilíaco). B: A relação entre os ureteres e as artérias ilíacas pode ser demonstrada em estudos *post mortem*. Observe o sinal ilíaco na borda pélvica à direita. (Extraído de Dure-Smith P. Pregnancy dilation of the urinary tract. *Radiology* 1970; 96:545. Reimpresso com autorização.)

FPR é maior no meio da gestação, diminuindo um pouco no terceiro trimestre. Embora incrementos na TFG medidos pela infusão de inulina pareçam sustentar-se até o termo, *clearance* de creatinina de 24 horas diminui durante as últimas quatro semanas de gravidez, acompanhado por aumentos de 15% a 20% nos níveis da creatinina sérica.

Aumento da TFG tem implicações clínicas importantes. Como a produção de creatinina fica alterada durante a gravidez, incrementos em seu *clearance* resultam em níveis séricos reduzidos. Usando o método de Hare, um grupo de pesquisadores observou que a creatinina sérica verdadeira, que era em média de 0,67 mg/dl em não-grávidas, diminuía para 0,46 mg/dl durante a gestação (para converter para unidades SI [µmol/l], multiplica-se a creatinina sérica [mg por decilitro] por 88,4). Em estudos que também mediram cromógeno de creatinina (que geraram resultados semelhantes àqueles informados pela maioria dos laboratórios clínicos), os valores foram de 0,83 mg/dl em não-grávidas, diminuindo para 0,74, 0,58 e 0,53 mg/dl no primeiro segundo e terceiro trimestre de gravidez, respectivamente. Assim, valores considerados normais em não-grávidas podem refletir diminuição da função renal durante a gravidez.

Por exemplo, em grávidas, as concentrações de creatinina sérica que ultrapassam 0,8 mg/dl ou as de nitrogênio uréico sérico maiores que 13 mg/dl sugerem a necessidade de avaliação adicional da função renal.

2. Outras conseqüências do aumento da hemodinâmica renal. Aumento da TFG e do FPR também altera o conteúdo urinário de solutos. Por exemplo, aumento da excreção de glicose, da

maioria dos aminoácidos e de várias vitaminas solúveis em água, com esses incrementos no conteúdo nutriente da urina, pode ser um fator de aumento da suscetibilidade das grávidas a infecções do trato urinário (ITUs). Excreção urinária de proteína também aumenta durante a gestação, mas o destino da excreção de albumina é mais complexo e polêmico.

C. **Controle ácido-base na gravidez.** O controle ácido-base fica alterado durante a gestação. O limiar de bicarbonato diminui e a primeira urina da manhã é freqüentemente mais alcalina do que no estado não-gravídico. Além disso, concentrações de bicarbonato plasmático diminuem aproximadamente 4 μmol/l, chegando em média a 22 μmol/l. Essa alteração muito provavelmente representa uma resposta renal compensatória à hipocapnia, porque grávidas hiperventilam e sua PCO_2 é na média de apenas 30 mmHg. Alcalose branda (pH arterial é em média 7,44) verificada na gravidez está de acordo com essa visão. Como os níveis de PCO_2 e HCO_3 em estado de equilíbrio estão diminuídos, as grávidas estão, em tese, em desvantagem quando ameaçadas por acidose metabólica súbita (ex., acidose láctica na pré-eclâmpsia, cetoacidose diabética ou insuficiência renal aguda); entretanto, elas respondem com incrementos apropriados de ácido e amônia urinárias tituláveis, após sobrecarga de ácido, e a regeneração de prótons é evidente em níveis de pH sanguíneo mais altos do que aqueles em não-grávidas testadas de maneira similar. Finalmente, ao tratar grávidas com pneumopatias, deve-se observar que uma PCO_2 de 40 mmHg, normal em não-grávidas, significa considerável retenção de dióxido de carbono na gravidez.

D. **Excreção de água.** Após a concepção ocorre rápido decréscimo nos níveis de osmolalidade plasmática de 5 a 10 mOsm/kg abaixo daqueles em não-grávidas. Se essa redução ocorresse em uma não-grávida, ela pararia de secretar hormônio antidiurético e entraria em estado de diurese aquosa; entretanto, as pacientes grávidas mantêm essa nova osmolalidade, diluindo e concentrando urina apropriadamente quando submetidas a sobrecarga hídrica ou desidratação. Isso sugere uma reconfiguração do sistema osmorreceptor e, na verdade, estudos clínicos demonstram que os limiares osmóticos tanto da sede quanto da liberação de arginina-vasopressina (AVP) apresentam-se diminuídos em grávidas. Além disso, o plasma das grávidas contém grandes quantidades de uma enzima placentária (vasopressinase) capaz de destruir quantidade substanciais de AVP *in vitro*; ademais, a produção *in vivo* e o *clearance* metabólico do hormônio antidiurético aumentam quatro vezes a partir da metade gestação.

Alterações na osmorregulação e no metabolismo da AVP podem ser responsáveis por duas síndromes incomuns de diabetes insipidus transitório que complicam a gravidez. Uma delas, em que a poliúria é sensível à AVP e à deamino-8 D arginina vasopressina (dDAVP), provavelmente ocorre em mulheres com diabetes insipidus central parcial não evidente provocado pelo incremento nas taxas de liberação hormonal durante o final da gestação. Outro distúrbio, em que a poliúria acentuada continua, apesar de grandes doses de AVP, responde ao dDAVP, um análogo resistente à inativação pela vasopressinase. Essas pacientes grávidas podem

apresentar níveis enzimáticos circulantes de aminopeptidase excessivamente altos em virtude de aumento da ativação.
E. **Controle do volume.** Mulheres mais saudáveis ganham aproximadamente 12,5 kg durante a primeira gravidez e 1 kg a menos durante gestações subseqüentes. Gerações de médicos têm considerado essas médias como limites superiores de ganhos de peso permissíveis, esquecendo que uma média tem desvios para mais e para menos. Como resultado, muitas pacientes grávidas foram repreendidas por ganho excessivo de peso e tiveram que restringir seu consumo de sal, calorias ou ambos. A maior parte do incremento do peso é de líquido, com a água corporal total aumentando de seis a oito litros, quatro a seis litros dos quais são de líquido extracelular. O volume plasmático aumenta 50% durante a gestação, com a taxa mais alta de incremento ocorrendo na metade da gravidez, enquanto incrementos no espaço intersticial são maiores no terceiro trimestre. Retenção cumulativa gradual de aproximadamente 900 mEq de sódio ocorre na gravidez; isso é distribuído entre os produtos da concepção e o espaço extracelular materno. Essas alterações nos compartimentos intersticial e intravascular materno produzem hipervolemia aparente, porém os receptores de volume da paciente grávida sentem essas mudanças como normais. Assim, quando a restrição de sal ou terapia diurética limitam essa expansão fisiológica, as respostas maternas assemelham-se àquelas de não-grávidas com depleção de sal. Essa é uma forte razão para a relutância em recomendar diuréticos ou restrição de sódio durante a gravidez. Grávidas são atualmente aconselhadas a salgar sua comida a gosto e alguns pesquisadores acreditam que ingestão liberal de sódio é benéfica durante a gestação. Outra adaptação fisiológica que parece influenciar o equilíbrio de sódio, durante a gravidez é o estímulo acentuado do sistema renina-angiotensina-aldosterona. Os níveis de aldosterona estão acentuadamente aumentados durante a gravidez, apesar da pressão arterial normal e do equilíbrio de potássio normal. É provável que a secreção aumentada de aldosterona seja um mecanismo compensatório para contrabalançar o aumento da excreção de sódio, que seria esperado como resultado do grande aumento da TFG e do fluxo plasmático renal. Sabe-se que a vasodilatação arterial que causa *underfilling* arterial relativo, como ocorre na gravidez, estimula o sistema renina-angiotensina-aldosterona. Além disso, aumentos de aldosterona equilibram os efeitos natriuréticos dos grandes aumentos de progesterona durante a gravidez.
F. **Controle da pressão arterial.** PA média começa a diminuir no início da gestação, com níveis diastólicos na metade da gravidez chegando a 10 mmHg menos do que as medições pós-parto. Mais no final da gravidez, a PA aumenta gradualmente, aproximando-se dos valores não-gravídicos perto do termo. Como o débito cardíaco aumenta rapidamente no primeiro trimestre e continua relativamente constante daí por diante, a diminuição da pressão deve-se a decréscimo pronunciado na resistência vascular periférica. Aumento lento em direção a níveis não-gravídicos, após diminuição mais acentuada no meio do segundo trimestre, é interessante porque demonstra que a crescente vasoconstrição é uma característica de final de ges-

tação em mulheres normais, bem como em mulheres nas quais a pré-eclâmpsia está se desenvolvendo. A causa da diminuição da resistência periférica durante a gravidez é obscura. Estudos sobre a capacidade de volume arterial na gravidez comprovam aumentos iniciais, talvez pelas alterações na anatomia básica dos vasos. Ocorrem elevações de estrógeno e progesterona plasmáticos para concentrações que podem relaxar a musculatura lisa, e incrementos nas prostaglandinas vasodilatadoras também podem estar presentes durante a gestação. Aumentos hormonalmente mediados na produção endotelial de óxido nítrico também podem contribuir para a vasodilatação na gravidez. Apesar da PA mais baixa, os níveis de todos os componentes do sistema renina-angiotensina-aldosterona aumentam durante a gravidez. Respostas hipotensivas exageradas à inibição da enzima conversora em grávidas normais sugerem que o sistema renina-angiotensina aumentado na gravidez é uma resposta fisiológica normal à PA baixa e ao aumento da excreção de sódio.

Falta de conhecimento sobre a flutuação da PA durante a gestação normal pode levar a erros de diagnóstico. Por exemplo, mulheres com hipertensão essencial leve freqüentemente apresentam redução na PA no início da gravidez, que pode até mesmo aproximar-se dos níveis normais. Elas podem ser erroneamente classificadas como pré-eclâmpticas no último trimestre, quando ocorrem pressões francamente elevadas.

G. **Metabolismo mineral.** Níveis de cálcio sérico diminuem na gravidez, concomitantemente com um decremento nas concentrações de albumina circulante. Níveis de cálcio ionizado, porém, permanecem na faixa normal não-gravídica. Mudanças surpreendentes relativas aos hormônios reguladores de cálcio também ocorrem durante uma gravidez normal. A produção de 1,25-diidroxivitamina D3 aumenta no primeiro trimestre, alcançando níveis circulantes que são aproximadamente duas vezes maiores que os valores não-gravídicos. Há aumento na absorção gastrintestinal de cálcio, resultando em "hipercalciúria absortiva", com excreção urinária de 24 horas freqüentemente ultrapassando os 300 mg por dia (indivíduos com nutrição adequada). Níveis do PTH (paratormônio) intacto ficam mais baixos na gravidez normal.

II. AVALIAÇÃO CLÍNICA DA FUNÇÃO RENAL DURANTE A GRAVIDEZ

A. **Análise da urina.** A relação de proteinúria com eclâmpsia foi observada pela primeira vez na década de 1840, e a ciência dos cuidados pré-natais avançou dramaticamente quando os médicos começaram a analisar sistematicamente a urina das pacientes grávidas, em busca, basicamente, de albuminúria. Em certos casos, a doença renal latente é descoberta pela detecção de excreção excessiva de proteína ou hematúria microscópica durante avaliação pré-natal de rotina.

Não-grávidas saudáveis excretam muito menos que 100 mg de proteína na urina diariamente, mas em função da relativa imprecisão e variabilidade dos métodos de exame usados em laboratórios e hospitais, proteinúria não é considerada anormal enquanto não exceder 150 mg por dia. Durante a gravidez, a excreção de proteína aumenta, fazendo com que até 300 mg por dia ainda seja considerada normal. Ocasionalmente, uma grávida saudável pode excretar mais do que essa quantidade, pelo fato de aproximadamente 5% das adolescentes e jovens adultas saudáveis apresentarem proteinúria postural, que pode se tornar evidente apenas durante a gravidez. Além disso, proteinúria postural pode aumentar perto do termo, quando as grávidas tendem a assumir uma postura mais lordótica, que aumenta a excreção de proteína. Outra causa de aumento de proteinúria na gravidez pode ser a compressão das veias renais pelo útero aumentado, especialmente quando a grávida está em supino. Assim, quando ela faz exame de proteinúria postural (ver Capítulo 8), deve ser deitada de lado.

Foram feitas poucas tentativas de quantificar o sedimento urinário na gravidez. Excreção de hemácias e leucócitos pode aumentar durante a gestação normal e contagem de uma a duas células vermelhas por campo é aceitável na urinálise.

B. **Exames de função renal.** *Clearance* de creatinina endógena, que é a aproximação mais satisfatória da TFG em não-grávidas, é igualmente útil para avaliar a função renal nas grávidas. Grávidas e não-grávidas mostram pouca variação (aproximadamente 10% por dia) na excreção urinária de creatinina e, presumivelmente, na produção de creatinina, que em determinada é similar durante e após a gestação. O limite inferior do *clearance* normal de creatinina durante a gestação deve ser 30% maior que a média de 110 a 115 ml/min em não-grávidas.

Excreção de ácido e concentração e diluição urinária de ácido são semelhantes em grávidas e não-grávidas. Assim, exames como o de sobrecarga de amônia (raramente indicado na gestação) geram valores similares àqueles de não-grávidas. Ao analisar a capacidade de diluição urinária, o clínico deve estar ciente de que a postura supina pode interferir com esse exame. Portanto, estudos para detectar concentrações osmolais urinárias mínimas devem ser realizados com a paciente deitada de lado. Entretanto, embora o decúbito lateral seja a posição requerida para a mensuração pré-natal da maioria dos parâmetros de função renal, ela interfere com exames de concentração. Por exemplo, a osmolalidade urinária que era de 800 mOsm por kg após desidratação durante a noite, pode diminuir para 400 mOsm por kg em uma hora por causa da mobilização do líquido das extremidades durante o repouso, resultando assim em inibição da secreção de AVP induzida por aumento da volemia, diurese osmótica branda ou ambas. Essas observações demonstram a importância da postura ereta, como na posição sentada imóvel, quando a concentração urinária máxima é medida na gravidez.

C. **Papel da biópsia renal na gravidez.** Biópsia renal percutânea é raramente realizada durante a gestação. De fato, antes a gestação era considerada uma contra-indicação relativa ao procedimento, por causa de relatos anteriores de sangramento excessivo e outras complicações em grávidas. Essa visão, contudo, deriva da época em que muitas biópsias eram realizadas em pacientes hipertensas, anterior ao conhecimento das anormalidades de coagulação que podem ocorrer em mulheres pré-eclâmpticas. Agora, é evidente que se a biópsia renal for realizada em mulheres com PA bem controlada e índices normais de coagulação, a morbidade é similar à de pacientes não-grávidas. Nossa opinião é de que só se deve pensar em biópsia renal quando a função renal deteriorar subitamente longe do termo e sem causa óbvia presente. Isso porque certas formas de glomerulonefrite rapidamente progressiva, quando diagnosticadas no início, podem responder a tratamento agressivo, como pulsos de esteróide e, talvez, troca de plasma. Outra situação em que a biópsia é recomendada é na síndrome nefrótica sintomática. Embora alguns prefiram uma tentativa terapêutica com esteróides em tais casos, nós preferimos determinar de antemão se a lesão tem probabilidade de responder a esteróides, porque a gravidez é em si um estado hipercoagulável que tende a piorar com tal tratamento. Por outro lado, proteinúria isolada em uma mulher normotensa com função renal bem preservada, que não apresenta hipoalbuminemia pronunciada nem edema intolerável, nos levaria a examinar a paciente a intervalos mais freqüentes e a realizar a biópsia renal no período pós-parto. Isso ocorre porque o consenso entre a maioria dos investigadores é de que o prognóstico é determinado basicamente pelo nível da função renal e pela presença ou ausência de hipertensão, em vez do tipo de lesão renal (ver seção III.D). Assumimos posição semelhante no tratamento de gravidezes com hematúria microscópica assintomática isolada, quando não há sinal de cálculo nem tumor no ultra-som. Finalmente, biópsias renais não devem ser realizadas após a 30ª semana gestacional porque nesse estágio o feto terá de ser retirado de qualquer maneira e a decisão normalmente tem de ser tomada rapidamente, independentemente dos resultados da biópsia.

III. DOENÇA RENAL NA GRAVIDEZ

A. Bacteriúria assintomática. ITUs são o problema renal mais comum na gravidez. A urina das grávidas favorece mais o crescimento bacteriano do que a urina de não-grávidas, por causa do aumento de seu teor em nutrientes. Esse fato, aliado à dilatação ureteral, estase e obstrução ocasional, deveria aumentar a suscetibilidade das grávidas a ITUs. Surpreendentemente, esse não é o caso, e, com exceção de certos grupos de alto risco (pacientes diabéticas e grávidas com traço de células falciformes), a prevalência de bacteriúria assintomática durante a gestação varia entre 4% e 7%, valor semelhante ao verificado em não-grávidas sexualmente ativas. O histórico natural de ITUs assintomáticas é, porém, bastante diferente na gravidez.

Embora a bacteriúria assintomática na não-gravidez seja bastante benigna, a evolução para cistite manifesta ou pielonefrite ocorre em até 40% das grávidas afetadas. Portanto, é importante avaliar todas elas para detectar a presença de bacteriúria assintomática e tratar aquelas com cultura de urina positiva.
  1. Método de coleta de urina. Grávidas contaminam com mais freqüência as amostras de jato médio de urina. A incidência pode ser reduzida com uso de múltiplas lavagens vulvares combinadas com procedimentos de coleta atentamente supervisionados. Em algumas mulheres, a aspiração suprapúbica é necessária para diferenciar contaminação de infecção verdadeira. A gravidez não é contra-indicação para esse procedimento.

Se a urina for estéril no início da gravidez, ela normalmente continua assim até o termo. Mesmo assim, um pequeno número (1% a 2%) de grávidas cujas culturas de urina originais são negativas, subseqüentemente apresentam bacteriúria. Urinálise anormal e presença de disúria não diferenciam a contaminação da infecção verdadeira. Por exemplo, disúria ocorre em 30% das grávidas cujas urinas são estéreis, e a urina pode estar infectada e mesmo assim conter menos de dois leucócitos por campo.
2. **Método de tratamento.** A maneira otimizada de tratamento da ITU assintomática na gravidez ainda não foi definida com precisão. Em literatura anterior, alguns autores recomendavam tratamento antibiótico contínuo desde o momento da detecção da bacteriúria até o parto. Isso era baseado na crença de que a taxa de recidiva era alta e que a maioria das mulheres bacteriúricas apresentava envolvimento do parênquima renal em comparação com infecções de bexiga. Entretanto, hoje é evidente que metade dessas infecções envolve apenas a bexiga e que a maioria dessas pacientes é curada com terapias padrão de curta duração (ou mesmo em dose única). Mais de 90% dos uropatógenos envolvidos são bacilos gram-negativos aeróbicos, geralmente *Escherichia coli*, e recomendamos um período de quatro a sete dias de um antibiótico a que os organismos cultivados sejam sensíveis, preferivelmente à base de sulfa, de ação curta, nitrofurantoína, amoxicilina, ou cefalosporina. Essa abordagem, quando combinada com a vigilância para detecção de bacteriúria recorrente, tem sido bastante eficaz.
3. **Importância da avaliação pós-parto.** ITU assintomática tem sido vinculada a parto prematuro, hipertensão e anemia durante a gestação, mas essas afirmações não são comprovadas. Por outro lado, há maior incidência de patologia oculta do trato urinário nessas grávidas. Portanto, mulheres com bacteriúria durante a gravidez podem se beneficiar da avaliação de seu trato urinário após o parto, especialmente aquelas com infecção resistente à terapia.

B. **Bacteriúria sintomática.** A abordagem clínica da ITU sintomática durante a gestação difere daquela da bacteriúria assintomática.
1. **Pielonefrite aguda.** Pielonefrite foi causa de morte materna na era pré-antibióticos e 3% das pacientes grávidas, conforme relatório de estudos mais recentes, desenvolviam choque séptico. Constatou-se que a ITU sintomática complicava quase 2% de todas as gestações, mas exames pré-natais combinados com tratamento rápido da bacteriúria assintomática reduziram essa incidência para aproximadamente 0,5%. A bacteriologia dessas infecções assemelha-se à de pacientes assintomáticos (predominantemente com *E. coli*) e a maioria dos casos surge após a metade da gravidez. A apresentação clínica da pielonefrite na gravidez pode ser dramática. Conforme observado antes, a doença provocava mortes maternas na era pré-antibióticos, e as infecções do trato urinário superior em grávidas estão relacionadas a efeitos exagerados de endotoxemia, incluindo choque, síndrome de insuficiência respiratória, disfunção renal e hepática pronunciada e anormalidades

hepáticas e hematológicas. ITUs sintomáticas também têm sido implicadas na etiologia do retardo do crescimento intrauterino, prematuridade, anomalias congênitas e óbito fetal. Assim, embora o tratamento da cistite possa acontecer na modalidade ambulatorial, o tratamento da pielonefrite deve ser agressivo e é melhor ser realizado no hospital.

A maioria das pacientes com pielonefrite responde rapidamente com melhora em 48 a 72 horas. Porém, em contraste com pacientes com cistite ou bacteriúria assintomática, essas mulheres têm maior probabilidade de sofrer recidiva. Assim, grávidas com pielonefrite aguda devem receber dose terapêutica de antibiótico por duas a três semanas. Subseqüentemente, recomendamos terapia supressiva contínua no restante da gravidez e nas duas primeiras semanas do puerpério, porque até 60% das pacientes terão recorrência da pielonefrite se ficarem sem tratamento. Abordagem alternativa, a vigilância freqüente para detecção de infecção recorrente com tratamento imediato quando for identificada bacteriúria significativa tem sido considerado tão eficaz quanto a terapia supressiva.

2. Formação de abscesso perirrenal ou renal, ou carbúnculo, embora seja uma complicação infreqüente da gestação, deve ser levada em conta no diagnóstico diferencial da febre pós-parto. É importante reconhecer que uma alta incidência de resultados positivos de cultura de urina ocorre no período pós-parto, talvez 17% a 20% nos primeiros dias após o parto, diminuindo para 4% depois do terceiro dia. Esses casos, que se resolvem espontaneamente, podem refletir uma ruptura temporária nos mecanismos antibacterianos normais do hospedeiro no período pós-parto imediato, em vez de uma infecção verdadeira.

3. Uso de antibióticos na gravidez. O antibiótico de primeira escolha para infecções sintomáticas muda de década para década por causa do surgimento rápido de cepas resistentes, resultando assim no uso de medicamentos que ainda não foram testados adequadamente quanto a sua segurança na gravidez. Continuamos a recomendar que se inicie o tratamento com cefalosporinas porque percentual significativo das infecções por *E. coli* adquiridas da comunidade é resistente à ampicilina. Para cistite de rotina, nitrofurantoína é freqüentemente eficaz e aceitável durante a gravidez.

O médico deve também ter conhecimento de problemas específicos ao uso de antibióticos na obstetrícia e antever a toxicidade potencial ao feto de agentes que atravessam a barreira placentária. (Informações com relação à segurança de medicamentos durante a gravidez estão listadas no *Physicians' Desk Reference*, atualizado anualmente.) Em suma, medicamentos à base de sulfa não devem ser usados perto do termo porque podem precipitar kernicterus no recém-nascido. A atividade antiácido fólico do trimetoprim tem sido relacionada a anomalias, como palato fendido em animais, e essa combinação de substâncias também deve ser evitada, pelo menos antes da metade da gravidez.

Aminoglicosídeos também devem ser receitados parcimoniosamente porque a estreptomicina é relacionada à ototoxicidade fetal e à nefrotoxicidade. Fluoroquinolonas atravessam a placenta e devem ser evitadas, se possível. Tetraciclinas são contra-indicadas porque se depositam nos ossos e dentes do feto e podem causar reações severas na mãe, incluindo insuficiência renal.

C. Insuficiência renal aguda (IRA)
   1. Incidência. Antes de 1970, a incidência, na gravidez, de IRA grave o bastante para exigir terapia dialítica era estimada entre 1 em 2.000 e 1 em 5.000 gestações, e representava uma proporção considerável de casos registrados em um grande estudo. Desde então, o número de pacientes com IRA por causas obstétricas tem diminuído acentuadamente, e a incidência hoje é estimada em menos de 1 em 20.000 gestações. Essa tendência, atribuída à liberalização da legislação do aborto e à melhoria dos cuidados pré-natais, não tem sido compartilhada pelos países mais pobres e menos industrializados, onde 25% das pacientes são encaminhadas a centros de diálise, e insuficiência renal na gravidez continua a ser uma causa importante de mortalidade maternal e fetal. A distribuição de freqüência da IRA durante a gestação é bimodal, com um pico no início da gravidez (12 a 18 semanas), compreendendo a maioria dos casos relacionados a aborto séptico, e um segundo pico entre a 35ª semana gestacional e o puerpério, basicamente devido a complicações de pré-eclâmpsia e sangramento, especialmente descolamento abrupto da placenta.
   2. Causas. IRA na gravidez pode ser induzida por quaisquer dos distúrbios que levam à insuficiência renal na população geral, como necrose tubular aguda (NTA). No início da gravidez, os problemas mais comuns são doença pré-renal por hiperemese gravídica e NTA resultante de aborto séptico. Vários distúrbios diferentes podem levar à IRA mais tarde na gravidez. Pré-eclâmpsia leve a moderadamente grave normalmente não está relacionada à insuficiência renal porque a função renal é geralmente mantida na faixa normal ou quase normal para não-grávidas. Variante da pré-eclâmpsia, a síndrome HELLP (hemolysis, elevated liver enzymes and low platelet count – hemólise, enzimas hepáticas elevadas e trombocitopenia; ver seção VI.8) pode ser relacionada à disfunção renal significativa, especialmente se não tratada de imediato.
      a. Microangiopatia trombótica. Um diagnóstico diferencial importante e difícil é o de IRA no final da gravidez, relacionada a anemia hemolítica microangiopática e trombocitopenia. Gravidez é considerada fator de risco para púrpura trombocitopênica trombótica/síndrome hemolítica urêmica (PTT/SHU). No entanto, não se sabe se a patogênese desses distúrbios na gravidez é similar à de não-grávidas. PTT/SHU é rara na gravidez e deve ser distinguida da variante HELLP da pré-eclâmpsia, que é uma condição muito mais comum. A distinção dessas síndromes é importante por razões terapêuticas e prognósticas, mas existe considerável sobreposição de suas características clínicas e laboratoriais. Entre os aspectos que podem ser úteis para o diagnóstico incluem o tempo do início e o padrão de anormalidades laboratoriais que, na PTT, podem incluir níveis reduzidos da protease

de clivagem do fator de von Willebrand. Pré-eclâmpsia desenvolve-se tipicamente no terceiro trimestre, com poucos casos desenvolvendo-se no período pós-parto, normalmente poucos dias antes do parto. PTT ocorre normalmente antes do parto, com muitos casos desenvolvendo-se no segundo e no terceiro trimestre. SHU normalmente é uma doença pós-parto. Sintomas podem começar antes do parto, mas, na maioria dos casos, são diagnosticados após o parto.

Pré-eclâmpsia é muito mais comum do que a PTT/SHU e é geralmente precedida de hipertensão e proteinúria. Insuficiência renal é incomum, mesmo em casos graves, a menos que ocorra sangramento significativo ou instabilidade hemodinâmica ou coagulação intravascular disseminada acentuada (CID). Em alguns casos, a pré-eclâmpsia desenvolve-se no período imediatamente pós-parto e, quando a trombocitopenia é grave, ela pode ser indistinguível da SHU. Entretanto, regride espontaneamente, enquanto a melhora da SHU raramente ocorre. Em contraste com a PTT/SHU, ela pode estar relacionada a CID branda e ao prolongamento do tempo parcial de tromboplastina e tempo de protrombina. Outro aspecto laboratorial da pré-eclâmpsia/síndrome HELLP normalmente não relacionado a PTT/SHU são elevações acentuadas das enzimas hepáticas. Febre é mais consistente com diagnóstico de PTT do que de pré-eclâmpsia ou SHU. As principais características da SHU são sua tendência de ocorrer no período pós-parto e a gravidade da insuficiência renal a ela relacionada. O tratamento da pré-eclâmpsia/síndrome HELLP constitui-se da realização do parto e cuidados gerais. Raramente indica-se tratamento mais agressivo. O tratamento da PTT/SHU compreende infusão ou troca de plasma e outras modalidades usadas em pacientes não-grávidas com esses distúrbios, embora não tenham sido realizados experimentos clínicos com essas modalidades na gravidez.

b. Necrose cortical renal bilateral pode ser induzida por descolamento abrupto de placenta ou outros eventos clínicos complicados por hemorragia obstétrica (ex., ruptura uterina). Tanto a CID quanto a isquemia renal grave têm sido propostas como eventos iniciadores. Pacientes afetados apresentam tipicamente oligúria ou anúria, hematúria e dor nos flancos. Ultrasom ou tomografia computadorizada (TC) pode mostrar áreas hipoecóicas ou hipodensas no córtex renal. A maioria dos pacientes precisa de diálise, mas 20% a 40% obtêm recuperação parcial da função renal.

c. Pielonefrite aguda. Algumas grávidas podem desenvolver IRA relacionada à pielonefrite.

d. Esteatose hepática aguda na gravidez (infiltração gordurosa de hepatócitos sem inflamação ou necrose) é uma complicação rara da gravidez relacionada à azotemia significativa. Mulheres com esse distúrbio freqüentemente reclamam de anorexia e ocasionalmente de dor abdominal no terceiro trimestre. Características clínicas que sugerem pré-eclâmpsia, incluindo hipertensão e proteinúria, não são incomuns. Exames laboratoriais revelam elevações nas enzimas hepáticas, hipoglicemia, hipofibrinogenemia e tempo parcial de tromboplastina prolongado. O parto é indicado e a maioria das pacientes melhora pouco tempo depois.

e. Obstrução do trato urinário. Gravidez está associada a dilatação do sistema coletor, que normalmente não tem relação com disfunção renal. Raramente, complicações como fibróides uterinos grandes, que podem aumentar na gravidez, levam à uropatia obstrutiva. Raramente também, a obstrução aguda do trato urinário na gravidez é induzida por cálculo renal. O diagnóstico pode ser feito normalmente por ultra-som. Freqüentemente, os cálculos são expelidos espontaneamente, mas ocasionalmente é necessário cistoscopia para introdução de *stent* para remover fragmento de cálculo e aliviar a obstrução, particularmente se há septicemia ou rim solitário.

3. O tratamento da IRA incidente na gestação ou imediatamente após o parto é similar ao realizado com pacientes não-grávidas (ver Capítulo 11), mas vários pontos típicos da gravidez merecem ênfase. Uma vez que a hemorragia uterina perto do termo pode ser oculta e a perda de sangue subestimada, qualquer perda de sangue manifesta deve ser logo reposta. Grávidas devem sofrer transfusões ligeiramente excessivas para impedir o desenvolvimento de necrose tubular ou cortical aguda. Tanto a diálise peritoneal quanto a hemodiálise têm sido usadas com êxito em pacientes com insuficiência renal aguda obstétrica. Nem peritonite pélvica nem útero aumentado são contra-indicações para o método anterior. De fato, essa forma de tratamento é mais gradual do que a hemodiálise e, portanto, tem menos probabilidade de precipitar o trabalho de parto. Como a uréia, creatinina e outros metabólitos que se acumulam na uremia atravessam a placenta, a diálise deve ser feita logo, com o objetivo de manter o nitrogênio uréico do sangue em aproximadamente 50 mg/dl. Em essência, as vantagens da diálise precoce em pacientes não-grávidas são ainda mais importantes para paciente grávida, tornando os argumentos a favor da diálise profilática bastante fortes. A excessiva remoção de líquido deve ser evitada porque pode contribuir para o comprometimento hemodinâmico, redução da perfusão uterino-placentária e parto prematuro. Alguns obstetras e perinatologistas recomendam monitoramento fetal contínuo durante as sessões de hemodiálise, quando realizadas no meio da gravidez. Finalmente, o médico deve estar atento à potencial desidratação do neonato porque o recém-nascido normalmente sofre diurese induzida por uréia.

D. **Gravidez em mulheres com doença renal preexistente.** A abordagem atual do tratamento da gravidez em mulheres com doença renal crônica (DRC) baseia-se em estudos retrospectivos, e pontos de vista mais definitivos dependem ainda de dados prospectivos de grandes estudos, que correlacionam observações funcionais, patológicas e clínicas.

Entretanto, várias generalizações podem ser feitas e algumas diretrizes apresentadas com relação à gestação em mulheres com disfunção renal crônica (Tabela 14-2).

Tabela 14-2 Resumo da gravidez em mulheres com doença renal preexistente[a].

Doença	Comentários
Glomerulonefrite crônica e glomeruloesclerose segmentar e focal (GESF)	Ocorre aumento da incidência da pressão arterial no final da gestação, mas isso normalmente não gera nenhum efeito adverso se a função renal está preservada e a hipertensão ausente antes da gestação. Alguns discordam, acreditando que alterações de coagulação na gravidez exacerbam doenças, especialmente nefropatia por deposição de imunoglobulina IgA, glomerulonefrite membranoproliferativa e GESF.
Lúpus eritematoso sistêmico (LES)	Controvertido: o prognóstico é mais favorável se a doença estiver em remissão seis meses ou mais antes da concepção. O prognóstico fetal e materno é ruim. O aborto terapêutico deve ser avaliado.
Periarterite nodosa e esclerodermia Nefropatia diabética	Nenhum efeito adverso sobre a lesão renal. Aumento da freqüência de infecções. Alta incidência de proteinúria maçica e hipertensão perto do termo.
Pielonefrite crônica (doença tubulointersticial infecciosa)	Bacteriúria na gravidez pode levar à exacerbação.
Rins policísticos	Poucos problemas quando se preserva a função e há ausência de hipertensão. Entretanto, há aumento na incidência de pré-eclâmpsia.
Urolitíase	Dilatação ureteral e estase não parecem afetar o histórico natural, mas infecções podem ser mais freqüentes. *Stents* têm sido colocados com êxito durante a gestação.
Nefropatia de refluxo	Prognóstico controvertido. Acreditamos que tais gestações apresentam boa evolução, embora infecções urinárias possam ser mais comuns.
Cirurgia urológica anterior	Infecções do trato urinário são comuns nas alterações anatômicas do trato urinário e a função renal pode sofrer redução reversível. Pode ser necessária cesariana para evitar perturbação do mecanismo de continência, se foram implantados esfíncteres artificiais ou neouretras.
Após nefrectomia, rins pélvicos solitários	Gravidez é bem tolerada. Pode estar relacionada a outras malformações do trato urogenital. Raramente ocorre distocia em rim pélvico.

[a] As generalizações são apenas para mulheres com disfunção renal leve (nível de creatinina sérica < 1,5 mg/dl) e sem hipertensão na concepção.

1. **Prognóstico.** O aconselhamento e o tratamento de mulheres com DRC baseiam-se na seguinte abordagem geral: fertilidade e capacidade de sustentar uma gravidez sem complicações relacionam-se ao grau de insuficiência funcional e à presença ou não de hipertensão, e não ao distúrbio subjacente.
    a. Grau de insuficiência. Os pacientes são arbitrariamente divididos em três categorias: função renal preservada ou levemente prejudicada (creatinina sérica menor ou igual a 1,4 mg/dl), insuficiência renal moderada (creatinina sérica de 1,5 a 3,0 mg/dl) e insuficiência renal grave (creatinina maior ou igual a 3 mg/dl). Na Tabela 14-3, estão resumidos os prognósticos materno e fetal para cada categoria, e a Tabela 14-4 retrata a melhoria da evolução das gestações que ocorreu desde a década de 1950, refletindo os avanços nos cuidados pré-natal e neonatal.

    Geralmente desaconselhamos a concepção para mulheres que apresentam disfunção renal moderada ou grave, porque até 40% das gestações na primeira categoria são complicadas por hipertensão héctica ou por declínios súbitos na TFG, que podem não se reverter após o parto. Incidência ainda maior de problemas maternos ocorre quando a insuficiência renal é grave. Isso é especialmente válido para mulheres em terapia dialítica, que têm menos de 50% de gestações bem-sucedidas, e problemas de prematuridade extrema nas gestações levadas a termo. Notadamente, embora baseemos o prognóstico principalmente no grau de insuficiência funcional, a doença subjacente também pode desempenhar papel importante. Assim, autoridades desaconselham a gravidez em mulheres com esclerodermia e periarterite nodosa, e alguns têm reservas com relação a pacientes com lúpus eritematoso, nefropatia por imunoglobulina A ou glomeruloesclerose focal.

Tabela 14-3 Gravidez e doença renal: status da função renal e perspectivas[a].

Perspectivas	Categoria		
	Leve Cr < 1,5 mg/dl	Moderada Cr 1,5 – 3,0 mg/dl	Grave Cr > 3,0 mg/dl
Complicações na gravidez	25%	47%	86%
Boa evolução obstétrica	96% (85%)	90% (59%)	47% (8%)
Seqüelas de longo prazo	< 3% (9%)	26% (71%)	53% (92%)

Cr, creatinina sérica.
[a]Estimativas baseadas em 1.862 mulheres com 2.799 gestações (1973-1992) e não incluem doenças do colágeno.
Os números entre parênteses referem-se às perspectivas quando a(s) complicação(ões) desenvolve(m)-se antes de 28 semanas de gestação.
Extraído de Davison JM, Lindheimer MD. Renal disorders. In: Creasy RK, Resnick RK, ed. *Maternal-fetal Medicine*, 3rd ed. Philadelphia; WB Saunders, 1994. Reimpresso com autorização.

Tabela 14-4 Doença renal e gravidez: melhorias na mortalidade perinatal ao longo de décadas[a].

Doença renal	Evolução da gravidez	Morbidade e mortalidade (%)			
		Anos 1950	Anos 1960	Anos 1970	Anos 1980
Leve (Cr < 1,5 mg/dl)	Parto pré-termo	8	10	19	25
	Mortalidade perinatal	18	15	7	< 5
Moderada (Cr 1,5 – 3,0 mg/dl)	Parto pré-termo	15	21	40	52
	Mortalidade perinatal	58	45	23	10
Grave (Cr > 3,0 mg/dl)	Parto pré-termo	100	100	100	100
	Mortalidade perinatal	100	91	58	53

Cr, Creatinina sérica.
[a]Estimativas baseadas em 2.952 mulheres com 4.011 gestações (1954-1992) e não incluem casos de lúpus eritematoso.
Extraído de Davison JM, Lindheimer MD. Renal dieorders. In: Creasy RK, Resnick RK, eds. *Maternal-fetal medicine*, 3rd ed. Philadelphia: WB Saunders, 1994. Modificado com autorização.

    b. **Nível da pressão arterial (PA).** O nível da PA na época da gestação é um importante índice de prognóstico. Na ausência de hipertensão, o histórico natural da maioria das doenças renais estabelecidas não é afetado pela gestação (embora possa ocorrer pré-eclâmpsia mais facilmente).

    Em contraste, quando a doença renal e a hipertensão coexistem, a gestação tem mais probabilidade de se complicar, seja por incremento acentuado da PA, seja por reduções adicionais na função renal. Permitimos apenas que mulheres com PA bem controlada e com disfunção renal leve concebam ou continuem a gestação, mas essas grávidas devem ser vistas freqüentemente e devem compreender que sua gestação terá de ser interrompida se sua função renal deteriorar ou se sua PA ficar difícil de ser controlada.

E. **Proteinúria.** Excreção urinária de proteína, que aumenta na gravidez normal, pode aumentar acentuadamente em grávidas com doença do parênquima renal. Em um grande estudo, um terço das pacientes com doença renal preexistente desenvolveu proteinúria na faixa nefrótica durante a gestação. Esses incrementos não necessariamente refletem piora da doença renal subjacente.

   1. **Hemodinâmica renal.** Grávidas com nefropatias que tenham somente insuficiência renal leve, normalmente apresentam incrementos na TFG durante a gestação, muito embora esses níveis não alcancem aqueles verificados em grávidas normais. Dessa forma, decréscimo no nível de creatinina sérica no início da gravidez é um bom sinal prognóstico. Se os níveis de creatinina sérica antes da concepção excederem 1,4 mg/dl, os decrementos durante a gestação são menos comuns e, conforme observado, o prognóstico de tais gestações é mais reservado.

Finalmente, a Tabela 14-5 resume as evoluções maternas de 906 gestações em mulheres com vários distúrbios glomerulares primários. É importante observar que os dados são principalmente retrospectivos, refletindo a necessidade de estudos observacionais prospectivos.

F. Glomerulonefrite. Ausência de grávidas em grandes estudos epidemiológicos de glomerulonefrite pós-estreptocócica chama a atenção e tem levado a especulações de que a gravidez protege as mulheres dessa doença. Entretanto, essa forma de nefrite por complexo imune raramente ocorre na gestação, caso em que pode simular uma pré-eclâmpsia. Seu prognóstico é favorável porque, nos casos em que a ocorrência de glomerulonefrite pós-estreptocócica aguda durante a gestação foi adequadamente documentada, a função renal recuperou-se rapidamente e a gravidez teve, normalmente, boa evolução.

O prognóstico da glomerulonefrite crônica durante a gravidez é difícil de avaliar porque a maioria dos casos relatados é mal documentada, especialmente o nível de função renal e a PA pré-gravidez. Ainda assim, parece que se proteinúria ou a sedimento urinário anormal for a única manifestação da doença, a gravidez prossegue normalmente. Algumas autoridades discordam, alegando que mulheres com glomerulonefrite membranoproliferativa (GNMP) ou nefropatia por imunoglobulina A são mais propensas a exacerbações durante a gravidez, visão que não compartilhamos. Embora o fator nefrítico C3 possa passar de mãe para feto, o neonato parece não ser afetado, e os níveis de complemento maternos podem, de fato, aumentar durante a gestação.

Nefrite hereditária é um distúrbio incomum que pode se manifestar pela primeira vez durante a gravidez, quando as mulheres com essa doença desenvolvem síndrome nefrótica manifesta. Há descrição de uma variedade da nefrite hereditária acompanhada de anormalidades plaquetárias. A gravidez nessas mulheres foi bem-sucedida do ponto de vista renal, mas suas gestações foram complicadas por problemas de sangramento.

G. Doença vascular do colágeno.
  1. Nefrite lúpica. O efeito da gestação em mulheres com lúpus eritematoso que apresentam envolvimento renal é difícil de se avaliar, em parte por causa da evolução imprevisível da doença, independentemente da gravidez. A atividade da doença nos seis meses antes da concepção é um guia útil de prognóstico (quanto mais longo o tempo de remissão, melhor a perspectiva). Embora a maioria das gestações, na presença de função renal preservada, prossiga sem problemas, ou é acompanhada apenas de declínios funcionais transitórios; em aproximadamente 10% a gestação parece causar dano renal permanente e agravar a doença renal.

  Além disso, a transmissão placentária dos auto-anticorpos maternos está relacionada a aumento de freqüência de abortos espontâneos nessas mulheres, e certos anticorpos anticitoplasmáticos (especialmente SS-A/Ro) causam uma síndrome lúpica neonatal caracterizada por bloqueio cardíaco congênito, lesões cutâneas transitórias ou ambos. Mulheres com lúpus eritematoso sistêmico (LES) têm alta incidência de níveis detectáveis de anticorpos antifosfolípides (anticorpos anticardiolipina, anticoagulante lúpico). A alta titulação desses anticorpos está associada a várias complicações da gravidez, como perda espontânea do feto, síndromes hipertensivas indistinguíveis da pré-eclâmpsia e eventos trombóticos, incluindo trombose venosa profunda, embolia pulmonar, infarto do miocárdio e derrames. Grávidas com anticorpos antifosfolípides em circulação podem manifestar uma forma rara de insuficiência renal rápida, relacionada a trombos glomerulares. Assim, mulheres com LES devem ser examinadas para detecção de anticorpos antifosfolípides no início da gestação. A abordagem terapêutica para as grávidas que manifestam anticorpos antifosfolípides é discutível, e muitos médicos costumam não tratar pacientes assintomáticas que apresentam baixas titulações. Entretanto, quando as titulações são elevadas (mais de 40 GPL [nível de antifosfolípideos da imunoglobulina G]), a maioria das autoridades prescreve aspirina (80 a 325 mg por dia). Heparina, em combinação com aspirina, é recomendada para pacientes com histórico de eventos trombóticos e também pode ser aconselhável quando as titulações são maiores que 80 GPL.

Reativação da nefrite lúpica pode ser difícil de distinguir da pré-eclâmpsia quando uma mulher com histórico de lúpus desenvolve deterioração da função renal e hipertensão. Elevação das enzimas hepáticas e hipertensão grave recém-instalada são mais consistentes com pré-eclâmpsia. A hipocomplementemia e síndrome nefrítica grave sem hipertensão são mais consistentes com nefrite lúpica. Freqüentemente, reativação no terceiro trimestre parece deflagrar "pré-eclâmpsia superposta", ocorrendo melhora na PA e na proteinúria somente após o parto. Contudo, na presença de exames sorológicos anormais, é razoável tratar proteinúria e azotemia em evolução com doses maiores de prednisona na esperança de que elas irão melhorar, particularmente se o feto estiver imaturo. Entretanto, vigilância sobre a mãe e o feto é de suma importância, e o parto deve ser levado em conta diante de um quadro de sinais óbvios de síndrome HELLP, hipertensão e/ou azotemia acelerada e outros sinais de piora da condição materna.

Anteriormente, acreditava-se que pacientes com nefropatia lúpica eram propensas a entrar em recidiva imediatamente no puerpério, e alguns médicos começavam ou aumentavam o tratamento com esteróides durante e após o parto. Essas visões de "puerpério turbulento" são hoje discutíveis e a maioria das autoridades institui ou muda terapias somente se surgirem sinais de atividade aumentada ou doença *de novo*.

2. Gravidez em pacientes com **periarterite nodosa e esclerodermia com envolvimento renal** parece ser desastrosa, possivelmente por causa da hipertensão relacionada ao quadro, que freqüentemente se maligniza. Relatos de casos anteriores documentam prognóstico fetal ruim e óbitos maternais, particularmente na era anterior aos inibidores da enzima conversora da angiotensina (iECAs). Embora um prognóstico ruim assim reflita parcialmente a seletividade de vários relatos de casos, a prudência dita que grávidas com essas doenças tenham gravidez interrompida em estágio inicial, até que se saiba mais sobre seu histórico natural durante a gravidez.

H. **Diabetes mellitus** está entre os distúrbios de saúde mais comuns encontrados em clínica pré-natal. Muitas pacientes são diabéticas do tipo juvenil (tipo 1, insulino-dependentes), que provavelmente apresentavam alterações microscópicas precoces nos rins. Entretanto, a maioria das gestações em pacientes diabéticas com função renal normal foi bem-sucedida, especialmente se os níveis de glicemia são mantidos próximos a faixa normal durante o período pré-natal. Essas diabéticas, entretanto, apresentam aumento de prevalência de bacteriúria e da suscetibilidade a infecção sintomática durante a gravidez. Com essas exceções, as mulheres raramente têm complicações, embora pareçam ter maior incidência de pré-eclâmpsia.

Os efeitos da gestação em pacientes diabéticas com nefropatia manifesta são similares àqueles em mulheres com outras formas de doença do parênquima renal. Pacientes com a forma mais leve de insuficiência funcional têm poucos problemas (embora mais de 50% sofriam de hipertensão no terceiro trimestre e de aumento de proteinúria, essa última algumas vezes intensa), ao passo que a presença de hipertensão antes da concepção indica pior prognóstico. Relatos mais antigos de deteriorações freqüentes refletem a experiência de centros onde as grávidas foram tratadas com rigorosa restrição de sal e diuréticos profiláticos. Sem tais restrições, mulheres com nefropatia diabética comprovada por biópsia realmente apresentam aumentos na TFG durante a gestação.

I. **Síndrome nefrótica.** A causa mais comum de proteinúria na faixa nefrótica (mais que 3,5 g por dia) no final da gravidez é a pré-eclâmpsia, que pode passar despercebida quando as pressões diastólicas estão entre 85 e 95 mmHg. O prognóstico fetal na pré-eclâmpsia com proteinúria intensa é pior do que em outros estados pré-eclâmpticos, mas o prognóstico materno é semelhante. A maioria das causas comuns da síndrome nefrótica, incluindo nefropatia membranosa, glomerulonefrite proliferativa ou membranoproliferativa, nefrose lipoídica (glomerulonefrite de lesões mínimas), nefropatia diabética, amiloidose e glomeruloesclerose segmentar e focal, foi descrita em grávidas. Muitas dessas condições não respondem a corticosteróides e algumas podem ser agravadas por eles, subestimando-se a importância de se estabelecer um diagnóstico por biópsia antes de se iniciar a terapia.

Não se devem confundir alterações fisiológicas durante a gestação com exacerbação de uma doença que causa a síndrome nefrótica; muitas mulheres com uma variedade de distúrbios renais não-nefróticos desenvolvem proteinúria intensa quando grávidas. Tais incrementos na proteína urinária podem estar relacionados ao aumento da hemodinâmica renal, alterações na barreira glomerular e, possivelmente, aumento na pressão da veia renal. Outras alterações na gravidez simulam sintomas que acompanham a síndrome nefrótica, incluindo diminuições na albumina sérica (aproximadamente 0,5 a 1,0 g/dl), incrementos nos níveis de colesterol e outros lipídios circulantes e edema, que pode ocorrer de vez em quando em até 80% das gestações normais. Portanto, uma entidade antes denominada *síndrome nefrótica cíclica da gravidez* reflete casos de doença renal leve quiescente, que se torna mais evidente durante a gestação.

O tratamento de pacientes grávidas nefróticas abrange reposição na dieta de perdas urinárias de proteína (em raros casos, a gestação é mantida até uma data apropriada para o parto com uso de infusões de albumina). Embora a restrição de proteína na dieta seja recomendada em certas formas de síndrome nefrótica em pacientes não-grávidas, levando a diminuições na excreção e incrementos nos níveis de albumina sérica, tal terapia não deve ser tentada em grávidas porque poderia ser deletéria ao desenvolvimento fetal. Diuréticos devem ser evitados, se possível, porque essas mulheres já estão hipovolêmicas, e maior depressão de volume intravascular pode prejudicar a perfusão uteroplacentária. E como a PA normalmente diminui na gravidez, diuréticos podem provocar um colapso circulatório mais imediato ou episódios tromboembólicos. Exceções a isso, entretanto, são certos indivíduos nefróticos que também manifestam hipertensão sensível ao sal (principalmente mulheres com nefropatia diabética). Em tais casos, restrição moderada de sal, combinada com uso criterioso de diuréticos, pode evitar interrupção da gravidez no início do terceiro trimestre por causa da PA mal controlada.

O prognóstico para a maioria das grávidas nefróticas com função renal preservada é bom, mas alguns alegam que o desfecho fetal é pior se a síndrome nefrótica plenamente desenvolvida estiver presente muito cedo na gestação. Além disto, hipoalbuminemia pode estar relacionada a recém-nascidos pequenos para a idade gestacional. Glomeruloesclerose segmentar e focal é uma doença de etiologia variada (e freqüentemente desconhecida) cujo histórico natural durante a gestação continua em discussão. Alguns alegam que a gravidez leva à perda funcional irreversível e à hipertensão mantida pós-parto; outros acham que o histórico natural dessa entidade na gravidez é similar ao da maioria de outros distúrbios.

J. Doença tubulointersticial.
   1. **Pielonefrite crônica.** Dilatação e estase do trato urinário tornam a pielonefrite crônica nas grávidas mais propensa à exacerbação. Essas mulheres devem receber alta ingestão de líquidos e ser orientadas a deitar-se de lado. O prognóstico de grávidas com nefrite intersticial não-infecciosa parece similar ao de grávidas com doença glomerular. Deterioração da função renal pode ocorrer rapidamente nesse grupo de pacientes, quando elas são inadvertidamente colocadas em dieta com restrição de sal durante a gestação.
   2. **Nefropatia de refluxo.** Alguns autores acreditam que a gravidez adversamente afeta a evolução da nefropatia de refluxo. Outros observam que as pacientes que se saem pior apresentam hipertensão preexistente e insuficiência funcional moderada. Obviamente, a propensão para ITU nessas pacientes exige controle maior durante a gravidez, incluindo freqüentes culturas de urina e tratamento imediato quando os sinais de ITU aparecem.
   3. **Doença renal policística dominante no adulto** pode permanecer não detectada na gestação. O questionamento atento das grávidas com relação ao histórico familiar de problemas renais e o uso criterioso de ultra-som pode levar à detecção mais precoce. Pacientes com insuficiência renal leve apresentam poucas complicações, mas maior propensão para a pré-eclâmpsia. Elas

também são propensas a ITUs e, portanto, pode ser prudente fazer uroculturas com maior freqüência. Hipertensão normalmente acompanha ou antecede o início da deterioração funcional, e a gravidez nessas mulheres é mais arriscada.

Algumas mulheres com doença renal policística autossômica dominante manifestam cistos no fígado que podem aumentar de tamanho com gestações repetidas e com o uso de contraceptivos orais. Alta incidência de aneurisma cerebral também ocorre em certas famílias afetadas. Quando se conhecem essas incidências, normalmente identificadas por um histórico de hemorragias subaracnóides entre parentes, a paciente deve ser submetida a exame de angiografia por ressonância magnética (ARM). Se for detectado aneurisma, deve-se consultar um neurocirurgião e o obstetra pode não optar pelo parto normal. Todas essas pacientes devem receber acompanhamento genético antes da gravidez para garantir que estejam cientes de que 50% de sua prole correm risco. Finalmente, é possível prever a evolução do feto por meio de provas moleculares de células cultivadas no fluido amniótico.
4. Rins solitários e pélvicos. Mulheres com rins solitários parecem tolerar bem a gestação. Entretanto, se a nefrectomia foi realizada por causa de nefrolitíase ou pielonefrite crônica, o rim remanescente freqüentemente está infectado. Pacientes com essas condições devem ser cuidadosamente avaliadas com exames freqüentes de cultura de urina durante a gravidez e no puerpério.

K. Rins pélvicos estão relacionados a diminuição da sobrevivência fetal, freqüentemente pela presença de outras malformações do trato urogenital da mãe. Além disso, pode ocorrer distocia quando o rim está na pelve verdadeira.

L. Urolitíase e hematúria. Prevalência de urolitíase na gestação varia entre 0,03% e 0,35% no hemisfério ocidental. Muitos desses cálculos contêm cálcio e alguns são infecciosos na origem. A literatura mais antiga tendia a enfatizar as complicações dramáticas que ocorriam quando os cálculos, provocavam uropatia obstrutiva, acarretando infecção, mas estudos mais recentes, incluindo o levantamento de 148 gestações em 78 pacientes não-selecionadas formadoras de cálculos, sugerem que a gravidez tem pouca influência na evolução da litíase (embora mulheres com cálculo renal possam ter maior incidência de abortos espontâneos). Deve-se observar que a maioria dos estudos divulgados concentra-se em mulheres cujos cálculos são principalmente da variedade não-infecciosa, e pouco se sabe sobre o histórico natural dos cálculos com infecções mais sérias durante a gestação. Em qualquer caso, ITU na presença de nefrolitíase requer tratamento imediato e prolongado (três a cinco semanas), seguido de terapia supressiva durante o puerpério imediato porque os cálculos podem representar um *nidus* de infecção resistente à esterilização.

A experiência com cistinúria na gravidez é limitada, mas a maioria das mulheres com essa doença também apresenta boa evolução nas gestações. A n-penicilamina usada nessas pacientes, parece não ter efeitos adversos aparentes na mãe ou no feto.

Cálculos renais estão entre as causas mais comuns de dor abdominal (de origem não-obstétrica) que requerem internação durante a gestação. Quando complicações sugerem a necessidade de intervenção cirúrgica, a gravidez não deve ser obstáculo para exames de raios x. Se o cálculo estiver obstruindo o ureter, é indicada intervenção com *stent* ureteral, nefrostomia percutânea ou, raramente, cirurgia. Hematúria espontânea macroscópica ou microscópica pode ocasionalmente complicar uma gestação normal. O diagnóstico diferencial inclui todas as causas de hematúria em pacientes não-grávidas (ver Capítulo 8), mas freqüentemente nenhuma etiologia é demonstrada e o sangramento desaparece após o parto. Tem-se sugerido que esses eventos se devem a ruptura de pequenas veias em torno da pelve renal dilatada. Hematúria pode ocorrer ou não em gestações subseqüentes. Em qualquer caso, sua investigação pode ser adiada para depois do parto, e técnicas não-invasivas, como ultra-som e ressonância magnética, são úteis na tomada dessas decisões.

IV. TRANSPLANTE RENAL

A. Complicações fetais e maternas. Milhares de gestações foram relatadas em receptores de aloenxerto. Conforme esperado, o prognóstico é melhor quando o rim transplantado provém de doador vivo. A maioria das gestações (mais de 90%) que prossegue além do primeiro trimestre é bem-sucedida, mas complicações maternas e fetais, devido em parte à terapia imunossupressoras, podem ser previstas, como hiperglicemia induzida por esteróides, hipertensão grave, ITU, septicemia, gravidez ectópica e ruptura uterina. Problemas fetais, como retardo do crescimento intra-uterino, anomalias congênitas, prematuridade, hipoadrenalismo, insuficiência hepática, trombocitopenia e infecção séria têm sido relatados.

B. Critérios sugeridos para gravidez. Sugerem-se os seguintes critérios relativos para receptores de transplante que desejam conceber:
1. Boa saúde e função renal estável durante um a dois anos após o transplante
2. Estatura compatível com boa evolução obstétrica
3. Ausência de proteinúria ou no máximo proteinúria discreta
4. Ausência de hipertensão ou hipertensão facilmente controlável
5. Nenhuma evidência de distensão pielocalicial em urografia excretora realizada da tentativa de engravidar
6. Creatinina sérica de 2 mg/dl ou menos, de preferência menos que 1,4 mg/dl
7. Terapia medicamentosa: prednisona, 15 mg por dia ou menos; azatioprina, 2 mg por kg por dia ou menos; ciclosporina, menos de 5 mg por kg por dia

   Milhares de mulheres ficaram grávidas após transplante renal, a maioria das quais recebeu prednisona. Ela atravessa a placenta em pequenas quantidades e não se acredita que tenha efeitos adversos sobre o feto, embora tenham sido descritas insuficiência adrenal e hipoplasia tímica adrenal. O impacto bem conhecido dos glicocorticóides sobre a PA materna e na glicemia são questões importantes durante a gravidez. Altas doses de prednisona podem estar relacionadas à ruptura prematura das membranas. Azatioprina também tem sido muito usada na gravidez. Metabólitos inativos aparecem no sangue fetal e altas doses podem levar a mielossupressão no feto. O National Transplantation Pregnancy Registry divulgou relatório sobre a experiência com ciclosporina na gravidez. Esse medicamento está relacionado a peso ao nascer ligeiramente mais baixo, aumento da hipertensão materna e aumento da freqüência de pré-eclâmpsia, embora os dados tenham sido coletados retrospectivamente, sem população de controle. Os níveis de ciclosporina podem diminuir durante a gravidez. Não existe nenhuma informação sobre se a dosagem do medicamento deve ou não ser aumentada. Se a função renal é normal e a paciente fez transplante há mais de dois anos, provavelmente não será necessário aumentar a dose de ciclosporina para manter os níveis sanguíneos pré-gravidez.

A experiência com o tacrolimus é menor, embora até hoje não haja nenhuma preocupação séria e ele parece similar a ciclosporina com respeito à relação com parto prematuro. Embora haja poucos dados de estudos com animais sobre os efeitos fetais do micofenolato mofetil, não foram observadas malformações em proles expostas a esse medicamento, embora as exposições estivessem limitadas a relatos de menos de dez gestações. Por esse motivo, não o recomendamos durante a gravidez. Existe pouca experiência com a rapamicina, e este autor não tem ciência de estudos publicados sobre seu uso durante a gravidez.

V. DIÁLISE. Há redução de fertilidade em pacientes em diálise e poucas mulheres concebem depois de começá-la. A maioria das gestações ocorre durante os primeiros anos de diálise. Embora anteriormente a evolução de tais gestações fosse ruim, com apenas cerca de 25% resultando em bebês sobreviventes, novas informações sugerem que a gravidez em pacientes em diálise é bem-sucedida em 30% a 50% do tempo das gestações que atingem o segundo trimestre. Porém, existem problemas consideráveis nessas gestações e não incentivamos mulheres em diálise de manutenção a concebê-lem.

O National Registry for Pregnancy in Dialysis Patients relatou 318 gestações em mulheres em diálise. Prematuridade é comum e aproximadamente 85% de bebês de mulheres que concebem depois de começarem diálise nascem antes de 36 semanas de gestação. Mais de um terço das crianças registradas no Registro Nacional pesavam menos de 1.500 g ao nascer, e restrição do crescimento foi um fato comum.

Complicações maternas também são comuns, incluindo hipertensão acelerada e aumento da taxa de mortalidade materna. O tratamento de mulheres grávidas em diálise deve incluir tentativas de minimizar o ambiente urêmico. Em mulheres com doença renal crônica, a diálise profilática deve ser uma alternativa quando a função renal é ruim. Em mulheres em processo de diálise, o tempo de tratamento deve ser aumentado para cinco a sete sessões de diálise por semana, com heparinização mínima e ultrafiltração lenta para evitar hipotensão dialítica e contração do volume. Se a diálise peritoneal for usada, recomenda-se diminuir os volumes de troca e aumentar a freqüência da troca. Deve-se incentivar a ingestão adequada de calorias e proteínas, com prescrição de suplementos vitamínicos. A terapia anti-hipertensiva deve ser ajustada de modo a ser apropriada para a gravidez e anemia deve ser corrigida com ferro, ácido fólico e eritropoietina. Suplementos adequados de cálcio devem ser administrados, mas a dose de vitamina D talvez tenha de ser diminuída e a acidose metabólica, prevenida. Não existe nenhuma evidência que sustente a superioridade de uma modalidade de diálise sobre a outra com respeito a evolução da gravidez.

VI. DISTÚRBIOS HIPERTENSIVOS DA GRAVIDEZ.
Hipertensão durante a gestação continua sendo uma das causas principais de morbidade e óbito da mãe e da criança.

A. Das muitas classificações propostas para a hipertensão como fator complicador da gravidez, a do American College of Obstetricians and Gynecologists (1972) tem sido a mais útil. O National High Blood Pressure Education Program dos Estados Unidos endossou esse sistema em 1990 e novamente em 2000. As quatro categorias de distúrbios hipertensivos na gravidez são:
  1. Pré-eclâmpsia. Pré-eclâmpsia, caracterizada por hipertensão, proteinúria, edema e, às vezes, anormalidades de coagulação e de função hepática, ocorre no final da gravidez (depois de 20 semanas), basicamente em nulíparas. Hipertensão no terceiro trimestre é definida como PA de 140/90 mmHg ou maior (Korotkoff V) mantida por quatro a seis horas.

     Têm sido feitas tentativas de categorizar essa doença como grave (ex., pressões diastólica e sistólica de 110 e 160 mmHg ou mais, proteinúria intensa, oligúria e sintomas neurológicos) ou leve. Como uma paciente com pré-eclâmpsia evidentemente leve (ex., grávida adolescente com pressão sanguínea sistólica de 140/85 mmHg e traços de proteinúria) pode subitamente entrar em convulsão (caso em que a doença é chamada de *eclâmpsia*, uma complicação relacionada à mortalidade materna), termos como *leve* e *grave* podem ser enganadores. Hipertensão no final da gravidez em uma nulípara, com presença ou não de outros sinais, é razão suficiente para considerar sua internação e tratamento, como se a paciente fosse potencialmente pré-eclâmptica.
  2. Hipertensão crônica. A maioria das mulheres dessa categoria apresenta essencialmente hipertensão, mas em algumas a PA elevada é secundária a condições como estenose da artéria renal, co-arctação da aorta, doença renal, aldosteronismo primário e feocromocitoma. Evidências de doença arteriolar e conhecimento de que a hipertensão estava presente antes da concepção ou no início da gestação são úteis no estabelecimento do diagnóstico. Abuso de cocaína pode mascarar-se como hipertensão crônica na gravidez. Feocromocitoma tem evolução catastrófica durante a gravidez; assim, deve-se fazer a dosagem das catecolaminas urinárias e da excreção de ácido vanil mandélico em grávidas hipertensas selecionadas sem avaliação anterior.
  3. Hipertensão crônica com pré-eclâmpsia superposta. Mulheres hipertensas correm risco maior de desenvolverem pré-eclâmpsia superposta e, quando isso ocorre, a morbidade e

mortalidade materna e fetal são maiores do que quando a pré-eclâmpsia desenvolve-se em uma mulher anteriormente normotensa. Muitas mortes maternas atribuíveis a doença hipertensiva ocorrem em mulheres anteriormente hipertensas com pré-eclâmpsia superposta.
4. **Hipertensão gestacional**, que é o surgimento de pressão alta pela primeira vez após a metade da gravidez, distingue-se da pré-eclâmpsia pela ausência de proteinúria. Essa categoria é ampla e inclui mulheres que posteriormente desenvolvem critérios de diagnóstico para pré-eclâmpsia, bem como mulheres com hipertensão crônica nas quais a PA diminuiu no início da gravidez, mascarando o verdadeiro diagnóstico. Hipertensão gestacional que desaparece após o parto e que não era, em retrospectiva, pré-eclâmpsia, tem mais probabilidade de ocorrer em mulheres que desenvolvem hipertensão essencial mais tarde na vida.
5. O médico deve estar ciente de duas formas de hipertensão que complicam o puerpério. Uma dessas entidades é chamada de ***eclâmpsia pós-parto tardia*** (hipertensão e convulsões de 48 horas a semanas após o parto). Esse distúrbio pode ser provocado pela administração de bromocriptina, medicamento prescrito para suprimir a lactação. A segunda entidade é a hipertensão pós-parto em grávidas normotensas, apresentando-se duas semanas a seis meses após o parto, com normalização até o final do primeiro ano. Sua etiologia é pouco compreendida.

B. **Fisiopatologia da pré-eclâmpsia**. Pré-eclâmpsia é uma síndrome cujas manifestações afetam muitos sistemas de órgãos, incluindo o cérebro, fígado, rins, vasos sanguíneos e placenta. Assim, mesmo que o foco seja hipertensão e proteinúria, devemos sempre estar cientes de que tais sinais e sintomas podem ser mínimos, enquanto se desenvolvem outras síndromes que ameaçam a vida, incluindo convulsões e insuficiência hepática, ambas freqüentemente relacionadas à trombocitopenia, bem como sinais de CID.

A placenta pode estar criticamente envolvida na gênese da pré-eclâmpsia e a falha de invasão citotrofoblástica das artérias espirais uterinas é uma das primeiras alterações desse distúrbio. Portanto, esses vasos não passam pela transformação esperada para vasos sanguíneos dilatados e característicos da placentação normal. Esta aberração pode estar subjacente a má perfusão placentária e retardo do crescimento característico da pré-eclâmpsia. A razão para a falha do trofoblasto em invadir as artérias espirais uterinas é obscura. Pesquisas recentes concentram-se na modulação anormal das moléculas de adesão dos citotrofoblastos, integrinas e interações anormais ligante-receptor do fator de crescimento endotelial vascular. Acredita-se que a placentação anormal que leva à síndrome materna da pré-eclâmpsia ocorra no início da gravidez (10 a 20 semanas de gestação). Finalmente, evidências recentes correlacionam a produção de fatores antiangiogênicos à gênese da pré-eclâmpsia.

Os mediadores da hipertensão na pré-eclâmpsia não são claramente compreendidos. Evidências sugerem que a vasoconstrição resulta de interação complexa de alterações vasculares e hormonais. Com respeito aos fatores hormonais, o sistema renina-angiotensina é estimulado na gravidez normal e relativamente suspenso em mulheres com pré-eclâmpsia. Entretanto, pacientes pré-eclâmpticas são mais sensíveis aos efeitos vasopressores da angiotensina II e, portanto, esse peptídeo vasopressor pode desempenhar um papel importante em suas PAs elevadas. Níveis de aldosterona também são mais baixos em mulheres pré-eclâmpticas do que em mulheres com gravidez normal, embora continuem maiores do que em níveis não-gravídicos. Evidências recentes sugerem que alterações na função celular endotelial vascular são características importantes da fisiopatologia da pré-eclâmpsia. Células endoteliais produzem uma variedade de substâncias importantes na modulação do tônus vascular e na coagulação (ex., óxido nítrico [NO], prostaciclina e endotelina). Estudos com animais sobre hipertensão gestacional e algumas investigações clínicas sugerem que a diminuição de NO e prostaciclina e aumento da endotelina, todos seqüelas da disfunção celular endotelial, causam vasoconstrição, agregação de plaquetas e aumento da coagulação intravascular, que então levam a manifestações clínicas maternas de pré-eclâmpsia. Mais recentemente, postulou-se que variantes dos fatores de crescimento endotelial vascular solúveis modulavam a disfunção endotelial.

A capacidade de excretar sódio pode ficar prejudicada na pré-eclâmpsia, mas o grau em que ocorre varia, pois a evolução da doença pode ser grave mesmo na ausência de edema (a chamada paciente "pré-eclâmptica seca"). Mesmo quando o edema é pronunciado, o volume de plasma está abaixo daquele na gravidez normal e hemoconcentração está freqüentemente presente. Esse segundo fenômeno pode estar relacionado ao desenvolvimento de vasculatura "com vazamentos" (a hipoalbuminemia dessa doença pode ter três componentes: perda renal de proteína, disfunção hepática e extravazamento do espaço intravascular para o intersticial). Decremento ou incremento subótimo no volume intravascular também parece preceder a instalação de hipertensão manifesta.

O débito cardíaco está diminuído e as pressões nos capilares pulmonar estão normais ou baixas. Dessa forma, a PA mantém-se elevada pelo aumento acentuado da resistência periférica. Alterações do débito cardíaco, combinadas com os decrementos no volume intravascular e o fato de a perfusão placentária estar reduzida na pré-eclâmpsia, são razões importantes para que a maioria das autoridades desestimule o uso de diuréticos nessa doença.

Em uma variante da pré-eclâmpsia – a síndrome HELLP – as normalidades da coagulação e disfunção hepática predominam, enquanto hipertensão e proteinúria podem ser mínimas. Essa síndrome apresenta risco de vida porque as contagens de plaquetas podem cair muito abaixo de 100 a 103 por mm^3, enquanto os níveis de transaminase e desidrogenase láctica aumentam acima de 1.000 unidades por litro, e evidências de anemia hemolítica microangiopática acentuada aparecem no esfregaço sanguíneo periférico, tudo em menos de 24 horas. Identificação precoce dessa variante HELLP e imediata interrupção da gestação são importantes; as ações evitam as altas taxas de morbidade materna.

A patogênese da convulsão eclâmptica é também pouco compreendida. Vasopressina e isquemia e hemorragia local podem desempenhar papel importante. A importância da hipertensão *per se* na gênese das convulsões está em debate porque as convulsões podem ser observadas em mulheres cuja PA está apenas levemente elevada.

C. Função renal e morfologia na pré-eclâmpsia.
1. TFG e FPR. Ambos, diminuem na pré-eclâmpsia. Os decrementos aproximam-se de 25% da maioria dos casos, de modo que a TFG de mulheres pré-eclâmpticas freqüentemente continua acima dos valores pré-gravídicos. Entretanto, em casos raros, grandes diminuições de função podem ocorrer e, ocasionalmente, levar à necrose cortical ou tubular aguda.
2. Ácido úrico. Ocorrem alterações no manuseio renal de urato na pré-eclâmpsia. Diminuição no *clearance* de ácido úrico, acompanhada de incrementos nos níveis sanguíneos desse soluto, pode ocorrer semanas antes de aparecerem quaisquer sinais clínicos da doença.
   Na gravidez, os níveis séricos de urato acima de 4,5 mg/dl são suspeitos (para converter para unidades SI [pmol/l], multiplica-se mg/dl por 59,48). O nível de hiperuricemia também está relacionado a gravidade da lesão renal pré-eclâmptica, bem como da evolução do feto.
3. Aumento da proteinúria, que pode ser moderada ou intensa, é uma característica da pré-eclâmpsia e, em sua ausência, o diagnóstico é suspeito. A magnitude da proteinúria não parece afetar o prognóstico materno, mas excreção de proteína na faixa nefrótica está relacionada a maior perda fetal.
4. Cálcio. Estudos demonstram que o manuseio renal do cálcio fica alterado na pré-eclâmpsia e que, em contraste com as grávidas normotensas ou com aquelas com hipertensão crônica ou transitória, pacientes com pré-eclâmpsia apresentam hipocalciúria pronunciada. A base dessa anormalidade não é conhecida.
5. Pré-eclâmpsia é acompanhada de uma lesão histológica característica: a endoteliose capilar glomerular (Figura 14-2). Em mulheres diagnosticadas clinicamente como pré-eclâmpticas, essa lesão aparece em cerca de 85% das biópsias obtidas de primíparas e em poucas biópsias de multíparas. O restante das pacientes apresenta evidências de nefroesclerose ou outra doença parenquimatosa. Alguns alegam que a pré-eclâmpsia é causa de glomeruloesclerose focal, mas outros acreditam que as lesões da pré-eclâmpsia são totalmente reversíveis, com a presença da glomeruloesclerose focal refletindo nefroesclerose preexistente ou doença renal primária. Mulheres com endoteliose glomerular isolada tendem a ter gestações subseqüentes sem problemas, mas quando há presença de glomeruloesclerose focal ou alterações nos vasos renais, existe maior probabilidade de recorrência de hipertensão em gestações posteriores.

D. Tratamento da pré-eclâmpsia.
1. Internação. O tratamento ambulatorial é arriscado durante o tratamento da pré-eclâmpsia. Assim, a suspeita da doença é suficiente para se pensar em internação. Essa abordagem diminui a freqüência de convulsões e de outros erros de diagnóstico. Em

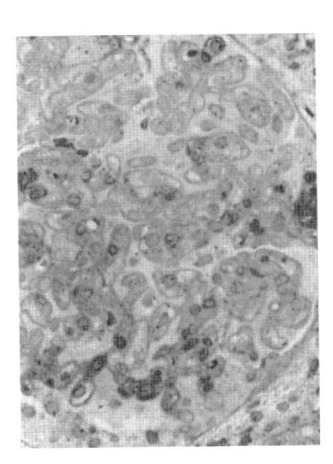

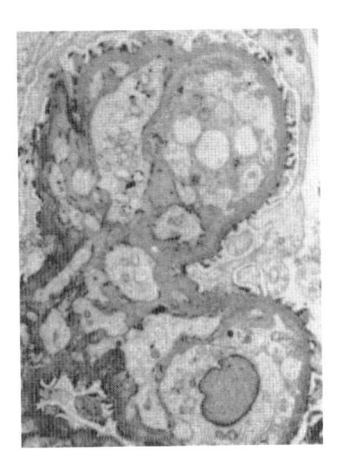

Figura 14-2 A: Micrografia eletrônica mostrando completa obliteração capilar por célula endotelial edemaciada. Observe, porém, que a membrana basal é normal e os processos podais epiteliais estão intactos. B: Micrografia mostrando glomérulo de rim pré-eclâmptico. Células mesangiais e endoteliais edemaciadas que apresentam proeminente vacuolização-invasão do lúmen dos capilares. (Cortesia de B. H. Spargo, M.D.)

geral, a maturidade fetal é avaliada; se a gestação estiver perto do termo, a indução do parto é a terapia preferencial. São feitas tentativas de contemporizar caso a gravidez esteja em estágio mais inicial. Repouso é parte extremamente importante do regime terapêutico, devendo ser prescrito e não sugerido. Interrupção da gravidez deve ser considerada quando sinais de eclâmpsia iminente (ex., hiperreflexia, dores de cabeça, dor epigástrica) desenvolverem-se ou persistirem, a PA não puder ser controlada, níveis séricos de creatinina, nitrogênio urêico e ácido úrico aumentarem, evidências laboratoriais sugerirem CID ou função hepática anormal (transaminase aumentadas) ou exames obstétricos específicos sugerirem risco fetal. Quando os sinais de convulsões iminentes (eclâmpsia) estiverem presentes, sulfato de magnésio parenteral é o medicamento de escolha.

2. Tratamento da hipertensão. Abordagem do tratamento da hipertensão nas grávidas é controversa. Conforme observado, o exame morfológico de placentas pré-eclâmpticas demonstra diminuição da invasão trofoblástica das artérias espirais uterinas, fazendo com que esses vasos tornem-se mais contraídos do que o normal. Assim, a perfusão da placenta fica comprometida. Portanto, uma redução agressiva na PA materna pode reduzir a perfusão uteroplacentária ainda mais (i.e., na auto-regulação do fluxo sanguíneo uterino). Assim, grandes decrementos na pressão média da mãe devem ser evitados, especialmente em emergências agudas. Existem poucos dados sobre gravidez humana, mas eles sugerem que decrementos na pressão materna podem de fato reduzir a perfusão placentária. Há outros argumentos que, baseados em evidências obtidas em estudos com animais, afirmam que o fluxo sanguíneo uterino é auto-regulado e assim

a hipertensão deve ser tratada agressivamente. Supondo que a auto-regulação do fluxo sanguíneo uterino exista, uma questão crítica, porém não respondida, é o quão rapidamente isso acontece, porque os fetos podem ser prejudicados por curtos períodos de isquemia. Em casos documentados, reduções súbitas de pressão em resposta a diazóxido (até mesmo a níveis diastólicos acima de 85 mmHg) foram seguidas imediatamente de sinais monitorizados de sofrimento fetal. Assim, recomendamos o uso cuidadoso de labetalol ou hidralazina parenteral, além de controle materno atento e monitoramento fetal, quando a hipertensão aguda exceder níveis diastólicos de 100 mmHg ou níveis sistólicos de 150 mmHg (Tabela 14-5). Essa abordagem é bem-sucedida na maioria das grávidas.

Bloqueadores de canal de cálcio também têm sido usados para tratar hipertensão aguda associada à pré-eclâmpsia. Entretanto, o uso desses agentes deve ser avaliado somente depois que o uso de hidralazina ou labetalol não tiver sido eficaz, porque existem relatos de reduções súbitas da PA quando os bloqueadores do canal de cálcio são usados concomitantemente com sulfato de magnésio.

Diazóxido pode ser usado em raros casos resistentes e deve ser administrado apenas em pequenas doses (30 mg de cada vez). Nitroprussiato de sódio deve ser evitado, porque se observou envenenamento por cianeto e morte fetal em animais de laboratório. iECAs e bloqueadores do receptor da angiotensina (BRAs) não devem ser usados na gravidez.

3. Tratamento da convulsão eclâmptica. Vários experimentos clínicos de grande porte têm demonstrado que sulfato de magnésio é superior a outros anticonvulsivantes para prevenção de convulsões eclâmpticas recorrentes e também para prevenção primária de eclâmpsia em mulheres com pré-eclâmpsia. O protocolo usual é administrar uma dose de ataque de 4 mg de sulfato de magnésio, infundido durante 15 minutos, seguido de uma infusão mantida de 1 a 2 mg por hora com o objetivo de alcançar níveis plasmáticos de 2 a 4 μmol por litro. Como a incidência de convulsão é mais alta no puerpério imediato, é prática comum começar com sulfato de magnésio imediatamente após o parto e continuar com ele durante 24 horas.

E. Prevenção da pré-eclâmpsia. Muitas estratégias para prevenir pré-eclâmpsia têm sido tentadas ao longo dos anos, incluindo restrição de sódio, diuréticos, dietas ricas em proteínas e medicação anti-hipertensiva, todas sem sucesso. Na última década, quantidade considerável de recursos foi alocada para determinar se a aspirina em baixa dosagem ou suplementação de cálcio é estratégia preventiva eficaz.

Vários estudos de pequeno porte conduzidos em meados da década de 1980 sugeriram que a aspirina em baixa dose (50 a 150 mg por dia) administrada no início da gestação pode impedir pré-eclâmpsia. Desde 1993, vários experimentos de grande porte foram concluídos e a maioria não comprovou o efeito benéfico da aspirina em sua prevenção. Em um experimento aleatório controlado com placebo, patrocinado pelo National Institutes of Health (NIH), com 3.185 mulheres nulíparas saudáveis, 4,6% do grupo com aspirina e 6,8% do grupo com placebo desenvolveu pré-

Tabela 14-5 Evolução maternal e fetal (%) em 558 mulheres com glomerulopatias primárias.

Lesão renal	Aborto espontâneo	Gestações	Perda perinatal	Parto pré-termo	Diminuição renal Função reversível	Hipertensão progressiva	Reversível	Permanente
Glomeruloesclerose focal	85	3	23	32	13	5	32	10
Glomerulopatia membranosa	110	12	4	35	3	2	22	3
Membranoproliferativa	165	17	8	19	6	3	20	12
Nefropatia por imunoglobulina A	268	5	15	21	12	2	25	12
Mesangial proliferativa	278	5	12	9	2	3	36	7
Média	906	8	13	19	8	3	27	9

(Extraído de Imbasciati E, Ponticelli C. Pregnancy and renal disease: predictor for fetal and maternal outcome [editorial]. *Am J Nefrol* 1991;11:S63-862. Modificado com autorização.)

eclâmpsia, uma diferença muito pouco significativa. Houve ligeiro aumento de descolamento abrupto de placenta no grupo que recebeu aspirina. Um experimento maior conduzido amplamente no Reino Unido (o experimento CLASP), com 9.309 mulheres com risco ligeiramente aumentado, não demonstrou nenhuma redução da incidência de pré-eclâmpsia no grupo tratado. Nesse estudo, não houve aumento de descolamento abrupto de placenta nas pacientes tratadas com aspirina. Vários grandes experimentos subseqüentes no Brasil, Barbados, Jamaica e Estados Unidos com mais de 13.000 mulheres com risco moderado ou alto não revelaram nenhuma diferença significativa na incidência de pré-eclâmpsia, restrição de crescimento fetal, nascimentos pré-termo ou desfechos adversos entre mulheres recebendo aspirina e placebo. Um resumo de todos os grandes experimentos conduzidos sugere que o tratamento com aspirina pode prevenir a ocorrência de surgimento precoce de pré-eclâmpsia em aproximadamente 16% de mulheres com risco e reduzir a restrição do crescimento fetal em 18%. Uma revisão sistemática recente de 14 experimentos incluindo mais de 12.000 mulheres demonstrou benefício pequeno, porém significativo, da terapia com aspirina na redução de mortes perinatais (OR .79) e pré-eclâmpsia (OR .86) e aumento de 215 g no peso-médio ao nascer. A terapia com aspirina é segura e não está relacionada a aumento do risco de sangramento ou descolamento abrupto da placenta.

Tem-se sugerido que as mulheres que participaram dos primeiros experimentos eram de "risco baixo" demais para se detectar benefício significativo da aspirina; entretanto, um experimento em muitos centros, com mulheres com gravidez de alto risco (hipertensão crônica, diabetes, gestação múltipla), não demonstrou incidência reduzida de pré-eclâmpsia no grupo tratado. Os dados atuais, portanto, não recomendam o uso profilático de aspirina em baixa dosagem em mulheres grávidas com risco baixo ou médio de pré-eclâmpsia nem em mulheres com hipertensão crônica leve. Entretanto, aspirina em baixa dose pode ser eficaz em um grupo constituído predominantemente de mulheres que já tiveram parto e têm alto risco, não apenas na prevenção de pré-eclâmpsia, mas também na redução de sua gravidade.

Outra estratégia preventiva que tem recebido considerável atenção é a suplementação de cálcio. Baixa ingestão de cálcio tem sido implicada na patogênese da pré-eclâmpsia, e um experimento com 1.094 mulheres grávidas nulíparas e uma metanálise sugeriram que a suplementação de cálcio com 2 g de carbonato de cálcio diariamente poderiam prevenir pré-eclâmpsia. Novamente, um grande experimento clínico aleatório envolvendo muitos centros, patrocinado pelo NIH, com 4.589 mulheres não conseguiu comprovar esses primeiros achados. Entretanto, experimentos subseqüentes conduzidos fora dos Estados Unidos continuaram a demonstrar efeito benéfico da suplementação de cálcio na prevenção de pré-eclâmpsia. Uma explicação possível para a discrepância nesses resultados é a ingestão de cálcio na dieta dessas populações. No experimento do NIH, o grupo que recebeu placebo e o grupo tratado apresentavam ingestão básica de cálcio maior que 1.000 g por dia. Em contraste, naqueles experimentos em que o cálcio foi benéfico, sua ingestão pela população estava bem abaixo da porção recomendada na gravidez. Assim, suplementação de cálcio pode ser benéfica em mulheres com baixa ingestão e não ser necessária se sua ingestão for adequada.

A maioria das outras abordagens para prevenção, incluindo óleo de peixe, diuréticos, restrição de sódio e suplementação de magnésio, não foi bem-sucedida. Atualmente, está sob investigação a capacidade dos antioxidantes (ex. vitaminas C e E) de prevenir pré-eclâmpsia. Entretanto, embora sua prevenção não seja normalmente possível, complicações graves podem ser evitadas com a identificação precoce da doença antes que tais complicações se desenvolvam. Se forem detectados os primeiros sinais, recomenda-se categoricamente a internação para permitir o monitoramento atento da paciente. Caso a pré-eclâmpsia seja detectada no início, repouso e monitoramento atento da condição materna e fetal podem possibilitar o prolongamento da gravidez em alguns casos.

F. **Paciente hipertensa sem pré-eclâmpsia.** O aumento do risco está relacionado à gravidez em mulheres com hipertensão crônica. Entre as complicações, incluem-se pré-eclâmpsia superposta, descolamento abrupto da placenta, necrose cortical e tubular aguda ou retardo do crescimento intra-uterino e morte fetal no segundo trimestre. Tais eventos parecem estar relacionados à idade da grávida e à duração de sua PA elevada. Assim, a maioria dessas complicações ocorre em mulheres com mais de 30 anos ou com evidências de lesão de órgãos-alvo. Por outro lado, a maioria das mulheres (aproximadamente 85%) com hipertensão essencial apresenta gestações não complicadas e bem-sucedidas.

Mulheres com hipertensão crônica freqüentemente têm reduções na PS na metade da gravidez, de modo que sua PA pode não ultrapassar a observada em grávidas normotensas. A não-ocorrência desse decremento ou a ocorrência de aumentos na PA no início da gravidez ou no segundo trimestre indica prognóstico reservado para a gestação. Evolução fetal é pior em mulheres hipertensas com pré-eclâmpsia sobreposta do que em mulheres anteriormente normotensas com essa complicação, e a combinação de hipertensão crônica e pré-eclâmpsia parece responsável pela maioria dos casos de hemorragia cerebral na gravidez. Pacientes com ambas as condições devem ser internadas e sua hipertensão deve ser controlada, mas mesmo com essas precauções, a maioria das autoridades considera arriscado ações proteladoras e preferem interromper a gestação.

1. **Terapia anti-hipertensiva.** Diretrizes para terapia anti-hipertensiva durante a gestação são menos claras do que aquelas para hipertensas não-grávidas. No caso destas, existem dados inegáveis de estudos com grandes populações documentando os benefícios da redução da PA com medicação, até mesmo em mulheres com hipertensão leve. Durante a gravidez, entretanto, embora a segurança materna continue sendo preocupação básica, há também o desejo de minimizar a exposição do feto a medicamentos, dados seus efeitos desconhecidos sobre o crescimento e desenvolvimento no longo prazo. Uma revisão sistemática de experimentos clínicos sobre hipertensão revelou que existem apenas 13 experimentos clínicos aleatórios comparando terapia anti-hipertensiva a nenhum tratamento ou a placebo em mulheres com hipertensão crônica. O medicamento mais comumente usado, metildopa, foi dado a pouco mais de 200 indivíduos. Seis experimentos não demonstraram redução da mor-

talidade perinatal com o tratamento anti-hipertensivo, enquanto três informaram uma tendência para menor mortalidade perinatal com o tratamento. Uma questão discutível é se a redução da PA previne a pré-eclâmpsia superposta, mas pouca ou nenhuma evidência convincente demonstra essa alegação. Assim, é permissível tolerar níveis mais elevados de PA durante a gestação que não prejudiquem no curto prazo, embora limitando o uso de medicamentos anti-hipertensivos. Nesse sentido, a maioria das mulheres grávidas com hipertensão crônica apresenta elevações de PA apenas leves ou moderadas e requerem pouca ou nenhuma medicação. Entretanto, os níveis "apropriados" ou "toleráveis" de PA para essas pacientes durante a gestação parecem ter sido estabelecidos empiricamente, e há necessidade de experimentos clínicos envolvendo muito centros para apoiar ou rejeitar essas práticas.

Não há consenso sobre se graus leves de hipertensão durante a gestação devem ser tratados. Embora um grupo alegue que tal terapia diminui a incidência de pré-eclâmpsia superposta, a maioria das autoridades costuma fazer tratamento só depois que os níveis diastólicos estão pelo menos 15 mmHg acima da hipertensão *borderline* (definida em nossas clínicas como 75 mmgHg no segundo trimestre e 85 mmHg no final da gestação).

Grávidas muito jovens, entretanto, podem requerer tratamento em níveis mais baixos. As tabelas 14-6 e 14-7 resumem o co-

Tabela 14-6 Diretrizes para tratar hipertensão grave perto do termo ou durante o trabalho de parto.

Regulação da pressão arterial
O grau a que a pressão arterial deve ser reduzida é controvertido; recomendamos manter os níveis diastólicos entre 90 e 110 mmHg.

Terapia medicamentosa:
Hidralazina administrada por via intravenosa é o medicamento de escolha. Começar com doses baixas (5 mg como *bolus* intravenoso), então administrar 5 a 10 mg a cada 20 a 30 minutos para evitar reduções súbitas de pressão. Entre os efeitos colaterais estão taquicardia e dor de cabeça.
Labetalol, administrado por via intravenosa, é um agente seguro e eficaz para hipertensão pré-eclâmptica. Começar com 20 mg e repetir a dose a cada 20 minutos, até 200 mg, até que a pressão sanguínea desejada seja alcançada. Os efeitos colaterais incluem dor de cabeça .
Resultados favoráveis têm sido relatados com *bloqueadores do canal de cálcio*. Se houver infusão de *sulfato de magnésio*, o magnésio pode potencializar os efeitos dos bloqueadores do canal de cálcio, resultando em hipotensão súbita e grave.
Diazóxido deve ser usado apenas no caso raro da hidralazina, labetalol ou bloqueadores de canal de cálcio não funcionarem. Pequenas doses (30 mg de cada vez) devem ser usadas. Os efeitos colaterais incluem interrupção do trabalho de parto e hipoglicemia neonatal.
Deve-se evitar usar *nitroprussiato de sódio* porque houve registro de envenenamento fetal por cianeto em animais. Entretanto, o bem-estar materno deve ditar a escolha da terapia.

Prevenção de convulsões
Sulfato de magnésio parenteral é o medicamento preferencial para prevenir convulsões eclâmpticas. A terapia deve ser continuada por 12 a 24 horas após o parto porque um terço das mulheres com eclâmpsia têm convulsões nesse período.

Tabela 14-7 Medicamentos anti-hipertensivos usados para tratar hipertensão crônica na gravidez.

Agonistas dos receptores alfa 2 adrenérgicos
Metildopa é o medicamento mais utilizado nesse grupo. Sua segurança e eficácia são sustentadas por evidências de experimentos aleatórios e por um estudo com acompanhamento durante 7,5 anos de crianças nascidas de mães tratadas com metildopa.

Antagonistas dos receptores beta-adrenérgicos
Esses medicamentos, especialmente *atenolol e metoprolol,* parecem ser seguros e eficazes no final da gestação, mas há relatos de retardo do crescimento fetal quando o tratamento é iniciado no início ou na metade da gestação. Pode ocorrer bradicardia fetal e estudos com animais sugerem que a capacidade do feto de tolerar o estresse hipóxico pode ficar comprometida.

Antagonistas dos receptores alfa-adrenérgicos e antagonistas dos receptores beta-adrenérgicos
Labetalol parece ser tão eficaz quanto metildopa, mas não foi realizado nenhum estudo com acompanhamento de crianças nascidas de mães que tomaram labetalol, havendo ainda preocupação quanto à hepatotoxicidade materna.

Vasodilatadores arteriolares
Hidralazina é freqüentemente usada como terapia adjuntiva com metildopa e antagonistas do receptor beta-adrenérgico. Raramente, verifica-se trombocitopenia neonatal. Experimentos com bloqueadores do canal de cálcio parecem promissores. A experiência com *minoxidil* é pequena e esse medicamento não é recomendado.

Bloqueadores do canal de cálcio
Pequenos estudos não-controlados sugerem que esses agentes são seguros e eficazes na gravidez.

Inibidores da enzima conversora da angiotensina (iECAs)
Captopril causa morte fetal em diversas espécies animais e vários inibidores da enzima conversora da angiotensina têm sido relacionados a oligoidrâmnios e insuficiência renal neonatal quando administrados a humanos. Não deve ser usado na gravidez.

Bloqueadores do receptor da angiotensina II
Esses medicamentos não têm sido usados na gravidez. Em vista dos efeitos deletérios da geração de bloqueio da angiotensina II com iECAs, consideram-se os antagonistas do receptor da angiotensina 2 contra-indicados na gravidez.

Diuréticos
Muitas autoridades desaconselham o uso de diuréticos, mas outras dão continuidade a essas medicações se forem prescritas antes da concepção ou se uma mulher com hipertensão crônica parece ser muito sensível ao sal.

(Extraído de Cunningham FG, Lindheimer MC. Hypertensão in Pregnancy [veja comentários]. N *Engl J Med* 1992; 326:927-932. Reimpresso com autorização.)

nhecimento atual sobre o uso de medicamentos hipertensivos na gravidez. Somente a partir do meio da década de 1980 é que sérios esforços foram empreendidos para determinar a segurança e eficácia dessas medicações em grávidas, e apenas um punhado desses esforços envolveu experimentos controlados. Esforços futuros devem aumentar a disponibilidade dessa informação. Eu recomendo as diretrizes do Relatório de Grupo de Trabalho do National High Blood Pressure Education Program's Working

Group Report on High Bolood Pressure in Pregnancy, em que o tratamento com medicamento anti-hipertensivo só deve ser iniciado quando a PA materna alcançar níveis diastólicos de 100 mmHg ou mais. Entre as exceções, porém, incluem-se doenças do parênquima renal e evidências de lesão de órgãos-alvo (ex., retinopatia e hipertrofia cardíaca), em que a terapia é recomendada quando os níveis estão em 90 mmHg ou mais.

A discussão sobre tratar ou não é questionável quando se leva em conta o bem-estar do feto. Algumas evidências sugerem benefícios fetais quando hipertensão leve a moderada é tratada com medicamentos hipertensivos durante a gravidez.

Em resumo, os riscos desconhecidos, mas potenciais, do tratamento anti-hipertensivo durante a gravidez são razões suficientes para não proceder a tratamento medicamentoso quando houver presença de hipertensão leve (níveis diastólicos de 90 a 99 mmHg), particularmente durante o trimestre inicial. Conforme observado, muitas dessas pacientes apresentam redução fisiológica da PA que, ocasionalmente, alcança níveis normotensos. Por outro lado, pacientes normais cujos níveis são de 100 mmHg ou mais devem ser tratados. Pacientes com evidências de doença renal ou lesão de órgãos-alvo requerem início do tratamento com níveis mais baixos (menos que 90 mmHg).

LEITURAS SUGERIDAS

Armenti VT, Ahlswede KM, Ahlswede BA, et al. Variables affecting birthweight and graft survival in 197 pregnancies in cyclosporine-treated female kidney transplant recipients. *Transplantation* 1995;59:476-479.

August P, Lindheimer MD. Chronic hypertension in pregnancy. In: Lindheimer MD, Roberts JM, Cunningham FG, eds. *Chesley's hypertensive disorders in pregnancy,* 2nd ed. Norwalk, CN: Appleton & Lange, 1999;605-633.

August P, Lindheimer MD. Pathophysiology of preeclampsia. In: Laragh JH, Brenner BM, eds. *Hypertension: pathophysiology, diagnosis, and management.* Nova York: Raven Press, 1995;2407-2426.

Cadnspaphornchai MA, Ohara M, Morris KG, Knotek M, Ragachev B, Ladtkow T, Carter EP, Schrier RW. Chronic NOS inhibition reverses systemic vasodilation and glomerular hyperfiltration in pregnancy. *Am J Physiol Renal Physiol* 2001;280:F592-F598.

Chapman AB, Abraham WT, Zamudio S, Coflin C, et al. Temporal relationships between hormonal and hemodynamic changes in early human pregnancy. *Kid Int* 1998;54:2056-2063.

Conrad KP. Mechanisms of renal vasodilation in pregnancy. *J Soc Gynec Invest.* 2004.

Conrad KP and Lindheimer MK. Renal and cardiovascular alterations. In: Lindheimer MD, Roberts JM, and Cunningham FG, eds. *Chelsey's hypertensive disorders in pregnancy,* 2nd ed. Stamford, CT: Appleton & Lange, 1999;2263-2326.

Cunningham FC, Lucus MJ. Urinary tract infections complicating pregnancy. *Clin Obstet Gynaecol (Baillière)* 1994;8:363-383.

Davison JM. Pregnancy in renal allograft recipients: problems, prognosis, and practicalities. *Clin Obstet Gynaecol (Baillière)* 1994;8:511-535.

Davison JM, Dunlop M. Renal hemodynamics and tubular function in normal human pregnancy. *Kid Int* 1980;18:152.

Davison JM, Lindheimer MD; guest editors. New Developments in preeclampsia. *Seminars in Nephrol,* 2004.

Hou S. Pregnancy in chronic renal insufficiency and end-stage renal disease. *Am J Kidney Dis* 1999;33:235-252.

Jones DC, Hayslett JP. Outcome of pregnancy in women with moderate or severe renal insufficiency. *N Engl J Med* 1996;335:226-232.
Jungers P, Chauveau D. Pregnancy in renal disease. *Kidney Int* 1997;52:871-885.
Lindheimer MD, Katz AI. Gestation in women with renal disease: prognosis and management. *Clin Obstet Gynaecol (Baillière)* 1994;8:397-414.
Lindheimer MD, Katz AI. Renal physiology and disease in pregnancy. In: Seldin DW, Giebisch G, eds. *The kidney: physiology and pathophysiology.* 3rd ed. Philadelphia: Lippincott Williams & Wilkins, 2000:1260-1265.
National High Blood Pressure Education Program Working Group Report on High Blood Pressure in Pregnancy. *Am J Obstet Gynecol* 2000; 183:S1-S22.
Okundaye IB, Agrinko P, Hou S. A registry for pregnancy in dialysis patients. *Am J Kidney Dis* 1998;31:766-773.
Pertuisset N, Grünfeld J-P. Acute renal failure in pregnancy. *Clin Obstet Gynaecol (Baillière)* 1994;8:343-361.
Roberts JM, Redman CWG. Pre-eclampsia: more than pregnancy-induced hypertension. *Lancet* 1993;341:1447-1451.
Sibai BM. Drug therapy: treatment of hypertension in pregnant women. *N Engl J Med* 1996;335:257-265.

Capítulo **15**

O Paciente Hipertenso

Charles R. Nolan

I. DEFINIÇÃO E CLASSIFICAÇÃO DA HIPERTENSÃO. A definição de hipertensão é um tanto arbitrária porque a pressão arterial (PA) não está distribuída bimodalmente na população. Ao contrário, a distribuição das leituras de PA na população é unimodal e é preciso definir um nível arbitrário de PA como o limite acima do qual a hipertensão pode ser diagnosticada. Há muito se reconhece a correlação entre os níveis de PA sistólica e diastólica e o risco cardiovascular. Tornou-se claro que, em pacientes com mais de 50 anos, a PA sistólica maior que 140 mmHg é um fator de risco para doença cardiovascular muito mais importante do que a PA diastólica. Aumento da PA claramente tem efeito adverso na mortalidade em toda a faixa de pressões registradas, mesmo aquelas geralmente consideradas nos limites normais. O tempo de vida e a saúde se reduzem progressivamente à medida que a PA aumenta. O objetivo de identificar e tratar a hipertensão é para reduzir o risco de doença cardiovascular e da morbidade e mortalidade a ela relacionadas. Nesse aspecto, a classificação da hipertensão em adultos é útil para identificação de indivíduos de alto risco e elaboração de diretrizes para acompanhamento e tratamento. O sétimo relatório do Joint National Committee sobre Prevenção, Detecção, Avaliação e Tratamento da Hipertensão (JNC 7) estabeleceu critérios para diagnóstico e classificação da PA em pacientes adultos (Tabela 15-1). PA ótima em um indivíduo que não está agudamente doente é menor que 120/80 mmHg. Indivíduos com PA sistólica de 120 a 139 mmHg ou PA diastólica de 80 a 89 mmHg devem ser considerados pré-hipertensos;

Tabela 15-1 Classificação da pressão arterial para adultos[a].

Classificação da PA[b]	PA sistólica (mmHg)		PA diastólica (mmHg)[c]
Normal	< 120	e	< 80
Pré-hipertensão	120-139	ou	80-89
Hipertensão em estágio 1	740-159	ou	90-99
Hipertensão em estágio 2	≥ 160	ou	≥ 100

[a] Adultos com idade igual ou acima de 18 anos.
[b] A classificação deve se basear na média de duas ou mais medidas de pressão realizadas adequadamente, em posição sentada, obtidas em cada uma de duas ou mais consultas médicas.
[c] Quando as PS sistólica e diastólica se enquadram em categorias diferentes, a classificação é feita na categoria mais alta.
(Adaptado com permissão de Chobanian AV, Bakris GL, Black HR, et al. The seventh report of the National Committee on prevention, detection, evaluation and treatment of high blood pressure. JNC 7 Report. *JAMA* 2003;289:2560-2572.)

esses pacientes precisam efetuar alterações no seu estilo de vida visando à promoção da saúde para prevenir doenças cardiovasculares. Pacientes com pré-hipertensão têm risco dobrado de desenvolver hipertensão, em comparação com aqueles com valores menores de PA. Embora normotensos por definição, esses pacientes pré-hipertensos devem ser reavaliados anualmente para excluir o desenvolvimento de hipertensão, arbitrariamente definida como PA sistólica maior ou igual a 140 mmHg ou PA diastólica maior ou igual a 90 mmHg ou como uma condição em que o paciente toma medicação anti-hipertensiva. O estágio da hipertensão (estágio 1 ou 2) é determinado pelos níveis de ambas as pressões, sistólica e diastólica (Tabela 15-1). Essa classificação deve-se basear na média de duas ou mais leituras de pressão sanguínea em cada uma de duas ou mais consultas, após a consulta de avaliação inicial da PA. Quando as PA sistólica e diastólica se enquadram em diferentes categorias, a mais alta deve ser selecionada para classificar a PA do indivíduo.

II. EPIDEMIOLOGIA DA HIPERTENSÃO.

A prevalência da hipertensão varia de 20% a 30% de toda a população adulta dos Estados Unidos e afeta aproximadamente 60 milhões de indivíduos nos Estados Unidos e um bilhão de indivíduos em todo o mundo. Prevalência aumenta com a idade, de modo que aproximadamente um terço dos pacientes em sua quinta década de vida satisfaz os critérios para hipertensão. Dados do Framingham Heart Study indicam que até mesmo indivíduos que são normotensos aos 55 anos de idade apresentam, durante a vida, risco de 90% de desenvolver hipertensão. À medida que aumenta a média de vida da população em geral, a prevalência de hipertensão irá, sem dúvida, aumentar ainda mais, a menos que medidas preventivas eficazes sejam implementadas. Muitos pacientes hipertensos possuem um histórico familiar positivo de hipertensão parental. A forma de herança é complexa e provavelmente poligênica na maioria dos casos. Homens e mulheres negros têm prevalência duas vezes mais alta de hipertensão (30%) do que homens e mulheres brancos (15%) em uma amostragem de quase 18.000 americanos adultos com idades de 48 a 75 anos no estudo *National Health and Nutrition Examination Survey* (NHANES).

A prevalência parece ser igual em homens e mulheres na maioria dos levantamentos. Indivíduos obesos têm significativamente mais hipertensão do que não-obesos. Na infância, a obesidade é uma das causas principais de hipertensão. A prova da relação significativa entre peso corporal e pressão sanguínea é encontrada na observação de que a PA cai com a redução do peso. Ingestão de sal na dieta (cloreto de sódio) tem efeito significativo sobre a PA, especialmente em pacientes com outros fatores predisponentes ao desenvolvimento de hipertensão, como idade avançada, obesidade, diabetes manifesto em idade adulta, histórico familiar positivo de hipertensão, raça negra ou doença renal subjacente. Numerosos estudos epidemiológicos demonstram que ingestão de sal na dieta está correlacionada com a PA média em população. Pescadores do norte do Japão que ingerem 450 mEq de sódio diariamente apresentam prevalência de hipertensão de 40%. Por contraste, as populações nativas do Alasca e os índios ianomâmi no Brasil e Venezuela, que ingerem 1 mEq de sódio diariamente, não desenvolvem hipertensão em nenhuma idade. O *Intersalt*, estudo epidemiológico internacional, analisou a relação entre a ingestão de sódio na dieta (com base na excreção urinária de sódio de 24 horas) e a PA em mais de 10.000 indivíduos com a idade de 20 a 59 anos de 52 países em todo o mundo. Os resultados demonstraram correlação significativa entre as PA sistólica e diastólica médias e a ingestão de sódio na dieta. Essas observações podem ser explicadas com base no papel do manuseio renal anormal de sódio na patogênese da hipertensão, discutida na seção IV. As implicações terapêuticas dessas observações incluem restrição de sódio na dieta como parte da terapia não-farmacológica e na recomendação de diuréticos tiazídicos como terapia medicamentosa de primeira linha para tratamento da hipertensão na maioria dos pacientes. Apesar dos riscos cardiovasculares conhecidos da hipertensão não tratada e da disponibilidade ampla de tratamentos farmacológicos eficazes, identificação e controle efetivo da hipertensão continuam sendo um problema de saúde pública significativo nos Estados Unidos. A partir do levantamento NHANES de 1976-1980 (NHANES II) até o levantamento de 1991-1994 (NHANES III, fase 2), o percentual de americanos hipertensos que sabem ter PA elevada aumentou de 51% para 68%. Entre as pessoas com hipertensão, a prevalência de tratamento aumentou de 31% para 54% no mesmo período. O dobro de pessoas com PA elevada controlada em nível abaixo de 140/90 mmHg aumentou de 10% no NHANES II para 27% no NHANES III. Alarmantemente, dados computados para 1999-2000 revelam que mais de 65% dos pacientes com hipertensão ainda têm controle inadequado de sua PA. Persistência da alta prevalência de hipertensão e complicações a ela relacionadas, como derrame, complicações cardiovasculares, insuficiência cardíaca e insuficiência renal em estágio terminal (IRCT), representam um grande desafio de saúde pública.

III. RISCO DE DOENÇA CARDIOVASCULAR. A relação da pressão arterial com riscos cardiovasculares é contínua e independente de outros fatores de risco cardiovasculares.

Começando em 115/75 mmHg e passando por toda a faixa de PA, cada incremento de 20/10 mmHg dobra o risco de doença cardiovascular. O risco geral de morbidade e mortalidade cardiovascular em pacientes com hipertensão é determinado não apenas pelo estágio da hipertensão, mas também pela presença de outros fatores de risco, como tabagismo, hiperlipidemia e diabetes, e pela existência de lesão a órgão-alvo (Tabela 15-2). Os principais órgãos-alvo afetados pela hipertensão são o coração, vasculatura periférica, sistema nervoso central, rins e olhos. A maioria das conseqüências da hipertensão é resultado de lesão vascular progressiva. Hipertensão acelera doenças vasculares ateroscleróticas e agrava os efeitos deletérios do diabetes, tabagismo e hiperlipidemia sobre a aorta e seus ramos principais. Doença aterosclerótica resulta em morbidade significativa por infarto do miocárdio (IM), infarto cerebral aterotrombótico, doença vascular periférica com claudicação e doença renal por isquemia ou embolização por colesterol. Doença renal hipertensiva pode resultar de vasculite induzida por hipertensão em quadro de hipertensão maligna ou lesão renal mais insidiosa decorrente de hipertensão essencial existente há muito tempo, com nefroesclerose hipertensiva. Hipertensão também é um importante co-fator na progressão de outras doenças renais, especialmente da nefropatia diabética e pode causar doença cerebrovascular

Tabela 15-2 Fatores de risco cardiovasculares e lesão de órgãos-alvo.

Principais fatores de risco
  Hipertensão[a]
  Tabagismo (cigarro)
  Obesidade (IMC[b] > 30)[a]
  Sedentarismo
  Dislipidemia[a]
  Diabetes mellitus[a]
  Microalbuminúria ou TFG estimada[c] < 60 ml/min
  Idade (> 55 anos para homens, > 65 anos para mulheres)
  História familiar de doença cardiovascular prematura (homens < 55 anos ou mulheres < 65 anos)

Lesão de órgão-alvo
  Coração
  Hipertrofia ventricular esquerda
  Angina ou infarto do miocárdio anterior
  Revascularização coronariana anterior
  Insuficiência cardíaca

Cérebro
  Derrame ou ataque isquêmico transitório anterior
  Doença renal crônica
  Doença arterial periférica
  Retinopatia (ver Tabela 14-8)

---

[a] Componentes da síndrome metabólica associada a resistência à insulina e hiperinsulinemia.
[b] IMC indica índice de massa corporal calculado dividindo-se o peso em kg pelo quadrado da altura em metros.
[c] TFG indica taxa de filtração glomerular.
(Adaptado com autorização de Chobsnim AV, Bakris GL, Black HR, et el. The seventh report, of the Joint National Committee on prevention, detection, evaluation and treatment of high blood pressure. The JNC 7 Report. *JAMA* 2003;289:2560-2572.)

na forma de infarto lacunar ou hemorragia intracerebral. Hipertrofia ventricular esquerda (HVE) e insuficiência cardíaca congestiva (ICC), freqüentemente causadas por disfunção diastólica isolada, são o resultado do aumento da resistência vascular periférica pós-carga (*afterload*) imposta por hipertensão sistêmica. Em experimentos clínicos, uma terapia anti-hipertensiva foi relacionada a reduções significativas na incidência de derrames (35% a 40%), IM (20% a 25%) e insuficiência cardíaca (50%). Estima-se que em pacientes com hipertensão em estágio 1 (PA sistólica de 140 a 159 mmHg e/ou PA diastólica de 90 a 99 mmHg) e fatores de risco cardiovasculares adicionais, a redução mantida de 12 mmHg na PA sistólica durante dez anos prevenirá uma morte para cada 11 pacientes tratados. Na presença de doença cardiovascular preexistente ou lesão ao órgão-alvo, o tratamento de nove pacientes preveniria uma morte.

IV. PATOGÊNESE DA HIPERTENSÃO. Experimentos com rins isolados com perfusão demonstram que a magnitude da excreção urinária de sódio está diretamente relacionada à pressão de perfusão arterial renal. O nível da pressão de perfusão pode alterar a excreção de sódio ao modificar a pressão hidrostática peritubular. Assim, o aumento da pressão de perfusão deve elevar a pressão hidrostática peritubular com conseqüente diminuição na reabsorção de sódio. Estudos de micropuntura em ratos mostraram uma relação inversa entre pressão de perfusão renal e reabsorção proximal de sódio. Tem-se argumentado que, se esse mecanismo natriurético de pressão estiver operando de forma normal, na presença de hipertensão haverá profunda depleção de volume. O fato de isso não ocorrer sugere que em cada estado hipertensivo precisa ocorrer um desvio na curva natriurética de pressão de modo que uma pressão de perfusão mais alta é necessária para alcançar um dado nível de natriurese. Nesse aspecto, Guyton e colegas postulam que esse desvio na curva natriurética de pressão é a anormalidade fisiopatológica subjacente fundamental que leva à hipertensão essencial e praticamente a todas as formas secundárias de hipertensão (Figura 15-1). Caso exista defeito renal primário da natriurese na hipertensão, para evitar complicações devido a um balanço positivo de sódio persistente com inexorável acúmulo de líquido, alguns mecanismos compensatórios devem ser desencadeados para restaurar o equilíbrio de sódio. Esses processos compensatórios restauram o equilíbrio do sódio e o volume normal do líquido extracelular (LEC), causando, porém, hipertensão sistêmica.

A hipótese de Guyton estabelece que o mecanismo mais importante e fundamental na determinação do controle de longo prazo da PA é o *feedback* do mecanismo de regulação renal de líquido e volume. Em termos simples, por meio desse mecanismo básico, os rins regulam a pressão arterial ao alterar a excreção renal de sódio e água, controlando volume circulatório e débito cardíaco. Mudanças na PA, por sua vez, influenciam diretamente a excreção renal de sódio e água, propiciando um mecanismo de *feedback* para controle do volume de LEC, débito cardíaco e PA. A hipótese é que distúrbios nesse mecanismo de controle de pressão de volume e líquidos pelos rins são a causa fundamental de praticamente todos os estados hipertensivos (Figura 15-1). Em todos os estados hipertensivos existe uma anormalidade subjacente na capacidade natriurética intrínseca dos rins, de modo que a ingestão diária de sal não é excretada normalmente e o desenvolvimento da hipertensão é necessário para induzir uma natriurese por pressão que permita aos rins excretar a ingestão diária de sódio. O equilíbrio normal de sódio e o volume de LEC são mantidos, mas à custa da hipertensão sistêmica. A causa subjacente da anormalidade na capacidade natriurética depende da etiologia da hipertensão. Na hipertensão essencial, alguma anormalidade subjacente aumenta a avidez renal por sódio. Em pacientes com obesidade e resistência à insulina (síndrome metabólica), a hiperinsulinemia aumenta a reabsorção tubular de sódio. Aumento dos níveis de angiotensina II e da atividade do sistema nervoso simpático também aumentam a reabsorção do sódio.

Mineralocorticóides aumentam a reabsorção tubular distal de sódio e doença do parênquima renal causa perda de néfrons, resultando em um defeito natriurético. Anormalidades nos níveis de endotelina renal ou de óxido nítrico (NO) podem também prejudicar a natriurese. Até hoje, cada uma das causas genéticas da hipertensão já elucidada tem demonstrado relacionar-se a uma anormalidade do manuseio renal do sódio. Por exemplo, a síndrome de Liddle resulta de reabsorção tubular distal do sódio devido a uma anormalidade nos canais de sódio no néfron distal. Experimentos de transplante cruzado em variedades de ratos normotensos e hipertensos validam a importância dos rins na

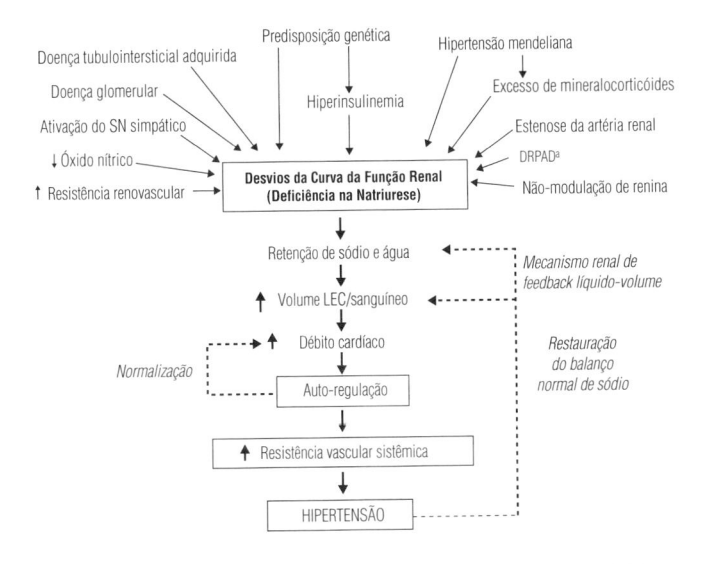

Figura 15-1 Manuseio renal anormal de sódio na patogênese da hipertensão (hipótese de Guyton). Em um quadro de hipertensão essencial, doença renal primária, excesso de mineralocorticóides ou resistência à insulina com hiperinsulinemia, a presença de um defeito na capacidade natriurética intrínseca dos rins impede que, a um nível de PA normal, o balanço de sódio seja mantido. Inicialmente, essa deficiência na natriurese leva a aumentos no volume do líquido extracelular (LEC) e no débito cardíaco. Porém, esse estado hemodinâmico dura pouco. Ocorre auto-regulação circulatória para manter normal a perfusão dos tecidos, resultando em aumento da resistência vascular sistêmica (RVS). O aumento da RVS leva à hipertensão sistêmica. Com natriurese induzida por pressão, o mecanismo renal de feedback líquido-volume faz com que balanço de sódio, volume de LEC e débito cardíaco voltem ao normal. Hipertensão sistêmica pode ser conceituada como um mecanismo essencialmente de proteção que impede a sobrecarga de líquido com risco à vida em um quadro de redução da capacidade natriurética renal. Balanço de sal e volume de líquido são mantidos em níveis normais, porém à custa de hipertensão sistêmica. (AII, angiotensina II.) (Adaptado com autorização de Nolan CR, Schrier RW. The kidney in hypertension. In: Schrier RW, ed. *Renal and electrolyte disorders,* 6th ed. Philadelphia: Lippincott Williams & Wilkins, 2003.)
[a] Doença renal policística autossômica dominante.

patogênese da hipertensão, porque a presença ou ausência de hipertensão depende da fonte doadora do rim. A hipótese de Guyton afirma que a capacidade natriurética reduzida dos rins leva inicialmente à retenção renal de sal e água, expansão do volume do LEC e aumento do débito cardíaco com hipertensão.

Essa fase de expansão de volume e débito cardíaco elevado dura pouco. Diante de um quadro de débito cardíaco aumentado, a vasoconstrição auto-regulatória de cada leito vascular ajusta-se ao fluxo sanguíneo para as exigências metabólicas dos tecidos. Esse fenômeno de auto-regulação circulatória leva à aumento da resistência vascular sistêmica (RVS). Assim, a hipertensão que era inicialmente causada por débito cardíaco elevado torna-se hipertensão por elevação de RVS.

O desenvolvimento da hipertensão representa um mecanismo de proteção porque induz os rins a passarem por uma diurese e natriurese por pressão, restaurando o balanço do sal e o volume de LEC. Esse mecanismo explica por que um problema subjacente na excreção de sódio, como na hipertensão sensível ao sal, manifesta-se como hipertensão por RVS elevada sem evidências de sobrecarga visível de líquido. A sustentação dessa hipótese é encontrada em modelos animais de hipertensão induzida por mineralocorticóides. Para consolidar o papel da natriurese induzida por pressão na regulação do balanço de sódio na hipertensão por mineralocorticóides, Hall e colegas compararam a PA sistêmica e o efeito natriurético da infusão de aldosterona em um modelo canino, no qual se permitia tanto o aumento da pressão de perfusão renal quanto o seu controle mecânico automático (sistema servo-controlled), com o objetivo final de manter a pressão renal arterial em níveis normais. No animal normal, infusão contínua de aldosterona causou um período transitório de retenção de sódio e água com um leve aumento da PA. No entanto, essa retenção de sódio durou apenas alguns dias e foi seguida de "escape" dos efeitos de retenção de sódio da aldosterona e de restauração do balanço normal do sódio. Por outro lado, quando a pressão de perfusão renal era controlada por um sistema automático (servo-controlled), mantendo normal a pressão de perfusão renal durante a infusão de aldosterona, não ocorreu nenhum "escape da aldosterona" e verificou-se aumento contínuo da retenção de sódio e água, acompanhado de hipertensão grave, edema, ascite e edema pulmonar. Quando o sistema de controle automático (servo-controlled) foi removido, permitindo-se que a pressão de perfusão renal subisse até o nível sistêmico, seguiram-se diurese e natriurese imediatas, com a restauração do balanço de sódio e queda na PA. Essas observações enfatizam o papel central da PA na regulação da excreção renal de sódio e água. Além disso, a observação de que o manuseio renal normal de sódio é essencial na patogênese de todas as formas de hipertensão, fornece uma justificativa fisiopatológica sólida para a recomendação do JNC 7 com relação a diuréticos tiazídicos como terapia anti-hipertensiva de primeira linha para a maioria dos pacientes.

V. AVALIAÇÃO DIAGNÓSTICA DA HIPERTENSÃO.

A detecção da hipertensão começa com a mensuração adequada da PA a cada consulta médica. Medidas repetidas de PA são usadas para determinar se as elevações iniciais persistem, requerendo pronta atenção, ou se retornaram aos valores normais, exigindo apenas verificação periódica. A medição da PA deve ser padronizada da seguinte forma: após pelo menos cinco minutos de descanso, o paciente deve ser assentado em uma cadeira, com as costas apoiadas e um dos braços descoberto e apoiado na altura do coração. Ele deve evitar fumar ou ingerir cafeína por 80 minutos antes do exame. O tamanho do manguito é apropriado se envolver pelo menos 80% do braço. Muitos pacientes requerem um manguito adulto grande. O ideal é que as medidas sejam realizadas com o esfigmomanômetro de mercúrio. Alternativamente, pode-se usar um manômetro aneróide recém-calibrado ou um dispositivo eletrônico aprovado. A primeira aparição de som (fase 1) é usada para definir a PA sistólica. O desaparecimento do som (fase 5) é usado para definir a PA diastólica. A PA deve ser confirmada no braço contralateral. Aferição da PA fora do consultório médico pode fornecer algumas informações valiosas com relação ao diagnóstico e tratamento da hipertensão. Autoaferição é útil para distinguir a hipertensão mantida da "hipertensão do jaleco branco", condição em que a pressão do paciente apresenta-se consistentemente elevada no consultório, mas normal em outras ocasiões. Ela também pode ser útil para avaliar a resposta a medicações anti-hipertensivas e como ferramenta para melhorar a adesão do paciente ao tratamento. Monitoramento ambulatorial é útil para avaliação de suspeita de hipertensão do jaleco branco, de pacientes com aparente resistência a medicamento, de sintomas hipotensivos com medicações anti-hipertensivas e de hipertensão episódica. No entanto, aferição ambulatorial da PA não é apropriada para avaliação rotineira de pacientes com suspeita de hipertensão. Em pacientes idosos, a possibilidade de pseudo-hipertensão deve ser sempre considerada na avaliação diagnóstica de possível hipertensão. Essa é uma condição em que a mensuração indireta da pressão arterial, usando um esfigmomanômetro de manguito, é artificialmente alta em comparação com a medida direta da pressão intra-arterial. Falha em reconhecer pseudo-hipertensão pode resultar em tratamento não recomendado e, algumas vezes, perigoso. Ela pode resultar da calcificação medial de Monckeberg (forma clinicamente benigna de calcificação arterial) ou de aterosclerose avançada com calcificação generalizada de placas intimais. Nessas entidades, o endurecimento da parede arterial pode impedir seu colapso por pressão externamente aplicada, resultando em leituras indiretas de PA artificialmente elevadas, afetando as medidas indiretas de PA tanto sistólica quanto diastólica.

Presença de uma manobra positiva de Osler, em que a artéria radial ou braquial permanece palpável, apesar de ter ficado sem pulso devido ao enchimento proximal do manguito acima da pressão sistólica, é um achado de exame físico importante que deve sugerir o diagnóstico. Exames de raios X das extremidades freqüentemente revelam calcificação em vasos. O diagnóstico, só pode ser feito definitivo com a mensuração direta da pressão intra-arterial. Pacientes com pseudo-hipertensão são freqüentemente idosos e, portanto, podem ter limitação crítica do fluxo de sangue para o cérebro e coração, de forma que um tratamento inapropriado da PA pode precipitar eventos isquêmicos com risco à vida.

Histórico e exame físico inicial de pacientes com hipertensão documentada devem ser orientados para avaliação do estilo de vida e

Tabela 15-3 Causas identificáveis de hipertensão.

Síndrome metabólica (obesidade, resistência à insulina, deficiência de tolerância à glicose , dislipidemia, hipertensão)
Apnéia obstrutiva do sono
Hipertensão induzida por medicamento (ver, Tabela 14-7)
Doença renal crônica
Hiperaldosteronismo primário
Doença renovascular
Uso crônico de esteróides ou síndrome de Cushing
Feocromocitoma
Coarctação da aorta
Doença da tireóide ou paratireóide

(Adaptado com autorização de Chobanian AV, Bakris GL, Slack HR, et al. The seventh report of the Joint National Committee on Prevention, Detection, Evaluation and Treatment of High Blood Pressure. The JNC 7 Report. *JAMA* 2003;289:2560-2572.)

identificação de outros fatores de risco cardiovasculares e presença de lesão a órgão-alvo que possa afetar o prognóstico e influenciar decisões de tratamento (Tabela 15-2). Embora a vasta maioria dos pacientes hipertensos apresente hipertensão essencial (primária) sem etiologia claramente definida, a avaliação inicial também se destina a detectar causas identificáveis de hipertensão secundária (Tabela 15-3). O histórico médico deve incluir informações sobre medidas anteriores de PA, para avaliar a duração da hipertensão, e detalhes sobre efeitos adversos de quaisquer terapias anti-hipertensivas anteriores. Histórico ou sintomas de doença coronariana, ICC, doença cerebrovascular, doença vascular periférica ou doença renal devem ser cuidadosamente avaliados. Devem ser investigados sintomas sugerindo causas secundárias incomuns de hipertensão, como fraqueza (hiperaldosteronismo) ou ansiedade episódica, dor de cabeça, diaforese e palpitações (feocromocitoma). Informações com relação a outros fatores de risco, como diabetes, uso de tabaco, hiperlipidemia, atividade física e qualquer ganho de peso recente, devem ser obtidas. Avaliação da dieta com respeito a ingestão de sal, álcool e gordura saturada também é importante. Informações detalhadas devem ser buscadas com relação a todo uso de medicamentos com ou sem receita, remédios fitoterápicos e substâncias ilícitas, algumas das quais podem aumentar a PA ou interferir com a eficácia da terapia anti-hipertensiva. Por exemplo, antiinflamatórios não-esteróides (AINEs) dificultam a resposta a praticamente todos os agentes anti-hipertensivos e aumentam o risco de hipercalemia ou insuficiência renal no uso de terapia com iECAs. Estimulantes como cocaína, efedrina anfetaminas e esteróides anabólicos podem aumentar a PA. Histórico familiar de hipertensão, diabetes, doença cardiovascular prematura ou doença renal deve ser investigado e psicossocial é importante para identificar a situação familiar, condições de trabalho, status de emprego, nível de escolaridade e disfunção sexual que possam influenciar a adesão ao tratamento anti-hipertensivo.

Exame físico deve incluir a medida da altura, peso e cálculo do índice de massa corporal (peso em kg dividido pelo quadrado da altura em metros). Exame de fundo do olho é importante para identificar hemorragias angióides, feocromocitoma exsudatos algodonosos e papiledema, que são achados característicos de neurorretinopatia hipertensiva, indicativos da presença de hipertensão maligna. A documentação da presença de retinopatia arterioesclerótica (ex., estreitamento arteriolar, alterações no cruzamento arteriovenoso, mudanças nos reflexos da luz) é menos importante, dada sua falta de significância prognóstica com respeito a complicações cardiovasculares da hipertensão no longo prazo.

Exame do pescoço para auscultação de sopro nas carótidas, verificação de estase jugular e tireomegalia é importante, e o cardíaco deve incluir investigação sobre anormalidades da freqüência e ritmo, sopros e terceira ou quarta bulhas. Os pulmões devem ser examinados para verificação de estertores e evidências de broncoespasmo, enquanto o exame abdominal deve incluir auscultação de sopros (sopro epigástrico presente tanto na sístole quanto na diástole sugere estenose da artéria renal), massas abdominais ou nos flancos (doença renal policística) ou pulsação aórtica aumentada (aneurisma aórtico abdominal). Pulsos periféricos devem ser examinados para avaliação de permeabilidade e detecção de sopros. Deve-se verificar a existência de edema nas extremidades inferiores. Exames neurológicos são realizados para identificar eventos cerebrovasculares anteriores.

Exames laboratoriais de rotina são indicados antes do início da terapia anti-hipertensiva para identificar outros fatores de risco e detectar a presença de lesão a órgão-alvo. Entre esses exames de rotina incluem-se exames químicos de sangue (sódio, potássio, creatinina, glicemia de jejum), perfil lipídico (colesterol total, lipoproteína de baixa densidade [LDL] e lipoproteína de alta densidade [HDL]) e hemograma completo. *Clearance* de creatinina deve ser estimado usando-se as fórmulas ou de Cockcroft-Gault ou da Modificação da Dieta em Doenças Renais (MDRD).[1] Urinálise é usada para identificar proteinúria ou hematúria que possa sugerir a presença de doença renal primária subjacente. Utiliza-se eletrocardiograma (ECG) de 12 derivações para identificar a presença de aumento atrial esquerdo, hipertrofia do ventrículo esquerdo (HVE) ou IM anterior. Os exames opcionais, dependendo da situação clínica, são *clearance* de creatinina 24 horas, proteinúria de 24 horas ou relação proteína/creatinina urinária, ácido úrico sérico, hemoglobina glicosilada e exames de função da tireóide. ECG simples para identificar a presença de HVE pode ser útil em pacientes selecionados para determinar o significado clínico de uma hipertensão lábil. A maioria dos pacientes com hipertensão tem hipertensão primária (essencial) que não possui nenhuma etiologia subjacente claramente definida.

A. Por outro lado, uma grande variedade de condições incomuns pode levar à chamada hipertensão secundária, algumas potencialmente passíveis de correção cirúrgica (Tabela 15-3). As causas secundárias de hipertensão abrangem doença renal crônica (DRC), hiperaldosteronismo primário, feocromocitoma, hipertensão renovascular devido a displasia fibromuscular ou estenose aterosclerótica da artéria renal, coarctação da aorta e síndrome de Cushing. As causas secundárias de hipertensão passíveis de intervenção cirúrgica são tão incomuns que não se recomendam exames diagnósticos em quantidade. Não se indicam exames radiográficos e laboratoriais em quantidade para causas identificáveis da hipertensão, a menos que o controle adequado da PA não possa ser alcançado com um regime anti-hipertensivo multimedicamentoso, que inclua um diurético. Histórico inicial, exame físico e exames laboratoriais de rotina são geralmente tudo o que se precisa para avaliar a possibilidade de hipertensão secundária. *Clearance* estimado de creatinina e urinálise normais são normalmente suficientes para excluir doença renal subjacente como causa secundária de hipertensão. Exame para verificação de massas abdominais ou nos flancos é usado para detecção de doença renal policística, que pode ser confirmada por exame de ultra-som. Como a maioria dos pacientes com hiperaldosteronismo primário apresenta hipocalemia não-provocada enquanto não estão em terapia diurética, dosagem do potássio sérico constitui exame de detecção adequado, não sendo necessário dosar rotineiramente. Verificação de algum retardo ou diminuição de pulsação nas extremidades inferiores ou de discrepância entre a PA de braço e perna pode ser usada para detecção de coarctação da aorta. Avaliação atenta de um histórico de hipertensão episódica acompanhada de dores de cabeça, palpitações, diaforese e palidez,

---

[1] *Modification of Diet in Renal Disease* (N. da T.).

normalmente basta para a detecção de feocromocitoma. Dosagem rotineira de catecolaminas séricas ou urinárias não é recomendada. Da mesma forma, verificação de estrias violáceas no abdome basta para detecção da síndrome de Cushing; portanto, não há necessidade de dosagem rotineira de cortisol sérico ou exame de supressão de cortisol. Vários exames estão ausentes da lista recomendada de exames de rotina para detecção de hipertensão. Urografia excretora, mapeamento renal, renograma com captopril e angiografia arterial por subtração digital carecem de especificidade suficiente para ter algum valor como exames de rotina para detecção de hipertensão renovascular. Nesse aspecto, a prevalência de hipertensão renovascular na população hipertensa em geral é tão baixa, que o valor preditivo de um exame positivo com qualquer um desses procedimentos é muito ruim quando utilizado como exame geral de detecção.

VI. TRATAMENTO DA HIPERTENSÃO

A. Metas de tratamento. A meta do tratamento da hipertensão é a redução da morbidade e mortalidade cardiovascular e renal. Como a PA sistólica correlaciona-se melhor com lesão em órgãos-alvo e mortalidade, o enfoque primário deve buscar a meta de PA sistólica. A meta do tratamento é uma PA sistólica menor que 140 mmHg e uma PA diastólica menor que 90 mmHg. Em pacientes hipertensos com diabetes ou doença renal crônica subjacente, recomenda-se uma meta de PA menor que 130/80 mmHg.

B. Tratamento não-farmacológico. Modificação do estilo de vida é recomendada no tratamento de todos os indivíduos com hipertensão, até mesmo aqueles que requerem tratamento medicamentoso anti-hipertensivo. Todos os pacientes devem ser estimulados a adotar as modificações descritas na Tabela 15-4, especialmente se apresentarem fator de risco cardiovascular adicional, como hiperlipidemia ou diabetes. Uma redução modesta de peso de cerca de 4 kg (10 libras) diminui significativamente a PA. Agentes anoréticos devem ser evitados porque podem conter estimulantes que aumentam a PA. Apnéia obstrutiva do sono (AOS) é hoje reconhecida como uma importante causa tratável da hipertensão. As pistas da presença de AOS são obesidade mórbida, hipersonolência diurna, dores de cabeça, ronco ou sono irregular. O diagnóstico pode ser confirmado com o estudo do sono para documentar episódios apnéicos. O tratamento apropriado com um dispositivo de pressão positiva contínua das vias aéreas (CPAP[2]) pode resultar em redução significativa da PA.

Ingestão dietária de sódio na forma de cloreto de sódio (NaCl; sal de mesa) tem ligação epidemiológica forte com a hipertensão. A metanálise de experimentos clínicos indica que a limitação da ingestão na dieta de sódio para 75 a 100 mEq por dia reduz a PA por um período de várias semanas até alguns anos. Restrição da ingestão de sódio tem demonstrado redução da necessidade de medicação anti-hipertensiva, redução da perda renal de potássio induzida por diuréticos, regressão da HVE e prevenção de cálculos renais por meio da redução da excreção renal de cálcio. Ingestão média de sódio na dieta dos americanos ultrapassa em 150 mEq o limite diário, sendo a maior parte dela (75%) derivada de alimentos

---

[2] *Continuous positive airway pressure* (N. da T.).

Tabela 15-4 Modificações no estilo de vida para tratar a hipertensão.

Modificação	Recomendação	Redução aproximada de PA
Perda de peso	Manter peso normal (IMC[a] 18,5 - 24,9)	5-20 mmHg/10 kg
Restrição na dieta de sal	Limitar a ingestão de sódio para menos de 100 mEq/dia (2,4 g de sódio ou 6 g de cloreto de sódio)	2-8 mmHg
Adoção da dieta DASH[5]	Consumir dieta rica em frutas, vegetais e laticínios magros com baixo teor de gordura saturada e gordura total	8-14 mmHg
Aumento da atividade física	Fazer atividade física aeróbica regular, como caminhada vigorosa (pelo menos 30 minutos por dia, na maioria dos dias da semana)	4-9 mmHg
Consumo moderado de álcool	Limitar o consumo a não mais que dois drinques por dia (1 oz ou 30 ml de etanol por dia; ex., 24 oz de cerveja, 10 oz de vinho, 3 oz de uísque *80 proof*[b]) para a maioria dos homens e não mais que um drinque por dia para mulheres e homens de peso mais baixo.	2-4 mmHg

[a] IMC indica índice de massa corporal, calculado dividindo-se o peso em kg pelo quadrado da altura em metros.
[b] 40% na graduação brasileira.
(Adaptado com autorização de Chobanian AV, Bakris GL, Black HR, et al. The seventh report of the National Committee on Prevention, Detection, Evaluation and Treatment of High Blood Pressure. JNC 7 Report. *JAMA* 2003;289:2560-257K.)

industrializados. Moderação da ingestão de sódio a um nível menor que 100 mEq por dia (2,4 g de sódio ou 6 g de cloreto de sódio) é recomendada para tratamento não-farmacológica da hipertensão.

Ingestão excessiva de etanol é um fator de risco importante para a PA elevada e pode levar à hipertensão resistente, devendo ser limitada a não mais que 30 ml (1 oz) por dia em homens e 15 ml (0,5 oz) por dia em mulheres e homens de peso mais baixo. Esse tipo de ingestão moderada de etanol pode estar associada com a redução do risco de doença coronariana.

Exercícios aeróbicos regulares podem aumentar a perda de peso e reduzir o risco de doença cardiovascular e a mortalidade por todas as causas.

Ingestão deficitária de potássio pode aumentar a PA, ao passo que a alta ingestão de potássio na dieta pode melhorar o controle da PA em pacientes com hipertensão. Deve-se recomendar a ingestão de 90 mEq por dia na forma de frutas frescas e vegetais.

Aumento de cálcio na dieta pode abaixar a pressão arterial em alguns pacientes hipertensos, mas o efeito é desprezível. No entanto, recomenda-se ingestão adequada de cálcio para benefício da saúde geral e para profilaxia de osteoporose.

Cessação do tabagismo e reduções de gordura e colesterol na dieta são também recomendados para reduzir o risco cardiovascular em geral. Embora a cafeína possa elevar agudamente a PA, a tolerância a seus efeitos desenvolve-se rapidamente. A maioria dos estudos epidemiológicos não revela nenhuma relação direta entre ingestão de cafeína e PA.

C. Tratamento farmacológico da hipertensão. A decisão de tratar a hipertensão com medicação, após o fracasso das modificações no estilo de vida para controlar adequadamente a PA, ou de usar medicamentos inicialmente, como coadjuvante às modificações do estilo de vida, baseia-se na gravidade (estágio) da hipertensão e na avaliação do risco de morbidade cardiovascular dada a presença de outros fatores de risco cardiovasculares e lesão a órgãos-alvo ou doença cardiovascular preexistente (ver Tabela 15-2). A redução da PA com medicamentos claramente diminui a morbidade e mortalidade cardiovasculares, independentemente de idade, gênero, raça, estágio de hipertensão ou status socioeconômico. Têm-se comprovado benefícios com relação a derrame, eventos coronarianos, insuficiência cardíaca, evolução de doença renal primária, prevenção de evolução para hipertensão maligna e mortalidade por todas as causas. Numerosos experimentos clínicos demonstram que a redução da PA com várias classes de medicamentos, incluindo os diuréticos tiazídicos, inibidores da enzima conversora da angiotensina (iECAs), bloqueadores do receptor da angiotensina (BRAs), betabloqueadores e bloqueadores do canal de cálcio (BCCs), diminui todas as complicações da hipertensão.

Diuréticos tiazídicos têm sido o regime de tratamento empregado na maioria dos grandes estudos com resultados em larga escala. Desses experimentos, inclusive no recém-publicado *Antihypertensive and Lipid-Lowering Treatment to Prevent Heart Attack Trial* (ALLHAT), diuréticos tiazídicos foram insuplantáveis em eficácia anti-hipertensiva para prevenção das complicações cardiovasculares da hipertensão. No ALLHAT, os pacientes hipertensos em estágio 1 ou 2 com mais de 55 anos, com pelo menos um fator de risco cardiovascular, receberam tratamento de primeira linha com clortalidona (diurético tiazídico), doxazocina (alfa-bloqueador seletivo), amlodipina (BCC) ou lisinopril (iECA). Nesse estudo, 47% dos pacientes eram mulheres, 35% eram negros, 19% eram hispânicos, 36% eram diabéticos e o índice de massa corporal médio (IMC) era de quase 30. O braço do estudo com doxazocina foi encerrado prematuramente por causa de excesso de ICC. Depois de um acompanhamento médio de 4,9 anos, nem o resultado clínico primário (doença coronariana fatal ou IM não-fatal) nem o resultado secundário de mortalidade por todas as causas, doença coronariana combinada, doença arterial periférica, câncer ou IRCT (insuficiência renal crônica em estágio terminal) havia ocorrido com maior freqüência no grupo da clortalidona do que nos grupos de amlodipina ou lisinopril. Além disso, as taxas de eventos eram significativamente mais baixas no grupo de clortalidona do que em cada um ou ambos dos outros grupos para alguns dos desfechos secundários (Tabela 15-5). Conforme esperado, pacientes no grupo da clortalidona desenvolveram níveis mais altos de colesterol, menores níveis de potássio sérico e níveis mais elevados da glicemia de jejum do que os pacientes de outros grupos. A média de colesterol foi de 216 mg/dl no início, caindo em quatro anos para 197 mg/dl no grupo da clortalidona, para 196 mg/dl no grupo da amlodipina (p = 0,009 *versus* clortalidona) e para 195 mg/dl no grupo do lisinopril (p < 0,001 *versus* clortalidona). Após quatro anos, 8,5% do grupo da clortalidona havia desenvolvido hipocalemia (níveis de potássio sérico menores que 3,5 mEq/l), em comparação a 1,9% no grupo da anlodipina (p < 0,001) e 0,8% no grupo do lisinopril (p < 0,001). Incidência de diabetes recém-instalado (*new-onset diabetes*) (glicemia de jejum maior que 126 mg/dl) foi de 11,6% com a clortalidona, comparativamente a 9,8% no grupo da amlodipina (p = 0,04) e 8,1% no grupo do lisinopril (p < 0,001). Entretanto, a presença dessas anormalidades metabólicas não se traduziu em mais eventos cardiovasculares ou mortes no grupo da clortalidona. As implicações para a saúde pública do ALLHAT foram imensas. O 2002 *Drug Topics Red Book* indica que o genérico da clortalidona custa $15,95 por 100 comprimidos, em comparação com $97,96 pelo Prinavil (lisinopril) 10 mg, $102,76 pelo Zestril (lisinopril) 10 mg e $145,13 pelo Norvasc (amlodipina) 5 mg. O uso de um diurético genérico mais barato para tratar mais de 50 milhões de pacientes hipertensos nos Estados Unidos poderia levar à economia de bilhões de dólares anualmente. Com base nos resultados do ALLHAT e de outros experimentos, o relatório JNC 7 recomenda que os diuréticos tiazídicos sejam usados como terapia inicial para

Tabela 15-5 Resultados do experimento com anti-hipertensivos e redutores de lipídios para prevenir eventos cardiovasculares.

Desfecho	Incidência em 6 anos (%)		
	Clortalidona	Amlodipina	Lisinopril
Resultado primário			
Doença coronariana[a]	11,5	11,3	11,4
Resultados secundários			
Mortalidade por todas as causas	17,3	16,8	17,2
Derrame	5,6	5,4	6,3[b]
Doença coronariana combinada[c]	19,9	19,9	20,8
Doença cardiovascular combinada[d]	30,9	32,0	33,3[b]
Angina	12,1	12,6	13,6[b]
Revascularização coronariana	9,2	10,0	10,2[b]
Insuficiência cardíaca	7,7	10,2[b]	8,7[b]
Doença renal em estágio final	1,8	2,1	2,0
Câncer	9,7	10,0	9,9

[a] Morte por doença coronariana fatal ou infarto do miocárdio não-fatal.
[b] $p \leq 0,05$.
[c] Morte por doença coronariana combinada, infarto do miocárdio não-fatal, revascularização coronariana e angina com internação.
[d] Morte por doença coronariana combinada, infarto do miocárdio não-fatal, revascularização coronariana, angina, insuficiência cardíaca e doença arterial periférica.
(Adaptado com autorização de The ALLHAT Officers and Coordinators for the ALLHAT Collaborative Research Group. Major outcomes in high risk hypertensive patients randomized to angiotensin-converting enzyme inhibitor or calcium channel blocker vs. diuretic. The Antihypertensive and Lipid-Lowering Treatment to Prevent Heart Attack Trial (ALLHAT). *JAMA* 2002;288:2981–2997.)

a maioria dos pacientes em monoterapia ou em combinação com uma das outras classes de medicamentos (iECAs, BRAs, betabloqueadores ou BCCs). Um algoritmo esboçando a abordagem para o tratamento da hipertensão é mostrado na Figura 15-2. A terapia com diuréticos potencializa o efeito anti-hipertensivo da maioria de outros medicamentos anti-hipertensivos. Por isso, o algoritmo do tratamento medicamentoso, mostrado no JNC 7, recomenda o acréscimo de um diurético como próximo passo, se a PA não estiver adequadamente controlada com qualquer outro medicamento escolhido como agente de primeira linha. O mecanismo de ação dos diuréticos tiazídicos é o bloqueio da reabsorção de sódio ao inibir o co-transportador do NaCl sensível à tiazida no túbulo distal. O efeito anti-hipertensivo das tiazidas, entretanto, é mediado pela resistência vascular sistêmica em vez da depleção crônica de volume e redução do débito cardíaco, como se poderia prever. De fato, as tiazidas não causam grande diminuição mantida do volume intravascular ou do balanço de sódio quando usadas no tratamento da hipertensão. Em poucos dias a semanas do início da terapia com diuréticos tiazídicos, o balanço de sódio volta ao normal, e o sódio total corporal e o volume intravascular retornam aos níveis pré-tratamento. Esse aparente paradoxo pode ser entendido no contexto da hipótese de Guyton com relação à patogênese da hipertensão, que conceitua o desenvolvimento da hipertensão sistêmica como um mecanismo de proteção essencial para manter normal o volume de líquido em várias doenças nas quais exista insuficiência renal subjacente com relação à excreção da carga diária de sódio a uma PA normal (Figura 15-2). Nesse contexto, os diuréticos baixam a PA ao reverter a deficiência renal primária na excreção de sódio, de modo que a hipertensão sistêmica (RVS elevada) não é mais pré-requisito para manutenção do balanço de sódio. Deve-se observar que, no ALLHAT e na maioria dos experimentos clínicos, atingir a meta da PA desejada freqüentemente requer tratamento com dois ou mais agentes anti-hipertensivos. Acréscimo de um segundo medicamento de classe diferente deve ser implementado quando o uso de um único medicamento em doses ideais não consegue controlar adequadamente a PA. Quando a PA sistólica ou diastólica está 20 mmHg e 10 mmHg, respectivamente, acima da meta, o tratamento pode ser iniciado com dois medicamentos (geralmente incluindo um diurético tiazídico em prescrições separadas ou em combinações de doses fixas.

D. **Tratamento da hipertensão em populações especiais.** A presença de certas co-morbidades ou lesão em órgão-alvo no paciente hipertenso individualmente pode dar uma indicação clara de tratamento com certa classe de agentes anti-hipertensivos, com base em dados de evoluções favoráveis em experimentos clínicos (Tabela 15-6). Em pacientes hipertensos com diabetes mellitus, diuréticos tiazídicos, betabloqueadores, iECAS, BRAs e BCCs têm demonstrado reduzir as doenças cardiovasculares e a incidência de derrames. Em pacientes com evidências de nefropatia diabética, os regimes de tratamento à base de iECAs ou BRAs têm comprovado retardar a evolução da nefropatia, reduzir a excreção urinária de albumina e diminuir a evolução da microalbuminúria para proteinúria manifesta.

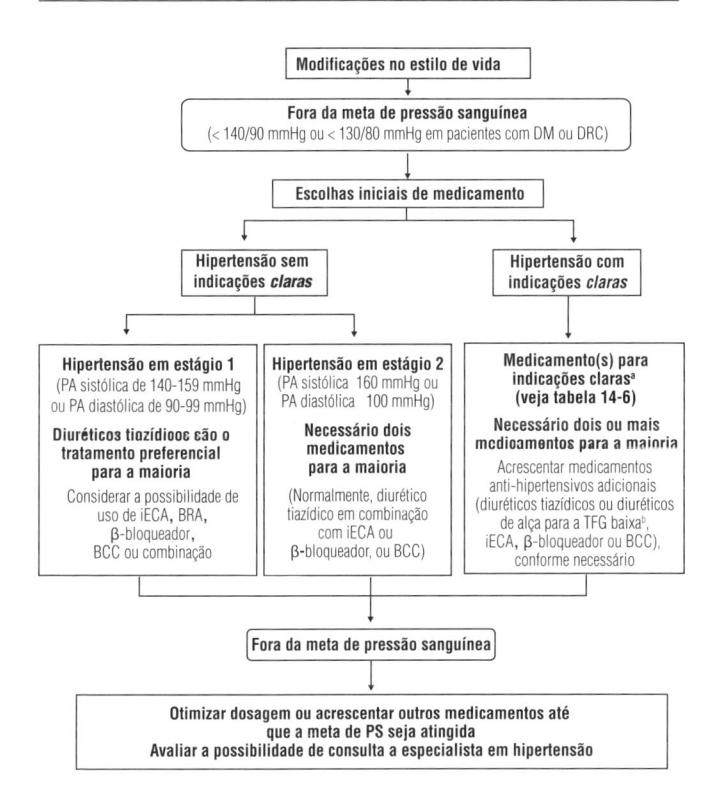

```
┌─────────────────────────────────────────┐
│      Modificações no estilo de vida     │
└─────────────────────────────────────────┘
                    │
┌─────────────────────────────────────────────────┐
│         Fora da meta de pressão sanguínea       │
│  (< 140/90 mmHg ou < 130/80 mmHg em pacientes com DM ou DRC) │
└─────────────────────────────────────────────────┘
                    │
┌─────────────────────────────────────────┐
│       Escolhas iniciais de medicamento  │
└─────────────────────────────────────────┘
           │                    │
┌──────────────────┐    ┌──────────────────┐
│  Hipertensão sem │    │  Hipertensão com │
│ indicações claras│    │ indicações claras│
└──────────────────┘    └──────────────────┘
```

Hipertensão em estágio 1 (PA sistólica de 140-159 mmHg ou PA diastólica de 90-99 mmHg)	Hipertensão em estágio 2 (PA sistólica 160 mmHg ou PA diastólica 100 mmHg)	Medicamento(s) para indicações claras[a] (veja tabela 14-6)
Diuréticos tiazídicos são o tratamento preferencial para a maioria Considerar a possibilidade de uso de iECA, BRA, β-bloqueador, BCC ou combinação	**Necessário dois medicamentos para a maioria** (Normalmente, diurético tiazídico em combinação com iECA ou β-bloqueador, ou BCC)	**Necessário dois ou mais medicamentos para a maioria** Acrescentar medicamentos anti-hipertensivos adicionais (diuréticos tiazídicos ou diuréticos de alça para a TFG baixa[b], iECA, β-bloqueador ou BCC), conforme necessário

```
┌─────────────────────────────────────────┐
│    Fora da meta de pressão sanguínea    │
└─────────────────────────────────────────┘
                    │
┌─────────────────────────────────────────────────────────┐
│  Otimizar dosagem ou acrescentar outros medicamentos até│
│         que a meta de PS seja atingida                  │
│ Avaliar a possibilidade de consulta a especialista em hipertensão │
└─────────────────────────────────────────────────────────┘
```

Figura 15-2 Algoritmo para tratamento de hipertensão. [a]Indicações claras são condições especiais de alto risco para as quais o experimento clínico comprova benefícios de classes específicas de medicamentos anti-hipertensivos: tratamento de hipertensão em quadros de diabetes, doença renal crônica, insuficiência cardíaca, alto risco de doença coronariana, infarto pós-miocárdio e para prevenção de derrame recorrente. [b]Em quadro de doença renal crônica avançada com TFG menor que 30 ml por minuto ou em pacientes com sobrecarga de líquidos que não respondem a diuréticos tiazídicos, pode ser necessário uma terapia mais potente com diuréticos de alça. (PA, pressão arterial; DM, diabetes mellitus; DRC, doença renal crônica; iECA, inibidor da enzima conversora da angiotensina; BRA, bloqueador do receptor da angiotensina; e BCC, bloqueadores do canal de cálcio.) (Adaptado com autorização de Chobanian AV, Bakris GL, Black HR, et al. The seventh report of the Joint National Committee on Prevention, Detection, Evaluation and Treatment of High Blood Pressure. The JNC 7 Report. *JAMA* 2003; 289: 2560-2572.

Doença renal crônica (DRC) está presente em pacientes com taxa de filtração glomerular estimada menor que 60 ml por minuto ou se houver presença de albuminúria (maior que 300 mg por dia ou 200 mg de albumina por grama de creatinina em uma amostra avulsa de urina). iECAs e BRAs têm demonstrado diminuir a evolução da DRC tanto diabética quanto não-diabética. Assim, esses agentes devem ser incluídos como parte do regime multimedicamentoso freqüentemente requerido para o controle adequado da PA na DRC. Normalmente, diuréticos de alça potentes são necessários, em combinação com outras classes de medicamentos, quando a TFG estimada cai abaixo de 30 ml por minuto. HVE é um fator de risco

Tabela 15-6 Estudos clínicos e fundamentos de diretrizes para indicações no tratamento com diferentes classes de drogas.

Condição de alto risco com indicação clara	Diurético	β-bloqueador	iECA	BRA	BCC	Antagonista da aldosterona	Base do experimento clínico[a]
Diabetes mellitus	•	•	•	•	•		ALLHAT, UKPDS, NKF Guideline, ADA Guideline
Doença renal crônica			•	•			Captopril Trial, RENAAL, IDNT, REIN, AASK, NKF Guideline
Insuficiência cardíaca	•	•	•	•		•	ACC/AHA Heart Failure Guideline, MERIT-HF, COPERNICUS, CIBIS, SOLVD, AIRE, TRACE, ValHEFT, RALES
Doença coronariana de alto risco	•	•	•		•		ALLHAT, HOPE, ANBP2, Life, CONVINCE
Pós-infarto do miocárdio		•	•			•	ACC/AHA Post-MI Guideline, BHAT, SAVE, Capricorn, EPHESUS
Prevenção de derrame recorrente	•		•				PROGRESS

[a]As indicações claras para certas classes de medicamentos anti-hipertensivos baseiam-se no benefício comprovado de estudos de desfecho ou diretrizes de prática clínica existentes. A indicação clara deve ser administrada em paralelo com a pressão sanguínea. Pacientes com essas condições de alto risco normalmente requerem tratamento combinado com dois a três medicamentos anti-hipertensivos de classes diferentes, a fim de alcançar a meta de pressão sanguínea recomendada para tratamento. AASK, African American Study of Kidney Disease and Hypertension; ACC/AHA, American College of Cardiology/American Heart; iECA, inibidor da enzima conversora da angiotensina; AIRE, acute anfarction ramipril eficacy; ALLHAT, Antihypertensive and Lipid-Lowering to Prevent Heart Attack Trial; ANBP2, Second Australian National Blood Pressure Study; BRA, bloqueador do receptor da angiotensina; BHAT, Beta-Blocker Heart Attack Trial; BCC, bloqueador do canal de cálcio; CIBIS, Cardiac Insufficiency Bisoprolol Study; CONVINCE, Controlled Onset Verapamil Investigation of Cardiovascular Endpoints; COPERNICUS, Carvedilol Prospective Randomized Cumulative Survival Study; EPHESUS, Eplerenone Post-Acute Myocardial Infarction Heart Failure Efficacy and Survival Study; HOPE, Heart Outcomes Prevention Evaluation Study; INDT, Irbesartan Diabetic Nephropathy; LIFE, Losartan Intervention for Endpoint Reduction in Hypertension Study; MERIT-HF, Metoprolol CR/SL Randomized Intervention Trial in Congestive Heart Failure; NKF, National Kidney Foundation; PROGRESS, Perindopril Protection against Recurrent Stroke Study; RALES, Randomized Aldactone Evaluation Study; EEIN, Ramipril Efficacy m Nephropathy Study; RENAAL, Reduction of Endpoints in Non-Insulin Dependent Diabetes Mellitus with the Angiotensin II Antagonist Losartan Study; SAVE, Survival and Ventricular Enlargement Study; SOLVD, Studies of Left Ventricular Dysfunction; TRACE, Trandolapril Cardiac Evaluation Study; USPDS, United Kingdom Prospective Diabetes Study; ValHEFT, Valsartan Heart Failure Trial. (Adaptado de Chobanian AV, Bakris GL, Black HR, et al. The seventh report of the Joint National Committee on Prevention, Detection, Evaluation and Treatment of High Blood Pressure. The JNC 7 Report. JAMA 2003;289:2660-2572.)

independente para doença cardiovascular subseqüente. Regressão da HVE ocorre com a administração agressiva da PA usando todas as classes de medicamentos, exceto vasodilatadores de ação direta, como hidralazina e minoxidil. Doença cardíaca isquêmica é uma forma comum de lesão a órgão-alvo na hipertensão. Em pacientes com hipertensão e angina pectoris estável, o regime de tratamento deve incluir um betabloqueador ou um BCC de longa ação.

Em pacientes com síndromes coronarianas agudas (angina instável ou IM agudo), a hipertensão deve ser tratada inicialmente com betabloqueadores e iECAs, com acréscimo de outros agentes como diuréticos tiazídicos, conforme necessário para controle da PA.

No tratamento da PA crônica de pacientes com pós-infarto do miocárdio, betabloqueadores, iECAs e antagonistas do receptor de aldosterona têm sido os mais benéficos. Em pacientes com doenças cardíacas isquêmicas, a terapia com aspirina em baixa dose e a terapia de redução intensiva de lipídios também são indicadas. Insuficiência cardíaca representa uma população especial de pacientes hipertensos e pode ocorrer em quadros de disfunção sistólica ou diastólica. Em pacientes assintomáticos com disfunção ventricular esquerda, recomendam-se iECAs e betabloqueadores. Em pacientes com insuficiência cardíaca sintomática ou doença cardíaca em estágio final, recomendam-se iECAs, betabloqueadores, BRAs e bloqueadores do receptor da aldosterona (espironolactona ou eplerenona) com diuréticos de alça potentes, quando necessário em caso de sobrecarga de líquidos. O tratamento da hipertensão em pacientes com doença cerebrovascular requer consideração especial. A redução da PA durante a fase aguda de um derrame isquêmico pode piorar a isquemia e estender o infarto. Entretanto, o tratamento da hipertensão crônica após acidente cerebrovascular com iECAs e diuréticos tiazídicos pode reduzir a taxa de recorrência de derrame. O tratamento de pacientes idosos com hipertensão predominantemente sistólica deve seguir o mesmo algoritmo de tratamento. No estudo SHEP (Systolic Hypertension in the Elderly Program), experimento duplo-cego controlado por placebo com administração de clortalidona em baixa dose a pacientes com mais 60 anos com hipertensão sistólica isolada (PA sistólica maior que 160 mmHg e diastólica menor que 90 mmHg), os riscos relativos de derrame, insuficiência ventricular esquerda, IM não-fatal ou doença coronariana fatal e a exigência de anastomose (*bypass*) da artéria coronariana com enxerto foram todos significativamente reduzidos no grupo com tratamento ativo. Por causa dos riscos de hipotensão ortostática e quedas, devem-se evitar alfa-bloqueadores seletivos no tratamento de indivíduos idosos com hipertensão.

E. Tratamento do paciente com hipertensão resistente. Hipertensão resistente é definida como a dificuldade de se alcançar uma PA menor que 140/90 mmHg em paciente com adesão a tratamento com três medicamentos, incluindo um diurético. Hipertensão verdadeiramente resistente deve ser investigada para detecção de formas subjacentes potencialmente tratáveis de hipertensão secundária (Tabela 15-3). A Tabela 15-7 mostra outras causas de hipertensão resistente. Deve-se consultar um especialista em hipertensão se a meta da PA não for atingida.

Tabela 15-7 Causas da hipertensão resistente.

Mensuração inadequada da pressão sanguínea (uso de manguito de tamanho adequado em pacientes obesos)

Pseudo-hipertensão em indivíduos idosos

Hipertensão do jaleco branco

Sobrecarga de volume ou pseudotolerância
 Ingestão de excesso de sódio na dieta
 Retenção de líquido por doença renal subjacente
 Terapia diurética inadequada (não-utilização de diuréticos de alça em DRC avançada)

Não-aderência
 Não-adesão do paciente à terapia devido a ignorância, custo ou efeitos colaterais
 Não-adesão por parte do médico (dosagem inadequada de medicamento ou falha em incluir diurético no regime)

Induzida por medicamento/substância química
 Agentes antiinflamatórios não-esteróides (AINEs) ou inibidores da ciclo-oxigenase 2 (Cox 2)
 Cocaína, anfetaminas e outras drogas ilícitas
 Simpatomiméticos (agentes descongestionantes ou anoréticos)
 Contraceptivos orais
 Esteróides a adrenais
 Eritropoietina
 Alcaçuz
 Suplementos na dieta sem prescrição médica (efedra, ma huang, laranja amarga)

Consumo excessivo de álcool

Causas secundárias identificáveis da hipertensão (ver Tabela 15-3)

VII. HIPERTENSÃO BENIGNA VERSUS MALIGNA. A classificação da hipertensão como benigna ou maligna é baseada no exame fundoscópico. O achado da neurorretinopatia hipertensiva (NRH) é a condição clínica *sine qua non* para diagnóstico da hipertensão maligna (Figura 15-3). Na ausência de NRH, não se pode diagnosticar hipertensão maligna, independentemente da gravidade da hipertensão. Neurorretinopatia hipertensiva é definida pela presença de estrias angióides e exsudatos algodonosos com ou sem papiledema (Tabela 15-8). A importância clínica do achado da NRH é que ela indica a presença de vasculopatia hipertensiva sistêmica com necrose fibrinóide e arteriopatia obstrutiva que, se não tratada, leva à IRCT ou ao óbito em um ano. Felizmente, a hipertensão maligna é um distúrbio relativamente raro, ocorrendo em menos de 1% dos pacientes hipertensos. O termo "hipertensão benigna" é claramente equivocado, porque, embora a evolução clínica seja menos dramática e grave do que aquele verificado em pacientes com hipertensão maligna, as eventuais complicações cerebrovasculares e cardiovasculares são bastante devastadoras e representam uma das principais causas de morbidade e mortalidade na população em geral. Ela é definida com base na ausência de neurorretinopatia hipertensiva. Arteriosclerose retiniana e retinopatia arterioesclerótica (ver Tabela 15-8), achados fundoscópicos característicos da hipertensão benigna, são de pouca utilidade clínica porque podem ser encontradas em indivíduos idosos normotensos. Esses achados não têm valor preditivo com relação ao risco de complicações cardiovasculares ou cerebrovasculares.

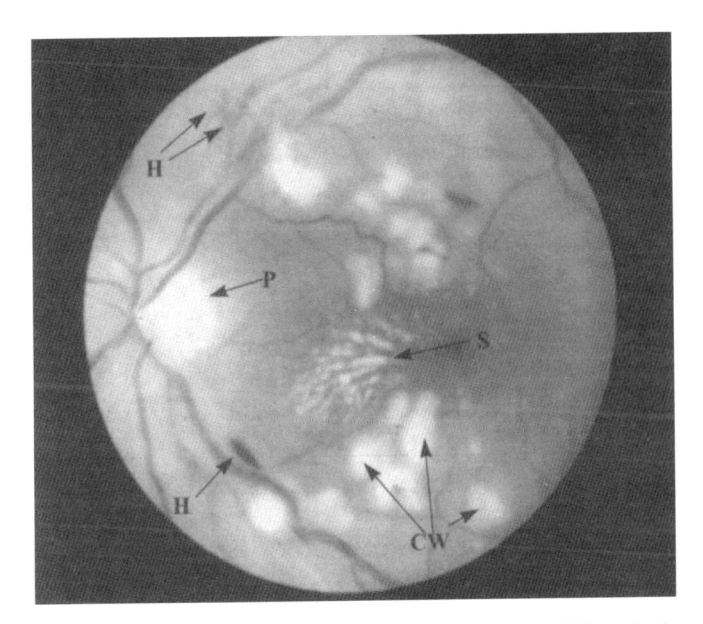

Figura 15-3 Neurorretinopatia hipertensiva na hipertensão maligna. A fotografia do *fundus* em um homem de 30 anos com hipertensão maligna mostra todos os aspectos característicos da neurorretinopatia hipertensiva, incluindo hemorragias estriadas (H), exsudatos algodonosos (CW), papiledema (P) e uma forma em estrela na mácula (s).

A. **Definição de crises hipertensivas.** A vasta maioria dos pacientes hipertensos permanece assintomática durante muitos anos, até que sobrevêm complicações resultantes de aterosclerose, doença cerebrovascular ou ICC. Em uma minoria de pacientes, essa evolução "benigna" é interrompida por uma crise hipertensiva, definida como o ponto de mudança na evolução de uma doença, na qual o tratamento imediato da PA elevada desempenha um papel decisivo na sua evolução. A rapidez com que a PA deve ser controlada varia com o tipo de crise hipertensiva. Entretanto, o papel crucial da hipertensão no processo de doença deve ser identificado e um plano para tratar com sucesso a PA deve ser implementado para que a evolução do paciente seja a melhor possível. O nível absoluto da PA definitivamente não é o fator mais importante na determinação da existência de crise hipertensiva. Por exemplo, em crianças, grávidas e outros indivíduos anteriormente normotensos nos quais se desenvolve subitamente uma hipertensão leve a moderada, uma crise hipertensiva pode ocorrer com um nível de PA que é normalmente bem tolerado por adultos com hipertensão crônica. Além disso, em adultos com hipertensão leve a moderada, pode ocorrer uma crise com a instalação de uma disfunção aguda de órgão-alvo, envolvendo o coração e o cérebro. A Tabela 15-9 descreve o espectro das crises hipertensivas.

Tabela 15-8 Classificação da retinopatia hipertensiva.

Neurorretinopatia hipertensiva (condição *sine qua non* de hipertensão maligna)
Estreitamento arteriolar generalizado
Alterações no cruzamento arteriovenoso
Alargamento do reflexo de luz arteriolar
Alterações do tipo "fio de cobre" ou "fio de prata"
Perivasculite
Hemorragias retinianas arredondadas solitárias
Exsudatos duros
Oclusão venosa central ou de ramo

Neurorretinopatia hipertensiva
Estreitamento arteriolar generalizado
Estrias (hemorragias em forma de chama)[a]
Manchas algodonosas (exsudatos moles)[a]
Papiledema bilateral[a]
Figura de estrela na mácula

---

[a] Essas características distinguem a arteriosclerose retiniana (hipertensão benigna) da neurorretinopatia hipertensiva (hipertensão maligna). (Adaptado com autorização de Nolan CR. Malignant hypertension and other hypertensive crises. In: RW Schrier, (ed.) *Diseases of the kidney and urinary tract*, 7th ed. Boston: Lippincott Williams & Wilkins, 2000;1513-1592.)

B. Hipertensão maligna é uma síndrome clínica caracterizada por elevação acentuada da PA com lesão arteriolar aguda generalizada (vasculopatia hipertensiva). Fundoscopia revela NRH com hemorragias em forma de chama, manchas algodonosas (exsudatos moles) e, algumas vezes, papiledema (Figura 15-3). Independentemente da gravidade da elevação da PA, quando há ausência de NRH a hipertensão maligna não pode ser diagnosticada. NRH é, portanto, um achado clínico extremamente importante, indicando a presença de arteriolite induzida por hipertensão que pode envolver os rins, coração e sistema nervoso central. Na hipertensão maligna ocorre uma evolução rápida e contínua para IRCT se não for implementado um controle efetivo da PA. Pode ocorrer mortalidade como resultado de insuficiência cardíaca hipertensiva aguda, hemorragia intracerebral, encefalopatia hipertensiva ou complicações de uremia. Hipertensão maligna apresenta crise hipertensiva; controle adequado da PA previne claramente essas morbidades.
C. Crises hipertensivas causadas pela hipertensão não maligna com complicações agudas. Até mesmo em pacientes com hipertensão benigna, em quem a NRH está ausente, a crise hipertensiva pode ser diagnosticada com base na presença de disfunção aguda concomitante de órgão-alvo (Tabela 15-9). Crises hipertensivas causadas pela hipertensão benigna com complicações agudas incluem hipertensão associada à encefalopatia hipertensiva, insuficiência cardíaca hipertensiva aguda, dissecção aórtica aguda, hemorragia intracerebral, hemorragia subaracnóide, traumatismo craniano severo, IM agudo ou angina instável e sangramento. Hipertensão mal controlada em paciente que requer cirurgia aumenta o risco de isquemia miocárdica ou cerebral intra-operatória e insuficiência renal aguda pós-operatória. Hipertensão pós-operatória severa, incluindo hipertensão pós-bypass coronariano e hipertensão pós-endarterectomia carotídea, aumenta o risco de sangramento pós-operatório, encefa-

lopatia hipertensiva, edema pulmonar e isquemia miocárdica. Os variados estados de excesso de catecolaminas podem causar uma crise hipertensiva com encefalopatia hipertensiva ou insuficiência cardíaca hipertensiva aguda. A pré-eclâmpsia e a eclâmpsia representam crises hipertensivas exclusivas da gravidez.

Crise renal esclerodérmica é uma crise hipertensiva em que a falha em não controlar adequadamente a PA com um regime que inclua um iECA resulta em perda rápida e irreversível da função renal. Crises hipertensivas também podem ocorrer em pacientes quadriplégicos devido à hiperreflexia autonômica induzida por distensão da bexiga ou do intestino. O início súbito de hipertensão nesse quadro pode levar à encefalopatia hipertensiva ou edema pulmonar agudo.

D. **Tratamento da hipertensão maligna.** Hipertensão maligna deve ser tratada com agilidade para prevenir complicações, como encefalopatia hipertensiva, insuficiência cardíaca hipertensiva aguda e insuficiência renal. A abordagem tradicional do paciente com hipertensão maligna tem sido a administração de agentes parenterais potentes. Em geral, a terapia parenteral deve ser usada em pacientes com evidências de disfunção aguda do órgão-alvo (encefalopatia hipertensiva ou edema pulmonar) ou naqueles sem tolerância a medicamentos orais. Nitroprussiato é o tratamento preferencial para pacientes que requerem terapia parenteral. Em geral, é seguro reduzir a pressão arterial média em 20% ou de um nível de 160 a 170/100 para 110 mmHg. Uso de um agente de ação curta, como nitroprussiato, tem vantagens óbvias porque a PA pode ser rapidamente estabilizada em um nível mais alto, caso se desenvolvam complicações durante sua redução rápida. Caso não se evidencie hipoperfusão de órgão vital durante a redução inicial, a PA diastólica pode gradualmente ser diminuída para 90 mm em um período de 12 a 36 horas. Agentes anti-hipertensivos orais devem ser administrados tão logo quanto possível para minimizar a duração da terapia parenteral. Infusão de nitroprussiato pode ser retirada à medida que os agentes orais começarem a fazer efeito. O fundamental na terapia oral inicial deve ser o uso dos vasodilatadores arteriolares, como hidralazina ou minoxidil. Betabloqueadores são necessários para controlar a taquicardia reflexa, e deve-se administrar um diurético em poucos dias para prevenir a retenção de sal e água em resposta à terapia com vasodilatador, quando a ingestão de sal na dieta do paciente aumentar. Diuréticos poderão não ser necessários como parte da terapia parenteral inicial, porque pacientes com hipertensão maligna apresentam freqüentemente depleção de volume devido à natriurese induzida por hipertensão. Embora muitos pacientes com hipertensão maligna precisem definitivamente de terapia parenteral inicial, alguns podem não ter ainda evidências de disfunção cardíaca ou cerebral ou de função renal em rápida deterioração e, portanto, não precisam de controle instantâneo da PA. Esses pacientes podem muitas vezes ser tratados com um regime oral intensivo, freqüentemente com um betabloqueador e minoxidil, com o objetivo de controlar a PA em 2 a 24 horas. Depois de passada a crise imediata, com a hipertensão controlada com terapia parenteral inicial, terapia oral ou ambas, é obrigatório proceder ao controle duradouro da PA. Se o controle falhar, a hipertensão maligna pode recorrer mesmo após anos de terapia anti-hipertensiva bem-sucedida. A terapia tripla – com diurético, beta bloqueador e vasodilatador – é freqüentemente necessária para manter o controle satisfatório da PA no longo prazo.

E. **Tratamento de outras crises hipertensivas.** Nitroprussiato de sódio é o medicamento de escolha para o tratamento de praticamente todas as crises hipertensivas descritas na Tabela 15-9, incluindo hipertensão maligna, encefalopatia hipertensiva, insuficiência cardíaca hipertensiva aguda, hemorragia intracerebral, hipertensão perioperatória, crises hipertensivas relacionadas a catecolaminas e dissecção aórtica (em combinação com betabloqueadores). Nitroglicerina intravenosa também pode ser útil em pacientes com isquemia miocárdica concomitante porque ela dilata os vasos colaterais intracoronarianos.

Nitroprussiato de sódio é um agente hipotensivo intravenoso potente, com ação de início imediato e breve duração. Seu local de

Tabela 15-9 Espectro das crises hipertensivas.

Hipertensão maligna (*presença de neurorretinopatia hipertensiva*)

Encefalopatia hipertensiva (ocorre com *hipertensão benigna grave ou maligna*)

Hipertensão não-maligna ("benigna") com complicações agudas (*disfunção aguda de órgão-alvo na ausência de neurorretinopatia hipertensiva*).

Insuficiência cardíaca e hipertensiva aguda (edema pulmonar por disfunção diastólica aguda)

Síndromes coronarianas agudas
   Infarto agudo do miocárdio
   Angina instável

Dissecção aórtica aguda

Morbidade do sistema nervoso central
   Encefalopatia hipertensiva
   Hemorragia intracerebral
   Hemorragia subaracnóide
   Traumatismo craniano grave

Estados de excesso de catecolaminas
   Crise de feocromocitoma
   Interações da monoamino oxidase com inibidores da tiramina
   Síndromes da retirada de anti-hipertensivos
   Superdosagem de fenilpropanolamina

Pré-eclâmpsia e eclâmpsia

Sangramento ativo (incluindo sangramento pós-operatório)

Hipertensão mal controlada em pacientes que requerem cirurgia de emergência

Hipertensão pós-operatória grave
   Hipertensão pós-*bypass* da artéria coronariana
   Hipertensão pós-endarterectomia da carótida

Crise renal esclerodérmica

Hiperreflexia autonômica em pacientes quadriplégicos

(Adaptado de Nolan CR. Malignant hypertension and other hypertensive crises. In: Scbrier RW, ed. Disease *of the kidney and urinary* tract, 7th ed. Boston: Lippincott Williams & Wilkins, 2001.)

atuação é o músculo liso vascular. Ele não tem ação direta sobre o miocárdio, embora possa afetar indiretamente o desempenho cardíaco por meio de alterações na hemodinâmica sistêmica. Nitroprussiato é um composto de ferro com cinco grupos cianeto e um grupo nitroso. O grupo nitroso combina-se à cisteína para formar nitroso-cisteína, um potente ativador da guanilato ciclase que causa acúmulo de guanosina monofosfato cíclica (GMPc) e relaxamento do músculo liso vascular. Nitroprussiato causa vasodilatação dos vasos de resistência arteriolar e dos vasos de capacitância venosa. Sua ação hipotensiva é resultado de diminuição na RVS. Redução combinada da pré-carga (*preload*) e pós-carga (*afterload*) diminuir a tensão das paredes do miocárdio e a demanda de oxigênio do miocárdio. O efeito final do nitroprussiato sobre o débito cardíaco e a taxa cardíaca depende do estado intrínseco do miocárdio. Em pacientes com disfunção sistólica ventricular esquerda e pressão diastólica final ventricular esquerda elevada, causa aumento no volume e no débito cardíaco como resultado da redução da pós-carga. A freqüência cardíaca pode de fato diminuir em resposta à melhora do desempenho cardíaco. Por outro lado, na ausência de disfunção ventricular esquerda, a venodilatação e a redução da pré-carga podem resultar em aumento reflexo do tônus simpático e da freqüência cardíaca. Por isso, o nitroprussiato deve ser usado com um betabloqueador na dissecção aórtica aguda.

A ação hipotensiva do nitroprussiato se faz sentir em segundos e é imediatamente reversível quando a infusão é interrompida. A GMPc no músculo liso vascular é rapidamente degradada pelas fosfodiesterases específicas para GMPc e o nitroprussiato é rapidamente metabolizado, com meia-vida de três a quatro minutos. O cianeto é formado como produto intermediário de vida curta, por combinação direta com grupos sulfidril nas células vermelhas do sangue e tecidos. Os grupos cianeto são rapidamente convertidos em tiocianato pelo fígado, em uma reação em que o tiosulfato atua como fornecedor de enxofre. Ele é excretado pelos rins, com meia-vida de semana em pacientes com função renal normal. Pode ocorrer acúmulo e toxicidade do tiocianato quando é necessária uma alta dose ou infusão prolongada, especialmente em pacientes com insuficiência renal. Quando esses fatores de risco estão presentes, seus níveis devem ser monitorados e a infusão interrompida se ultrapassar 10 mg/d. Toxicidade do tiocianato é rara em pacientes com função renal normal, exigindo menos que 3 µg/kg por minuto durante menos que 72 horas. Envenenamento por cianeto é uma complicação muito rara, a menos que o *clearance* hepático de cianeto esteja prejudicado por doença hepática grave ou sejam usadas doses maciças de nitroprussiato (mais de 10 µg/kg por minuto) para induzir hipotensão deliberadamente durante uma cirurgia. Uma vez que a crise hipertensiva tenha se resolvido e a PA esteja adequadamente controlada, a terapia anti-hipertensiva oral deve ser iniciada. A infusão de nitroprussiato é retirada à medida que os agentes anti-hipertensivos orais começam a fazer efeito.

F. Tratamento da hipertensão não-complicada grave em terapia intensiva. Os benefícios da redução aguda da pressão sanguínea em quadro de crise hipertensiva verdadeira são óbvios (Figura 15-4). Felizmente, as crises hipertensivas verdadeiras são eventos relativamente raros que nunca afetam a grande maioria dos pacientes hipertensos. Mui-

```
                          Hipertensão grave
                     ↙                    ↘
  Presença de neurorretinopatia         Ausência de
  hipertensiva (hemorragias estriadas,  neurorretinopatia hipertensiva
  manchas algodonosas                   ↙              ↘
  com ou sem papiledema)        Sem disfunção aguda   Disfunção aguda
         ↓                      de órgãos-alvo         de órgãos-alvo
  Tratar como hipertensão maligna       ↓                    ↓
                                                        Tratar como
                                                      crise hipertensiva
                              ┌─────────────────┐
                              │   Hipertensão   │
                              │ não-complicada grave │
                              └─────────────────┘
                   Etapa 1       Etapa 2         Etapa 3
```

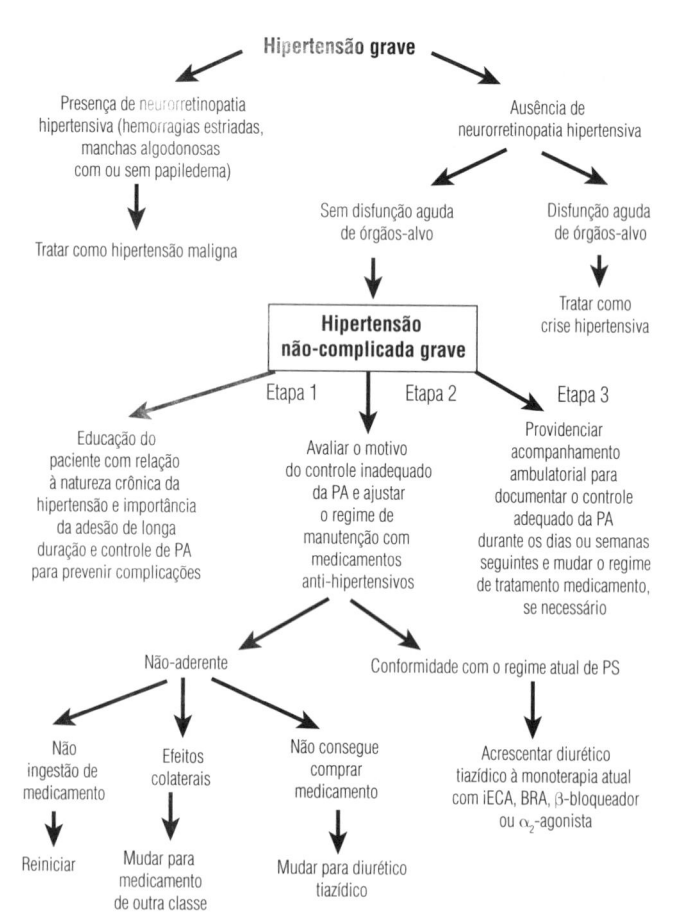

Educação do paciente com relação à natureza crônica da hipertensão e importância da adesão de longa duração e controle de PA para prevenir complicações

Avaliar o motivo do controle inadequado da PA e ajustar o regime de manutenção com medicamentos anti-hipertensivos

Providenciar acompanhamento ambulatorial para documentar o controle adequado da PA durante os dias ou semanas seguintes e mudar o regime de tratamento medicamento, se necessário

Não-aderente / Conformidade com o regime atual de PS

- Não ingestão de medicamento → Reiniciar
- Efeitos colaterais → Mudar para medicamento de outra classe
- Não consegue comprar medicamento → Mudar para diurético tiazídico
- Acrescentar diurético tiazídico à monoterapia atual com iECA, BRA, β-bloqueador ou $α_2$-agonista

Figura 15-4 Algoritmo para tratamento da hipertensão não-complicada grave. iECA, inibidor da enzima conversora da angiotensina; PA, pressão arterial; BCC, bloqueador do canal de cálcio. (Adaptado com autorização de Nolan CR. Hypertensive crises. In: Schrier RW, ed. *Atlas of diseases of the kidney,* vol 3. Philadelphia: Current Medicine, 1999.)

to mais comum do que a crise hipertensiva verdadeira é o paciente que se apresenta com PA acentuadamente elevada (maior do que 180/100 mmHg) na ausência de NRH (hipertensão maligna) ou lesão aguda de órgão-alvo, o que significaria uma crise verdadeira. Essa entidade, conhecida como hipertensão não-complicada grave, é muito comum nos atendimentos de emergência ou em terapia intensiva. Dos pacientes com hipertensão não-complicada grave, 60% são inteiramente assintomáticos e apresentam-se para obtenção de nova receita médica ou para medidas rotineiras de pressão sanguínea ou apresentam pressão elevada durante exames físicos de rotina. Os outros 40% apresentam achados não-específicos, como dores de cabeça, tontura ou fraqueza, porém, sem evidências de disfunção aguda de órgãos-alvo.

No passado, essa entidade era chamada de *urgência hipertensiva*, refletindo a noção errônea de que uma redução aguda da PA em poucas horas, antes da alta dos pacientes das unidades de terapia intensiva, era essencial para minimizar o risco de complicações no curto prazo provocadas por hipertensão grave. Entre os regimes de tratamento comumente usados estava uma dose de ataque de clonidina ou nifedipina sublingual. Entretanto, a prática da redução aguda da PA na hipertensão não-complicada grave não é mais considerada norma padrão de tratamento. A pesquisa Veterans Administration Cooperative Study em pacientes com hipertensão grave incluiu 70 pacientes tratados com placebo que tinham uma PA diastólica média de 121 mmHg na apresentação. Entre esses pacientes não-tratados, 27 apresentaram eventos mórbidos durante uma média de 11 (±2) meses de acompanhamento. O primeiro evento mórbido, porém, ocorreu após dois meses.

Esses dados sugerem que em pacientes com hipertensão não-complicada grave sem evidências de hipertensão maligna ou de disfunção aguda de órgão-alvo, complicações eventuais por derrame, IM ou insuficiência cardíaca tendem a ocorrer ao longo de um período de meses a anos, em lugar de horas ou dias. Embora o controle de longa duração da PA possa claramente prevenir essas complicações eventuais, não se consegue diagnosticar uma crise hipertensiva porque não existe nenhuma evidência indicando que redução aguda da PA resulte na melhora do prognóstico de curto ou longo prazo. Embora essa redução em pacientes com hipertensão não-complicada grave com uso de nifedipina sublingual ou dose de ataque de clonidina oral fosse, antigamente a norma padrão de tratamento *de facto*, essa prática era freqüentemente uma resposta emocional da parte do médico responsável pelo tratamento à dramática elevação da PA ou era motivada pelo medo de repercussões médico-jurídicas em caso improvável de ocorrer complicação hipertensiva em horas ou dias. Observação e documentação da queda dramática da PA é uma manobra terapêutica satisfatória, mas não existe nenhuma base científica para essa abordagem. Nenhuma literatura dá sustentação à idéia de que se deve atingir uma meta de redução da PA para que o paciente com hipertensão não-complicada grave tenha alta das unidades de terapia intensiva. Na verdade, essa redução é freqüentemente contraproducente porque pode produzir efeitos colaterais indesejados, que tornam o paciente menos propenso a aderir à terapia medicamentosa de longa duração. Em vez disso, a intervenção terapêutica aguda deve-se concentrar na elaboração de um regime anti-hipertensivo de manutenção eficaz bem tolerado, educando-se o paciente com relação à natureza crônica do processo da doença e à importância da adesão e do acompanhamento médico de longa duração. Se o paciente simplesmente ficou sem medicamentos, a reinstituição do regime medicamentoso usado anteriormente deve bastar. Caso se considere que há adesão do paciente a um regime medicamentoso existente, uma mudança sensata no regime, como aumento na dosagem subótima de um medicamento existente ou acréscimo de um medicamento de outra classe, é uma providência apropriada. Nesse sentido, o acréscimo de uma dose baixa de diurético tiazídico como segundo agente para a monoterapia existente com iECA, BRA, BCC, betabloqueador ou alfa-agonista central é, com freqüência, muito eficaz. Outra meta eficaz na intervenção aguda deve ser providenciar acompanhamento ambulatorial adequado em poucos dias. Redução gradual da PA a níveis normotensos em poucos dias a uma semana deve ser alcançada em conjunto com visitas ambulatoriais freqüentes para modificar o regime medicamentoso e reforçar a importância da adesão duradoura à terapia. Embora menos dramática que a redução aguda da PA em unidades de terapia intensivas, esse tipo de abordagem para tratamento de hipertensão crônica tem maior chance de prevenir complicações hipertensivas no longo prazo e episódios recorrentes de hipertensão não-complicada grave.

LEITURAS SUGERIDAS

Acute Infarction Ramipril Efficacy (AIRE) Study Investigators. Effects of ramipril on mortality and morbidity of survivors of acute myocardial infarction with clinical evidence of heart failure. *Lancet* 1993;342:821-828.

ALLHAT Collaborative Research Group. Major cardiovascular events in hypertensive patients randomized to doxazosin vs. chlorthalidone: the antihypertensive and lipid-lowering to prevent heart attack trial (ALLHAT). *JAMA* 2000;238:1967-1975.

ALLHAT Officers and Coordinators for the ALLHAT Collaborative Research Group. Major outcomes in high-risk hypertensive patients randomized to angiotensin-converting enzyme inhibitor, calcium channel blocker vs. diuretic. *JAMA* 2002;288:2981-2997.

American Diabetes Association. Treatment of hypertension in adults with diabetes. *Diabetes Care* 2003;26(Suppl 1):S80-&82.

β-blocker Heart Attack Trial Research Group. A randomized trial of propranolol in patients with acute myocardial infarction, I: mortality results (BHAT). *JAMA* 1982;247:1707-1714.

Black HR, Elliott JW, Grandits G, et al. Principal results of the Controlled Onset Verapamil Investigation of Cardiovasculaar End Points (CONVINCE) trial. *JAMA* 2003;289:2073-2082.

Braunwald E, Antgman EM, Beasley JW, et al. AHA 2002 guideline update for the management of patients with unstable angina and non-ST-segment elevation myocardial infarction (ACC/AHA Post MI Guideline). *J Am Coll Cardiol* 2002;40:1366-1374.

Brenner BM, Copper ME de Zeeuq D, et al. Effects of losartan on renal and cardiovascular outcomes in patients with type 2 diabetes and nephropathy (RENAAL). *N Engl J Med* 2001;345:861-869.

Capricorn Investigators. Effect of varvedilol on outcome after myocardial infarction in patients with left-ventricular dysfunction: The CAPRICORN randomized trial *Lancet* 2001;357:1358-1890.

Chobanian AV, Bakris GL, Black HR, et al. The seventh report of the Joint National Committee on Prevention, Detection, Evaluation, and Treatment of Hypertension. The JNC 7 report *JAMA* 2003;289:2560-2572.

CIBIS Investigators and Committees, A randomized trial of beta-blockade in heart failure: the Cardiac Insufficiency Bisprolol Study (CIBIS). *Circulation* 1994;90:1765-1773.

Cohn J, Tognoni G. A randomized trial of the angiotensin receptor blocker valsartan in chronic heart failure (ValHEFT). *N Engl J Med* 2001;345:1667-1675.

Dahlof B, Devereux RB, Kjeldsen SE, et al. Cardiovascular morbidity and mortality in the Losartan Intervention for Endpoint Reduction in Hypertension Study (LIFE). *Lancet* 2002;369:995-1003.

GISEN (Cruppo Italiano di Studi Epidemiologici in Nefrologia) Group. Randomized placebo-controlled trial of effect of ramipril on decline in glomerular filtration rate and risk of terminal renal failure in proteinuric, non-diabetic nephropathy (REIN). *Lancet* 1997;349:1857-1863.

Guyton AC, Manning RD, Norman RA, et al. Current concepts and perspectives of renal volume regulation in relationship to hypertension. *J Hypertens* 1986;4 (Suppl 4):S49-S56.

Hager WD, Davis BR, Riba A, et al. for the Survival and Ventricular Enlargement (SAVE) Investigators. Absence of a deleterious effect of calcium channel blockers in patients with left ventricular dysfunction after myocardial infarction: the SAVE Study Experience. *Am Heart J* 1998;135:406-423.

Hall JE, Granger JP, Smith MJ, et al. Role of renal hemodynamics and arterial pressure in aldosterone "escape". *Hypertersion* 1984;6(Suppl 1): I83-I192.

Heart Outcomes Prevention Evaluation Study Investigators. Effects of an angiotensin-converting-enzyme inhibitor, ramipril on cardiovascular events in high-risk patients (HOPE). *N Engl J Med* 2000;342:145-153.

Hunt SA, Baker DW, Chin MH, et al. ACC/AHA guidelines for the evaluation and management of chronic heart failure in the adult. *J Am Coll Cardiol* 2001;38:2101-2113.

Intersalt Cooperative Research Group. Intersalt: an international study of electrolyte excretion and blood pressure. Results for 24 hour urinary sodium and potassium excretion. *Br Med J* 1988;297:319-330.

Kober L, Torp-Pedersen C, Carlsen JE, et al., for Trandolapril Cardiac Evaluation (TRACE) Study Group. A clinical trial of the angiotensin-converting enzyme inhibitor trandolapril in patients with left ventricular dysfunction after myocardial infarction. *N Engl J Med* 1995;333:1670-1676.

Lewis EJ, Hunsicker LG, Bain RP, et al. The effect of angiotensin-converting enzyme inhibitor on diabetic nephropathy: the Collaborative Study Group (Captopril Trial). *N Engl J Med* 1993;329:1456-1462.

Lewis EJ, Hunsicker LG, Clarke WR, et al. Renoprotective effect of the angiotensin-receptor antagonist irbesartan in patients with nephropathy due to type 2 diabetes (INDT). *N Engl J Med* 2001;345:851-860.

Lifton RP, Gharavi AG, Geller DS. Molecular mechanisms of human hypertension. *Cell* 2001;104:545-556.

National Kidney Foundation Guideline. K/DOQI clinical practice guidelines for chronic kidney disease: Kidney Disease Outcome Quality Initiative. *Am J Kidney Dis* 2002; 39(Suppl 2):S1-S246.

Nolan CR. Hypertensive crises. In: RW Schrier, ed. *Atlas of diseases of the kidney,* Vol 3. Philadelphia: Current Medicine, 1999.

Nolan CR. Malignant hypertension and other hypertensive crises. In: RW Schrier, ed. *Diseases of the kidney and urinary tract,* 7th ed. Boston: Lippincott Williams & Wilkins, 2001:1513-1592.

Nolan CR, Schrier RW. The kidney in hypertension. In: RW Schrier, ed. *Renal and electrolyte disorders,* 6th ed. Philadelphia: Lippincott Williams & Wilkins, 2003.

Packer M, Coats AJ, Fowler MB, et al. Effect of carvedolo on survival in severe chronic heart failure (COPERNICUS). *N Engl J Med* 2001;344:1651-1658.

Pitt B, Remme W, Zannad F, et al. Eplerenone, a selective aldosterone blocker, in patients with left ventricular dysfunction after myocardial infarction (EPHESUS). *N Engl J Med* 2003;348:1309-1321.

Pitt B, Zannad F, Remme WJ, et al., for Randomized Aldactone Evaluation Study Investigators. The effect of spironolactone on morbidity and mortality in patients with severe heart failure (RALES). *N Engl J Med* 1999;341:709-717.

PROGRESS Collaborative Study Group. Randomised trial of perindopril-based blood pressure lowering regimen among 6105 individuals with previous stroke or transient ischaemic attack. *Lancet* 2001;358:1033-1041.

Pstay BM, Smith NL, Siscoviek DS, et al. Health outcomes associated with antihypertensive therapies used as first-line agents. *JAMA* 1997;277:739-745.

SHEP Cooperative Research Group. Prevention of stroke by antihypertensive treatment in older persons with isolated systolic hypertension. Final results of the Systolic Hypertension in the Elderly Program (SHEP). *JAMA* 1991;265:3255-3264.

SOLVD Investigators. Effect of enalapril on survival in patients with reduced left ventricular ejection fractions and congestive heart failure. *N Engl J Med* 1991;325:293-302.

Tepper D. Frontiers in congestive heart failure: effect of metoprolol CR/XL in chronic congestive heart failure (MERIT-HF). *Congest Heart Fail* 1999;5:184-185.

UK Prospective Diabetes Study Group. Efficacy of atenolol and captopril in reducing risk of macrovascular and microvascular complications in type 2 diabetes: UKPDS 39. *BMJ* 1998;317:713-720.

Wing LMH, Reid CM, Ryan P, et al., for Second Australian National Blood Pressure Study Group. A comparison of outcomes with angiotensin-converting-enzyme inhibitors and diuretics for hypertension in the elderly (ANBP2). *N Engl J Med*,: 2003;348:583-592.

Wright JT Jr., Agadoa L, Contreras G, et al. Successful blood pressure control in African American Study of Kidney Disease and Hypertension (AASK). *Arch Intern Med* 2002;162:1636-1648.

Capítulo **16**

Diretrizes Práticas para a Administração de Drogas em Pacientes com Insuficiência Renal

George R. Aronoff

Uremia influencia todos os sistemas orgânicos e todos os aspectos da medicação. Mudanças fisiológicas provocadas por doença renal têm efeito pronunciado sobre a farmacologia de muitos medicamentos. Este capítulo oferece um esquema racional para dosagem medicamentosa em pacientes com função renal reduzida e para aqueles que necessitam de terapia de renal substitutiva.

A Figura 16-1 mostra a abordagem para dosagem medicamentosa em pacientes com doença renal. Quando possível, um diagnóstico específico deve ser estabelecido antes de iniciar a terapia medicamentosa.

Uso de menos medicamentos e conhecimento das potenciais interações medicamentosas reduz os efeitos adversos dos medicamentos e a ocorrência de interações entre medicamentos.

I. HISTÓRICO E EXAME FÍSICO. Avaliação clínica deve começar sempre com histórico e exame físico cuidadosos. Histórico de alergia a medicamentos ou toxicidade anteriores e uso de medicações concomitantes ou drogas recreacionais são particularmente importantes para esse propósito. Na avaliação física deve-se incluir uma estimativa do volume de líquido extracelular (LEC). Edema ou ascite aumenta a distribuição de volume de muitos medicamentos, enquanto desidratação contrai esse volume. Medidas de peso e altura corporais são necessárias para ajustar o regime de dosagem. Para pacientes obesos, a média calculada do peso corporal ideal e a medida do peso corporal são úteis para estimar as doses de medicamentos. Devem-se investigar evidências de insuficiência funcional de outros órgãos excretores. Estigmas de doença hepática são pistas que podem ser necessárias para alteração das doses de medicamento.

II. MENSURAÇÃO DA FUNÇÃO RENAL. A velocidade de eliminação de medicamentos excretados pelos rins é proporcional à taxa de filtração glomerular (TFG). A taxa de *clearance* de creatinina ou creatinina sérica é usada para determinar a função renal antes de se prescrever qualquer medicamento. A equação de Cockcroft-Gault é útil para esse propósito:

$$Clcr = \frac{(140 - idade) \times (PCI)}{72 \times CrS} \times (0,85 \text{ se mulher})$$

onde:
Clcr = *Clearance* de creatinina (ml/min).
CrS = Creatinina sérica (mg/dl).
PCI (em kg) = Peso corporal ideal (homens) = 50 kg + 2,8 kg por polegada sobre 5 pés = Peso corporal ideal (mulheres) = 45,5 kg + 2,3 kg por polegada sobre 5 pés.

Para obesos, a equação é modificada:

$$\text{Clcr (obesos)} = \frac{(137 - \text{idade}) \times [(0,285 \times \text{peso}) + (12,1 \times \text{altura})]}{51 \times \text{CrS}}$$

$$\text{Clcr (obesas)} = \frac{(146 - \text{idade}) \times [(0,287 \times \text{peso}) + (9,74 \times \text{altura})]}{60 \times \text{CrS}}$$

onde:
peso = peso do paciente em kg.
altura = altura do paciente em cm.

Em casos de alteração na função renal, a creatinina sérica não mais reflete a taxa verdadeira de *clearance*, portanto, é necessária coleta de urina durante certo período para se estimar a função renal.

O ponto médio da creatinina sérica é útil para calcular o *clearance* de creatinina durante o período de coleta. Se o paciente está oligúrico, o *clearance* de creatinina é menor que 5 ml por minuto.

Creatinina sérica reflete a massa muscular tão bem quanto a TFG. As medidas de creatinina sérica dentro da faixa "normal" são usadas

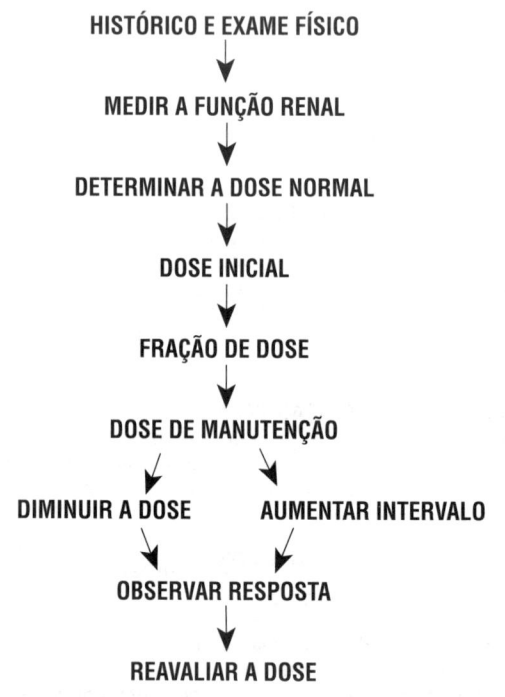

HISTÓRICO E EXAME FÍSICO
↓
MEDIR A FUNÇÃO RENAL
↓
DETERMINAR A DOSE NORMAL
↓
DOSE INICIAL
↓
FRAÇÃO DE DOSE
↓
DOSE DE MANUTENÇÃO
↙   ↘
DIMINUIR A DOSE   AUMENTAR INTERVALO
↘   ↙
OBSERVAR RESPOSTA
↓
REAVALIAR A DOSE

Figura 16-1 Esquema de dosagem medicamentosa para pacientes com insuficiência renal.

freqüentemente para definir a função renal "normal". Essa suposição errônea pode causar superdosagem séria e conseqüente acúmulo tóxico de medicamento em pacientes idosos ou debilitados, com massa muscular diminuída.

III. CÁLCULO DA DOSE INICIAL. O propósito da dose inicial é atingir rapidamente concentrações plasmáticas terapêuticas. Deve-se avaliar a possibilidade de administração de uma dose de ataque quando a meia-vida de um medicamento é particularmente longa em pacientes com função renal deficiente e a situação clínica exige rapidez na obtenção de níveis terapêuticos. Quando o exame físico sugere que o volume de LEC está normal, a dose de ataque de um medicamento dado a um paciente com insuficiência renal é a mesma dose inicial dada a um com função renal normal. As doses iniciais para a maioria dos medicamentos que requerem dose de ataque já são conhecidas. Entretanto, a dose de ataque pode ser calculada usando-se a seguinte fórmula:

$$\text{Dose de ataque} = Vd\ (l/kg) \times \text{peso}\ (kg) \times Np\ (mg/l)$$

onde:
Vd = volume de distribuição do medicamento
Peso = peso corporal ideal do paciente
Np = nível plasmático desejado do medicamento

Se o paciente tem edema ou ascite, uma dose de ataque maior pode ser necessária. Por outro lado, pacientes desidratados ou debilitados devem receber doses iniciais menores de medicamento.

IV. CÁLCULO DA DOSE DE MANUTENÇÃO. Vários métodos podem ser usados para definir doses subseqüentes. A seguinte relação é útil para calcular a fração da dose normal recomendada para paciente com insuficiência renal:

$$\text{Fração de dose} = F([Clcr/120] - 1) + 1$$

onde:
F = fração do medicamento inalterada excretada na urina
Clcr = *clearance* de creatinina

Quando F não é conhecido, a razão entre a meia-vida do medicamento em pacientes com função renal normal ($T_{1/2}$ normal) e aquela medida em pacientes com insuficiência renal ($T_{1/2}$ insuficiência renal) pode ser substituída conforme abaixo:

$$\text{Fração de dose} = \frac{T1/2\ \text{normal}}{T1/2\ \text{insuficiência renal}}([Clcr/120] - 1) + 1$$

A Tabela 16-1 lista os medicamentos comumente usados que requerem alteração considerável de dose quando usados em pacientes com insuficiência renal e as sugestões para diálise e ajuste de dosagem.
A. **Uso da tabela.** Prolongamento do intervalo de dose é, com freqüência, um método conveniente e eficaz em termos de custo para alterar a dose de medicamento em pacientes com insuficiência renal. Essa recomendação é indicada na tabela pelo "I" na coluna *Método*.

Tabela 16-1 Recomendação de dosagem de medicamentos para pacientes com insuficiência renal e em diálise.

Medicamento	Método de dosagem	TFG[1] > 50 (ml/min)	TFG 10-50 (ml/min)	TFG < 10 (ml/min)	Dose suplementar após hemodiálise	DPAC[2]	TRSC[3]
Acarbose	D	50-100%	Evitar	Evitar	Desconhecida	Desconhecida	Evitar
Acebutolol	D	100%	50%	30% a 50%	Nenhuma	Nenhuma	Dose para TFG 10-50
Acetazolamida	I	q6h	q12h	Evitar	Sem dados	Sem dados	Evitar
Acetoexamida	I	Evitar	Evitar	Evitar	Nenhuma	Nenhuma	Evitar
Ácido acetoidroxâmico	D	100%	100%	Evitar	Desconhecida	Desconhecida	Desconhecida
Acetominofen	I	q4h	q6h	q8h	Nenhuma	Nenhuma	Dose para TFG 10-50
Ácido acetilsalicílico	I	q4h	q4-6h	Evitar	Dose após diálise	Nenhuma	Dose para TFG 10-50
Acrivastina	D	Desconhecida	Desconhecida	Desconhecida	Desconhecida	Desconhecida	Desconhecida
Aciclovir	D,I	5 mg/kg q8h	5 mg/kg q12-24h	2,5 mg/kg q24h	Dose após diálise	Dose para TFG < 10	3,5 mg/kg
Adenosina	D	100%	100%	100%	Nenhuma	Nenhuma	Dose para TFG 10-50
Albuterol	D	100%	75%	50%	Desconhecida	Desconhecida	Dose para TFG 10-50

[1] TFG = Taxa de filtração glomerular.
[2] DPAC = Diálise peritoneal ambulatorial contínua.
[3] TRSC = Terapia renal substitutiva.

Fármaco						
Alcurônio	D	Evitar	Evitar	Evitar	Desconhecida	Evitar
Alfentanil	D	100%	100%	100%	Não aplicável	NA
Alopurinol	D	75%	50%	25%	1/2 dose	Dose para TFG 10-50
Alprazolam	D	100%	100%	100%	Nenhuma	NA
Altretamina	D	Desconhecida	Desconhecida	Desconhecida	Sem dados	Desconhecida
Amantadina	I	q24-48h	q48-72h	q7d	Nenhuma	Dose para TFG 10-50
Amicacina	D,I	60% a 90% q12h	30% a 70% q12-18h	20% a 30% q24-48h	2/3 da dose normal	Dose para TFG 10-50
Amilorida	D	100%	50%	Evitar	Não aplicáve	Não aplicável
Amiodarora	D	100%	100%	100%	Nenhuma	Dose para TFG 10-50
Amitriptilina	D	100%	100%	100%	Nenhuma	NA
Amlodipina	D	100%	100%	100%	Nenhuma	Dose para TFG 10-50
Amoxapina	D	100%	100%	100%	Desconhecida	NA
Amoxicilina	I	q8h	q8-12h	q24h	Dose pós-d álise	Não aplicável
Anfotericina	I	q24h	q24h	q24-36h	Nenhuma	Dose para TFG 10-50
Anfotericina B coloidal	I	q24h	q24h	q24-36h	Nenhuma	Dose para TFG < 10
Anfoteric na B lipídica	I	q24h	q24h	q24-36h	Nenhuma	Dose para TFG < 10

Tabela 16-1 Recomendação de dosagem de medicamentos para pacientes com insuficiência renal e em diálise (*continuação*).

Medicamento	Método de dosagem	TFG[1] >50 (ml/min)	TFG 10-50 (ml/min)	TFG <10 (ml/min)	Dose suplementar após hemodiálise	DPAC[2]	TRSC[3]
Ampicilina	I	q6h	q6-12h	q12-24h	Dose após diálise	250 mg q12h	Dose para TFG 10-50
Amrinona	D	100%	100%	50% a 75%	Sem dados	Sem dados	Dose para TFG 10-50
Anistreplase	D	100%	100%	100%	Desconhecida	Desconhecida	Dose para TFG 10-50
Astemizol	D	100%	100%	100%	Desconhecida	Desconhecida	NA
Atenolol	D,I	100% q24h	50% q48h	30% a 50% q96h	25-50 mg	Nenhuma	Dose para TFG 10-50
Atovaquona	-	100%	100%	100%	Nenhuma	Nenhuma	Dose para TFG 10-50
Atracúrio	D	100%	100%	100%	Desconhecida	Desconhecida	Dose para TFG 10-50
Auranofin	D	50%	Evitar	Evitar	Nenhuma	Nenhuma	Nenhuma
Azatioprina	D	100%	75%	50%	Sim	Desconhecida	Dose para TFG 10-50
Azitromicina	D	100%	100%	100%	Nenhuma	Nenhuma	Nenhuma
Azlocilina	I	q4-6h	q6-8h	q8h	Dose após diálise	Dose para TFG < 10	Dose para TFG 10-50
Aztreonam	D	100%	50% a 75%	25%	0,5 g pós-diálise	Dose para TFG < 10	Dose para TFG 10-50
Benazepril	D	100%	50% a 75%	25% a 50%	Nenhuma	Nenhuma	Dose para TFG 10-50
Bepridil	-	Desconhecida	Desconhecida	Desconhecida	Nenhuma	Nenhuma	Sem dados

Betametasona	D	100%	100%	100%	Desconhecida	Dose para TFG 10-50
Betaxolol	D	100%	100%	50%	Nenhuma	Dose para TFG 10-50
Bezafibrato	D	70%	50%	25%	Desconhecida	Dose para TFG 10-50
Bisoprolol	D	100%	75%	50%	Desconhecida	Dose para TFG 10-50
Bleomicina	D	100%	75%	50%	Nenhuma	Dose para TFG 10-50
Bopindolol	D	100%	100%	100%	Nenhuma	Dose para TFG 10-50
Bretílio	D	100%	25% a 50%	25%	Nenhuma	Dose para TFG 10-50
Bromocriptina	D	100%	100%	100%	Desconhecida	Desconhecida
Bronfeniramina	D	100%	100%	100%	Desconhecida	NA
Budesonida	D	100%	100%	100%	Desconhecida	Dose para TFG 10-50
Bumetan da	D	100%	10090	100%	Nenhuma	Não aplicável
Bupropiona	D	100%	100%	100%	Desconhecida	NA
Buspirona	D	100%	100%	100%	Nenhuma	NA
Bussulfano	D	100%	100%	100%	Desconhecida	Dose para TFG 10-50
Butorfanol	D	100%	75%	50 %	Desconhecida	NA
Capreomicina	I	q24h	q24h	q48h	Dar dose somente após diálise	Dose para TFG 10-50

Tabela 16-1 Recomendação de dosagem de medicamentos para pacientes com insuficiência renal e em diálise (*continuação*).

Medicamento	Método de dosagem	TFG[1] >50 (ml/min)	TFG 10-50 (ml/min)	TFG <10 (ml/min)	Dose suplementar após hemodiálise	DPAC[2]	TRSC[3]
Captopril	D,I	100% q8-12h	75% q12-18h	50% q24h	25% a 30%	Nenhuma	Dose para TFG 10-50
Carbamazepina	D	100%	100%	100%	Nenhuma	Nenhuma	Nenhuma
Carbidopa	D	100%	100%	100%	Desconhecida	Desconhecida	Desconhecida
Carboplatina	D	100%	50%	25%	1/2 dose	Desconhecida	Dose para TFG 10-50
Carmustina	D	Desconhecida	Desconhecida	Desconhecida	Desconhecida	Desconhecida	Desconhecida
Carteolol	D	100%	50%	25%	Desconhecida	Nenhuma	Dose para TFG 10-50
Carvedilol	D	100%	100%	100%	Nenhuma	Nenhuma	Dose para TFG 10-50
Cefaclor	D	100%	50% a 100%	50%	250 mg após diálise	250 mg q8-12h	Não aplicável
Cefadroxil	I	q12h	q12-24h	q24-48h	0,5-1,0 g após diálise	0,5 g/d	Não aplicável
Cefamandol	I	q6h	q6-8h	q12h	0,5-1,0 g após diálise	0,5-1,0 g q12h	Dose para TFG 10-50
Cefazolina	I	q8h	q12h	q24-48h	0,5-1,0 g após diálise	0,5 g q12h	Dose para TFG 10-50
Cefepima	I	q12h	q16-24h	q24-48h	1,0 g após diálise	Dose para TFG <10	Não recomendada
Cefixima	D	100%	75%	50%	300 mg após diálise	200 mg/d	Não recomendada
Cefmenoxima	D,I	1,0 g q8h	0,75 g q8h	0,75 g q12h	0,75 g após diálise	0,75 g q12h	Dose para TFG 10-50

Fármaco					Dose após diálise	Dose para TFG < 10	Dose para TFG 10-50
Cefmetazol	I	q16h	q24h	q48h	Nenhuma	Nenhuma	Nenhuma
Cefonicida	D,I	0,5 g/d	0,1 a 0,5 g/d	0,1 g/d	Nenhuma	Nenhuma	Nenhuma
Cefoperazona	D	100%	100%	100%	1 g após diálise	Nenhuma	Nenhuma
Ceforanida	I	q12h	q12-24h	q24-48h	0,5-1,0 g pós-diálise	Nenhuma	1,0 g/d
Cefotaxima	I	q6h	q8-12h	q24h	1 g pós-diálise	1 g/d	1 g q12h
Cefotetano	D	100%	50%	25%	1 g pós-diálise	1 g/d	750 mg q12h
Cefoxitina	I	q8h	q8-12h	q24-48h	1 g pós-diálise	1 g/d	Dose para TFG 10-50
Cefpodoxima	I	q12h	q16h	q24-48h	200 mg pós-diálise	Dose para TFG < 10	Não aplicável
Cefprozila	D,I	250 mg q12h	250 mg q12–16h	250 mg q24h	250 mg pós-diálise	Dose para TFG < 10	Dose para TFG < 10
Ceftazidima	I	q8-12h	q24-48h	q48h	1 g pós-diálise	0,5 g/d	Dose para TFG 10-50
Ceftibutina	D	100%	50%	25%	300 mg pós-diálise	Dose para TFG < 10	Dose para TFG 10-50
Ceftizoxima	I	q8-12h	q12-24h	q24h	1 g pós-diálise	0,5-1,0 g/d	Dose para TFG 10-50
Ceftriaxona	D	100%	100%	100%	Dose após diálise	750 mg q12h	Dose para TFG 10-50
Cefuroxima axetil	D	100%	100%	100%	Dose após diálise	Dose para TFG < 10	Não aplicável
Cefuroxir a sódica	I	q8h	q8-12h	q12h	Dose após diálise	Dose para TFG < 10	1 g q12h
Celiprolol	D	100%	100%	75%	Desconhecida	Nenhuma	Dose para TFG 10-50
Cefálexina	I	q8h	q12h	q12h	Dose após diálise	Dose para TFG < 10	Não aplicável

Tabela 16-1 Recomendação de dosagem de medicamentos para pacientes com insuficiência renal e em diálise (*continuação*).

Medicamento	Método de dosagem	TFG[1] >50 (ml/min)	TFG 10-50 (ml/min)	TFG <10 (ml/min)	Dose suplementar após hemodiálise	DPAC[2]	TRSC[3]
Cefalotina	I	q6h	q6-8h	q12h	Dose após diálise	1 g q12h	1 g q8h
Cefapirina	I	q6h	q6-8h	q12h	Dose após diálise	1 g q12h	1 g q8h
Cefradina	D	100%	56%	25%	Dose após diálise	Dose para TFG < 10	Não aplicável
Cetirizina	D	100%	100%	30%	Nenhuma	Desconhecida	NA
Hidrato de cloral	D	100%	Evitar	Evitar	Nenhuma	Desconhecida	NA
Clorambucil	D	Desconhecida	Desconhecida	Desconhecida	Desconhecida	Desconhecida	Desconhecida
Cloranfenicol	D	100%	100%	100%	Nenhuma	Nenhuma	Nenhuma
Clorazepato	D	100%	100%	100%	Desconhecida	Desconhecida	NA
Clordiazepóxido	D	100%	100%	50%	Nenhuma	Desconhecida	Dose para TFG 10-50
Cloroquina	D	100%	100%	50%	Nenhuma	Nenhuma	Nenhuma
Clorfeniramina	D	100%	100%	100%	Nenhuma	Desconhecida	NA
Clorpromazina	D	100%	100%	100%	Nenhuma	Nenhuma	Dose para TFG 10-50
Clorpropamida	D	50%	Evitar	Evitar	Desconhecida	Nenhuma	Evitar
Clortalidona	I	q24h	q24h	Evitar	Não aplicável	Não aplicável	Não aplicável

Colestiramina	D	100%	100%	100%	Nenhuma	Nenhuma	Dose para TFG 10-50
Cibenzolina	D,I	100% q12h	100% q12h	66% q24h	Nenhuma	Nenhuma	Dose para TFG 10-50
Cidofovir	D	50% a 100%	Evitar	Evitar	Sem dados	Sem dados	Evitar
Cilastina	D	100%	50%	Evitar	Evitar	Evitar	Evitar
Cilazapril	D,I	75% q24h	50% q24-48h	10% a 25% q72h	Nenhuma	Nenhuma	Dose para TFG 10-50
Cimetidina	D	100%	50%	25%	Nenhuma	Nenhuma	Dose para TFG 10-50
Cinoxacino	D	100%	50%	Evitar	Evitar	Evitar	Evitar
Ciprofloxacino	D	100%	50% a 75%	50%	250 mg ql2h	250 mg q8h	200 mg iv q12h
Cisaprida	D	100%	100%	50%	Desconhecida	Desconhecida	50-100%
Cisplatina	D	100%	75%	50%	Sim	Desconhecida	Dose para TFG 10-50
Cladribina	D	Desconhecida	Desconhecida	Desconhecida	Desconhecida	Desconhecida	Desconhecida
Claritromicina	D	100%	75%	50% a 75%	Dose após diálise	Nenhuma	Nenhuma
Acido clavulânico	D	100%	100%	50% a 75%	Dose após diálise	Dose para TFG < 10	Dose para TFG 10-50
Clindamicina	D	100%	100%	100%	Nenhuma	Nenhuma	Nenhuma
Clodronato	D	Desconhecida	Desconhecida	Evitar	Desconhecida	Desconhecida	Desconhecida
Clofazamina	-	100%	100%	100%	Nenhuma	Nenhuma	Sem dados
Clofibrato	I	q6-12h	q12-18h	Evitar	Nenhuma	Desconhecida	Dose para TFG 10-50

Tabela 16-1 Recomendação de dosagem de medicamentos para pacientes com insuficiência renal e em diálise (continuação).

Medicamento	Método de dosagem	TFG[1] >50 (ml/min)	TFG 10-50 (ml/min)	TFG <10 (ml/min)	Dose suplementar após hemodiálise	DPAC[2]	TRSC[3]
Clomipramina	D	Desconhecida	Desconhecida	Desconhecida	Desconhecida	Desconhecida	NA
Clonazepam	D	100%	100%	100%	Nenhuma	Desconhecida	NA
Clonidina	D	100%	100%	100%	Nenhuma	Nenhuma	Dose para TFG 10-50
Codeína	D	100%	75%	50%	Desconhecida	Desconhecida	Dose para TFG 10-50
Colchicina	D	100%	100%	50%	Nenhuma	Desconhecida	Dose para TFG 10-50
Colestipol	D	100%	100%	100%	Nenhuma	Nenhuma	Dose para TFG 10-50
Cortisona	D	100%	100%	100%	Nenhuma	Desconhecida	Dose para TFG 10-50
Ciclofosfamida	D	100%	100%	75%	1/2 dose	Desconhecida	Dose para TFG 10-50
Cicloserina	I	q12h	q12-24h	q24h	Nenhuma	Nenhuma	Dose para TFG 10-50
Ciclosporina	D	100%	100%	100%	Nenhuma	Nenhuma	100%
Citarabina	D	100%	100%	100%	Desconhecida	Desconhecida	Dose para TFG 10-50
Dapsona	-	100%	Sem dados	Sem dados	Nenhuma	Dose para TFG < 10	Sem dados
Daunorrubicina	D	100%	100%	100%	Desconhecida	Desconhecida	Desconhecida
Delavirdina	-	100%	100%	100%	Nenhuma	Sem dados	Dose para TFG10-50

Fármaco		Função normal	TFG > 50	TFG 10-50	TFG < 10	Hemodiálise	Diálise peritoneal
Desferroxamina	D	100%	100%	100%	Desconhecida	Desconhecida	Dose para TFG 10-50
Desipramina	D	100%	100%	100%	Nenhuma	Nenhuma	NA
Dexametasona	D	100%	100%	100%	Desconhecida	Desconhecida	Dose para TFG 10-50
Diazepam	D	100%	100%	100%	Nenhuma	Desconhecida	100%
Diazóxido	D	100%	100%	100%	Nenhuma	Nenhuma	Dose para TFG 10-50
Diclofenaco	D	100%	100%	100%	Nenhuma	Nenhuma	Dose para TFG 10-50
Dicloxacilina	D	100%	100%	100%	Nenhuma	Nenhuma	Não aplicável
Didanosina	I	q12h	q24h	q24-48h	Dose após diálise	Dose para TFG < 10	Dose para TFG < 10
Diflunisal	D	100%	50%	50%	Nenhuma	Nenhuma	Dose para TFG 10-50
Digitoxina	D	100%	100%	50% a 75%	Nenhuma	Nenhuma	Dose para TFG 10-50
Digoxina	D, I	100% q24h	25% a 75% q36h	10% a 25% q48h	Nenhuma	Nenhuma	Dose para TFG 10-50
Dilevalol	D	100%	100%	100%	Nenhuma	Nenhuma	Desconhecida
Diltiazem	D	100%	100%	100%	Nenhuma	Nenhuma	Dose para TFG 10-50
Difenidramina	D	100%	100%	100%	Nenhuma	Nenhuma	Nenhuma
Dipiridamol	D	100%	100%	100%	Desconhecida	Desconhecida	NA
Diritromicina	-	100%	100%	100%	Nenhuma	Nenhuma	Dose para TFG 10-50
Disopiramida	I	q8h	q12-24h	q24-40h	Nenhuma	Nenhuma	Dose para TFG 10-50

Tabela 16-1 Recomendação de dosagem de medicamentos para pacientes com insuficiência renal e em diálise (*continuação*).

Medicamento	Método de dosagem	TFG[1] >50 (ml/min)	TFG 10-50 (ml/min)	TFG <10 (ml/min)	Dose suplementar após hemodiálise	DPAC[2]	TRSC[3]
Dobutamina	D	100%	100%	100%	Sem dados	Sem dados	Dose para TFG 10-50
Doxacúrio	D	100%	50%	50%	Desconhecida	Desconhecida	Dose para TFG 10-50
Doxazosina	D	100%	100%	100%	Nenhuma	Nenhuma	Dose para TFG 10-50
Doxepina	D	100%	100%	100%	Nenhuma	Nenhuma	Dose para TFG 10-50
Doxorrubicina	D	100%	100%	100%	Nenhuma	Desconhecida	Dose para TFG 10-50
Doxiciclina	D	100%	100%	100%	Nenhuma	Nenhuma	Dose para TFG 10-50
Difilina	D	75%	50%	25%	1/3 dose	Desconhecida	Dose para TFG 10-50
Enalapril	D	100%	75% a 100%	50%	20% a 25%	Nenhuma	Dose para TFG 10-50
Epirrrubicina	D	100%	100%	100%	Nenhuma	Desconhecida	Dose para TFG 10-50
Erbastina	D	100%	50%	50%	Desconhecida	Desconhecida	Dose para TFG 10-50
Eritromicinaa	D	100%	100%	50% a 75%	Nenhuma	Nenhuma	Nenhuma
Estazolam	D	100%	100%	100%	Desconhecida	Desconhecida	NA
Ácido etacrínico	I	q8-12h	q8-12h	Evitar	Nenhuma	Nenhuma	Não aplicável
Etambutol	I	q24h	q24-36h	q48h	Dose após diálise	Dose para TFG < 10	Dose para TFG 10-50

Etclorvinol	D	100%	Evitar	Evitar	Nenhuma	Nenhuma	NA
Etionamida	D	100%	100%	50%	Nenhuma	Nenhuma	Nenhuma
Etosuximida	D	100%	100%	100%	Nenhuma	Desconhecida	Desconhecida
Etodolaco	D	100%	100%	100%	Nenhuma	Nenhuma	Dose para TFG 10-50
Etomidato	D	100%	100%	100%	Desconhecida	Desconhecida	Dose para TFG 10-50
Etoposida	D	100%	75%	50%	Nenhuma	Desconhecida	Dose para TFG 10-50
Fanciclovir	I	100%	q12-48h	50% q48h	Dose após diálise	Sem dados	Dose para TFG 10-50
Famotidina	D	50%	25%	10%	Nenhuma	Nenhuma	Dose para TFG 10-50
Fazadínio	D	100%	100%	100%	Desconhecida	Desconhecida	Dose para TFG 10-50
Felodipina	D	100%	100%	100%	Nenhuma	Nenhuma	Dose para TFG 10-50
Fenoprofeno	D	100%	100%	100%	Nenhuma	Nenhuma	Dose para TFG 10-50
Fentanila	D	100%	75%	50%	Não aplicável	Não aplicável	NA
Fexofenadina	I	q12h	q12-24h	q24h	Desconhecida	Desconhecida	Dose para TFG 10-50
Flecainida	D	100%	100%	50% a 75%	Nenhuma	Nenhuma	Dose para TFG 10-50
Fleroxacino	D	100%	50% a 75%	50%	400 mg pós-diálise	400 mg/d	Não aplicável

Tabela 16-1 Recomendação de dosagem de medicamentos para pacientes com insuficiência renal e em diálise (*continuação*).

Medicamento	Método de dosagem	TFG[1] >50 (ml/min)	TFG 10-50 (ml/min)	TFG <10 (ml/min)	Dose suplementar após hemodiálise	DPAC[2]	TRSC[3]
Fluconazol	D	100%	100%	100%	200 mg pós-diálise	Dose para TFG < 10	Dose para TFG 10-50
Flucitosina	I	q12h	q16h	q24h	Dose após diálise	0,5-1,0 g/d	Dose para TFG 10-50
Fludarabina	D	100%	75%	50%	Desconhecida	Desconhecida	Dose para TFG 10-50
Flumazenil	D	100%	100%	100%	Nenhuma	Desconhecida	NA
Flunarizina	D	100%	100%	100%	Nenhuma	Nenhuma	Nenhuma
Fluoruracil	D	100%	100%	100%	Sim	Desconhecida	Dose para TFG 10-50
Fluoxetina	D	100%	100%	100%	Desconhecida	Desconhecida	NA
Flurazepam	D	100%	100%	100%	Nenhuma	Desconhecida	NA
Flurbiprofeno	D	100%	100%	100%	Nenhuma	Nenhuma	Dose para TFG 10-50
Flutamida	D	100%	100%	100%	Desconhecida	Desconhecida	Desconhecida
Fluvastatina	D	100%	100%	100%	Desconhecida	Desconhecida	Dose para TFG 10-50
Fluvoxamina	D	100%	100%	100%	Nenhuma	Desconhecida	NA
Foscarnet	D	28 mg/kg	15 mg/kg	6 mg/kg	Dose após diálise	Dose para TFG < 10	Dose para TFG 10-50
Fosinopril	D	100%	100%	75% a 100%	Nenhuma	Nenhuma	Dose para TFG 10-50

Furosemida	D	100%	100%	100%	Nenhuma	Nenhuma	Não aplicável
Gabapentina	D,I	400 mg tid	300 q12-24h	300 mg qd	800 mg de carga, depois 200-300	-	Dose para TFG 10-50
Galamina	D	75%	Evitar	Evitar	Não aplicável	Não aplicável	Dose para TFG 10-50
Ganciclovir	I	q12h	q24-48h	q48-96h	Dose após diálise	Dose para TFG < 10	2,5 mg/kg d
Gemfibrozila	D	100%	100%	100%	Nenhuma	Desconhecida	Dose para TFG 10-50
Gentamicira	D,I	60% a 90% q8-12h	30% a 70% q12h	20% a 30% q24-48h	2/3 da dose normal	3-4 mg/l d	Dose para TFG 10-50
Glibornurida	D	Desconhecida	Desconhecida	Desconhecida	Desconhecida	Desconhecida	Evitar
Gliclazida	D	Desconhecida	Desconhecida	Desconhecida	Desconhecica	Desconhecida	Evitar
Glipizida	D	100%	100%	100%	Desconhecida	Desconhecida	Evitar
Glibenclamida	D	Desconhecida	Evitar	Evitar	Nenhuma	Nenhuma	Evitar
Aurotiomalato sódico	D	50%	Evitar	Evitar	Nenhuma	Nenhuma	Evitar
Griseofulvina	D	100%	100%	100%	Nenhuma	Nenhuma	Nenhuma
Guanabenz	D	100%	100%	100%	Desconhecida	Desconhecida	Dose para TFG 10-50
Guanadrel	I	q12h	q12-24h	q24-48h	Desconhecida	Desconhecida	Dose para TFG 10-50

Tabela 16-1 Recomendação de dosagem de medicamentos para pacientes com insuficiência renal e em diálise (continuação).

Medicamento	Método de dosagem	TFG[1] >50 (ml/min)	TFG 10-50 (ml/min)	TFG <10 (ml/min)	Dose suplementar após hemodiálise	DPAC[2]	TRSC[3]
Guanetidina	I	q24h	q24h	q24-36h	Desconhecida	Desconhecida	Evitar
Guanfacina	D	100%	100%	100%	Nenhuma	Nenhuma	Dose para TFG 10-50
Haloperidol	D	100%	100%	100%	Nenhuma	Nenhuma	Dose para TFG 10-50
Heparina	D	100%	100%	100%	Nenhuma	Nenhuma	Dose para TFG 10-50
Hexobarbital	D	100%	100%	100%	Nenhuma	Desconhecida	NA
Hidralazina	I	q8h	q8h	q8-16h	Nenhuma	Nenhuma	Dose para TFG 10-50
Hidrocortisona	D	100%	100%	100%	Desconhecida	Desconhecida	Dose para TFG 10-50
Hidroxiuréia	D	100%	50%	20%	Desconhecida	Desconhecida	Dose para TFG 10-50
Hidroxizina	D	100%	Desconhecida	Desconhecida	100%	100%	100%
Ibuprofeno	D	100%	100%	100%	Nenhuma	Nenhuma	Dose para TFG 10-50
Idarrubicina	-	Desconhecida	Desconhecida	Desconhecida	Desconhecida	Desconhecida	Desconhecida
Ifosfamida	D	100%	100%	75%	Desconhecida	Desconhecida	Dose para TFG 10-50
Iloprost	D	100%	100%	50%	Desconhecida	Desconhecida	Dose para TFG 10-50
Imipenem	D	100%	50%	25%	Dose após diálise	Dose para TFG < 10	Dose para TFG 10-50

Imipramina	D	100%	100%	100%	Nenhuma	Nenhuma	NA
Indapamida	D	100%	100%	Evitar	Nenhuma	Nenhuma	Não aplicável
Indinavir	-	100%	100%	100%	Nenhuma	Dose para TFG < 10	Sem dados
Indobufeno	D	100%	50%	25%	Desconhecida	Desconhecida	NA
Indometacina	D	100%	100%	100%	Nenhuma	Nenhuma	Dose para TFG 10-50
Insulina	D	100%	75%	50%	Nenhuma	Nenhuma	Dose para TFG 10-50
Ipratrórpio	D	100%	100%	100%	Nenhuma	Nenhuma	Dose para TFG 10-50
Isoniazida	D	100%	100%	50%	Dose após diálise	Dose para TFG < 10	Dose para TFG < 10
Isossorbida	D	100%	100%	100%	10-20 mg	Nenhuma	Dose para TFG 10-50
Isradipina	D	100%	100%	100%	Nenhuma	Nenhuma	Dose para TFG 10-50
Itraconazcl	D	100%	100%	50%	100 mg q12-24h	100 mg q12-24h	100 mg q12-24h
Canamicina	D,I	60% a 90% q8-2h	30% a 70% q12h	20% a 30% q24-48h	2/3 da dose normal	15-20 mg/l d	Dose para TFG 10-50
Cetamina	D	100%	100%	100%	Desconhecida	Desconhecida	Dose para TFG 10-50
Cetanser na	D	100%	100%	100%	Nenhuma	Nenhuma	Dose para TFG 10-50
Cetoconazol	D	100%	100%	100%	Nenhuma	Nenhuma	Nenhuma
Cetopro'eno	D	100%	100%	100%	Nenhuma	Nenhuma	Dose para TFG 10-50
Cetorolaco	D	100%	50%	50%	Nenhuma	Nenhuma	Dose para TFG 10-50

Tabela 16-1   Recomendação de dosagem de medicamentos para pacientes com insuficiência renal e em diálise (continuação).

Medicamento	Método de dosagem	TFG[1] >50 (ml/min)	TFG 10-50 (ml/min)	TFG <10 (ml/min)	Dose suplementar após hemodiálise	DPAC[2]	TRSC[3]
Labetolol	D	100%	100%	100%	Nenhuma	Nenhuma	Dose para TFG 10-50
Lamivudina	D,I	100%	50-150 mg qd	25 mg qd	Dose após diálise	Dose para TFG < 10	Dose para TFG 10-50
Lamotrigina	D	100%	100%	100%	Desconhecida	Desconhecida	Dose para TFG 10-50
Lansoprazol	D	100%	100%	100%	Desconhecida	Desconhecida	Desconhecida
Levodopa	D	100%	100%	100%	Desconhecida	Desconhecida	Dose para TFG 10-50
Levofloxacino	D	100%	50%	25-50%	Dose para TFG < 10	Dose para TFG < 10	Dose para TFG 10-50
Lidocaina	D	100%	100%	100%	Nenhuma	Nenhuma	Dose para TFG 10-50
Lincomicina	I	q6h	q6-12h	q12-24h	Nenhuma	Nenhuma	Não aplicável
Lisinopril	D	100%	50% a 75%	25% a 50%	20%	Nenhuma	Dose para TFG 10-50
Insulina Lispro	D	100%	75%	50%	Nenhuma	Nenhuma	Nenhuma
Carbonato de lítio	D	100%	50% a 75%	25% a 50%	Dose após diálise	Nenhuma	Dose para TFG 10-50
Lomefloxacino	D	100%	50% a 75%	50%	Dose para TFG < 10	Dose para TFG < 10	Não aplicável
Loracarbef	I	q12h	q24h	q3-5d	Dose pós-diálise	Dose para TFG < 10	Dose para TFG 10-50
Lorazepam	D	100%	100%	100%	Nenhuma	Desconhecida	Dose para TFG 10-50

Fármaco						
Losartan	D	100%	100%	100%	Desconhecida	Desconhecida	Dose para TFG 10-50
Lovastatina	D	100%	100%	100%	Desconhecida	Desconhecida	Dose para TFG 10-50
Heparina de baixo peso molecular	D	100%	100%	50%	Desconhecida	Desconhecida	Dose para TFG 10-50
Maprotilina	D	100%	100%	100%	Desconhecida	Desconhecida	NA
Ácido medofenâmico	D	100%	100%	100%	Nenhuma	Nenhuma	Dose para TFG 10-50
Ácido mefenâmico	D	100%	100%	100%	Nenhuma	Nenhuma	Dose para TFG 10-50
Mefloquina	-	100%	100%	100%	Nenhuma	Nenhuma	Dose para TFG 10-50
Melfalan	D	100%	75%	50%	Desconhecida	Desconhecida	Dose para TFG 10-50
Meperidina	D	100%	75%	50%	Evitar	Nenhuma	Evitar
Meprobamato	I	q6h	q9-12h	q12-18h	Nenhuma	Desconhecida	NA
Meropenem	D,I	500 mg q6h	250-500 mg q12h	250-500 mg q24h	Dose após d'álise	Dose para TFG < 10	Dose para TFG 10-50
Metoproterenol	D	100%	100%	100%	Desconhecida	Desconhecida	Dose para TFG 10-50
Metformina	D	50%	25%	Evitar	Desconhecida	Desconhecida	Evitar
Metadona	D	100%	100%	50% a 75%	Nenhuma	Nenhuma	NA
Mandelato de Metenamina	D	100%	Evitar	Evitar	Não aplicável	Não aplicável	Não aplicável
Meticilina	I	q4-6h	q6-8h	q8-12h	Nenhuma	Nenhuma	Dose para TFG 10-50

Tabela 16-1 Recomendação de dosagem de medicamentos para pacientes com insuficiência renal e em diálise (*continuação*).

Medicamento	Método de dosagem	TFG[1] >50 (ml/min)	TFG 10-50 (ml/min)	TFG <10 (ml/min)	Dose suplementar após hemodiálise	DPAC[2]	TRSC[3]
Methimazol	D	100%	100%	100%	Desconhecida	Desconhecida	Dose para TFG 10-50
Metotrexato	D	100%	50%	Evitar	Sim	Nenhuma	Dose para TFG 10-50
Metildopa	I	q8h	q8-12h	q12-24h	250 mg	Nenhuma	Dose para TFG 10-50
Metilprednisolona	D	100%	100%	100%	Sim	Desconhecida	Dose para TFG 10-50
Metoclopramida	D	100%	75%	50%	Nenhuma	Desconhecida	50-75%
Metocurina	D	75%	50%	50%	Desconhecida	Desconhecida	Dose para TFG 10-50
Metolazona	D	100%	100%	100%	Nenhuma	Nenhuma	Não aplicável
Metoprolol	D	100%	100%	100%	50 mg	Nenhuma	Dose para TFG 10-50
Metronidazol	D	100%	100%	50%	Dose após diálise	Dose para TFG < 10	Dose para TFG 10-50
Mexiletina	D	100%	100%	50% a 75%	Nenhuma	Nenhuma	Nenhuma
Mezlocilina	I	q4-6h	q6-8h	q8h	Nenhuma	Nenhuma	Dose para TFG 10-50
Miconazol	D	100%	100%	100%	Nenhuma	Nenhuma	Nenhuma
Midazolam	D	100%	100%	50%	Não aplicável	Não aplicável	NA
Midodrina	-	5-10 mg q8h	5-10 mg q8h	Desconhecida	5 mg q8h	Sem dados	Dose para TFG 10-5

Fármaco						
Miglitol	D	50%	Evitar	Evitar	Desconhecida	Desconhecida	Evitar
Milrinona	D	100%	100%	50% a 75%	Sem dados	Sem dados	Dose para TFG 10-50
Minociclina	D	100%	100%	100%	Nenhuma	Nenhuma	Dose para TFG 10-50
Minoxidil	D	100%	100%	100%	Nenhuma	Nenhuma	Dose para TFG 10-50
Mitomicina C	D	100%	100%	75%	Desconhecida	Desconhecida	Desconhecida
Mitoxantrona	D	100%	100%	100%	Desconhecida	Desconhecida	Dose para TFG 10-50
Mivacúrio	D	100%	50%	50%	Desconhecida	Desconhecida	Desconhecida
Moricizina	I	100%	100%	100%	Nenhuma	Nenhuma	Dose para TFG 10-50
Morfina	D	100%	75%	50%	Nenhuma	Desconhecida	Dose para TFG 10-50
Moxalactam	I	q8-12h	q12-24h	q24-48h	Dose após diálise	Dose para TFG < 10	Dose para TFG 10-50
Nabumetona	D	100%	100%	100%	Nenhuma	Nenhuma	Dose para TFG 10-50
N-Acetilcisteína	D	100%	100%	75%	Desconhecida	Desconhecida	100%
Nadolol	D	100%	50%	25%	40 mg	Nenhuma	Dose para TFG 10-50
Natcilina	D	100%	100%	100%	Nenhuma	Nenhuma	Dose para TFG 10-50
Ácido nalidíxico	D	100%	Evitar	Evitar	Evitar	Evitar	Não aplicável
Naloxona	D	100%	100%	100%	Não aplicável	Não aplicável	Dose para TFG 10-50
Naproxeno	D	100%	100%	100%	Nenhuma	Nenhuma	Dose para TFG 10-50

Tabela 16-1 Recomendação de dosagem de medicamentos para pacientes com insuficiência renal e em diálise (*continuação*).

Medicamento	Método de dosagem	TFG[1] >50 (ml/min)	TFG 10-50 (ml/min)	TFG <10 (ml/min)	Dose suplementar após hemodiálise	DPAC[2]	TRSC[3]
Nefazodona	D	100%	100%	100%	Desconhecida	Desconhecida	NA
Neltinavir	-	Sem dados	Sem dados	Sem dados	Sem dados	Sem dados	Sem dados
Neostigmina	D	100%	50%	25%	Desconhecida	Desconhecida	Dose para TFG 10-50
Netilmicina	D,I	50% a 90% q8-12h	20% a 60% q12h	10% a 20% q24-48h	2/3 da dose normal	3-4 mg/l d	Dose para TFG 10-50
Nevirapina	D	100%	100%	100%	Nenhuma	Dose para TFG <10	Dose para TFG 10-50
Nicardipina	D	100%	100%	100%	Nenhuma	Nenhuma	Dose para TFG 10-50
Ácido nicotínico	D	100%	50%	25%	Desconhecida	Desconhecida	Dose para TFG 10-50
Nifedipina	D	100%	100%	100%	Nenhuma	Nenhuma	Dose para TFG 10-50
Nimodipina	D	100%	100%	100%	Nenhuma	Nenhuma	Dose para TFG 10-50
Niaoldipina	D	100%	100%	100%	Nenhuma	Nenhuma	Dose para TFG 10-50
Nitrazepam	D	100%	100%	100%	Desconhecida	Desconhecida	NA
Nitrofurantoína	D	100%	Evitar	Evitar	Não aplicável	Não aplicável	Não aplicável
Nitroglicerina	D	100%	100%	100%	Sem dados	Sem dados	Dose para TFG 10-50
Nitroprussiato	D	100%	100%	100%	Nenhuma	Nenhuma	Dose para TFG 10-50

Nitrosuréias	D	100%	75%	25% a 50%	Nenhuma	Desconhecida	Desconhecida
Nizatidina	D	75%	50%	25%	Desconhecida	Desconhecida	Dose para TFG 10-50
Norfloxacino	I	q12h	q12-24h	Evitar	Não aplicável	Não aplicável	Não aplicável
Nortriptilina	D	100%	100%	100%	Nenhuma	Nenhuma	NA
Ofloxacino	D	100%	50%	25% a 50%	100 mg bid	Dose para TFG < 10	300 mg/d
Omeprazol	D	100%	100%	100%	Desconhecida	Desconhecida	Desconhecida
Ondansetrona	D	100%	100%	100%	Desconhecida	Desconhecida	Dose para TFG 10-50
Orfenadrina	D	100%	100%	100%	Desconhecida	Desconhecida	NA
Ouabaína	I	q12-24h	q24-36h	q36-48h	Nenhuma	Nenhuma	Dose para TFG 10-50
Oxaproxina	D	100%	100%	100%	Nenhuma	Nenhuma	Dose para TFG 10-50
Oxatomida	D	100%	100%	100%	Nenhuma	Nenhuma	NA
Oxazepam	D	100%	100%	100%	Nenhuma	Desconhecida	Dose para TFG 10-50
Oxcarbazepina	D	100%	100%	100%	Desconhecida	Desconhecida	Desconhecida
Paclitaxel	D	100%	100%	100%	Desconhecida	Desconhecida	Dose para TFG 10-50
Pancurônio	D	100%	50%	Evitar	Desconhecida	Desconhecida	Dose para TFG 10-50
Paroxetina	D	100%	50% a 75%	50%	Desconhecida	Desconhecida	NA
PAS	D	100%	50% a 75%	50%	Dose pós-diálise	Dose para TFG < 10	Dose para TFG < 10

Tabela 16-1 Recomendação de dosagem de medicamentos para pacientes com insuficiência renal e em diálise (continuação).

Medicamento	Método de dosagem	TFG[1] >50 (ml/min)	TFG 10-50 (ml/min)	TFG <10 (ml/min)	Dose suplementar após hemodiálise	DPAC[2]	TRSC[3]
Penbutolol	D	100%	100%	100%	Nenhuma	Nenhuma	Dose para TFG 10-50
Penicilamina	D	100%	Evitar	Evitar	1/3 dose	Desconhecida	Dose para TFG 10-50
Penicilina G	D	100%	75%	20% a 50%	Dose após diálise	Dose para TFG < 10	Dose para TFG 10-50
Penicilina VK	D	100%	100%	100%	Dose após diálise	Dose para TFG < 10	Não aplicável
Pentamidina	I	q24h	q24-36h	q48h	Nenhuma	Nenhuma	Nenhuma
Pentazocina	D	100%	75%	50%	Nenhuma	Desconhecida	Dose para TFG 10-50
Pentobarbital	D	100%	100%	100%	Nenhuma	Desconhecida	Dose para TFG 10-50
Pentpril	D	100%	50% a 75%	50%	Desconhecida	Desconhecida	Dose para TFG 10-50
Pentoxifilina	D	100%	100%	100%	Desconhecida	Desconhecida	100%
Perfloxacino	D	100%	100%	100%	Nenhuma	Nenhuma	Dose para TFG 10-50
Perindopril	D	100%	75%	50%	25-50%	Desconhecida	Dose para TFG 10-50
Fenelzina	D	100%	100%	100%	Desconhecida	Desconhecida	NA
Fenobarbital	I	q8-12h	q8-12h	q12-16h	Dose pós-diálise	1/2 da dose normal	Dose para TFG 10-50
Fenilbutazona	D	100%	100%	100%	Nenhuma	Nenhuma	Dose para TFG 10-50

Fenitoína	D	100%	100%	100%	Nenhuma	Nenhuma	Nenhuma
Pindolol	D	100%	100%	100%	Nenhuma	Nenhuma	Dose para GFR 10-50
Pipecurônio	D	100%	50%	25%	Desconhecida	Desconhecida	Dose para TFG 10-50
Piperacilina	–	q4-6h	q6-8h	q8h	Dose após diálise	Dose para TFG < 10	Dose para TFG 10-50
Piretanida	D	100%	100%	100%	Nenhuma	Nenhuma	Não aplicável
Piroxicam	D	100%	100%	100%	Nenhuma	Nenhuma	Dose para TFG 10-50
Plicamicina	D	100%	75%	50%	Desconhecida	Desconhecida	Desconhecida
Pravastatina	D	100%	100%	100%	Desconhecida	Desconhecida	Dose para TFG 10-50
Prazepam	D	100%	100%	100%	Desconhecida	Desconhecida	NA
Prazosina	D	100%	100%	100%	Nenhuma	Nenhuma	Dose para TFG 10-50
Prednisolona	D	100%	100%	100%	Sim	Desconhecida	Dose para TFG 10-50
Prednisona	D	100%	100%	100%	Nenhuma	Desconhecida	Dose para TFG 10-50
Primaquira	–	100%	100%	100%	Nenhuma	Nenhuma	Dose para TFG 10-50
Primidona	I	q8h	q8-12h	q12-24h	1/3 dose	Desconhecida	Desconhecida
Probenecida	D	100%	Evitar	Evitar	Evitar	Desconhecida	Evitar
Probuco.	D	100%	100%	100%	Desconhec da	Desconhecida	Dose para TFG 10-50
Procainamida	I	q4h	q6-2h	q8-24h	200 mg	Nenhuma	Dose para TFG 10-50

Tabela 16-1 Recomendação de dosagem de medicamentos para pacientes com insuficiência renal e em diálise (*continuação*).

Medicamento	Método de dosagem	TFG[1] >50 (ml/min)	TFG 10-50 (ml/min)	TFG <10 (ml/min)	Dose suplementar após hemodiálise	DPAC[2]	TSRC[3]
Prometazina	D	100%	100%	100%	Desconhecida	Desconhecida	Dose para TFG 10-50
Propafenona	D	100%	100%	100%	Nenhuma	Nenhuma	Dose para TFG 10-50
Propofol	D	100%	100%	100%	Desconhecida	Desconhecida	Dose para TFG 10-50
Propoxifeno	D	100%	100%	Evitar	Nenhuma	Nenhuma	NA
Propranolol	D	100%	100%	100%	Nenhuma	Nenhuma	Dose para TFG 10-50
Proplitiouracil	D	100%	100%	100%	Desconhecida	Desconhecida	Dose para TFG 10-50
Protriptilina	D	100%	100%	100%	Nenhuma	Nenhuma	NA
Pirazinimida	D	100%	Evitar	Evitar	Evitar	Evitar	Evitar
Piridostigmina	D	50%	35%	20%	Desconhecida	Desconhecida	Dose para TFG 10-50
Pirimetamina	D	100%	100%	100%	Nenhuma	Nenhuma	Nenhuma
Quazepam	D	Desconhecida	Desconhecida	Desconhecida	Desconhecida	Desconhecida	NA
Quinapril	D	100%	75% a 100%	75%	25%	Nenhuma	Dose para TFG 10-50
Quinidina	D	100%	100%	75%	100-200 mg	Nenhuma	Dose para TFG 10-50
Quinina	I	q8h	q8-12h	q24h	Dose após diálise	Dose para TFG < 10	Dose para TFG 10-50

Ramipril	D	100%	50% a 75%	25% a 50%	20%	Nenhuma	Dose para TFG 10-50
Ranitidina	D	75%	50%	25%	1/2 dose	Nenhuma	Dose para TFG 10-50
Reserpina	D	100%	100%	Evitar	Nenhuma	Nenhuma	Dose para TFG 10-50
Ribavirina	D	100%	100%	50%	Dose após diálise	Dose para TFG < 10	Dose para TFG < 10
Rifabutina	-	100%	100%	100%	Nenhuma	Nenhuma	Dose para TFG 10-50
Rifampicina	D	100%	50% a 100%	50% a 100%	Nenhuma	Dose para TFG < 10	Dose para TFG 10-50
Ritonavir	-	100%	100%	100%	Nenhuma	Dose para TFG < 10	Dose para TFG 10-50
Saquinavir	-	100%	100%	100%	Nenhuma	Dose para TFG < 10	Dose para TFG 10-50
Secobarbital	D	100%	100%	100%	Nenhuma	Nenhuma	NA
Sertralina	D	100%	100%	100%	Desconhecida	Desconhecida	NA
Sinvastatina	D	100%	100%	100%	Desconhecida	Desconhecida	Dose para TFG 10-50
Valproato sódico	D	100%	100%	100%	Nenhuma	Nenhuma	Nenhuma
Sotalol	D	100%	30%	15% a 30%	80 mg	Nenhuma	Dose para TFG 10-50
Esparfloxacino	D,I	100%	50% a 75%	50% q48h	Dose para TFG < 10	Sem dados	Dose para TFG 10-50
Espectinomicina	D	100%	100%	100%	Nenhuma	Nenhuma	Nenhuma
Espironolactona	I	q6-12h	q12-24h	Evitar	Não aplicável	Não aplicável	Evitar
Estavudina	D,I	100%	50% q12-24h	50% q24h	Dose após diálise	Sem dados	Dose para TFG 10-50

Tabela 16-1 Recomendação de dosagem de medicamentos para pacientes com insuficiência renal e em diálise (*continuação*).

Medicamento	Método de dosagem	TFG[1] >50 (ml/min)	TFG 10-50 (ml/min)	TFG <10 (ml/min)	Dose suplementar após hemodiálise	DPAC[2]	TRSC[3]
Estreptoquinase	D	100%	100%	100%	Não aplicável	Não aplicável	Dose para TFG 10-50
Estreptomicina	I	q24h	q24-72h	q72-96h	1/2 dose normal	20-40 mg/l d	Dose para TFG 10-50
Estreptozotocina	D	100%	75%	50%	Desconhecida	Desconhecida	Desconhecida
Succinilcolina	D	100%	100%	100%	Desconhecida	Desconhecida	Dose para TFG 10-50
Sufentanil	D	100%	100%	100%	Desconhecida	Desconhecida	Dose para TFG 10-50
Sulbactam	I	q6-8h	q12-24h	q24-48h	Dose após diálise	0,75-1,5 g/d	750 mg q12h
Sulfametoxazol	I	q12h	q18h	q24h	1 g pós-diálise	1 g/d	Dose para TFG 10-50
Sulfinpirazona	D	100%	100%	Evitar	Nenhuma	Nenhuma	Dose para TFG 10-50
Sulfisoxazol	I	q6h	q8-12h	q12-24h	2 g pós-diálise	3 g/d	Não aplicável
Sulindac	D	100%	100%	100%	Nenhuma	Nenhuma	Dose para TFG 10-50
Sulotrobano	D	50%	30%	10%	Desconhecida	Desconhecida	Desconhecida
Tamoxifeno	D	100%	100%	100%	Desconhecida	Desconhecida	Dose para TFG 10-50
Tazobactam	D	100%	75%	50%	1/3 dose	Dose para TFG <10	Dose para TFG 10-50

Teicoplanina	I	q24h	q48h	q72h	Nenhuma	Nenhuma	Dose para TFG 10-50
Temazepam	D	100%	100%	100%	Nenhuma	Nenhuma	NA
Teniposida	D	100%	100%	100%	Nenhuma	Nenhuma	Dose para TFG 10-50
Terazosina	D	100%	100%	100%	Desconhecida	Desconhecida	Dose para TFG 10-50
Terbutalina	D	100%	50%	Evitar	Desconhecida	Desconhecida	Dose para TFG 10-50
Terfenadina	D	100%	100%	100%	Nenhuma	Nenhuma	NA
Tetraciclina	I	q8-12h	q12-24h	q24h	Nenhuma	Nenhuma	Dose para TFG 10-50
Teofilina	D	100%	100%	100%	1/2 dose	Desconhecida	Dose para TFG 10-50
Tiazidas	D	100%	100%	Evitar	Não aplicável	Não aplicável	Não aplicável
Tiopental	D	100%	100%	75%	Não aplicável	Não aplicável	NA
Ticarcilina	D,I	1-2 g q4h	1-2 g q8h	1-2 g q12h	3 g pós-diálise	Dose para TFG < 10	Dose para TFG 10-50
Ticlopidina	D	100%	100%	100%	Desconhecida	Desconhecida	Dose para TFG 10-50
Timolol	D	100%	100%	100%	Nenhuma	Nenhuma	Dose para TFG 10-50
Tobramicina	D,I	60% a 90% q8-12h	80% a 70% q12h	20% a 30% q24-48h	2/3 da dose normal	3-4 mg/l d	Dose para TFG 10-50
Tocainida	D	100%	100%	50%	200 mg	Nenhuma	Dose para TFG 10-50
Tolazamida	D	100%	100%	100%	Desconhecida	Desconhecida	Evitar
Tolbutamida	D	100%	100%	100%	Nenhuma	Nenhuma	Evitar

Tabela 16-1 Recomendação de dosagem de medicamentos para pacientes com insuficiência renal e em diálise (continuação).

Medicamento	Método de dosagem	TFG[1] >50 (ml/min)	TFG 10-50 (ml/min)	TFG <10 (ml/min)	Dose suplementar após hemodiálise	DPAC[2]	TRSC[3]
Tolmetina	D	100%	100%	100%	Nenhuma	Nenhuma	Dose para TFG 10-50
Topiramato	D	100%	50%	25%	Desconhecida	Desconhecida	Dose para TFG 10-50
Topotecano	D	75%	50%	25%	Desconhecida	Desconhecida	Dose para TFG 10-50
Torsemida	D	100%	100%	100%	Nenhuma	Nenhuma	NA
Ácido tranexâmico	D	50%	25%	10%	Desconhecida	Desconhecida	Desconhecida
Tranilcipromina	D	Desconhecida	Desconhecida	Desconhecida	Desconhecida	Desconhecida	NA
Trazadona	D	100%	Desconhecida	Desconhecida	Desconhecida	Desconhecida	NA
Triancinolona	D	100%	100%	100%	Desconhecida	Desconhecida	Dose para TFG 10-50
Trianterene	I	q12h	q12h	Evitar	Não aplicável	Não aplicável	Evitar
Triazolam	D	100%	100%	100%	Nenhuma	Nenhuma	NA
Triexifenidil	D	Desconhecida	Desconhecida	Desconhecida	Desconhecida	Desconhecida	Desconhecida
Trimetadiona	I	q8h	q8-12h	q12-24h	Desconhecida	Desconhecida	Dose para TFG 10-50
Trimetoprim	I	q12h	q18h	q24h	Dose pós-diálise	q24h	q18h
Trimetrexato	D	100%	50-100%	Evitar	Sem dados	Sem dados	Sem dados
Trimipramina	D	100%	100%	100%	Nenhuma	Nenhuma	NA

Tripelenamina	C	Desconhecida	Desconhecida	Desconhecida	Desconhecida	Desconhecida	NA
Triprolidina	D	Desconhecida	Desconhecida	Desconhecida	Desconhecida	Desconhecida	NA
Tubocurarina	D	75%	50%	Evitar	Desconhecida	Desconhecida	Dose para TFG 10-50
Uroquinase	D	Desconhecida	Desconhecida	Desconhecida	Desconhecida	Desconhecida	Dose para TFG 10-50
Vancomicina	D,I	500 mg q6-12h	500mg q24–48h	500 mg q48–96h	Dose para TFG < 10	Dose para TFG < 10	Dose para TFG 10-50
Vecurônio	D	100%	100%	100%	Desconhecida	Desconhecida	Dose para TFG 10-50
Venlafaxina	D	75%	50%	50%	Nenhuma	Desconhecida	NA
Verapamil	D	100%	100%	100%	Nenhuma	Nenhuma	Dose para TFG 10-50
Vidarabina	D	100%	100%	75%	Infundir após-diálise	Dose para TFG < 10	Dose para TFG 10-50
Vigabatrina	D	100%	50%	25%	Desconhecida	Desconhecida	Dose para TFG 10-50
Vinblastina	D	100%	100%	100%	Desconhecida	Desconhecida	Dose para TFG 10-50
Vincristina	D	100%	100%	100%	Desconhecida	Desconhecida	Dose para TFG 10-50
Vinorelbine	D	100%	100%	100%	Desconhecida	Desconhecida	Dose para TFG 10-50
Warfarina	D	100%	100%	100%	Nenhuma	Nenhuma	Nenhuma
Zafirlucast	D	100%	100%	100%	Desconhecida	Desconhecida	Dose para TFG 10-50
Zalcitabina	I	100%	q12h	q24h	Dose pós-diálise	Sem dados	Dose para TFG 10-50
Zidovudina (AZT)	D,I	200 mg q8h	200 mg q8h	100 mg q8h	Dose para TFG < 10	Dose para TFG < 10	100 mg q8h
Zileutonc	-	100%	100%	100%	Nenhuma	Desconhecida	Dose para TFG 10-50

Esse método é particularmente útil para medicamentos com ampla faixa terapêutica e meia-vida plasmática longa. A terapia parenteral estendida pode ser completada sem internação prolongada, quando o intervalo das doses puder ser aumentado com segurança para possibilitar a terapia em casa. Se a faixa entre os níveis terapêutico e tóxico for estreita demais, podem resultar em concentrações plasmáticas potencialmente tóxicas ou subterapêuticas.

Para manter o mesmo intervalo entre doses administradas em pacientes com função renal normal, deve-se diminuir a quantidade de cada dose individual dada a pacientes com insuficiência renal. Essa recomendação é indicada na tabela pela letra "D" na coluna *Método*. Esse método é eficaz para medicamentos com faixas terapêuticas estreitas e meia-vida plasmática curta em pacientes com insuficiência renal.

Na prática, a combinação dos métodos é freqüentemente eficaz e conveniente, pois usa uma modificação tanto da dose quanto do intervalo de dose. Para medicamentos com meia-vida particularmente longa em pacientes com função renal deficiente, pode-se administrar a dose total diária como dose única por dia ou dividir a dose total diária à metade e administrá-la duas vezes ao dia.

A decisão de aumentar o intervalo de dosagem para além de um período de 24 horas deve-se basear na necessidade de manter níveis terapêuticos de pico ou de baixa concentração (nível "de vale" [*trough*]). Quando o nível de pico for mais importante, deve-se prolongar o intervalo das doses. Porém, quando for preciso manter um nível de concentração mínimo, pode ser melhor modificar a dose individual ou usar uma combinação dos métodos de dose e intervalo.

V. DOSAGEM DE MEDICAMENTOS NOS PACIENTES EM DIÁLISE.

A remoção do medicamento por hemodiálise (HD) é mais eficaz para medicamentos que pesam menos que 500 daltons, têm menos de 90% de ligações com proteínas e para aqueles que apresentam pequenos volumes de distribuição. A Tabela 16-1 também lista os medicamentos comumente usados retirados por HD ou diálise peritoneal (DP). Para muitos deles, deve-se alterar o esquema de dosagem, de modo que a dose possa ser administrada no final do tratamento de HD, eliminando assim a necessidade de dose adicional pós-diálise. Por exemplo, deve-se ministrar aminoglicosídeos a pacientes em HD crônica como dose pós-diálise. As terapias renais substitutivas contínuas (TRSCs), como hemofiltração venovenosa (HVVC) e diálise de baixa eficiência sustentada (DBES), são freqüentemente usadas para manter a homeostase de fluidos e eletrólitos e remover produtos de excreção em pacientes criticamente doentes. A velocidade e extensão da remoção do medicamento por TRSC dependem mais das características da membrana, velocidade de fluxo sanguíneo, quantidade de hemofiltração por convecção e acréscimo de dialisato ao circuito extracorpóreo do que do peso molecular do medicamento. Durante a hemofiltração, alcança-se taxa de filtração de 10 a 30 ml por minuto. Acréscimo de difusão por diálise contínua acrescenta 15 a 20 ml por minuto. Portanto, diálise contínua e hemofiltração contínua podem, juntas, propiciar um *clearance* de medicamento de 10 a 50 ml por minuto. Creatinina sérica, como estimativa de *clearance* de creatinina, pode ser usada como estimativa de *clearance* de medicamento durante a TRSC para medicamentos que não tenham alta taxa de ligação protéica e tenham volume de distribuição relativamente pequeno. Uma subestimativa da remoção do medicamento nessas circunstâncias pode tornar a terapia ineficaz.

VI. REAÇÕES ADVERSAS A MEDICAMENTO. Ocorrem mais freqüentemente em pacientes com insuficiência renal e seus efeitos indesejáveis podem ser resultantes de toxicidade direta ou dos efeitos aditivos do medicamento ou de seus metabólitos. Falta de eficácia do medicamento em pacientes com função renal comprometida ou aumento da carga metabólica induzida por medicamento também causa efeitos adversos. O início agudo de qualquer sintoma não explicado deve alertar os clínicos para possível efeito adverso de medicamentos.

VII. MONITORAMENTO TERAPÊUTICO DO MEDICAMENTO. Dosagem das concentrações plasmáticas dos medicamentos pode ajudar na avaliação de determinado regime de dosagem medicamentosa quando a eficácia ou toxicidade corresponder aos níveis do medicamento. Essas dosagens são muito importantes para medicamentos com faixa terapêutica estreita ou cujos efeitos farmacológicos não são facilmente mensuráveis.

Devem-se medir os níveis séricos após a administração de uma dose de ataque adequada. Caso não seja dada uma dose de ataque, devem-se dar três ou quatro doses do medicamento antes de medir os níveis séricos, para garantir que concentrações séricas em estado de equilíbrio foram estabelecidas. Para alguns medicamentos, as concentrações máxima e mínima são relevantes. Níveis de pico são mais significativos quando medidos depois de ocorrida rápida distribuição do medicamento. Por exemplo, devem-se medir as concentrações de pico dos aminoglicosídeos 30 minutos depois do final da infusão: concentrações mínimas são geralmente medidas pouco antes da administração da próxima dose programada. Incluídas na Tabela 16-1 estão recomendações para monitoramento dos níveis dos medicamentos. Aplicação farmacocinética adequada das medidas dos níveis dos medicamentos pode melhorar o cuidado do paciente e diminuir custos.

Pacientes com doença renal são heterogêneos e suas respostas à terapia medicamentosa são variáveis. Nomogramas, tabela de medicamentos e recomendações de dosagem assistidas por computador não devem ser considerados abordagem fixa para terapia em pacientes com função renal reduzida, pois são tentativas iniciais para se chegar a um regime de dosagem eficaz. Médicos que usam julgamento clínico sensato ao cuidar de pacientes com doença renal devem avaliar cada situação, escolher um regime medicamentoso com base em todos os fatores e reavaliar continuamente a resposta à terapia.

LEITURAS SUGERIDAS

Anderson RJ, Schrier RW. *Clinical use of drugs* in *patients with kidney and liver disease*. Philadelphia: WB Saunders, 1981.

Aronoff GR, Berns JS, Brier ME, Golper TA, Morrison G, Singer I, Swann SK, Bennett WM. *Drug prescribing in renal failure. Dosing guidelines for adults* Philadelphia: American College of Physicians, 1999.

ÍNDICE

A

Abscesso cerebral, 33
Abscessos pulmonares, 33
Acesso vascular, 223, 234, 237, 240, 242-244
Acetaminofen, 32, 196, 215
Acetoexamida, 41, 340
Achados Anormais em Microscopia Urinária, 147
Aciclovir, 107, 195, 214, 340
Ácido inorgânico, 69, 70
Ácido sulfossalicílico, 159, 171
Ácido úrico, 98, 99, 102, 104, 105, 108, 112, 113, 155, 162, 195, 213, 214, 298, 299, 317
Acidose láctica, 67, 68, 73, 275
Acidose metabólica, 29, 49, 50, 54, 59, 62-70, 73, 74, 90, 140, 234, 275, 295
Acidose respiratória, 62-65, 72, 74
Acidose tubular renal (ATR), 67, 69
Adenoma de paratireóide, 87
Agentes antimicrobianos, 113, 121, 130, 133, 134, 135, 137
Agentes farmacológicos, 32, 36, 252, 268
Agitação, 34, 43, 202
Agulha suprapúbica, 122, 124, 141
Albumina sérica, 1, 23, 24, 59, 85, 88, 89, 177, 189, 233, 245, 290, 291
Álcalis, 73, 113
Alcalose metabólica, 19, 28-31, 49, 50, 52, 58-60, 62-65, 71-74, 78
Aldosterona, 5-9, 18-20, 23, 46-50, 52-55, 71, 218, 276, 277, 297, 314, 324, 325
Alopurinol, 103, 111-113, 194, 207, 213, 257, 341
Alterações hemodinâmicas intra-renais, 192
Amiloidose, 45, 55, 156, 161, 162, 178, 190, 245, 248, 290
Anafilaxia, 192, 243
Análise da urina, 147, 277
Análise microscópica, 126, 149
Anemia, 5, 15, 41, 53, 55, 70, 86, 113, 156, 178, 190, 202, 205, 232, 233, 241, 242, 247, 280, 282, 295
Anemia falciforme, 41, 53, 55, 70, 156, 178, 202
Anestesia, 85, 141, 192, 196, 202
Anestésicos , , 195
Anfotericina, 41, 70, 144, 195, 197, 214, 219, 341
Anomalias congênitas, 118, 119, 128, 281, 293
Anorexia, 31, 33, 34, 81, 293
Anormalidades nas dietas, 41
Antagonistas da vasopressina, 36
Antibióticos, 113, 122, 130, 132, 141, 158, 195-197, 214, 215, 219, 247, 259, 280, 281
Antibióticos aminoglicosídeos, 195
Anticonvulsivantes, 87, 194, 257, 300
Anticorpos anti-MBG, 207
Antidepressivos, 32
Antiinflamatórios não-esteróides (AINEs), 32, 142, 165, 192, 257, 316, 326
Antineoplásicos, 195
Antiproliferativos, 255, 256, 264, 270
Antipsicóticos, 32

Apatia, 34
Apnéia do sono, 72
Apoio nutricional, 220
Ascite cirrótica, 20, 22, 23
Aspergilose, 33
Aspiração suprapúbica, 122, 148, 279
ATR distal hipercalêmica, 70
ATR distal hipocalêmica, 70
Aumento da hemodinâmica renal, 273, 274, 290
Avaliação bioquímica, 158
Azotemia pré-renal, 17, 18, 30, 99, 165, 199, 216, 218

B

Bacteriúria, 115-119, 121, 124, 127, 130, 135, 136, 140, 142, 158, 169, 272, 279, 280, 285
Bacteriúria assintomática, 115-118, 121, 135, 272, 279-281
Bacteriúria crônica, 130
Bacteriúria sintomática, 280
Barbitúricos, 32, 48
Beta-lactâmicos, 130, 131, 133, 134, 141
Bexiga neurogênica, 105, 119, 128, 196
Bicarbonatúria, 28, 31, 70, 71
Biodisponibilidade dos diuréticos, 10
Biópsia renal, 128, 150, 162, 163, 165, 167, 170, 178, 182, 183, 185, 194, 216, 229, 262, 265, 278, 279
Bisfosfonatos, 83, 93, 270
Bloqueadores do receptor da angiotensina II (BRAs), 192
BRAs, 53, 165, 167, 181, 182, 192, 198, 202, 218, 229, 230, 232, 267, 271, 300, 320, 322, 323, 325

C

Cãibras musculares, 34
Cálcio Sérico, 72, 82-87, 88-91, 107, 212, 233, 277
Calcitriol, 76-80, 82, 85, 87, 89-93, 95, 96

Cálculos, 69, 98-102, 104-113, 119, 122, 128-130, 140, 154, 157, 162, 175, 176, 192, 193, 202, 203, 218, 251, 284, 292, 293, 318
Cálculos contendo cálcio, 98, 100, 101, 104, 105, 107-112
Cálculos de ácido úrico, 105, 105, 108, 112
Cálculos de cistina, 106, 109, 113
Cálculos de estruvita-carbonato, 99, 105, 106, 108, 112, 113
Cálculos na bexiga, 193
Cálculos renais, 98, 101, 104, 108, 110, 119, 122, 128, 129, 162, 202, 203, 251, 293, 318
Calculose Renal, 98, 155
Carbamazepina (Tegretol), 22
Carcinoma de células de transcrição, 192
Catecolaminas, , 46, 58, 51, 295, 318, 329, 330
Cateter de Swan-Ganz, 217
Cateter urinário de demora, 119
Cateter venoso central, 74, 217
Cateterização, 117, 119, 122, 128, 143, 203, 223
Cefepima, 131, 134, 344
Ceftazidima, 131, 134, 345
Células apresentadoras de antígenos, 253
Células T, 253-255, 261, 269
Cetoacidose, 31, 48-51, 59, 66, 67, 68, 73, 94, 275
Cetoacidose diabética, 31, 48-51, 59, 66, 67, 73, 94, 275
Cetonúria, 28, 31
Choque, 32, 58, 61, 65, 67, 86, 88, 138, 190, 192, 195, 214, 215, 280
Choque cardiogênico, 192
Ciclofosfamida, 32, 167, 168, 183, 184, 185, 219, 348
Ciclosporina, 54, 55, 156, 167, 183, 184, 186, 192, 198, 202, 215, 219, 254-257, 260, 270, 293, 294, 348
Cifoescoliose, 72
Cilindros fisiológicos, 151
Cilindros patológicos, 151
Cirose hepática, 19
Cirrose, 1-6, 10, 19, 20, 22, 24, 27, 70, 72, 156, 191, 192, 198, 202, 215, 218, 266

Cistite não-complicada aguda em mulheres, 116
Cistoscopia, 100, 119, 129, 157, 158, 176, 204, 218, 284
Citomegalovírus, 194, 251, 264
Clampagem arterial cirúrgica, 193
Classificação fisiopatológica da proteinúria, 160
Clofibrato, 32, 347
Cloropropamida, 32
Coágulos sangüíneos, 157, 192, 193
Colchicina, 41, 348
Coleta de amostras de urina, 147
Coleta de jato médio de urina, 147
Coloração de Gram, 127
Complicações urológicas, 259
Concentração de PTH intacta, 82
Concentração de sódio urinário, 27-31, 38-40, 43, 209
Condução nervosa anormal, 72
Contagem de colônias na urina, 140
Controle de fosfato, 233, 245
Convulsões, 33-35, 44, 58, 68, 88, 90, 205, 212, 296, 298-300, 304
Corticosteróides, 84, 85, 183-185, 255, 256, 260, 264, 267, 268, 290
Creatinina plasmática, 201, 209, 229, 230, 259
Creatinina sérica, 30, 69, 84, 130, 165, 185, 188-190, 193, 199, 201, 202, 205, 210, 212, 225, 227, 228, 232, 259, 262, 274, 285, 337, 338, 370
Creatinina urinária, 171, 189, 201, 209, 317
Crise renal esclerodérmica, 175, 186, 193, 205, 329, 330
Crises hipertensivas, 328-331
Cristais, 68, 98, 99, 104-107, 109, 113, 151, 153, 155, 204, 205, 213, 214
Culturas de urina, 124, 127, 136, 140, 280, 291

D

Dano ao nervo frênico, 72
Débito cardíaco reduzido, 192
Deficiência de glucocorticóides, 32
Deficiência de mineralocorticóides, 28, 30
Demeclociclina, 36, 41
Densidade urinária, 208, 210
Depleção arterial, 4-7, 199, 217
Derrame (trombose ou hemorragia cerebral), 33
Derrame pericárdico com tamponamento, 192
Desorientação, 34, 113
Diabetes insipidus, 39-43, 45, 52, 191, 210, 273, 275
Diabetes insipidus nefrogênico, 40-42, 52, 210
Diabetes mellitus, 2, 23, 47, 52, 53, 70, 86, 128, 130, 149, 155-157, 165, 202, 210, 251, 255, 260, 267, 268, 290, 322, 323, 324
Diálise intermitente, 222
Diálise peritoneal, 223, 224, 238, 239, 246, 249, 250, 284, 294, 340, 370
Diarréia, 4, 28, 29, 31, 38, 39, 41, 49, 50, 58, 65, 67, 70, 84, 88, 94, 102, 112, 191, 198, 215, 256, 265
Diferença aniônica, 58, 59, 63, 65, 69, 70
Diferença aniônica urinária (AGU), 70
Dilatação uretral, 119
Distrofia muscular, 72
Distúrbio Ácido-Base, 58-67, 69, 71, 73, 75
Distúrbios do Cálcio e Fosfato Séricos, 76
Distúrbios eletrolíticos, 41
Distúrbios infiltrativos, 86, 87
Diurese dependente de glicose, uréia ou manitol, 31
Diurese excessiva, 191
Diurese na IRA, 190
Diurese osmótica, 28, 31, 38, 49, 94, 191, 278
Diuréticos tiazídicos, 12, 29, 35, 37, 81, 82, 111, 320-323, 325
Doença ateroembólica, 193, 40, 41, 156, 162
Doença cística medular, 30, 40, 41, 156, 162

Doença cística renal adquirida, 246, 248
Doença de Berger, 167, 184
Doença de Paget, 5, 79, 81, 101, 102
Doença hepática, 3, 20, 22, 36-38, 86, 87, 90, 190, 198, 207, 215, 217, 218, 223, 331, 337
Doença óssea, 84, 234, 244, 245, 269
Doença pleural, 72
Doença pulmonar, 15, 16, 48, 72, 217
Doença pulmonar obstrutiva crônica, 15, 16, 48, 72
Doença Renal, 3, 16, 30, 40, 41, 80, 86, 115, 147, 161, 168, 176, 177, 184, 188, 190, 202, 206, 208, 218, 225, 229, 231, 232, 237, 251, 272, 277, 285, 287, 291, 309, 313, 317, 318, 320, 323, 337
Doença Renal Crônica, 16, 41, 80, 87, 153, 188, 190, 225-227, 229, 231, 233, 235, 267, 284, 294, 311, 315, 317, 318, 323, 324
Doença renal policística, 30, 40, 41, 176, 190, 202, 229, 251, 263, 291
Dopamina, 212, 219
DP ambulatorial contínua, 239
Drenagem por sonda nasogástrica, 191
Duodeno, 33

E

Edema generalizado, 1-4
Elevação das enzimas hepáticas, 193, 289
Embolismo pulmonar maciço, 192
Encefalite (viral ou bacteriana), 33
Envenenamentos, 66-68, 73
Equilíbrio interno, 46
Eritrocitose pós-transplante, 270
Esclerose lateral amiotrófica, 72
Esclerose múltipla, 72
Esforço respiratório anormal, 72
Espondilite anquilosante, 72
Esteatose hepática aguda, 283
Estreitamento uretral, 119, 193
Etileno glicol, 67, 68, 73, 196, 214
Excreção de solutos, 37
Excreção urinária de cálcio, 82-84, 91, 105

F

Farmacoterapia, 252, 254
Fibrose intersticial avançada, 72
Fibrose retroperitoneal, 192, 203
Fibrotórax, 72
Fitas reagentes, 127, 128, 148, 149, 171
Fluoroquinolonas, 130-137, 139, 281
Foscarnet, 195, 352
Fósforo urinário, 89
Fração de excreção de sódio (FENa), 209
Fragmentos piogênicos, 192, 204

G

Glibenclamida, 41, 353
Glomeruloesclerose segmentar e focal, 177, 179, 182, 184, 193, 214, 262, 285, 290, 291
Glomerulonefrite, 23, 30, 147, 150, 151, 155, 159, 160, 164-166, 168, 170, 171, 173, 174, 175, 177, 179-185, 187, 190, 194, 206, 207, 215, 262, 285, 288, 290
Glomerulonefrite crescêntica, 150, 155, 160, 166, 168, 173, 181, 182, 184, 185, 194
Glomerulonefrite membranoproliferativa, 23, 164, 166, 168, 179, 180, 194, 207, 215, 262, 285, 288
Glomerulonefrites, 154, 186, 193, 218
Glomerulopatia, 23, 156, 161, 166, 173, 182-206, 301
GNMP, 166, 168, 180-184, 262, 288

H

Hematoma, 33, 54, 259, 260
Hematúria, 99, 106, 129, 149, 155-161, 163-165, 167-170, 173-176, 193, 203, 206, 293
Hemodiálise, 14, 56, 57, 73, 83, 220-223, 249, 284, 344, 350, 354, 368, 370
Hemodinâmica renal, 7, 210, 267, 273, 274, 287, 290
Hemoglobina, 67, 148-152, 162, 165, 178, 195, 232, 233, 242
Hemólise, 52, 74, 92, 95, 160, 161, 172, 175, 186, 193, 205, 282
Hemorragia, 4, 33, 43, 191, 195, 216, 283, 284, 298, 303, 311, 328, 330
Hemorragia subdural ou subaracnóide, 33
Hidrotórax, 72
Hipercalcemia, 19, 41, 77-85, 88, 153, 156, 157, 162, 174, 244, 270
Hipercalciúria, 69, 73, 79, 81, 91, 98, 101, 102, 111, 112, 156, 277
Hipercalemia, 18, 19, 30, 31, 46, 47, 49, 52, 54, 55, 190, 213
Hipercalemia espúria, 52
Hiperclorêmica, 66, 69, 70
Hiperfosfatemia, 89, 90, 92, 93, 190, 212, 213, 244
Hiperglicemia, 19, 26, 38, 47, 54, 66, 157, 159, 293
Hiperlipidemia, 161, 163, 166, 181, 182, 254, 255, 263, 267-310, 316, 318
Hipermagnesemia grave, 87
Hipernatremia, 26, 37, 38, 40-45, 81
Hipernatremia euvolêmica, 40, 44
Hiperosmolalidade, 40, 43, 44
Hiperoxalúria, 101, 102, 112
Hiperparatireoidismo, 70-82, 86, 89, 94, 96, 270
Hipertensão, 2, 3, 14, 18, 22, 49, 159, 167, 183, 202, 205, 225, 243, 263, 267, 277, 281, 285, 286, 289, 290, 292, 295, 298, 300, 302, 304, 309, 310, 315-323, 325-334
Hipertensão maligna, 175, 186, 193, 205, 320, 326-330, 332, 333
Hipertensão na Gravidez, 272
Hipertermia, 191, 212
Hipertireoidismo, 49, 79, 81
Hipertrofia prostática, 118, 119, 128, 192, 193, 203, 218
Hipertrofia prostática e carcinoma de bexiga, 193
Hiperuricosúria, 101-103, 105, 108, 1112, 113, 153
Hipoalbuminemia acentuada, 191
Hipocalcemia assintomática agud, 90a
Hipocalcemia familiar, 96
Hipocalemia, 18-21, 29, 41, 46-53, 55, 57, 88, 102, 156, 162, 317, 321
Hipocalemia espúria, 48
Hipocitratúria, 101-104, 112
Hiponatremia, 18, 19, 26-39, 41, 45, 88
Hiponatremia euvolêmica, 31
Hiponatremia hipovolêmica e hipervolêmica, 35
Hiponatremia sintomática aguda, 35
Hiponatremia sintomática crônica, 19, 27, 44, 88, 90, 193, 195, 196, 198, 208, 214, 223, 243, 261, 294, 304, 325, 331
Hipotensão, 19, 27, 44, 88, 90, 193, 195, 196, 208, 214, 222, 223, 243, 261, 294, 304, 325, 331
Hipotermia, 34
Hipotonicidade, 34
Histocompatibilidade, 252
iECAs, 15-19, 37, 163, 165, 167, 181, 182, 186, 192, 198, 202, 210, 211, 219, 229, 230, 232, 267, 289

I

Imunização, 265, 266
imunofluorescência granular, 181, 185
Imunossupressão, 116, 250, 251, 253, 254, 256, 259, 260, 263-265, 268

Indinavir, 107, 195, 214, 355
Infartos do tronco cerebral, 72
Infecção do Trato Urinário, 115, 117, 119, 121, 125, 127, 128, 129, 131, 133, 135, 136, 137, 137, 139, 141, 143, 145, 157, 203
Infecção sintomática aguda, 140
Infecções fúngicas, 193, 264
Infecções recorrentes em mulheres, 116
Ingestão diminuída de cloreto de sódio, 41
Ingestão diminuída de proteínas, 41
Ingestão excessiva de água, 41
Inibidores da calcineurina, 254-257, 260, 261, 264, 267, 270, 271
Inibidores da ciclo-oxigenase, 192, 326
Inibidores da enzima conversora da angiotensina (iECAs), 163, 181, 192, 241, 257, 267, 305
Instrumentação do trato urinário, 119
Insuficiência adrenal, 30-32, 81, 86, 191, 293
Insuficiência Cardíaca, 1, 3-7, 9-11, 13-19, 21, 25, 27, 74, 198, 209, 217, 251, 266, 311, 321, 323, 328, 329, 330, 333
Insuficiência cardíaca congestiva, 3, 4, 14, 15, 17, 18, 23, 53, 58, 192, 198, 251, 266, 311
Insuficiência Renal Aguda, 3, 10, 28, 29, 129, 167, 184, 186, 188, 190, 196, 197, 203, 207, 213, 215, 217, 221, 223, 275, 282, 284, 328
Insuficiência renal muito avançada, 41
Insulina, 27, 46-49, 51, 52, 56, 66, 73, 258, 268, 311, 312, 355, 356
Intoxicação, 41, 48, 54, 68, 73, 74, 78, 79, 82, 84, 92, 101
Intraureterais, 192
IRA pós-parto, 193
IRA pós-renal, 192, 193, 202, 203
IRCT, 182-184, 220, 221, 225-230, 233, 237, 241, 243-246, 248-251, 265, 310, 320, 326, 328
Isquemia renal, 195, 283
ITUs complicadas em ambos os sexos, 116
ITUs relacionadas a cateter, 116

L

Lei de Starling, 1
Letargia, 34, 43
Ligação ureteral acidental ou traumatismo durante cirurgia pélvica, 193
Linfocele, 258-260
Líquidos corporais, 4, 4, 58
Lítio, 36, 41, 79, 81, 82, 156, 174, 178, 356
Localização anatômica, 115

M

Magnésio sérico, 88, 89
Malignidade, 2, 3, 68, 79, 80, 82, 84, 93, 164, 175, 176, 186, 192, 202, 250, 251, 264, 268, 269
Malignidade pélvica ou abdominal, 192
Mecanismos neuro-humoral, 6
Medicação anti-hipertensiva, 192, 231, 241, 300, 309, 318
Meningite (viral, bacteriana ou turbéculos), 33
Metabolismo mineral, 243, 244, 245, 277
Metoxiflurano, 41
Microangiopatia trombótica, 175
Microangiopatias trombóticas da gravidez, 175, 204, 282
Mieloma múltiplo, 41, 69, 80, 82, 156, 160, 161, 171, 172, 178, 211
Mineralocorticóides, 7, 18, 28, 30, 47, 49, 71, 74, 312, 313, 314
Mioglobina, 149, 195, 212, 213
Mitramicina, 84
Mixedema, 72, 212
Morfina, 32, 74, 359

N

Náuseas, 33, 34, 38, 84, 99, 100
Necrose cortical renal, 283
Nefrite intersticial aguda, 153, 154, 194, 219
Nefrite lúpica, 185, 194, 207, 229, 288, 289
Nefrite perdedora de sal, 30, 191
Nefrolitíase, 84, 91, 98-100, 103, 104, 107, 110, 111, 292
Néfron distal, 7, 12, 47, 48, 54, 69, 102, 160, 172, 312
Nefropatia, 30, 40, 41, 43, 55, 115, 118, 127, 154, 162, 164-165, 181, 182, 191, 202, 210, 215, 229, 230, 231, 267, 286, 291, 310, 322
Nefropatia aguda por ácido úrico, 195, 213
Nefropatia analgésica, 40, 41
Nefropatia de refluxo, 115, 156, 164, 285, 291
Nefropatia membranosa, 163, 164, 166, 167, 179, 182, 183, 204, 290
Nefropatia por contraste radiográfico, 210
Nefropatia por IgA, 164, 166, 167, 177, 179, 180-184, 215, 229, 262
Nefrótica, 1, 4, 10, 12, 23, 27, 161, 163, 165, 166, 171, 177, 181-184, 200, 202, 206-207, 279, 288, 290, 291, 298
Nefrotoxicidade dos aminoglicosídeos, 209
Neuropatia autonômica, 193
Neuropatia urêmica, 243
Nicotina, 32
Nitrato de gálio, 84, 85
Nitrofurantoína, 131-133, 136, 137, 139, 141, 280, 360
NTA isquêmica, 195

O

Obstrução do colo vesical/uretral, 193
Obstrução do trato urinário, 41, 98, 192, 193, 202, 204, 284
Oclusão ureteral, 119, 128
Oligúria, 185, 190, 201, 220, 252, 261, 283, 295

Osmolalidade, 26, 27, 34-36, 40, 42, 44, 55, 58, 68, 118, 198, 200, 201, 209, 275, 278
Osmolalidade urinária, 36, 40, 42, 55, 118, 201, 208, 278

P

Paciente hiponatrêmico hipo-osmolar, 27
Pacientes assintomáticos, 82, 130, 280, 325
Pâncreas, 33, 205
Pancreatite, 19, 28, 29, 81, 86, 191, 195, 198, 207
Papilas necrosadas, 192
Paracentese de grande volume, 20, 21
Paralisia pseudobulbar, 34
Patógenos microbianos usuais, 122
Pentamidina, 54, 55, 195, 214, 362
Pequenos vasos, 170, 193, 200, 204
Perda de líquidos para o terceiro espaço, 191
Perda de líquidos pela pele, 191
Perda gastrintestinal de líquidos, 191
Perda renal de líquidos, 191
Perdas extra-renais, 28, 30, 38, 39, 49, 50
Perdas renais, 28, 29, 31, 37-40, 48-50, 191
Periarterite nodosa, 285, 286, 289
Pericardite urêmica, 243
Peritonite, 21, 29, 191, 199, 224, 247, 248, 284
Pielografia retrógrada, 192, 204
Pielonefrite, 41, 100, 115118, 121, 123, 124, 128, 129, 132, 138, 156, 162, 174, 266, 279, 283, 285, 293
Pielonefrite aguda, 15, 116, 129, 139, 280, 281, 283
Pielonefrite bacteriana aguda, 124, 138, 140
Pielonefrite crônica, 115, 285, 291, 292
Piúria, 119, 121, 124, 126, 127, 136, 138, 148, 149, 154, 158, 207

Plaquetas baixas, 175, 193
Plicamicina, 84, 85, 363
Pneumonia bacteriana, 363
Pneumonia viral, 33
Poliarterite nodosa, 155, 175, 180, 185, 193, 204
Polimiosite, 72, 212
Poliomielite, 72
Porção arterial dos líquidos corporais, 4
Porfiria intermitente aguda, 33
Potássio, 8, 18, 29, 30, 36, 46-60, 70, 71, 73, 74, 96, 103, 112, 119, 210, 216, 317, 319 321
Potássio sérico, 18, 46-48, 51, 52, 55, 57, 59, 96, 220, 317, 320, 321
Pressão arterial, 5, 6, 16, 165, 182, 228, 229, 231, 238, 241, 251, 267, 272, 276, 285, 287, 304, 308, 310, 312, 315, 319, 323, 329, 332
Pressão arterial sangüínea, 241
Problemas na caixa torácica, 72
Profilaxia não-antimicrobiana, 137
Propoxifeno, 41, 364
Prostatite, 115, 116, 118-121, 126, 128, 140-142, 157, 176, 203
Prostatite bacteriana aguda, 120, 141
Prostatite bacteriana crônica, 120, 128, 141
Prostatodinia, 120, 121
Proteinúria, 22, 84, 147, 149, 151, 153, 155-167, 169-178, 181, 186, 193, 201, 208, 225, 231, 251, 287, 295, 322
Proteinúria de alto fluxo, 160, 161, 171, 172
Proteinúria glomerular, 155, 156, 160-163, 165, 172, 173, 178
Proteinúria maciça, 164, 285
Proteinúria tubular, 156, 160, 162, 172
Psicose aguda, 33
Pulmão, 33, 80, 156, 178, 269
Púrpura trombótica trombocitopênica (PTT), 193

Q

Queimaduras, 3, 4, 28, 29, 35, 39, 191

R

Rabdomiólise, 52, 54, 92, 160, 161, 166, 172, 174, 195, 196, 200, 206, 209, 212-214, 257, 267
Radiocontraste, 130, 192, 197, 209, 210, 214, 261
Radiocontrastes, 195, 197, 213, 219
Radiografia simples do abdome, 99, 107
Reabsorção de fosfato tubular, 82, 93
Recorrência de ITU, 115
Redistribuição de potássio, 48, 51, 52
Reflexos patológicos, 34
Reflexos tendinosos profundos deprimidos, 34
Refluxo ureterovesical, 115, 119, 128, 129, 135, 141, 156, 174, 259
Rejeição hiperaguda, 254, 261
Renograma isotópico, 203
Resistência diurética, 9, 11, 12, 24
Respiração de Cheyne-Stokes, 34
Restrição de líquidos, 36
Retardo da função do enxerto, 261
Retenção de água e sódio, 6
Rim esponjo medular, 70, 101, 104, 156, 157, 162, 176
Rim solitário, 99, 192, 284
Rins pélvicos, 285, 292
Rins pequenos, 190

S

Sarcoidose, 40, 41, 79, 101, 102, 156, 162, 165
Secreções prostáticas, 121, 125, 126, 148, 149
Sedimento centrifugado, 126, 127

Sedimento urinário, 127, 150, 161, 191, 198-200, 202-206, 208, 210, 212, 278, 288
Sensório anormal, 34
Septicemia, 5, 6, 67, 86, 88, 106, 116, 117, 120, 121, 142, 191, 192, 195, 196, 202, 207, 208, 214, 220, 237, 244, 261, 284, 293
Septicemia por gram-negativos, 195
Síndrome autoimune poliglandular tipo I, 86
Síndrome da hipoventilação da obesidade, 72
Síndrome da Imunodeficiência Adquirida, 33, 53, 55, 213, 214
Síndrome da inflamação e desnutrição, 245
Síndrome da resposta inflamatória sistêmica (SRIS), 191
Síndrome de Guillain-Barré, 33, 72
Síndrome de lise tumoral, 86, 88, 89, 92, 93, 213, 215
Síndrome de Sjögren, 41, 155, 156, 162
Síndrome do leite-álcali, 78, 79, 82, 101
Síndrome hemolítica urêmica (SHU), 193, 270
Síndrome hepatorrenal, 19, 20, 199, 215
Síndrome nefrótica, 1, 4, 10, 12, 23, 24, 28, 153, 164, 165, 167, 181, 262, 290, 291
Síndrome uretral aguda, 119, 127
Sirolimus, 255, 256, 260, 261, 264, 271
Sobrecarga de volume, 216, 219, 326
Sódio sérico, 26, 27, 36, 59, 201, 273
Solventes orgânicos, 195
Sondagem vesical, 122, 124, 130, 148
Sondas urinárias, 122, 142-144
Substâncias nefrotóxicas, 195, 219
Sulfametoxasol-trimetoprim, 131

Suor excessivo, 191

T

Tabagismo, 229, 234, 243, 263, 268, 310, 311, 320
Tacrolimus, 192, 202, 219, 254, 255, 257, 260, 262, 294
Taxa adequada de diurese, 21
Taxa de filtração glomerular, 7, 8, 10, 23, 40, 47, 52-54, 56, 81, 158, 176, 225, 240, 273, 311, 323, 337, 340
Terapia anti-hipertensiva, 12, 13
Terapia Combinada de Diuréticos, 237
Terapia dialítica, 131, 140, 281, 292
Terapia Renal Substitutiva com Diálise, 237
Terapia supressiva, 131, 140, 281, 292
Terapias com anticorpos, 255, 256, 262, 265, 269
Tolazamida, 41, 367
Tolbutamida, 32, 367
Tomografia computadorizada (TC), 100, 176, 283
Toxinas endógenas, 195
Transtornos do sistema nervoso central (SNC), 33
Transtornos pulmonares, 33
Trato gastrintestinal, 11, 69, 78, 85, 116
Trato geniturinário, 99, 116, 127, 135, 265
Traumatismo, 3, 28, 33, 157, 193, 195, 196, 212, 328, 330
Traumatismo craniano, 33, 328, 330
Trimetoprim, 53-55, 131-134, 136-141, 188, 189, 257, 281, 368
Trombose bilateral da veia renal, 193, 204
Trombose ou embolia da artéria renal, 193
TRS, 234, 237, 238
Tuberculose, 33, 127, 147, 154, 156, 157, 162, 194
Tumor cerebral, 33

U

Ultrafiltração, 14, 160, 173, 218, 221, 222, 243, 248, 294
Ultra-som, 99, 129, 136, 139, 157, 162, 176, 190, 201, 203, 204, 238, 248, 259, 261, 262, 273, 279, 284, 291, 293, 317
Uretrite, 115, 119, 120, 124, 128, 135, 136, 158, 176
Urina não-centrifugada, 126, 127
Urina residual na bexiga, 119
Urinálise, 96, 99, 107, 171, 198, 203-205, 208, 278, 280, 317
Urografia excretora, 99, 104, 129, 136, 158, 162, 176, 203, 273, 274, 293, 318
Urolitíase, 285, 292
Uropatia obstrutiva, 53, 55, 115, 116, 121, 135, 272, 273, 284, 292
Uso excessivo de diuréticos, 29

V

Vaginite, 119
Vasculite, 170, 174, 175, 179, 180, 181, 204, 206, 207, 216, 310
Vasoconstrição da arteríola glomerular aferente, 192
vasodilatação arterial periférica, 4-7, 19, 20, 22
Vasodilatação da arteríola glomerular aferent, 192
Vasodilatação periférica, 5, 192, 199
Vasos grandes e médios, 193
Vinblastina, 41, 369
Vincristina, 32, 186, 369
Volume efetivo de sangue, 4, 8, 214
Volumes totais de plasma, 4
Vômitos, 28, 29, 31, 38, 50, 58, 59, 66, 71, 81, 99, 100, 138, 190, 191, 198, 215